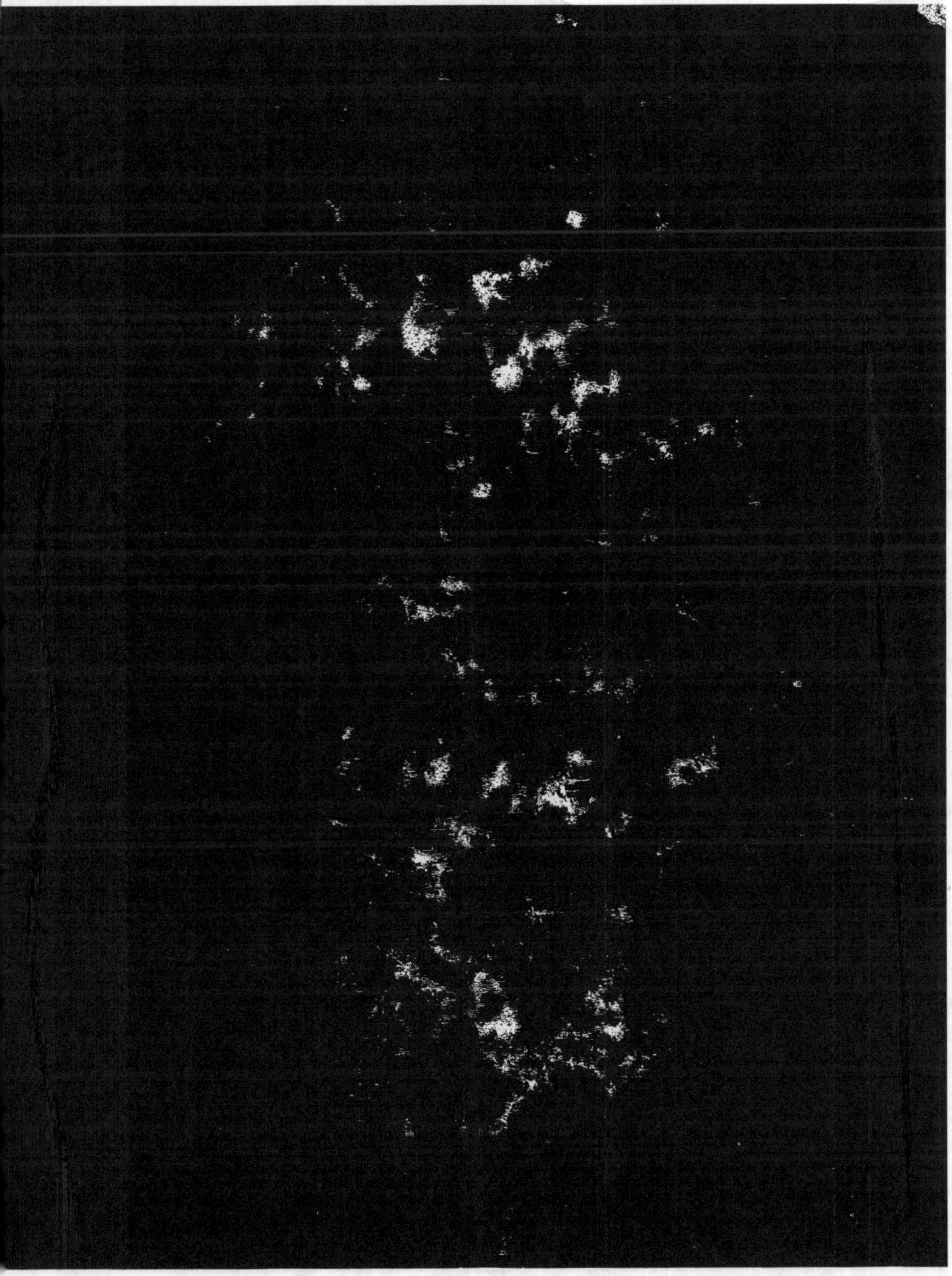

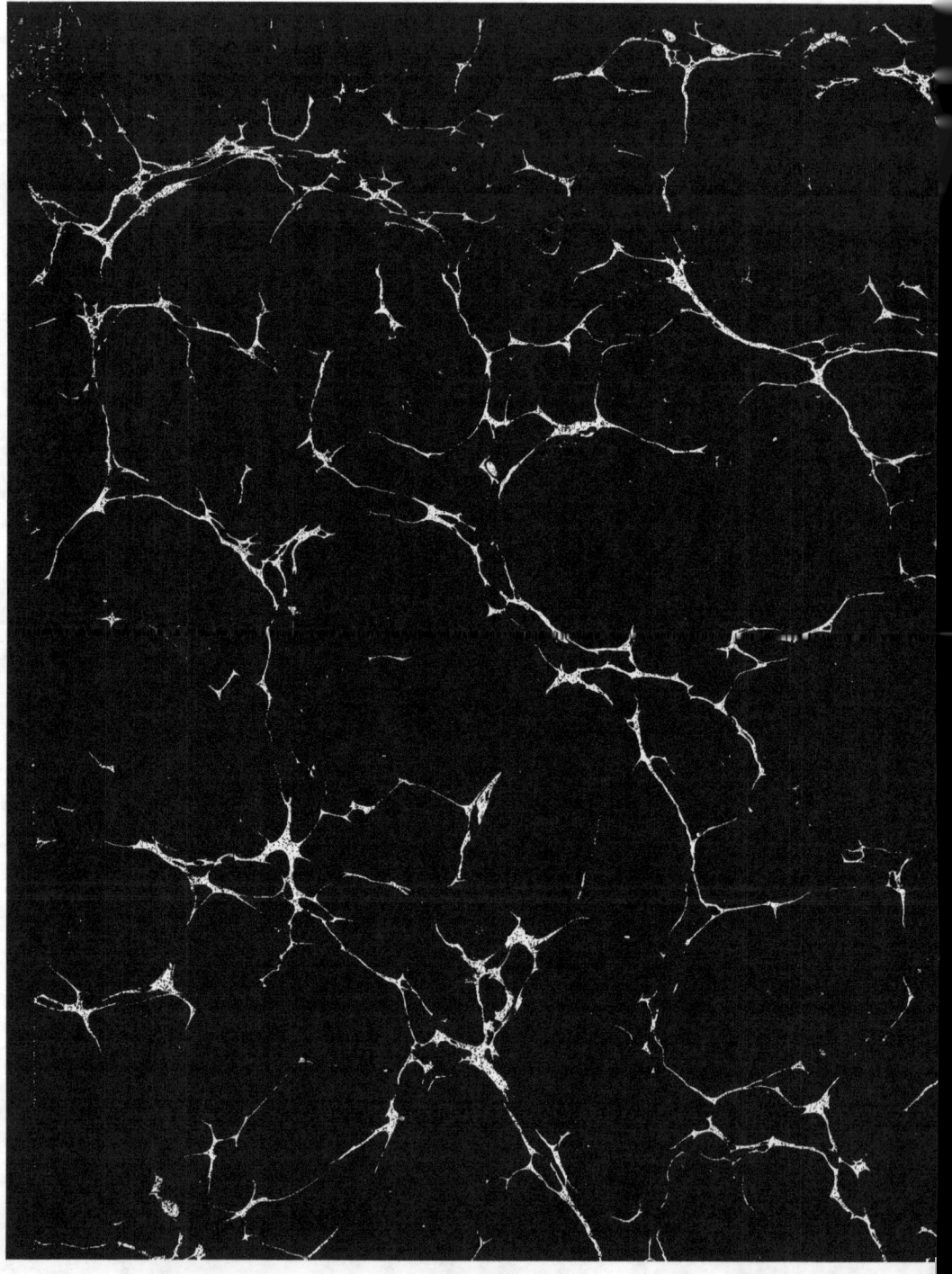

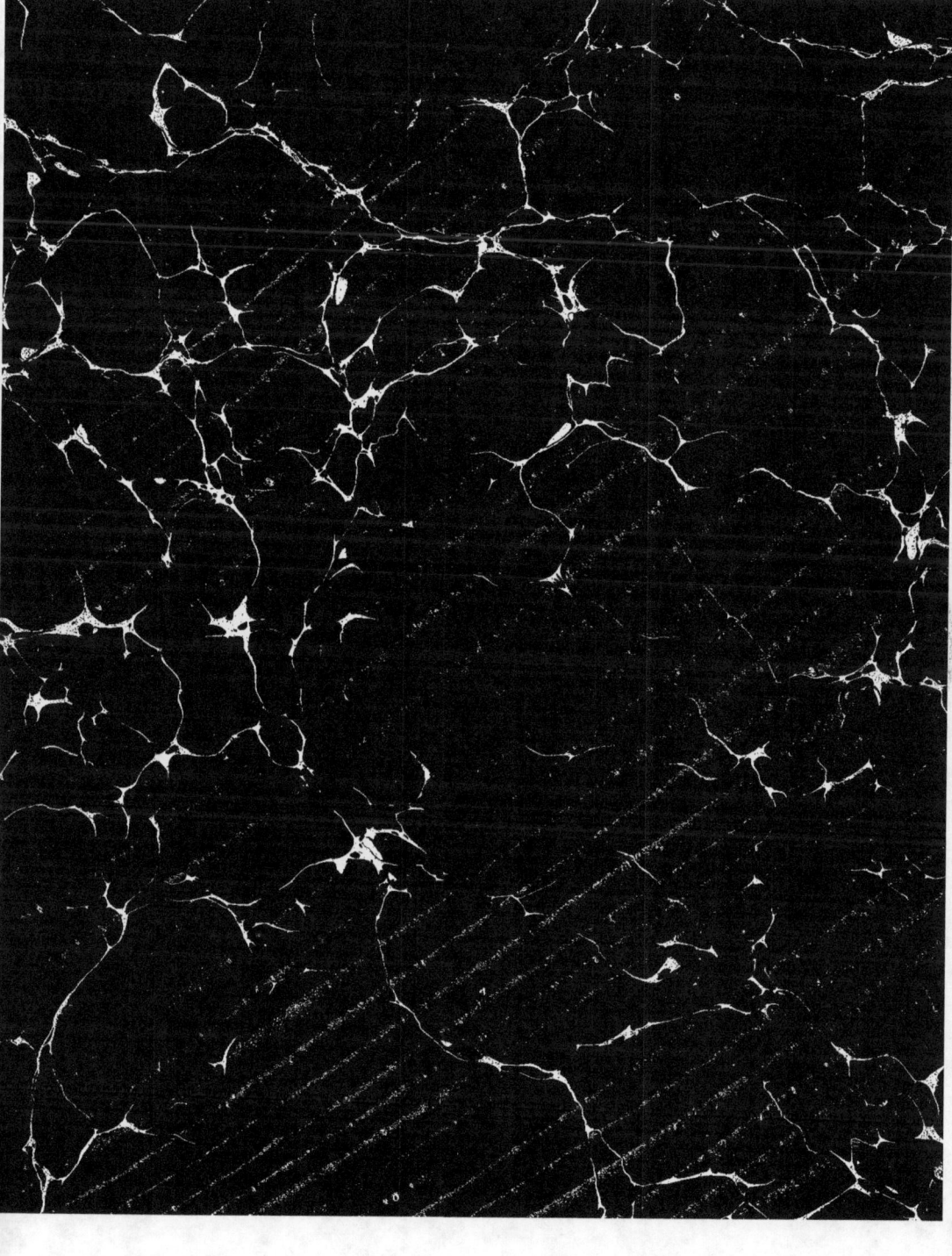

Lb 44
801

CORRESPONDANCE

DE

NAPOLÉON IER

CORRESPONDANCE

DE

NAPOLÉON Ier

PUBLIÉE

PAR ORDRE DE L'EMPEREUR NAPOLÉON III

TOME XXVI

PARIS

IMPRIMERIE IMPÉRIALE

M DCCC LXVIII

CORRESPONDANCE
DE
NAPOLÉON PREMIER.

ANNÉE 1813.

20324. — A M. COLLIN, COMTE DE SUSSY,
MINISTRE DU COMMERCE ET DES MANUFACTURES, A PARIS.

Mayence, 1er août 1813.

Monsieur le Comte de Sussy, je n'ai pas entendu parler depuis longtemps de la marche de votre ministère. Je désire que vous me fassiez connaître par un rapport comment ont marché les licences que j'avais accordées soit en France, soit en Italie, où en sont les départs et les retours, et ce que je dois espérer des droits. Les douanes rempliront-elles leur budget? Dans le cas où elles ne le rempliraient pas, il faudrait me proposer des mesures pour y subvenir.

Faites-moi connaître la situation de la France en ce qui concerne le coton, les bois de teinture, l'indigo et les marchandises coloniales; de même la situation de la Hollande.

Enfin dites-moi s'il ne conviendrait point, pour augmenter nos ressources du budget, d'accorder de nouvelles licences, ou, en cas d'obstacles, des introductions par Hambourg ou par d'autres points de la frontière. Dans la situation actuelle de l'Empire, j'ai besoin que votre budget soit entièrement rempli, et plutôt en plus qu'en moins.

Écrivez-moi un mot là-dessus.

D'après la minute. Archives de l'Empire.

20325. — AU VICE-AMIRAL DUC DECRÈS,
MINISTRE DE LA MARINE, À PARIS.

Mayence, 1er août 1813.

Monsieur le Duc Decrès, si j'étais à Paris, je voudrais aller à Cherbourg pour assister à l'introduction de la mer. Je désire que l'Impératrice y aille, et il sera convenable, si elle y va, que vous l'accompagniez. Comme cette princesse est obligée d'être à Paris pour l'époque du 15 août, il faudra retarder de quelques jours l'opération de Cherbourg. La marine pourrait ordonner quelque chose à Cherbourg pour faire honneur à l'Impératrice et l'amuser. Il me semble que les préparatifs annoncés d'avance pourraient attirer beaucoup de monde, et que l'opération, en elle-même, est assez intéressante pour donner lieu à un grand concours de curieux. Je pense que ce retard de cinq à six jours ne pourrait qu'être avantageux, car vous savez qu'il y a beaucoup de petits détails que cela permettra de mieux soigner.

NAPOLÉON.

D'après l'original comm. par Mme la duchesse Decrès.

20326. — AU PRINCE DE NEUCHÂTEL ET DE WAGRAM,
MAJOR GÉNÉRAL DE LA GRANDE ARMÉE, À DRESDE.

Dresde, 4 août 1813.

Mon Cousin, vous trouverez ci-jointes la formation du 14e corps et celle du corps d'observation de Bavière. Communiquez-les au ministre de la guerre, au duc de Valmy, au duc de Castiglione et au maréchal Saint-Cyr.

Vous verrez qu'il est nécessaire que le maréchal Saint-Cyr soit rendu le 6 à Freyberg. Donnez-lui l'ordre de mouvement de toutes ses troupes, et recommandez-lui de veiller à ce que tout ce qui le rejoindrait, après l'expiration de l'armistice, ne coure aucun danger. Il est à désirer que tout ce qui appartient à son corps soit réuni avant la reprise des hostilités, qui aura lieu le 16.

Donnez ordre à l'ordonnateur et aux administrations du corps de Bavière de se rendre en toute diligence à Freyberg.

Expliquez bien mes intentions au général Pernety pour la sûreté des mouvements de l'artillerie.

Vous ferez connaître que le corps de cavalerie qui est attaché à l'armée d'observation de Bavière sera composé de 6,000 hommes de vieilles troupes.

NAPOLÉON.

D'après l'original. Dépôt de la guerre.

20327. — AU MARÉCHAL NEY, PRINCE DE LA MOSKOVA,
COMMANDANT LE 3ᵉ CORPS DE LA GRANDE ARMÉE, À LIEGNITZ.

Dresde, 4 août 1813.

Mon Cousin, on ne fait rien au congrès de Prague. Un agent anglais s'en mêle. On ne pourra arriver à aucun résultat, et les alliés sont dans l'intention de dénoncer l'armistice le 10.

D'après la minute. Archives de l'Empire.

20328. — A EUGÈNE NAPOLÉON,
VICE-ROI D'ITALIE, À MONZA.

Dresde, 4 août 1813.

Mon Fils, j'ai reçu votre lettre du 29 juillet. Je viens d'arriver à Dresde. Tout porte à penser que l'armistice sera dénoncé le 10, et que les hostilités recommenceront le 16. Comme l'ennemi ne paraît pas très en mesure de votre côté, il faudra arriver à Grætz.

NAPOLÉON.

D'après la copie comm. par S. A. I. Mᵐᵉ la duchesse de Leuchtenberg.

20329. — A M. MARET, DUC DE BASSANO,
MINISTRE DES RELATIONS EXTÉRIEURES, À DRESDE.

Dresde, 5 août 1813.

Monsieur le Duc de Bassano, écrivez aux plénipotentiaires que je leur envoie un projet de note, et que je leur donne toute la latitude pour qu'ils puissent faire tout ce qui est convenable pour arriver à l'échange des pouvoirs et ouvrir enfin les conférences. Ils pourront présenter des notes verbales ou écrites, régler le détail du cérémonial, déroger même à leurs instructions, mais y tenir le plus près qu'ils pourront, et sans compromettre l'honneur de l'Empereur.

Faites connaître aux plénipotentiaires que le congrès de Teschen était un arbitrage, et que l'Autriche est médiatrice; que ce congrès a duré quatre mois, quoique les négociations fussent d'un objet inférieur. Faites-leur connaître ce qui s'est passé en ces circonstances, et envoyez-leur le préambule qui a été adopté dans les pouvoirs du baron de Tolly, qui prouve jusqu'à l'évidence les prétentions de la Russie; elle ne veut autre chose qu'entraîner l'Autriche. Faites bien comprendre qu'au moins, dans le système que vous proposez, les plénipotentiaires russes seront toujours maîtres de ne pas partir s'ils le veulent.

Donnez des détails sur M. Anstett; un pareil choix a été regardé en France comme une insulte et comme une indication de ne pas vouloir négocier.

Faites connaître que, dans la négociation du 30 juin, il n'a pas été fixé de terme à la négociation; qu'il est dit seulement qu'elle sera prolongée le temps nécessaire pour faire la paix, mais qu'étant déjà au 5 août il faudrait au moins quarante jours pour pouvoir négocier.

NAPOLÉON.

D'après l'original. Archives des affaires étrangères.

20330. — A M. MARET, DUC DE BASSANO,
MINISTRE DES RELATIONS EXTÉRIEURES, À DRESDE.

Dresde, 5 août 1813.

Je vous envoie un projet de note. Portez-la-moi aujourd'hui une demi-heure avant le lever, afin que cela puisse partir de bonne heure.

PROJET DE NOTE
POUR LE DUC DE VICENCE ET LE COMTE DE NARBONNE,
À PRAGUE.

Les soussignés, ministres plénipotentiaires au congrès de Prague, ont l'honneur de répondre à la note du ministre plénipotentiaire de la puissance médiatrice en date du......

La convention du 30 juin, par laquelle la France accepte la médiation de l'Autriche, a été signée après être convenus de deux choses :

1° Que le médiateur serait impartial; qu'il n'avait conclu ou ne conclurait aucune convention, même éventuelle, avec une puissance belligérante pendant tout le temps que dureraient les négociations;

2° Que le médiateur ne se présentait pas comme arbitre, mais comme conciliateur pour lever les différends et rapprocher les parties; que ce point avait été prévu et avait été l'objet d'une discussion entre M. le duc de Bassano et M. le comte de Metternich, parce que les intentions de la la Russie se sont montrées dès le 4 juin aux négociations de l'armistice. Cette puissance a fait voir alors qu'elle voulait ouvrir des négociations, non pour arriver au but de la paix, mais pour compromettre l'Autriche et étendre les malheurs de la guerre.

Les soussignés, ministres plénipotentiaires, depuis plusieurs jours qu'ils sont ici, ne peuvent que témoigner leur étonnement de ne pas encore avoir vu les ministres russe et prussien; de ce que les conférences n'ont pas commencé pour l'échange des pouvoirs respectifs; et enfin d'être obligés de perdre un temps précieux à répondre à des idées aussi nouvelles qu'étranges : de conclure la paix sans se voir, sans se connaître et sans se parler.

Les questions posées par le médiateur dans sa note étaient donc répondues par les explications qui ont accompagné la convention du 30 juin. Toutefois, les plénipotentiaires voulant, autant que cela dépend d'eux, lever tous les obstacles et concilier toutes les prétentions, même les plus singulières, proposent au médiateur de ne s'en tenir exclusivement à aucun des modes de négociation, mais d'accepter les deux modes et de les faire marcher de front. On traitera les affaires par notes; on se remettra ces notes dans des conférences régulières et qui auront lieu une ou deux fois par jour; on aura dans ces conférences des explications officielles qui seront mises en procès-verbaux ou énoncés demi-officiels qui ne seront pas écrits, et, par ce moyen, l'usage de tous les temps sera suivi; et, si le plénipotentiaire russe s'obstine à vouloir la paix sans parler, il ne sera point contraint de parler et il pourra faire connaître par des notes les intentions de sa cour.

Les soussignés ont l'honneur, etc.

D'après l'original. Archives des affaires étrangères.

20331. — A M. MARET, DUC DE BASSANO,
MINISTRE DES RELATIONS EXTÉRIEURES, À DRESDE.

Dresde, 5 août 1813.

Monsieur le Duc de Bassano, de la manière dont est dirigé l'équipement des Polonais, on se noie dans les détails; il n'y a aucun budget, aucun ordre. Il faut me remettre un compte où je puisse voir à quoi m'en tenir. Il faut constater la situation du corps polonais au moment de sa formation, et cela en trois parties, infanterie, cavalerie, artillerie; il faut me faire connaître ce qu'il en coûterait pour habiller ce corps à neuf, en supposant qu'il fût composé de recrues, et en distinguant l'habillement, le grand et le petit équipement, la masse de linge et chaussure. Une fois qu'on aura établi ce que doivent coûter ces trois articles, il faudra faire un nouveau calcul sur la situation du corps, non composé de recrues, et dire : il y a tant pour grand équipement, tant de gibernes, tant d'habits, de capotes, de culottes, de shakos, enfin le résultat par approximation, et dès lors la quantité de ce qui est nécessaire pour les trois chapitres.

Pour la cavalerie, il faut constater le nombre des chevaux au moment de la formation et ceux qui sont à réformer, comparer le nombre d'hommes, en ôtant pareillement ceux qui sont à réformer et en comprenant ceux qui arrivent, ce qui constatera les besoins en chevaux. Les besoins en selles peuvent également se constater.

Quant à la masse de linge et chaussure, il faut constater la quantité de chemises et de paires de souliers qu'a le corps; et on accordera une gratification de tant par homme, comme je l'ai fait pour les régiments composés de cohortes, avec obligation pour les corps de compléter leurs sacs; 10 francs par homme doivent suffire, si d'ailleurs ils ont quelque chose dans leurs masses; s'ils n'avaient rien du tout, cela coûterait 40 francs; enfin, pour peu qu'ils aient quelque chose, 10 francs, comme je viens de le dire, ou 20 francs au plus, seront suffisants. Alors, chaque régiment s'occupant de ce qui concerne les souliers, les bas, les chemises, on n'aura plus à en entendre parler. Il ne faut pas s'amuser non plus à fournir des fanfreluches à la cavalerie; il suffit de lui procurer du drap pour les habits, les manteaux ou capotes, des shakos, des bottes. Quant aux épaulettes de grenadiers, pompons, dragonnes, etc. les régiments les achèteront moyennant une gratification de tant par homme.

D'après ces dispositions, on connaîtra parfaitement le budget de ce qui est nécessaire au corps polonais; les régiments se procureront tout ce qu'ils peuvent se procurer, et on ne leur fournira des magasins que l'essentiel, c'est-à-dire, pour l'infanterie, les shakos et les draps pour habits, vestes, culottes et capotes, et, pour la cavalerie, les chevaux et l'équipement.

Pour l'artillerie, c'est plus simple encore, puisqu'il n'est question que des chevaux et des harnais.

Ce travail, où le budget en argent se trouvera appuyé de l'état en matières et comparé avec le budget français, est même nécessaire pour appuyer vos ordonnances à la trésorerie.

NAPOLÉON.

D'après l'original comm. par M. le duc de Bassano.

20332. — A M. MARET, DUC DE BASSANO,
MINISTRE DES RELATIONS EXTÉRIEURES, À DRESDE.

Dresde, 5 août 1813.

Monsieur le Duc de Bassano, écrivez en Bavière que je suis instruit qu'on y rend les déserteurs autrichiens. Si cela est vrai, c'est une grande faute, les Autrichiens ne rendant pas les nôtres.

NAPOLÉON.

D'après l'original. Archives des affaires étrangères.

20333. — AU MARÉCHAL DAVOUT, PRINCE D'ECKMÜHL,
COMMANDANT LE 13ᵉ CORPS DE LA GRANDE ARMÉE, À HAMBOURG.

Dresde, 5 août 1813.

Mon Cousin, l'armistice sera dénoncé le 10; les hostilités commenceront le 16. Je crois vous en avoir déjà prévenu. Il est important que vous n'ayez rien en marche, après le 16, de Mayence à Hambourg et de Hambourg à Mayence, et de bien veiller à votre ligne d'étape de Wesel à Hambourg, afin qu'il n'y ait rien de pris par les partisans.

Je vous ai déjà mandé de réunir toutes vos troupes disponibles, ainsi que les Danois, de manière à avoir un corps de 30,000 hommes en avant de Hambourg pour prendre l'offensive sur l'ennemi. Mon intention est de faire marcher 60,000 hommes par Luckau sur Berlin, ce qui avec votre corps fera près de 100,000 hommes. On dit que le prince royal commande le corps de Bülow. Son premier soin sera sûrement de défendre Berlin. Le duc de Reggio y sera le troisième jour après l'expiration de l'armistice. Faites diversion de bonne heure avec votre armée, en menaçant de vous porter sur le Mecklenburg et sur Berlin. Répondez-moi à cela par mon officier d'ordonnance, et envoyez-moi par lui : 1° la situation de l'artillerie de campagne ; 2° la situation de l'artillerie de siège et de son armement ; 3° la situation de toutes les fortifications ; 4° la situation de chacune de vos divisions ; 5° la situation des remontes, harnachements ; 6° la situation du corps danois ; 7° la situation de la marine, etc. Enfin faites-moi connaître ce que tout cela aura d'accroissement, ainsi que la position au 17 août. Il ne faut pas s'arrêter à de petites considérations. Il faut éviter un échec ; et, en ayant l'air d'envoyer des colonnes mobiles sur les rives de l'Elbe, à l'expiration de l'armistice, que tout cela soit replié sur Hambourg, afin de centraliser vos forces.

Si Cuxhaven est en état de défense, il faut l'armer et y mettre une garnison. Faites-moi savoir par mon officier d'ordonnance quels sont les postes que vous occupez.

NAPOLÉON.

D'après l'original comm. par Mᵐᵉ la maréchale princesse d'Eckmühl.

20334. — AU VICE-AMIRAL DUC DECRÈS,

MINISTRE DE LA MARINE, À PARIS.

Dresde, 5 août 1813.

Toutes les nouvelles que j'ai d'Angleterre, et que je lis dans les journaux anglais, sont que les Anglais font des frégates d'un calibre égal à celui d'Amérique, et que bientôt nos frégates ne pourront plus se présenter nulle part. Suivez, je vous prie, cette affaire.

D'après la minute. Archives de l'Empire.

20335. — AU MARÉCHAL MACDONALD, DUC DE TARENTE,

COMMANDANT LE 11º CORPS DE LA GRANDE ARMÉE, À LOEWENBERG.

Dresde, 6 août 1813.

Je désire que vous employiez deux ou trois jours à parcourir toute la frontière de la Bohême, depuis l'incidence de notre ligne de démarcation jusqu'à l'Elbe. Vous pourrez ne pas suivre vous-même toutes les sinuosités, en les faisant reconnaître par vos adjudants commandants, et vous contenter de bien saisir le pays et surtout les principaux débouchés qui aboutissent à Greiffenberg, Friedland, Zittau et Neustadt, et les communications de Bautzen et de Neustadt avec le camp que j'ai fait établir à Kœnigstein. Selon les circonstances, il serait possible que je vous chargeasse du commandement de plusieurs corps d'armée pour opérer sur cette frontière.

D'après la minute. Archives de l'Empire.

20336. — NOTES POUR LE COMTE DARU.

Dresde, 6 août 1813[1].

Il est probable que l'armistice sera dénoncé du 11 au 12, et que les hostilités commenceront du 17 au 18. L'Autriche nous déclare en même temps la guerre.

Il faut renouveler les ordres pour porter rapidement les vivres de

[1] Date présumée.

Magdeburg sur Dresde, et avoir à Dresde des fourrages pour l'approvisionnement de la place en cas de quelques jours d'investissement.

Il faut m'établir l'état de tous les convois qui sont en arrière, soit de l'habillement, soit du trésor, de manière à me faire connaître où ils sont, jour par jour. Également pour les compagnies d'équipages militaires qui seraient en route ou qui devraient s'y mettre.

Voici le projet auquel je me suis arrêté et la position de mon armée les 17 et 18 :

Le 13ᵉ corps, avec les Danois, à deux lieues en avant de Hambourg, sur la rive droite.

Le comte Hogendorp, avec une garnison de 10,000 hommes, dans Hambourg en état de siége.

La division de Magdeburg, commandée par le général Lanusse et sous les ordres du général Girard, en avant de Magdeburg.

La division du général Dombrowski en avant de Wittenberg.

Le général Durosnel dans Dresde, avec huit bataillons.

Le duc de Reggio, avec les 12ᵉ, 4ᵉ, 7ᵉ corps et 3ᵉ corps de cavalerie, à Luckau et Baruth, manœuvrant sur Berlin.

Le 14ᵉ corps, sous les ordres du maréchal Saint-Cyr : une division à Neustadt et Kœnigsberg, sur la rive droite, occupant Stolpen et Kœnigstein, qui sont sous les ordres de ce maréchal; trois divisions sur les hauteurs de . . . . . . .¹, tenant les deux routes qui de Prague viennent à Dresde; son quartier général à Pirna.

Le général Pajol, avec une division d'infanterie et une division de cavalerie, sur la route de Leipzig à Karlsbad, éclairant tous les débouchés jusqu'à Hof.

Le général Vandamme, avec le 1ᵉʳ corps et le 5ᵉ corps de cavalerie, à Bautzen.

Le quartier général à Gœrlitz, avec les cinq divisions d'infanterie de la Garde, les trois divisions de cavalerie, le 2ᵉ corps d'armée, le 1ᵉʳ corps de cavalerie.

---

¹ Lacune dans le texte.

A Zittau, le 8ᵉ corps; à Bunzlau, le 6ᵉ; à Lœwenberg, le 11ᵉ; à Gœrlitz, le 5ᵉ; à Sagan, le 3ᵉ, occupant Liegnitz comme avant-garde.

L'ennemi peut déboucher par la rive gauche, et dans ce cas le maréchal Saint-Cyr, pressé par des forces supérieures, se retirerait dans le camp retranché de Dresde, et serait joint, avant l'arrivée de l'ennemi, par le 1ᵉʳ corps, et successivement par les corps que j'enverrais de Gœrlitz.

La deuxième opération est par Zittau, et se porte sur Gœrlitz. Dans ce cas, on trouverait le 8ᵉ corps, la Garde, trois divisions du maréchal Saint-Cyr. Dans ce cas, je donnerais bataille entre Gœrlitz et . . . . . . .¹

Il est probable que, au même moment où l'armée autrichienne attaquera sur Zittau, les Russes attaqueront par Gœrlitz. Le 3ᵉ corps d'armée, le 2ᵉ corps de cavalerie se réuniront alors au 6ᵉ corps à Bunzlau.

Les trois points de résistance sont donc Bautzen, Gœrlitz et Bunzlau. C'est là qu'on peut avoir des moyens d'achat.

L'armée se nourrira par les ressources du pays et les envois réguliers de Dresde. Jamais, de cette manière, la route ne peut être interceptée.

Les corps qui marchent sur Berlin s'approvisionneront par Torgau, et puis par Wittenberg et Magdeburg aussitôt qu'ils seront en position.

Donner ordre qu'on charge à Dresde 3,000 quintaux de farine et 200,000 rations de biscuit sur des bateaux, qu'on les mette sous les ordres d'un détachement de la Garde et d'un officier des marins de la Garde, et qu'ils soient prêts à remonter l'Elbe demain soir.

Qu'on place 1,000 bœufs sur-le-champ à Kœnigstein, dans le camp retranché, une quantité de riz proportionnée à la farine; 3 ou 400,000 rations d'eau-de-vie, qu'on s'assure des quantités de bateaux nécessaires pour embarquer des farines à Kœnigstein. Toutes ces dispositions secrètes.

Faire charger demain les 60 voitures de réquisition qui ont amené du biscuit ici, et les envoyer sur Zittau.

Laisser les 46,000 rations de la Garde chargées sur les voitures de la 8ᵉ compagnie.

NAPOLÉON.

D'après la copie comm. par M. le comte Daru.

¹ Lacune dans le texte.

20337. — AU VICE-AMIRAL DUC DECRÈS,
MINISTRE DE LA MARINE, À PARIS.

Dresde, 7 août 1813.

Monsieur le Duc Decrès, j'ai signé le décret que vous m'avez envoyé. Vous verrez que j'y ai fait quelques changements.

1° Je ne veux pas conserver de frégates dans le Texel; j'ai donc porté dans le décret quatre frégates, deux françaises et deux hollandaises. J'ai ajouté pour condition que les frégates hollandaises partiront les premières, et les françaises quatre jours après. Si vous pouvez joindre aux frégates hollandaises une corvette ou un brick français, et aux frégates françaises une corvette ou un brick hollandais, faites-le.

2° Vous verrez également que je ne veux pas conserver de frégates dans l'Escaut; ainsi c'est six frégates au lieu de quatre, et cela par le même principe. Je désire qu'elles partent deux à deux, et à trois jours d'intervalle.

Si vous pouvez joindre un ou deux bricks montés par des Français ou des Hollandais à chacune de ces divisions, vous ferez une chose utile.

Ce sont les seuls changements que j'ai faits à ces dispositions qui me paraissent fort bonnes.

J'approuve que Bouvet puisse aller aux Indes. Je voudrais même que dans les instructions vous donnassiez à chaque frégate la permission, si elle se réapprovisionnait par des prises, d'aller plus loin.

Quant aux Américains, c'est une question bien difficile. Je pense qu'on pourrait prendre un *mezzo termine*. Tous les bâtiments américains qui iraient dans un port d'Espagne ou dans un port anglais seront considérés comme bonnes prises. Toutefois le capitaine vérifiera, 1° s'ils ont une permission *ad hoc* de leur gouvernement; ou bien 2° s'ils transgressent les ordres de leur gouvernement. S'ils transgressent leurs ordres et n'ont pas de permission pour se rendre dans lesdits ports, on pourra détruire, non pas le bâtiment, mais seulement la cargaison, après s'être approprié tout ce qui conviendra. S'ils ont une permission de leur gouvernement, on se contentera d'évaluer la cargaison et d'en faire signer la reconnaissance par le capitaine américain, et la question sera renvoyée à ce qui sera statué avec le gouvernement américain.

La même chose aura lieu pour les Danois. S'ils ont une licence ou une permission *ad hoc* de leur gouvernement, ils seront respectés en faisant ce qui a été dit ci-dessus.

Il doit être bien entendu qu'aucune prise américaine ne sera envoyée en Amérique, ni aucune prise danoise en Danemark. Il faudrait même qu'aucune prise américaine ne fût envoyée en Danemark, ni aucune prise danoise envoyée en Amérique.

Vous recevrez un décret par lequel j'ordonne qu'on construise à Toulon, à Rochefort et à Cherbourg une frégate de construction américaine. Je suis certain que les Anglais ont fait construire un bon nombre de frégates de ce modèle. Elles vont mieux, et ils les adoptent : il ne faut pas rester en arrière. Celles que vous ferez construire à Toulon, Rochefort et Cherbourg manœuvreront dans la rade et nous feront connaître ce qu'il faut penser de ce modèle.

Il me semble que vous avez à Dunkerque une belle corvette et un beau brick qui pourraient être joints à la croisière. Vous pouvez promptement faire terminer à Cherbourg *la Cléopâtre*. Je vois à Lorient *le Diadème*; il faudrait donner des ordres pour que ce vaisseau se rendît à Brest. Vous pouvez terminer *la Didon* à Lorient. Employant ainsi trente frégates en croisières, vous devez calculer qu'avant le mois de juin prochain il y en aura dix de prises, il faut donc les remplacer, en pressant la construction des nouvelles frégates. Vous pouvez faire terminer *la Magicienne* à Rochefort et *la Cornélie* à Bordeaux.

NAPOLÉON.

D'après l'original comm. par Mme la duchesse Decrès.

20338. — AU GÉNÉRAL COMTE DUROSNEL,
GOUVERNEUR DE DRESDE.

Dresde, 7 août 1813.

Monsieur le Comte Durosnel, la place de Dresde, qui est le point d'appui de l'armée, a été fortifiée et armée. Faites la visite des fortifications avec votre commandant du génie et votre commandant de l'artillerie, afin de vérifier la situation dans laquelle vous vous trouverez au 15 août, si les hostilités recommencent à cette époque.

J'ai ordonné qu'on construisît trois nouvelles redoutes sur la rive gauche, de sorte que les faubourgs soient entourés de huit redoutes; mais il faut que, le 15, ces trois nouvelles redoutes soient bien palissadées et bien fermées à la gorge.

Il est nécessaire que les portes conservées aux faubourgs soient couvertes de bonnes palanques, et que toutes les issues soient fermées par des chevaux de frise, et que le service y soit fait avec la plus grande régularité. Il est nécessaire qu'à chaque porte de la ville il y ait un fossé avec un pont-levis. Il faut qu'il y ait des pièces sur les remparts, de manière à couvrir tout le fossé de mitraille. Vous devez ordonner de mettre des pièces près de la porte de Zwinger pour battre la palanque faite à la brèche du rempart. Il est important que, outre la palanque, on fasse entrer de l'eau dans le fossé devant la brèche du côté de Pirna, et qu'on fasse créneler les maisons et fermer les rues par des palissades, en sorte que l'ennemi qui aurait forcé la palanque ne puisse avancer, ayant devant lui comme une seconde enceinte formée par les maisons crénelées et les barricades de toutes les issues.

Sur la rive droite, les redoutes formant le camp retranché doivent être bien palissadées et bien fermées à la gorge, et l'enceinte de la ville neuve doit être bien armée. Cette partie de la place est la plus forte.

Je laisserai sous vos ordres dans la ville une garnison de 6,000 hommes, qui pourrait offrir une ressource de 3 à 4,000 hommes si on se battait aux environs de Dresde. Mais il faut bien organiser la défense de la place: elle se divise naturellement en ouvrages sur la rive droite et ouvrages sur la rive gauche. Il faut avoir un officier supérieur remplissant les fonctions de commandant d'armes et qui sera chargé de tous les détails. Il y aura en outre un commandant de la ville neuve avec trois ou quatre adjudants de place, et un commandant de la vieille ville avec cinq ou six adjudants. Ces adjudants seront placés dans les faubourgs, de manière qu'il y ait dans chaque faubourg un adjudant qui y logera et qui sera chargé de sa défense et de la police.

Il est important que vous ayez dans l'intérieur de la ville un magasin de réserve de paille et de foin, afin que vous puissiez y enfermer le dépôt de cavalerie et nourrir 2 à 3,000 chevaux pendant une quinzaine de jours, si l'ennemi parvenait à tenir la campagne pendant ce temps-là.

Comme vous êtes chargé spécialement de la défense de la ville, il faut que vous travailliez avec le commandant du génie et celui de l'artillerie de la place, pour compléter tout ce qui y est nécessaire. Réunissez-les tous les soirs chez vous; faites de fréquentes visites, et rendez-moi compte journellement de l'état des choses et de ce que vous aurez arrêté. Il est convenable de veiller à ce que les corps, l'administration et l'artillerie n'encombrent pas la ville hors de mesure. Tout ce qui existe à Dresde en artillerie, voitures, etc. doit appartenir à la place ou être attelé, et on doit en avoir l'état exact, afin que je puisse, en cas de besoin, en ordonner l'évacuation. Le lieu où, de préférence, doit être placé tout le matériel de l'armée, est Torgau, qui est une véritable place forte.

NAPOLÉON.

D'après la copie. Dépôt de la guerre.

20339. — AU MARÉCHAL DAVOUT, PRINCE D'ECKMÜHL,
COMMANDANT LE 13ᵉ CORPS DE LA GRANDE ARMÉE, À HAMBOURG.

Dresde, 8 août 1813.

Mon Cousin, je reçois votre lettre du 5 août. Je me suis fait rendre compte de ce qui est relatif à vos compagnies d'artillerie à cheval; vous devez effectivement n'en avoir que deux.

Il n'y a aucune espèce de doute que l'ennemi dénoncera l'armistice le 10 et que les hostilités commenceront le 16 ou le 17. Vous pouvez donc compter là-dessus. Je vous ai dit de réunir toutes vos troupes sur la rive droite; cela me paraît de la plus grande nécessité, afin de prendre l'offensive et de tenir un corps égal en échec devant vous. Tous les renseignements m'apprennent que le prince royal de Suède commandera dans cette partie et même à Berlin.

Je vous ai déjà fait connaître que le duc de Reggio avec le général Vandamme, le général Reynier et le duc de Padoue, ce qui fera une armée de près de 80,000 hommes, débouchera par Luckau et Baruth, le jour de la rupture de l'armistice, pour être en trois ou quatre jours à Berlin. Vous sentez qu'il est nécessaire que toutes les forces qui se trouvent sous les ordres du prince royal, savoir l'armée suédoise, le 3ᵉ corps de l'armée prussienne commandé par Bülow, le corps auxiliaire à la solde de l'Angleterre, et enfin la division russe, ne puissent pas se porter tout entières à la rencontre du corps qui débouchera par Luckau. Il faut les obliger à tenir un corps de 30,000 hommes vis-à-vis de vous, et ils se trouveront dans cette obligation s'ils vous voient le 10 prêt à prendre l'offensive. Le 12, ayez vous-même votre quartier général à une lieue en avant de Hambourg; que les portes de Hambourg soient fermées à tout votre état-major, et que toutes vos troupes, infanterie, cavalerie et artillerie, soient prêtes à déboucher. Vous déboucherez effectivement si vous vous trouvez supérieur, ou vous aurez pris une bonne position qui couvrira Hambourg si l'ennemi se trouvait supérieur. Vous aurez soin de poursuivre vivement l'ennemi, afin de menacer les Suédois de leur couper la Poméranie et de les obliger d'y rentrer.

Sur cet ordre que je vous ai déjà donné plusieurs fois, vous faites l'objection que l'ennemi pourra donc passer l'Elbe et ravager le pays. Il n'y a pas de remède à cela. Je ne vous crois pas assez égal en cavalerie pour pouvoir vous y opposer avec avantage; mais il faut que, toutes les fois que les partisans passeront entre Hambourg et Magdeburg, ou entre Magdeburg et Dresde, ils ne trouvent rien à prendre à l'armée, qu'ils ne trouvent à piller que le pays. Je pense qu'il faut replier l'artillerie qui est dans vos différents postes, puisqu'elle pourrait y être compromise.

Vous proposez d'avoir 2 à 3,000 hommes d'infanterie, un millier de chevaux et cinq à six pièces d'artillerie légère, manœuvrant entre Harburg, Lüneburg et Werden. Cela me paraît fort sage et sans inconvénient. Ce corps, n'ayant aucun embarras, pourra promptement se replier sur Harburg et venir vous rejoindre s'il a affaire à des troupes trop considérables. Mais, si vous aviez poussé l'ennemi, il passerait l'Elbe à Dœmitz et viendrait encore vous rejoindre. Non-seulement cette colonne sera utile, mais elle est même indispensable. Il est possible que l'ennemi attende, pour passer l'Elbe avec des forces raisonnables, qu'il ait pu vous rejeter dans Hambourg. Dans ce cas, ce corps sur la rive gauche menacerait l'ennemi. Si, au contraire, l'ennemi fait passer l'Elbe à des forces égales aux vôtres, vous aurez affaibli votre corps principal, mais l'ennemi se sera affaibli dans la même proportion.

Je vous ai dit de veiller à ce que, de tous les convois qui viennent à Hambourg, il n'y en ait aucun de pris. Vous saisissez mal ce que je veux vous dire et vous me répondez « qu'il est est difficile de garder tout l'Elbe. » Je vous répète que mon intention n'est pas de garder tout l'Elbe, l'ennemi a trop de mauvaises troupes dont il fait peu de cas pour une affaire générale, et qu'il sait lancer en partisans pour piller ou pour faire insurger; mais le moyen de ne rien perdre c'est de ne rien avoir. Les convois qui se dirigent sur Hambourg viennent de Wesel ou de Magdeburg; écrivez au général Lemarois qu'à dater de la reprise des hostilités on n'expédie plus aucun convoi pour Hambourg, et pressez l'arrivée de ceux qui sont en route. Donnez ordre également qu'on arrête à Bremen tous les bataillons de marche, tous les hommes à pied de la cavalerie, tous les convois d'artillerie, tous les convois quels qu'ils soient qui seraient en route pour se rendre à Hambourg après l'armistice; que le commandant de la ville de Bremen les garde pour la défense de la ville, et qu'il ne vous envoie des convois que lorsqu'il pourra réunir 3 ou 4,000 hommes pour leur escorte et lorsque la situation des choses rassurera d'ailleurs sur l'arrivée de ces envois. Ainsi je ne prétends pas que vous défendiez tout l'Elbe, mais qu'à l'expiration de l'armistice vous n'ayez en route aucun convoi ou détachement d'hommes à pied, de cavalerie, d'artillerie, d'équipages militaires ou d'infanterie, sur les communications de Bremen à Hambourg et de Magdeburg à Hambourg; qu'il n'y ait que les estafettes et la poste qui passent; qu'enfin on ne communique, comme cela doit toujours se faire pour les transports et convois en temps de guerre, que sous des escortes d'une force suffisante pour résister aux partisans. Faites parcourir par des officiers de gendarmerie les différentes routes par où viennent les convois, pour qu'au moment de la rupture il n'y ait rien en marche et que rien ne soit compromis. Je suppose que maintenant vous comprenez bien mes intentions et que vous allez agir en conséquence.

Prenez les mêmes soins pour les convois d'argent; il faut qu'à dater du 10 au 12 août il ne parte aucun convoi d'argent sans un ordre spécial de vous, et que de Wesel à Hambourg, de Magdeburg à Hambourg et de Hambourg à Magdeburg, il ne se trouve aucun convoi d'argent. Lorsque les quinze premiers jours de la campagne seront passés, on verra la situation des choses et les mouvements qu'il sera convenable d'autoriser.

Écrivez à Wesel, à Bremen, à Magdeburg, à Osnabrück, à Hanovre, à mon ministre à Cassel, pour que tout cela soit ainsi organisé.

L'officier d'ordonnance que je vous ai expédié m'apportera la situation de tout votre corps. Je désire surtout la situation de votre cavalerie. 1° Votre cavalerie consiste : dans une brigade composée du 28° de chasseurs et d'un régiment lithuanien. Qu'est-ce que ces régiments auront, au 16 août, à cheval et en état de se battre? Qu'est-ce qu'ils ont à pied à Hambourg? Combien ont-ils de selles et de chevaux? Que leur manque-t-il pour être entièrement montés? Les colonel, major et cadres du 28° sont-ils arrivés, ou quand arriveront-ils? Quand les différents détachements qui doivent compléter ce régiment arriveront-ils? Cela doit former 1,200 hommes. 2° Vous avez un régiment de marche de troupes légères, de dragons et de cuirassiers, qui vous a été envoyé par le général Bourcier; ce régiment doit être de 1,250 hommes. Quelle est sa composition, sa situation en officiers, soldats, chevaux et selles? Il me semble que vous m'avez mandé que ces 1,250 hommes étaient montés. Le ministre de la guerre vous a envoyé les 4es escadrons de cuirassiers à pied, formant trois régiments, qui composent la brigade de cuirassiers de Hambourg. Combien y aura-t-il d'hommes arrivés au 16 août? Où seront les autres? Veillez à ce qu'il ne reste sur les routes personne que l'ennemi puisse enlever. Combien y aura-t-il de chevaux? combien de selles? Quand tous ces hommes seront-ils montés? 3° Enfin le général Bourcier a dirigé sur

Hambourg, sur la demande que vous lui en avez faite, 1,000 hommes à pied de cavalerie. Faites-moi connaître s'ils seront arrivés le 16 et quand ils seront montés. Le total de tout ceci vous ferait 6,500 hommes. D'après les renseignements que vous m'avez donnés, je suis fondé à penser que vous aurez 4,000 hommes montés et dans le cas de se battre au 16 août, ce qui, avec les Danois, vous fera 6,000 cavaliers. Vous en aurez en outre 2,500 à pied, qui, pouvant faire le service de Hambourg et étant exercés au service du canon, vous permettront d'affaiblir d'autant la 50° division.

50° division. Quelle sera la situation de cette division au 16 août? Le 5° bataillon du 33° léger sera-t-il arrivé? Les conscrits réfractaires de Flessingue seront-ils arrivés? Ceux de Wesel seront-ils arrivés? Les 3ᶜˢ bataillons du 3° et du 105°, avec les conscrits réfractaires et les différents détachements de Strasbourg, y seront-ils arrivés? Où seront les autres détachements qui ne seraient pas arrivés à l'expiration de l'armistice? Prenez des mesures pour qu'ils ne soient pas compromis. Selon les données que j'ai, j'espère que la 50° division aura une force de 9,000 hommes au 16 août. Vous en pouvez laisser 3,000 pour la garde de Hambourg, et employer 6,000 des meilleurs à augmenter votre corps actif.

De cette façon vous auriez : 1° à l'armée, la 3° division, la 40° et la 50°, ce qui vous ferait 20,000 hommes et 4,000 hommes de cavalerie; total, 24,000 hommes, plus 10,000 Danois; en tout 34,000 hommes; 2° à Hambourg, 2,500 hommes de cavalerie à pied, 500 hommes d'artillerie, 300 ouvriers de la marine, 1,000 hommes des équipages de la marine, 150 gendarmes, 7 à 800 douaniers et 3,000 hommes de la 50° division; ce qui ferait plus de 8,000 hommes à Hambourg. Vous aurez donc un total de près de 45,000 hommes, et, en admettant qu'il y ait quelque chose d'exagéré dans ce calcul, et que vous ne puissiez réunir que 30,000 hommes actifs et que 5,000 hommes de garnison à Hambourg, ce qui suffirait pour cette ville pendant le temps que vous la couvririez, cela ferait 35,000 hommes, et vous devez en avoir 45,000.

Je vous envoie un général qui sort de la Garde et qui est bon; il vous servira pour remplacer le général Loison ou le général Thiébault. La 50ᵉ division a le général Vichery, qui peut marcher. Vous avez beaucoup de généraux de cavalerie, puisque vous avez le général Watier et trois autres généraux. Faites-moi donc connaître, par le retour de l'estafette et en détail, votre position, et faites dresser un état de la situation de vos affaires au 16 août et pendant tout le reste d'août.

Je suppose qu'avec les Danois vous aurez cent pièces de canon. Vous devez partir du principe qu'il est bon d'avoir un approvisionnement et demi attelé, mais qu'un simple approvisionnement à la rigueur est suffisant, dès l'instant que vous avez à Hambourg des munitions pour les remplacements.

L'Autriche est contre nous. Cette puissance a 300,000 hommes sur pied, effectifs, ce qui lui fournit une armée de 120,000 hommes qui marchera contre moi sur Dresde, une autre de 30,000 hommes contre la Bavière, enfin une troisième de 50,000 hommes contre le vice-roi, qui est à Laybach; ce qui ferait 200,000 hommes sous les armes, et ce qui suppose 320 à 350,000 hommes effectifs. Quelque accroissement de forces que cela donne aux alliés, je me trouve en mesure d'y faire face. Mais vous devez sentir qu'il faut de l'énergie, et, si votre corps de 30,000 hommes était disséminé et ne remplissait pas absolument son rôle, qui est de tenir un nombre supérieur en échec, cela compromettrait toutes les affaires.

Mon projet est de faire marcher, comme je vous l'ai dit, vos 30,000 hommes et les 80,000 du duc de Reggio, ce qui fait 110,000 hommes, sur Berlin; cette force sera encore augmentée d'une colonne de 6,000 hommes qui pourra sortir de Magdeburg. Je compte que l'on sera à Berlin le quatrième jour, c'est-à-dire le 20 ou le 21; et, s'il y avait une affaire où l'on pût battre l'ennemi, éparpiller la landwehr et désarmer le landsturm, cela me mettrait à même de vous envoyer sur Stettin, pour suivre les Suédois, en vous augmentant du corps de Vandamme, et me permettrait de rappeler à moi soit le corps du général Reynier, soit le corps du duc de Reggio, et me renforcerait ainsi de 30,000 hommes contre la grande armée autrichienne et russe, ou bien, selon les circonstances, je vous laisserais tout ce monde pour débloquer Küstrin et Stettin, marcher sur Stettin, par là menacer de débloquer Danzig et obliger les Russes à y courir en toute diligence et à se détacher des Autrichiens. Il y a, dans toute cette armée qui vous est opposée, beaucoup de canaille, qui, une fois attaquée et battue, se dissipera, telle que la landwehr, la légion hanséatique, la légion de Dessau, etc. de sorte que huit jours de campagne, même sans de grands succès, réduiront de moitié les troupes ennemies qui sont dans cette partie.

Les circonstances sont fortes; le rôle que vous avez à remplir est très-actif. Il faut surtout que vous menaciez de bonne heure, afin qu'on ne se tourne pas entièrement contre ce qui débouchera sur Berlin, et qu'on ne vous néglige pas. Je vous le répète, aussitôt que vous saurez que l'armistice est dénoncé, sortez avec pompe de Hambourg, exigez que tout votre quartier général en parte et que vos troupes soient campées ou cantonnées suivant les maximes de la guerre.

NAPOLÉON.

D'après l'original comm. par Mme la maréchale princesse d'Eckmühl.

20340. — AU GÉNÉRAL COMTE LEMAROIS,
GOUVERNEUR DE MAGDEBURG.

Dresde, 8 août 1813.

Monsieur le Comte Lemarois, j'ai reçu votre lettre du 6 août.

L'ennemi dénoncera l'armistice le 10, et les hostilités commenceront probablement le 16 ou le 17. Vous avez déjà six bataillons de la 6e division *bis;* les 3e, 4e et 5e bataillons du 134e seront arrivés pour le 16, ce qui vous fera neuf bataillons. Vous aurez en outre deux bataillons du régiment de Lippe et deux bataillons westphaliens, ce qui vous fera en tout treize bataillons. Vous aurez de plus 4,000 hommes, savoir : 3,000 hommes venant des hôpitaux d'Erfurt, et 1,000 hommes sortant des hôpitaux de Magdeburg; vous armerez, habillerez et équiperez ces hommes isolés; vous en mettrez un certain nombre en subsistance dans chacun de vos neuf bataillons français, de manière à les porter au grand complet, et, selon le nombre d'officiers et sous-officiers sortant également des hôpitaux, vous formerez du reste quatre ou cinq bataillons de marche. Vous aurez, en outre, environ 2,000 cavaliers à pied.

Vous ferez faire le service de la place par un bataillon westphalien, un bataillon de Lippe et le 5ᵉ bataillon du 134ᵉ, vos quatre ou cinq bataillons de marche et les 2,000 cavaliers à pied, ce qui fera 6 à 7,000 hommes, nombre bien suffisant pour le service de la ville. Je pense que vous devez adopter la manière turque, c'est-à-dire affecter un bataillon de marche à la garde de la citadelle, un autre à la garde de la tête de pont, et trois autres bataillons à la garde des trois parties de l'enceinte, depuis le fort de l'Étoile jusqu'à l'Elbe, en exigeant qu'indépendamment des gardes, que j'évalue à un tiers des hommes, un autre tiers soit toujours consigné, et qu'un tiers seulement puisse être envoyé aux corvées ou venir en ville. Les chefs de corps et les adjudants de place étant ainsi chargés spécialement de la garde de postes déterminés, votre ville sera mieux défendue que si, avec le double de troupes, vous en faisiez faire le service selon l'ordonnance des places.

Il vous restera donc disponible une division active composée des six bataillons de la 6ᵉ division *bis*, de deux bataillons du 134ᵉ, un bataillon westphalien et un bataillon de Lippe; total, dix bataillons. Ces bataillons étant portés au grand complet, vu la faculté que vous avez d'y incorporer des hommes sortant des hôpitaux, vous formeront une division de 8,000 hommes. Je suppose que le dépôt de cavalerie pourra vous fournir 3 à 400 hommes à cheval. Vous organiserez pour cette division deux batteries d'artillerie à pied, et elle sera donc en tout de près de 9,000 hommes. Je vous ai envoyé un général de division et trois généraux de brigade. Le général de division commandera la division, et vous y attacherez deux des généraux de brigade.

Mon intention est que cette division débouche de Magdeburg pour arriver à Brandenburg, aussitôt que les 80,000 hommes que je fais marcher de Luckau sous les ordres du duc de Reggio seront arrivés à Berlin et que les 30,000 hommes que commande le prince d'Eckmühl auront débouché de Hambourg pour se porter entre la Poméranie et Berlin. Votre division active formera la communication entre ces deux corps.

mais elle restera sous vos ordres, et ne doit jamais se laisser couper de Magdeburg, parce que les 6 à 7,000 hommes restés à Magdeburg ne seraient pas suffisants pour la défense de cette place, si l'ennemi venait à l'investir.

Il est probable que quatre jours après la reprise des hostilités l'armée partie de Luckau sera sous Berlin, et le prince d'Eckmühl à moitié chemin de cette ville. Jusqu'alors vous pourrez avoir deux corps d'observation, chacun de 2,000 hommes, l'un entre Magdeburg et Dessau, l'autre entre Magdeburg et Werben, de manière à surveiller le passage de la rivière et à éclairer la place; mais, aussitôt que vous saurez que l'armée du duc de Reggio est en marche sur Berlin, il faut rappeler ces deux corps, et votre division active doit marcher sur Brandenburg et faciliter autant que possible les mouvements de l'armée du duc de Reggio et de celle du prince d'Eckmühl.

Quant à l'artillerie des petits postes, il faut l'y laisser jusqu'à deux ou trois jours avant le commencement des hostilités, et la retirer alors; vous ne garderez que les postes les plus près de la place, et vous confierez les autres à la garde de la gendarmerie et des gardes nationales westphaliennes et saxonnes.

Si l'offensive que nous prenons sur Berlin, de Hambourg et de Luckau, et qui probablement rejettera l'ennemi au delà de l'Oder, n'empêche pas les partisans ennemis de passer l'Elbe, et il est difficile de l'empêcher, il est important que vous veilliez à ce que l'ennemi ne nous prenne pas de convois d'artillerie, ni de convois d'argent, ni de détachements d'hommes isolés.

Aucun convoi d'argent ne partira de Magdeburg, soit pour Hambourg, soit pour Dresde, passé le 12. Aucun convoi d'argent ne sera dirigé de Wesel ou de Hambourg sur Magdeburg, également passé le 12. Par ce moyen, on sera assuré que le 17 il ne se trouvera aucun convoi d'argent en route. S'il était nécessaire de faire d'ici là quelque envoi de fonds, il faudrait le faire en poste. Écrivez au prince d'Eckmühl, au commandant de Wesel et au général Durosnel pour leur faire connaître les dispositions que vous avez prises à cet égard et celles qu'ils doivent prendre.

Aucun convoi d'artillerie ne doit partir de Magdeburg pour Hambourg passé le 12. Il n'en doit également partir aucun, passé le 12, de Dresde pour Erfurt. Aucun convoi parti de Mayence ou de Wesel pour Magdeburg ne doit être en route passé le 16; ceux qui ne pourraient pas être arrivés le 16 doivent s'arrêter à Erfurt ou Minden.

Il en est de même pour les transports d'habillements, de harnachements, les hommes isolés, etc. Tous les convois ou détachements doivent se grouper à Erfurt, Minden et Hambourg, et ensuite en venir, selon les circonstances, en se dirigeant en force sur Magdeburg, en marchant militairement et en se trouvant ainsi à l'abri des attaques des partisans ennemis. Travaillez sur cet objet avec le général Bourcier, afin qu'il n'y ait rien de perdu. Il faut hâter la marche de tout ce qui pourrait arriver à Magdeburg avant le 17, en faisant doubler les étapes et en supprimant les jours de séjour, et que tout le reste s'arrête, comme je l'ai dit plus haut, à Erfurt, Minden ou Hambourg. Par ce moyen, les partisans ne pourront rien prendre. Travaillez là-dessus pour l'artillerie avec le général Neigre. Les convois ou les hommes isolés destinés pour votre place et arrêtés à Erfurt, Minden ou Hambourg, n'en devront partir que sur vos ordres, que vous leur enverrez selon leurs forces et les circonstances.

Si Tangermünde est à l'abri d'un coup de main et capable de faire la résistance convenable, vous garderez ce poste; sinon, il faut en retirer vos troupes, mais seulement au dernier moment. 200 ou 300 cavaliers dans ce poste n'empêcheront pas les partisans à cheval de l'ennemi de courir le pays.

L'Autriche sera contre nous, mais je suis en mesure de faire face à tout. Cela exigera cependant plus d'activité et d'application de la part des différents chefs. Ils doivent surtout concentrer leurs forces, et ne rien laisser prendre sur les derrières.

Correspondez fréquemment avec mon ministre à Cassel, et ayez à cet effet un chiffre avec lui. Vous devez également en avoir un avec le major général et un avec le prince d'Eckmühl. Vous correspondrez aussi avec le général Durosnel. Vous n'aurez pas besoin d'ordres pour, selon les circonstances, faire des détachements sur les derrières, pour couper les partisans ennemis, de concert avec les détachements que le roi de Westphalie enverrait contre eux.

NAPOLÉON.

D'après l'original comm. par M. le comte Lemarois.

20341. — AU PRINCE DE NEUCHÂTEL ET DE WAGRAM,
MAJOR GÉNÉRAL DE LA GRANDE ARMÉE, À DRESDE.

Dresde, 9 août 1813.

Mon Cousin, faites connaître au maréchal Saint-Cyr que je désire que, le 11 au plus tard, le général Bonet ait son quartier général à Pirna; que le général commandant la 42ᵉ division ait le sien à Kœnigstein, et que le général commandant la 43ᵉ ait le sien du côté de Dohna; que, le 11 et le 12, les 42ᵉ et 43ᵉ divisions soient réunies sous les ordres du général Bonet, entre Dohna, Pirna et Kœnigstein, tandis que les 44ᵉ et 45ᵉ se réuniront à Freyberg.

Faites connaître au maréchal Saint-Cyr que j'ai donné ordre au général Milhaud de se rendre à Mayence pour y prendre le commandement des trois brigades *bis* du 5ᵉ corps de cavalerie. Le 14ᵉ régiment de hussards sera sous les ordres du général Pajol, et celui-ci sous ceux du maréchal Saint-Cyr.

Faites connaître à ce maréchal que probablement l'ennemi dénoncera l'armistice le 11 ou le 12, et qu'à cette époque l'Autriche nous déclarera la guerre; qu'ainsi il est convenable d'abandonner la ligne de Baireuth à Dresde, et de diriger tout ce qui arrive pour le 14ᵉ corps, artillerie, génie, détachements, etc. par la route de l'armée, par Fulde, Erfurt et Dresde.

Il faut que le général Pernety prenne des mesures pour que toutes les batteries destinées au 14ᵉ corps suivent cette direction, et que le 17 ou le 18 il n'y ait rien qui puisse être compromis.

NAPOLÉON.

D'après l'original. Dépôt de la guerre.

20342. — AU GÉNÉRAL COMTE DROUOT,

AIDE DE CAMP DE L'EMPEREUR [1], À DRESDE.

Dresde, 9 août 1813.

Il est nécessaire que vous me présentiez un projet de gratifications à donner aux acteurs de mon théâtre, et que vous fassiez connaître au comte de Turenne qu'il doit tout disposer afin que ces acteurs partent le 12 pour la France.

D'après la minute. Archives de l'Empire.

20343. — AU PRINCE CAMBACÉRÈS,

ARCHICHANCELIER DE L'EMPIRE, À PARIS.

Dresde, 9 août 1813.

Mon Cousin, j'ai écrit un mot au duc de Rovigo sur la situation actuelle des affaires; voyez-le. J'espère faire repentir l'Autriche de ses folles prétentions et de son infâme trahison. Mais, dans tous les cas, il ne pouvait rien arriver de pire que ce qu'elle proposait.

NAPOLÉON.

D'après la copie comm. par M. le duc de Cambacérès.

20344. — AU GÉNÉRAL SAVARY, DUC DE ROVIGO.

MINISTRE DE LA POLICE GÉNÉRALE, À PARIS.

Dresde, 9 août 1813.

Il est probable que le 11 ou le 12 les ennemis dénonceront l'armistice et que l'Autriche nous déclarera la guerre. Cette puissance a fait un beau rêve, et a cru pouvoir reprendre tout ce qu'elle a perdu depuis vingt ans : elle voulait tout, même Venise. Je vous écris ceci pour votre gouverne; mais il faut garder le secret jusqu'au dernier moment.

D'après la minute. Archives de l'Empire.

[1] Faisant les fonctions de grand maréchal du Palais.

20345. — A JÉRÔME NAPOLÉON, ROI DE WESTPHALIE,
À CASSEL.

Dresde, 9 août 1813.

Mon Frère, il est probable que les ennemis dénonceront l'armistice le 11 ou le 12, et qu'à cette époque l'Autriche nous déclarera la guerre. J'ai fait ce qui était possible pour tout concilier; mais les prétentions de l'Autriche étaient telles qu'elle se croyait en mesure de tout reprendre, même la Confédération du Rhin, et même Venise. Ceci doit être encore tenu secret; je vous l'écris pour votre gouverne. Si l'armistice est dénoncé le 11 ou le 12, les hostilités commenceront le 17 ou le 18.

Je ne sais pas si les hommes destinés à former le régiment français à votre service sont arrivés à Cassel, et si vous avez pu les monter et les armer.

J'ai ici des forces telles que j'espère faire repentir l'Autriche de ses folles prétentions. Il est cependant nécessaire que vous vous teniez sur vos gardes. Je suppose que vous avez un chiffre avec le major général, un avec le duc de Valmy, un avec mon ministre de la guerre, un avec le prince d'Eckmühl, un avec le général Durosnel, gouverneur de Dresde, et un avec le commandant d'Erfurt, afin de pouvoir correspondre avec eux, selon les différentes circonstances.

NAPOLÉON.

D'après la copie comm. par S. A. I. le prince Jérôme.

20346. — AU PRINCE FRÉDÉRIC DE HESSE,
À DARMSTADT.

Dresde, 9 août 1813.

Monsieur le Prince Frédéric de Hesse, j'ai reçu la lettre que vous m'avez écrite. J'ai vu avec plaisir le choix que le roi a fait de vous pour commander le corps qu'il a joint à mon armée, et je ne doute pas que vous ne justifiiez sa confiance. C'est une belle occasion pour vous de montrer vos talents militaires et d'acquérir de nouveaux titres à mon estime : je vous en donnerai des marques avec une particulière satisfaction.

D'après la minute. Archives de l'Empire.

20347. — AU PRINCE DE NEUCHÂTEL ET DE WAGRAM,
MAJOR GÉNÉRAL DE LA GRANDE ARMÉE, À DRESDE.

Dresde, 11 août 1813.

Mon Cousin, donnez ordre au général Vandamme de faire partir, demain 12, la 1re division pour aller prendre position entre Torgau et Eilenburg, de manière à pouvoir en trois jours se rendre à Dresde. La 2e division prendra position entre Wittenberg et Düben, de manière à pouvoir se rendre en quatre jours à Dresde, et sa troisième division (la 23e) sera placée entre Dessau, Wittenberg et Düben, de manière à pouvoir en cinq jours se rendre à Dresde. Son artillerie et tous ses équipages seront également placés entre Wittenberg et Düben; mais son quartier général pourra rester à Dessau jusqu'à nouvel ordre.

NAPOLÉON.

D'après l'original. Dépôt de la guerre.

20348. — AU PRINCE DE NEUCHÂTEL ET DE WAGRAM,
MAJOR GÉNÉRAL DE LA GRANDE ARMÉE, À DRESDE.

Dresde, 11 août 1813.

Donnez ordre au général Bertrand de partir demain de Sprottau et de se diriger sur Sorau. Il enverra prendre, à Luckau, les ordres du duc de Reggio, étant destiné à faire partie d'une armée composée des 12e, 4e et 7e corps et du corps de cavalerie du duc de Padoue, laquelle armée a ordre de marcher sur Berlin, dans le temps que le prince d'Eckmühl marchera dans la même direction sur la rive droite de l'Elbe en partant de Hambourg. Je suppose qu'il a évacué ses hôpitaux sur Dresde et sur Torgau, et qu'il ne laisse rien derrière lui. Qu'il envoie à la division wurtembergeoise, qui est à Naumburg, le même ordre de se rendre à Sorau, où ce corps se réunira.

Donnez ordre au général Reynier de partir, demain 12, de Gœrlitz pour se rendre à Luckau. Il sera, avec le 3e corps de cavalerie, sous les ordres du duc de Reggio. Il est nécessaire qu'il ne laisse aucun embarras à Gœrlitz, et qu'il évacue ses malades sur Dresde et Torgau.

Donnez ordre au duc de Padoue de partir, demain 12, de Leipzig, de passer l'Elbe à Torgau, et de se rendre à Dahme, où il sera sous les ordres du duc de Reggio.

Donnez ordre au duc de Reggio de réunir ces trois corps d'armée avec le 3ᵉ corps de cavalerie et de se diriger avec cette armée sur Berlin. Il est nécessaire qu'il commence son mouvement le 13 ou le 14, pour réunir toute son armée à Baruth. Le corps du général Bertrand arrivera à Luckau le 17, et celui du général Reynier à la même époque; de sorte que son corps se trouvera former l'avant-garde. Le corps du duc de Padoue arrivera le 15 ou le 16 à Dahme. Tout ce corps d'armée sera donc réuni à Baruth le 18 ou le 19.

Le général Lemarois, avec une division, manœuvrera en avant de Magdeburg, et le prince d'Eckmühl, avec 40,000 hommes, part de Hambourg pour contenir l'ennemi vis-à-vis de lui. Le corps du général Dombrowski formera un corps d'observation en avant de Wittenberg pour maintenir sa communication avec cette place. Il sera, du reste, sous les ordres du duc de Reggio.

D'après la minute. Archives de l'Empire.

20349. — AU MARÉCHAL DAVOUT, PRINCE D'ECKMÜHL,
COMMANDANT LE 13ᵉ CORPS DE LA GRANDE ARMÉE, À HAMBOURG.

Dresde, 11 août 1813.

Mon Cousin, c'est aujourd'hui le 11, et l'ennemi n'a pas encore dénoncé l'armistice; ainsi les hostilités ne peuvent pas recommencer avant le 18. Vous devez donc presser la marche de tout ce qui doit vous arriver; vous avez de la latitude à cet égard jusqu'au 20. Je vous ai fait connaître qu'il n'y avait pas d'obstacle à ce que vous laissiez un corps d'observation sur la rive gauche, sauf à le replier au besoin sur vous. Tout porte à penser que l'ennemi veut passer l'Elbe et se porter sur le Weser; mais votre mouvement sur la rive droite, qui ne peut pas être dérangé, puisque vous avez pour appui une place comme Hambourg et le Holstein, déconcertera ce projet, en même temps que le mouvement de Luckau sur Berlin obligera l'ennemi à revenir et mettra tout en confusion.

Je vois, par votre état de situation, que la 3ᵉ division a 8,140 hommes, mais, comme elle recevra d'ici là trois bataillons qui lui manquent, je puis la porter pour 10,000 hommes. La 40ᵉ division aura également 10,000 hommes, ainsi que la 50ᵉ. Vous pourrez donc marcher avec 10,000 hommes de la 3ᵉ division, 10,000 hommes de la 40ᵉ, et 5,000 hommes de la 50ᵉ, ce qui, joint aux 10,000 Danois, vous fera 35,000 hommes d'infanterie. Je vois que le 28ᵉ de chasseurs aura près de 1,000 hommes; je suppose qu'avant le 20 vous en aurez monté au moins 400. Le 17ᵉ de lanciers lithuaniens vous donnera également 400 chevaux, ce qui vous fera 800 hommes de cavalerie. Enfin vous aurez 1,200 chevaux du régiment de marche, et il vous restera les 2,000 hommes à pied de la brigade provisoire de cuirassiers que vous emploierez à la garde de Hambourg, en attendant qu'ils soient montés.

NAPOLÉON.

D'après l'original comm. par Mᵐᵉ la maréchale princesse d'Eckmühl.

20350. — AU GÉNÉRAL CLARKE, DUC DE FELTRE,
MINISTRE DE LA GUERRE, À PARIS.

Dresde, 11 août 1813.

Monsieur le Duc de Feltre, il est probable que les ennemis dénonceront l'armistice le 11 ou le 12, et que les hostilités recommenceront le 17 ou le 18. L'Autriche paraît décidée à nous déclarer la guerre; elle a des engagements avec l'Angleterre et est entrée dans tous les projets de cette puissance.

Vous aurez reçu l'ordre par lequel j'ai formé le 5ᵉ corps de cavalerie. Les trois brigades *bis*, composées de ce qui vient d'Espagne et des dépôts, se réunissent à Mayence. J'ai envoyé le général de division Milhaud pour en prendre le commandement. Envoyez-y trois généraux de brigade pour commander ces trois brigades, et redoublez vos efforts pour que les dépôts envoient tout ce qu'ils auront de disponible.

Vous aurez également reçu mon ordre qui forme le 14ᵉ corps. Il est déjà rendu sur Dresde. Il est important que vous réitériez vos ordres pour que rien de ce qui serait destiné à ce corps ne passe par la ligne de Baireuth; tout doit suivre la route de l'armée par Fulde, Erfurt et Dresde. Il en est de même pour ce qui vient d'Augsburg.

Je pense qu'il faut prendre sans délai toutes les mesures nécessaires pour compléter le corps d'observation de Bavière, formé des 51°, 52°, 53° et 54° divisions; faites diriger tous ses bataillons sur Mayence. Voyez le ministre de la marine pour que les 10,000 conscrits de la marine soient sans délai mis en marche sur Mayence, armés de leurs fusils et de leurs gibernes, et munis de leurs shakos, leurs capotes et leurs havre-sacs complets. Vous verrez le comte de Cessac pour qu'à leur arrivée à Mayence ces conscrits trouvent les habits d'infanterie légère ou de ligne et les vestes et les culottes dont ils auront besoin. Veillez à ce que tout ce qui ne pourrait pas être arrivé le 20 à Magdeburg ou à Hambourg et à Dresde reste à Wesel ou à Mayence jusqu'à ce qu'il puisse en partir un gros convoi se dirigeant sur Erfurt ou sur Minden.

J'ai donné ordre au général de division Lemoine d'aller prendre à Wesel le commandement des six bataillons de la 6° division *bis* qui y sont encore. S'il y avait des batteries destinées pour Magdeburg, organisées, il les prendrait avec lui pour s'en servir. Dans tous les cas, il faudra qu'il ait six pièces de canon. Dirigez également sur Wesel, pour être sous les ordres de ce général, 5 à 600 hommes de cavalerie des 24° et 25° divisions. Le général Lemoine formera ainsi à Minden un corps d'observation de 4 à 5,000 hommes. Il correspondra avec le prince d'Eckmühl, avec le général Lemarois, avec mon ministre à Cassel, afin de pouvoir agir selon les circonstances.

NAPOLÉON.

D'après la copie. Dépôt de la guerre.

20351. — AU PRINCE DE NEUCHÂTEL ET DE WAGRAM,

MAJOR GÉNÉRAL DE LA GRANDE ARMÉE, À DRESDE.

Dresde, 12 août 1813, quatre heures du matin.

Mon Cousin, en quelque lieu que se trouve le général Lemoine, donnez-lui ordre de se rendre à Wesel, de prendre le commandement des bataillons de la 6° division *bis*, d'y joindre tout ce qui serait destiné à passer par Wesel pour rejoindre l'armée sur Magdeburg; de tâcher d'y réunir huit pièces d'artillerie à cheval ou à pied, de celles qui sont destinées à l'armée; d'y réunir aussi tous les détachements de cavalerie que les 24º et 25º divisions militaires auraient à envoyer à l'armée, et d'aller prendre position avec cette colonne à Minden, d'où il correspondra avec le prince d'Eckmühl, avec le général Lemarois et avec mon ministre à Cassel, afin de pouvoir de ce point, selon les circonstances, se porter partout où il sera nécessaire et être à portée de me rejoindre promptement quand il en recevra l'ordre.

NAPOLÉON.

D'après l'original. Dépôt de la guerre.

20352. — AU GÉNÉRAL COMTE LEMAROIS,
GOUVERNEUR DE MAGDEBURG.

Dresde, 12 août 1813, quatre heures du matin.

Monsieur le Général Lemarois, l'armistice est dénoncé; les hostilités commenceront le 17. Retirez l'artillerie que vous auriez dans vos petits postes, ainsi que les hommes qui s'y trouvent et qui seraient compromis. Si le fort de Tangermünde n'est pas bien assuré, retirez-en de même l'artillerie et la garnison; car que signifieraient 3 à 400 hommes qui seraient là bloqués par de la cavalerie? Il vaut mieux avoir toutes ses forces réunies que de les compromettre.

Je vous ai déjà fait connaître que le prince d'Eckmühl déboucherait, le 18, avec 40,000 hommes entre Berlin et la mer, et que le duc de Reggio, avec les 12º, 4º et 7º corps commandés par les généraux Bertrand et Reynier, et avec le 3º corps de cavalerie, commandé par le duc de Padoue, déboucherait le 18 directement sur Berlin.

Annoncez que vous allez vous-même partir de Magdeburg avec une force de 18,000 hommes. Je suppose que des généraux vous sont arrivés. Organisez une division d'artillerie et faites ce qui est possible pour contenir l'ennemi au delà de l'Elbe, menacer son pont s'il en jetait un, et vous mettre en communication avec le duc de Reggio. Je suppose que vous avez un chiffre: il faudra désormais s'en servir.

Envoyez un de vos aides de camp au prince d'Eckmühl; qu'il soit de retour le 16 et vous fasse connaître la position et les projets du maréchal. Ayez un chiffre avec ce maréchal ainsi qu'avec le duc de Reggio. Je suppose que le chiffre de l'état-major avec eux est le même, assurez-vous-en. Vous me ferez connaître ce que l'officier que vous aurez envoyé au prince d'Eckmühl vous aura dit à son retour.

NAPOLÉON.

P. S. J'ai ordonné au général Lemoine de se porter avec six bataillons de la 6ᵉ division *bis* à Minden, pour y faire un petit corps de réserve.

D'après l'original comm. par M. le comte Lemarois.

20353. — AU MARÉCHAL DAVOUT, PRINCE D'ECKMÜHL,
COMMANDANT LE 13ᵉ CORPS DE LA GRANDE ARMÉE, À HAMBOURG.

Dresde, 12 août 1813, au matin.

Mon Cousin, j'ai nommé le général Girard, qui s'est si bien distingué à Lützen et qui est guéri de ses blessures, pour se rendre à Magdeburg. Il aura sous ses ordres, 1° le corps du général Dombrowski, composé de huit bataillons polonais et de deux régiments de cavalerie, et 2° une division de 9,000 hommes tirés de la garnison de Magdeburg. Ce général pourra donc réunir entre Berlin, Wittenberg et Magdeburg 15,000 hommes qui serviront à établir une communication entre vous et le duc de Reggio. Cependant ce corps ne doit pas s'éloigner de manière à être isolé de Magdeburg, parce que la garnison de cette place ne serait plus suffisante. Le général Lemarois ayant le chiffre de l'état-major, que vous devez avoir aussi, vous pourrez correspondre.

NAPOLÉON.

D'après l'original comm. par Mᵐᵉ la maréchale princesse d'Eckmühl.

20354. — AU PRINCE DE NEUCHÂTEL ET DE WAGRAM,
MAJOR GÉNÉRAL DE LA GRANDE ARMÉE, À DRESDE.

Dresde, 12 août 1813.

Mon Cousin, envoyez l'ordre au commandant du 1ᵉʳ corps de cavalerie, qui est à Sagan, de partir le 13 pour se porter sur Gœrlitz, où il devra arriver le 15 ou au plus tard le 16, les hostilités devant commencer le 17.

Qu'il me fasse connaître la route qu'il prendra chaque jour. Il m'enverra aussi la situation de son corps.

S'il a des malades, qu'il les évacue aussitôt sur Torgau.

Donnez ordre au duc de Bellune de se porter sur Gœrlitz et d'y arriver le 16; il fera connaître la route qu'il prendra et où il se trouvera chaque jour.

Il laissera du côté de Guben une brigade de cavalerie et quelques compagnies de voltigeurs jusqu'au 17.

Donnez ordre au duc de Trévise de se rendre à Bunzlau, d'y arriver le 15, afin de pouvoir être à Gœrlitz le 17, s'il est nécessaire. Il amènera avec lui tout ce qui appartient au quartier général, savoir : les compagnies de sapeurs, le génie, les marins, etc. enfin il ne laissera que ce qui appartient à la garnison de Glogau. S'il y a des malades ou malingres, il les laissera à Glogau.

Prévenez le prince de la Moskova, le général Lauriston, le duc de Raguse et le duc de Tarente de la dénonciation de l'armistice, et que les hostilités recommencent le 17.

Donnez ordre au 2ᵉ corps de cavalerie de se rendre à Haynau, où il prendra les ordres du prince de la Moskova; prévenez le prince de cela.

Donnez ordre au général Sebastiani de laisser dans le cercle de Freystadt 5 à 600 chevaux, qui préviendront de ce qui se passera et le rejoindront le 17.

Donnez l'ordre au prince Poniatowski qu'il se rende à ses quartiers, qu'il réunisse ses troupes et s'éclaire bien depuis Neustadt jusqu'aux postes du duc de Tarente; qu'il se prépare à évacuer Zittau sans perte, s'il y a lieu, et choisisse pour placer ses troupes une bonne position militaire.

Napoléon.

D'après l'original. Dépôt de la guerre.

20355. — AU PRINCE DE NEUCHÂTEL ET DE WAGRAM,
MAJOR GÉNÉRAL DE LA GRANDE ARMÉE, À DRESDE.

Dresde, 12 août 1813.

Mon Cousin, écrivez sur toute la ligne de l'Elbe et sur toute la ligne de l'armée qu'on ne laisse plus passer personne ni communiquer avec l'ennemi, et qu'on retienne tout ce qui irait vers le pays ennemi, afin d'empêcher, autant que possible, l'ennemi d'avoir des renseignements positifs sur nos mouvements.

NAPOLÉON.

D'après l'original. Dépôt de la guerre.

20356. — ORDRES POUR LE MAJOR GÉNÉRAL.

Dresde, 12 août 1813.

Dans les huit redoutes de la rive droite de l'Elbe, il sera construit huit baraques conformes au modèle de celles de la jeune Garde; mais on choisira des arbres plus gros, de sorte que les hommes soient à l'abri, non-seulement de la fusillade, mais de la mitraille. Le commandant du génie donnera l'ordre pour tracer ces baraques. Elles seront doubles de celles de la Garde et contiendront 40 hommes. Le comte de Lobau donnera l'ordre pour que les bataillons de la jeune Garde soient chargés chacun de faire une de ces baraques, et pour qu'elles soient terminées demain.

Il sera construit pareillement de semblables baraques dans les cinq redoutes de la rive gauche. Les deux bataillons du régiment de Westphalie et les quatre bataillons du 11ᵉ de tirailleurs et du 11ᵉ de voltigeurs construiront ces baraques.

Il sera placé une pièce de canon de campagne dans chacune de ces treize redoutes; cette pièce sera sans caisson, mais il sera placé dans un petit magasin 200 coups à tirer et 5,000 cartouches d'infanterie avec les pierres à feu nécessaires. Il y aura dans chaque redoute, et à dater de demain, un canonnier de service et 25 hommes d'infanterie de garde; ils seront cinq ou dix jours de garde. Le canonnier apprendra à six hommes les manœuvres de la pièce d'artillerie. Il y aura un sergent chargé de l'inspection et du commandement de ces pièces sur la rive gauche, et un autre sergent sur la rive droite. Ils visiteront les magasins et feront tous les jours l'inspection des pièces qui seront dans les redoutes. Il y aura tous les jours, de service dans la grande lunette, 100 hommes d'infanterie, un capitaine de la garnison, quelques officiers, et au moins un sergent d'artillerie, un caporal et quatre canonniers.

Il sera fait un approvisionnement de sacs à terre et de gabions suffisant pour barricader en peu d'heures les débouchés des cinq rues qui donnent sur la brèche de Wilsdruf, et provisoirement on établira à chacun de ces débouchés une barrière, de sorte que ces rues soient fermées tous les jours. En cas de l'approche de l'ennemi, on se servira des sacs à terre et gabions, et derrière les barrières l'on établira des traverses de dix-huit pieds de largeur. On placera de suite des palanques devant toutes les portes des maisons qui donnent sur la brèche, autant que cela ne gênera pas la communication de ces maisons et qu'elles auront une autre issue. Dans le cas contraire, on déposera les palanques à portée, pour qu'elles soient placées dans une heure. On aura aussi des gabions et des sacs à terre à portée pour en placer dans toutes les fenêtres, de manière que, si l'ennemi se présente, on s'établira dans toutes ces maisons, et les sacs à terre serviront de créneaux. La même opération sera faite pour les maisons qui donnent sur la brèche de Pirna, et tout cela sans donner de l'inquiétude aux habitants.

On réunira tous les ouvriers au fossé de la porte de Pirna, de manière que cette partie soit renforcée par un fossé plein d'eau; ce travail est le plus urgent de tous.

Toutes les portes des murs de jardin, ainsi que les sept à huit portes des faubourgs, seront fermées par une palanque, de manière qu'on ne puisse entrer que par ces portes des faubourgs. Il sera placé, avant le 18, une pièce de campagne à chaque porte et barrière des faubourgs, avec un canonnier de service et des servants pris dans les corps de garde, qui seront de 25 hommes.

Le pont en bois, qui est sur le fossé plein d'eau, près de la brèche de Wilsdruf, sera couvert par une barrière et un cheval de frise, et tous les soirs on en enlèvera des planches; la nuit l'usage en sera interdit. On établira à la porte du Soleil une bonne porte et une barrière.

On procédera à l'armement de la place de manière que, le 18, quatre-vingts pièces de canon soient en batterie, et vingt en réserve. Il y aura dans la place, indépendamment d'une compagnie d'artillerie saxonne, une compagnie d'artillerie française forte de 120 hommes; il y aura un colonel, un chef de bataillon et cinq ou six officiers d'artillerie.

Dans le cas où l'ennemi approcherait, les ponts-levis seront levés la nuit, et toutes les mesures seront prises. Dans le cas où la ville serait menacée, on s'emparera des quatre maisons qui sont sur la contrescarpe, près de la porte de Pirna, et, selon les circonstances, on les démolira ou on les occupera militairement.

Passé le 18, on réunira tous les bateaux et batelets dans Kœnigstein et dans Dresde; tout ce qui sera plus bas qu'à mi-chemin de Meissen sera renfermé dans Torgau. On laissera subsister les barques, mais il y aura un corps de garde, une sentinelle et une pièce.

Toutes les voitures des équipages non attelées qui sont en réparation, ainsi que de l'artillerie, soit française, soit saxonne, seront renfermées dans les fortifications de Dresde, sur les différentes esplanades.

Tous les dépôts de malades, de blessés et de convalescents qui sont hors de Dresde y rentreront à dater du 18, et des patrouilles de gendarmerie française et saxonne parcourront les campagnes pour faire rentrer les hommes isolés.

Dès demain 13, on coupera les bois tout autour et à cent toises des redoutes qui sont sur la rive droite; ces bois serviront pour des abatis dans les lieux où cela sera nécessaire. On placera des chevaux de frise aux différentes issues des portes.

Dans la journée du 14 au plus tard, les adjudants de place qui doivent commander les faubourgs, et les officiers supérieurs qui commanderont sur les deux rives, seront à leur poste et le service commencera.

On exercera 400 hommes de la garnison à la manœuvre du canon, selon l'usage établi dans le service des places.

On exécutera l'ordre donné de faire de petits retranchements en bois à 120 toises des redoutes, pour contenir les avant-postes. On fera aussi des retranchements, en corps d'arbres et d'une forme carrée, en avant des portes et du pont en pierre.

Le gouverneur me rendra compte le 14 de l'état des travaux.

Le major général prendra les dispositions nécessaires pour l'exécution du présent ordre.

NAPOLÉON.

D'après l'original. Dépôt de la guerre.

20357. — AU MARÉCHAL DAVOUT, PRINCE D'ECKMÜHL,
COMMANDANT LE 13ᵉ CORPS DE LA GRANDE ARMÉE, À HAMBOURG.

Dresde, 12 août 1813.

Mon Cousin, le major général vous aura annoncé que les ennemis ont dénoncé hier l'armistice. Les hostilités recommenceront donc le 17. Que votre quartier général sorte le plus tôt possible de Hambourg, et ne vous laissez pas masquer par des forces inférieures, et surtout par ce tas de canaille qui ne signifie rien.

J'ai fait venir le général Vandamme à Dresde; mais le duc de Reggio avec son corps, qui est le 12ᵉ, le 4ᵉ corps commandé par le général Bertrand, fort de trois divisions, le 7ᵉ corps commandé par le général Reynier, fort de trois divisions, et le duc de Padoue, fort de trois divisions de cavalerie, ce qui fait une armée de 70 à 80,000 hommes, débouchera, le 18, de Luckau sur Berlin. Vous sentez que ce corps, n'étant qu'à trois journées de Berlin, pressera davantage l'ennemi, et qu'il serait possible qu'il portât toutes ses forces contre lui. Vous devez donc manœuvrer de manière à inquiéter l'ennemi sur sa droite et à vous réunir avec le corps du duc de Reggio sur Berlin. Aussitôt que vous serez éloigné de Hambourg, vous aurez une communication sûre avec Magdeburg.

Le général Lemarois a ordre de former une division active pour manœuvrer autour de Magdeburg.

Comme il est probable que l'Autriche est contre nous, les circonstances deviennent fortes. Il faut que vous mettiez la plus grande activité dans vos opérations. Aussitôt que vous aurez reçu cette lettre, votre corps doit quitter Hambourg et menacer le flanc de l'ennemi. Annoncez l'arrivée d'un corps considérable venant de Wesel. J'ai ordonné au général Lemoine de se porter à Minden avec six bataillons de la 6° division *bis*, afin d'y former une réserve entre Cassel, Magdeburg et Hambourg.

NAPOLÉON.

D'après l'original comm. par Mme la maréchale princesse d'Eckmühl.

20358. — A EUGÈNE NAPOLÉON,
VICE-ROI D'ITALIE, À UDINE.

Dresde, 12 août 1813.

Mon Fils, les ennemis ont dénoncé hier l'armistice : les hostilités recommenceront donc le 17. Je n'ai pas la nouvelle que l'Autriche m'ait déclaré la guerre; mais je suppose que j'en recevrai la nouvelle dans la journée. Dès lors les hostilités avec elle commenceront également le 17. Tout porte à penser que de votre côté l'Autriche n'est pas en mesure : emparez-vous donc des bonnes positions des montagnes. Je suppose que la division napolitaine se dirige sur Bologne.

NAPOLÉON.

D'après la copie comm. par S. A. I. Mme la duchesse de Leuchtenberg.

20359. — A JÉRÔME NAPOLÉON, ROI DE WESTPHALIE,
À CASSEL.

Dresde, 12 août 1813.

Mon Frère, l'armistice a été dénoncé hier par l'ennemi, et les hostilités recommenceront le 17. Correspondez avec mon ministre de la guerre et le duc de Valmy pour organiser promptement votre régiment de hussards français. Le ministre de la guerre a ordre de vous envoyer les officiers nécessaires, mais vous devez aussi désigner vous-même ceux que vous connaissez et qui ne sont pas à l'armée. Je n'ai pas encore la nouvelle que l'Autriche nous ait déclaré la guerre, mais vous devez calculer là-dessus. J'ai ordonné à un général de partir de Wesel avec six bataillons de la 6ᵉ division *bis*, et de se porter à Minden, où il formera un corps d'observation, qui agira selon les circonstances.

NAPOLÉON.

D'après la copie comm. par S. A. I. le prince Jérôme.

20360. — INSTRUCTIONS
POUR LE PRINCE DE LA MOSKOVA ET POUR LE DUC DE RAGUSE.

Dresde, 12 août 1813.

L'Autriche nous a déclaré la guerre. L'armistice est dénoncé. Les hostilités recommenceront le 17.

Voici le plan d'opération qu'il est possible que j'adopte, mais auquel je me déciderai définitivement avant minuit. Concentrer toute mon armée entre Gœrlitz et Bautzen, aux camps de Kœnigstein et de Dresde. Si des fortifications ont été faites à Liegnitz et à Bunzlau, les détruire. Envoyer le duc de Reggio avec les 12ᵉ, 4ᵉ et 7ᵉ corps sur Berlin, dans le temps que le général Girard débouchera avec 10,000 hommes par Magdeburg, et le prince d'Eckmühl avec 40,000 hommes par Hambourg. Indépendamment de ces 110,000 hommes qui marcheront sur Berlin et de là sur Stettin, j'aurai sur Gœrlitz, savoir : les 2ᵉ, 3ᵉ, 5ᵉ, 6ᵉ, 11ᵉ, 14ᵉ et 1ᵉʳ corps d'armée, les 1ᵉʳ, 2ᵉ, 4ᵉ, 5ᵉ corps de cavalerie et la Garde. Cela fera près de 300,000 hommes. Avec ces 300,000 hommes je prendrai position entre Gœrlitz et Bautzen, de manière à ne pas pouvoir être coupé de l'Elbe, à me tenir maître du cours de ce fleuve, à m'approvisionner par Dresde, à voir ce que veulent faire les Russes et les Autrichiens, et à profiter des circonstances.

Je préférerais rester à Liegnitz; mais de Liegnitz à Dresde il y a quarante-huit lieues, c'est-à-dire huit marches, et en longeant toujours la Bohême. Il n'y en aurait que trente-six de Bunzlau, et vingt-quatre de Gœrlitz; si je prenais une position intermédiaire entre Gœrlitz et Bautzen, il n'y en aurait que dix-huit; ce pays se trouverait alors plein de troupes, et nous y serions pour ainsi dire entassés; nous aurions de la peine à vivre un mois. Pendant ce temps-là, ma gauche entrerait à Berlin, éparpillerait tout ce qui se trouve là, et, si les Autrichiens et les Russes livraient bataille, nous les écraserions. Si nous perdions la bataille, nous serions plus près de l'Elbe, et plus en mesure de profiter de leurs sottises. Je ne vois guère qu'on puisse hésiter pour Liegnitz.

Il n'en est pas de même de Bunzlau : je ne me dissimule pas que cette position a l'avantage de me tenir dans le cas d'empêcher l'ennemi de passer entre l'Oder et moi; au lieu que, entre Bautzen et Gœrlitz, l'ennemi passant par Bunzlau peut se porter sur Gœrlitz.

Le quartier général de l'armée autrichienne se réunit à Hirschberg; il paraît que les Autrichiens veulent opérer par Zittau.

Faites-moi connaître ce que vous pensez de tout cela. Je suppose que tout doit finir par une grande bataille, et je pense qu'il est plus avantageux de la livrer près de Bautzen, à deux ou trois marches de l'Elbe, qu'à cinq ou six marches : mes communications seront moins exposées; je pourrai me nourrir plus facilement, d'autant plus que, pendant ce temps, ma gauche occupera Berlin et balayera tout le bas Elbe, opération qui n'est point hasardeuse, puisque mes troupes ont Magdeburg et Wittenberg à tout événement pour retraite. J'éprouve bien quelque regret d'abandonner Liegnitz; mais, en l'occupant, il serait difficile de réunir toutes mes troupes; il faudrait les diviser en deux armées, et ce serait une fâcheuse position que celle de longer ainsi la Bohême sur un espace de trente lieues, d'où l'ennemi pourrait partout déboucher et se trouverait dans une position naturelle. Il me semble que la campagne actuelle ne peut nous conduire à aucun bon résultat, sans qu'au préalable il y ait une grande bataille. Je n'ai pas besoin de vous dire que, tout en s'échelonnant, il est indispensable de menacer de prendre l'offensive, en se contentant d'avoir sur l'ennemi le pays de neutralité et une ou deux lieues en avant.

L'Autriche ayant une armée contre la Bavière et une contre l'Italie, je ne suppose pas qu'elle puisse avoir contre moi plus de 100,000 hommes sous les armes. Je suis plus loin de croire que les Prussiens et les Russes réunis puissent en avoir 200,000, en comptant ce qu'ils ont à Berlin et dans cette direction. Toutefois il me semble que, pour avoir une affaire décisive et brillante, il y a plus de chances favorables à se tenir dans une position plus resserrée et à voir venir l'ennemi.

Je compte porter le 14 mon quartier général à Bautzen.

Évacuez à toute force vos malades.

Le prince de la Moskova pourra même profiter de Glogau.

Il enverra un officier au duc de Tarente, afin d'être prévenu de ce que l'ennemi fait sur son extrême droite.

<small>D'après la minute. Archives de l'Empire.</small>

20361. — AU MARÉCHAL MARMONT, DUC DE RAGUSE,
<small>COMMANDANT LE 6° CORPS DE LA GRANDE ARMÉE, À BUNZLAU.</small>

<small>Dresde, 12 août 1813.</small>

Je désire connaître si, en avant ou en arrière de Bunzlau, il y aurait une belle position où un corps de 200,000 hommes pût être placé favorablement pour arrêter un ennemi qui déboucherait en force des frontières de Bohême et de Silésie et lui donner bataille.

Faites-moi connaître aussi s'il existe une bonne route de Bunzlau à Hoyerswerda.

<small>D'après la minute. Archives de l'Empire.</small>

20362. — AU MARÉCHAL GOUVION SAINT-CYR,
<small>COMMANDANT LE 14° CORPS DE LA GRANDE ARMÉE, À FREYBERG.</small>

<small>Dresde, 12 août 1813.</small>

Rendez-vous dans la nuit à Dresde, et faites connaître votre arrivée à mon aide de camp de service, afin que je puisse vous voir demain, à la pointe du jour.

Pressez le mouvement de la 44° et de la 45° division et de toutes vos troupes sur Freyberg, et celui de la 42° et de la 43° division sur Pirna et Dohna.

<small>D'après la minute. Archives de l'Empire.</small>

20363. — AU GÉNÉRAL MOUTON, COMTE DE LOBAU,
<small>AIDE-MAJOR DE LA GARDE IMPÉRIALE, À DRESDE.</small>

<small>Dresde, 12 août 1813.</small>

Donnez ordre au général Nansouty de charger le général commandant la 2e division de la Garde d'avoir des postes sur Neustadt et sur les chemins qui de Bautzen vont en Bohême.

Donnez ordre à la division Delaborde de se tenir prête à partir demain avec ses trois batteries, et de prendre des vivres pour quatre jours; elle aura son artillerie, son organisation du génie, ses ambulances et son administration.

Vous nommerez un général de brigade pour rester avec la brigade composée du 11e de tirailleurs et du 11e de voltigeurs, et qui doit faire la garde de Dresde. Vous lui donnerez ordre de laisser des postes au camp, afin de le garder et de veiller à ce qu'on ne le dégrade pas.

Vous donnerez ordre à la vieille Garde de se tenir prête à partir demain; même ordre à l'artillerie, aux équipages militaires, et enfin à tout le service de la Garde.

Donnez des ordres pour qu'on évacue, dans la journée d'aujourd'hui et demain, 6 ou 700 malades de la Garde sur Torgau, où il sera établi un hôpital de la Garde.

Donnez ordre à l'ordonnateur de passer des marchés et de faire tout ce qui sera possible pour que sous deux jours tout ce qui doit compléter l'approvisionnement de Bautzen soit expédié.

D'après la minute. Archives de l'Empire.

20364. — AU GÉNÉRAL MOUTON, COMTE DE LOBAU,
AIDE-MAJOR DE LA GARDE IMPÉRIALE, À DRESDE.

Dresde, 12 août 1813.

Vous trouverez ci-jointe l'organisation de la Garde à cheval que je viens d'arrêter. Donnez tous les ordres au général Nansouty, au général Dulauloy et à l'ordonnateur de la Garde. La 1re division se réunira à Wurschen, où seront le quartier général et l'artillerie; la 2e division se réunira à Bautzen, où seront également le quartier général et l'artillerie; la 3e division à Stolpen, où seront le quartier général et l'artillerie. Que tout se mette en mouvement dès aujourd'hui, et que le 14 tout le monde soit à sa place, sans cependant qu'on fasse avancer à marche forcée. Expédiez les ordres sur-le-champ.

Vous me renverrez copie de l'organisation.

D'après la minute. Archives de l'Empire.

20365. — AU MARÉCHAL OUDINOT, DUC DE REGGIO,
COMMANDANT LE 12e CORPS DE LA GRANDE ARMÉE, À LUCKAU.

Dresde, 12 août 1813.

Mon Cousin, le major général vous a fait connaître que les hostilités recommenceront le 17. Il vous a fait également connaître que mon intention est que, le 14, la division Guilleminot et votre cavalerie légère soient réunies à Baruth, et que, le 15, le reste de votre corps d'armée y soit réuni, et que vous y ayez votre quartier général. Vous emploierez ce temps à diriger sur Baruth 100,000 rations de pain que vous ferez faire à Luckau.

Le major général vous a fait connaître que le 7e corps, commandé par le général Reynier et composé de trois divisions, deux saxonnes et une française, faisant 18,000 hommes présents sous les armes, avec une brigade de 1,600 chevaux saxons, arrivera le 16 ou le 17 à Luckau; que le 4e corps, commandé par le général Bertrand et composé d'une division française, d'une division italienne et d'une division wurtembergeoise, avec une brigade de cavalerie légère, arrivera également le 16 ou le 17 à Luckau; enfin que le duc de Padoue, avec le 3e corps de cavalerie, fort de trois divisions, faisant 6,000 chevaux, se rend aussi le 16 ou le 17 à Dahme. Il passera l'Elbe à Torgau. Envoyez des ordres à ces trois généraux pour leurs directions.

Le 18, si l'ennemi n'est pas en forces supérieures devant vous, vous pourrez entrer aussitôt sur le territoire ennemi, ce qui vous mettra à même d'avoir des renseignements sur tout ce qui s'est fait et se passe devant vous. Le 4e corps, que vous pourrez diriger sur Baruth par Lübben, si vous le jugez plus convenable, le corps du général Reynier, et le 3e corps de cavalerie, qui arrivera à Baruth par Dahme, vous mettront à même de commencer sérieusement vos opérations, de sorte que le 21 ou le 22 vous puissiez être à Berlin.

Vous aurez ainsi sous vos ordres neuf divisions d'infanterie avec trois brigades de cavalerie légère et trois divisions de cavalerie; cela formera : 12e corps, 16,000 hommes d'infanterie, 1,400 de cavalerie, soixante-deux pièces d'artillerie; 4e corps, 22,000 hommes d'infanterie, 1,000 de cavalerie, soixante-deux pièces; 7e corps, 18,000 hommes d'infanterie, 1,600 de cavalerie, soixante-deux pièces; 3e corps de cavalerie, 6,000 hommes, vingt-quatre pièces; total, 56,000 hommes d'infanterie, 10,000 de cavalerie, deux cent dix pièces d'artillerie. Ce qui fait 70 à 75,000 hommes. Dans cette artillerie, il y a quatre batteries de pièces de 12.

Vous ne devez pas perdre de monde devant des villages et des postes retranchés; mais vous devez sur-le-champ faire avancer les trente-deux pièces de 12 de vos quatre batteries de réserve, avec une quarantaine d'obusiers, au moyen de quoi vous détruirez en deux heures toutes les fortifications de campagne.

Le général Girard se rend à Magdeburg. Il aura sous ses ordres le corps du général Dombrowski, composé de huit bataillons polonais, avec deux régiments de cavalerie et une batterie d'artillerie à cheval, faisant à peu près 5,000 hommes. Au moment de l'expiration de l'armistice, s'il était poussé par des forces supérieures, il se replierait sur Wittenberg; mais il reprendra l'offensive aussitôt qu'il le pourra, et il marchera pour maintenir la communication entre vous et Wittenberg. Outre le corps du général Dombrowski, le général Girard aura sous ses ordres une division de 8 à 9,000 hommes avec laquelle il manœuvrera en avant de Magdeburg. Il tâchera de se lier avec le général Dombrowski, et réunira ainsi, entre Wittenberg, Magdeburg et Berlin, 12 à 15,000 hommes.

Le prince d'Eckmühl débouchera le 18. Dès ce moment, son quartier général est hors de Hambourg, et son corps est réuni sur la rive droite de l'Elbe, renforcé par 15,000 Danois; ce qui le porte à plus de 40,000 hommes. Il suivra l'ennemi, ou l'attaquera s'il est en nombre inférieur, et manœuvrera de manière à le couper de la mer et à se placer entre Berlin et Stettin.

Il y aura donc contre Berlin votre corps fort de 70,000 hommes, le corps du général Girard, fort de 12,000 hommes, et celui du prince d'Eckmühl fort de 40,000, c'est-à-dire en tout 122,000 hommes.

Après avoir occupé Berlin, vous manœuvrerez pour établir vos communications avec Wittenberg et Magdeburg, et le général Girard sera merveilleusement placé pour cela. Vous débloquerez Küstrin et vous ravitaillerez cette place en y jetant tous les vivres que vous pourrez trouver à vingt lieues autour. Vous débloquerez et ravitaillerez de même Stettin, d'où vous retirerez tous les généraux qui sont inutiles, en n'y en laissant qu'un seul pour commander la place. Vous obligerez les Suédois à se rembarquer et vous rejeterez l'ennemi au delà de l'Oder. J'ai fait préparer un équipage de siége pour essayer de reprendre Spandau.

Le maréchal Saint-Cyr, avec le 14ᵉ corps, a son quartier général à Pirna. Je fais venir à Dresde le général Vandamme avec son corps d'armée, et, quoique je m'attende à ce que l'Autriche me déclare la guerre dans peu de jours, je suis en mesure de faire face à tout. Le vice-roi, avec une armée de 80,000 hommes, se porte sur Grætz. Indépendamment des 122,000 hommes que je dirige contre Berlin, j'oppose deux armées aux armées russes, prussiennes et autrichiennes, égales à ce qu'elles peuvent me présenter.

Le général Lemarois, le prince d'Eckmühl, le général Lapoype, le général Durosnel, le gouverneur de Torgau, ont un chiffre qui est le même que celui que vous avez. Il faut en profiter pour leur écrire en chiffre ce qu'il serait dangereux que l'ennemi connût.

Le commissaire des guerres de Torgau ne vous a pas envoyé le complément de vos 6,000 quintaux de farine; il vient de recevoir l'ordre de le faire; envoyez à Torgau, pour le prendre, toutes vos charrettes de réquisition. Mais vous devez garder vos équipages pour l'approvisionnement de Baruth et pour vous suivre.

Faites en sorte que le général Bertrand et le général Reynier trouvent des vivres à Luckau pour leur consommation, et même pour en charger leurs voitures disponibles.

Faites-moi connaître quel est le commandant que vous laisserez à Luckau.

NAPOLÉON.

D'après l'original comm. par M. le duc de Reggio.

20366. — AU GÉNÉRAL BARON ROGNIAT,
COMMANDANT LE GÉNIE DE LA GRANDE ARMÉE, À DRESDE.

Dresde, 12 août 1813.

Monsieur le Général Rogniat, rendez-vous, avec un officier du génie de votre confiance, à Bautzen et Gœrlitz, et reconnaissez trois bonnes positions où l'armée puisse être centralisée, l'une derrière Gœrlitz, occupant Gœrlitz comme tête de position, la seconde en avant de Bautzen et la troisième derrière Bautzen. L'aile droite doit surtout être bien appuyée, cette armée pouvant être attaquée par les Russes et les Autrichiens.

NAPOLÉON.

D'après la minute. Archives de l'Empire.

20367. — AU PRINCE CAMBACÉRÈS,
ARCHICHANCELIER DE L'EMPIRE, À PARIS.

Dresde, 12 août 1813.

Mon Cousin, le ministre des relations extérieures vous a fait connaître que l'Autriche nous a déclaré la guerre. Son manifeste est assez insignifiant. L'analyse, en bon français, est qu'elle croit l'occasion bonne pour reprendre son influence.

Les négociations de Prague n'ont pas eu lieu : on n'a pas même pu échanger les pouvoirs. Les plénipotentiaires n'ont pas même pu se voir. Les affaires d'Espagne ont relevé les espérances; l'intrigue anglaise a fait le reste. Le 17 nous nous battrons.

Je désire que l'Impératrice fasse son voyage de Cherbourg et que ce ne soit qu'à son retour qu'elle apprenne tout cela. Faites-la partir le 17.

Je vous prie de faire réunir le conseil des ministres pour savoir s'il ne faudrait pas lever 25,000 conscrits dans les départements du Languedoc et de la Guienne, qu'on dirigerait sur Bayonne pour renforcer les armées d'Espagne. Si vous êtes de cet avis, présentez le sénatus-consulte au Sénat.

NAPOLÉON.

D'après l'original comm. par M. Niel, bibliothécaire au ministère de l'intérieur.

20368. — AU GÉNÉRAL CLARKE, DUC DE FELTRE.
MINISTRE DE LA GUERRE, À PARIS.

Dresde, 12 août 1813.

Correspondez avec le roi de Westphalie pour lui fournir les officiers nécessaires au régiment Jérôme-Napoléon, qui s'organise à Cassel. Je crois en avoir déjà nommé le colonel. Envoyez-y de bons chefs d'escadron. Le Roi mande qu'il a l'habillement, l'armement et les chevaux tout prêts. Dans les circonstances actuelles, il est important pour Cassel que le Roi ait ce régiment dans la main.

D'après la minute. Archives de l'Empire.

20369. — AU PRINCE CAMBACÉRÈS,
ARCHICHANCELIER DE L'EMPIRE, À PARIS.

Dresde, 13 août 1813.

Mon Cousin, j'ai reçu votre lettre du 8. Je porte demain mon quartier général à Bautzen. Toute l'armée est en mouvement; nous nous préparons à nous battre le 17. Le temps s'est remis au beau, et les chaleurs sont assez fortes.

NAPOLÉON.

D'après la copie comm. par M. le duc de Cambacérès.

20370. — AU PRINCE DE NEUCHÂTEL ET DE WAGRAM,
MAJOR GÉNÉRAL DE LA GRANDE ARMÉE, À DRESDE.

Dresde, 13 août 1813.

Mon Cousin, vous donnerez ordre au général commandant le génie d'exiger des commandants du génie des différents corps de donner des relations sur les événements qui se passent; c'est un compte qu'il est d'obligation que chaque corps rende à l'Empereur. Recommandez-leur de dire entièrement la vérité; dites-leur que leurs rapports seront connus seulement du général de leur arme et de l'Empereur. Écrivez la même chose au général commandant l'artillerie. J'entends qu'il me soit fait chaque jour un rapport sur l'administration, un sur l'artillerie et un sur le génie.

Donnez le même ordre aux généraux commandant les différents corps aux ordres du duc de Reggio. Exigez que, outre les rapports qu'ils rendront de leurs corps, ils donnent tous les renseignements qui pourront m'instruire de la situation des choses.

NAPOLÉON.

D'après l'original. Dépôt de la guerre.

20371. — AU PRINCE DE NEUCHÂTEL ET DE WAGRAM,
MAJOR GÉNÉRAL DE LA GRANDE ARMÉE, À DRESDE.

Dresde, 13 août 1813.

Mon Cousin, vous ferez connaître au maréchal Saint-Cyr que ses quatre divisions sont destinées à couvrir Dresde et le pont de Kœnigstein; que la forteresse de Kœnigstein et le fort de Stolpen sont sous ses ordres, et qu'il doit couvrir la frontière depuis au delà de Neustadt jusqu'au débouché de Hof, et être instruit de tout ce qui s'y passe.

Vous demanderez au général Gersdorf qu'il y ait auprès du maréchal Saint-Cyr un officier supérieur saxon, qui soit chargé de recevoir les rapports des baillis et de la gendarmerie saxonne sur toute cette frontière, ainsi que de veiller à l'approvisionnement du corps d'armée.

Faites connaître à ce maréchal qu'il doit placer deux bataillons de la 42e division au camp de Lilienstein, et le général commandant cette division à Hohnstein, avec l'artillerie de la division. Il placera au débouché de Neustadt une avant-garde de cavalerie et d'infanterie, qu'il mettra sous les ordres du même général, auquel il donnera à cet effet 4 à 500 chevaux, et il portera lui-même son quartier général du côté de Pirna. Dites-lui de placer toute la 45e division et toute la 43e, avec leur artillerie, sur le plateau, dans la position qu'il reconnaîtra la meilleure, du côté de Berggiesshübel, pour couvrir les deux routes qui viennent de la Bohême à Dresde. Qu'il occupe Hellendorf, avec une avant-garde de cavalerie, d'infanterie et d'artillerie : il laissera son artillerie légère à portée de renforcer son camp. Il doit employer aussi une partie de la 44ᵉ division au même but. Il emploiera le général Bonet pour commander ce camp, et, en général, il l'emploiera indistinctement pour commander plusieurs divisions ou pour commander là où il ne pourra pas être lui-même. Le reste de la 44ᵉ division sera employé à observer les autres débouchés. Il doit former, sur son extrême droite, du côté de la route de Leipzig, un corps d'observation qu'il pourra faire commander par le général Pajol. Ce corps devra être d'un millier de chevaux avec deux pièces d'artillerie à cheval, si cela est nécessaire, et quelques bataillons d'infanterie. Le général commandant la 44ᵉ division aura ordre de soutenir le général Pajol, qui éclairera la route de Leipzig et toute cette frontière jusqu'au débouché de Hof. Le maréchal Saint-Cyr fera placer une garnison dans le fort de Stolpen.

Vous lui ferez connaître que ceci ne doit être considéré que comme une instruction générale. Son but est de couvrir Dresde sur les deux rives, d'assurer la communication du pont de Kœnigstein à Bautzen, et de veiller à ce que les partisans ennemis ne s'introduisent pas sur la route de Neustadt à Bautzen. Mon quartier général étant à Bautzen, le général de cavalerie commandant l'avant-garde placé au débouché de Neustadt, ainsi que le général commandant la 42ᵉ division, auront l'instruction de vous envoyer directement à Bautzen leurs rapports qui pourraient presser, indépendamment de ceux qu'ils enverraient au maréchal. Faites connaître au maréchal Saint-Cyr qu'il doit instruire tous les jours le général Durosnel, gouverneur de Dresde, de ce qui se passe et de tout ce qui peut intéresser la sûreté de ce dépôt de l'armée. Dites-lui qu'il reste à Dresde pour garnison huit bataillons et plusieurs compagnies d'artillerie. Si l'ennemi débouchait sur lui avec des forces beaucoup plus considérables que les siennes, il devrait retarder sa marche autant que sa position le permettrait, et se replier sur Dresde, où il prendrait le commandement supérieur du camp retranché et de la garnison, afin de défendre la ville contre l'ennemi; il conserverait cependant toujours Stolpen, le pont de Kœnigstein, ainsi que les redoutes de Kœnigstein, afin que je puisse faire déboucher des troupes par Kœnigstein pour les porter sur les derrières de l'ennemi, ou bien, selon les circonstances, revenir sur Dresde. Il est important de faire réparer le chemin qui du pont de Kœnigstein va à Hellendorf et à Berggiesshübel, afin que la communication entre les deux rives soit la plus prompte et la plus directe possible.

Faites connaître au maréchal que j'ai ordonné qu'il y eût au pont de Kœnigstein 6,000 quintaux de farine, de riz, et 100,000 rations de biscuit; il doit aussi y avoir une manutention et un dépôt de munitions.

Il fera reconnaître le chemin qu'il pourrait prendre pour se porter sur Bautzen. Je ne sais pas si la route qui y conduit de Neustadt est praticable pour l'artillerie.

Il fera aussi reconnaître les chemins qu'il faudrait prendre pour se porter directement sur Zittau ou Gœrlitz, en cas de manœuvres de guerre. Il peut arriver tel cas où je ne laisse que deux bataillons au pont de Kœnigstein et un millier de chevaux, avec deux ou trois bataillons d'infanterie légère sur la ligne, qui auraient leur retraite sur Dresde, et que je porte son corps rapidement, par un à-gauche et un mouvement forcé, sur Gœrlitz ou Bautzen, pour servir de réserve au moment d'une grande bataille.

Faites-lui connaître qu'il est autorisé à attaquer l'ennemi et à faire des incursions en Bohême dans toutes les directions, soit pour inquiéter l'ennemi, soit pour avoir des nouvelles, soit pour exercer ses troupes. Il fera interroger tous les déserteurs et prisonniers de guerre, et on demandera à chacun d'eux le nom de son régiment et la force de sa compagnie. Il enverra des espions, et aura soin d'interdire toute communication entre la Saxe et la Bohême. On arrêterait surtout tout ce qui passerait de Saxe en Bohême, et il fera interroger tous ceux qui arriveraient.

Aussitôt qu'il aura placé ses camps et ses postes, il vous les fera connaître. Il fera tirer tous les jours à la cible, et fera établir les baraques de ses camps à l'abri de la pluie. Il placera des postes de correspondance sur la route la plus directe de Kœnigstein à Bautzen, afin de pouvoir communiquer rapidement avec le quartier général. Il en placera aussi sur la route de son quartier général à Dresde, afin de pouvoir avertir le général Durosnel de tous les mouvements de l'ennemi sur toute sa ligne qui paraîtraient menacer cette ville. Recommandez-lui d'activer l'arrivée de toutes ses troupes et de ses batteries qui sont encore en arrière; tout cela pourra être dirigé sur Dresde, d'où cela viendra le rejoindre.

Il fera évacuer l'hôpital de Pirna, si cela n'est pas déjà fait, et s'en servira comme d'ambulance.

Si l'ennemi faisait un grand mouvement du côté de Neustadt, le général commandant sur ce point préviendrait directement le gouverneur de Dresde de ce qui pourrait intéresser la sûreté de ce pivot de l'armée.

NAPOLÉON.

D'après l'original. Dépôt de la guerre.

20372. — AU PRINCE DE NEUCHÂTEL ET DE WAGRAM,
MAJOR GÉNÉRAL DE LA GRANDE ARMÉE, À DRESDE.

Dresde, 13 août 1813.

Mon Cousin, écrivez au général Dombrowski que, comme il garde les trois routes de Belzig, Treuenbrietzen et Jüterbogk, il sera nécessaire que son corps se reploie sur les trois routes et se réunisse soit sur la route de Wittenberg à Berlin, soit sur celle de Jüterbogk.

Il est nécessaire qu'il vous fasse des rapports de toutes les nouvelles qu'il recueillerait sur l'ennemi, sur ses forces à Berlin, et sur ce qu'il apprendrait de ce qui se passe au corps du duc de Reggio.

Si l'ennemi était plus fort que lui en infanterie et cavalerie, il pourrait se reployer sur Wittenberg; mais il marcherait en avant, aussitôt que le duc de Reggio aura fait reculer l'ennemi.

NAPOLÉON.

D'après l'original. Dépôt de la guerre.

20373. — AU PRINCE DE NEUCHÂTEL ET DE WAGRAM,
MAJOR GÉNÉRAL DE LA GRANDE ARMÉE, À DRESDE.

Dresde, 13 août 1813.

Mon Cousin, vous trouverez ci-jointe la manière dont j'entends placer mon armée. Je désire donc que vous ordonniez aux ingénieurs géographes de reconnaître sur-le-champ une belle position en avant de Gœrlitz, faisant front du côté de Zittau. Vous pouvez envoyer le général Pelet avec ces géographes et lui adjoindre des officiers du génie.

J'ai écrit au duc de Raguse de faire bien reconnaître la position de Bunzlau.

Enfin il faut faire reconnaître une troisième position entre Bautzen et Gœrlitz.

NAPOLÉON.

D'après l'original. Dépôt de la guerre.

INSTRUCTIONS
POUR LES MARÉCHAUX NEY, GOUVION SAINT-CYR, MACDONALD ET MARMONT.

Dresde, 13 août 1813, au soir.

Voici le parti que j'ai pris. Si vous avez quelques observations à me faire, je vous prie de me les faire librement.

Le duc de Reggio, avec les 7e, 4e et 12e corps, et le 3e corps de cavalerie, marchera sur Berlin dans le temps que le général Girard, avec 12,000 hommes, débouchera par Magdeburg, et que le prince d'Eckmühl, avec 25,000 Français et 15,000 Danois, débouchera par Hambourg; il est actuellement à trois lieues en avant de Hambourg, qui est devenue une place de première force. Cent pièces de canon y sont sur les remparts; les maisons qui gênaient la défense sont abattues; les fossés pleins d'eau; le général Hogendorp y commande une garnison de 10,000 hommes. J'ai donné ordre au duc de Reggio de se porter sur Berlin en même temps que le prince d'Eckmühl culbutera ce qu'il a devant lui, si l'ennemi lui est inférieur, ou du moins le poussera vivement quand il effectuera sa retraite. J'ai donc 120,000 hommes qui marchent dans différentes directions sur Berlin.

De ce côté-ci, Dresde est fortifié et dans une position telle qu'il peut se défendre huit jours, même les faubourgs. Je le fais couvrir par le 14ᵉ corps, que commande le maréchal Saint-Cyr; il a son quartier général à Pirna, il occupe les ponts de Kœnigstein, qui, protégés par la forteresse, sont dans une position inexpugnable. Ces ponts ont un beau débouché sur Bautzen. La même division qui fournit des bataillons à Kœnigstein occupe Neustadt avec la cavalerie. Deux divisions campent dans une très-belle position à Berggiesshübel, à cheval sur les deux routes de Prague à Dresde. Le général Pajol, avec une division de cavalerie, est sur la route de Leipzig à Karlsbad, éclairant les débouchés jusqu'à Hof. Le général Durosnel est dans Dresde avec huit bataillons et cent pièces de canon sur les remparts et dans les redoutes. Le 1ᵉʳ corps du général Vandamme et le 5ᵉ corps de cavalerie seront à Bautzen. Je porte mon quartier général à Gœrlitz; j'y serai le 16; j'y réunis les cinq divisions d'infanterie, les trois divisions de cavalerie et l'artillerie de la Garde, ainsi que le 2ᵉ corps, qui seront placés entre Gœrlitz et Zittau; et entre le 2ᵉ corps et la Bohême sera l'avant-garde, formée par le 8ᵉ corps (polonais).

Le duc de Raguse est à Bunzlau; le duc de Tarente, à Lœwenberg; le général Lauriston, à Grünberg; le prince de la Moskova, dans une position intermédiaire entre Haynau et Liegnitz, avec le 2ᵉ corps de cavalerie.

Cependant l'armée autrichienne, si elle prend l'offensive, ne peut la prendre que de trois manières :

Premièrement, en débouchant avec la grande armée, que j'estime forte de 100,000 hommes, par Peterswalde, sur Dresde. Elle rencontrera les fortes positions qu'occupe le maréchal Saint-Cyr, qui, poussé par des forces aussi considérables, se retirerait dans le camp retranché de Dresde. En un jour et demi, le 1ᵉʳ corps arriverait à Dresde, et dès lors 60,000 hommes se trouveraient dans le camp retranché à Dresde. J'aurais été prévenu, et en quatre jours de marche je pourrais m'y porter moi-même de Gœrlitz avec la Garde et le 2ᵉ corps. D'ailleurs Dresde, comme je viens de le dire, abandonné à lui-même, quand même il ne serait pas secouru du maréchal Saint-Cyr, est dans le cas de se défendre huit jours.

Le second débouché par où les Autrichiens pourraient prendre l'offensive, c'est celui de Zittau. Ils y rencontreront le prince Poniatowski, la Garde, qui se réunit sur Gœrlitz, et le 2ᵉ corps; et, avant qu'ils puissent arriver, j'aurai réuni plus de 150,000 hommes. En même temps qu'ils feraient ce mouvement, les Russes pourraient se porter sur Liegnitz et Lœwenberg; le 6ᵉ, le 3ᵉ, le 11ᵉ, le 5ᵉ corps d'armée, et le 2ᵉ corps de cavalerie, se réuniront sur Bautzen, ce qui ferait une armée de plus de 130,000 hommes, et en un jour et demi j'y enverrais de Gœrlitz ce que je jugerais superflu à opposer aux Autrichiens.

Le troisième mouvement des Autrichiens serait de passer par Josephstadt et de se réunir à l'armée russe et prussienne, de manière à déboucher tous ensemble. Alors toute l'armée se réunirait sur Bunzlau.

Il serait donc nécessaire que la principale position du prince de la Moskova fût à la hauteur de la nôtre, en occupant, s'il le juge convenable, Liegnitz.

Dans ce cas, le duc de Tarente éclairera l'ennemi; il préviendra de son mouvement le prince de la Moskova et le général Lauriston, et le duc de Tarente se repliera sur la position indiquée sur Bunzlau.

Dans ce cas, il faut que le duc de Raguse choisisse la position de bataille à Bunzlau, en avant ou en arrière. Je lui ai déjà mandé de s'occuper de ce travail important.

D'après la minute. Archives de l'Empire.

20374. — AU MARÉCHAL DAVOUT, PRINCE D'ECKMÜHL,
COMMANDANT LE 13ᵉ CORPS DE LA GRANDE ARMÉE, À HAMBOURG.

Dresde, 13 août 1813.

Mon Cousin, l'officier d'ordonnance Laplace arrive en ce moment et m'apporte votre lettre du 10 août. J'attache comme vous beaucoup d'importance à ce que la communication soit la plus directe possible avec Harburg; gagner une demi-lieue, c'est beaucoup gagner, et arriver promptement au secours de la garnison, cela équivaut à une augmentation de troupes.

Je vois avec peine que vous ayez encore si peu de chevaux.

Je vous ai fait connaître hier que l'ennemi avait dénoncé l'armistice, que les hostilités recommenceront le 17, et que l'Autriche nous a déclaré la guerre. La Garde part aujourd'hui de Dresde, et demain je porterai mon quartier général à Bautzen. Les 12e, 4e et 7e corps, et le 3e corps de cavalerie, sont en mouvement pour Luckau. J'espère que le 18 ils dépasseront Baruth pour se porter sur Berlin. Annoncez donc votre mouvement offensif. On ne voit pas trop encore ce que veut faire l'ennemi. Le général Girard est parti hier pour Magdeburg. Prenez toutes vos mesures pour remonter le plus promptement possible beaucoup de monde. Assurez-vous que vous et le général Lemarois avez le même chiffre. Je suis surpris que vous ne soyez pas plus instruit des mouvements de l'ennemi. Il me semble que par Altona et Copenhague vous devriez avoir toutes les nouvelles.

J'attends aujourd'hui le roi de Naples qui vient prendre un commandement dans l'armée. Ayez soin d'écrire en chiffre tout ce qui aurait quelque importance.

NAPOLÉON.

D'après l'original comm. par Mme la maréchale princesse d'Eckmühl.

20375. — A FRÉDÉRIC, ROI DE WURTEMBERG,
À STUTTGART.

Dresde, 13 août 1813.

Monsieur mon Frère, je reçois la lettre de Votre Majesté. Le congrès de Prague n'a jamais existé sérieusement; c'était un moyen que l'Autriche avait choisi pour se déclarer. La nomination de M. Anstett faisait assez connaître la résolution des alliés. Aussi les plénipotentiaires des puissances respectives ne se sont-ils jamais vus. Les plénipotentiaires russes et prussiens ne sont pas sortis de leurs maisons; ils n'ont jamais voulu voir les plénipotentiaires français; on ne s'est pas adressé de notes; on n'a pas même fait l'échange des pleins pouvoirs, et on n'est pas tombé d'accord sur la nature de la médiation. Enfin, le 12, le médiateur nous a déclaré la guerre. Son manifeste, assez modéré d'ailleurs, est ridicule en ce qu'il revient sur des faits antérieurs à l'alliance de 1812. Le duc de Bassano réunit toutes les pièces et il les fera parvenir à Votre Majesté;

mais Votre Majesté n'apprendra rien de plus en les parcourant. Il paraît que l'Autriche a des engagements sérieux avec les alliés depuis le mois de février, que depuis cette époque les affaires de Lützen ont retardé sa marche, et qu'elle ne s'est pas trouvée assez forte pour oser se déclarer. Aujourd'hui que, depuis le changement du ministre des finances, elle a armé autant qu'elle a pu, elle compte sur ses forces.

Du reste, si Votre Majesté demande ce que veut l'Autriche, je répondrai qu'elle veut tout. Dans son manifeste elle se sert de l'expression *Empire d'Allemagne;* elle voudrait tout ce qu'elle croit pouvoir reprendre. On les a sondés pour savoir si, en abandonnant la Pologne et en cédant l'Illyrie, on pourrait les satisfaire; mais, comme de raison, ils étaient bien loin de là; il leur faut Venise, l'Inn, Magdeburg, la dissolution de la Confédération du Rhin, ce qui veut dire sans doute qu'on entend revenir à beaucoup d'anciennes choses en Allemagne; car la Confédération n'est autre chose que le résultat d'un traité que j'ai conclu avec les princes.

Enfin l'empereur d'Autriche a voulu la guerre. Il m'écrivait, quatre jours avant, les lettres les plus amicales; c'était une dissimulation fort inutile, car je connais leur marche depuis Minsk, où le prince de Schwarzenberg reçut ordre d'opérer en sens contraire des instructions que je lui donnais.

Les troupes de Votre Majesté, faisant partie du 4ᵉ corps, manœuvrent avec le 12ᵉ et le 7ᵉ, dans la direction de Baruth.

NAPOLÉON.

P. S. Votre Majesté fera bien d'armer tant qu'elle le pourra.

D'après la copie comm. par le gouvernement de S. M. le roi de Wurtemberg.

20376. — OBSERVATIONS
SUR LA DÉCLARATION DE GUERRE DE L'AUTRICHE.

Dresde, 14 août 1813.

Le soussigné, ministre d'état et des affaires étrangères est chargé, par un ordre

1. — L'Autriche a de plein gré renoncé à l'empire d'Allemagne.

exprès de son auguste maître, de faire la déclaration suivante à S. Exc. M. le comte de Narbonne, ambassadeur de Sa Majesté l'Empereur des Français, Roi d'Italie.

Depuis la dernière paix signée avec la France, en octobre 1809, Sa Majesté Impériale et Royale Apostolique a voué toute sa sollicitude, non-seulement à établir avec cette puissance des relations d'amitié et de confiance dont elle avait fait la base de son système politique, mais à faire servir ces relations au maintien de la paix et de l'ordre en Europe. Elle s'était flattée que ce rapprochement intime, cimenté par une alliance de famille contractée avec Sa Majesté l'Empereur des Français, contribuerait à lui donner, sur sa marche politique, la seule influence qu'elle soit jalouse d'acquérir, celle qui tend à communiquer aux cabinets de l'Europe l'esprit de modération, le respect pour les droits et les possessions des états indépendants, qui l'animent elle-même (voir n° 1).

Sa Majesté Impériale n'a pu se livrer longtemps à de si belles espérances; un an était à peine écoulé depuis l'époque qui semblait mettre le comble à la gloire militaire du souverain de la France, et rien ne paraissait plus manquer à sa prospérité, pour autant qu'elle dépendait de son attitude et de son influence au dehors, quand de nouvelles réunions au territoire français d'états jusqu'alors indépendants, de nouveaux morcellements et déchirements de l'empire d'Allemagne vinrent réveiller les inquiétudes des puissances, et préparer, par leur funeste réaction sur le nord de l'Europe, la guerre qui devait s'allumer en 1812 entre la France et la Russie (voir n° 2).

Elle a reconnu les princes de la Confédération; elle a reconnu le protectorat de l'Empereur. Si le cabinet autrichien a conçu le projet de rétablir l'empire d'Allemagne, de revenir sur tout ce que la victoire a fondé et que les traités ont consacré, il a formé une entreprise qui prouve mal l'esprit de modération et le respect pour les droits des états indépendants dont il se dit animé.

2. — Le cabinet de Vienne met en oubli le traité d'alliance qu'il a conclu le 14 mars 1812. Il oublie que par ce traité la France et l'Autriche se sont garanties réciproquement l'intégrité de leurs territoires actuels. Il oublie que par ce traité l'Autriche s'est engagée à défendre le territoire de la France tel qu'il existait alors, et qui n'a depuis reçu aucun agrandissement. Il oublie que par ce traité il ne s'est pas borné à demander pour l'Autriche l'intégrité de son territoire, mais

les agrandissements que les circonstances pourraient lui procurer. Il oublie que, le 14 mars 1812, toutes les questions qui devaient amener la guerre étaient connues et posées, et que c'est volontairement et en connaissance de cause qu'il prit part contre la Russie. Pourquoi, s'il avait les sentiments qu'il manifeste aujourd'hui, n'a-t-il pas fait alors cause commune avec la Russie? Pourquoi du moins, au lieu de s'unir à ce qu'il présente aujourd'hui comme une cause injuste, n'a-t-il pas adopté la neutralité? La Prusse fit à la même époque une alliance avec la France, qu'elle a violée depuis; mais ses forteresses et son territoire étaient occupés. Placée entre deux grandes puissances en armes et le théâtre de la guerre, la neutralité était de fait impossible : elle se rangea du côté du plus fort. Lorsque ensuite la Russie occupa son territoire, elle reçut la loi et fut l'alliée de la Russie. Aucune des circonstances qui ont réglé les déterminations de la Prusse n'ont existé en 1812 et n'existent en 1813 pour l'Autriche. Elle s'est engagée de son plein gré en 1812 à la cause qu'elle croyait la plus juste, à celle dont le triomphe importait le plus à ses vues et aux intérêts de l'Europe dont elle se montre protecteur si inquiet et défenseur si généreux. Elle a versé son sang pour soutenir la cause de la France; en 1813, elle le prodigue pour soutenir le parti contraire. Que doivent penser les peuples! Quel jugement ne porteront-ils pas d'un gouvernement qui, attaquant aujourd'hui ce qu'il défendait hier, montre que ce n'est ni la justice ni la politique qui règlent les plus importantes déterminations de son cabinet!

Le cabinet français sait mieux qu'aucun autre combien Sa Majesté l'Empereur d'Autriche a eu à cœur d'en prévenir l'éclat par toutes les voies que lui dictait son intérêt pour les deux puissances et pour celles qui devaient se trouver entraînées dans la grande lutte qui se préparait. Ce n'est pas elle que l'Europe accusera jamais des maux incalculables qui en ont été la suite (voir n° 3).

3. — Le cabinet français sait mieux qu'aucun autre que l'Autriche a offert son alliance lorsqu'on n'avait pas même conçu l'espérance de l'obtenir. Il sait que, si quelque chose avait pu le porter à la guerre, c'était la certitude que non-seulement l'Autriche n'y prendrait aucune part contre lui, mais qu'elle y prendrait part pour lui. Il sait que, loin de déconseiller la guerre, l'Autriche l'a excitée; que, loin de la craindre, elle l'a désirée; que, loin de vouloir s'opposer à de nouveaux morcellements d'états, elle a conçu de nouveaux déchirements dont elle voulait faire son profit.

Dans cet état de choses, Sa Majesté l'Empereur, ne pouvant conserver à ses peuples

4. — Le cabinet de Vienne ne pouvait, dit-il, maintenir une heu-

le bienfait de la paix et maintenir une heureuse neutralité au milieu du vaste champ de bataille qui, de tous côtés, environnait ses états, ne consulta, dans le parti qu'elle adopta, que sa fidélité à des relations si récemment établies, et l'espoir qu'elle aimait à nourrir encore que son alliance avec la France, en lui offrant des moyens plus sûrs de faire écouter les conseils de la sagesse, mettrait des bornes à des maux inévitables et servirait la cause du retour de la paix en Europe (voir n° 4).

Il n'en a malheureusement pas été ainsi : ni les succès brillants de la campagne de 1812, ni les désastres sans exemple qui en ont marqué la fin, n'ont pu ramener, dans

reuse neutralité au milieu du vaste champ de bataille qui l'environnait de tous les côtés : les circonstances n'étaient-elles donc pas les mêmes qu'en 1806? De sanglants combats ne se livrèrent-ils pas, en 1806 et 1807, près des limites de son territoire? Et ne conserva-t-il pas aux peuples les bienfaits de la paix et ne se maintint-il pas dans une heureuse neutralité? Mais le gouvernement de l'Autriche, en prenant le parti de la guerre, en combattant pour la cause de la France, consulta, dit-il, sa fidélité à des relations nouvellement établies, fidélité qui ne mérite plus d'être consultée lorsque ces relations sont devenues plus anciennes d'une année et plus étroites par une alliance formelle. S'il faut l'en croire aujourd'hui, ce n'était pas pour s'assurer des agrandissements qu'il s'alliait à la France en 1812, qu'il lui garantissait toutes ses possessions, et qu'il prenait part à la guerre : c'était pour servir la cause du retour de la paix, et pour faire écouter les conseils de la sagesse. Quelle logique! quelle modestie!

5. — Comment le cabinet de Vienne a-t-il appris que les succès brillants de la campagne de 1812

les conseils du gouvernement français, l'esprit de modération qui aurait mis à profit les uns et diminué l'effet des autres (voir n° 5).

Sa Majesté n'en saisit pas moins le moment où l'épuisement réciproque avait ralenti les opérations actives de la guerre, pour porter aux puissances belligérantes des paroles de paix, qu'elle espérait encore voir accueillir, de part et d'autre, avec la sincérité qui les lui avait dictées.

Persuadée toutefois qu'elle ne pourrait les faire écouter qu'en les soutenant des forces qui promettraient au parti avec lequel elle s'accorderait de vues et de principes l'appui de sa coopération active, pour terminer la grande lutte; en offrant sa médiation aux puissances, elle se décida à l'effort, pénible pour son cœur, d'un appel au courage et au patriotisme de ses peuples (voir n° 6).

n'ont pas ramené la modération dans les conseils du gouvernement français? S'il avait été bien informé, il aurait su que les conseils de la France, après la bataille de la Moskova, ont été modérés et pacifiques, et que tout ce qui pouvait ramener la paix fut alors tenté.

6. — Le cabinet de Vienne met de la suite dans ses inconséquences. Il fait cause commune avec la France en 1812; et c'était, dit-il aujourd'hui, pour l'empêcher de faire la guerre à la Russie. Il arme en 1813 pour la Prusse et la Russie, et c'est, dit-il, pour leur inspirer le désir de la paix. Ces puissances, d'abord exaltées par des progrès qu'elles devaient au hasard des circonstances, avaient été rendues à des sentiments plus calmes par les revers éclatants du premier mois de la campagne; affaiblies, vaincues, elles allaient revenir de leurs illusions. Le gouvernement autrichien leur déclare qu'il arme pour elles; il leur montre ses armées prêtes à prendre leur défense, et, en leur offrant de nouvelles chances dans la continuation de la guerre, il prétend leur inspirer le désir de la paix! Qu'aurait-il fait s'il avait voulu les encourager à la guerre?

Il a offert à la Russie d'en prendre sur lui le fardeau; il a offert à la Prusse d'en changer le théâtre. Il a appelé sur son propre territoire les troupes de ses alliés et toutes les calamités qui pesaient sur celui de la Prusse. Il a enfin offert au cabinet de Pétersbourg le spectacle le plus agréable pour un empereur de Russie : l'Autriche, son ennemie naturelle, combattant la France, son ennemie actuelle. Si le cabinet de Vienne avait demandé les conseils de la sagesse, elle lui aurait dit qu'on n'arrête pas un incendie en lui donnant un nouvel aliment; qu'il n'est pas sage de s'y précipiter pour un peuple dont les intérêts sont contraires ou étrangers; enfin qu'il y a de la folie à exposer à toutes les chances de la guerre une nation qui, après de si longs malheurs, pouvait continuer à jouir des douceurs de la paix. Mais l'ambition n'est pas un conseiller qu'avoue la sagesse.

Le congrès proposé par elle, et accepté par les deux partis, s'assembla au milieu des préparatifs militaires que le succès des négociations devait rendre inutiles, si les vœux de l'Empereur se réalisaient, mais qui devaient, dans le cas contraire, conduire par de nouveaux efforts au résultat pacifique que Sa Majesté eût préféré atteindre sans effusion de sang (voir n° 7).

7. — L'auteur de cette déclaration ne sort pas du cercle vicieux dans lequel il s'est engagé. La Russie et la Prusse savaient fort bien que le gouvernement autrichien armait contre la France; dès ce moment elles ne pouvaient pas vouloir

En obtenant, de la confiance qu'elles avaient vouée à Sa Majesté Impériale, le consentement des puissances à la prolongation de l'armistice que la France jugeait nécessaire pour les négociations, l'Empereur acquit, avec cette preuve de leurs vues pacifiques, celle de la modération de leurs principes et de leurs intentions (voir n° 8).

Il y reconnut les siens, et se persuada dès ce moment que ce serait de leur côté qu'il rencontrerait des dispositions sincères à concourir au rétablissement d'une paix solide et durable. La France, loin de manifester des intentions analogues, n'avait donné que des assurances générales, trop souvent démenties par des déclarations publiques, qui ne fondaient aucunement l'espoir qu'elle porterait à la paix les sacrifices qui pourraient la ramener en Europe (voir n° 9).

la paix. Ce résultat des dispositions du cabinet de Vienne était trop évident pour qu'il n'y eût pas compté.

8. — Le cabinet de Vienne avait fait perdre le mois de juin tout entier, en ne remplissant aucune des formalités préalables à l'ouverture du congrès. La France ne demanda point que l'armistice fût prolongé, mais elle y consentit. Ce qu'elle désirait, ce qu'elle demanda, c'est qu'il fût convenu que les négociations continueraient pendant les hostilités. Mais le cabinet de Vienne s'y refusa; l'Autriche aurait été liée, comme médiatrice, pendant les négociations; il préféra une prolongation d'armistice qui lui donnait le temps d'achever ses armements, et dont la durée limitée lui offrait un terme fatal pour rompre les négociations et pour se déclarer.

9. — Comment le cabinet de Vienne s'est-il assuré «que la France ne porterait pas à la paix les sacrifices qui pourraient la ramener en Europe?» Avant le moment qu'il avait fixé pour la guerre, a-t-il proposé un *ultimatum* et fait connaître ce qu'il voulait? Il a déclaré la guerre, parce qu'il ne voulait que la guerre. Il l'a déclarée

La marche du congrès ne pouvait laisser de doute à cet égard : le retard de l'arrivée de MM. les plénipotentiaires français, sous des prétextes que le grand but de sa réunion aurait dû faire écarter (voir n° 10); l'insuffisance de leurs instructions sur les objets de forme, qui faisaient perdre un temps irréparable, lorsqu'il ne restait plus que peu de jours pour la plus importante des négociations (voir n° 11); toutes ces circonstances réunies ne démontraient que trop que la paix, telle que la désiraient l'Autriche et les souverains alliés, était étrangère aux vœux de la France (voir n° 12); et qu'ayant accepté pour la forme, et pour ne pas s'exposer au reproche de la prolongation de la guerre, sa proposition d'une négociation, elle voulait en éluder l'effet (voir n° 13), ou s'en prévaloir peut-être uniquement pour séparer l'Autriche des puissances qui s'étaient déjà réunies avec elle de principes, avant même que les traités eussent consacré leur union pour la cause de la paix et du bonheur du monde (voir n° 14).

sans s'assurer si elle pouvait être évitée, et avec une précipitation à laquelle il est difficile de reconnaître l'influence des conseils de la sagesse.

10. — C'est par le fait de l'Autriche et des alliés que l'arrivée des plénipotentiaires a été retardée; cependant les difficultés suscitées à dessein n'étaient pas levées, que M. le comte de Narbonne était déjà à Prague. Ses pouvoirs, communs aux plénipotentiaires, l'autorisaient à agir concurremment ou séparément. M. le duc de Vicence arriva plus tard, parce que de nouvelles difficultés, où la dignité de la France était compromise, furent élevées par les ennemis. Mais à quoi bon ces observations? Qu'aurait fait un retard de quelques jours à un médiateur qui n'aurait pas voulu la guerre? et quel motif de guerre qu'un retard de quelques jours!

11. — Les plénipotentiaires avaient pour instructions d'adhérer à toutes les formes de négociations consacrées par l'usage. Le médiateur proposa des formes inusitées et qui tendaient à empêcher tout rapprochement des plénipotentiaires, tout rapport entre eux,

toute négociation. Il introduisit une discussion qu'avec une volonté sincère de la paix le médiateur n'aurait jamais occasionnée. « Il ne restait, dit-il, que peu de jours pour la plus importante des négociations. » Eh! pourquoi ne restait-t-il que peu de jours? Qu'avait de commun la négociation avec l'armistice? Ne pouvait-on pas négocier en se battant? Qu'importent quelques jours de plus ou de moins quand il s'agit de la paix? Si le cabinet de Vienne ne voulait pas la négocier, mais la dicter, comme on dicte des conditions à une place assiégée, peu de jours à la vérité pouvaient suffire; mais alors pourquoi n'a-t-il pas même proposé une capitulation? « Il ne restait que peu de jours pour la plus importante des négociations. » Quelle est donc la négociation la plus nécessaire quand il s'agit de s'entendre? Le temps est un élément inutile pour un médiateur qui a pris d'avance son parti. Cependant, lorsque c'est contre la France qu'il s'agit de se déclarer, une telle détermination n'est pas de si peu de conséquence qu'il soit indifférent d'employer quelques jours de plus ou de moins à y penser.

12. — La France a proposé l'ouverture d'un congrès, parce qu'elle voulait sincèrement la paix, parce qu'elle se flattait que ses plénipotentiaires, mis en présence de ceux de la Russie et de la Prusse, parviendraient à s'entendre avec eux, parce qu'un congrès, même sous la médiation de l'Autriche, était un moyen d'échapper aux dangers des insinuations que le cabinet de Vienne répandait.

13. — La France a accepté la médiation de l'Autriche, parce que, en supposant au cabinet de Vienne les vues ambitieuses sur lesquelles nous n'avions pas de doutes, on devait croire qu'il se trouverait gêné par son rôle de médiateur, et qu'il n'oserait pas, dans une négociation publique et pour son seul intérêt, repousser nos vues modérées et les sacrifices que nous étions disposés à faire à la paix; parce qu'enfin, s'il en était autrement et si le médiateur et nos ennemis étaient d'accord sur leurs prétentions réciproques, le cabinet de Vienne proposerait un *ultimatum* qui soulèverait l'indignation de la France et de ses alliés.

14. — Ainsi « l'Autriche était déjà réunie de principes avec les

L'Autriche sort de cette négociation, dont le résultat a trompé ses vœux les plus chers, avec la conscience de la bonne foi qu'elle y a portée. Plus zélée que jamais pour le noble but qu'elle s'était proposé, elle ne prend les armes que pour l'atteindre de concert avec les puissances animées des mêmes sentiments. Toujours également disposée à prêter la main au rétablissement d'un ordre de choses qui, par une sage répartition de forces, place la garantie de la paix sous l'égide d'une association d'états indépendants, elle ne négligera aucune occasion de parvenir à ce résultat; et la connaissance qu'elle a acquise des dispositions des cours devenues désormais ses alliées lui donne la certitude qu'elles coopéreront avec sincérité à un but salutaire (voir n° 15).

ennemis de la France!» Qui lui demandait cet aveu?

Le cabinet de Vienne craignait que la France ne se prévalût d'une négociation pour séparer l'Autriche des puissances ennemies. Sans doute, si l'Autriche s'était unie à elles pour les empêcher de faire la paix et avec la ferme résolution de faire la guerre, elle devait craindre une négociation où notre modération pouvait lui offrir des chances plus avantageuses dans la paix que dans la guerre; mais pourquoi donc le cabinet de Vienne a-t-il offert sa médiation et fait retentir l'Europe de ses vœux pour la paix?

15. — L'Autriche veut « établir un ordre de choses qui, par une sage répartition de forces, place la garantie de la paix sous l'égide d'une association d'états indépendants. » Elle ne fera la paix que quand une égale répartition de forces garantira l'indépendance de chaque état. Pour y parvenir, elle doit d'abord agrandir à ses dépens la Bavière et la Saxe; car c'est aux grandes puissances à descendre pour que les puissances du second ordre deviennent leurs égales. Lorsqu'elle aura donné l'exemple, elle sera en droit de demander qu'il

En déclarant, d'ordre de l'Empereur, à M. le comte de Narbonne que ses fonctions d'ambassadeur viennent à cesser de ce moment, le soussigné met à la disposition de Son Excellence les passe-ports dont elle aura besoin pour elle et pour sa suite.

Les mêmes passe-ports seront remis à M. de la Blanche, chargé d'affaires de France à Vienne, ainsi qu'aux autres individus de l'ambassade.

Prague, 12 août 1813.

METTERNICH.

soit imité. Ainsi le cabinet de Vienne veut combattre pour faire de toutes les puissances une république de souverains dont les éléments seront parfaitement égaux : et c'est à de telles rêveries qu'il faudrait sacrifier le repos du monde ! Peut-on se jouer plus ouvertement de la raison publique, de l'opinion de l'Europe ! En rédigeant des manifestes comme en réglant sa conduite, le cabinet de Vienne n'a pas « écouté les conseils de la sagesse. »

Extrait du *Moniteur* du 5 octobre 1813.

20377. — AU PRINCE DE NEUCHÂTEL ET DE WAGRAM,
MAJOR GÉNÉRAL DE LA GRANDE ARMÉE, À DRESDE.

Dresde, 14 août 1813.

Mon Cousin, donnez ordre à Leipzig qu'on passe une revue extraordinaire des hôpitaux, et que tous les hommes convalescents, ou qui pourraient l'être dans peu, soient dirigés sur Magdeburg et Wittenberg. Faites-vous instruire du nombre d'hommes qu'on enverra ainsi sur ces deux places.

NAPOLÉON.

D'après l'original. Dépôt de la guerre.

20378. — A EUGÈNE NAPOLÉON,
VICE-ROI D'ITALIE, À UDINE.

Dresde, 14 août 1813, au soir.

Mon Fils, je reçois votre lettre du 6 août. Le roi de Naples est arrivé aujourd'hui à l'armée. Les hostilités doivent commencer le 17. La Garde est partie pour Gœrlitz, où je porte mon quartier général demain.

Je suis trop loin de vous pour vous donner des ordres positifs. Couvrez les provinces illyriennes et l'Italie; prenez de bonnes dispositions et attaquez l'ennemi s'il vous est inférieur en forces, comme tout me porte à le penser, et poussez-le sérieusement sur Graetz.

NAPOLÉON.

D'après la copie comm. par S. A. I. Mme la duchesse de Leuchtenberg.

20379. — AU PRINCE CAMBACÉRÈS,
ARCHICHANCELIER DE L'EMPIRE, À PARIS.

Dresde, 15 août 1813.

Mon Cousin, la déclaration de guerre de l'Autriche doit faire présager quelques grandes batailles, qui nécessairement coûteront du monde. La tournure malheureuse et inattendue qu'ont prise les affaires d'Espagne exige aussi qu'il soit pourvu à la sûreté de la frontière. Il est donc nécessaire de faire une levée de 25 à 30,000 hommes dans les provinces du midi pour Bayonne et Perpignan. La conscription de 1815 me paraît trop jeune, et c'est une ressource qui ne deviendra disponible que l'année prochaine. Réunissez les ministres de la guerre, de l'intérieur et de la police, et le directeur de la conscription, et rédigez un projet de sénatus-consulte pour la levée pour Bayonne. Ce sénatus-consulte peut être envoyé au Sénat, signé par la Régente. Faites faire le règlement en même temps, afin que cette levée se prenne de suite. Dans le Languedoc et la Guienne on sentira la nécessité de cette mesure, et la présence du danger en adoucira la rigueur.

Faites faire un projet pour lever 60,000 hommes dans tous les bons départements, pour Wesel, Strasbourg et Mayence, afin de nourrir la guerre du Nord. Envoyez-moi ce projet, ainsi que le projet de règlement. Le fait est que la France est encore la puissance qui lèvera le moins de monde, puisque la Russie, la Prusse, l'Autriche, l'Espagne ont tout leur monde sous les armes. Quelques jours se passeront avant que ce second sénatus-consulte puisse être soumis au Sénat, et alors j'espère que quelque bonne victoire, et la publication des pièces qui donneront à connaître l'injustice des prétentions de l'ennemi, pourront être un prélude favorable. Mais, comme les affaires d'Espagne rendent la levée dans le Languedoc et la Guienne plus urgente, que la Régente ne perde pas un moment. Ce sera d'ailleurs avantageux de faire de ces deux opérations deux mesures différentes.

Le général Moreau est arrivé à Berlin. Il était parti d'Amérique avant d'avoir appris la bataille de Lützen et lorsque ces messieurs croyaient entrer en France.

NAPOLÉON.

D'après la copie comm. par M. le duc de Cambacérès.

20380. — AU PRINCE DE NEUCHÂTEL ET DE WAGRAM,
MAJOR GÉNÉRAL DE LA GRANDE ARMÉE, À DRESDE.

Dresde, 15 août 1813.

Mon Cousin, écrivez au prince de la Moskova que mon intention est que, si l'ennemi se présente en force sur la route de Breslau ou de Lœwenberg, il prenne, pendant mon absence, le commandement des 3e, 5e, 6e et 11e corps, et du 2e corps de cavalerie : il les réunira au camp de Bunzlau. J'ai ordonné au duc de Raguse de choisir deux positions, une dans l'hypothèse que l'ennemi prenne la route de Lœwenberg, l'autre celle de Breslau. Le prince de la Moskova aurait ainsi plus de 130,000 hommes réunis au camp de Bunzlau. Comme le plus ancien maréchal, il en prendra le commandement, si je ne suis point arrivé.

Prévenez de cela le duc de Tarente, le duc de Raguse, les généraux Lauriston et Sebastiani.

Prévenez le prince de la Moskova que demain 16 le duc de Trévise sera à Lauban, avec deux divisions de la jeune Garde; qu'une autre division de la jeune Garde sera à Gœrlitz, et que j'arriverai probablement ce soir à Bautzen.

NAPOLÉON.

D'après l'original. Dépôt de la guerre.

20381. — AU MARÉCHAL OUDINOT, DUC DE REGGIO,
COMMANDANT LE 12e CORPS DE LA GRANDE ARMÉE, À LUCKAU.

Dresde, 15 août 1813.

Le duc de Padoue mande qu'il sera le 16 à Dahme et le 17 à Baruth;

le général Bertrand et le général Reynier mandent qu'ils seront le 17 à Luckau. Vous voilà donc parfaitement en mesure. S'ils n'étaient point arrivés, le général Bertrand doit reprendre la compagnie de sapeurs qui lui appartient. Faites venir de Torgau le complément des 5,000 quintaux de farine. Vous n'avez plus personne sur votre droite, le maréchal duc de Bellune se portant sur Gœrlitz; mais votre mouvement, le 16, sur Baruth, et le 18, en avant, sur Mittenwalde, obligera l'ennemi à concentrer ses forces. Laissez à Luckau les hommes écloppés et fatigués, qui auront le temps de se remettre. Vous avez sur votre gauche, entre vous et Wittenberg, le général Dombrowski avec 5 ou 6,000 hommes.

Le prince d'Eckmühl mande que le 14 il avait son quartier général à Bergedorf, en avant de Hambourg, et que le 15 il marchait.

Le général Maison mande que le général Girard, avec une division de 8 ou 9,000 hommes, aura débouché, le 18, en avant de Magdeburg.

Voilà donc 120,000 hommes qui manœuvrent sur Berlin. Donnez de vos nouvelles deux fois par jour et surtout beaucoup de détails, même tous les renseignements que donnent les prisonniers et les déserteurs, et sur votre marche.

D'après la minute. Archives de l'Empire.

20382. — AU PRINCE CAMBACÉRÈS,
ARCHICHANCELIER DE L'EMPIRE, À PARIS.

Bautzen, 16 août 1813.

Mon Cousin, l'Autriche nous a déclaré la guerre. L'armistice est dénoncé et les hostilités commencent. Nous sommes en grande manœuvre. Une partie de l'armée russe et prussienne est entrée en Bohême. J'augure bien de la campagne.

Moreau est arrivé à l'armée russe.

Jomini, chef d'état-major du prince de la Moskova, a déserté. C'est celui qui a publié quelques volumes sur les campagnes, et que depuis longtemps les Russes pourchassaient. Il a cédé à la corruption. C'est un militaire de peu de valeur; c'est cependant un écrivain qui a saisi quelques idées saines sur la guerre. Il est Suisse.

Le duc de Vicence n'étant point encore revenu de Prague, cela retarde toute publication au Sénat sur la guerre avec l'Autriche, et c'est ce qui fait que j'attends quelques jours avant de publier un bulletin.

NAPOLÉON.

D'après la copie comm. par M. le duc de Cambacérès.

20383. — A M. MARET, DUC DE BASSANO,
MINISTRE DES RELATIONS EXTÉRIEURES, À DRESDE.

Bautzen, 16 août 1813.

Monsieur le Duc de Bassano, selon tous les renseignements des avant-postes, une grande partie de l'armée russe est entrée en Bohême depuis le 11; ainsi vous voyez que tout ce que vous a dit Metternich est un tissu de mensonges. Le général Blücher a traversé Breslau le 12, et dès lors a commencé les hostilités. Le 15, il s'est présenté devant Liegnitz, et il y a eu quelques coups de fusil de tirés. Les commissaires Krusemark et Chouvalof en ont témoigné la plus grande indignation. Ceci, ajouté au non approvisionnement des places, fait bien voir à quelle espèce de gens on a affaire. Tenez-en note et écrivez-le partout. Dites que j'ai porté mon quartier général à Bautzen et que la lutte s'engage.

Le général Jomini, que vous connaissez, a passé à l'ennemi.

Les affaires se présentent sous un aspect avantageux. L'ennemi manœuvre comme s'il avait compté que j'avais évacué la rive droite de l'Elbe.

NAPOLÉON.

D'après l'original comm. par M. le duc de Bassano.

20384. — AU PRINCE DE NEUCHÂTEL ET DE WAGRAM,
MAJOR GÉNÉRAL DE LA GRANDE ARMÉE, À BAUTZEN.

Bautzen, 16 août 1813.

Mon Cousin, faites connaître au prince Poniatowski que mon intention est qu'il se porte sur la position d'Eckartsberg; que je donne ordre au général Lefebvre-Desnoëttes de se porter avec une division de cavalerie et une division d'infanterie de la Garde à Lœbau, où il sera ce soir; que mon intention est que demain il se dirige sur Rumburg; que je donne ordre au général Roguet de se porter sur Schœnberg, en prenant une bonne position sur la route de Gœrlitz à Friedland; qu'il a ordre, s'il est nécessaire, de se porter à son secours en passant la Neisse, entre Schœnberg et Bernstadt, mais qu'il ne doit le faire venir qu'autant que cela serait nécessaire; qu'une division du 14ᵉ corps est à Neustadt et pénétrera par ce point; que mon intention est de m'emparer de toutes les langues de terre qui dépassent la ligne de Schandau à Zittau, et d'établir un camp de 100,000 hommes sur l'Eckartsberg, ayant une communication directe avec Kœnigstein et menaçant Prague. Vous lui ferez connaître que le régiment de la Vistule est parti de Dresde ce matin pour le rejoindre.

Faites connaître au maréchal Saint-Cyr que mon intention est, demain ou après-demain, de m'emparer de Rumburg, de Schluckenau, Georgenthal et Friedland; d'établir sur la position d'Eckartsberg un camp de 100,000 hommes; qu'il est donc nécessaire que la 42ᵉ division, avec 5 ou 600 chevaux, soit prête à déboucher dans la journée de demain par Neustadt et Schandau sur Nixdorf et Lobendau, dans le temps que le général Lefebvre-Desnoëttes, avec une division d'infanterie et une division de cavalerie de la Garde, entrera à Rumburg, Schluckenau et Georgenthal; que la 42ᵉ division laissera un bataillon pour la garde du pont et des redoutes de Kœnigstein et de Lilienstein; que ce bataillon mettra 25 hommes dans chaque redoute. Cette division lui sera rendue aussitôt que le corps du général Vandamme, dont la 1ʳᵉ division arrive demain 17 à Dresde, pourra entrer en position.

Faites connaître au maréchal Saint-Cyr que l'intention du roi de Saxe est que 400 Français entrent dans la forteresse de Kœnigstein, mais que cette affaire demande à être traitée avec beaucoup de délicatesse; que le commandant lui écrira pour demander ce renfort, et par contre offrira 150 Saxons pour la garde de Lilienstein; que d'ailleurs les six bataillons qui doivent renforcer la 42ᵉ division ne doivent pas tarder à arriver; comme ils doivent se rendre au camp de Kœnigstein, ils serviront à cette occupation; que le commandant saxon doit toujours conserver le commandement du fort; que le maréchal doit envoyer avec ses 3 ou 400

Français un chef de bataillon sage, avec l'instruction de ne se mêler de rien, surtout de ce qui regarde les magasins et dépôts du roi de Saxe; qu'il ne doit se mêler que de la forteresse, et, en cas d'événement, d'être le plus fort si l'ennemi se trouvait en présence; qu'il faut choisir pour ce commandement un homme qui ait de l'esprit et beaucoup de finesse. A la lettre que le commandant de Kœnigstein écrira à ce sujet, le maréchal devra répondre une lettre fort honnête : que la forteresse est très-bien dans les mains des Saxons; que, puisqu'il offre 150 Saxons pour la garde de Lilienstein, il lui donnera volontiers 300 hommes pour la forteresse. Le maréchal devra faire entrer aussi à Kœnigstein la valeur de 3 à 400 autres hommes, en y envoyant les écloppés et le dépôt de son corps d'armée; et, par ce moyen, il aura bientôt 1,000 hommes dans la forteresse contre 200 Saxons.

NAPOLÉON.

D'après l'original. Dépôt de la guerre.

20385. — AU PRINCE DE NEUCHÂTEL ET DE WAGRAM,
MAJOR GÉNÉRAL DE LA GRANDE ARMÉE, À BAUTZEN.

Bautzen, 16 août 1813.

Mon Cousin, écrivez au duc de Bellune de partir demain de Rothenburg pour se porter entre Zittau et Gœrlitz. Il laissera une bonne brigade avec une batterie d'artillerie à pied, commandée par un bon général de brigade, à Rothenburg ou à Priebus, comme corps d'observation. Il laissera toute sa cavalerie légère avec cette brigade, jusqu'à ce que le général Corbineau, avec sa division, ait joint cette même brigade et en ait pris le commandement; alors la cavalerie légère rejoindra le duc de Bellune.

Vous donnerez ordre au général Latour-Maubourg d'envoyer à Rothenburg le général Corbineau avec sa division et une batterie d'artillerie à cheval. Ce général y aura sous ses ordres une brigade d'infanterie du duc de Bellune, composée de six bataillons, commandée par un général de brigade et ayant une batterie d'artillerie à pied. Le général Corbineau aura donc sous ses ordres en tout une division composée de 8,000 hommes, infanterie, cavalerie et artillerie. Mon intention est qu'il reste un corps d'observation entre Rothenburg, Sagan et Kottbus, afin d'éclairer les mouvements de l'ennemi dans cette direction. Il enverra demander des renseignements au duc de Bellune sur le lieu où il a laissé la cavalerie légère qui est en avant, et il manœuvrera de manière à la rallier. De sa brigade d'infanterie, le général Corbineau laissera un bataillon et deux pièces de canon, et 3 ou 400 chevaux à Rothenburg; ces troupes s'y barricaderont; d'ailleurs il ne les perdra pas de vue, afin de maintenir la communication avec Gœrlitz. Tous les ordres qui lui seront adressés seront dirigés sur Rothenburg.

Vous ferez connaître au duc de Bellune que mon quartier général sera demain probablement à Gœrlitz; que mon intention est de réunir 100,000 hommes derrière Zittau; que le 8ᵉ corps, que commande le prince Poniatowski, s'y trouve; que le duc de Trévise, avec deux divisions de la jeune Garde, est à Lauban; que la division Roguet, de la jeune Garde, est sur la route de Gœrlitz à Friedland, à la hauteur de Schœnberg; que je fais demain attaquer Rumburg, Schluckenau, Georgenthal et Friedland; que mon intention est d'appuyer ma droite à l'Elbe, au village de Schandau et au camp retranché de Kœnigstein, ma gauche aux montagnes des Géants du côté de Friedeberg et de Neustadtl, et que la position centrale et le champ de bataille seront à Eckartsberg: qu'il est probable que je dirigerai son corps d'armée pour faire partie de ce camp; qu'il prenne demain une position militaire entre Gœrlitz et Ostritz, à cheval sur la route, et qu'il envoie un officier au prince Poniatowski pour lui demander des nouvelles; que le prince de la Moskova est entre Liegnitz et Haynau, le duc de Raguse à Bunzlau, le duc de Tarente à Lœwenberg occupant Liebenthal et Friedeberg; le duc de Reggio avec les 12ᵉ, 4ᵉ et 7ᵉ corps à Baruth, débouchant demain sur Berlin; que le prince d'Eckmühl débouche par Hambourg et le général Girard par Magdebourg; que le maréchal Saint-Cyr est à cheval sur l'Elbe, une division à Schandau et au camp de Kœnigstein, et ses autres divisions en bataille, couvrant les routes de Dresde et observant jusqu'au débouché de Hof; que Dresde a été mis en état de défense, ayant un camp retranché, et capable de soutenir un siége.

Mandez également au duc de Bellune de me faire connaître si Rothenburg a une enceinte, et si un bataillon, quelques pièces de canon et 3 ou 400 chevaux s'y peuvent barricader; je donne ordre au général Corbineau de laisser là un de ses six bataillons, avec deux ou trois pièces d'artillerie; qu'il donne des renseignements au général Corbineau pour que ce général rallie la brigade qu'il a laissée en avant.

Donnez ordre au général Latour-Maubourg de prendre position avec sa cavalerie en avant de Gœrlitz, sur la route de Bunzlau à Lœwenberg, et d'envoyer un officier au duc de Trévise, qui est à Lauban, et au duc de Raguse, qui est à Bunzlau. Prévenez-le aussi que mon quartier général sera vraisemblablement demain à Gœrlitz. Qu'il envoie un officier du côté de Zittau, au prince Poniatowski, pour savoir ce qui s'y passe; qu'il laisse une brigade de cavalerie à cheval sur la route de Rothenburg, et qu'il recommande au général Corbineau de lui donner fréquemment des nouvelles, afin de pouvoir le soutenir, si les circonstances l'exigent.

NAPOLÉON.

D'après l'original. Dépôt de la guerre.

20386. — AU PRINCE DE NEUCHÂTEL ET DE WAGRAM,
MAJOR GÉNÉRAL DE LA GRANDE ARMÉE, À BAUTZEN.

Bautzen, 16 août 1813.

Mon Cousin, donnez des ordres pour qu'aussitôt que nous serons maîtres de Rumburg, Georgenthal, Schluckenau, etc. un ingénieur géographe parcoure la ligne depuis Schandau jusqu'à Zittau, pour voir la ligne à prendre, en suivant la chaîne de montagnes ou un torrent. Il est nécessaire qu'un officier du génie et un officier d'état-major accompagnent cet ingénieur, afin que, s'il y a quelque col ou autre obstacle à franchir, on l'examine.

Aussitôt que nous serons maîtres de Friedland, mon intention est également que des ingénieurs géographes parcourent le pays depuis Zittau jusqu'aux montagnes des Géants, du côté de Flinsberg, pour voir également la ligne à occuper et les retranchements à faire, afin que ma gauche soit appuyée aux montagnes des Géants, et ma droite à l'Elbe, du côté de Schandau; ce qui, je crois, ne fait pas, à vol d'oiseau, plus de dix-huit lieues. Vous sentez l'importance de bien asseoir cette ligne, puisque, par ce moyen, la Bohême se trouvera barrée, et que rien ne pourra s'introduire dans mes lignes.

NAPOLÉON.

D'après l'original. Dépôt de la guerre.

20387. — AU PRINCE DE NEUCHÂTEL ET DE WAGRAM.
MAJOR GÉNÉRAL DE LA GRANDE ARMÉE, À BAUTZEN.

Bautzen, 16 août 1813.

Mon Cousin, écrivez au général Nansouty que le général Lefebvre-Desnoëttes doit faire attaquer demain, dès qu'il sera prêt, pour s'emparer de Rumburg et de Schluckenau; l'ennemi ayant attaqué nos avant-postes dès le 15, nous pouvons, dès ce moment, nous considérer comme en guerre. Mandez la même chose au maréchal Saint-Cyr. Si les troupes qui sont à Neustadt ont devant elles des forces inférieures, et si celles qui sont à Schandau ont devant elles, du côté de Schluckenau, des troupes inférieures, elles peuvent les attaquer demain avant midi, les ennemis ayant violé l'armistice en commençant les hostilités dès le 15.

Prévenez le prince Poniatowski de l'ordre que je donne au général Lefebvre-Desnoëttes d'attaquer demain Rumburg et Schluckenau, si, comme je le pense, l'ennemi n'y est pas en forces supérieures aux siennes. Faites-lui connaître que je suppose que dès aujourd'hui il a porté ses troupes en avant, du côté de Hirschfeld, pour appuyer son avant-garde et occuper la position d'Eckartsberg. Demandez-lui des renseignements sur la route de Zittau à Reichenberg. Est-elle praticable pour l'artillerie? Celle de Gœrlitz à Reichenberg l'est-elle pour l'artillerie?

Donnez ordre qu'on se tienne prêt demain sur toute la ligne, et que partout où l'ennemi est inférieur en nombre on l'attaque et inquiète. Recommandez au prince Poniatowski de faire tout ce qui est nécessaire pour soutenir l'attaque du général Lefebvre-Desnoëttes, et de s'informer à quelle heure ce général attaquera Rumburg et Schluckenau. Le duc de Bellune sera demain à Gœrlitz. Si l'ennemi n'était pas en forces à Friedland, comme je le suppose, que le prince fasse occuper cette ville. Toutes les pointes de la Bohême qui s'approchent de notre grande ligne de Dresde à Bunzlau doivent être demain en notre pouvoir. Aussitôt qu'il sera en pays ennemi, et qu'il pourra avoir des nouvelles, il faut qu'il nous les envoie.

NAPOLÉON.

D'après l'original. Dépôt de la guerre.

20388. — AU PRINCE DE NEUCHÂTEL ET DE WAGRAM,
MAJOR GÉNÉRAL DE LA GRANDE ARMÉE, À BAUTZEN.

Bautzen, 16 août 1813.

Mon Cousin, la 42° division avait, le 15, six bataillons présents. Le 15, il lui est arrivé quatre bataillons à Nossen; ces quatre bataillons ont dû être de bonne heure aujourd'hui au camp de Kœnigstein. Le maréchal doit les laisser au camp de Kœnigstein, pour garder Kœnigstein, les redoutes de Hohnstein et les débouchés de Schandau. Il pourra donc demain avoir six bataillons à Neustadt avec les huit pièces de canon.

Le 5° corps de cavalerie arrive aujourd'hui 16 à Pirna. Il peut donc être demain 17 sur Neustadt, couvrant toutes les communications de l'armée et les frontières, depuis l'Elbe jusqu'au chemin de Bautzen à Rumburg.

La 42° division doit recevoir deux autres bataillons du 20 au 25.

NAPOLÉON.

D'après l'original. Dépôt de la guerre.

20389. — AU MARÉCHAL NEY, PRINCE DE LA MOSKOVA,
COMMANDANT LE 3° CORPS DE LA GRANDE ARMÉE, À LIEGNITZ.

Bautzen, 16 août 1813.

Le général Flahault arrive à l'instant et m'instruit de la conduite infâme des Prussiens. Je donne ordre au prince Poniatowski de prendre position sur l'Eckartsberg, et demain je fais attaquer Rumburg, Schluckenau et Georgenthal. Le duc de Trévise est aujourd'hui à Lauban avec ses deux divisions. Le général Roguet prend aujourd'hui position entre

Gœrlitz et Friedland. Le général Vandamme arrive demain avec son corps à Dresde. Le duc de Reggio est à Baruth et débouchera de ce côté pour entrer demain en Prusse. On m'assure qu'il y a à Lœwenberg une position beaucoup meilleure que celle de Bunzlau, et qu'il serait préférable de recevoir là l'ennemi. Le duc de Raguse a mis Bunzlau en bon état; il a fait reconnaitre en avant de cette ville une position qu'il croit bonne.

Je reste aujourd'hui ici pour avoir des nouvelles de Dresde et des derrières. Je vous écrirai encore une fois dans la journée. Tous les renseignements que j'ai assurent que l'armée russe s'est portée en Bohême. Un espion me dit aussi que le général Sacken est sorti avec 10,000 hommes de Breslau, le 14, par la porte de Neumarkt. Il est probable que dans peu de jours l'échiquier s'éclaircira.

Vous aurez reçu mes ordres par lesquels je vous donne le commandement en mon absence. Je pense que, si vous preniez une position entre Haynau et Bunzlau, vous vous trouveriez y avoir, en comptant le duc de Raguse et le général Sebastiani, 70 à 75,000 hommes, cette position couvrant Bunzlau. Vous pourriez aussi envoyer à Lœwenberg le général Lauriston, qui serait alors sous les ordres du duc de Tarente, lequel aurait aussi 50,000 hommes dans une position en avant de Lœwenberg. Dans tous les cas, le duc de Raguse assure que Bunzlau vaut une place.

Je ne serais pas éloigné, s'il se confirme que les généraux Barclay de Tolly et Wittgenstein sont entrés en Bohême et que Blücher s'avance, de marcher sur lui pour l'écraser, avec les 5e, 6e, 3e, 11e et 2e corps, 1er et 2e corps de cavalerie, lesquels réunis me feraient 130,000 hommes, tandis que je ne suppose pas que Blücher, avec le corps de Sacken, ait plus de 50,000 hommes.

D'après la minute. Archives de l'Empire.

20390. — AU MARÉCHAL MACDONALD, DUC DE TARENTE.

COMMANDANT LE 11e CORPS DE LA GRANDE ARMÉE, À LOEWENBERG.

Bautzen, 16 août 1813.

Un espion qui vient de m'apporter des lettres de Danzig du 5 août, et qui dès lors mérite toute confiance, m'assure que l'armée russe est partie le 12 de Reichenbach pour se diriger sur Glatz et en Bohême, hormis le corps de Sacken, qui, le 12, a débouché de Breslau avec Blücher et Kleist pour se porter sur Liegnitz, et, le 15, a eu l'infamie d'enlever nos vedettes. Dans cette situation des choses, mon intention est de faire occuper la position d'Eckartsberg, derrière Zittau, par 100,000 hommes, et demain de faire occuper Rumburg, Schluckenau et Georgenthal. Cette position, que l'on m'assure être bonne, menace Prague par la meilleure communication qu'il y ait, et de là la communication aura lieu avec le camp de Kœnigstein par Neustadt.

Le duc de Reggio est aujourd'hui à Baruth, et demain il entre en Prusse avec les 4°, 7° et 12° corps, dans le temps que le prince d'Eckmühl débouchera avec les Danois et le 13° corps par Hambourg, et que le général Girard, avec 12,000 hommes, débouchera par Magdeburg. Le maréchal Saint-Cyr est en position sur Kœnigstein avec le 14° corps. J'ai fait établir des camps retranchés à Dresde, et j'ai mis cette place dans une position telle que j'ai huit ou dix jours pour pouvoir arriver au secours de ce point.

On m'assure qu'il y a à Lœwenberg une très-belle position; je crois qu'il en est question dans la guerre de Sept Ans. Faites-moi connaître si avec votre corps et le 5°, et 5 ou 6,000 hommes de cavalerie, ce qui vous ferait une soixantaine de mille hommes, vous êtes dans le cas d'occuper cette position, dans le temps que le prince de la Moskova avec le 6° corps, ce qui lui ferait de 70 à 80,000 hommes, prendrait position entre Bunzlau et Haynau.

Le duc de Trévise, avec trois divisions de la Garde, doit être aujourd'hui à Lauban.

Lorsque je serai assuré que Blücher avec York, Kleist et Sacken, ce qui ne doit pas faire 50,000 hommes, s'avance sur Bunzlau, et que Wittgenstein et Barclay de Tolly sont en Bohême, pour se porter sur Zwickau ou Dresde, je marcherai en force pour enlever Blücher. Aussitôt que vous aurez des renseignements, tâchez de me faire connaître ce que vous avez devant vous. Du reste, je conçois d'assez belles espérances de tout ceci. Il me semble que les ennemis se livrent à de grands coups, et que cela doit en peu de semaines nous donner de grands résultats. Faites-moi connaître votre opinion de tout cela. La position de Lœwenberg, contre qui est-elle? Est-elle contre le corps qui viendrait par Hirschberg? Est-elle aussi contre le corps qui viendrait par Goldberg? Je crois que la route de Hirschberg doit être montagneuse et difficile; cependant on m'assure que la communication est très-bonne.

D'après la minute. Archives de l'Empire.

20391. — AU MARÉCHAL MACDONALD, DUC DE TARENTE,
COMMANDANT LE 11ᵉ CORPS DE LA GRANDE ARMÉE, À LOEWENBERG.

Bautzen, 16 août 1813.

Ma ligne contre la Bohême s'étendra ainsi : la droite à Schandau sur l'Elbe; je fais occuper demain, 17, Rumburg et Georgenthal; le centre et le champ de bataille sur la position de Zittau, la gauche aux montagnes des Géants vers Neustadtl, Greifenberg et Friedeberg. Je fais occuper Friedland. Je désire connaître quelle est la nature du pays et des communications entre Lœwenberg, Friedeberg et Neustadtl; quel est le débouché de Hirschberg sur Greifenberg et Marck-Lissa. Donnez-moi aussitôt tous les renseignements que vous pouvez avoir là-dessus. Y aurait-il une ligne à occuper pour lier Lœwenberg avec les montagnes des Géants, où s'appuie la gauche de mon armée opposée à la Bohême?

D'après la minute. Archives de l'Empire.

20392. — AU PRINCE PONIATOWSKI,
COMMANDANT LE 8ᵉ CORPS DE LA GRANDE ARMÉE, À OSTRITZ.

Bautzen, 16 août 1813.

Le major général m'a mis sous les yeux votre lettre du 15, dans laquelle vous proposez de prendre une position à Gœrlitz, faisant face à Bunzlau. Mon intention est, au contraire, d'occuper la position en arrière de Zittau, dite de l'Eckartsberg, avec 100,000 hommes, et de m'emparer, dès après-demain, des petites villes de Rumburg, Schluckenau, Georgenthal et Kreybitz, de manière à avoir une communication directe de Neustadt à Zittau. Reportez donc vos troupes en avant, et faites-moi connaître votre opinion sur ce projet. Comme je ne connais pas les localités, quelle est la position que l'ennemi peut prendre pour s'opposer à celle d'Eckartsberg?

Établissez des postes de cavalerie sur la direction de Bautzen, afin que la correspondance soit très-rapide.

Le duc de Bellune arrive ce soir avec son corps à Rothenburg, et le 1er corps de cavalerie à Gœrlitz. Je suppose que la cavalerie n'est pas d'un grand effet sur toute cette frontière. Entre Zittau et Schandau, y a-t-il des montagnes? Étudiez bien les positions.

Si vous savez où est le colonel Bernard, mon aide de camp, qui a déjà parcouru ces lieux, faites-lui connaître qu'il doit sur-le-champ revenir à Bautzen. La division Roguet, de la jeune Garde, forte de quatorze bataillons, est à Gœrlitz et vous appuiera. Faites-moi connaître la nature du pays entre Zittau et Gabel. Je pense qu'il y a un défilé. Y a-t-il aux environs de Gabel une position meilleure que celle d'Eckartsberg.

D'après la minute. Archives de l'Empire.

20393. — AU GÉNÉRAL MOUTON, COMTE DE LOBAU,
AIDE-MAJOR DE LA GARDE IMPÉRIALE, À BAUTZEN.

Bautzen, 17 août 1813, onze heures du matin.

Donnez ordre au général Ornano de partir sur-le-champ de Wurschen, avec sa division, pour se rendre à Gœrlitz. La division de la vieille Garde à cheval se rendra aujourd'hui à Reichenbach, ainsi que la division de la vieille Garde à pied. Le bataillon des vélites de Florence restera en garnison à Bautzen jusqu'à l'arrivée du premier bataillon du général Vandamme, qui arrivera après-demain, avant neuf heures du matin. Le général Lion, avec sa brigade de la vieille Garde, rejoindra à Reichenbach aussitôt que les 400 chevaux et l'infanterie du 14e corps qui doivent occuper Neustadt y seront arrivés.

D'après la minute. Archives de l'Empire.

20394. — A M. MARET, DUC DE BASSANO,
MINISTRE DES RELATIONS EXTÉRIEURES, À DRESDE.

Bautzen, 17 août 1813.

Monsieur le Duc de Bassano, j'ai reçu votre lettre du 16 au soir. Depuis longtemps je pense que MM. de Caulaincourt et de Narbonne se laissaient surprendre au style mielleux de Metternich. Les stipulations des Autrichiens avec les Russes sont arrêtées depuis le mois de février, et je suis persuadé que les conditions qu'ils voulaient m'imposer ont été signées et arrêtées entre eux alors. L'échantillon de leurs projets se fait assez voir par celui qu'a apporté M. de Bubna, et qui probablement était un commencement pour accoutumer.

Je porte aujourd'hui mon quartier général à Reichenbach.

Donnez-moi des nouvelles de Dresde, de Leipzig et de M. de Rumigny. Recommandez à mon ministre à Cassel de se mettre en correspondance avec les préfets de Münster et d'Osnabrück, et avec les généraux qui commandent à Bremen et à Minden. Dites-lui de recommander au Roi d'avoir des agents de ce côté-là pour savoir ce qui se passe.

NAPOLÉON.

P. S. La division russe commandée par le général Kaïzarof a attaqué hier 16 les avant-postes à Læhn. Elle a été repoussée ; on lui a fait 2 à 300 prisonniers.

D'après l'original comm. par M. le duc de Bassano.

20395. — A M. MARET, DUC DE BASSANO,
MINISTRE DES RELATIONS EXTÉRIEURES, À DRESDE.

Bautzen, 17 août 1813.

Monsieur le Duc de Bassano, je vous envoie la Note avec des corrections. Il est bien important que les déclarations puissent bientôt être envoyées à Paris. Il me semble que, lorsque vous aurez fait partir cette Note pour Prague, vous pourrez communiquer le manifeste de l'Autriche et cette réponse à tous les princes de la Confédération, en leur annonçant que les pièces vont aussi leur être envoyées. Si vous avez rédigé les Notes en réponse au manifeste, vous pourriez les y joindre. Les changements que je pourrai y faire ne seront que pour l'impression. Il est convenable que vous donniez ordre au chargé d'affaires d'Autriche de quitter Paris.

NAPOLÉON.

D'après l'original comm. par M. le duc de Bassano.

NOTE DICTÉE PAR L'EMPEREUR
EN RÉPONSE AU MANIFESTE DE L'AUTRICHE.

Le soussigné, ministre des relations extérieures, a mis sous les yeux de Sa Majesté l'Empereur et Roi la déclaration du 11 août : l'Autriche dépose le rôle de médiateur dont elle avait couvert ses desseins.

Depuis le mois de février, les dispositions hostiles du cabinet de Vienne envers la France étaient connues de toute l'Europe. Le Danemark, la Saxe, la Bavière, le Wurtemberg, Naples et la Westphalie ont dans leurs archives des pièces qui prouvent combien l'Autriche, sous les fausses apparences de l'intérêt qu'elle prenait à son allié et de l'amour de la paix, nourrissait de jalousie contre la France. Le soussigné se refuse à retracer ce système de protestations prodiguées d'un côté et d'insinuations répandues de l'autre, par lequel le cabinet de Vienne compromettait la dignité de son souverain, et qui dans son développement a prostitué ce qu'il y a de plus sacré parmi les hommes : un médiateur, un congrès et le nom de la paix.

Si l'Autriche voulait faire la guerre, qu'avait-elle besoin de se parer d'un faux langage et d'entourer la France de pièges mal tissus qui frappaient tous les regards? Si le médiateur voulait la paix, aurait-il prétendu que des transactions si compliquées s'accomplissent en quinze ou vingt jours? Était-ce une volonté pacifique que celle qui consistait à dicter la paix à la France en moins de temps qu'il n'en faut pour conclure la capitulation d'une place assiégée? La paix de Teschen exigea plus de quatre mois de négociations. Plus de six semaines furent employées à Sistova avant que la discussion même sur les formes fût terminée. La négociation de la paix de Vienne, en 1809, lorsque la plus grande partie de la monarchie autrichienne était entre les mains de la France, a duré deux mois. Dans ces diverses transactions, les intérêts et le nombre des parties étaient circonscrits; et lorsqu'il s'agissait, à Prague, de poser dans un congrès les bases de la pacification générale, de concilier les intérêts de la France, de l'Autriche, de la Russie, de la Prusse, du Danemark, de la Saxe et de tant d'autres puissances; lorsqu'aux complications qui naissaient de la multiplicité et de la diversité des intérêts se joignirent les difficultés résultant des prétentions ouvertes ou cachées du médiateur, il était dérisoire de prétendre que tout fût terminé, montre en main, en quinze jours. Sans la funeste intervention de l'Autriche, la paix entre la Russie, la France et la Prusse serait faite aujourd'hui.

L'Autriche ennemie de la France, et couvrant son ambition du masque de médiatrice, compliquait tout et rendait toute conciliation impossible: mais l'Autriche s'étant déclarée en état de guerre est dans une position plus vraie et toute simple. L'Europe est ainsi plus près de la paix : il y a une complication de moins.

Le soussigné a donc reçu l'ordre de proposer à l'Autriche de préparer dès aujourd'hui les moyens de parvenir à la paix, d'ouvrir un congrès où toutes les puissances, grandes et petites, seront appelées, où toutes les questions seront solennellement posées, où l'on n'exigera point que cette œuvre aussi difficile que salutaire soit terminée, ni dans une semaine, ni dans un mois; où l'on procédera avec la lenteur inséparable de toute opération de cette nature, avec la gravité qui appartient à un si grand but et à de si grands intérêts. Les négociations pourront être longues; elles doivent l'être. Est-ce en peu de jours que les traités d'Utrecht, de Nimègue, de Ryswick, d'Aix-la-Chapelle ont été conclus?

Dans la plupart de ces discussions mémorables, la question de la paix fut toujours indépendante de celle de la guerre. On négociait sans s'informer si l'on se battait ou non, et, puisque les alliés fondent tant d'espérances sur les chances des combats, rien n'empêche de négocier, aujourd'hui comme alors, en se battant.

Le soussigné propose de neutraliser un point sur la frontière pour le lieu des conférences; de réunir les plénipotentiaires de la France, de l'Autriche, de la Russie, de la Prusse, de la Saxe; de convoquer tous ceux des puissances belligérantes, et de commencer, dans cette auguste assemblée, l'œuvre de la paix, si vivement désirée par toute l'Europe. Les peuples éprouveront une consolation véritable en voyant les souverains s'occuper à mettre un terme aux calamités de la guerre, et confier à des hommes éclairés et sincères le soin de concilier les intérêts, de compenser les sacrifices, et de rendre la paix avantageuse et honorable à toutes les nations.

Le soussigné ne s'attache pas à répondre au manifeste de l'Autriche et au seul grief sur lequel il repose : sa réponse serait complète en un seul mot. Il citerait la date du traité d'alliance conclu le 14 mars 1812 entre les deux puissances et la garantie, stipulée par ce traité, du territoire de l'Empire tel qu'il était le 14 mars 1812.

D'après la copie. Archives des affaires étrangères.

20396. — AU PRINCE DE NEUCHÂTEL ET DE WAGRAM,
MAJOR GÉNÉRAL DE LA GRANDE ARMÉE, À BAUTZEN.

Bautzen, 17 août 1813.

Mon Cousin, des dispositions prescrites pour le placement des divisions du général Vandamme et du maréchal Saint-Cyr il résulte que la 1re division du général Vandamme, qui arrive demain 18 à Stolpen, et après-demain de bonne heure à Bautzen, rendra disponible le bataillon des vélites qu'on laisse aujourd'hui à Bautzen (ce bataillon rejoindra le quartier général; on en profitera pour lui faire escorter un convoi); que la 2e division qui arrive à Dresde demain 18 sera à Neustadt le 19, et y relèvera la 42e division dans la garde des débouchés de Neustadt, Rumburg et Schluckenau, et qu'alors, dans la journée du 20, s'il n'y a rien de nouveau, et si le général Vandamme ne reçoit pas l'ordre de se porter plus loin, la 42e division pourra se reporter sur Hohnstein, Schandau et le camp de Kœnigstein; enfin que la 23e division, qui n'arrive que le 19 à Dresde, n'en pourra partir que le 20; je me réserve de donner des ordres pour son placement.

Vous donnerez ordre que la division de la Garde du général Delaborde, qui est sous les ordres du général Lefebvre-Desnoëttes, et qui doit aujourd'hui et demain occuper Rumburg, soit remplacée dans la journée de demain par la brigade de la 42ᵉ division qui sera à Neustadt, et que le général Lefebvre reforme sa division, infanterie et cavalerie, sur Lauban, pour être disponible et pouvoir se porter partout où il serait nécessaire ; bien entendu que l'ennemi ne serait pas en force aux environs. Cette 42ᵉ division, à son tour, se trouvera remplacée, le 19 ou le 20, par la 2ᵉ division du général Vandamme.

Mon intention est que vous fassiez connaître au général Durosnel les dispositions qui concernent les généraux Vandamme et Saint-Cyr, et qu'il en étudie l'esprit, afin qu'il puisse, de son chef, les prévenir ou vous prévenir si quelque chose se passait contre mes intentions. Faites connaître également au général Durosnel tout ce qui est relatif à la marche du général Dejean et à la formation de la colonne du général Margaron à Leipzig.

Il sera nécessaire que le général Vandamme occupe Hoyerswerda, avec la plus grande partie de sa cavalerie légère, deux pièces de canon et deux bataillons, en forme de corps d'observation, et pour maintenir les communications avec Luckau.

NAPOLÉON.

D'après l'original. Dépôt de la guerre.

20397. — AU PRINCE DE NEUCHÂTEL ET DE WAGRAM,
MAJOR GÉNÉRAL DE LA GRANDE ARMÉE, À BAUTZEN.

Bautzen, 17 août 1813.

Mon Cousin, vous ferez connaître au général Vandamme que mon intention est qu'il porte son quartier général à Bautzen ; que sa 2ᵉ division se rende à Neustadt ; que, occupant Schluckenau et Rumburg avec 3 ou 400 chevaux, cette division sera à même de se porter de là, dans un jour et demi, à Zittau, puisque de Neustadt, Schluckenau et Rumburg il y a un bon chemin qui va à Zittau. S'il était nécessaire, cette division pourrait aussi se porter dans un jour à Bautzen, ou enfin se porter sur le camp de Kœnigstein dans un demi-jour, ou à Dresde dans une journée. La 1re division, qui arrive demain à Dresde, se portera sur Bautzen. Quant à la 23e, comme elle n'arrive que le 19, elle ne peut partir que le 20; j'aurai le temps de donner des ordres, et l'échiquier se sera alors bien éclairci.

Vous ferez connaître au maréchal Saint-Cyr que du 18 au 19 le général Vandamme ayant relevé tous les postes de la 42e division à Schluckenau, Neustadt et Rumburg, cette division pourra se replier sur Hohnstein et Schandau, prête à soutenir la division du général Vandamme si elle en avait besoin, à la remplacer si elle se portait plus loin, ou à se porter sur la rive gauche de l'Elbe si les mouvements offensifs de l'ennemi devenaient décidés sur ce point.

Vous ferez connaître au général Vandamme qu'il doit, une ou deux fois par jour, correspondre avec le maréchal Saint-Cyr, et qu'il doit être placé des postes de cavalerie pour la correspondance.

D'ailleurs vous préviendrez ces deux commandants qu'ils correspondront entre eux, pour les choses importantes, par duplicata et par deux voies : les ordonnances de Kœnigstein et les courriers qui seraient adressés par Dresde au général Durosnel. Vous leur ferez connaître que les mouvements de l'ennemi ne sont pas encore clairs; que mon intention est que le général Vandamme soit prêt à se porter au camp d'Eckartsberg, à une demi-lieue derrière Zittau et où se trouve le prince Poniatowski, s'il arrivait que l'ennemi se présentât de Bohême pour entrer en Saxe par le débouché de Zittau, qui est le seul vraiment praticable qui se trouve sur la rive droite; et que, dans ce cas, la 42e division remplacerait celle du général Vandamme pour surveiller Neustadt et le débouché de Rumburg. Mais si, au contraire, l'ennemi avec de grandes forces formait son opération sur la rive gauche pour marcher sur Dresde, le général Vandamme devrait se porter, selon l'indication du maréchal Saint-Cyr, ou sur le camp de Kœnigstein ou sur Dresde, ce qu'il peut faire en un jour; et la division de Bautzen, qui serait la plus éloignée, en un jour et demi. Le maréchal Saint-Cyr réunirait ainsi dans le camp de Dresde plus de 60,000 hommes. Dans ce cas, le maréchal Saint-Cyr ne doit laisser dans la citadelle de Kœnigstein et dans Lilienstein, pour garder les ponts et les batteries, en tout, que deux ou trois bataillons. Le général Vandamme doit donc placer ses troupes de manière à pouvoir se porter promptement sur Zittau et sur Dresde. C'est ce qui me porte à lui donner la direction d'une division à Bautzen, une à Neustadt et une à mi-chemin de Dresde à Bautzen, et cela jusqu'à ce que les événements prennent un caractère décidé et que les mouvements de l'ennemi soient plus connus.

NAPOLÉON.

D'après l'original. Dépôt de la guerre.

20398. — AU MARÉCHAL GOUVION SAINT-CYR,
COMMANDANT LE 14ᵉ CORPS DE LA GRANDE ARMÉE, À PIRNA.

Bautzen, 17 août 1813.

Mon Cousin, je ne saurais trop vous recommander de placer des postes entre Kœnigstein et Bautzen, afin qu'indépendamment des postes du pays vos correspondances soient très-rapides. Il y a de Bautzen à Kœnigstein neuf lieues; il faudrait donc trois postes de cavalerie, et un de Kœnigstein à Pirna.

Les rapports sont que 40,000 Russes sont entrés le 13 par Glatz en Bohême. Cette nouvelle est douteuse. Si cela est une combinaison de cabinet, si ces troupes se portent sur Prague, elles ne pourront y arriver que le 25 ou le 26. L'armée autrichienne ne peut opérer sur la rive droite que par les débouchés de Zittau; j'ai fait occuper par 40,000 hommes la position d'Eckartsberg près de Zittau, ce qui rendrait impossible son débouquement par cette gorge. L'armée autrichienne veut-elle opérer sur la rive gauche, le général Vandamme sera à Bautzen: une de ses divisions sera à Schluckenau et Rumburg, une autre à Neustadt, une troisième à Bautzen, le quartier général à Bautzen.

Je porte mon quartier général à Gœrlitz, où je réunirai les cinq divisions de ma Garde, les 3ᵉ, 6ᵉ, 5ᵉ et 11ᵉ corps; le 1ᵉʳ et le 2ᵉ corps de cavalerie se réunissent à Bunzlau, ayant des camps volants à trois ou quatre marches sur la gauche. Vous occupez Pirna, le camp de Berggiesshübel, ayant une division à Stolpen, Schandau et Hohnstein. Les choses ainsi placées, je puis agir dans toutes les hypothèses. Ou les Russes et les Autrichiens réunis déboucheront en force sur Zittau et Gabel, ce que le prince Poniatowski et le comte de Valmy croient impossible devant la position qu'ils occupent, renforcés par le 2º corps; mais, dans ce cas, le général Vandamme se joindra à eux en une marche et demie; votre 42º division remplacera les troupes du général Vandamme aux débouchés de Neustadt et de Rumburg; il se trouvera donc alors 70,000 hommes sur la position opposée à Gabel, et si dans ce moment la Garde n'est pas engagée ailleurs, je m'y porterai dans un jour avec 50,000 hommes, ce qui formerait là une armée de 120,000 hommes. Ou bien, si toutes les forces autrichiennes et russes se portent sur Dresde par la rive gauche, le général Vandamme marchera sur Dresde; deux de ses divisions n'en seront qu'à un jour; sa troisième n'en sera qu'à un jour et demi : vous réunirez donc sous vos ordres près de 60,000 hommes au camp de Dresde sur les deux rives. Le camp de Zittau devenant inutile se porterait sur Dresde, où il arriverait en quatre jours, et vous auriez plus de 100,000 hommes à Dresde. Enfin je me porterai avec les 50,000 hommes de ma Garde également à Dresde, si les circonstances l'exigeaient, et en quatre jours nous nous trouverions 160 à 180,000 hommes autour de Dresde.

Si l'ennemi pénètre par Baireuth et arrive en Allemagne avec toutes ses forces réunies, comme il le publie, je lui souhaite bon voyage, et je le laisse aller, bien certain qu'il reviendra plus vite qu'il n'aura été. Ce qui m'importe, c'est qu'on ne nous coupe pas de Dresde et de l'Elbe; peu m'importe qu'on nous coupe de France. Cependant l'armée de Bunzlau, qui est de 130 à 140,000 hommes sans la Garde, peut être renforcée de la Garde; et je puis avec 180,000 hommes déboucher sur Blücher, Sacken et Wittgenstein, qui, à ce qu'il paraît, marchent aujourd'hui sur mes troupes, et, une fois que j'aurai détruit ou malmené ces corps, l'équilibre se trouvera rompu, et je pourrai, selon les succès de l'armée qui marche sur Berlin, l'appuyer sur Berlin, ou marcher par la Bohême derrière l'armée qui se serait enfoncée en Allemagne.

Tout cela n'est pas encore clair. Ce qui est clair, c'est qu'on ne tourne pas 400,000 hommes qui sont assis sur un système de places fortes, sur une rivière comme l'Elbe, et qui peuvent déboucher indifféremment par Dresde, Torgau, Wittenberg et Magdeburg. Toutes les troupes ennemies qui se livreront à des manœuvres trop éloignées seront hors du champ de bataille.

Ceci est le résultat des nouvelles que j'ai aujourd'hui. Je vous tiendrai fréquemment au courant de ma position, selon les nouvelles que j'aurai de l'ennemi, afin que vous soyez toujours dans le cas de manœuvrer d'accord et de prendre un parti. Gagner du temps, disputer le terrain et garder Dresde, avoir des communications très-sûres et actives avec Vandamme et le quartier général, voilà pour le moment ce qu'il est nécessaire de bien observer.

Une division russe a attaqué hier 16 le général Charpentier, à Laehn, croyant le surprendre; les Russes ont été repoussés, on leur a fait 100 prisonniers dont un officier; je l'attends avec impatience pour avoir des nouvelles.

<small>D'après la minute. Archives de l'Empire.</small>

20399. — AU PRINCE PONIATOWSKI,
COMMANDANT LE 8ᵉ CORPS DE LA GRANDE ARMÉE, À ECKARTSBERG.

Bautzen, 17 août 1813.

J'ai reçu votre lettre. Mon intention est que vous fassiez faire un croquis de la position d'Eckartsberg, et que vous me fassiez connaître si elle peut être occupée avec succès par 30,000 hommes. Faites requérir 3 ou 4,000 ouvriers du pays, et commencez cinq ou six redoutes bien fraisées et palissadées, afin de s'assurer de cette position importante.

Mon quartier général sera ce soir à Reichenbach; adressez-moi là votre lettre. Le général Vandamme sera ce soir, de sa personne, à Bautzen: les 30,000 hommes de son corps y arriveront successivement. Il paraît que l'ennemi a, comme de raison, évacué Rumburg et Schluckenau: le général Lefebvre-Desnoëttes a ordre de les occuper.

<small>D'après la minute. Archives de l'Empire.</small>

20400. — A M. MARET, DUC DE BASSANO,
MINISTRE DES RELATIONS EXTÉRIEURES, À DRESDE.

Reichenbach, 18 août 1813.

Monsieur le Duc de Bassano, je porte mon quartier général à Gœrlitz. Mon armée s'est reployée sur Bunzlau et sur Lœwenberg. J'occupe en force la position de Zittau. J'ai mon quartier général à Gœrlitz. J'attends à chaque instant des nouvelles de Friedland et de Rumburg, où mes troupes sont entrées ce matin ; elles me donneront peut-être des nouvelles sur ce qui se passe en Bohême. Nous ne sommes pas encore bien fixés à cet égard. Tous les rapports sont toujours que l'ennemi est entré en Bohême.

Indépendamment des fonds donnés à Gersdorf, donnez-en à Serra ; que ce dernier ait cinq ou six officiers saxons en retraite qui puissent parcourir le pays et venir avec rapidité me rejoindre et m'apporter des nouvelles.

J'ai ordonné au général Dejean, qui arrive aujourd'hui 18 à Leipzig avec le général Margaron, d'y rester le 20. Il a avec lui 1,500 gardes d'honneur, deux bataillons d'infanterie et une batterie appartenant à la Garde. Le général Margaron a 7 à 800 chevaux. Le général Dejean avait ordre de partir le 20 avec les gardes d'honneur, le bataillon du 131e et une batterie de la Garde, pour venir à Dresde, mais je l'autorise à rester à Leipzig le 20, afin que la colonne qui part le 16 d'Erfurt puisse le remplacer à Leipzig. J'ai nommé le général Margaron général de division. J'autorise le général Dejean à laisser une batterie au général Margaron, si la batterie d'artillerie légère du 14e corps, qui doit arriver à Leipzig le 20 ou le 21, n'y était pas arrivée, et jusqu'à ce que cette batterie soit arrivée. Je l'autorise aussi à laisser le bataillon du 131e au général Margaron, jusqu'à ce que le bataillon des compagnies réunies, fort de 800 vieux soldats, soit arrivé à Leipzig. Enfin je donne ordre qu'une colonne de trois bataillons de Bade et une demi-batterie activent leur marche et arrivent à Leipzig le 23 au lieu du 25. Par ce moyen, le général Margaron aura deux bataillons d'infanterie venant d'Erfurt, 1,200 hommes;

trois bataillons de Bade, 2,100 hommes; cavalerie, 1,500 chevaux; une batterie à cheval française et une demi-batterie de Bade; total, au moins 5,000 hommes. Avec cette division, le général Margaron gardera Leipzig et formera une réserve sur les derrières.

Cependant le général Dejean arrivera à Dresde avec un bataillon du 131e, une batterie de la Garde, 1,500 gardes d'honneur, un bataillon de Hesse-Darmstadt, et enfin un détachement de Würzburg. Écrivez dans ce sens au commandant de Leipzig.

NAPOLÉON.

P. S. Envoyez la lettre ci-jointe par un exprès au maréchal Saint-Cyr.

D'après l'original comm. par M. le duc de Bassano.

20401. — AU MARÉCHAL GOUVION SAINT-CYR,
COMMANDANT LE 14e CORPS DE LA GRANDE ARMÉE, AU CAMP DE PIRNA.

Reichenbach, 18 août 1813, au matin.

Je vous ai écrit hier. Je porte ce soir mon quartier général à Gœrlitz.

Le prince de la Moskova et le duc de Raguse occupent le camp de Bunzlau; le duc de Tarente et le général Lauriston occupent le camp de Lœwenberg; le prince Poniatowski et le duc de Bellune, le camp de Zittau; les 4e, 12e et 7e corps sont en mouvement sur Berlin; je n'en ai pas de nouvelles depuis le 16 au soir.

Nous occupons Friedland, et, à l'heure qu'il est, je suppose que nous occupons Rumburg.

La 42e division doit occuper toute cette ligne jusqu'à Rumburg, le débouché de Neustadt étant un point important à garder; mais la division du corps du général Vandamme, qui arrive le 19 à Neustadt, pourra la relever, et dès lors la 42e division deviendra disponible; vous la laisserez à Hohnstein, à Schandau et au camp de Kœnigstein, à moins de fortes raisons pour l'appuyer à vous.

Le prince de la Moskova croit toujours que l'armée ennemie est entrée à Berlin; tout cela pourtant n'est pas encore clair.

Le général Margaron est arrivé le 17 à Leipzig; il aura, du 20 au 23, 1,500 hommes de cavalerie, 4,500 hommes d'infanterie et douze pièces de canon, ce qui lui fera une division de 6,000 hommes pour occuper Leipzig. Correspondez avec lui, afin de le prévenir de tout ce qu'il serait nécessaire qu'il sût.

Dans toutes les occasions importantes ayez soin de me faire parvenir vos rapports par deux voies différentes, par la correspondance militaire et par Dresde, en adressant vos lettres au duc de Bassano ou au général Durosnel, qui me les enverront par l'estafette.

D'après la minute. Archives de l'Empire.

20402. — AU PRINCE DE NEUCHÂTEL ET DE WAGRAM,
MAJOR GÉNÉRAL DE LA GRANDE ARMÉE, À REICHENBACH.

Reichenbach, 18 août 1813.

Mon Cousin, faites connaître au duc de Castiglione que la situation de l'armée est la suivante :

Le quartier général à Gœrlitz, le prince de la Moskova et le duc de Raguse au camp de Bunzlau; le duc de Tarente et le comte Lauriston au camp de Lœwenberg; le duc de Bellune et le prince Poniatowski au camp de Zittau, occupant les districts de Bohême, de Friedland et de Rumburg; la Garde avec le quartier général à Gœrlitz. Les 4e, 7e et 12e corps débouchent aujourd'hui de Baruth sur Berlin; le maréchal Saint-Cyr est à Pirna; le général Vandamme entre l'Elbe et Bautzen; le général Durosnel occupe avec une bonne garnison Dresde, qui a été fortifié et mis en état de bien se défendre. Le prince d'Eckmühl débouche de son côté de Hambourg sur Berlin. Le général Girard, avec une division de 10,000 hommes, débouche de Magdeburg. Le général Margaron réunit à Leipzig une division de 6,000 hommes. Le duc de Castiglione réunit le corps de Bavière à Würzburg. Le général Lemoine est avec un corps d'observation à Minden. Le général de Wrede, avec les Bavarois, est sur l'Inn. Le vice-roi, avec l'armée d'Italie, est en avant de Laybach.

Dans cette situation des choses, vous ferez connaître au duc de Castiglione que j'espère que, dans les six premiers jours de septembre, le général Milhaud pourra le joindre avec 3,000 hommes de vieille cavalerie; que je crois qu'il a déjà 4,000 hommes d'infanterie, et que j'espère que, dans les premiers jours de septembre, il aura reçu vingt bataillons de ses deux premières divisions, et se trouvera avoir un corps d'observation de 12,000 hommes, capable d'en imposer à l'ennemi, et à l'abri des partisans; qu'il doit écrire à mon ministre à Stuttgart pour que, en cas que les partisans se glissent de ce côté, il sache les forces que le roi de Wurtemberg pourra réunir à Mergentheim pour protéger ses états, afin que le maréchal puisse combiner ses forces avec le corps wurtembergeois; qu'il doit instruire les généraux qui commandent à Erfurt, à Leipzig, et le général Durosnel à Dresde, de tout ce qui viendrait à sa connaissance des mouvements de l'ennemi; qu'il doit faire courir le bruit qu'il attend 60,000 hommes de vieilles troupes, et qu'aussitôt qu'ils seront arrivés il se portera en Bohême; qu'il faut beaucoup faire sonner dans les journaux de Francfort et de Würzburg l'arrivée des régiments de cavalerie qui viennent d'Espagne; qu'il n'est pas probable que l'ennemi puisse prodiguer beaucoup de forces à des opérations extérieures avant que les événements le lui permettent, puisqu'il est environné de forces de tous côtés; qu'il faut que le duc de Castiglione écrive au ministre pour accélérer autant que possible la formation de son corps; que j'espère qu'à la fin de septembre il sera de plus de 30,000 hommes.

Chargez-le de laisser le général de division Turreau avec un bon général de brigade pour commander la ville et la citadelle de Würzburg; qu'il complète les cadres des bataillons du 127º et du 128º, chacun à 900 hommes, de sorte qu'ils fassent ensemble 1,800 hommes; qu'à cet effet il y incorpore des hommes isolés sortant des hôpitaux de Würzburg, d'Aschaffenburg, à raison de 60 hommes par compagnie, ce qui fera 700 malades. On désignera les régiments auxquels ils appartiennent, pour qu'on puisse les leur restituer; il les fera armer avec des fusils qui doivent se trouver à Würzburg, et les fera habiller et équiper, en faisant venir de Mayence des effets d'habillement dans un nombre proportionné.

Recommandez-lui de faire placer tous les hôpitaux de Würzburg dans la citadelle. Que, dans le cas où il serait obligé d'évacuer, il laisse dans la ville avec le général Turreau un bon général de brigade, homme de résolution et ferme; qu'il y laisse 3,000 hommes, deux compagnies d'artillerie, une de sapeurs, un officier supérieur du génie avec trois officiers de grade inférieur, un officier supérieur d'artillerie également avec trois officiers de grade inférieur, indépendamment de ceux des compagnies. Qu'il fasse placer sans délai toutes les farines et approvisionnements de siége dans les souterrains; qu'il s'assure que la place a le nombre de pièces et l'approvisionnement nécessaire pour soutenir un long siége: qu'il fasse connaître au général Turreau qu'il peut aussi y conserver une centaine de chevaux; que les sapeurs soient sur-le-champ exercés à la manœuvre du canon, et qu'il ordonne que 100 hommes de chaque bataillon soient également exercés à cette manœuvre; que, comme on doit s'attendre à recevoir des obus, il faut mettre dans des souterrains tout ce qui est nécessaire à la défense, et qu'on démolisse les baraques et les maisons inutiles. Qu'il y laisse une batterie d'artillerie de campagne avec les chevaux nécessaires pour atteler les huit pièces, c'est-à-dire 40 chevaux : ces pièces sont spécialement destinées à garder la ville. Qu'il fasse sur-le-champ raccommoder tous les ponts-levis et relever les barbettes dans les bastions.

Avec les 3,000 hommes d'infanterie le général Turreau doit garder Würzburg jusqu'à ce que l'ennemi ait amené l'artillerie de siége et ouvert la tranchée, ce que probablement il ne fera pas, et, lorsqu'il ne pourra plus se défendre dans la ville, il faut qu'il se concentre sur la rive gauche d'où dépend la citadelle : et, à cet effet, on établira une traverse et une pièce de canon sur le pont; il serait même nécessaire qu'à la dernière extrémité on en fît sauter une arche, sans laisser entrevoir cette intention dans ce moment. Ajoutez dans votre lettre au duc de Castiglione que, dans le nombre de 3,000 hommes nécessaire pour la défense de la place, les hommes se guérissant dans les hôpitaux, les artilleurs et les sapeurs ne sont pas compris, et qu'indépendamment du général de division Turreau et du général de brigade commandant en second il est nécessaire de laisser dans la place quatre colonels ou majors et huit chefs de bataillon ; qu'il doit y avoir des vivres pour six mois : que les farines doivent s'y trouver, puisque j'en ai envoyé une grande quantité en réserve; que les fourrages, bestiaux, vin, bois, sel, on se les procure promptement dans les environs; qu'il pourra laisser 400 hommes de Würzburg; qu'obligé d'abandonner la place il emmènera avec lui toutes les autres troupes du pays; que ces 400 hommes qu'il laissera ne doivent pas compter dans les 3,000. On peut donc évaluer de la manière suivante la garnison que le duc de Castiglione laissera dans Würzburg sous le commandement du général Turreau : 3,000 hommes d'infanterie, 200 d'artillerie, 100 sapeurs, 100 ouvriers, 400 hommes de Würzburg, 100 hommes de Würzburg qu'on appliquera au service du canon; total, 3,900 hommes. En supposant que le maréchal laisse dans les hôpitaux 1,100 hommes, cela fera donc une garnison de 5,000 hommes. A cet effet, il fera de préférence évacuer les malades qui ne doivent pas se rétablir promptement et ceux qui resteront hors de service; on laissera ceux qui peuvent guérir, et, au fur et à mesure de leur guérison, ce sera autant de renfort pour la garnison. Le maréchal aura soin d'avoir 1,500 fusils de rechange destinés à réarmer les malades. Avec cette force le général Turreau doit tenir la ville et les environs fort longtemps, et tenir en échec 12 à 15,000 ennemis.

Je pense que, la garnison étant suffisamment considérable, on doit construire sur-le-champ une bonne redoute sur la hauteur. La communication sera facile par le chemin creux dans le ravin. Cette redoute, faite dans toutes les règles et bien palissadée, aura l'avantage de retarder d'autant l'approche de l'ennemi de la citadelle.

Toutefois le maréchal ne doit quitter la place qu'à la dernière extrémité, et que lorsque évidemment quelque corps très-considérable se présenterait pour le déborder. Dans ce cas, il manœuvrerait avec le reste de son corps pour faire sa jonction avec les troupes wurtembergeoises et prendre une position qui couvre le Wurtemberg et Mayence, et maintienne le plus longtemps possible la communication avec Würzburg. Il faut que toujours il soit à même de couvrir Mayence, et d'en recevoir les divers renforts qui lui arrivent de France, ainsi que tout ce que le roi de Wurtemberg, les grands-ducs de Hesse-Darmstadt et de Bade pourraient lui envoyer, et même de se réunir aux Bavarois, si Munich était envahi et que ceux-ci fussent repoussés.

Annoncez au duc de Castiglione que, si l'ennemi s'affaiblissait ainsi d'un corps de 30,000 hommes contre les Bavarois et de 25,000 contre Würzburg, il serait promptement rappelé par les opérations de la Grande Armée. Dites au maréchal que je compte sur son zèle.

NAPOLÉON.

D'après l'original. Dépôt de la guerre.

20403. — AU PRINCE DE NEUCHÂTEL ET DE WAGRAM,
MAJOR GÉNÉRAL DE LA GRANDE ARMÉE, À REICHENBACH.

Reichenbach, 18 août 1813.

Mon Cousin, la colonne du général Margaron doit être composée de 1,500 chevaux, une batterie d'artillerie légère et 1,200 hommes d'infanterie. Par l'ordre que j'ai donné, j'augmente cette colonne de trois bataillons badois et d'une demi-batterie, ce qui la portera à 5,000 hommes.

Il serait nécessaire que le commandant d'Erfurt dirigeât six caissons de cartouches attelés sur Leipzig pour y être à la disposition du général Margaron. Faites-lui connaître que, s'il passe un général de brigade qui ait ordre de rejoindre l'armée, il l'envoie à Leipzig pour y prendre le commandement de l'infanterie. Comme cette colonne doit en définitive rejoindre l'armée, ce général se rendra alors à sa destination. S'il passe deux généraux, on pourra faire la même chose. Vous ferez connaître également au commandant d'Erfurt que si, indépendamment des 2,000 hommes nécessaires pour la garde de la ville, il peut fournir au général Margaron un ou deux autres bataillons, définitifs ou provisoires, et qui aient de la consistance, il les dirige sur Leipzig. Il me semble qu'il n'y a pas d'inconvénient à organiser au général Margaron une bonne division de 6,000 hommes. Écrivez également au commandant d'Erfurt que, s'il ne peut pas envoyer d'Erfurt des caissons de cartouches, il envoie au moins 100,000 cartouches à Leipzig, afin que le général Margaron n'en manque pas.

Prévenez le général Margaron que mon intention est qu'il corresponde avec le commandant d'Erfurt pour réunir sous ses ordres une division de 1,500 chevaux et 4 à 5,000 hommes d'infanterie et une douzaine de pièces d'artillerie, avec les cartouches nécessaires pour faire un bon service. Qu'il fasse fournir à ces hommes ce qui leur manquerait, des magasins de Leipzig; qu'il exerce sa petite colonne; qu'il place à la tête deux généraux d'infanterie et un de cavalerie, ce qui lui formera trois brigades; qu'il arrête les généraux de brigade et colonels qui passeraient pour se rendre à l'armée, jusqu'à la concurrence de ce qui lui est nécessaire.

Vous lui ferez connaître que mon intention est que cette colonne défende Leipzig et marche contre les partisans qui inquiètent le pays; et que si, contre toute attente, il était poussé par des forces supérieures, il se porte, à sa volonté, sur Dresde, sur Torgau ou sur Wittenberg, où il se trouvera appuyé et aura sa manœuvre indépendante.

Recommandez-lui de faire sortir des hôpitaux de Leipzig tous les convalescents et de les diriger sur Wittenberg et Torgau, où on les placera dans des bataillons d'hommes isolés que l'on forme. Il y a à Wittenberg de quoi leur fournir des armes et des habillements. Recommandez-lui de faire évacuer sur France, par la route de Cassel, tous les hommes qui ne sont plus propres au service. Que la même évacuation se fasse aux hôpitaux de Weissenfels, en dirigeant sur Wittenberg et Torgau les hommes qui pourraient encore servir, et les autres sur France. Avec les cartouches qui lui arriveront d'Erfurt il fera tirer à la cible, et il exercera son petit corps.

Vous ferez connaître au commandant d'Erfurt qu'il ne doit rien retenir de la Garde à pied, de la Garde à cheval, ni de l'artillerie; qu'il ne doit rien prendre du 14ᵉ corps, hormis la batterie d'artillerie légère que j'ai destinée au corps du général Margaron.

NAPOLÉON.

D'après l'original. Dépôt de la guerre.

20404. — AU MARÉCHAL KELLERMANN, DUC DE VALMY,
COMMANDANT SUPÉRIEUR DES 5ᵉ, 25ᵉ ET 26ᵉ DIVISIONS MILITAIRES, À MAYENCE.

Reichenbach, 18 août 1813.

Mon Cousin, je vous ai mandé que je désirais connaître le moment où la 51ᵉ et la 52ᵉ division seraient prêtes à Würzburg, c'est-à-dire où chacune aurait au moins neuf bataillons. Quand est-ce qu'arrivera le 5ᵉ corps de cavalerie, et quand est-ce que les 51ᵉ et 52ᵉ divisions et le 5ᵉ corps seront réunis à Würzburg et auront dix-huit pièces de canon? Le ministre a dû diriger sur Mayence 10,000 conscrits de la marine et 4,000 conscrits de la Hollande, en tout 14,000 conscrits, afin de compléter les bataillons qui doivent former la 53ᵉ et la 54ᵉ division. Quand est-ce que cela sera fait? Quand pensez-vous que le corps d'observation de Bavière ait quatre divisions, faisant au moins quarante bataillons, avec les batteries qui lui sont destinées?

J'ai formé à Minden un corps d'observation composé de six bataillons de la 6ᵉ division *bis*. Faites-moi connaître quand il sera réuni : ces bataillons partent de Wesel.

Je fais former à Leipzig un autre corps d'observation, sous les ordres du général de division Margaron, qui aura 6,000 hommes d'infanterie, 1,500 hommes de cavalerie et douze pièces de canon.

Vous avez 500 gardes d'honneur; vous pouvez les faire partir en les réunissant avec 500 hommes de cavalerie et 1,000 hommes d'infanterie, de sorte qu'il parte une colonne de 2,000 hommes; mais je pense qu'il convient de profiter pour le départ des gardes d'honneur de la circonstance d'un commandant ferme et qui lève toutes les difficultés que pourraient rencontrer ces nouvelles troupes.

Quand est-ce que les 400 chevaux seront fournis au dépôt de Francfort, et quand est-ce que les 1,500 chevaux, savoir les 500 provenant des marchés et les 1,000 provenant de la réquisition des départements, seront fournis à l'artillerie?

Vous aurez appris la déclaration de guerre de l'Autriche; il est donc convenable que vous ayez l'œil sur Kehl et sur Kastel. Je ne vois pas encore bien le plan de campagne des alliés. Mon quartier général sera ce soir à Gœrlitz. Le maréchal Saint-Cyr a son quartier général à Pirna, couvrant toute la frontière jusqu'à Hof. Le prince Poniatowski et le duc de Bellune sont au camp de Zittau. Le prince de la Moskova et le duc de Raguse sont au camp de Bunzlau; le duc de Tarente et le général Lauriston sont au camp de Lœwenberg. Les 4e, 7e, et 12e corps, sous les ordres du duc de Reggio, manœuvrent de Luckau sur Berlin. Le prince d'Eckmühl débouche de Hambourg sur Berlin; et le général Girard, avec une division, débouche de Magdeburg. Malgré toutes ces dispositions, il n'est pas impossible que les partisans ennemis passent l'Elbe entre Magdeburg et Hambourg ou entre Magdeburg et Wittenberg; mais alors le général Lemoine, commandant le corps d'observation de Minden, le général Margaron, commandant celui de Leipzig, la garnison d'Erfurt et le corps du duc de Castiglione en feront raison.

NAPOLÉON.

D'après l'original comm. par M. le duc de Valmy.

20405. — AU GÉNÉRAL CLARKE, DUC DE FELTRE,
MINISTRE DE LA GUERRE, À PARIS.

Reichenbach, 18 août 1813.

J'ai reçu votre lettre du 12 août. J'ai ici 365,000 coups de canon attelés, c'est la valeur de quatre batailles comme celle de Wagram, et 18 millions de cartouches. J'approuve la demande, qui vous a été faite par le général Sorbier, de 180,000 coups de canon et 25,000 coups d'obusier; mais il n'est pas nécessaire de les envoyer à Erfurt; il suffit de les avoir à Mayence et à Wesel pour les faire déboucher selon les circonstances. 9 millions de cartouches me paraissent bien forts. Faites venir les cartouches confectionnées de Strasbourg et de la Hollande; ayez-en à Mayence 2 à 3 millions prêtes à être expédiées, et faites faire le reste en conséquence des besoins.

D'après la minute. Archives de l'Empire.

20406. — AU DIRECTEUR DE L'ESTAFETTE,
À REICHENBACH.

Reichenbach, 18 août 1813.

Le duc de Bassano a retardé mon estafette cinq heures. Vous ferez connaître que c'est contre mon intention, et qu'il ne faut attendre les lettres du duc de Bassano que quinze minutes. Ce ministre peut m'envoyer des courriers et des estafettes extraordinaires quand il y a urgence, ou renvoyer à l'estafette d'après quand il n'y a rien de pressé. Mais je n'entends pas que, sous aucun prétexte que ce soit, mon estafette soit retardée. Les estafettes doivent aller à cheval, les relais doivent être prêts, de sorte qu'on ne doit pas mettre douze heures de Dresde à Gœrlitz. Toutes les fois qu'on mettra davantage, il faudra faire une enquête et punir.

D'après la minute. Archives de l'Empire.

20407. — INSTRUCTIONS
AUX MARÉCHAUX NEY, MACDONALD ET MARMONT.

Gœrlitz, 18 août 1813.

Je viens de faire occuper la petite ville de Rumburg. Le bourgmestre et trois des principaux négociants sont venus à Gœrlitz. Il résulte de ce qu'ils disent que Wittgenstein, avec un corps de 40,000 hommes, est arrivé hier à midi dans la petite ville de Bœhmisch-Leipa, et que tous les Autrichiens qui étaient sur la rive droite de l'Elbe sont partis. Je m'empresse de vous donner cette nouvelle, qui paraît tout à fait sûre. Vous n'avez donc que peu de Russes devant vous.

Je viens d'arriver ici. Je me porte demain de bonne heure à Zittau. Envoyez-moi les renseignements que vous recueillerez de votre côté. Réunissez votre cavalerie et tâchez de faire des prisonniers pour avoir des nouvelles.

D'après la minute. Archives de l'Empire.

20408. — AU GÉNÉRAL COMTE VANDAMME,
COMMANDANT LE 1ᵉʳ CORPS DE LA GRANDE ARMÉE, À BAUTZEN.

Gœrlitz, 18 août 1813.

Monsieur le Général Vandamme, je vous envoie cette lettre par une estafette que j'expédie au duc de Bassano. Mes troupes ont occupé Rumburg. Voici les renseignements que j'ai reçus : Wittgenstein et 40.000 Russes sont entrés dans le pays, et les Autrichiens ont passé l'Elbe pour aller je ne sais où. Cela étant, mon intention est que votre première division, qui arrive aujourd'hui à Stolpen, n'aille pas à Bautzen, mais qu'elle se dirige par Neustadt sur Rumburg, ainsi que toute votre cavalerie légère. Vous trouverez là la 42ᵉ division appartenant au maréchal Saint-Cyr, vous la garderez avec vous si le maréchal Saint-Cyr n'est pas pressé par l'ennemi et s'il ne la redemande pas; s'il la redemande, vous la lui renverrez. Votre deuxième division part demain de Dresde, mandez-lui de partir de bonne heure pour arriver demain à Neustadt. Vous aurez ainsi deux divisions dans la main. Le général Lefebvre-Desnoëttes, avec 3.000 hommes et la division Delaborde de la jeune Garde, est à Rumburg et Georgenthal; faites-lui connaître par un officier l'heure à laquelle vous arriverez.

Je me rends de ma personne à Zittau. Peut-être serai-je moi-même à Rumburg. Il serait possible que j'entrasse sur-le-champ en Bohême pour tomber sur les Russes et les prendre en flagrant délit. Le duc de Bellune sera demain de bonne heure avec son corps à Zittau.

Je suppose que vous recevrez cette lettre avant minuit. Vous enverrez sur-le-champ les ordres à votre première division, et partirez sur-le-champ aussi de votre personne pour arriver de bonne heure à Neustadt et vous porter le plus tôt possible sur Lobendau, la 42ᵉ division appuyée sur Nixdorf. Répondez-moi sur-le-champ par un officier que je renverrai à votre rencontre par Lobendau. Indépendamment de cela, vous m'écrirez par Neustadt aussitôt que vous y serez arrivé. Vous comprenez que cela est un coup de temps. Votre troisième division, qui n'arrive que demain 19 à Dresde, pourra être après-demain 20 à Neustadt. Si rien ne la dérange, elle y sera plus qu'à temps; il est inutile de la presser. Pressez votre artillerie.

NAPOLÉON.

D'après l'original. Archives de l'Empire.

20409. — A M. MARET, DUC DE BASSANO,
MINISTRE DES RELATIONS EXTÉRIEURES, À DRESDE.

Gœrlitz, 18 août 1813.

Monsieur le Duc de Bassano, mes troupes sont entrées à Rumburg; c'est une seigneurie de Liechtenstein, de 18,000 âmes. Le bailli et deux des principaux habitants viennent de m'être présentés ici. Voici le résultat de ce qu'ils disent : Le général Wittgenstein, avec un corps de 40,000 hommes, est arrivé hier, à midi, à Bœmisch-Leipa. Les Autrichiens, qui étaient là avec trois camps, se sont portés sur la gauche, au delà de l'Elbe, soit qu'ils veuillent se porter sur Dresde, soit qu'ils veuillent se porter sur le Rhin. Le peuple, en Bohême, est pour la paix. Il n'y a point là de landsturm; personne n'est armé. Depuis quatre mois, ce qu'on peut avoir levé en Bohême se monte à 18,000 hommes. La Bohême n'a que dix-huit bataillons de landwehr. Dans mon calcul, en supposant que l'Autriche eût beaucoup remué le pays, j'avais estimé que 3 millions d'habitants pouvaient fournir 12,000 hommes; ainsi, s'ils en avaient fourni 18,000, ce serait un tiers de plus. Mais c'est loin du compte du général Narbonne, qui porte cela à 54,000.

Envoyez sur-le-champ, par courrier extraordinaire, cet avis au maréchal Saint-Cyr. Faites-lui connaître que la lettre est du 18, à sept heures du soir; que je me porte demain de ma personne à Zittau; que, s'il n'est pas commandé par une urgente nécessité, il fasse appuyer Vandamme par la 42ᵉ division, comme il en a l'ordre. Il ne serait point impossible que j'entrasse demain en Bohême, et que je me portasse sur les Russes et sur Prague.

La deuxième division du général Vandamme doit être arrivée aujourd'hui à Dresde; il est bien important qu'elle se porte demain sur Neustadt, comme elle en a l'ordre. Voyez le général Durosnel et le général de cette division, pour qu'elle se porte deux heures plus tôt et arrive à Neustadt de bonne heure. Aussitôt qu'elle sera arrivée, le général qui la commande enverra un officier au général Lefebvre-Desnoëttes, qui est à Rumburg, pour l'instruire de l'heure de son arrivée. Prévenez secrètement de tout cela le général Durosnel. Il serait convenable qu'il fît embarquer 2 ou 300,000 rations de biscuit, 3 ou 400,000 quintaux de farine, comme pour les envoyer à Kœnigstein; mais je les ferai monter en Bohême jusqu'à Tetschen. Il faudrait qu'on fît cette expédition avec des marins de la Garde.

Les fortifications de Prague et les projets de l'ennemi commencent à s'éclaircir. Il est évident que les Russes ont la défense de la Bohême dans le temps que l'armée autrichienne de Bohême, que je suppose de 90 à 100,000 hommes, fera la guerre en Allemagne, peut-être sur Dresde. Je vais tâcher d'étriller les Russes et les empêcher d'aller à Prague.

NAPOLÉON.

D'après l'original comm. par M. le duc de Bassano.

20410. — AU GÉNÉRAL CLARKE, DUC DE FELTRE,
MINISTRE DE LA GUERRE, À PARIS.

Gœrlitz, 18 août 1813.

Les communications du duc de Bassano vous auront fait connaître la conduite de l'Autriche. Le général Moreau, arrivé à l'armée des alliés, a ainsi entièrement levé le masque et a pris les armes contre sa patrie. Le général de brigade Jomini, chef de l'état-major du prince de la Moskova, a déserté à l'ennemi, sans avoir auparavant cessé ses fonctions; il va être jugé, condamné et exécuté par contumace.

Voici la position actuelle de l'armée.

Le quartier général est à Gœrlitz. Le maréchal Saint-Cyr, avec les 42°, 43°, 44° et 45° divisions, a son quartier général à Pirna, occupant de belles positions aux débouchés de la Bohême, et observant la frontière jusqu'à Hof; sa gauche est appuyée au fort, au camp et au pont de Kœnigstein. Le général Durosnel est dans Dresde avec dix bataillons; la place est armée de cent pièces de canon. J'ai fait établir sur les deux rives de l'Elbe deux camps retranchés, où 40,000 hommes peuvent résister à 100,000. Les remparts démolis ont été réparés; les fossés ont été remplis d'eau. Sur la rive droite, la place peut soutenir un long siége; sur la rive gauche, le camp retranché étant forcé, elle peut encore se défendre plusieurs jours. Torgau est en état de défense. Wittenberg a été fort amélioré. Le général Dombrowski, avec un corps d'observation de 4,000 hommes, est en avant de cette ville. Magdeburg a une garnison de 16,000 hommes; le général Lemarois y commande, et sous lui le général Girard, qui, avec 8 ou 10,000 hommes de la partie active de la garnison, débouchera pour favoriser le mouvement des corps qui opèrent sur Berlin. Le général Vandamme est à Bautzen, ayant une de ses divisions à Neustadt et pouvant en une journée et demie joindre le maréchal Saint-Cyr au camp de Kœnigstein, ou se porter sur Dresde. Le duc de Bellune et le prince Poniatowski sont au camp de Zittau, occupant les districts de Bohême, Rumburg et Friedland. Le duc de Tarente et le général Lauriston sont au camp de Lœwenberg. Le prince de la Moskova et le duc de Raguse sont à Bunzlau. Le général Corbineau, avec 3,000 chevaux et 4,000 hommes d'infanterie, est en observation entre Kottbus, Krossen et Sagan, maintenant ses communications avec Gœrlitz. Le duc de Reggio, avec le 4e, le 7e et le 12e corps, ainsi que le corps du duc de Padoue, qui est le 3e de cavalerie, marche de Luckau sur Berlin. J'ai fait fortifier Luckau. Le prince d'Eckmühl, avec le 13e corps et le corps auxiliaire danois, débouche de Hambourg, marchant également sur Berlin. Le général Girard, débouchant de Magdeburg, forme l'intermédiaire entre le duc de Reggio et le prince d'Eckmühl. Le général Margaron réunit un corps d'observation à Leipzig, fort de 6,000 hommes, infanterie, cavalerie et artillerie. Le général Lemoine commande à Minden un corps d'observation de 4 à 5,000 hommes. Erfurt a une garnison suffisante.

Dans cette situation, j'attends pour voir ce que feront les ennemis; et, pendant que les corps réunis à Lœwenberg, à Bunzlau, à Zittau et à Gœrlitz tiennent en respect les armées autrichienne, prussienne et russe, je fais manœuvrer sur Berlin. Jusqu'à cette heure, nous n'avons que des nouvelles confuses sur les mouvements de l'ennemi. On prétend que 60,000 hommes de l'armée russe et prussienne sont entrés en Bohême, et que l'empereur Alexandre est arrivé le 15 à Prague. Si cela est, ou bien les ennemis prendront l'offensive par Zittau, seul débouché praticable qui existe sur la rive droite, et alors ils seront arrêtés par le camp de Zittau et le corps du général Vandamme ainsi que la réserve de Gœrlitz, que je puis y porter en un jour et demi ; ou bien l'ennemi manœuvrera sur la rive gauche de l'Elbe, et débouchera par Tœplitz et Peterswalde pour se porter sur Dresde ; alors le maréchal Saint-Cyr, dans deux jours, peut réunir 60,000 hommes, et en quatre jours je pourrai y être avec 150,000 ; ou enfin l'ennemi se livrera à des opérations hors de calcul, et entrera en Allemagne en se portant soit sur Munich, soit sur Nuremberg ; alors ils me livreront à l'offensive toute la Bohême. Si, au contraire, l'entrée de l'armée russe en Bohême est fausse, ou qu'il n'y soit entré qu'un corps peu considérable, alors en deux jours je puis réunir 200,000 hommes contre l'armée ennemie en Silésie. Vous voyez que voilà la guerre établie sur une grande échelle. Le général de Wrede est avec 30,000 Bavarois sur l'Inn. Le duc de Castiglione est à Würzburg avec quatre divisions, la 51e, la 52e, la 53e et la 54e. Vous savez mieux que moi où en est la formation de ces divisions ; mais dès le 14 août le duc de Castiglione avait 4,000 hommes. Je désire que ce corps ait le plus tôt possible ses batteries d'artillerie à pied et à cheval. Donnez des ordres à cet effet. Dans les premiers jours de septembre, le général Milhaud, avec 3 à 4,000 hommes de cavalerie venant d'Espagne, rejoindra le duc de Castiglione, qui se trouve déjà en position de protéger Würzburg, et supérieur à tous les corps de troupes légères ou partisans que l'ennemi pourrait jeter de ce côté.

Il reste à prévoir le cas où l'ennemi, oubliant les leçons du passé, se porterait avec 40,000 hommes sur Munich, et avec 25 ou 30,000 sur Würzburg, ce qui l'affaiblirait de 70,000 hommes. Voici ce que j'ai ordonné pour la défense de Würzburg, afin que vous puissiez donner des ordres en conséquence : Le général de division Turreau s'enfermera dans Würzburg avec un général de brigade, quatre majors et huit chefs de bataillon, et la valeur de 3,000 hommes d'infanterie; deux compagnies d'artillerie ayant quarante chevaux pour atteler huit pièces; une centaine de chevaux, une compagnie de sapeurs, un officier supérieur du génie et trois officiers; un officier supérieur et trois officiers d'artillerie. Il aura des vivres pour six mois. Il aura en outre 400 hommes de Würzburg, et il y aura 1,100 hommes dans les hôpitaux; cela fera en tout une garnison de 5,000 hommes, les hommes des hôpitaux guérissant tous les jours et renforçant la garnison. Le général Turreau occupera la ville, qui a une très-bonne enceinte; sa batterie attelée lui servira pour se porter sur tous les points du rempart. Quand l'ennemi aura ouvert la tranchée devant la ville, sur la rive gauche, et que le général Turreau l'aura gardée le plus longtemps possible, il fera sauter une arche du pont, si cela est nécessaire, et gardera la ville par la rive droite, qui dépend entièrement de la citadelle. Il est nécessaire que les hommes isolés, sortant des hôpitaux de Hanau et d'Aschaffenburg, jusqu'à la concurrence de 800 hommes, se rendent à Würzburg; il faudra qu'ils y soient envoyés armés et habillés, et ils seront mis en subsistance, à raison de 20 hommes par compagnie, dans les bataillons du 123e et du 124e, de manière à les porter à 800 hommes par bataillon. Le duc de Castiglione n'aura alors que 1,600 hommes à fournir pour compléter cette garnison à 3,000 hommes. Prescrivez ces dispositions au duc de Valmy. Il faudrait qu'il y eût à Würzburg quelques armes et quelques habillements pour les hommes sortant de l'hôpital, qui, à mesure de leur guérison, seront incorporés dans ces bataillons.

Le duc de Castiglione, avec sa cavalerie, ses quatre divisions d'infanterie et son artillerie, prendra une position de manière à pouvoir être rejoint par les troupes que le roi de Wurtemberg réunit pour protéger ses états, et qui sont au nombre de 4 à 5,000 hommes, et de manière à maintenir ses communications avec Mayence, Strasbourg et Stuttgart. Il se réunirait avec les Bavarois, si ceux-ci étaient repoussés et obligés de repasser le Lech; et, recevant tous les jours des renforts, ce corps pourrait couvrir le Rhin. Vous sentez que l'ennemi me donnerait de nouvelles chances s'il s'affaiblissait de 60,000 hommes, indépendamment des 60,000 hommes qu'il faut qu'il oppose à l'armée d'Italie.

Dans cet état de choses, ayez l'œil sur Kehl. Il convient aussi qu'en attendant les conscrits réfractaires qui doivent remplir les cadres des bataillons du 123e et du 124e, du 127e et du 128e, on complète ces bataillons au moyen d'hommes isolés sortant des hôpitaux, qui seront armés et habillés, et mis en subsistance dans ces bataillons. On en dressera procès-verbal et on tiendra note de leurs régiments respectifs, de sorte que ces hommes puissent par la suite les rejoindre. Cela offrira l'avantage que ces convalescents se rétabliront et garderont en même temps les places de Wesel, Kastel et Kehl. Si les circonstances devenaient plus urgentes, vous lèveriez les gardes nationales sédentaires de l'Alsace et celles des différentes places fortes de la frontière; mais il ne faut prendre cette mesure que lorsqu'il en vaudra réellement la peine. Il suffit pour le moment que vous ayez un bon commandant et deux bataillons, formés comme il a été dit ci-dessus, dans Kehl, deux dans Kastel, un à poste fixe dans le fort de Montebello, et quatre dans Wesel. Le cas arrivant, chaque général commandant une division militaire réunirait une ou deux compagnies des 5es bataillons pour en former des bataillons provisoires de garnison, chacun de quatre compagnies, qui seraient commandés par les chefs de bataillon et quatre majors.

En cas plus urgent, et l'ennemi ayant dépassé Würzburg, on arrêterait tous les détachements se rendant à l'armée, et on les réunirait à Mayence, Strasbourg et Wesel pour former des bataillons provisoires de guerre; cela aurait l'avantage que ces bataillons serviraient à la défense de ces places, et qu'ensuite ils viendraient en masse réparer les pertes que l'armée aurait faites dans les batailles. J'ai ordonné qu'on approvisionnât Kehl et Kastel. Je pense aussi qu'il conviendrait de mettre une pièce en batterie sur chaque bastion de Mayence, de Strasbourg et de Huningue, ainsi que des autres places frontières. Faites tout cela tout doucement et sans secousse.

Pour l'Italie, les places à garder sont Alexandrie et la citadelle de Turin. Il serait convenable d'armer la citadelle de Turin, d'y avoir une compagnie d'artillerie et d'y commencer un approvisionnement pour 1,000 hommes pendant deux mois. Pour l'armement, il sera suffisant que l'artillerie nécessaire soit dans la place, et qu'il y ait une pièce en batterie sur chaque bastion. Il faudra désigner pour la garnison deux bataillons, chacun de quatre compagnies tirées des 5ᵉˢ bataillons. Quant à Alexandrie, il faudra en désigner six. On pourra également y mettre en subsistance tous les hommes isolés sortant des hôpitaux. Examinez les états de situation, et voyez le parti qu'il y a à prendre pour avoir dans le Piémont une force mobile de quelques bataillons, de quelques cents chevaux et de quelque artillerie. Mon intention étant de lever (j'attends à cet effet le rapport que j'ai demandé à l'archichancelier) 60,000 hommes sur les classes arriérées, sans y comprendre ce que les départements du Midi doivent fournir à l'armée d'Espagne, et de lever aussi la conscription de 1815, et comme vous avez beaucoup de cadres à remplir, indépendamment des 80,000 hommes qu'emploient les 6ᵉˢ bataillons, cela donnera des moyens de pourvoir à tout. Il faudra alors diriger sur l'Italie et le Piémont la valeur de 12,000 de ces conscrits, tous de l'ancienne France, ce qui assurerait les places et la tranquillité du pays.

D'après la minute. Archives de l'Empire.

20411. — AU PRINCE DE NEUCHÂTEL ET DE WAGRAM,
MAJOR GÉNÉRAL DE LA GRANDE ARMÉE, À GOERLITZ.

Goerlitz, 19 août 1813, sept heures du matin.

Écrivez au prince de la Moskova ce qui suit :

« D'après toutes les nouvelles qu'on a, l'armée russe est entrée en Bohême. Il est certain que Barclay de Tolly, de sa personne, y était le 15, et tout porte à penser que Wittgenstein, avec un corps de 40,000 hommes, était le 17 à Bœmisch-Leipa. On sait que Winzingerode et Miloradovitch sont allés dans une autre direction. Tout fait donc penser qu'il y a peu de Russes en Silésie, et qu'il n'y a que l'armée prussienne, qui paraît manœuvrer dans la direction de longer les montagnes, ayant l'intention de gagner Zittau pour se mettre en communication, par le grand débouché, avec l'armée autrichienne. L'Empereur part dans ce moment pour se rendre à Zittau, afin d'y reconnaître les positions. Il sera probablement ce soir de retour à Gœrlitz. »

D'après la minute. Archives de l'Empire.

20412. — A M. MARET, DUC DE BASSANO,
MINISTRE DES RELATIONS EXTÉRIEURES, À DRESDE.

Zittau, 20 août 1813.

Monsieur le Duc de Bassano, j'ai passé hier les montagnes et je suis allé à Gabel. Le général Neipperg y était avec 3 à 4,000 hommes et quelques pièces de canon. D'après les lettres qui étaient à la poste et les renseignements que je me suis procurés des habitants, il paraît que le quartier général était le 17 à Melnik et le 18 à Schlan, et qu'un corps russe, sous les ordres de Wittgenstein y était arrivé, ainsi qu'un corps prussien. Je n'ai pas encore reçu l'estafette d'hier. Le duc de Vicence m'a trouvé comme je passais les montagnes de la Bohême. Tous les renseignements que l'on acquiert sont que l'ennemi a levé 7 hommes par 1,000 habitants, ce qui ferait une vingtaine de mille hommes. Le maréchal duc de Reggio n'est parti qu'hier de Baruth; nous ne devons pas tarder à en avoir des nouvelles. Le prince de la Moskova à Bunzlau, et le maréchal Macdonald à Lœwenberg, ont eu des affaires de postes, et je pense qu'ils en auront eu d'assez considérables, hier soir ou ce matin, pour nous donner des renseignements sur la situation de l'armée ennemie. Écrivez au prince archichancelier, afin que l'on n'ait point d'inquiétudes. On assure que les trois souverains ont dû se réunir hier à Schlan ou à Prague pour se concerter sur les opérations à faire.

NAPOLÉON.

Je vous envoie ci-jointe une lettre ouverte pour le maréchal Saint-Cyr; fermez-la et envoyez-la à ce maréchal.

D'après l'original comm. par M. le duc de Bassano.

20413. — AU MARÉCHAL GOUVION SAINT-CYR,
COMMANDANT LE 14° CORPS DE LA GRANDE ARMÉE, À PIRNA.

Zittau, 20 août 1813.

Mon Cousin, j'ai passé hier les hautes montagnes avec une avant-garde de 4 à 5,000 hommes; je me suis porté à Gabel; un général de cavalerie ennemie s'y trouvait avec deux régiments de cavalerie et deux bataillons d'infanterie; on a tiraillé pendant une demi-heure. Voici les renseignements qu'il a été possible de prendre sur ce qui se passe en Bohême.

Schwarzenberg, commandant l'armée ennemie, avait le 17 son quartier général à Melnik; il paraît que le 18 il l'a porté sur Schlan, où était le camp de l'armée. Il paraît certain que Wittgenstein, avec un corps de Russes, a été à Jung-Bunzlau; on croit actuellement qu'il s'est porté sur Melnik : il paraît qu'une division prussienne y est aussi entrée. Le bruit court que le corps de Wittgenstein avec les Prussiens s'élève à 40,000 hommes.

J'ai donné ordre que le duc de Bellune campe avec son corps sur les hauteurs de Zittau, qu'on travaille avec activité à deux redoutes sur le col de la principale chaîne, par lequel on entre en Bohême. Le prince Poniatowski est à Gabel; il battra l'estrade tout le jour pour avoir des nouvelles. Le général Vandamme est à Rumburg. La principale chaîne de ce côté passe entre Rumburg et Leipa, à peu près à une lieue de Georgenthal. La grande chaîne est entre Georgenthal et Prague.

J'ai donné ordre que la 42° division soit renvoyée et rapprochée de l'Elbe; elle sera placée à Hohnstein, Schandau, Kœnigstein, de sorte qu'on pourra en disposer suivant les événements.

J'ai donné ordre au général Vandamme de passer aujourd'hui la chaîne principale avec une division pour battre le pays et se lier avec le corps de Poniatowski. Le duc de Bellune a son parc et ses dépôts disposés de manière à pouvoir prendre la route de Dresde par Bautzen. Si l'ennemi prenait sur Dresde une offensive caractérisée, avant la mienne, vous donneriez avis au général Vandamme de tout ce qui pourrait l'intéresser : il en préviendrait le duc de Bellune.

On assure que les trois souverains ont dû se réunir hier pour calculer leurs opérations.

Je n'ai point de nouvelles du duc de Reggio ; je sais seulement que le 19 il est parti de Baruth.

Il y a eu des affaires de postes vers Lœwenberg ; je pense qu'il y en aura eu d'assez importantes dans la soirée d'hier ou ce matin pour avoir des nouvelles sur le corps russe qui aurait été en Bohême.

L'ennemi aura su que j'étais en personne à Gabel ; cela mettra plus de lenteur et d'incertitude dans ses mouvements, quels qu'ils soient. M'étant assuré des principaux débouchés de la grande chaîne, je suis en position d'agir plus vivement selon les circonstances, lorsque les affaires seront plus débrouillées et que j'aurai un pressentiment de la tournure définitive qu'elles prendront à Berlin.

Je ne comprends pas votre lettre : le duc de Bassano m'avait annoncé que vos troupes étaient entrées à Kœnigstein.

D'après la minute. Archives de l'Empire.

20414. — AU GÉNÉRAL COMTE VANDAMME,
COMMANDANT LE 1ᵉʳ CORPS DE LA GRANDE ARMÉE, À RUMBURG.

Zittau, 20 août 1813, huit heures du matin.

Monsieur le comte Vandamme, j'ai été hier soir à Gabel. Le général Neipperg n'avait avec lui que trois bataillons d'infanterie légère, deux régiments de hussards et quatre pièces de canon. Le colonel Zichy lui écrivait de Rœhrsdorf le 19, à huit heures du soir, qu'il n'y avait rien de nouveau et que les alarmes de la veille n'étaient pas fondées. Hier, à neuf heures du soir, nous avons entendu deux coups de canon entre Rumburg et Georgenthal. Je suppose que ce matin vous aurez débouché et passé le col, et que vous aurez porté une division à Rœhrsdorf.

Je donne ordre au général Lefebvre-Desnoëttes de passer sous vos ordres avec sa cavalerie. Envoyez à Leipa et à Kamnitz[1] pour avoir des nou-

[1] Bœmisch-Leipa, Bœmisch-Kamnitz.

velles. Faites également reconnaître les routes qui conduisent à Tetschen. Il n'y avait point d'infanterie à Leipa, et, d'après les rapports du pays, il paraît qu'il n'y a point de corps de troupes considérable avant Schlan. Une colonne de Russes et de Prussiens paraît être entrée en Bohême pour renforcer l'armée autrichienne. J'espère que vous m'écrirez des nouvelles de Leipa, Rœhrsdorf et Kamnitz. Vous ferez prendre partout les lettres aux postes et m'en enverrez l'analyse. Envoyez-moi les curés, baillis et notables, afin que je puisse les interroger et avoir des renseignements. Employez deux compagnies de sapeurs à faire des redoutes et des abatis sur les deux mamelons qui dominent le col. Cette position ainsi retranchée est très-importante; car, en cas que je prenne l'offensive, un bataillon pourrait assurer la retraite, et, dans le cas de la défensive, elle ferait tête de position. Vos deuxième et troisième divisions seront placées en échelons entre vous et Dresde, et la division Delaborde, de la jeune Garde, restera en réserve à Rumburg, afin de pouvoir se mettre en mouvement selon les circonstances; si cependant vous en aviez besoin, vous pourriez vous en servir en réserve; mais je ne pense pas qu'avant quatre ou cinq jours vous ayez vis-à-vis vous des forces considérables.

Il est possible que je parte dans une heure pour Gorlitz; en conséquence, vous m'enverrez en duplicata vos rapports. Vous communiquerez ici avec le duc de Bellune, à Gabel avec le prince Poniatowski, à Pirna avec le maréchal Saint-Cyr, et à Dresde avec le général Durosnel.

Il paraît qu'hier 19 les trois souverains se sont réunis pour tenir conseil.

NAPOLÉON.

D'après l'original. Archives de l'Empire.

20415. — AU PRINCE DE NEUCHÂTEL ET DE WAGRAM,
MAJOR GÉNÉRAL DE LA GRANDE ARMÉE, À ZITTAU.

Zittau, 20 août 1813.

Mon Cousin, faites connaître au général Vandamme que je suppose qu'hier au soir 19, ou dans la journée d'aujourd'hui au plus tard, sa première division sera arrivée à Rumburg, que sa deuxième division, qui a couché le 19 à Stolpen, doit être en présence aujourd'hui 20 ; enfin que sa troisième division doit arriver aujourd'hui 20 à Stolpen ; qu'il est convenable qu'il renvoie ce qui appartient à la 42ᵉ division sur Kœnigstein ; il faut que cette division soit à portée des redoutes de l'Elbe et dans la main du maréchal Saint-Cyr ; que ce mouvement doit s'exécuter dans la journée du 20, afin que, dans tous les cas où l'Empereur prendrait l'offensive en Bohême, la 42ᵉ division, se réunissant à celles du maréchal Saint-Cyr, puisse se porter en Bohême, ou, si l'ennemi attaquait le maréchal Saint-Cyr dans la journée du 21, la 42ᵉ division soit absolument dans sa main, et en six heures de temps puisse se réunir, par Kœnigstein, au camp du maréchal Saint-Cyr ; que le prince Poniatowski occupe Gabel ; le duc de Bellune occupe Zittau.

Il est nécessaire que le général Vandamme, comme je le lui ai mandé hier, s'empare, dans la journée du 20, de Georgenthal et du col des montagnes par où passent les chaussées, entre Rumburg et Prague ; qu'il fasse faire deux bonnes redoutes sur les hauteurs qui dominent ce passage, afin de pouvoir toujours en rester maître : ces ouvrages sont nécessaires, soit comme retraite, soit comme avant-postes. Il faut qu'il fasse aussi des incursions dans le pays avec une partie de sa première division, qu'il se joigne au prince Poniatowski, mais qu'il garde toujours ses deux dernières divisions en échelons, pour pouvoir se reporter sur Dresde en peu de temps, si les circonstances l'exigeaient.

D'après l'original non signé. Dépôt de la guerre.

20416. — AU PRINCE DE NEUCHÂTEL ET DE WAGRAM,
MAJOR GÉNÉRAL DE LA GRANDE ARMÉE, À ZITTAU.

Zittau, 20 août 1813.

Mon Cousin, écrivez au général Vandamme qu'il a mal fait de diriger les régiments de lanciers sur Rumburg ; que cet ordre n'a pas le sens commun.

Écrivez au général Lefebvre-Desnoëttes qu'il dirige les détachements de lanciers sur Lœbau, de là sur Gœrlitz, où le quartier général les fera rejoindre leurs corps.

Écrivez au général Vandamme : demandez-lui s'il a emmené avec lui les chevau-légers d'Anhalt ou non ; on lui avait bien recommandé de les mener avec lui, quoiqu'ils n'eussent point d'armes.

Écrivez au duc de Trévise de rester dans la position où il recevra vos ordres, parce qu'il serait possible qu'on voulût marcher sur Lauban ; qu'il écrive à Gœrlitz le lieu où il se trouve ; pour plus de sûreté, qu'il l'écrive à Gœrlitz et ici, parce que, selon les circonstances, je serai dans l'un ou l'autre endroit.

Écrivez au général Roguet qu'il reste où il est ; qu'il se repose et qu'il fasse des vivres.

Donnez le même ordre au général Ornano.

D'après la minute originale. Dépôt de la guerre.

20417. — AU PRINCE DE NEUCHÂTEL ET DE WAGRAM,
MAJOR GÉNÉRAL DE LA GRANDE ARMÉE, À ZITTAU.

Zittau, 20 août 1813.

Mon Cousin, donnez ordre à la brigade de grosse cavalerie du général Reiset de se rendre à Lauban pour y joindre le général Latour-Maubourg.

Donnez ordre aussi au duc de Bellune de réunir dans le jour ses trois divisions sur la position en arrière de Zittau, de placer ses parcs, embarras et dépôts sur la route de Bautzen, d'établir une correspondance directe avec le maréchal Saint-Cyr à Pirna, afin d'être informé de tout ce qu'il y a de nouveau ; il enverra ses lettres par Dresde et établira des postes d'ordonnance intermédiaires pour communiquer avec Rumburg. Vous lui donnerez ordre de tenir la main à ce que les deux redoutes dont j'ai ordonné la construction sur les hauteurs des montagnes qui dominent le col y soient établies avec la plus grande activité ; il fera barrer et palissader le col. Le canon placé dans les redoutes et sur la route formera un très-bon poste et nous rendra maîtres de ces positions importantes, faites pour inquiéter l'ennemi. Ces deux redoutes, défendues par un demi-bataillon et huit pièces de canon, assureraient, dans le cas, la retraite, et nous conserveraient la possession de cette position importante comme avant-poste. Il est urgent de travailler avec activité à ces deux ouvrages : les quatre compagnies du génie de son corps, celles du prince Poniatowski et tous les officiers du génie y seront employés.

 Le duc de Bellune fera camper ses troupes sur les hauteurs, derrière la ville; il fera reconnaître cette position : il fera reconnaître aussi la route de Bautzen pour connaître les positions intermédiaires; enfin il ne conservera ni malades, ni voitures dételées. Vous lui ferez connaître que le général Vandamme est à Rumburg, qu'il devra correspondre avec lui; et que le prince Poniatowski est au delà des montagnes vers Gabel, qu'il doit le soutenir avec toutes ses forces. Dites-lui de faire reconnaître dans le jour le terrain et la position des redoutes; qu'un général polonais est à Friedland, avec 800 chevaux et un bataillon. Dites-lui d'envoyer sa cavalerie légère avec deux bataillons et six pièces sur Reichenberg, qu'il est important d'occuper, cette ville étant populeuse et la quatrième ville de Bohême. On y trouvera des lettres à la poste, un bailli, un maître de poste; il faudra me les envoyer. Le duc de Bellune occupera ce poste et renverra son infanterie au prince Poniatowski, mais la cavalerie du 2ᵉ corps y restera détachée sous les ordres du comte de Valmy.

<small>D'après l'original non signé. Dépôt de la guerre.</small>

20418. — AU PRINCE DE NEUCHÂTEL ET DE WAGRAM,
MAJOR GÉNÉRAL DE LA GRANDE ARMÉE, À ZITTAU.

Zittau, 20 août 1813.

 Mon Cousin, envoyez l'ordre au général ou au colonel qui commande à Friedland de se porter sur Reichenberg. Prévenez ce commandant que le général Bruno, du 2ᵉ corps, avec de la cavalerie, de l'infanterie et trois pièces de canon, part à dix heures du matin pour se diriger sur Reichenberg. Arrivé à Reichenberg, le général Bruno gardera avec lui la cavalerie polonaise, et l'infanterie polonaise retournera alors à Gabel. Le général Bruno aura donc à Reichenberg la cavalerie légère du 2ᵉ corps, deux ou trois bataillons d'infanterie du même corps, trois pièces de canon; ce qui, avec les 800 cavaliers polonais, lui fera environ 3.000 hommes. Aussitôt que le général Bruno sera arrivé à Reichenberg, il fera prendre les lettres à la poste; il fera prendre également le maître de poste, le curé, le bourgmestre, les notables de l'endroit, et les enverra au quartier général avec une députation du pays. Reichenberg paraît être la quatrième ville de Bohême. Le général Bruno choisira une bonne position près de la ville et y établira ses troupes. Il ne logera aucune troupe en ville, si ce n'est une compagnie de voltigeurs pour maintenir l'ordre, et un piquet de cavalerie pendant la nuit. Il enverra de Reichenberg des partis dans toutes les directions, pour battre l'estrade et avoir des nouvelles.

Napoléon.

P. S. Le général Bruno se tiendra en communication avec le prince Poniatowski par des postes.

D'après l'original. Dépôt de la guerre.

20419. — AU PRINCE DE NEUCHÂTEL ET DE WAGRAM,
MAJOR GÉNÉRAL DE LA GRANDE ARMÉE, À ZITTAU.

Zittau, 20 août 1813.

Mon Cousin, faites connaître au duc de Bellune que je pars pour Lauban, et de là je marcherai sur Lœwenberg pour attaquer l'ennemi. D'ici à cinq jours l'ennemi ne peut rien entreprendre du côté de Gabel, puisque le 18 il était à Schlan. Le prince Poniatowski, commandant le 8e corps, et le comte de Valmy, commandant le 4e corps de cavalerie, sont sous ses ordres. Dites-lui que mon intention est qu'il engage tout son corps pour se maintenir à Gabel et rester maître du défilé et du col, malgré tous les efforts de l'ennemi. 25,000 hommes qu'il a sous ses ordres sont capables de défendre le défilé plusieurs jours contre 100,000 hommes. Prévenez-le que le général Vandamme, qui a quatre divisions, fait fortifier le col de Rumburg. Je lui donne ordre de le défendre à toute extrémité. Ces trois corps réunis forment plus de 50,000 hommes. Le maréchal Saint-Cyr appuiera par sa gauche, avec deux divisions, si le mouvement de l'ennemi se prononçait en force de ce côté. Enfin j'exige qu'il n'y ait aucune hésitation. Il faut trois ou quatre jours pour fortifier les hauteurs, les défilés, faire les abatis et même les deux redoutes et un pont sur le ruisseau. Il faut qu'il organise le terrain pour une vive résistance; si on est obligé d'évacuer les défilés, il faut défendre les hauteurs.

J'ai ordonné ainsi ce qu'il fallait. Il est à croire que l'ennemi n'osera pas entreprendre une lutte qui lui deviendrait funeste. Si cependant le cas arrivait, je reviendrai rapidement, j'attaquerai à mon tour l'ennemi, j'entrerai en Bohême et me porterai sur Prague. Il est nécessaire que le duc de Bellune ait six bataillons sur les hauteurs et les occupe à la construction des redoutes; on leur donnera quelque gratification pour ce travail.

Le régiment de la Vistule sera en réserve à la tête des débouchés; il travaillera aux redoutes.

Il établira son quartier général dans les maisons voisines du col. Une de ses divisions sera placée sur les hauteurs en arrière de la ville, et l'autre en avant de la ville au pied des collines, de sorte que ces deux divisions, faisant un mouvement, arriveraient en ordre au défilé; que, sa droite se liant avec le général Vandamme, il n'a rien à craindre de ce côté; quant à sa gauche, il reconnaîtra le pays et fera occuper les positions sur lesquelles il doit s'appuyer. Enfin il faut, coûte que coûte, défendre les défilés et le col. Il choisira près de la ville une bonne position où il puisse développer quarante pièces en batterie. Il évacuera ses blessés et embarras sur Lœbau et Bautzen. Si enfin, après une défense opiniâtre, il était forcé à se retirer, et l'armée étant à Gœrlitz, il s'y appuiera pour couvrir les derrières de l'armée.

Envoyez copie de ces instructions au comte de Valmy et au prince Poniatowski. Le comte de Valmy et le prince Poniatowski vous rendront compte chaque jour, puisqu'ils commandent des corps séparés.

NAPOLÉON.

P. S. Le duc de Bellune devra reconnaître la position du général Vandamme pour pouvoir concerter la défense.

<small>D'après l'original. Dépôt de la guerre.</small>

20420. — AU PRINCE DE NEUCHÂTEL ET DE WAGRAM,
MAJOR GÉNÉRAL DE LA GRANDE ARMÉE, À ZITTAU.

Zittau, 20 août 1813.

Mon Cousin, donnez ordre au général Lefebvre-Desnoëttes qu'aussitôt que la première division du général Vandamme sera arrivée, et que ce général aura occupé le col, il doit envoyer la division Decous à Lœbau. Il doit rester de sa personne avec la cavalerie, afin de faire, aussitôt que le général Vandamme aura passé le col, des incursions dans le pays pour avoir des nouvelles. Il renverra son artillerie à Lœbau avec les grenadiers à cheval, en les faisant marcher les uns et les autres avec la division Decous. Le général Lefebvre-Desnoëttes doit envoyer toutes les nouvelles importantes qu'il pourra se procurer, à Zittau et à Gœrlitz.

Sa Majesté se dirigera sur le point qui sera indiqué par les circonstances.

L'Empereur ordonne au général Lefebvre-Desnoëttes de faire rester la division Delaborde où elle est avec son artillerie et de la faire reposer.

D'après l'original non signé. Dépôt de la guerre.

20421. — AU PRINCE DE NEUCHÂTEL ET DE WAGRAM,
MAJOR GÉNÉRAL DE LA GRANDE ARMÉE, À ZITTAU.

Zittau, 20 août 1813.

Mon Cousin, écrivez au général Vandamme que je pars pour Lauban où j'arriverai ce soir; que j'arriverai demain à Lœwenberg; qu'après-demain 22 j'attaquerai l'armée ennemie, et qu'avec l'aide de Dieu je compte en avoir bon compte. Immédiatement après, je reviendrai ici pour entrer en Bohême et marcher sur Prague. D'après tous mes calculs, l'ennemi ne peut être en force sur Gabel et Rœhrsdorf que dans cinq jours. Vous trouverez ci-joints les ordres que je donne au duc de Bellune. Je donne les mêmes au général Vandamme; aussitôt qu'il saura que l'armée ennemie se dirige de ce côté-ci, il concentrera ses trois divisions et défendra les défilés et les montagnes jusqu'à toute extrémité : avec la division de la Garde, il a plus de 35,000 hommes; avec le duc de Bellune et le 8ᵉ corps, il a plus de 65,000 hommes. Dans des positions retranchées et préparées d'avance, il peut écraser l'ennemi et se défendre quatre ou cinq jours.

Lorsque l'ennemi apprendra que j'ai été à Gabel, il marchera sur ce point avec toutes ses forces. Le maréchal Saint-Cyr pourra, avec deux ou trois divisions, venir au secours du général Vandamme. L'intention de l'Empereur est qu'on se batte jusqu'à extinction. Le général Vandamme devra employer les quatre ou cinq jours qu'il a devant lui pour bien organiser son champ de bataille, bien fortifier le col : que, dans les endroits où le défilé s'élargit, il établisse des abatis, redoutes, etc. détermine les emplacements de l'artillerie en bataille, en s'attachant à se lier avec le duc de Bellune. Il verra la position de Gabel et tout le terrain qu'il doit défendre, et se mettra en mesure de donner à l'Empereur le temps d'arriver après son expédition de Silésie. Il devra établir le quartier général au delà du col, dans quelques-unes des maisons qui en sont voisines, pour être de plus près en communication avec le prince Poniatowski et le duc de Bellune.

Le maréchal Saint-Cyr prendra part à l'offensive en se portant sur sa droite.

Écrivez au maréchal Saint-Cyr, en lui envoyant copie des instructions que j'adresse au général Vandamme et au duc de Bellune. Prévenez-le que je pars pour Lœwenberg pour engager l'ennemi à une bataille, et, s'il n'accepte pas, le poursuivre à toute extrémité. Il verra le rôle qu'il doit remplir. Je compte sur son zèle et ses talents militaires pour agir avec décision et vigueur.

Napoléon.

D'après l'original. Dépôt de la guerre.

20422. — AU GÉNÉRAL BARON HAXO,
COMMANDANT LE GÉNIE DE LA GARDE, À GABEL.

Zittau, 20 août 1813.

Je suppose que vous avez tracé une redoute et fait faire des abatis, et pris les dispositions pour assurer la défense du col de Gabel. Mon intention est que l'on fasse deux nouvelles redoutes au débouché du col et à l'endroit d'où l'on voit Gabel, sur le petit ruisseau, et un pont. Une des redoutes défendra ce pont, de sorte que l'on puisse longtemps défendre le défilé.

<small>D'après la minute. Archives de l'Empire.</small>

20423. — AU PRINCE DE NEUCHÂTEL ET DE WAGRAM,
<small>MAJOR GÉNÉRAL DE LA GRANDE ARMÉE, À ZITTAU.</small>

<small>Zittau, 20 août 1813.</small>

Mon Cousin, donnez ordre à la vieille Garde qui est à Gœrlitz, à la 3ᵉ division de la Garde, à la division du général Walther, à la réserve d'artillerie de la Garde, de partir à midi de Gœrlitz pour se rendre à Lauban.

Donnez ordre au général Roguet de partir, une demi-heure après la réception de l'ordre, pour se rendre à Lauban; au général Ornano, qui est près d'Ostritz, de partir, une heure après réception de l'ordre, pour se rendre à Lauban; au duc de Trévise, qui est entre Seidenberg et Lauban, de partir sur-le-champ pour Lauban, où je serai ce soir de ma personne. Donnez ordre au petit quartier général de se rendre à Lauban.

NAPOLÉON.

<small>D'après la copie. Dépôt de la guerre.</small>

20424. — AU GÉNÉRAL BARON CORBINEAU,
<small>COMMANDANT LA 1ʳᵉ DIVISION DE CAVALERIE LÉGÈRE DE RÉSERVE, À ROTHENBURG.</small>

<small>Gœrlitz, 20 août 1813, deux heures après midi.</small>

Monsieur le Général Corbineau, portez-vous avec votre cavalerie, votre infanterie et votre artillerie de Rothenburg sur Lauban; vous viendrez coucher ce soir à l'intersection de la route de Gœrlitz à Bunzlau, et vous enverrez un officier à Lauban pour prendre des ordres. Le quartier général y sera ce soir. Poussez votre cavalerie le plus loin que vous pourrez sur la route de Lauban. Nous sommes en manœuvre de guerre, et il faut nous rapprocher pour donner bataille. Ayez des postes de cavalerie sur la ligne, afin que votre officier puisse aller et revenir promptement et que vous ayez des ordres demain, avant la pointe du jour. Renvoyez votre biscuit à Gœrlitz, ou bien emmenez-le avec vous si vous avez des moyens de transport. Cette lettre vous arrivera à cinq heures; vous pouvez donc faire trois lieues aujourd'hui.

NAPOLÉON.

D'après l'original. Dépôt de la guerre.

20425. — AUX MARÉCHAUX NEY ET MARMONT,
À BUNZLAU.

Gœrlitz, 20 août 1813, deux heures après midi.

J'arrive à Gœrlitz. Il est deux heures. Je serai à cinq heures à Lauban. Mettez des postes de cavalerie entre Lauban et la position où vous êtes, afin d'avoir plusieurs fois de nos nouvelles dans la nuit.

La grande affaire dans ce moment, c'est de se réunir et de marcher à l'ennemi.

Si vous quittez Bunzlau, laissez-y une bonne garnison. Comme vous restez en correspondance avec le duc de Trévise, vous devez connaître la position qu'il occupe.

D'après la minute. Archives de l'Empire.

20426. — AU MARÉCHAL MACDONALD, DUC DE TARENTE,
COMMANDANT LE 11ᵉ CORPS DE LA GRANDE ARMÉE, À HAGENDORF.

Gœrlitz, 20 août 1813, trois heures après midi.

Mon officier d'ordonnance m'a rejoint. Je vous l'ai réexpédié sur-le-champ. Je suppose qu'il vous est arrivé.

Je serai à cinq heures à Lauban; faites-le connaître au général Lauriston. Le principal est de se réunir. Je ne sais pas positivement dans quelle position le général Lauriston est aujourd'hui, ni le duc de Raguse et le prince de la Moskova.

Envoyez quelques hommes de cavalerie pour que la correspondance de Lauban avec votre quartier général soit rapide et puisse se faire plusieurs fois dans la nuit.

D'après la minute. Archives de l'Empire.

20427. — A M. MARET, DUC DE BASSANO,
MINISTRE DES RELATIONS EXTÉRIEURES, À DRESDE.

Gœrlitz, 20 août 1813, quatre heures après midi.

Monsieur le Duc de Bassano, je viens d'arriver ici. Je pars ce soir pour Lauban.

Tout annonce une bataille, l'ennemi s'avançant à ce qu'il paraît avec 80 à 90,000 hommes sur la Queis. Ce serait un événement probablement fort heureux. Mais je crains qu'il n'y ait une lettre écrite par moi au duc de Tarente qui ait été prise, et que cela ne dégrise l'ennemi. Vous savez que le chiffre du major général avec les commandants d'armée a été pris; ainsi il ne faut plus s'en servir. Envoyez au général Lemarois et au prince d'Eckmühl un autre chiffre que j'aie.

NAPOLÉON.

D'après l'original comm. par M. le duc de Bassano.

20428. — AU MARÉCHAL MACDONALD, DUC DE TARENTE,
COMMANDANT LE 11° CORPS DE LA GRANDE ARMÉE, À HAGENDORF.

Lauban, 20 août 1813, minuit.

Le major général vous fera connaître mes intentions. Mon intention est d'attaquer demain. Le prince de la Moskova attaquera ce qui est devant lui, et, après avoir passé le Bober, viendra sur Alt-Giersdorf pour former ma gauche. Le duc de Raguse sera à dix heures du matin à deux lieues de Lœwenberg sur ma gauche. Vous déboucherez avec le général Lauriston à Lœwenberg, le 11° corps sur la droite de Lœwenberg; ma Garde à pied et à cheval sera à Lœwenberg avant midi. Je compte me battre demain, de midi à six heures du soir. Il est certain que l'ennemi a un corps en Bohême; je ne suppose donc pas qu'il puisse avoir là plus de 100,000 hommes, et dans l'échiquier actuel le temps est pressé. J'aurais volontiers reculé jusqu'à la Queis, mais l'ennemi ne nous suivrait pas après la connaissance qu'il a de l'état des affaires. Je serai de bonne heure à Lœwenberg. Si vous croyez important que je vous voie avant Lœwenberg, venez me trouver à mon passage à Gruben. Je suppose que le Bober est guéable. Faites-moi connaître les ordres que vous donnez à vos divisions.

D'après la minute. Archives de l'Empire.

20429. — AU PRINCE DE NEUCHÂTEL ET DE WAGRAM,
MAJOR GÉNÉRAL DE LA GRANDE ARMÉE, À LAUBAN.

Lauban, 21 août 1813.

L'Empereur ordonne les dispositions suivantes :

Le duc de Tarente, avec le 5ᵉ corps d'armée, ayant le 11ᵉ corps sur sa droite, sera prêt à déboucher aujourd'hui à midi, pour passer le Bober et attaquer l'ennemi.

Le duc de Raguse sera en position le plus tôt possible, à une lieue et demie ou deux lieues de Lœwenberg, sur la gauche.

Le prince de la Moskova débouchera aujourd'hui par ou près Bunzlau, avant dix heures du matin, avec tout son corps réuni, culbutera tout ce qu'il a devant lui et se portera sur Alt-Giersdorf, en faisant la poursuite de l'ennemi.

Le duc de Trévise partira à quatre heures du matin pour se porter sur Lœwenberg.

Le général Latour-Maubourg partira à cinq heures du matin pour se porter sur Lœwenberg.

Le général Ornano partira avec sa division de la Garde à cheval, à six heures du matin, pour se porter sur Lœwenberg. Il se tiendra toujours sur la droite de la route.

Le général Walther partira à six heures du matin pour Lœwenberg.

La division de la vieille Garde à pied partira à cinq heures du matin pour Lœwenberg.

L'Empereur sera de sa personne à Lœwenberg à neuf heures du matin.

D'après la minute. Dépôt de la guerre.

20430. — AU GÉNÉRAL BARON CORBINEAU,

COMMANDANT LA 1ʳᵉ DIVISION DE CAVALERIE LÉGÈRE DE RÉSERVE, À GOERLITZ.

Lauban, 21 août 1813, trois heures du matin.

Monsieur le général Corbineau, je pars de Lauban pour me porter à Lœwenberg. Suivez mon mouvement. La brigade du général prince de Reuss viendra prendre position comme réserve à Lauban. Faites-moi connaître sur-le-champ à quelle heure vous arriverez, ainsi que votre infanterie; si, à son arrivée à Lauban, elle n'a pas reçu d'autres ordres, elle prendra position sur la rive droite de la Queis, en avant de la ville, sur la route de Lœwenberg, en éclairant par des postes la route de Greiffenberg. Votre cavalerie légère continuera sa route.

NAPOLÉON.

D'après l'original comm. par Mᵐᵉ la comtesse Napoléon de Champagny.

20431. — AU PRINCE DE NEUCHÂTEL ET DE WAGRAM,

MAJOR GÉNÉRAL DE LA GRANDE ARMÉE, À LAUBAN.

Lauban, 21 août 1813, trois heures et demie du matin.

Mon Cousin, envoyez demander au général Macdonald[1], qui commande le corps napolitain à Greiffenberg, de vous envoyer un officier pour vous faire connaître ce qui s'est passé à la droite; si l'on y a réellement entendu le canon et à quelle heure. Ne serait-ce pas dans la direction de Reichenberg que le duc de Bellune a dû attaquer? Qui lui a dit que l'ennemi avait des postes à Langwasser? Est-ce des Cosaques ou de l'infanterie?

NAPOLÉON.

D'après l'original. Dépôt de la guerre.

20432. — AU MARÉCHAL MARMONT, DUC DE RAGUSE,

COMMANDANT LE 6ᵉ CORPS DE LA GRANDE ARMÉE, À OTTENDORF.

Lauban, 21 août 1813, quatre heures du matin.

Je reçois votre lettre. L'ordre de l'armée vous aura fait connaître mes intentions.

[1] Macdonald de Klor Renald. général de brigade, commandant, au 11ᵉ corps, une brigade napolitaine.

Je donne l'ordre au prince de la Moskova d'attaquer aujourd'hui, à dix heures du matin, en repassant le Bober, de culbuter tout devant lui, et de venir après se porter sur Alt-Giersdorf, de manière à former ma gauche sur la rive droite.

Vous avez l'ordre de vous rapprocher à deux petites lieues de Lœwenberg; ainsi je suppose que l'extrémité de votre droite n'en sera qu'à une lieue.

Faites faire les chevalets et les rampes, et disposez-vous à passer.

Si l'ennemi était en force à Lœwenberg, rapprochez-vous-en.

Le 5ᵉ corps débouche par Lœwenberg; le 11ᵉ corps, par la droite de Lœwenberg. Mon quartier général et toute ma Garde seront à dix heures du matin à Lœwenberg.

D'après la minute. Archives de l'Empire.

20433. — AU PRINCE DE NEUCHÂTEL ET DE WAGRAM,
MAJOR GÉNÉRAL DE LA GRANDE ARMÉE, À LAUBAN.

Lauban, 21 août 1813, cinq heures du matin.

Mon Cousin, écrivez au duc de Tarente que vous m'avez mis sous les yeux sa lettre du 21, à deux heures du matin; qu'il n'y avait pas joint la lettre du prince de la Moskova, mais que cette lettre était écrite avant que celui-ci sût mon arrivée; il l'a apprise à neuf heures du soir, et l'ordre d'évacuation derrière la Queis avait été donné dans l'après-midi. Il aura reçu depuis l'ordre de l'armée, qui lui sera arrivé avant le jour, et d'ailleurs dans la soirée vous lui aviez écrit que mon intention était d'attaquer sur-le-champ : il n'y a donc rien à changer aux dispositions prescrites pour l'armée.

Le duc de Raguse a mandé hier qu'il n'avait personne devant lui.

NAPOLÉON.

D'après l'original. Dépôt de la guerre.

20434. — AU PRINCE DE NEUCHÂTEL ET DE WAGRAM,
MAJOR GÉNÉRAL DE LA GRANDE ARMÉE, À LAUBAN.

Lauban, 21 août 1813.

Mon Cousin, répondez au prince Poniatowski que j'ai reçu sa lettre datée du 20 août. Dites-lui que nous sommes en présence, et qu'aujourd'hui 21, ou au plus tard demain, nous comptons attaquer l'ennemi et avoir une bonne affaire. Écrivez la même chose au général Vandamme. Écrivez aussi la même chose au duc de Bellune; témoignez-lui mon mécontentement de ce qu'hier à midi on n'avait pas encore travaillé aux redoutes : il faut plus d'activité que cela pour réussir.

NAPOLÉON.

D'après l'original. Dépôt de la guerre.

20435. — AU MARÉCHAL NEY, PRINCE DE LA MOSKOVA,
COMMANDANT LE 3ᵉ CORPS DE LA GRANDE ARMÉE, À BIRKENBRÜCK.

Lauban, 21 août 1813.

Vous aurez vu que je pars pour Lœwenberg, où je serai de bonne heure; que vous devez rassembler à dix heures du matin votre corps et la division Sebastiani, passer le Bober et attaquer l'ennemi tête baissée. S'il présente devant vous moins de 30,000 hommes, vous le poursuivrez vivement, et vous vous appuierez sur Alt-Giersdorf, afin de venir sur ma gauche; tout porte à croire que la force de l'ennemi est dans le haut Bober.

J'ai envoyé ordre au duc de Raguse de se porter sur la gauche de Lœwenberg, à deux petites lieues, et le maréchal Macdonald se portera droit à Lœwenberg; Lauriston à Lœwenberg; je me porte aussi à Lœwenberg avec toute ma Garde.

Si vous avez des ordres à me demander ou des avis à me donner, faites-les passer sur la route de Lauban à Lœwenberg.

D'après la minute. Archives de l'Empire.

20436. — AU PRINCE CAMBACÉRÈS,
ARCHICHANCELIER DE L'EMPIRE, À PARIS.

Lœwenberg, 22 août 1813.

Mon Cousin, j'ai reçu votre lettre du 15 août. Nous sommes ici en opérations et les affaires vont bien. Les communications du duc de Bassano vous auront fait connaître notre situation politique, et les bulletins vous instruiront des combats qui ont déjà eu lieu et qui ont tous été à notre avantage.

NAPOLÉON.

D'après la copie comm. par M. le duc de Cambacérès.

20437. — A M. MARET, DUC DE BASSANO,
MINISTRE DES RELATIONS EXTÉRIEURES, A DRESDE.

Lœwenberg, 22 août 1813.

Monsieur le Duc de Bassano, je ne vois pas encore matière à faire un bulletin. Cependant on sera inquiet à Paris, et les alliés ne manqueront pas de faire courir toute espèce de bruits. Je vous envoie une petite note pour le journal de Leipzig, et que vous enverrez partout. Il ne faut pas donner à cette note un caractère trop officiel, parce qu'alors ce serait un bulletin.

Faites connaître au maréchal Saint-Cyr que je suis bien loin d'avoir renoncé à mon opération de Bohême, et que l'opération de Silésie en est un épisode. L'occupation de Gabel et de deux grands débouchés de Bohême, savoir la chaussée de Rumburg et la chaussée de Gabel, et la position de mes troupes qui s'étendent jusqu'à Bœmisch-Leipa et Niemes, n'ont dû être bien connues à Prague que le 20; on n'a donc pas pu, le 21, connaître à Pirna le résultat de ces opérations. Le duc de Bellune, qui a trois divisions; le général Vandamme, qui en a trois; le maréchal Saint-Cyr, qui en a quatre; une division de la Garde et le 8e corps qu'on comptera comme une division d'infanterie, ce qui forme douze divisions. n'ont pas bougé et occupent Zittau, Rumburg et Pirna. Je puis moi-même être en six heures à Zittau. Le 4e corps de cavalerie, une division de cavalerie de la Garde, et une partie du 5e corps de cavalerie sont également à portée. Les cols de Gabel ont été fortifiés. Si l'on s'avance en Bohême, ces fortifications sont indispensables pour pouvoir conserver les débouchés en cas de retraite; car, si l'ennemi prévenait l'armée de quelques jours, et que quatre bataillons vinssent à s'y établir, on aurait peine à les débusquer. Ainsi on ne peut pas s'enfoncer en Bohême sans avoir préparé le terrain, et le 20 on le pouvait d'autant moins que l'on était encore incertain des projets de l'ennemi, sur lesquels on acquiert tous les jours des lumières.

L'armée ennemie de Silésie s'est portée sur la nôtre, et le 20 l'ennemi est entré à Bunzlau, à Goldberg et à Lœwenberg. Je m'y suis rendu de ma personne sur-le-champ. J'ai fait réattaquer le même jour l'ennemi, qui a été culbuté de toutes ses positions, et nous le poursuivons l'épée dans les reins. Le duc de Tarente est dans ce moment à Goldberg. Quant aux divisions de ma Garde qui sont destinées à se joindre à l'armée que j'ai placée en Bohême, elles se reposent aujourd'hui, et demain probablement elles se mettront en marche sur Gœrlitz. Si cependant l'ennemi se portait sur Dresde, j'arriverais à temps pour l'y combattre, et rien de mes dispositions précédentes ne serait changé. Le général Vandamme n'est qu'à deux jours de Dresde; le duc de Bellune n'en est qu'à trois jours; les divisions de ma Garde n'en sont qu'à quatre jours; ce qui ferait avec le 14e corps une réunion très-considérable de forces.

Les nouvelles que j'ai du duc de Reggio, du 20, sont qu'il s'est détourné et s'est porté sur Luckenwalde, et qu'il craignait de ne pas pouvoir franchir les inondations que l'ennemi, supposait-on, avait tendues tout autour de Berlin, surtout de ce côté-ci.

Voici les renseignements que jusqu'à cette heure nous avons sur l'ennemi qui est ici devant nous. Le général Langeron paraît commander un corps de cinq divisions; le général Sacken un corps de trois divisions et les généraux York et Blücher quatre divisions; total, douze divisions; ce qui suppose 80 à 90,000 hommes. Ce qui est satisfaisant, c'est que leur infanterie est extrêmement mauvaise. Au reste, comme on ne peut arriver à aucun résultat sans bataille, ce qui peut arriver de plus heureux c'est que l'ennemi marche sur Dresde, puisqu'alors il y aurait une bataille. Il paraît que leur armée de Silésie ne s'est avancée avec tant de rapidité que d'après le plan général des alliés et la croyance où ils étaient que nous repasserions l'Elbe. Ils croyaient qu'il n'y avait qu'à poursuivre, car, aussitôt qu'ils ont vu déboucher nos colonnes pour reprendre l'offensive, la terreur les a pris, et l'on a pu se convaincre que les chefs voulaient éviter un engagement sérieux. Tout le plan des alliés a été fondé sur l'assurance que leur a donnée Metternich que nous repasserions l'Elbe, et ils sont fort déconcertés de voir qu'il en est autrement. Parlez dans ce sens au maréchal Saint-Cyr et au général Durosnel, afin qu'ils sachent que mes dispositions sont toujours les mêmes.

En général, ce qu'il y a de fâcheux dans la position des choses, c'est le peu de confiance qu'ont les généraux en eux-mêmes : les forces de l'ennemi leur paraissent considérables partout où je ne suis pas.

Je vous ai mandé ce matin que j'avais autorisé le général Margaron à tenir un millier d'hommes à Dessau. Comme l'arrivée de l'ordre du major général peut tarder de quelques heures, faites-le-lui connaître directement.

NAPOLÉON.

D'après l'original comm. par M. le duc de Bassano.

20438. — AU COMTE DE MONTALIVET,
MINISTRE DE L'INTÉRIEUR, À PARIS.

Lœwenberg, 23 août 1813.

La clameur publique paraît porter plainte de ce que le directeur de la librairie a défendu l'impression de mémoires signés par un avocat, où l'on assure qu'il n'y avait rien contre le Gouvernement ni contre les mœurs; d'ailleurs, dans l'un et l'autre cas, ce mémoire n'aurait pu être arrêté sans consulter le grand juge, qui aurait fait poursuivre l'avocat, et sans m'en rendre compte. Ce serait, en effet, une chose inouïe que, dans une affaire contentieuse, le mémoire d'une partie ne pût pas obtenir la même publicité que celui de la partie adverse. C'est une chose si étrange, que je désire que vous m'en rendiez compte, et dans le plus bref délai.

D'après la minute. Archives de l'Empire.

20439. — AU COMTE DE MONTESQUIOU,
GRAND CHAMBELLAN DE L'EMPEREUR, À PARIS.

Lœwenberg, 23 août 1813.

J'ai été mécontent d'apprendre que la fête du 15 août avait été mal disposée et les mesures si mal prises, que l'Impératrice avait été retenue par une mauvaise musique un temps infini, de sorte qu'on a fait attendre le public deux heures pour le feu d'artifice. Comment n'avez-vous pas compris qu'il n'y avait rien de plus inconvenant, et qu'il était bien plus simple, à l'heure indiquée pour le feu d'artifice, de prévenir l'Impératrice, qui aurait quitté le spectacle; qu'enfin il y avait un bien petit inconvénient à faire sortir un peu plus tôt l'Impératrice d'un spectacle où elle étouffait de chaleur, tandis qu'il y en avait un très-grand à faire attendre toute une population qui est accoutumée à se retirer à neuf heures du soir?

D'après la minute. Archives de l'Empire.

20440. — AU PRINCE DE NEUCHÂTEL ET DE WAGRAM,
MAJOR GÉNÉRAL DE LA GRANDE ARMÉE, À LOEWENBERG.

Lœwenberg, 23 août 1813.

Mon Cousin, écrivez au prince de la Moskova qu'étant dans l'intention d'entrer en Bohême, et ayant besoin de lui auprès de moi pour diriger cette opération, je désire qu'il laisse le commandement de son corps au général Souham, et qu'il se rende demain auprès de moi, à Gœrlitz. Vous lui ferez cependant connaître qu'il est autorisé à rester vingt-quatre heures de plus à son corps, si, ce que je ne crois point, il se trouvait engagé.

D'après l'original non signé. Dépôt de la guerre.

20441. — AU PRINCE DE NEUCHÂTEL ET DE WAGRAM,
MAJOR GÉNÉRAL DE LA GRANDE ARMÉE, À LOEWENBERG.

Lœwenberg, 23 août 1813.

Le major général donnera les ordres suivants :

Le maréchal duc de Tarente aura le commandement de l'armée sur le Bober. Cette armée sera composée des 11e corps, 3e corps, 5e corps, du 2e corps de cavalerie. Il renverra la division Chastel, qui appartient au 1er corps, dans quelques jours.

Le général d'artillerie a ordre de laisser ici des pontons et des compagnies de pontonniers pour jeter un pont de trente toises, ce qui fait plusieurs ponts pour les petites rivières qui sont entre l'Oder et l'Elbe.

Le général du génie a ordre de laisser une compagnie du train du génie, qui ait beaucoup d'outils et tout ce qui est nécessaire pour réparer les ponts.

L'intention de l'Empereur est que la 39° division, que commande le général Marchand, soit provisoirement attachée au 11° corps, et, comme cette division est composée de troupes de la Confédération, cela ne fera aucun dérangement dans la comptabilité.

Sa Majesté ayant donné provisoirement une mission au prince de la Moskova, le général Souham commandera le 3° corps.

Le général Girard commandera le 11° corps pendant tout le temps que le duc de Tarente commandera sur le Bober.

D'après la minute. Dépôt de la guerre.

20442. — AU PRINCE DE NEUCHÂTEL ET DE WAGRAM,
MAJOR GÉNÉRAL DE LA GRANDE ARMÉE, À LOEWENBERG.

Lœwenberg, 23 août 1813.

Mon Cousin, faites connaître au duc de Tarente comme instruction, que j'ai mis sous ses ordres l'armée du Bober, qui est composée de 100,000 hommes, infanterie, cavalerie, artillerie et troupes du génie comprises. Le principal but de cette armée est de tenir en échec l'armée ennemie en Silésie, et d'empêcher qu'elle se porte sur Zittau pour interrompre ma communication, ou sur Berlin contre le duc de Reggio. Je désire qu'il pousse l'ennemi jusqu'au delà de Jauer, et qu'il prenne ensuite position sur le Bober.

Trois divisions du 3° corps seront réunies dans un camp, en avant ou en arrière de Bunzlau, occupant Bunzlau pour le service du corps d'armée. On couvrira de redoutes le champ de bataille qui sera choisi.

Trois divisions du 11° corps camperont aux environs de Lœwenberg. Des redoutes seront construites sur les trois hauteurs, sur la rive droite; on établira solidement trois ponts, afin qu'on puisse déboucher facilement et rapidement. La quatrième division du 11º corps sera en réserve sur la Queis.

Le 5ᵉ corps sera campé dans la position jugée convenable entre Lœwenberg et Hirschberg, en occupant Hirschberg, si cela est possible, afin de tirer des ressources de cette ville.

La communication de Bunzlau à Hirschberg aura lieu derrière le Bober; à cet effet, on établira à toutes les demi-lieues des corps de garde retranchés, avec des palissades, en préférant des maisons, s'il y en existe, et, dans le cas contraire, en faisant une baraque, de sorte que 25 à 30 hommes y soient à l'abri des entreprises des Cosaques. Toute la communication se fera derrière le Bober et ces petits blockhaus. On pourra placer de plus, de deux lieues en deux lieues, dans les positions où cela serait nécessaire, un bataillon qui se retranchera et aura du canon. La quatrième division du 3ᵉ corps sera placée en potence entre le Bober et la Queis, dans une position également retranchée. Je suppose que le duc de Tarente emploiera sa quatrième division du 11ᵉ corps, la division Marchand, à occuper les positions sur la Queis, c'est-à-dire Naumburg, Lauban et Greifenberg, ou autres points convenables. Il donnera des ordres pour qu'on se retranche sur-le-champ, et il s'assurera de vivres pour huit ou dix jours. Les magasins, les gros bagages et tous les embarras de l'armée seront à Lauban. Tous les convois envoyés par l'administration générale de l'armée n'iront que jusqu'à Lauban, et depuis là le duc de Tarente répartira ces secours entre les différents corps de l'armée du Bober, selon les besoins.

Il paraît convenable de former deux gros corps de cavalerie, un à la droite et un à la gauche, qui, avec de l'infanterie et de l'artillerie, flanqueront l'armée et observeront les mouvements de l'ennemi qui voudrait la tourner, et assureront les communications. Je pense même que, selon les circonstances, si l'ennemi essayait de tourner la gauche, le duc de Tarente devrait réunir toute sa cavalerie sur sa gauche, avec une division d'infanterie, et la détacher en corps volant et observer les mouvements de l'ennemi; car il importe que l'ennemi ne passe point entre lui et l'Oder pour se porter sur Berlin.

Cette armée étant ainsi placée, si l'ennemi prenait l'offensive et qu'il n'eût pas été renforcé, je pense que le duc de Tarente devrait marcher à lui, en débouchant par Lœwenberg ou tout autre point, et le battre.

Les troupes seront baraquées; tous les malades seront dirigés sur Lauban, d'où ils seront évacués au fur et à mesure sur Gœrlitz et la ligne de l'armée. L'armée sera toujours mobile et sans embarras. Toute voiture non attelée sera aussitôt renvoyée sur les derrières. Lauban ayant une double enceinte, on mettra cette ville en état de défense en établissant des redoutes sur les hauteurs.

Dans cette situation, l'ennemi ne peut point passer entre son armée et les montagnes des Géants, ni entre son armée et l'Oder, pour se porter sur Berlin, sans s'exposer à être coupé. Comme le 2ᵉ corps de cavalerie a 8,000 chevaux et que le terrain à droite n'est pas favorable à la cavalerie, il peut réunir cette masse de 8,000 chevaux sur sa gauche, pour éclairer parfaitement les mouvements de l'ennemi.

D'après l'original non signé. Dépôt de la guerre.

20443. — AU PRINCE DE NEUCHÂTEL ET DE WAGRAM,
MAJOR GÉNÉRAL DE LA GRANDE ARMÉE, À LOEWENBERG.

Lœwenberg, 23 août 1813, midi.

Écrivez au duc de Tarente que vous lui avez fait connaître, par vos deux dépêches de ce jour, la position de son armée et la position défensive que je pense qu'il convient de prendre; que ces lettres sont des instructions générales, susceptibles de toutes les modifications que le terrain et les circonstances pourront lui suggérer; que mon opinion est que, dans l'état moral de ses troupes et de l'ennemi, il n'a rien de mieux à faire que de marcher à lui du moment qu'il voudra prendre l'offensive; que l'ennemi, en prenant l'offensive, se portera sur plusieurs points; qu'au contraire le duc de Tarente doit alors réunir toutes ses troupes sur un point, afin de déboucher en force sur lui et de reprendre sur-le-champ l'initiative.

Mandez-lui que je porte aujourd'hui mon quartier général à Gœrlitz; que mes opérations dépendent de celles de l'ennemi; que, si l'ennemi prend, le 23 ou le 24, l'offensive d'une manière positive sur Dresde, mon intention est de laisser l'initiative à l'ennemi et de me rendre sur-le-champ dans le camp retranché de Dresde et de lui livrer une grande bataille; et, comme dans ce cas l'ennemi tournera le dos au Rhin et nous à l'Oder, dans le cas où la victoire ne serait pas gagnée, je rentrerais dans mon camp retranché; au pis aller, je passerais l'Elbe sur la rive droite, je conserverais mes communications avec lui, et je prendrais le parti que les circonstances exigeraient, soit pour déboucher sur Torgau, soit sur Wittenberg, soit sur Magdeburg; que, si l'ennemi ne prend pas aujourd'hui ou demain l'offensive d'une manière déterminée, il est possible que ce soit moi qui la prenne, en marchant sur Prague; dans ce cas, je prendrai dans les premiers jours une ligne d'opération sur Zittau et Bautzen; que, dès le moment que je prendrai ce parti, je mettrai Gœrlitz sous ses ordres; que, pendant tout le temps que j'aurai ma ligne sur Zittau, il est de la plus haute importance qu'en aucun cas l'ennemi ne puisse se porter sur Zittau; et que si, par un mouvement inopiné ou par la perte d'une bataille, il était obligé de prendre la ligne de la Queis, il faudrait s'y maintenir et enfin faire sa retraite sur Zittau, puisque alors une fois réunis on pourra aviser à ce qui convient; que, si je me porte sur Prague, la première opération sera de tâcher de prendre ma ligne d'opération sur Dresde, et dès ce moment le duc de Tarente sera plus libre de ses mouvements; et que, s'il était obligé de reculer, ou je l'appellerais à moi sur Zittau, ou il se dirigerait sur l'Elbe, dans le camp retranché de Dresde.

Mandez-lui que tout ceci n'est qu'une instruction générale à consulter dans les événements imprévus; que mon intention est de maintenir constamment mes communications avec lui, qui ne peuvent être interrompues que par un fort mouvement de l'ennemi sur sa gauche. L'ennemi n'étant hardi que dans les opérations de plaine ou de cavalerie légère, le terrain ne lui est propre que sur la gauche; mais que dans ce cas le duc de Tarente, par un corps volant et avec sa cavalerie, sera secondé par un gros corps de cavalerie, que je tiendrai toujours sur ma gauche, entre Zittau et la Queis, pour communiquer avec lui.

Toutefois il est nécessaire d'ordonner qu'on ne communique de Gœrlitz à Lauban que par des convois bien escortés. Je donne ordre à mon grand écuyer d'établir une estafette de mes postillons, depuis Lœwenberg jusqu'au lieu où je serai, laquelle, étant servie par mes chevaux, rendra les communications extrêmement rapides par Gœrlitz et le point où je me trouverai.

Donnez au duc de Tarente le petit chiffre, pour remplacer le chiffre qui probablement a été pris. Comme ce chiffre est facile à copier, le duc de Tarente l'enverra aux généraux commandant les corps sous ses ordres.

D'après la minute. Dépôt de la guerre.

20444. — AU PRINCE DE NEUCHÂTEL ET DE WAGRAM,
MAJOR GÉNÉRAL DE LA GRANDE ARMÉE, À LOEWENBERG.

Lœwenberg, 23 août 1813.

Mon Cousin, donnez ordre au duc de Raguse de partir ce matin pour se rendre près de Lauban; il passera la rivière, afin de pouvoir, demain de bonne heure, partir pour Gœrlitz, s'il y a lieu. Qu'il envoie un aide de camp à Gœrlitz, où sera ce soir le quartier général, pour faire connaître l'heure où il arrivera. Comme toute la Garde part à quatre heures du matin et se trouvera sur le chemin de Lœwenberg à Lauban, la route sera encombrée; il est donc nécessaire qu'il prenne une autre route. Qu'il retire la garnison qu'il aurait à Bunzlau.

NAPOLÉON.

D'après l'original. Dépôt de la guerre.

20445. — AU MARÉCHAL GOUVION SAINT-CYR,
COMMANDANT LE 14º CORPS DE LA GRANDE ARMÉE, À DRESDE.

Gœrlitz, 23 août 1813.

J'ai reçu votre lettre du 22, à onze heures du soir. Dans la journée du 21, j'ai battu l'armée ennemie de Silésie; hier 22, je l'ai fait poursuivre jusqu'auprès de Jauer; hier soir, j'ai mis mes troupes en marche, et tout arrive aujourd'hui à Gœrlitz.

Les troupes qui sont ici seront à Dresde le 25; elles y seront le 26, si cela est moins urgent. Je suppose que le général Vandamme et le duc de Bellune, suivant leurs instructions, se sont mis en marche depuis ce matin. Toutefois je vais leur envoyer des ordres. Faites faire du pain le plus qu'il est possible, car nous serons bientôt 200,000 hommes à Dresde. Le roi de Naples, qui vous portera cette lettre, arrivera avant minuit. En supposant que le mouvement sur Dresde soit un grand mouvement, il aurait fallu à l'ennemi la journée d'aujourd'hui pour se déployer et pour reconnaître. Je ne doute pas que vous n'ayez fait porter la plus grande partie de l'artillerie de la place dans les redoutes, et pris toutes les mesures pour faire repentir les Russes, s'ils voulaient enlever les faubourgs d'un coup de main. Je suppose que tous les bateaux qui étaient sur la rive gauche auront été portés sur la rive droite, et que la communication de Kœnigstein avec Dresde sera assurée par la rive droite. Si l'ennemi a effectivement opéré un grand mouvement d'armée sur Dresde, je le considère comme une chose extrêmement heureuse, et cela me mettra à même d'avoir dans peu de jours une grande bataille, qui décidera bien des choses.

D'après la minute. Archives de l'Empire.

20446. — AU GÉNÉRAL COMTE VANDAMME,
COMMANDANT LE 1er CORPS DE LA GRANDE ARMÉE, À RUMBURG.

Gœrlitz, 23 août 1813.

Monsieur le Comte Vandamme, le 21 j'ai battu l'armée de Silésie, composée de Russes et de Prussiens, devant Bunzlau et Lœwenberg. Je l'ai fait poursuivre jusqu'à Jauer. Hier soir, j'ai mis en mouvement une partie des troupes pour me porter sur Zittau ou Dresde, en laissant les troupes nécessaires pour contenir l'ennemi.

Je reçois une lettre du maréchal Saint-Cyr, datée du 22, à onze heures du soir, qui m'apprend qu'un corps russe a débouché par Peterswalde ; il le croit suivi par toute l'armée autrichienne. Cela étant, dirigez votre corps sur Dresde par la route la plus courte. Je suppose que la 23e et la 2e division y sont déjà rendues. Si cependant ce mouvement n'avait pas eu lieu, vous le feriez exécuter de suite en les dirigeant sur Stolpen.

Dirigez également sur le même point la division de jeune Garde et la division de cavalerie du général Lefebvre-Desnoëttes, de sorte que vous ne laisserez, pour masquer votre mouvement, qu'une arrière-garde d'infanterie, cavalerie et artillerie, jusqu'à ce qu'elle soit remplacée par le prince Poniatowski. Je compte être avant demain matin à Bautzen, et j'aurai 100,000 hommes réunis le 25 à Dresde.

Répondez-moi en envoyant un officier qui se dirigera par Lauban et viendra couper la route de Reichenbach; si je ne suis pas encore passé dans ce dernier endroit, il prendra la route de Gœrlitz pour venir au-devant de moi; dans le cas contraire, si j'avais déjà passé Reichenbach, il me joindra à Bautzen. Mettez-moi au fait de tous vos mouvements.

D'après l'original non signé. Dépôt de la guerre.

20447. — AU GÉNÉRAL COMTE DUROSNEL,
GOUVERNEUR DE DRESDE.

Gœrlitz, 23 août 1813.

Vous ne m'avez pas écrit, et je n'ai appris que par la lettre du maréchal Saint-Cyr, en date d'hier à onze heures du soir, le mouvement de l'ennemi sur Dresde. Je suppose que je recevrai une lettre de vous par estafette. La première mesure que vous aurez prise aura été de garnir les blockhaus de Kœnigstein et de Dresde, et de faire passer sur la rive droite les bateaux qui étaient sur la rive gauche. Faites faire une grande quantité de pain. Envoyez sur-le-champ des courriers pour que toute la ligne d'opération depuis Dresde, par Nossen et Colditz, soit gardée: qu'on retienne tout ce qui devait arriver à Leipzig; que les estafettes ne passent plus par Leipzig; qu'elles passent la rivière à Meissen ou même à Torgau; et, si vous êtes assuré qu'il n'y a point de partis ennemis du côté de Torgau, ce qui ne peut plus exister depuis le mouvement du duc de Reggio, il faudrait prendre la ligne de Leipzig sur Torgau et de Torgau sur la rive gauche.

Je suppose que les gardes d'honneur sont arrivées aujourd'hui 23 : si elles ne sont point arrivées, veillez à ce qu'elles ne soient pas compromises, en les faisant venir par la rive droite.

Je ne sais pas quelle est la situation de la garnison de Torgau. Si elle n'est pas considérable, vous pouvez écrire au général Margaron, à Leipzig, de s'en rapprocher, en laissant une garnison suffisante pour mettre Leipzig à l'abri des partis. Je suppose que vous avez fait passer sur Torgau vos dépôts de cavalerie et tous vos embarras, et tout ce qui est nécessaire à la vie, sur la rive droite.

Nous serons avec l'armée à Dresde le 25, si cela est nécessaire. Faites faire beaucoup de pain d'avance ; cela est l'affaire la plus importante.

D'après la minute. Archives de l'Empire.

20448. — AU PRINCE CAMBACÉRÈS,
ARCHICHANCELIER DE L'EMPIRE, À PARIS.

Gœrlitz, 24 août 1813.

Mon Cousin, je reçois votre lettre du 18. Je viens de Lœwenberg, où j'ai battu l'armée ennemie de Silésie. Je suis entré en Bohême et me suis emparé des principaux débouchés ; mes troupes ont poussé jusqu'à seize lieues de Prague.

Je me porte actuellement sur Dresde pour attaquer les corps ennemis qui se sont portés dans cette direction. L'armée que j'ai dirigée sur Berlin doit être aujourd'hui dans cette ville. Ainsi vous voyez que les affaires sont engagées de tous côtés avec une grande activité. Je suis au centre, et l'ennemi est partout aux extrémités. J'espère bien de la disposition des choses.

D'après la copie comm. par M. le duc de Cambacérès.

20449. — A M. MARET, DUC DE BASSANO,
MINISTRE DES RELATIONS EXTÉRIEURES, À DRESDE.

Gœrlitz, 24 août 1813.

Monsieur le Duc de Bassano, je vous écris en chiffre pour qu'à tout événement ce que je vous mande ne puisse pas être compris. Vous ferez déchiffrer cette lettre et vous en remettrez le déchiffrement signé de vous, comme conforme à l'original, au maréchal Saint-Cyr, et vous me ferez connaître son opinion sur son contenu.

Mon intention est de me porter à Stolpen. Mon armée y sera réunie demain. J'y passerai le 26 à faire des préparatifs et à rallier mes colonnes. Le 26, dans la nuit, je ferai filer mes colonnes par Kœnigstein, et à la pointe du jour, le 27, je me mettrai dans le camp de Pirna avec 100,000 hommes. J'opérerai de manière qu'à sept heures du matin l'attaque sur Hellendorf commence et que j'en sois maître à midi. Je me mettrai alors à cheval sur cette communication. Je m'emparerai de Pirna. J'aurai deux ponts prêts pour les jeter, si cela est nécessaire, à Pirna.

Ou l'ennemi a pris pour ligne d'opération la route de Peterswalde à Dresde, et alors je me trouverai sur ses derrières, toute mon armée contre lui, qui ne peut pas rallier la sienne en moins de quatre ou cinq jours. Ou bien il a pris sa ligne d'opération par la route de Kommotau à Leipzig; alors il ne rétrogradera pas, et il se portera sur Kommotau; Dresde se trouvera dégagé, et je me trouverai en Bohême plus près de Prague que l'ennemi, et j'y marcherai. Le maréchal Saint-Cyr suivra l'ennemi aussitôt que celui-ci paraîtra déconcerté. Je masquerai ce mouvement en couvrant la rive de l'Elbe de 30,000 hommes de cavalerie avec de l'artillerie légère, de sorte que l'ennemi, voyant toute la rivière bordée, croie mon armée sur Dresde.

Voilà mon projet, il peut d'ailleurs être modifié par les opérations de l'ennemi. Je suppose que, quand j'entreprendrai mon attaque, Dresde ne sera pas attaqué de manière à pouvoir être pris en vingt-quatre heures.

Quant au roi de Saxe, vous pouvez lui faire part, à lui seulement, de mes projets, et lui dire que, si l'ennemi pressait Dresde, il n'y aurait pas d'inconvénient à ce qu'il vînt me joindre à Stolpen, ou qu'il prît une maison de campagne sur la rive droite.

Donnez des nouvelles très-vagues à Paris, en faisant comprendre qu'on apprendra à la fois la victoire sur l'armée de Silésie, la prise de Berlin, et des événements plus importants encore.

Écrivez à Erfurt, à Munich et à Würzburg en chiffre. Mes ministres instruiront les généraux et les souverains de ce que vous leur mandez; celui de Würzburg en fera part au duc de Castiglione.

Écrivez au général Margaron que, s'il est pressé à Leipzig, il doit se retirer sur Torgau. Voyez le directeur de l'estafette pour qu'elle passe par Leipzig et Torgau.

Si le maréchal Saint-Cyr a assez de monde pour défendre Dresde, et qu'il ne soit pas pressé, il faut qu'il envoie au-devant du général Vandamme, pour que celui-ci prenne position avec ses divisions à Neustadt, vu que tout mouvement rétrograde serait désavantageux.

Napoléon.

D'après l'original. Archives des affaires étrangères.

20450. — AU PRINCE DE NEUCHÂTEL ET DE WAGRAM,
MAJOR GÉNÉRAL DE LA GRANDE ARMÉE, À GOERLITZ.

Gœrlitz, 24 août 1813.

Mon Cousin, écrivez ce qui suit au prince Poniatowski :

« L'Empereur a battu, le 21, l'armée ennemie de Silésie, et il l'a fait poursuivre jusqu'à Jauer; il s'est porté ensuite sur Gœrlitz pour, suivant les circonstances, pousser sa pointe sur Prague ou marcher sur Dresde : mais le 22, à dix heures du matin, l'ennemi ayant attaqué Hellendorf avec une division russe, qui paraît soutenue par l'armée autrichienne, Sa Majesté a pris le parti de se rendre à Dresde et Kœnigstein pour livrer bataille à l'ennemi. Le duc de Bellune, le général Vandamme et le général Lefebvre-Desnoëttes doivent donc être en marche. L'Empereur vous confie la garde des deux défilés de Gabel et de Georgenthal; les Autrichiens n'ont pas là de forces supérieures aux vôtres. Comportez-vous selon les circonstances.

« Il est nécessaire que l'ennemi ignore le plus longtemps possible le mouvement de nos troupes, parce que, lorsque ses propres mouvements deviendront plus clairs, si leur armée se trouvait loin, l'Empereur pourrait opérer sur Prague et rebrousser chemin sur vous. Si au contraire l'armée autrichienne prête à des combinaisons, l'Empereur tombera dessus. S'il a de l'avantage, il entrera en Bohême, en vous faisant soutenir par un corps d'armée sur les deux rives. Il est donc important de garder les deux cols. Le quartier général de l'Empereur sera aujourd'hui à Bautzen. Ayez soin de lui écrire tous les jours.

« Le duc de Tarente est resté commandant de l'armée qui est sur le Bober, laquelle est forte de 120,000 hommes. Écrivez-lui tout ce que vous apprendrez de nouveau. Les officiers que vous chargerez de vos dépêches pourront passer par Lauban.

« J'ai reçu une lettre du duc de Reggio : il comptait entrer aujourd'hui à Berlin. »

NAPOLÉON.

D'après l'original. Dépôt de la guerre.

20451. — AU PRINCE DE NEUCHÂTEL ET DE WAGRAM,
MAJOR GÉNÉRAL DE LA GRANDE ARMÉE, À GOERLITZ.

Goerlitz, 24 août 1813.

Mon Cousin, donnez ordre au duc de Raguse de laisser deux bataillons et trois pièces de canon à Goerlitz.

Donnez ordre au duc de Tarente d'envoyer deux bataillons à Goerlitz pour relever ceux du duc de Raguse. L'échiquier commence à s'éclaircir, le duc de Tarente n'a devant lui, de Russes, que les corps de Langeron et de Sacken, composés pour la plus grande partie de recrues. Il est donc convenable qu'il envoie sans délai ordre à la division Chastel de nous rejoindre ; qu'il fournisse à la garnison de Goerlitz, et qu'il forme des corps pour éloigner de sa gauche les partisans. Le prince Poniatowski, qui reste à Gabel, a ordre de correspondre avec lui.

D'après l'original non signé. Dépôt de la guerre.

20452. — AU PRINCE DE NEUCHÂTEL ET DE WAGRAM,
MAJOR GÉNÉRAL DE LA GRANDE ARMÉE, À GOERLITZ.

Goerlitz, 24 août 1813.

Mon Cousin, écrivez au duc de Bellune qu'il est nécessaire qu'il s'arrange de manière que son corps et son quartier général arrivent demain 25 entre Stolpen et Bautzen. Mon quartier général sera à Stolpen. Il faut que dans la journée du 26 son corps puisse arriver sur le point de l'Elbe qui lui sera désigné, pour être prêt à passer.

Écrivez au duc de Raguse qu'il faut qu'aujourd'hui il arrive à Reichenbach; que demain 25 il dépasse Bautzen et aille à Bischofswerda, afin que le 26 il puisse se porter sur le point de l'Elbe où son corps devra passer. Le quartier général sera cette nuit à Stolpen.

NAPOLÉON.

D'après l'original. Dépôt de la guerre.

20453. — AU PRINCE DE NEUCHÂTEL ET DE WAGRAM,
MAJOR GÉNÉRAL DE LA GRANDE ARMÉE, À GOERLITZ.

Gœrlitz, 24 août 1813.

Mon Cousin, écrivez au duc de Tarente qu'il est nécessaire qu'il occupe Lauban le plus promptement possible, et qu'il organise une colonne d'un millier d'hommes d'infanterie, bons marcheurs, avec une batterie d'artillerie et 12 à 1,500 chevaux, pour donner la chasse à tous les partisans qui déjà paraissent entre Bautzen et Gœrlitz; que cette colonne doit être mise sous les ordres d'un bon général de cavalerie qui se garde bien; qu'elle ne doit jamais passer les nuits dans les villes; qu'elle ne doit jamais s'arrêter dans les lieux où elle a vu coucher le soleil; qu'elle doit aller passer la nuit au moins à une demi-lieue de là; qu'il est bien urgent que cette colonne se mette en mouvement et que le commandant ait une latitude de cinq ou six marches. Il aura des nouvelles du duc de Reggio et maintiendra la sûreté du pays.

Écrivez aussi au duc de Tarente qu'il serait important de mettre une pièce de canon au blockhaus de Waldau, entre Bunzlau et Gœrlitz.

NAPOLÉON.

D'après l'original. Dépôt de la guerre.

20454. — AU MARÉCHAL MACDONALD, DUC DE TARENTE,
COMMANDANT LE 11ᵉ CORPS DE LA GRANDE ARMÉE, À GOLDBERG.

Gœrlitz, 24 août 1813.

Le général Lefebvre-Desnoëttes et le prince Poniatowski se sont emparés de toutes les positions en Bohême jusqu'à dix lieues de Prague; ils ont pris les camps retranchés préparés pour la landwehr et déjà palissadés. Mais le mouvement de l'ennemi sur la rive gauche de l'Elbe était déjà trop décidé; ses troupes ont attaqué le 22, à dix heures du matin, le village de Hellendorf; il n'était plus en état de revenir à Prague. Le maréchal Saint-Cyr a retardé la marche des alliés avec une division pendant toute la journée du 22; et hier, 23, tous ses corps étaient campés à deux lieues autour de Dresde, occupant la rive gauche et le camp de Kœnigstein. Hier, à deux heures après midi, il n'avait pas vu l'ennemi. Ma Garde sera ce soir à Bautzen. Je suppose que le duc de Bellune et le général Vandamme se sont déjà portés sur Dresde.

Je viens de recevoir des nouvelles du duc de Reggio, du 22 au soir, de Trebbin : il n'était plus effrayé des inondations, ce monstre avait disparu en approchant; il ne l'était pas plus de ces fortifications qui ne tenaient pas à une vingtaine de coups de canon. Il espérait être aujourd'hui ou demain à Berlin.

Le 18, le prince d'Eckmühl avait passé la rivière de Stecknitz et s'était emparé de la ville de Lauenburg. Il n'était pas bien certain des forces de l'ennemi qui lui étaient opposées, mais il se croyait en état de les attaquer et de leur marcher sur le corps. Le 20, le général Girard était parti de Magdeburg avec 12,000 hommes, et se portait sur Brandenburg. Le général Dombrowski marchait entre lui et le duc de Reggio, et avait chassé tous les partis ennemis.

Ainsi les affaires se trouvent fortement engagées partout. Si je passais en Bohême, je serais à Prague dans trois jours. Mais je préfère le parti le plus sage et déboucher par Dresde, pour entamer vigoureusement l'armée qui se présente de ce côté.

Je vous ai fait écrire hier en route pour que vous nous renvoyiez le général Ornano. Renvoyez aussi la division Chastel; je la destine à former plusieurs colonnes avec de l'infanterie, pour assurer nos communications.

<small>D'après la minute. Archives de l'Empire.</small>

20455. — A M. MARET, DUC DE BASSANO,
MINISTRE DES RELATIONS EXTÉRIEURES, A DRESDE.

<small>Gœrlitz, 24 août 1813.</small>

Monsieur le Duc de Bassano, je serai ce soir de ma personne à Bautzen ou à Stolpen. Ma Garde arrivera ce soir à Bautzen. Le maréchal Saint-Cyr n'ayant pas fait prévenir le général Vandamme, il n'a pu partir hier, mais ce général sera ce soir à Stolpen. J'ai envoyé des ordres au duc de Bellune. J'aurai donc, le 25 ou le 26, 200,000 hommes à Stolpen. Vous ne me donnez pas assez de détails sur les affaires qui ont eu lieu; les généraux n'en disant rien, il fallait vous informer du nombre de nos blessés et des pertes que nous avons éprouvées. Occupez-vous-en sans délai.

Deux régiments de hussards westphaliens viennent de passer tout entiers à l'ennemi, à ce qu'il paraît, avec tous leurs officiers. Prévenez-en le roi de Westphalie. Je vais prendre des mesures pour faire mettre pied à terre aux autres régiments westphaliens qui sont à l'armée et m'emparer de leurs chevaux. Tenez cela le plus secrètement possible. Il serait important que le Roi fît donner tous les chevaux de sa cavalerie à son régiment de hussards français, et qu'il cessât ses levées de troupes : c'est en donner à l'ennemi. Il pourra écrire sur-le-champ au commandant du dépôt de cavalerie à Francfort pour en faire venir un millier de cavaliers français, pour les monter. Si le roi de Westphalie se rend à cette proposition, il y aurait ce moyen à prendre : il enverrait un millier d'hommes de sa cavalerie à Magdeburg; là le général Lemarois leur ferait mettre pied à terre et donnerait leurs chevaux et leurs armes aux cavaliers français qui se trouvent au dépôt; les hommes seraient renvoyés en Westphalie. De cette manière, nous garderions les chevaux, les selles et les armes.

Faites passer la lettre ci-jointe au roi de Westphalie. Vous sentez combien il importe que votre dépêche ne soit point interceptée. Vous écrirez en chiffre à mon ministre, et vous ferez chiffrer la lettre au Roi, que je n'ai pu faire chiffrer parce qu'il est à craindre que le chiffre de l'armée soit entre les mains de l'ennemi.

Napoléon.

D'après l'original comm. par M. le duc de Bassano.

20456. — A JÉRÔME NAPOLÉON, ROI DE WESTPHALIE,
À CASSEL.

Goerlitz, 24 août 1813.

Mon Frère, vos deux régiments de hussards ont passé à l'ennemi, de Reichenberg en Bohême, avec chevaux, armes et bagages, en ne laissant que leurs gros équipages. Deux escadrons qui étaient détachés n'ont pu suivre les autres; j'ai donné ordre qu'on leur fît mettre pied à terre et qu'on prît leurs chevaux, ainsi qu'à vos deux autres régiments. Cet exemple prouve que vous ne pouvez vous fier à personne en Westphalie. Je désire donc que vous puissiez envoyer 1,000 chevaux de votre cavalerie à Magdeburg. Arrivés dans cette place, le général Lemarois leur fera mettre pied à terre et donnera leurs chevaux à 1,000 cavaliers du dépôt français; les vôtres vous seront renvoyés. Vous pourrez, si vous le jugez convenable, vous montrer mécontent de cette mesure. Achevez promptement la remonte du régiment de hussards français que je vous ai accordé. Il ne faut pas vous dissimuler que dans la situation actuelle des choses, vous ne pouvez vous fier à aucun Westphalien.

NAPOLÉON.

D'après l'original comm. par M. le duc de Bassano.

20457. — A M. MARET, DUC DE BASSANO,
MINISTRE DES RELATIONS EXTÉRIEURES, À DRESDE.

Bautzen, 24 août 1813, trois heures après midi.

Monsieur le Duc de Bassano, j'ai reçu votre lettre à onze heures. J'arrive maintenant, à trois heures après midi, avec la Garde. Le général Vandamme est à Stolpen et Neustadt. Toute l'armée sera demain à Stolpen. J'y aurai demain mon quartier général, et plus tôt, si j'apprends des nouvelles de Dresde de la journée d'aujourd'hui qui nécessitent ma présence. Les gardes d'honneur, ayant avec eux un bataillon d'infanterie et une batterie d'artillerie, auraient pu prendre position à Meissen, pour assurer ce point important contre les Cosaques. Toutefois, si cela n'est pas, on leur ordonnera de se porter sur Torgau, et donnez le même ordre au général Margaron : il a de l'infanterie, de la cavalerie et de l'artillerie. Je ne suppose pas que l'infanterie ennemie soit de sitôt à Leipzig. Il est probable qu'après-demain, 26, j'attaquerai l'ennemi. Si le général Margaron est compromis, il doit se retirer à Torgau et communiquer avec moi par la rive droite. Je crois vous avoir mandé tout cela hier, de sorte que la fausse direction donnée aux gardes d'honneur aura été contremandée.

Vos courriers sont fort mal appris : ils partent sans ordre. Donnez-leur des instructions pour qu'ils ne repartent plus, ni ne remettent de lettres à personne, sans l'ordre du grand écuyer.

Rendez-moi compte des mesures que j'ai ordonnées de s'emparer des maisons et de barricader les rues qui donnent sur les brèches. Si elles sont exécutées, Dresde peut tenir plusieurs jours. Demain, à deux heures après midi, 40,000 hommes pourront entrer dans Dresde; mais, si toutes les mesures sont prises, que les redoutes soient armées et que les troupes soient bien disposées, il n'y a rien à craindre, et alors je préférerai faire déboucher les 40,000 hommes par Kœnigstein, et je déboucherai sur la rive ennemie avec toute l'armée par Kœnigstein.

NAPOLÉON.

D'après l'original comm. par M. le duc de Bassano.

20458. — AU PRINCE DE NEUCHÂTEL ET DE WAGRAM,
MAJOR GÉNÉRAL DE LA GRANDE ARMÉE, À BAUTZEN.

Bautzen, 24 août 1813.

Mon Cousin, envoyez un officier à Dresde qui fera connaître au général Durosnel que, si les gardes d'honneur ont rétrogradé, il faut leur donner l'ordre de se jeter dans Torgau. Ils jetteront des patrouilles sur la rive droite pour communiquer avec l'armée.

Envoyez un officier en poste à Torgau; qu'il aille par Kamenz et Grossenhayn. Vous préviendrez que les estafettes doivent passer par Torgau jusqu'à ce que l'ennemi ait été battu, ce qui ne tardera pas.

Envoyez un officier à Leipzig pour instruire le général Margaron de l'état des choses. Dites-lui que je ne suppose pas que des partis d'infanterie ennemie soient près d'arriver à Leipzig; cependant, s'il en arrivait autrement, qu'il se porte sur Torgau, et il se mettra en communication avec l'armée par la rive droite de l'Elbe; qu'il est probable qu'après-demain, 26, l'ennemi sera attaqué et battu devant Dresde; que, le général Dombrowski ayant couvert Dessau, il peut y laisser une colonne de 3 ou 400 hommes au lieu de 1,000, et rallier toutes ses forces sur Torgau, s'il était obligé d'évacuer Leipzig; qu'il ait soin d'évacuer de Leipzig tout ce qui appartient à l'armée française, en le dirigeant sur Torgau et Wittenberg.

D'après l'original non signé. Dépôt de la guerre.

20459. — A M. MARET, DUC DE BASSANO,
MINISTRE DES RELATIONS EXTÉRIEURES, À DRESDE.

Stolpen, 25 août 1813, sept heures et demie du matin.

Monsieur le Duc de Bassano, je reçois votre lettre de minuit et trois quarts. J'arrive à Stolpen. Les troupes du général Vandamme sont déjà fort avancées sur Dresde; je vais prendre des mesures pour les diriger sur Kœnigstein, où je pourrai déboucher le 26 ou le 27.

Faites-moi connaître si l'ennemi a été à Meissen. J'avais ordonné qu'on laissât là un bataillon cantonné dans le château; il y aurait été à l'abri. C'est un point qu'il est important d'occuper de cette manière.

Il arrive une grande quantité de cavalerie. Le général Latour-Maubourg, qui a 13 à 14,000 chevaux, peut arriver demain de bonne heure à Dresde; il faudra l'employer à chasser la cavalerie ennemie de la plaine.

Je désire, du reste, qu'on fasse le moins de mouvement possible pour que rien n'annonce à l'ennemi l'arrivée des forces et les opérations qu'on médite. Il serait bien important d'avoir quelques renseignements sur la force de l'ennemi et la distribution de ses troupes.

NAPOLÉON.

D'après l'original comm. par M. le duc de Bassano.

20460. — A JOACHIM NAPOLÉON, ROI DE NAPLES,
À DRESDE.

Stolpen, 25 août 1813, sept heures et demie du matin.

Mon Frère, je reçois votre lettre. J'arrive à Stolpen. Du moment que je me serai assuré de la bonne situation de Dresde et des mesures prises pour se mettre en état de défense, mon intention est de déboucher par Kœnigstein. Je déboucherai sur Hellendorf; je m'emparerai du camp de Pirna et je ferai jeter un pont à Pirna. Une fois sur cette communication de la Bohême, j'agirai selon les circonstances pour tâcher de profiter des fautes que pourrait faire l'ennemi. Cette opération ne peut se commencer demain; nous ne pouvons déboucher en forces qu'après-demain. Je pense donc que vous devrez rester à Dresde encore les journées d'aujourd'hui et de demain : d'ici là, j'aurai pris décidément un parti. Comme je n'aurai pas besoin d'une si grande quantité de cavalerie, je ne serais pas éloigné d'envoyer le général Latour-Maubourg pour balayer la plaine.

NAPOLÉON.

D'après la minute. Archives de l'Empire.

20461. — AU MARÉCHAL GOUVION SAINT-CYR,
COMMANDANT LE 14ᵉ CORPS DE LA GRANDE ARMÉE, À DRESDE.

Stolpen, 25 août 1813, neuf heures du matin.

Il est indispensable que je sois sans inquiétude sur Dresde, pendant les journées des 26, 27, 28, 29 et 30. Dresde doit tenir plus de six jours. Sa défense consiste, premièrement, dans le camp retranché : on a dû mettre huit à dix pièces de canon dans chaque redoute, indépendamment de trois batteries mobiles de vingt pièces chacune qu'ont la garnison ou le corps d'armée pour se porter partout où il serait nécessaire. Je suppose que le génie aura élevé quelques petits épaulements aux saillants de l'enceinte entre les redoutes. Les redoutes et les faubourgs évacués, il y a encore l'enceinte de la ville. Elle a un fossé plein d'eau et une palanque. Ce n'est pas dans la palanque que consiste la défense de la place, mais bien dans le rang de maisons derrière. J'avais ordonné que ces maisons fussent occupées par la garnison, et que les rues fussent barricadées avec des sacs à terre et des tonneaux, de manière qu'elles fussent toutes impraticables. Dès lors, l'ennemi doit d'abord éteindre le feu des bastions; et j'ai fait placer dans des casemates plusieurs pièces dont il serait difficile d'éteindre le feu, et tant que ce feu ne serait pas éteint, ce serait en vain que l'ennemi renverserait la palanque : il faudrait qu'il passât le fossé et qu'il fît brèche dans les maisons. Mais, avec une nombreuse garnison, je ne sais comment on peut faire brèche dans des maisons, puisqu'on peut se retrancher derrière les ruines. Enfin les feux de la place ne peuvent être éteints qu'en établissant régulièrement plusieurs batteries; ce qui consommera les sept ou huit jours que je demande. Des barricades établies derrière la première ligne de maisons, vis-à-vis les brèches, rendraient d'ailleurs vains les efforts de l'ennemi et prolongeraient la défense. Dresde peut donc se défendre, selon les règles de l'art, six ou sept jours, et, avec opiniâtreté, quinze à vingt jours. La ville prise, il resterait les ouvrages sur la rive droite, où l'on aurait fait transporter tout ce qu'il y aurait de précieux et où l'on se défendrait longtemps.

Le major général vous fera connaître les ordres donnés pour aujourd'hui et demain. Mon intention est de prendre le camp de Pirna avec toute mon armée. Je ferai déboucher demain le général Vandamme pour s'emparer des bois et des défilés de Hellendorf. La 42ᵉ division occupera Pirna et formera ma droite. Aussitôt que je serai maître de Pirna, je ferai jeter deux ponts vis-à-vis de Pirna; les pontons nécessaires sont tout prêts. Dans cette disposition des choses, quand vous serez arrivé à la hauteur de Pirna, vous retrouverez la 42ᵉ division. Si l'ennemi se sépare, ou s'il s'est mal enfourné, je tâcherai d'en profiter. S'il a pris la ligne d'opération de Leipzig, je me trouverai plus près que lui de Prague, et je tâcherai, en jetant des ponts sur l'Elbe, d'établir ma communication avec le prince Poniatowski et l'armée de Silésie par le débouché de Gabel.

D'après la minute. Archives de l'Empire.

20462. — AU PRINCE DE NEUCHÂTEL ET DE WAGRAM,
MAJOR GÉNÉRAL DE LA GRANDE ARMÉE, À STOLPEN.

Stolpen, 25 août 1813, dix heures du matin.

Mon Cousin, donnez ordre au général Vandamme de diriger toutes ses troupes, infanterie, cavalerie, artillerie, sur le camp de Lilienstein. Il peut les faire partir à midi ou une heure, de manière qu'elles arrivent avant la nuit; elles y prendront position et s'y reposeront. Le général Vandamme pourra placer une division dans le camp même de Lilienstein, une autre à Hohnstein et une autre entre le camp et Hohnstein. Il fera venir toute son artillerie sur le plateau, entre Lilienstein et la rivière, mais de manière à ne pas encombrer les passages. Il aura soin que la compagnie de sapeurs soit en tête et passe le pont de Kœnigstein ce soir. Il assurera quatre jours de vivres à ses troupes, vérifiera les cartouches et les complétera.

La 42e division se réunira tout entière avec son artillerie sur la rive gauche et sous la protection de la forteresse.

Si l'ennemi avait des tirailleurs de droite et de gauche, il faudrait les chasser pour que l'ennemi ne pût rien voir, et l'on gardera tous les sentiers pour qu'il n'ait aucune communication avec nous.

De sa personne le général Vandamme se rendra, au plus tard de midi à une heure, dans la petite ville de Kœnigstein, et prendra connaissance de toute la position, se fera mettre sous les yeux le plan du camp de Pirna et étudiera les moyens d'exécuter les dispositions qui vont lui être prescrites. Il doit, avec son corps, déboucher par Hellendorf, par Langen-Hennersdorf et Bahra. La 42e division, qui sera à Kœnigstein, se portera alors sur Pirna pour border le camp de Pirna.

Donnez ordre au général Lefebvre-Desnoëttes, qui est à Weissig, d'envoyer 500 chevaux, une batterie d'artillerie légère et deux bataillons vis-à-vis Pirna; il enverra de même 500 chevaux et une batterie à Pilnitz. Donnez-lui ordre de faire faire par ces postes des patrouilles, pour que l'ennemi ne puisse ni communiquer ni débarquer sur la rive droite. Si l'ennemi voulait jeter un pont, le général Lefebvre s'y porterait sur-le-champ pour s'y opposer. Du reste, ses troupes resteront dans leurs positions pour s'y reposer; elles devront être approvisionnées de quatre jours de pain, qu'il fera venir de Dresde, afin d'être prêt à entrer en opération dès demain. Le général Lefebvre renverra à Dresde toute la cavalerie du maréchal Saint-Cyr qui se trouverait entre Dresde et Kœnigstein. Il donnera l'ordre aux commandants de ses détachements de ne pas montrer leur masse, pas même l'artillerie, ni plus de 30 hommes de leur infanterie, mais de se tenir en arrière, pour n'être pas vu de l'autre bord. Ils ne laisseront à la vue de l'ennemi que quelques cavaliers qui surveilleront les bords.

Ordonnez au maréchal Saint-Cyr d'envoyer 2,000 chevaux, sous les ordres du général Lhéritier, à Grossenhayn, avec une batterie d'artillerie à cheval; il lui donnera un bataillon. Ce général surveillera la rive droite depuis Dresde jusqu'à Torgau, et placera des postes vis-à-vis Meissen. Enfin il tiendra libre de partisans cette communication de l'armée. Il se liera le plus tôt possible avec le général Dejean, qui doit être à Torgau. Il se tiendra en masse et de la manière convenable pour ne pas être surpris par des partisans ennemis, mais au contraire les repousser et maintenir sa position. Il est indispensable que cette colonne parte demain avant deux heures.

Donnez ordre de placer un bataillon dans le château de Meissen; il s'y crénellera. Si on est à temps d'y réunir le bataillon et la batterie de la Garde qui sont avec les gardes d'honneur, on le fera. Ces troupes seront très-bien placées dans le château de Meissen avec les huit pièces de canon de la Garde. Dans ces détachements, il ne faut envoyer aucun Westphalien : on ne peut pas se fier à eux.

Vous ferez connaître au maréchal Saint-Cyr que vous lui ferez part, ce soir, de mes dispositions pour la journée de demain; mais qu'il est nécessaire qu'il tienne le général Pajol en réserve, pour le lancer à la poursuite de l'ennemi dans un pays qu'il connaît bien, et le charger, aussitôt que l'ennemi aura démasqué son mouvement rétrograde, de couper tout ce qui se serait aventuré.

Donnez ordre au général Corbineau de partir avec sa cavalerie et l'infanterie du prince de Reuss, pour se porter en avant de Stolpen; il prendra position à une demi-lieue de Stolpen, dans la direction de Hohnstein, et sur la droite ou la gauche de la route, de manière à ne pas l'encombrer.

Donnez ordre à la vieille Garde de se rendre à Stolpen, où elle cantonnera dans les maisons.

Donnez ordre aux trois divisions de la jeune Garde de se placer en colonne entre Bischofswerda et Stolpen, la 1re division à une lieue de Stolpen, la 2e à deux lieues de Stolpen, la 3e à trois lieues. Par ce moyen, la journée sera moins forte que les journées précédentes, et ces troupes pourront se reposer.

Donnez ordre au général Latour-Maubourg, pour ne pas encombrer la route de Stolpen, de venir prendre position entre Stolpen et la route de Bautzen, à peu près au village de Weickersdorf, mais de ne pas s'y rendre par la route de Bischofswerda à Stolpen; de faire une lieue de plus sur la grande route et ensuite se rabattre à gauche sur ce village.

Donnez ordre à la cavalerie de la Garde de se porter près de Stolpen, mais sur la gauche de la route de Bischofswerda à Stolpen, du côté des villages de Drebnitz et de Lauterbach, et de s'y rendre par une route directe, afin de ne pas encombrer la route de Stolpen à Bischofswerda.

Le parc du génie et les équipages de pont viendront jusqu'à Stolpen. L'équipage de pont se mettra à Stolpen sur le chemin de Pirna, où mon intention est de jeter demain deux ponts. Le parc du génie se placera en avant de Stolpen, dans la direction de Kœnigstein, sans embarrasser la route.

Réitérez l'ordre au duc de Raguse d'envoyer une colonne mobile, composée comme je l'ai prescrit, sur Hoyerswerda. Faites-lui connaître que le général Lhéritier se rend à Grossenhayn, pour nettoyer le pays entre Dresde et Torgau.

Prévenez aussi le général Lhéritier de l'existence de la colonne du duc de Raguse à Hoyerswerda, pour que les deux commandants puissent correspondre entre eux et se réunir en cas de besoin.

D'après l'original. Dépôt de la guerre.   NAPOLÉON.

20463. — AU PRINCE DE NEUCHÂTEL ET DE WAGRAM,
MAJOR GÉNÉRAL DE LA GRANDE ARMÉE, À STOLPEN.

Stolpen, 25 août 1813.

Mon Cousin, je vous renvoie les lettres du prince de la Moskova et celles du duc de Tarente. Il paraît que le prince de la Moskova n'a point reçu la lettre que vous lui avez écrite le 23, ce qui est un grand malheur. Le duc de Tarente le dit positivement dans sa lettre du 24 à trois heures du matin. Je suppose que la lettre du duc de Tarente a éclairci ce quiproquo, sans qu'il y ait eu aucun mal. Toutefois il est urgent d'envoyer un officier, avec ordre au général Souham de prendre le commandement du 3e corps, sous les ordres du duc de Tarente; au général Sebastiani de prendre les ordres du duc de Tarente, et au prince de la Moskova de venir de sa personne au quartier général, en lui envoyant copie de la lettre du 23, qui n'est pas parvenue.

Envoyez aussi un duplicata de cette lettre au duc de Tarente, pour qu'il le fasse passer au prince de la Moskova. Vous sentez que rien n'est plus urgent.

NAPOLÉON.

D'après l'original. Dépôt de la guerre.

20464. — AU GÉNÉRAL COMTE VANDAMME,
COMMANDANT LE 1er CORPS DE LA GRANDE ARMÉE, À DRESDE.

Stolpen, 25 août 1813.

Monsieur le Général Vandamme, je vous envoie une lettre que je reçois du général Haxo que j'ai envoyé à Kœnigstein. Comme toute la 42e division doit y être arrivée, je désire qu'aussitôt que vous aurez expédié vos ordres vous vous y rendiez de votre personne pour faire chasser les Cosaques de toutes les avenues, afin qu'ils ne voient pas notre mouvement.

NAPOLÉON.

D'après l'original. Archives de l'Empire.

20465. — AU GÉNÉRAL BARON ROGNIAT,
COMMANDANT LE GÉNIE DE LA GRANDE ARMÉE, À DRESDE.

Stolpen, 25 août 1813.

Monsieur le Général Rogniat, la place de Dresde, telle qu'elle est dans ce moment, vient de me rendre des services : sans elle, je n'aurais pu m'éloigner; l'ennemi aurait pu y être dès le 23. Ce premier moment passé, ce serait erreur de croire que son rôle a cessé.

L'échiquier de la guerre actuelle est compliqué; le nombre des ennemis que j'ai à combattre est redoutable; si les trois redoutes déjà tracées avaient été achevées, si les barricades avaient été terminées dans la ville et si le fossé de Pirna avait été bien établi, j'aurais eu plus de confiance dans Dresde, j'aurais pu en espérer une défense de dix à douze jours : alors je me serais moqué de la confiance de l'ennemi; j'aurais marché sur la Bohême. Mais, dans l'état où est cette ville, je ne puis y avoir cette confiance que je désire. Donnez des ordres pour faire achever les trois redoutes déjà tracées et pour qu'on en établisse trois autres nouvelles conformément au premier plan. Il faut que les palanques des faubourgs soient terminées et que tout ce qui doit concourir à la défense de Friedrichstadt soit bien organisé. Donnez des ordres pour achever le fossé de Pirna et pour que les barricades soient exécutées dans la ville; il est nécessaire que toutes les maisons de la ligne soient crénelées et occupées comme casernes; enfin il ne faut rien oublier pour bien établir l'équilibre entre la défense de la rive gauche et celle de la rive droite, afin que j'aie la conviction qu'un corps de 20,000 hommes se jetant dans la place, et portant ainsi sa garnison à près de 30,000 hommes, puisse s'y défendre quinze à vingt jours.

NAPOLÉON.

D'après la copie Dépôt de la guerre.

20466. — AU GÉNÉRAL BARON ROGNIAT,
COMMANDANT LE GÉNIE DE LA GRANDE ARMÉE, À DRESDE.

Stolpen, 25 août 1813.

Monsieur le Général Rogniat, je viens de donner ordre qu'il soit établi une garnison de 1,800 hommes à Bautzen. Mon intention est que des mesures soient prises pour fortifier cette place autant que possible. La citadelle et la ville doivent déjà être arrangées. Mon intention est d'arranger aussi l'enceinte qui embrasse les faubourgs, en creusant un bon fossé, en augmentant le relief du parapet, en fraisant et palissadant le fossé, en établissant un bon chemin couvert palissadé, et en le traçant de manière qu'il y ait une place d'armes qui flanque toute l'enceinte, et dans laquelle sera placé un blockhaus; enfin en occupant les hauteurs par deux ou trois bonnes redoutes bien palissadées, et en faisant tout ce qui est nécessaire pour rester maîtres des ponts et résister avec succès au moins à des attaques légères. Faites en sorte que ces ouvrages soient dirigés de manière que tous les quinze jours il y ait un degré d'avancement, et que dans deux mois je puisse avec confiance laisser 2,000 hommes pendant quinze ou vingt jours dans Bautzen.

NAPOLÉON.

D'après la copie. Dépôt de la guerre.

20467. — AU GÉNÉRAL BARON ROGNIAT,
COMMANDANT LE GÉNIE DE LA GRANDE ARMÉE, À DRESDE.

Stolpen, 25 août 1813.

Monsieur le Général Rogniat, mon intention est d'arranger le fort de Meissen de manière qu'un bataillon et cinq ou six pièces de canon y soient à l'abri de toute insulte. Donnez des ordres en conséquence. Faites travailler sans délai à l'établissement d'une tête de pont. Je suppose que ce travail pourra être fini dans quinze jours, et alors on travaillera à rétablir le pont. Donnez sans délai des ordres pour qu'on remplisse mes intentions.

NAPOLÉON.

D'après la copie. Dépôt de la guerre.

20468. — A M. MARET, DUC DE BASSANO,
MINISTRE DES RELATIONS EXTÉRIEURES, À DRESDE.

Stolpen, 25 août 1813, trois heures après midi.

Monsieur le Duc de Bassano, en échange des mauvaises nouvelles que vous me donnez du duc de Reggio, je puis vous en envoyer de bonnes que je reçois du général Lauriston.

Ces nouvelles du duc de Reggio me paraissent, comme à vous, tellement confuses que je ne puis pas encore asseoir mes idées. La lettre dit que le 20 et le 21 nous avions eu des affaires avantageuses : or il est de fait, d'après les lettres officielles, que le 20 et le 21 on n'avait tiré que quelques coups de fusil. Il faut croire que l'affaire dont il est question n'est qu'une charge ou hourra qui aura mis le désordre dans les bagages du centre. Au reste, je suppose que d'ici à ce soir Gersdorf aura reçu de nouveaux renseignements. Faites faire une petite enquête sur la nature de l'homme qui a écrit cette lettre, et envoyez-moi, par un courrier, tous les renseignements qui vous arriveront.

Le général Lauriston a battu, entre Goldberg et Jauer, l'armée de Silésie. Il dit avoir compté sur le champ de bataille 7,000 ennemis morts et seulement 800 Français. Il a fait des prisonniers et pris quelques pièces de canon. Les positions de l'ennemi étant très-belles, l'intrépidité de nos soldats n'en a été que plus remarquée.

La division du général Teste peut se reposer aujourd'hui dans Neustadt. La pluie fatiguerait beaucoup la troupe et détériorerait les chemins.

Il paraît que l'ennemi a un corps, que les paysans évaluent de 15 à 20,000 hommes, qui n'aurait pas encore paru devant Dresde, et qui serait dans la position de Hellendorf. Il paraît aussi que le camp que l'ennemi avait sur les hauteurs de Pirna est évacué et qu'on l'a porté de l'autre côté du ravin.

NAPOLÉON.

D'après l'original comm. par M. le duc de Bassano.

20469. — AU GÉNÉRAL COMTE VANDAMME,
COMMANDANT LE 1ᵉʳ CORPS DE LA GRANDE ARMÉE, À KOENIGSTEIN.

Stolpen, 25 août 1813, trois heures après midi.

Monsieur le Comte Vandamme, une division de votre corps d'armée est à Neustadt, une à Stolpen, et six bataillons sont déjà rendus au camp de Lilienstein. Vous avez donc trente-quatre bataillons dans la main. La 42ᵉ division doit avoir au moins douze bataillons, si elle n'a pas ses quatorze bataillons; elle sera sous vos ordres. Vous aurez donc quarante-six bataillons réunis sous le fort de Kœnigstein.

Vous expédierez tous vos ordres pour que demain, à la petite pointe du jour, tout se mette en marche. Si vous pouvez faire arriver vos sapeurs avant la nuit, faites-les venir. Donnez ordre à la demi-compagnie qui est détachée pour le service du camp de couper des fascines pour rendre plus faciles les chemins que les pluies auraient gâtés.

Cette nuit, vous ordonnerez à la 42ᵉ division et aux six bataillons de la division Teste (ce qui fera dix-huit bataillons), avec la batterie d'artillerie de la 42ᵉ division et la batterie de la brigade Teste, si cette brigade a amené avec elle sa batterie, de monter sur le plateau et de se ranger en bataille dans le plus grand silence derrière Kœnigstein, de manière à pouvoir, au point du jour, s'y trouver en bataille avec leurs canons.

Si la brigade de la division Teste n'a pas sa batterie, les douze bataillons de la 42ᵉ division n'auront qu'une batterie, ce qui ne sera pas suffisant. Vous aurez soin alors d'ordonner à vos deux batteries d'artillerie légère, ou à la batterie que vous aurez le plus près, de se porter dans la nuit sur le plateau, de manière à y être au point du jour. J'estime qu'il faut au général Berthezène[1] vingt-quatre pièces de canon environ. Vous y ferez venir votre cavalerie légère, de manière qu'elle soit à la pointe du jour au camp de Kœnigstein, et vous aurez ainsi dans la main une avant-garde de 10 à 12,000 hommes placés sur le plateau. Il serait nécessaire que ce soir vous fissiez chasser toutes les vedettes ennemies pour qu'elles ne puissent pas voir les rampes ni ce qui se fait.

Demain au jour, aussitôt que le brouillard sera dissipé, cette avant-garde s'emparera de tout le plateau de Pirna. Votre division de Neustadt, qui est la plus près, arrivera la première et se formera sur le plateau de Kœnigstein. Votre seconde division arrivera immédiatement après, et vous ferez les dispositions suivantes : vous dirigerez le général Berthezène avec la 42ᵉ division et la brigade Teste, et vingt-quatre pièces de canon.

---

[1] La 42ᵉ division était commandée, non par Berthezène, mais par Mouton-Duvernet.

sur Pirna, dont il s'emparera en restant sur les hauteurs; vous, avec vos deux divisions, aussitôt que vous serez assuré que l'ennemi n'est pas en mesure de disputer le camp ni la ville de Pirna aux dix-huit bataillons du général Berthezène, vous vous porterez, en prenant une position militaire, sur Langen-Hennersdorf. Il sera convenable de faire monter le plus tôt possible une batterie de 12, afin de l'envoyer au général Berthezène, s'il en a besoin, pour contre-battre les pièces que l'ennemi pourrait établir sur le Kohlberg.

L'équipage de pont sera arrivé à midi vis-à-vis Pirna, avec les huit bataillons de la division Teste auxquels j'adresse des ordres directement. En une heure ou deux, nous jetterons le pont, et je ferai occuper les hauteurs de Pirna par les divisions de la jeune Garde. Aussitôt, le général Teste, avec les huit bataillons qu'il aura amenés avec lui et les six bataillons qu'il trouvera avec le général Berthezène, réunira sa division, viendra vous joindre par un mouvement à gauche, de sorte que vous aurez dans la main vos trois divisions avant quatre ou cinq heures de l'après-midi. Le camp de Pirna sera donc alors occupé, la droite à Pirna par 40,000 hommes d'infanterie de la Garde, et 8 à 10,000 hommes de cavalerie, la gauche par votre corps d'armée. Si alors les renseignements que l'on aura reçus donnent à penser que vous puissiez vous porter sur Bahra et Hellendorf pour vous emparer des défilés et tomber sur les derrières de l'ennemi, vous le ferez, et je vous ferai soutenir par la jeune Garde.

Je donne ordre au général Corbineau de partir à cinq heures du matin, avec sa division de cavalerie légère, pour venir vous rejoindre. Il a 4,000 hommes et une batterie d'artillerie; il sera utile pour occuper tout le plateau.

Vous aurez soin de vous informer auprès des ingénieurs saxons de tous les débouchés du camp de Pirna qu'il faut garder par des postes. Ces postes seront successivement relevés par la jeune Garde, lorsqu'elle débouchera à Pirna. Il sera nécessaire que vos sapeurs, avec leurs pioches, soient à la tête des colonnes pour élargir le chemin et abattre les bois dans les défilés depuis Bahra jusqu'à Hellendorf. Demain au soir, le reste de l'armée arrive et débouche un corps par Kœnigstein et l'autre par Pirna. Veillez à ce que les bagages, les fourgons d'équipages militaires et toutes les voitures quelconques restent sous la protection des redoutes de Hohnstein, où vous laisserez la brigade du général prince de Reuss qui arrivera demain de bonne heure à Hohnstein. La 42ᵉ division a, je crois, six bataillons entre Dresde et Kœnigstein. J'ai ordonné au général Lefebvre-Desnoëttes de les faire relever par la jeune Garde : je suppose qu'il l'a fait, et qu'ainsi ce soir toute la division Berthezène sera réunie au camp.

Je vous envoie mon officier d'ordonnance Atthalin, qui connaît les routes. Je vous envoie avec lui un ingénieur géographe qui a levé la carte et connaît également le pays. Prenez aussi dans la citadelle des ingénieurs saxons qui connaissent parfaitement le pays, et prenez des forestiers pour vous conduire.

NAPOLÉON.

D'après l'original. Archives de l'Empire.

20470. — AU PRINCE DE NEUCHÂTEL ET DE WAGRAM,
MAJOR GÉNÉRAL DE LA GRANDE ARMÉE, À STOLPEN.

Stolpen, 26 août 1813, une heure du matin.

Mon Cousin, écrivez au général Lefebvre-Desnoëttes de réunir ses deux batteries d'artillerie légère qui pourront servir, si l'ennemi attaque Dresde, pour tirer de la rive droite sur la rive gauche.

D'après l'original non signé. Dépôt de la guerre.

20471. — AU PRINCE DE NEUCHÂTEL ET DE WAGRAM,
MAJOR GÉNÉRAL DE LA GRANDE ARMÉE, À STOLPEN.

Stolpen, 26 août 1813, une heure du matin.

Mon Cousin, donnez ordre aux batteries de réserve d'artillerie du général Dulauloy de filer sur Dresde.

Demandez à Latour-Maubourg s'il a des nouvelles du général Chastel, qui devrait avoir dépassé Gœrlitz. Qu'il envoie un officier à sa rencontre pour avoir des nouvelles positives du lieu où il se trouve.

NAPOLÉON.

D'après l'original. Dépôt de la guerre.

20472. — AU GÉNÉRAL COMTE VANDAMME,
COMMANDANT LE 1ᵉʳ CORPS DE LA GRANDE ARMÉE, À KOENIGSTEIN.

Stolpen, 26 août 1813, une heure du matin.

Je vous ai fait connaître hier mes intentions. Toute l'armée ennemie, hier à la nuit, s'est présentée sur Dresde, et le maréchal Saint-Cyr craignait d'être attaqué aujourd'hui; je m'y porte. Mais cela est une probabilité de plus pour penser que les forces qui sont contre vous sont bien peu considérables. Débouchez donc le plus tôt possible, et emparez-vous du plateau. Maître de l'extrémité de ce plateau, vous le serez de la ville de Pirna, et alors vous y ferez jeter le pont. Enfin, si les circonstances sont favorables, débouchez pour vous porter sur Hellendorf. Cette opération portera la terreur chez l'ennemi, et peut être d'un grand résultat. Laissez deux bataillons d'infanterie et une brigade de cavalerie pour garder les redoutes de Hohnstein et de Lilienstein. La cavalerie battra les débouchés de Neustadt pour mettre le pays à l'abri de toute incursion.

Il est convenable, pour faire une diversion sur Dresde, que vous débouchiez le plus tôt possible, et j'ai l'espoir que, dans la journée, vous vous trouverez sur les derrières de l'ennemi, et que vous aurez écrasé la division qu'on a placée là pour vous observer.

D'après la minute. Archives de l'Empire.

20473. — AU PRINCE DE NEUCHÂTEL ET DE WAGRAM,
MAJOR GÉNÉRAL DE LA GRANDE ARMÉE, À STOLPEN.

Stolpen, 26 août 1813, une heure du matin.

Mon Cousin, envoyez un officier au général Teste, qui se trouve sur la route entre Stolpen et Dresde, à peu près à mi-chemin, pour lui donner ordre de partir aujourd'hui à quatre heures du matin pour retourner à Dresde et y prendre position comme réserve, sans entrer dans la Neustadt, et sur la rive droite, à moins d'un ordre contraire. Il n'aurait pas dû partir hier sans prendre les ordres du maréchal Saint-Cyr.

Donnez ordre au général Lefebvre-Desnoëttes de rester dans la position où il se trouve; deux bataillons qui ont été placés sur la rive droite, vis-à-vis Pirna et Pillnitz, surveillent avec 1,000 chevaux le passage du fleuve; il doit diriger les huit autres bataillons sur Dresde avec leur artillerie. Il les fera partir à quatre heures du matin, de manière qu'ils arrivent à sept heures. Ils serviront de réserve et réoccuperont leur ancien camp.

Donnez ordre à la vieille Garde de partir à quatre heures pour se rendre à Dresde. Donnez le même ordre au général Latour-Maubourg et au général Walther. De sorte qu'il y aura à Dresde, avant midi, huit bataillons de la jeune Garde, de la division Delaborde, huit de la 23e division, dix de la vieille Garde, total vingt-six bataillons, tout le corps de Latour-Maubourg, toute la cavalerie de la vieille Garde, et enfin, avant le soir, toute la jeune Garde.

Le général Vandamme sera prévenu que, l'ennemi s'étant rapproché hier soir de Dresde et ayant l'air de menacer d'une attaque pour aujourd'hui, quelque peu probable que cela soit, l'Empereur a jugé convenable de s'y porter. Sa Majesté ordonne que, conformément à ses instructions d'hier, le général Vandamme prenne le commandement, 1° de la 1re et de la 2e division; 2° de la brigade de la 23e division qui est au camp de Kœnigstein (l'autre brigade sous les ordres du général Teste reçoit directement de moi l'ordre de se rendre à Dresde); 3° de toute la 42e division; 4° de la brigade du prince de Reuss composée de six bataillons du 2e corps. Le général Vandamme aura donc sous ses ordres cinquante-deux bataillons d'infanterie, plus sa cavalerie légère et la division Corbineau, qui est forte de 4,000 chevaux. Avec ces troupes, le général Vandamme doit s'emparer de tout le plateau du camp de Pirna, occuper Pirna et couper la route de l'ennemi, aujourd'hui ou ou au plus tard demain, sur Hellendorf et Berggiesshübel, dans le temps que l'armée qui déboucherait par Dresde pousserait vivement l'ennemi. L'équipage de pont sera aux ordres du général Vandamme. Il sera à une heure après midi au village de Mühldorf ou à Lhomen, et, aussitôt que le général Vandamme sera maître de Pirna, il pourra faire jeter le pont.

Prévenez le général Vandamme que le général Lefebvre-Desnoëttes, avec la colonne de cavalerie légère de la Garde, garnira tous les postes depuis Pirna jusqu'à Dresde.

<small>D'après l'original non signé. Dépôt de la guerre.</small>

20474. — AU GÉNÉRAL BARON HAXO,
COMMANDANT LE GÉNIE DE LA GARDE IMPÉRIALE.

<small>Stolpen, 26 août 1813.</small>

Rendez-vous à Kœnigstein, pour assister de vos conseils le général Vandamme.

Je laisse sous les ordres de ce général les 1re, 2e divisions, la brigade de la 23e division qui est au camp de Kœnigstein, une brigade que commande le prince de Reuss, composée de six bataillons du 2e corps, la 42e division et la division de cavalerie du général Corbineau; cela fait cinquante-deux bataillons avec 4 à 5,000 hommes de cavalerie. Quant à Desnoëttes, je le laisse à Dresde. Je désire que le général Vandamme s'empare le plus tôt possible du plateau, se rende maître de la ville de Pirna et prenne position sur ledit plateau; et, si l'ennemi n'était pas en mesure, qu'il pénètre sur Hellendorf.

Il sera nécessaire qu'il laisse deux bataillons d'infanterie et une brigade de cavalerie pour garder tous ses derrières, le débouché de Neustadt et les redoutes de Hohnstein et de Lilienstein.

Je me rends de ma personne sur Dresde et j'aurai avec moi toute ma Garde. Le corps du duc de Bellune et celui du duc de Raguse, qui seront ce soir à Stolpen, me serviront, selon les circonstances, à renforcer l'attaque de Pirna, ou je les ferai venir sur Dresde. Écrivez-moi quatre ou cinq fois dans la journée. Il y a des postes de la colonne du général Lefebvre-Desnoëttes qui pourront porter les dépêches.

Le général Vandamme, aussitôt qu'il fera jour et qu'il verra ce qu'il a devant lui, ne saurait manquer son mouvement sur le plateau.

<small>D'après la minute. Archives de l'Empire.</small>

20475. — AU PRINCE DE NEUCHÂTEL ET DE WAGRAM,

MAJOR GÉNÉRAL DE LA GRANDE ARMÉE, À STOLPEN.

Stolpen, 26 août 1813, sept heures du matin.

Mon Cousin, expédiez une estafette au duc de Tarente pour lui faire connaître que nous arrivons à Dresde; que l'ennemi est devant la ville; qu'aujourd'hui une partie de l'armée débouche par Kœnigstein pour gagner le camp de Pirna et les débouchés de Hellendorf et couper la ligne d'opération de l'ennemi; qu'il est donc probable que sous peu de jours il y aura des événements d'une haute importance.

P. S. Il paraît qu'il y a un corps de landwehr russe et prussien entre Lübben, Cottbus, etc. Il est nécessaire que vous envoyiez une bonne colonne pour empêcher ces gens de nous inquiéter. Comme nous avons beaucoup à faire ici, il faut lui donner pour latitude de se porter à Hoyerswerda, Luckau et Cottbus.

D'après l'original non signé. Dépôt de la guerre.

20476. — AU MARÉCHAL KELLERMANN, DUC DE VALMY,

COMMANDANT SUPÉRIEUR DES 5°, 25° ET 26° DIVISIONS MILITAIRES, À MAYENCE.

Dresde, 27 août 1813, six heures du matin.

Mon Cousin, faites connaître par le télégraphe à l'Impératrice que j'ai remporté hier 26 une grande victoire à Dresde sur les armées autrichienne, russe et prussienne, commandées par l'empereur d'Autriche, l'empereur de Russie et le roi de Prusse. On amène beaucoup de prisonniers, des drapeaux et des canons.

NAPOLÉON.

D'après l'original comm. par M. le duc de Valmy.

20477. — AU PRINCE DE NEUCHÂTEL ET DE WAGRAM,

MAJOR GÉNÉRAL DE LA GRANDE ARMÉE, À DRESDE.

Dresde, 27 août 1813.

Mon Cousin, envoyez à la rencontre de la division Chastel, pour qu'elle passe les ponts cette nuit. Faites-moi connaître si ce général a avec lui son artillerie légère. Vous lui donnerez ordre de se porter au quartier général, redoute n° 4. Quand il passera de sa personne, il viendra me trouver; on l'introduira chez moi, quand même je serais couché, pour qu'il me rende compte de la situation de sa division.

NAPOLÉON.

D'après l'original. Dépôt de la guerre.

20478. — AU PRINCE DE NEUCHÂTEL ET DE WAGRAM,
MAJOR GÉNÉRAL DE LA GRANDE ARMÉE, À DRESDE.

Dresde, 27 août 1813.

Mon Cousin, je vous envoie copie du rapport d'un partisan ennemi. Ce partisan a 1,000 hommes de cavalerie russe et 1,000 de cavalerie autrichienne; il n'a ni infanterie ni canons.

Envoyez un courrier à Leipzig pour communiquer ces renseignements au général Margaron. Qu'il n'en prenne pas l'alarme; qu'il n'évacue pas Leipzig à l'approche de cette colonne, qui, n'étant que de 2,000 hommes, ne doit lui inspirer aucune crainte; qu'il marche à elle. Je suppose qu'il a en ce moment 2,000 hommes de cavalerie, 10 pièces de canon, et, si les Badois sont arrivés, il aura plus de 4,000 hommes d'infanterie.

D'après l'original non signé. Dépôt de la guerre.

20479. — AU PRINCE DE NEUCHÂTEL ET DE WAGRAM,
MAJOR GÉNÉRAL DE LA GRANDE ARMÉE, À DRESDE.

Dresde, 27 août 1813, sept heures du soir.

Mon Cousin, écrivez au roi de Naples de prendre sous ses ordres le duc de Bellune. Faites-lui connaître que j'ai mis la division Teste sous les ordres du duc de Bellune; que l'ennemi n'est point en retraite, et qu'il ne regarde l'affaire d'hier que comme une attaque manquée, et qu'il est douteux s'il se mettra en retraite cette nuit. S'il tient, mon intention est de le tourner par sa gauche, et le roi de Naples, avec les trente-huit bataillons du duc de Bellune, est chargé de cette opération. Le Roi aura le général Latour-Maubourg, qui a trente-six pièces d'artillerie et deux divisions de cuirassiers, et les trente-huit bataillons du duc de Bellune et de la division Teste. Qu'il s'assure que le général Teste s'est fait rejoindre par ses trois batteries; dans le cas contraire, qu'il les fasse venir cette nuit; c'est très-important. Faites connaître au Roi qu'à cinq heures du matin, je serai à la redoute n° 4, sur la route de Plauen. Vous me ferez bien connaître quelle est ce soir la position du Roi, du duc de Bellune et du général Teste.

Mandez au prince de la Moskova de placer son quartier général dans une des maisons en avant de la redoute n° 4; qu'il se fasse joindre par la division Barrois et l'artillerie de cette division. Dites-lui que tout porte à penser qu'il y aura demain une grande bataille, et que l'armée ennemie est nombreuse.

Donnez ordre au duc de Raguse de réunir, dans la nuit, toutes ses divisions et toute son artillerie, et de s'appuyer au prince de la Moskova et au maréchal Saint-Cyr, et de s'attendre à une grande bataille pour demain.

Recommandez au roi de Naples de tenir libre la route de Nossen.

NAPOLÉON.

D'après l'original. Dépôt de la guerre.

20480. — AU PRINCE DE NEUCHÂTEL ET DE WAGRAM,
MAJOR GÉNÉRAL DE LA GRANDE ARMÉE, À DRESDE.

Dresde, 27 août 1813, sept heures du soir.

Mon Cousin, envoyez reconnaître positivement la situation du maréchal Saint-Cyr. Témoignez-lui mon mécontentement de ce que je n'ai pas eu de ses nouvelles pendant toute la matinée; il aurait dû m'envoyer un officier toutes les heures, pour me rendre compte de ce qui se passait. Faites-moi connaître les villages qu'il occupe, et écrivez-lui de tenir tout son corps réuni. Qu'il vous fasse connaître l'état de ses divisions et de son artillerie. J'ai vu avec peine qu'une partie de son infanterie était derrière les palanques.

Envoyez également reconnaître la situation positive du duc de Trévise et de la cavalerie de la Garde.

Il convient que vous écriviez à tous les commandants des corps que l'ennemi n'est point en retraite, et que demain, à la pointe du jour, on prendra les armes. Chaque commandant de corps fera connaître positivement l'emplacement de son corps. Faites-leur connaître que je serai à mon quartier général, à la redoute n° 4, près du moulin, sur la route de Plauen.

NAPOLÉON.

D'après l'original. Dépôt de la guerre.

20481. — AU PRINCE DE NEUCHÂTEL ET DE WAGRAM,
MAJOR GÉNÉRAL DE LA GRANDE ARMÉE, À DRESDE.

Dresde, 27 août 1813, huit heures du soir.

Mon Cousin, donnez ordre au général Dulauloy de joindre à ses quatre batteries de réserve la batterie de la jeune Garde qui était attachée au service de la place. Aussitôt que la batterie qui est avec le général Dejean rentrera, il l'y réunira également. Ordonnez-lui de faire rentrer une des batteries à cheval de la division Ornano ou de la division Desnoëttes, et une de la division Walther, de sorte que la réserve, qui devra se trouver demain, à cinq heures du matin, à mon quartier général, à la redoute n° 4, sera composée de quatre batteries de 12, trois batteries à cheval et une batterie de division; total, cinquante-huit pièces de canon. La division Walther aura une batterie à cheval, la division Desnoëttes en aura deux, la division Ornano en aura une; total, quatre : ce qui, avec les trois batteries de la réserve, fait sept batteries d'artillerie à cheval. Le général Dulauloy joindra également à sa réserve la batterie westphalienne qui est dans la place, et la fera sur-le-champ réorganiser.

Donnez ordre au général Durosnel de reprendre sur-le-champ sa garnison pour le service de la place. Il mettra dans chaque redoute, sur la rive gauche, cinquante hommes d'infanterie; chacune sera armée de huit pièces au lieu de six; à cet effet, il retirera les pièces nécessaires de la rive droite. Le général Sorbier mettra dans chaque redoute 80 canonniers pour que ces pièces soient bien servies. Le commandant du génie mettra dans chacune 50 hommes, soit sapeurs, soit ouvriers marins. Ainsi il y aura dans chaque redoute 80 canonniers, 50 hommes du génie, 50 hommes d'infanterie et huit canons. Il y aura un commandant pour chaque redoute, et non pas un pour deux, comme cela était. Il sera écrit une lettre à chaque commandant pour lui faire connaître qu'il doit se faire tuer dans la redoute et ne jamais en sortir sous aucun prétexte. Les pièces seront approvisionnées à deux cent cinquante coups, et il y aura dans chaque redoute un dépôt de 10,000 cartouches. Il sera fait une enquête pour savoir pourquoi le commandant de la redoute n° 3 l'a abandonnée, et quel était ce commandant. .

La vieille Garde sera demain, à la pointe du jour, à la même position qu'elle était aujourd'hui, et placée de la même manière. Les grenadiers à cheval, étant destinés à ma garde personnelle, seront à la redoute n° 4, ainsi que les escadrons de service et la division Ornano. Le général Nansouty restera dans la plaine pour appuyer le duc de Trévise avec la division Desnoëttes, les chasseurs et les dragons. Faites connaître au général Nansouty et au duc de Trévise mon mécontentement de ce qu'ils n'ont pas envoyé aujourd'hui leurs rapports d'heure en heure.

Donnez ordre que, pour la journée de demain, chaque commandant de corps ait un quartier général fixe où il laisserait, s'il le quittait, quelqu'un pour recevoir mes ordres et dire où il est. Faites-moi mettre sur un huilé la position de tous les corps d'armée ce soir, ainsi que l'indication exacte de leurs quartiers généraux.

Les grenadiers à cheval auront avec eux une batterie d'artillerie. Le général Desnoëttes retirera tous les hommes et toute l'artillerie qu'il a sur la rive droite.

Donnez ordre au général Corbineau de rappeler la brigade qu'il a à Neustadt; elle se dirigera sur Dresde, de manière à arriver avant neuf heures du matin, et viendra se placer auprès de la redoute n° 4. Le général qui la commande me fera connaître son arrivée. Le général Corbineau fera remplacer cette brigade par 500 chevaux du côté de Neustadt; il placera aussi 200 chevaux pour relever la Garde et surveiller la rive droite, depuis Pillnitz jusque vis-à-vis Pirna.

Témoignez mon mécontentement au directeur de l'administration de l'armée sur la manière dont a été fait le service des ambulances. On n'a pas envoyé de chariots pour relever les blessés, et beaucoup ne le sont pas encore. Tous les agents des hôpitaux auraient dû s'y trouver.

Recommandez-lui de prendre des mesures pour que cela aille mieux demain.

Les boulangers du général Vandamme doivent faire du pain au camp de Kœnigstein. Vous pouvez faire revenir les 200,000 rations de biscuit qui sont à Kœnigstein. On me rendra compte de la quantité de farine qui y existe; la rivière devant être bientôt libre, on pourra, si cela est nécessaire, en faire venir une partie.

Rendez-moi compte des ordres donnés par le général Durosnel à un bataillon du 131ᵉ de se rendre à Meissen, et faites-moi connaître quand il a dû en occuper le château. Cela est important, parce qu'il faut sans délai rétablir nos communications régulières par la rive gauche, par Leipzig et Nossen.

On ne laissera en garnison à Bautzen que 600 hommes; tout le reste aura ordre de rentrer à Dresde.

<small>D'après l'original non signé. Dépôt de la guerre.</small>

20482. — AU PRINCE CAMBACÉRÈS,
<small>ARCHICHANCELIER DE L'EMPIRE, À PARIS.</small>

Dresde, 27 août 1813, au soir.

Mon Cousin, je suis tellement fatigué et tellement occupé que je ne peux pas vous écrire longuement; le duc de Bassano s'en charge. Les affaires vont ici fort bien.

NAPOLÉON.

<small>D'après la copie comm. par M. le duc de Cambacérès.</small>

20483. — AU PRINCE DE NEUCHÂTEL ET DE WAGRAM,
<small>MAJOR GÉNÉRAL DE LA GRANDE ARMÉE, À DRESDE.</small>

Dresde, 28 août 1813.

Mon Cousin, donnez ordre au maréchal Saint-Cyr de marcher sur Dohna. Il se mettra sur la hauteur et suivra sur les hauteurs la retraite de l'ennemi, en passant entre Dohna et la plaine. Le duc de Trévise suivra la grande route. Aussitôt que la jonction sera faite avec le général Vandamme, le maréchal Saint-Cyr continuera sa route pour se porter avec son corps et celui du général Vandamme sur Berggiesshübel. Le duc de Trévise prendra position sur Pirna. Du reste, je m'y rendrai moi-même aussitôt que je saurai que le mouvement est commencé. Il est nécessaire qu'en marchant sur Dohna toutes les colonnes du maréchal Saint-Cyr soient dans la plaine, afin d'être toujours en vue du duc de Trévise.

Écrivez au général Vandamme pour l'instruire du mouvement de la retraite de l'ennemi; 30,000 hommes, quarante pièces de canon et plusieurs généraux ont été pris. Instruisez-le aussi de la marche du maréchal Saint-Cyr et du duc de Trévise sur Dohna et Pirna. Aussitôt que la réunion sera faite, il formera tout son corps sur les hauteurs de Berggiesshübel et de Hellendorf.

Je vais me rendre sur le chemin de Pirna.

D'après l'original non signé. Dépôt de la guerre.

20484. — AU PRINCE DE NEUCHÂTEL ET DE WAGRAM,
MAJOR GÉNÉRAL DE LA GRANDE ARMÉE, À DRESDE.

Dresde, 29 août 1813, cinq heures du matin.

Mon Cousin, donnez ordre au général de brigade Piré de partir à six heures du matin et de passer les ponts de Dresde. Il lui sera attaché un bataillon westphalien, de ceux qui sont à Dresde, et trois pièces de canon. Ce général se rendra aussitôt à Meissen; il y prendra possession de la place et poussera des partis sur la route de Leipzig et dans toutes les directions où il y aurait des partis ennemis; il se mettra en correspondance avec le général Margaron, qui doit être à Leipzig ou entre Leipzig et Torgau. Arrivé à Meissen, le général Piré placera dans le château le bataillon westphalien et les trois pièces de canon.

Donnez ordre au général commandant le génie d'y envoyer un officier pour mettre sur-le-champ le château en état et travailler à une tête de pont, et au général commandant l'artillerie d'y faire sur-le-champ construire un pont de bateaux.

Le général Piré se mettra en communication avec le général Lhéritier, qui est sur la rive droite, et préparera des bateaux pour passer sur la rive droite avec sa brigade, aussitôt qu'il en aura l'ordre. Faites connaître au général Piré qu'il doit aujourd'hui donner deux ou trois fois de ses nouvelles, mon intention étant de rétablir parfaitement la communication entre Dresde et Leipzig, et qu'il ait assez de bateaux pour pouvoir, au premier ordre, se porter sur la rive droite.

Faites-moi connaître combien le général Lhéritier a d'infanterie avec lui.

NAPOLÉON.

D'après l'original. Dépôt de la guerre.

20485. — AU PRINCE DE NEUCHÂTEL ET DE WAGRAM,
MAJOR GÉNÉRAL DE LA GRANDE ARMÉE, À DRESDE.

Dresde, 29 août 1813, six heures et demie du matin.

Mon Cousin, donnez ordre au roi de Naples de se porter sur Frauenstein et de tomber sur les flancs et les derrières de l'ennemi, et de réunir à cet effet sa cavalerie, son infanterie et son artillerie.

Donnez ordre au duc de Raguse de suivre vivement l'ennemi sur Dippoldiswalde et dans toutes les directions qu'il aurait prises.

Donnez ordre au maréchal Saint-Cyr de suivre l'ennemi sur Maxen et sur toutes les directions qu'il aurait prises.

Instruisez ces trois généraux de la position respective des deux autres, afin qu'ils sachent qu'ils se soutiennent.

NAPOLÉON.

D'après l'original. Dépôt de la guerre.

20486. — A JOACHIM NAPOLÉON, ROI DE NAPLES,
À DRESDE.

Dresde, 29 août 1813, sept heures et demie du matin.

Mon Frère, aujourd'hui 29, à six heures du matin, le général Vandamme a attaqué le prince de Wurtemberg, près de Hellendorf; il lui a fait 1,500 prisonniers et pris quatre pièces de canon, et il l'a mené tambour battant; c'étaient tous Russes. Le général Vandamme marchait sur Tœplitz avec tout son corps. Le général prince de Reuss, qui commandait une de nos brigades, a été tué. Je vous écris cela pour votre gouverne. Le général Vandamme écrit que l'épouvante est dans toute l'armée russe.

D'après la minute. Archives de l'Empire.

20487. — AU PRINCE DE NEUCHÂTEL ET DE WAGRAM,
MAJOR GÉNÉRAL DE LA GRANDE ARMÉE, À DRESDE.

Dresde, 29 août 1813.

Mon Cousin, mon intention est qu'on n'évacue pas les prisonniers de guerre sans avoir pris mes ordres, et qu'on me soumette les différents projets d'évacuation. Le premier convoi sera composé de leurs généraux; le second convoi, de leurs officiers; le troisième, de leurs sous-officiers inutiles aux convois de soldats; tout cela sera escorté par de la gendarmerie. Les officiers ne partiront que par convois de 20. On me donnera la note de tous ces convois et de l'escorte qu'on veut leur donner. Vous sentez l'importance qu'il y a à ce que les routes soient sûres. Quant aux soldats prisonniers, ils seront formés par compagnies de 60 à 100 hommes, à la tête desquels on mettra un sous-officier autrichien. Dix de ces compagnies, c'est-à-dire 1,000 hommes au plus, feront un convoi, qui sera escorté par 10 gendarmes, soit d'élite, soit de la ligne, par 20 hommes de cavalerie et 60 hommes d'infanterie. L'escorte sera sous les ordres d'un officier de gendarmerie, soit de la gendarmerie d'élite, soit de la ligne. Indépendamment de ce, les commandants de Leipzig et d'Erfurt fourniront, selon les circonstances, des escortes.

Tout ce qui serait Polonais et voudrait servir sera sur-le-champ enrôlé, habillé avec les uniformes polonais qui sont ici, et incorporé dans des régiments polonais. On pourrait même en envoyer à Magdeburg et à Wittenberg pour le régiment de la Vistule et le 4ᵉ polonais; mais il faut être sûr que ces hommes soient Polonais. On m'assure que dans le nombre des prisonniers qui se trouvent ici il y en a déjà 1,500 dont on pourrait se servir avec avantage.

NAPOLÉON.

D'après l'original. Dépôt de la guerre.

20488. — AU PRINCE DE NEUCHÂTEL ET DE WAGRAM,
MAJOR GÉNÉRAL DE LA GRANDE ARMÉE, À DRESDE.

Dresde, 29 août 1813.

Mon Cousin, prévenez le gouverneur de Torgau, le général Margaron et le général Piré qu'une division de 1,500 hommes de cavalerie autrichienne, russe et prussienne, avec 1,500 hommes d'infanterie, a été coupée de Dresde et est arrivée à Meissen le 27, à deux heures après midi, et qu'elle en est repartie à cinq heures et à sept heures le même soir, se dirigeant sur Torgau. Ces troupes paraissaient inquiètes et incertaines du chemin qu'elles prendraient. Le général Margaron et le gouverneur de Torgau doivent avoir des avis de la marche de cette colonne, et l'on doit tâcher de l'intercepter et de lui faire tout le mal possible.

NAPOLÉON.

D'après l'original. Dépôt de la guerre.

20489. — AU PRINCE DE NEUCHÂTEL ET DE WAGRAM,
MAJOR GÉNÉRAL DE LA GRANDE ARMÉE, À DRESDE.

Dresde, 29 août 1813.

Mon Cousin, donnez ordre au général commandant à Erfurt de faire partir, le 1er septembre, la division composée de 5,500 hommes d'infanterie et de 1,900 hommes de cavalerie, avec vingt-quatre pièces d'artillerie, qui se trouve à Erfurt. Cette division sera organisée, savoir : les 5,500 hommes d'infanterie en bataillons de marche, chacun de 7 à 800 hommes, formant deux brigades, chacune de 2,600 hommes. Chaque brigade sera commandée par un des généraux, colonels ou majors qui se trouvent à Erfurt. Tout ce qui appartient aux 3e, 5e, 4e, 7e et 12e corps sera mis de préférence ensemble; tout ce qui appartient à la Garde, infanterie, cavalerie et artillerie, sera mis ensemble et formera une réserve. La cavalerie sera organisée en trois régiments de marche, chacun de 600 hommes.

Le général d'Alton organisera toute cette division, de manière qu'elle marche en règle et puisse se battre. L'artillerie à cheval sera attachée à la cavalerie, et l'artillerie à pied aux deux brigades d'infanterie.

Cette division se rendra à Leipzig. Elle marchera militairement, bivouaquant ou cantonnant dans la même ville et sans s'éparpiller dans les villages, l'artillerie occupant les hauteurs et en batterie, comme si la division était devant l'ennemi. Cette division arrivée à Leipzig, le général Margaron gardera le bataillon du 96ᵉ et celui du 103ᵉ. Son corps sera alors composé de trois bataillons badois, du 4ᵉ bataillon du 35ᵉ léger, du 1ᵉʳ bataillon du 132ᵉ, du 2ᵉ bataillon du 96ᵉ, du 2ᵉ bataillon du 103ᵉ; total, sept bataillons, ou une bonne brigade de 4,000 hommes. Il devient indispensable d'envoyer à Leipzig un colonel ou un bon major pour commander ces quatre bataillons français.

Le général Margaron joindra à la colonne venant d'Erfurt le bataillon des divisions réunies, et ce qui appartient au 57ᵉ, au 145ᵉ, aux 85ᵉ et 138ᵉ, et en général toute l'infanterie autre que les sept bataillons énumérés ci-dessus, de sorte qu'il n'ait que ces sept bataillons entiers et bien organisés, et que par conséquent il n'ait plus de corps rompus ni de corps provisoires.

Tout ce qui appartient au 14ᵉ, au 6ᵉ et au 1ᵉʳ corps se rendra à Dresde; tout ce qui appartient aux 3ᵉ, 5ᵉ, 4ᵉ, 12ᵉ et 11ᵉ corps se rendra à Torgau, pour renforcer la garnison. Faites-moi connaître combien ce renfort mettra de troupes dans Torgau.

Quant à la cavalerie, tout ce qui appartient à la Garde continuera sa route. Tout ce qui appartient au 5ᵉ corps de cavalerie se rendra à Torgau. Ce qui appartient au 13ᵉ de hussards se rendra à Magdeburg. Tout ce qui appartient au 3ᵉ corps de cavalerie se rendra à Wittenberg. Le général Margaron gardera tout ce qui appartient aux 1ᵉʳ et 2ᵉ corps de cavalerie. Faites-moi connaître quelle sera alors la composition de sa cavalerie.

Le général Margaron renverra également tous les cuirassiers et dragons, tant ceux qui feront partie de la colonne d'Erfurt que ceux qui font aujourd'hui partie de ses deux régiments provisoires. Il ne gardera que des chevau-légers, des chasseurs et des hussards. Il en formera trois régiments, savoir : un de tout ce qui appartient au 2ᵉ corps de cavalerie: un de tout ce qui appartient au 1ᵉʳ corps, et un troisième de tous les détachements appartenant aux brigades qui ne font pas partie des corps de cavalerie. Faites faire ici cette organisation sur le papier. Je désire compléter sa cavalerie au nombre de 3,000 chevaux.

Faites connaître au général Lhéritier ce qui arrivera à Torgau pour le 5ᵉ corps, et au duc de Padoue ce qui arrive à Wittenberg pour le 3ᵉ.

Le général Margaron gardera deux batteries d'artillerie à cheval et la batterie badoise, ce qui lui fera seize pièces de canon. Tout le reste de l'artillerie continuera sa route pour Dresde. Le général Margaron devant avoir 3,000 chevaux, il sera nécessaire de lui envoyer deux généraux de brigade de cavalerie.

Écrivez au commandant d'Erfurt de faire partir les équipages du roi de Naples avec cette division.

NAPOLÉON.

D'après l'original. Dépôt de la guerre.

20490. — AU GÉNÉRAL BARON ROGNIAT,
COMMANDANT LE GÉNIE DE LA GRANDE ARMÉE, À DRESDE.

Dresde, 29 août 1813.

Monsieur le Général Rogniat, je vous ai déjà écrit pour Meissen. Il est de la plus haute importance d'occuper le château, de manière qu'un bataillon y soit à l'abri de toute attaque de la part des troupes légères ennemies. Je donne ordre à l'artillerie d'établir un pont de bateaux qu'on attachera aux arches. Cette opération sera faite demain. Donnez ordre qu'on travaille sur-le-champ à une tête de pont sur la rive droite. Il faut que deux redoutes et de bonnes palissades m'assurent ce point sur la rive droite. Mon intention est aussi que vous y envoyiez les ouvriers de la marine, pour rétablir le pont de pierre. Je désire que cet ouvrage soit terminé d'ici à un mois, et qu'à l'hiver, malgré les glaces, nous soyons toujours assurés de cette grande communication.

Aujourd'hui ou demain, reprenez les travaux de Dresde. J'ai vu avec peine, malgré mes ordres, qu'il n'y ait pas de terre-plein tout le long des redoutes, et qu'il n'y ait point de sacs à terre, de sorte que les canonniers n'étaient pas suffisamment à l'abri. Il faut rémédier à cette négligence. Il faut aussi que chaque redoute ait un emplacement disposé pour quinze pièces de canon. Les blockhaus, cabanes et baraques n'étaient pas à l'abri du canon; il faut y entasser des arbres les uns sur les autres, de manière à avoir plus de trois pieds d'épaisseur; dès lors, le canon de campagne n'y pourra rien. Il faut sur-le-champ établir les trois redoutes intermédiaires. Il faut faire placer les gabions et sacs à terre sur les redoutes, de manière que les canonniers soient couverts le plus possible. Il faut faire achever les fossés du front de Pirna.

A Kœnigstein, ce qu'il y a de plus important, c'est de travailler sur-le-champ à la route qui de Kœnigstein va à Hellendorf et Berggiesshübel. Il paraît aussi qu'il faut travailler à un petit tambour qui couvre le pont sur la rive gauche, et empêche que des tirailleurs ne puissent se glisser de ce côté pour brûler le pont; il faut aussi établir autour de la citadelle deux ou trois tambours en palissades, protégés par le canon de la forteresse et qui éloignent les tirailleurs ennemis. Mais ce que je vois de plus important, c'est de réparer, sur la rive droite, les chemins qui vont à Stolpen et, sur la rive gauche, ceux qui débouchent à Hellendorf et Berggiesshübel. Donnez des ordres pour qu'on y travaille sans délai.

NAPOLÉON.

D'après la copie. Dépôt de la guerre.

20491. — A JOACHIM NAPOLÉON, ROI DE NAPLES,
À FREYBERG.

Dresde, 29 août 1813, quatre heures après midi.

Mon Frère, j'ai reçu vos lettres d'hier et je reçois celle d'aujourd'hui à dix heures du matin. Le major général a dû vous écrire de vous porter sur Frauenstein. Le duc de Raguse marche sur Dippoldiswalde, et le maréchal Saint-Cyr sur Maxen. Le général Vandamme, qui était hier à Hellendorf, doit être entré aujourd'hui en Bohème, du côté de Peterswalde. La brigade du général Piré est à Meissen. Je suppose que les partis ennemis de ce côté se seront sauvés; cependant on pourrait encore en ramasser. Il paraît que 500, qui étaient entre Torgau et Meissen, ont voulu passer sur la rive droite et que le général Lhéritier les a repoussés; ainsi ils sont partout en désarroi.

Cette nouvelle de la mort de Moreau me revient de tous côtés, il faut que ce soit vrai. Aussitôt que vous en aurez la certitude, faites-le-moi savoir.

J'espère que vous ferez encore de bonnes prises aujourd'hui. Toutes les dispositions que vous avez faites me paraissent bonnes.

P. S. Je reçois dans l'instant une lettre du duc de Raguse. Il est arrivé en avant de Dippoldiswalde; il poursuit l'arrière-garde ennemie, dont toute l'armée se retire par Altenberg sur Tœplitz. Hier, dans la journée, une colonne de bagages a passé à la porte de Dippoldiswalde, a pris la route de Frauenstein; mais elle aura pu, à Hermsdorf, reprendre la route d'Altenberg, qui n'est que d'une lieue plus longue que la route directe.

<small>D'après la minute. Archives de l'Empire</small>

20492. — NOTE
SUR LA SITUATION GÉNÉRALE DE MES AFFAIRES.

<small>Dresde, 30 août 1813.</small>

Je suppose l'armée de Silésie ralliée derrière le Bober; il n'y aurait même pas d'inconvénient qu'elle se mît derrière la Queis.

Si je voulais faire venir le prince Poniatowski à l'armée de Berlin, le débouché de Zittau ne serait plus gardé. Il pourrait cependant arriver à Kalau en quatre jours; alors il serait indispensable que l'armée de Silésie s'appuyât sur Gœrlitz et même en avant de Bautzen. Pourvu qu'un corps occupât Hoyerswerda, mon opération de Berlin ne serait pas compromise.

Renonçant à l'expédition de Bohême afin de prendre Berlin et de ravitailler Stettin et Küstrin, le maréchal Saint-Cyr et le général Vandamme prendraient position, la gauche à l'Elbe, le duc de Raguse formerait le centre, le duc de Bellune la droite; le roi de Naples pourrait commander ces quatre corps et s'établir à Dresde avec Latour-Maubourg : ce serait une belle armée. Il serait possible, dans des positions connues, de se couvrir de quelques redoutes. Cette armée serait menaçante, n'aurait aucun danger à courir, et elle pourrait se replier sur Dresde, dans le temps que j'y arriverais de Luckau.

L'armée de Silésie pourrait s'appuyer sur Naumburg, sa gauche à Weissenberg et occuper Bautzen et Hoyerswerda.

Mes deux armées seraient alors sur la défensive, couvrant Dresde sur l'une et l'autre rive, dans le temps que j'opérerais sur Berlin et porterais le théâtre de la guerre sur le bas de l'Oder.

Les Russes ne pourront pas être indifférents à l'existence d'une armée de 60,000 hommes à Stettin ; le blocus de Danzig serait menacé, et probablement une partie de leur armée de Silésie passerait l'Oder pour se mettre en bataille entre Danzig et Stettin. L'armée russe doit avoir perdu beaucoup de monde. Aussitôt sa frontière menacée à Stettin, ce sera un prétexte pour abandonner la Bohême. Et moi, étant dans une position transversale, et ayant tous les Polonais entre Stettin et Küstrin, j'aurais l'initiative de tous les mouvements.

J'ai deux plans d'opération à adopter :

Le premier, d'aller à Prague, profitant de mes succès contre l'Autriche. Mais d'abord je ne suis plus en mesure d'arriver avant l'ennemi à Prague, ville forte ; je ne la prendrais pas ; la Bohême peut s'insurger : je serais dans une position difficile ; 2° l'armée ennemie de Silésie attaquerait mon armée de Silésie : je serais dans une position délicate à Prague ; il est vrai, cette armée pourrait se porter à Dresde et s'y appuyer ; 3° dans cette position de choses, l'armée d'Oudinot ne peut rester que défensive ainsi que celle du prince d'Eckmühl, et, vers le milieu d'octobre, je perdrai 9,000 hommes à Stettin. J'occuperais alors la ligne de l'Elbe, de Prague à la mer ; elle est par trop étendue ; si elle perçait dans un point, elle ouvrirait accès dans la 32° division et pourrait me rappeler dans la partie la plus faible de mes états. Les Russes ne craignent rien pour eux ni pour la Pologne ; ils se renforceraient entre l'Oder et l'Elbe, dans le Mecklenburg et en Bohême.

Ainsi le projet d'aller à Prague a des inconvénients : 1° Je n'ai pas suffisamment de chances pour être sûr d'avoir la ville de Prague. 2° Que je me trouve alors avec mes principales forces dans un tout autre système, et me trouvant, moi, de ma personne, à l'extrémité de ma ligne, je ne pourrais me porter sur les points menacés; des sottises seraient faites; ce qui porterait la guerre entre l'Elbe et le Rhin, ce qui est le désir de l'ennemi. Le troisième inconvénient : je perdrais mes places de l'Oder, et ne serais pas en acheminement sur Danzig.

En marchant au contraire sur Berlin, j'ai aussitôt un grand résultat : je protége ma ligne de Hambourg à Dresde; je suis au centre; en cinq jours, je puis être aux points extrêmes de ma ligne; je dégage Stettin et Küstrin ; je puis obtenir ce prompt résultat de séparer les Russes des Autrichiens; dans la saison, je ne puis être embarrassé de vivre à Berlin : les pommes de terre, les grandes ressources de cette ville, les canaux, etc. me nourriront, et je maintiens la guerre où elle a été jusqu'à cette heure. La guerre d'Autriche n'a pour moi que l'inconvénient d'un sacrifice de 120,000 hommes mis sur la défensive entre Dresde et Hof, défensive utile à mes troupes qui se forment. Je puis me prévaloir auprès de l'Autriche de cette condescendance à ne pas porter la guerre en Bohême. L'Autriche ne pouvant se porter nulle part, ayant 120,000 hommes sur ses frontières, je menace d'aller à Prague sans y aller. Les Prussiens ne se soucieront pas de rester en Bohême, leur capitale prise, et les Russes eux-mêmes seront inquiets pour la Pologne, en voyant les Polonais réunis sur l'Oder. Il faudrait alors qu'il arrivât une de ces deux choses. Les Russes, les Prussiens de Bohême forceront l'Autriche à reprendre l'offensive, à revenir à Dresde; ce ne peut être que dans quinze jours. Alors j'ai pris Berlin, ravitaillé Stettin, détruit les travaux des Prussiens et désorganisé la landwehr. Alors, si l'Autriche recommence ses sottises, je me trouverai à Dresde avec une armée réunie; de grands événements, une grande bataille termineraient la campagne et la guerre.

Enfin, dans ma position, tout plan où de ma personne je ne suis pas au centre est inadmissible. Tout plan qui m'éloigne établit une guerre réglée, où la supériorité des ennemis en cavalerie, en nombre et même en généraux, me conduirait à une perte totale.

En effet, pour bien comparer les deux projets, il faut placer mes armées en bataille dans les deux projets.

1° *Projet de Prague.* — Il faut m'y porter de ma personne, y mettre le 2e, le 6e, le 14e et le 1er corps, la cavalerie Latour-Maubourg; il faudrait le prince d'Eckmühl devant Hambourg, les trois corps d'Oudinot sur Wittenberg et Magdeburg, l'armée de Silésie sous Bautzen. Dans cette situation, je suis sur la défensive : l'offensive est à l'ennemi; je ne menace rien; il serait absurde de dire que je menace Vienne; l'ennemi peut masquer l'armée de Silésie, faire déboucher des corps par Zittau, m'attaquer à Prague, ou bien, masquant l'armée de Silésie, il détachera sur le bas Elbe, ira sur le Weser, tandis que je serai à Prague; il ne me restera qu'à gagner le Rhin en toute hâte. Le général qui commandera à Bautzen ne conviendra pas que l'ennemi s'est affaibli devant lui, et mon armée sur Hambourg et Magdeburg sera tout à fait hors de ma main.

2° *Hypothèse.* — Maintenant le 1er corps, le 14e, le 2e, le 6e et Latour-Maubourg resteront tranquilles autour de Dresde, sans craindre les Cosaques; le corps d'Augereau s'approchera sur Bamberg et Hof, l'armée de Silésie sur la Queis, ou le Bober et Bautzen : point d'inquiétude encore pour mes communications; mes deux armées de Hambourg et de Reggio seront sur Berlin et Stettin.

<small>D'après la minute. Archives de l'Empire.</small>

Demain 31, au soir, j'aurai à Grossenhayn :
Infanterie, 18,000 hommes;
Cavalerie, 7,000;
Artillerie, cent cinquante pièces de canon.
Au total, la valeur d'une armée de 30,000 hommes.

Selon la note de Caraman, les trois corps auraient 45,000 hommes d'infanterie, 9,000 hommes de cavalerie; soit 54,000 hommes, avec près de deux cents pièces de canon.

Ce serait donc 63,000 hommes d'infanterie et 16,000 de cavalerie avec trois cent cinquante pièces; ce serait une armée de plus de 80,000 hommes.

Il faudrait préparer les lettres d'ordres chiffrées pour les généraux : prince d'Eckmühl, duc de Reggio, Lapoype, Lemarois. Cependant ces lettres ne partiraient que lorsque je serai bien décidé.

Si je portais mon quartier général à Luckau, je serais à deux journées de Torgau, à trois de Dresde, à quatre de Gœrlitz. Je serais donc dans une position centrale à portée de prendre mon parti, soit pour lancer tout ce que je voudrais sur Berlin, soit pour y aller de ma personne. Il faudrait, en m'éloignant de Luckau, être assuré de la situation de mes derrières. En faisant venir 3,000 chevaux du roi de Naples, j'aurais 10,000 chevaux pour maintenir mes communications entre Berlin, Dresde et Torgau.

Il faudrait donc écrire les lettres suivantes.

Suivent des projets de lettres au duc de Reggio, au prince d'Eckmühl, au général Lemarois, au général Lapoype et au commandant de Torgau, pour leur donner avis du mouvement sur Berlin et leur faire connaître les ordres qui les concernent.

D'après la minute. Archives de l'Empire.

20493. — AU PRINCE DE NEUCHÂTEL ET DE WAGRAM,
MAJOR GÉNÉRAL DE LA GRANDE ARMÉE, À DRESDE.

Dresde, 30 août 1813.

Mon Cousin, écrivez au duc de Raguse, au roi de Naples, au duc de Bellune et au maréchal Saint-Cyr, que le point difficile pour l'ennemi est Zinnwald, et l'opinion de tous les gens du pays est que son artillerie et ses bagages ne pourront y passer qu'avec une peine extrême; que c'est donc sur ce point qu'il faut se réunir et attaquer; que l'ennemi, tourné par le général Vandamme, qui marche sur Tœplitz, se trouvera très-embarrassé et sera probablement obligé de laisser la plus grande partie de son matériel.

NAPOLÉON.

D'après l'original. Dépôt de la guerre.

20494. — AU PRINCE DE NEUCHÂTEL ET DE WAGRAM,
MAJOR GÉNÉRAL DE LA GRANDE ARMÉE, À DRESDE.

Dresde, 30 août 1813.

Mon Cousin, écrivez au duc de Trévise de soutenir avec les divisions Lefebvre-Desnoëttes, Roguet et Decous, le général Vandamme, s'il en a besoin. Envoyez un officier auprès du général Vandamme pour savoir ce qui s'y passe, et que cet officier revienne sur-le-champ.

NAPOLÉON.

D'après l'original. Dépôt de la guerre.

20495. — A FRÉDÉRIC, ROI DE WURTEMBERG,
À STUTTGART.

Dresde, 30 août 1813.

Monsieur mon Frère, j'ai renvoyé hier à Votre Majesté son aide de camp, qui l'aura instruite des événements qui se sont passés ici le 26 et le 27. La grande armée des alliés, commandée par l'empereur Alexandre, ayant sous ses ordres le prince de Schwarzenberg et les généraux Barclay de Tolly, Wittgenstein et Kleist, a été entièrement défaite: je lui ai pris plus de 30,000 hommes, quarante à cinquante pièces de canon, 1,000 caissons de munitions ou voitures de bagages, et trente drapeaux ou étendards. Les baillis saxons ont déjà envoyé la note de plus de 12,000 blessés que l'ennemi a abandonnés dans les villages. Le prince de Wurtemberg, qui commandait un corps russe de 15,000 hommes à Hellendorf, au débouché de Peterswalde, a été battu par le général Vandamme, qui lui a pris 2,000 hommes et six pièces de canon. Cette affaire a eu lieu hier 29.

Le général Vandamme se porte sur Tœplitz, et pendant ce temps quatre corps d'armée suivent l'ennemi, qui était hier à Altenberg. Je crois qu'il aura beaucoup de difficultés à passer Zinnwald, où le chemin est très-mauvais, et qu'il sera obligé d'abandonner la plus grande partie de ses bagages. On ne peut s'imaginer le mauvais état de l'armée autrichienne : elle n'est en campagne que depuis quelques jours, et la moitié de ses soldats sont presque nus et sans souliers. Les trois quarts ne sont que des recrues levées depuis six semaines.

J'ai reçu la lettre de Votre Majesté du 24. Elle prend le bon parti en armant autant qu'elle peut.

Vous aurez vu, par la proclamation du prince de Schwarzenberg qui vous sera parvenue, que les prétentions de l'Autriche sont de faire rentrer la France dans ses anciennes limites; ce qui veut dire aussi de détruire ses alliés. C'est un beau rêve qu'on a fait faire à l'empereur François. Je lui suis si attaché, que je le plains de s'être bercé de pareilles chimères.

J'ai été fort content de la ville de Dresde et de tous les Saxons dans les villages; aussi l'ennemi ne les ménage-t-il point. Je pense que dans les circonstances actuelles il n'y aurait pas de plus sotte économie que de ne pas s'armer de pied en cap pour défendre son pays, puisque quelques partis ennemis qui y pénétreraient y feraient bien plus de mal que cet armement n'aurait pu coûter.

Je suppose que Votre Majesté aura envoyé à la rencontre des convois de prisonniers, afin d'en retirer les hommes nés dans les anciennes possessions du Wurtemberg qui pourraient s'y trouver; mais je pense qu'il serait imprudent d'enrôler ceux qui seraient nés dans vos nouvelles possessions; ils seraient trop portés à la désertion.

Napoléon.

D'après la copie comm. par le Gouvernement de S. M. le roi de Wurtemberg.

20496. — A JOACHIM NAPOLÉON, ROI DE NAPLES,
À SAYDA.

Dresde, 1er septembre 1813.

J'ai reçu vos différentes lettres. Le duc de Tarente est aujourd'hui sur Gœrlitz. S'il continue son mouvement rétrograde, il sera nécessaire que je marche pour rétablir les affaires; je ne dois pas le laisser dépasser Bautzen. Or il ne serait pas impossible qu'il fût à Bautzen le 3. Il faut donc que les cuirassiers du général Latour-Maubourg viennent à Freyberg, de manière à être le 2 au soir à Dresde, prêts à passer l'Elbe le 3 au matin.

Le malheur arrivé au 1ᵉʳ corps est un malheur auquel on ne pouvait pas s'attendre. Le général Vandamme, qui paraît s'être tué, n'avait pas laissé une sentinelle sur les montagnes, ni une réserve nulle part; il s'était engouffré dans un fond, sans s'éclairer en aucune façon. Cependant il m'arrive beaucoup de monde de son corps; presque tous les généraux sont arrivés, et il est aussi arrivé déjà 15,000 hommes, de sorte que je pense que ma perte ne sera que de 4 ou 5,000 hommes.

D'après la minute. Archives de l'Empire.

20497. — AU PRINCE DE NEUCHÂTEL ET DE WAGRAM,
MAJOR GÉNÉRAL DE LA GRANDE ARMÉE, À DRESDE.

Dresde, 1ᵉʳ septembre 1813.

Mon Cousin, donnez ordre à la division Teste de quitter sa position actuelle et le 2ᵉ corps, et de se rendre à Dresde afin de recompléter le 1ᵉʳ corps.

Donnez ordre au duc de Trévise de se rendre demain à Dresde, où, aussitôt son arrivée, il passera les ponts avec ses deux divisions. Il remettra la garde de Pirna et du camp de Kœnigstein à la 42ᵉ division, qui doit être arrivée aujourd'hui à Pirna et qui est forte de près de 5,000 hommes. Le duc de Trévise fera partir, avant de quitter Pirna, tout ce qui appartient au 1ᵉʳ corps pour Dresde, et tout ce qui appartient à la brigade de Reuss pour Freyberg.

Donnez l'ordre au général Lefebvre-Desnoëttes de passer demain par Dresde avec sa division.

NAPOLÉON.

D'après l'original. Dépôt de la guerre.

20498. — AU PRINCE DE NEUCHÂTEL ET DE WAGRAM,
MAJOR GÉNÉRAL DE LA GRANDE ARMÉE, À DRESDE.

Dresde, 1ᵉʳ septembre 1813.

Mon Cousin, écrivez au duc de Tarente que le prince Poniatowski, étant à Zittau, appuie bien son flanc droit. Dites-lui que je n'ai aucune idée de son armée, puisque je ne connais point l'état de ses pertes en matériel et en personnel, ni enfin sa situation actuelle; mais que, s'il est en état de tenir à Gœrlitz, ce sera une chose fort avantageuse pour la facilité d'y vivre; que les environs de Bautzen sont tout à fait ruinés, et que nous serions bien resserrés entre Bautzen et l'Elbe.

Dites-lui que dans les derniers événements la perte de l'ennemi, Autrichiens, Russes et Prussiens, peut s'élever de 70 à 80,000 hommes; l'armée ennemie était de 200,000 hommes; nous avons fait 30,000 prisonniers, sans compter les blessés, dont sont encombrés les villages; que nous avons pris plus de 1,000 voitures de bagages et caissons, et soixante à quatre-vingts pièces de canon; que je me tiens à Dresde, en mesure de le soutenir avec une bonne réserve, si l'ennemi s'avance trop sur lui; qu'il faut qu'il m'envoie les officiers des trois corps que j'ai demandés, afin de bien connaître l'état des choses.

Écrivez dans le même sens au prince Poniatowski. Ce prince gardera les hauteurs des montagnes aussi longtemps que l'ennemi ne viendra point avec trop de forces et que le duc de Tarente tiendra à Gœrlitz.

Napoléon.

D'après l'original. Dépôt de la guerre.

20499. — AU PRINCE DE NEUCHÂTEL ET DE WAGRAM,
MAJOR GÉNÉRAL DE LA GRANDE ARMÉE, À DRESDE.

Dresde, 1er septembre 1813.

Mon Cousin, vous ferez connaître au roi de Naples, au duc de Bellune, au duc de Raguse et au maréchal Saint-Cyr que mon intention n'est pas de pénétrer en Bohême; que cette opération n'est pas encore dans la ligne de ma position militaire; que mon intention est que le maréchal Saint-Cyr et le duc de Bellune soient en première ligne, pour observer les frontières, l'un ayant son quartier général à Pirna, l'autre l'ayant à Freyberg; et que le duc de Raguse, le duc de Trévise et le corps du général Latour-Maubourg soient groupés autour de Dresde, pour former une réserve et se porter partout où les circonstances l'exigeraient.

En conséquence des dispositions générales ci-dessus, donnez ordre au maréchal Saint-Cyr de prendre la position qui lui est indiquée, la gauche à l'Elbe, couvrant les deux routes de Peterswalde et de Dohna et observant le défilé d'Altenberg; au roi de Naples de veiller à faire prendre par le duc de Bellune la position de la droite du maréchal Saint-Cyr, en portant son quartier général à Freyberg, et en échelonnant son corps de manière à pouvoir se porter sur Dresde ou sur des colonnes ennemies qui déboucheraient par Marienberg, Sayda, ou tout autre point de cette ligne; qu'il faudra laisser au duc de Bellune une brigade de cavalerie légère; au duc de Raguse de se porter sur Dippodiswalde et de laisser des colonnes en arrière pour masquer son mouvement, qu'il devra concerter avec le maréchal Saint-Cyr et avec le duc de Bellune.

Donnez ordre au roi de Naples de continuer cependant à envoyer des colonnes pour purger les vallées, et mandez au roi de Naples, au duc de Raguse et au maréchal Saint-Cyr de faire connaître quand ils occuperont la position définitive qui leur est assignée, parce que d'un moment à l'autre je puis avoir besoin de ma réserve.

NAPOLÉON.

D'après l'original. Dépôt de la guerre.

20500. — AU MARÉCHAL MARMONT, DUC DE RAGUSE,

COMMANDANT LE 6ᵉ CORPS DE LA GRANDE ARMÉE, À WINDISCH CARSDORF.

Dresde, 2 septembre 1813, trois heures du matin.

J'ai reçu votre lettre.

J'envoie mon aide de camp, le général Flahault, pour connaître ce qui se passe de votre côté. Votre correspondance est un peu trop laconique.

Faites attaquer aujourd'hui l'avant-garde ennemie, et sachez quels sont définitivement les projets de l'ennemi et ce que vous avez devant vous. Si l'ennemi a moins de 30,000 hommes devant vous, culbutez-le au delà des montagnes. J'attends l'issue de cette journée pour faire des opérations de l'autre côté, et tout cela est très-urgent.

D'après la minute. Archives de l'Empire.

20501. — AU PRINCE DE NEUCHÂTEL ET DE WAGRAM,
MAJOR GÉNÉRAL DE LA GRANDE ARMÉE, À DRESDE.

Dresde, 2 septembre 1813.

Mon Cousin, écrivez au roi de Naples et au duc de Bellune pour leur faire connaître la position qu'occupe le duc de Raguse et l'ordre qui lui a été donné d'attaquer l'ennemi. Dites-leur de vous faire connaître ce qui se passe de leur côté, et s'il est vrai que l'ennemi ait fait quelque mouvement en avant.

NAPOLÉON.

D'après l'original. Dépôt de la guerre.

20502. — AU PRINCE DE NEUCHÂTEL ET DE WAGRAM,
MAJOR GÉNÉRAL DE LA GRANDE ARMÉE, À DRESDE.

Dresde, 2 septembre 1813.

Mon Cousin, écrivez au prince de la Moskova :

« Nous venons de recevoir des nouvelles du duc de Reggio, qui a jugé convenable de venir se mettre à deux marches au-dessus de Wittenberg. Le résultat de ce mouvement intempestif est que le corps du général Tauentzien et un fort parti de Cosaques se sont portés du côté de Luckau et Bautzen et inquiètent les communications du duc de Tarente. Il est vraiment difficile d'avoir moins de tête que le duc de Reggio. Tout ici se met en mouvement pour se porter sur Hoyerswerda, où l'Empereur aura son quartier général le 4. Il est nécessaire que, le 4, vous vous mettiez en marche pour être le 6 à Baruth. L'Empereur aura, le 6, un corps sur Luckau pour faire la jonction sur Luckau.

« De Baruth vous ne serez qu'à trois jours de marche de Berlin. La communication avec l'Empereur se trouvera alors établie, et l'attaque de Berlin pourrait avoir lieu du 9 au 10. Toute cette nuée de Cosaques et ce tas de mauvaise infanterie de la landwehr se replieront de tous côtés sur Berlin, quand votre marche sera décidée. Vous comprenez bien la nécessité de manœuvrer rapidement pour profiter du désarroi de la grande armée de Bohême, qui fera des mouvements lorsqu'elle s'apercevra de ceux de l'Empereur. Le duc de Reggio n'a jamais abordé l'ennemi, et il a eu l'art de faire donner un de ses corps séparément. S'il l'eût abordé franchement, il l'aurait partout culbuté.

« Faites-nous connaître d'une manière positive la marche que vous tiendrez.

« Il doit y avoir à Wittenberg 120,000 rations de pain biscuité que l'Empereur avait fait préparer exprès; prenez-les. Donnez des ordres en conséquence au général Lapoype.

« L'Empereur espère apprendre votre arrivée avant son départ, puisqu'il ne compte partir de sa personne pour Hoyerswerda que le 4, dans la matinée. »

Répondez au duc de Reggio que j'apprends avec un extrême mécontentement qu'avec les trois corps dont il n'a fait aucun usage il se soit retiré sous le canon de Wittenberg; qu'il a rendu inutile cette portion de nos forces et compromis en même temps les corps qui étaient sur la Neisse; que déjà, m'apercevant de l'incertitude de ses mouvements, j'ai envoyé le prince de la Moskova prendre le commandement de son armée.

NAPOLÉON.

D'après l'original. Dépôt de la guerre.

20503. — AU PRINCE DE NEUCHÂTEL ET DE WAGRAM,
MAJOR GÉNÉRAL DE LA GRANDE ARMÉE, À DRESDE.

Dresde, 2 septembre 1813.

Mon Cousin, envoyez un officier au duc de Reggio pour vous plaindre de ce que je n'ai pas ses états de situation et de ce qu'il ne fait pas connaître ce qu'il fait, et que pendant ce temps l'ennemi se tourne contre le prince d'Eckmühl. Dites-lui que je désire qu'il fasse un rapport en règle et qu'il parle franchement de sa situation.

Il doit envoyer tous les jours un officier.

NAPOLÉON.

D'après l'original. Dépôt de la guerre.

20504. — AU PRINCE DE NEUCHÂTEL ET DE WAGRAM,
MAJOR GÉNÉRAL DE LA GRANDE ARMÉE, À DRESDE.

Dresde, 2 septembre 1813.

Mon Cousin, donnez ordre aux deux divisions de la jeune Garde commandées par les généraux Curial et Barrois de passer aujourd'hui les ponts et d'aller aussi loin qu'elles le pourront sur la route d'Hoyerswerda, par la petite ville de Kœnigsbrück. Donnez le même ordre à la division du général Nansouty. Donnez-le également à l'équipage de pont de 60 voitures qui est sur la rive droite, ainsi qu'à la réserve d'artillerie de la Garde. Il n'est pas nécessaire que cela arrive ce soir à Kœnigsbrück, il faut seulement que tout marche dans cette direction et continue demain sa route sur Hoyerswerda. Des aides de camp viendront ce soir vous faire connaître où sont les divisions d'infanterie et de cavalerie, le parc et les pontons, pour passer la nuit, afin que, s'il y avait des ordres à donner, on puisse leur épargner des marches inutiles.

J'ai déjà ordonné que le général Ornano quittât le duc de Raguse pour se rendre à Dresde. Faites-moi connaître où il se trouve, et réitérez-lui l'ordre de se rendre le plus promptement possible à Dresde.

Préparez des ordres pour que le duc de Trévise parte demain de Pirna avec ses deux divisions d'infanterie et la division de cavalerie du général Lefebvre-Desnoëttes pour se diriger sur Stolpen et de là sur Hoyerswerda. Si le pont n'était pas fait demain à quatre heures du matin, et que le duc de Trévise ne pût passer à Pirna, il faudrait qu'il vînt passer à Dresde.

Préparez des ordres pour que la vieille Garde parte demain à trois heures du matin pour suivre la même direction.

Préparez également des ordres pour que le petit quartier général et un de mes services légers partent demain, à neuf heures du matin, pour se rendre en deux jours à Hoyerswerda.

Vous me présenterez, ce soir, à signer ces différents ordres.

NAPOLÉON.

D'après l'original. Dépôt de la guerre.

20505. — AU PRINCE DE NEUCHÂTEL ET DE WAGRAM,
MAJOR GÉNÉRAL DE LA GRANDE ARMÉE, À DRESDE.

Dresde, 2 septembre 1813.

Mon Cousin, donnez ordre que la cavalerie du 5ᵉ corps, qui est à Pirna ou au camp de Lilienstein, en parte demain avec le duc de Trévise. Saint-Cyr ne gardera que la cavalerie de la division Pajol.

Écrivez au duc de Trévise de ne laisser personne de la Garde, la 42ᵉ division devant faire le service de Pirna et du camp de Lilienstein.

NAPOLÉON.

D'après l'original. Dépôt de la guerre.

20506. — AU PRINCE DE NEUCHÂTEL ET DE WAGRAM,
MAJOR GÉNÉRAL DE LA GRANDE ARMÉE, À DRESDE.

Dresde, 3 septembre 1813.

Mon Cousin, donnez ordre à la vieille Garde de partir pour se rendre ce soir à Kœnigsbrück.

Donnez le même ordre au petit quartier général.

NAPOLÉON.

D'après l'original. Dépôt de la guerre.

20507. — AU PRINCE DE NEUCHÂTEL ET DE WAGRAM,
MAJOR GÉNÉRAL DE LA GRANDE ARMÉE, À DRESDE.

Dresde, 3 septembre 1813.

Mon Cousin, écrivez au comte de Lobau de donner ordre au duc de Trévise de se diriger de Stolpen sur Bischofswerda, afin d'arriver demain de bonne heure à Bautzen.

Donnez ordre à la division de la Garde, tant infanterie que cavalerie et artillerie, qui est partie hier et a dû s'arrêter à la petite ville de Kœnigsbrück, de se diriger sur Bautzen, de manière à y arriver de bonne heure.

Donnez ordre au quartier général et aux équipages de se rendre ce soir à Bischofswerda.

Donnez ordre à la vieille Garde de se porter sur la route de Bautzen, de manière à y arriver demain de bonne heure.

Donnez ordre au général Ornano, qui passe aujourd'hui, de se rendre sur la route de Bautzen, de manière à y arriver demain.

Donnez ordre au général Latour-Maubourg de prendre directement la route de Bautzen, de manière à y arriver demain de bonne heure.

NAPOLÉON.

D'après l'original. Dépôt de la guerre.

20508. — AU PRINCE DE NEUCHÂTEL ET DE WAGRAM,
MAJOR GÉNÉRAL DE LA GRANDE ARMÉE, À DRESDE.

Dresde, 3 septembre 1813.

Mon Cousin, envoyez un officier d'état-major au prince de la Moskova pour lui faire connaître que je serai demain matin à Bautzen, où le duc de Tarente est arrivé avec l'armée; que l'ennemi suit vivement et paraît fort encouragé; que je l'attaquerai dans la journée et tâcherai de le pousser sur Reichenbach, et qu'après la bataille je me mettrai en marche en grande hâte sur Berlin; qu'il doit écrire en chiffre au prince d'Eckmühl pour lui en faire part. Votre officier ira jusqu'à Wittenberg, par la rive gauche, et reviendra le plus promptement possible.

NAPOLÉON.

P. S. Recommandez par la même occasion au général Lapoype de vous écrire tous les jours.

D'après l'original. Dépôt de la guerre.

20509. — AU PRINCE DE NEUCHÂTEL ET DE WAGRAM,
MAJOR GÉNÉRAL DE LA GRANDE ARMÉE, À DRESDE.

Dresde, 3 septembre 1813.

Mon Cousin, écrivez au duc de Raguse que, s'il n'y voit pas d'inconvénient, il serait convenable qu'il s'approchât aujourd'hui de Dresde, afin de passer les ponts pendant la nuit; que nous aurons une bataille à Bautzen demain au soir, ou au plus tard le 5 au matin : que le corps du duc de Tarente est tout à fait en désarroi.

NAPOLÉON.

D'après l'original. Dépôt de la guerre.

20510. — AU PRINCE DE NEUCHÂTEL ET DE WAGRAM,
MAJOR GÉNÉRAL DE LA GRANDE ARMÉE, À DRESDE.

Dresde, 3 septembre 1813.

Mon Cousin, écrivez au maréchal Saint-Cyr qu'il faut qu'il ait ce soir son quartier général à Pirna. Vous lui ferez connaître que l'armée ennemie de Silésie est entrée hier à Gœrlitz et s'approche de Bautzen, où le duc de Tarente sera aujourd'hui. L'armée du duc de Tarente est un peu décontenancée. J'y serai demain à la pointe du jour, et je compte attaquer demain à midi, ou après-demain au plus tard, l'armée ennemie et la mettre en déroute, de manière à faire le contre-coup de la retraite de Dresde.

Je ne sais point ce que fera la grande armée ennemie en Bohême. Je laisse les dispositions suivantes : le maréchal Saint-Cyr sera à Pirna, le duc de Bellune à Freyberg; le comte de Lobau, que j'ai nommé commandant du 1er corps, sera au camp de la jeune Garde auprès de Dresde; tout cela fait encore 50 à 60,000 hommes. L'ennemi ne peut pas se présenter devant Dresde pour l'attaquer avant quatre jours : d'ici là, les trois redoutes intermédiaires seront construites et armées, ce qui donnera un degré de force bien plus considérable au camp retranché. Le maréchal Saint-Cyr établira une correspondance très-rapide avec le comte de Lobau et le duc de Bellune, et il m'écrira deux fois par jour à mon quartier général à Bautzen. Il fera construire des redoutes sur les hauteurs pour assurer son camp, et il fera sur-le-champ travailler à améliorer la route de Kœnigstein à Hellendorf : cet ouvrage peut être fait dans quatre jours.

L'ennemi peut manœuvrer sur Dresde par la rive gauche et la rive droite; s'il manœuvre par la rive gauche, ce sera la répétition de ce qui a eu lieu. Je pense que dans ce cas le maréchal Saint-Cyr, le duc de

Bellune et le comte de Lobau doivent se réunir sur les hauteurs de Dresde, et, aussitôt qu'ils se seront assurés que les forces de l'ennemi sont tellement considérables qu'ils ne peuvent tenir les dehors, se replier dans le camp retranché. Le maréchal Saint-Cyr en gardera la gauche, et le duc de Bellune la droite, en laissant en réserve les deux tiers de ces corps, comme j'avais placé la jeune Garde. Le comte de Lobau serait dans Dresde de manière à déboucher quand les redoutes seraient sur le point d'être prises, afin de battre l'ennemi. Comme je pourrais toujours, en deux ou trois jours, être à Dresde, ce serait tout à fait la répétition de ce qui a eu lieu, hormis que je serais plus près.

Si l'ennemi manœuvre sur la rive droite, il peut manœuvrer de deux manières : 1° par la chaussée de Zittau; alors il se réunirait à l'armée de Silésie par derrière, et dans ce cas cela n'aurait aucune influence sur Dresde; 2° par Neustadt, pour venir se porter sur Weissig, entre Dresde et Lilienstein, et intercepter la route de Dresde à Bautzen. Dans ce cas, le maréchal Saint-Cyr devrait garnir avec la plus grande partie de son corps le camp de Lilienstein et les redoutes de Hobnstein, et le comte de Lobau, ainsi que le duc de Bellune, viendrait occuper les hauteurs de Weissig, où il y a de très-belles positions; ce qui me donnerait le temps de me joindre à eux, et, après avoir battu l'armée ennemie de Silésie, de rebattre la grande armée de Bohême.

Vous ferez faire cinq copies de cette instruction, savoir : l'une pour le maréchal Saint-Cyr, l'une pour le duc de Bellune, l'une pour le comte de Lobau, l'une pour le comte Durosnel, et la cinquième pour le duc de Bassano, parce que cela est utile à cause de son activité et de l'intérêt qu'il a à me prévenir de tout.

Aussitôt qu'on apercevra que l'ennemi manœuvre sur la rive droite et peut inquiéter la route de Bautzen, la route de l'armée ne passera plus par Stolpen et Bischofswerda, mais par Kœnigsbrück. Prévenez le général Lhéritier que le quartier général sera demain à Bautzen, qu'il envoie tous les jours ses rapports à Dresde, et qu'en cas d'événement il sera sous les ordres du comte de Lobau.

Faites connaître au maréchal Saint-Cyr qu'il y a à Pirna un pont qui y a été jeté pour le passage du duc de Trévise, et que j'ai ordonné que ce pont fût relevé et les pontons placés sur des haquets, afin que, sur quelque point de la rivière que ce soit, il puisse jeter un pont pour établir la communication, selon les circonstances.

NAPOLÉON.

D'après l'original. Dépôt de la guerre.

20511. — AU PRINCE DE NEUCHÂTEL ET DE WAGRAM,
MAJOR GÉNÉRAL DE LA GRANDE ARMÉE, À DRESDE.

Dresde, 3 septembre 1813.

Mon Cousin, envoyez plusieurs colonnes de gendarmerie avec des officiers d'état-major, pour ramasser les fuyards des 3e, 11e et 5e corps, et les réunir à Bautzen.

Prenez des mesures pour que les blessés n'entrent à Dresde que de nuit et par le pont de bateaux qui est placé en aval; qu'aucun ne passe sur les autres ponts.

NAPOLÉON.

P. S. Il faudrait voir le comte Daru pour presser les évacuations. Il y a ici des bateaux; je ne conçois pas comment on ne s'en servirait pas pour accélérer ces évacuations. S'il n'y avait pas de place pour les blessés à Dresde, il faudrait diriger les voitures sur Meissen, sans passer par Dresde. Voyez le comte Daru, pour qu'une route soit tracée et que les ordres soient donnés en conséquence. Dresde étant le centre de nos opérations, il est convenable de le désencombrer.

D'après l'original. Dépôt de la guerre.

20512. — AU PRINCE DE NEUCHÂTEL ET DE WAGRAM,
MAJOR GÉNÉRAL DE LA GRANDE ARMÉE, À DRESDE.

Dresde, 3 septembre 1813.

Mon Cousin, écrivez au prince Poniatowski pour lui faire connaître que je serai demain de bonne heure à Bautzen; que j'y donnerai probablement bataille à l'ennemi; qu'il se tienne prêt à agir pour tourner la gauche de l'ennemi; qu'il m'envoie quelqu'un de confiance qui connaisse bien la position où il se trouve, et que cet officier soit arrivé à Bautzen à la pointe du jour.

<small>D'après l'original non signé. Dépôt de la guerre.</small>

20513. — ORDRE POUR LES FORTIFICATIONS DE DRESDE.

<small>Dresde, 3 septembre 1813.</small>

ARTICLE PREMIER. Les bois qui entourent les redoutes du camp retranché de la rive droite seront coupés sans délai à 100 toises des redoutes; on en formera des abatis à tous les petits chemins qui aboutissent au camp. Le 1er corps fournira le nombre d'hommes nécessaire pour faire promptement ces abatis.

ART. 2. On commencera dans la journée de demain la construction d'un bon blockhaus à la redoute n° 3 comme la plus faible, vu sa proximité des montagnes. Ce blockhaus sera pour 40 à 50 hommes. Les bois du côté de l'ennemi auront 18 pouces d'épaisseur. Le blockhaus sera construit de manière que l'artillerie de campagne ne le puisse démolir, et que, le feu de la redoute venant à s'éteindre, 30 ou 40 hommes renfermés dans le blockhaus empêchent l'ennemi de prendre possession de l'ouvrage. Le blockhaus sera environné d'une petite palissade qui en défendra les approches.

ART. 3. Il sera établi, avec de grandes démonstrations, trois ou quatre fougasses sous cette redoute, et il y sera employé une compagnie de mineurs, de manière à faire courir le bruit que les environs de cette redoute sont minés et que les paysans des villages voisins en soient instruits.

ART. 4. Il sera placé dans chaque redoute une perche, avec le numéro de la redoute, pour que cela soit bien connu de la garnison.

ART. 5. On concentrera tous les ouvriers pour terminer les trois redoutes qui flanquent les cinq existantes, afin que ces redoutes soient en état d'être armées dans six jours.

ART. 6. Il sera tracé à la redoute n° 3 un avant-fossé palissadé, de sorte que l'ennemi ait deux fossés à franchir. Les deux fossés seront flanqués par une place d'armes, de droite et de gauche, et appuyés d'une traverse où l'on puisse établir pour chacun une pièce de canon et quelques tirailleurs.

Art. 7. Avant quatre jours l'artillerie placera ses gabions et sacs à terre sur toutes les redoutes, de manière que l'artillerie et les canonniers soient le plus possible à l'abri.

Art. 8. Le hangar qui domine les fortifications de la rive droite sera démoli de manière à en conserver les bois.

Art. 9. Le major général désignera pour chaque redoute un officier qui y commandera. Cet officier restera dans la redoute, y couchera et ne pourra la quitter sous quelque prétexte que ce soit.

Art. 10. En cas d'attaque, le commandant d'artillerie aura en réserve une compagnie d'artillerie; il y joindra les pontonniers et les ouvriers de la marine; ces hommes seront placés dans les faubourgs et se tiendront prêts à se rendre dans les redoutes pour y remplacer les canonniers morts.

Art. 11. Il sera construit un magasin à poudre dans chaque redoute, et il est expressément défendu qu'il y ait des caissons dans les redoutes.

Art. 12. Le major général est chargé de donner tous les ordres pour l'exécution des présentes dispositions.

Napoléon.

D'après l'original. Dépôt de la guerre.

20514. — ORDRE POUR LA PLACE DE MEISSEN.

Dresde, 3 septembre 1813.

Article premier. Il y aura à Meissen un officier général ou supérieur, au moins du grade de major, pour commander le château de Meissen et la tête de pont.

Art. 2. Il y aura, à la tête de pont, un commandant particulier du grade de capitaine ou de chef de bataillon.

Art. 3. Il y aura à Meissen huit pièces de canon, quatre pour le château et quatre pour la tête de pont.

Art. 4. Les ouvriers de marine qui travaillent au rétablissement du pont, en cas d'attaque, serviront les batteries.

Art. 5. Jusqu'au rétablissement du pont, il y aura un pont de bateaux.

Art. 6. Il y aura en garnison à Meissen un bataillon français et un bataillon westphalien, faisant au moins 1,000 hommes.

Art. 7. Ces 1,000 hommes auront au moins trois pièces de canon attelées, indépendamment de l'artillerie de la place.

Art. 8. Il y aura toujours 300 hommes de service à la tête de pont, partie Français et partie Westphaliens.

Art. 9. Le château sera approvisionné pour 1,000 hommes pendant un mois.

L'artillerie aura 300 coups à tirer par pièce.

Il y aura un dépôt de 100,000 cartouches dans le château.

Art. 10. Le major général donnera tous les ordres au directeur général de l'administration de l'armée, aux commandants du génie et de l'artillerie de l'armée, et au gouverneur de Dresde, pour que les présentes dispositions soient entièrement exécutées dans la journée du 6, de sorte qu'à cette époque le château soit en état de défense et que l'artillerie et la garnison aient leurs approvisionnements existants; enfin pour que les travaux de la tête de pont sur la rive droite soient commencés. La garnison fournira les travailleurs.

NAPOLÉON.

D'après l'original. Dépôt de la guerre.

20515. — AU GÉNÉRAL CAULAINCOURT, DUC DE VICENCE,
GRAND ÉCUYER DE L'EMPEREUR, À DRESDE.

Dresde, 3 septembre 1813.

Je partirai à six heures pour porter mon quartier général près de Bischofswerda, au lieu où sera le duc de Trévise. Mon quartier général sera au milieu du carré de ses deux divisions.

Envoyez un autre service à Bautzen, afin que si, après avoir soupé au quartier général, je voulais aller jusqu'à cette ville, je pusse, en y arrivant à minuit, y trouver mon logement préparé.

D'après la minute. Archives de l'Empire.

20516. — AU MARÉCHAL MACDONALD, DUC DE TARENTE,
COMMANDANT LE 11ᵉ CORPS DE LA GRANDE ARMÉE, À BAUTZEN.

Dresde, 3 septembre 1813.

Cinquante-cinq caissons, dont vingt-quatre de cartouches, sont partis hier de Dresde; ils arrivent donc aujourd'hui à Bautzen; envoyez à leur rencontre. Un convoi de 4,000 fusils partira avant six heures du soir: *idem* un convoi de 6,000 paires de souliers. Il partira également dans la nuit un convoi de 35,000 cartouches. J'envoie le général Pernety pour qu'il voie sur-le-champ la situation de l'artillerie et ce qui manque.

Comme le débouché de Bautzen est très-difficile, faites bien reconnaître les routes et faites-les jalonner, pour qu'on puisse y passer sans passer dans la ville. Faites jeter un pont de chevalets et raccommoder les rampes vers l'endroit où doit passer le 6ᵉ corps lors de la bataille, et faites reconnaître les ponts qui existeraient sur les différents points de la Sprée, parce qu'il est convenable de déboucher rapidement et que la Sprée ne forme pas un défilé.

Je serai, s'il est nécessaire, à la pointe du jour à Bautzen pour faire ma reconnaissance du matin. J'espère qu'à midi toute ma Garde sera arrivée par les deux routes. Désignez la position que la colonne qui viendra par Kamenz doit occuper pour ne pas être vue par l'ennemi, si toutefois l'ennemi est aussi près de Bautzen, et reconnaissez le point où elle doit déboucher pour ne pas faire d'embarras, car mon intention n'est pas d'attendre le duc de Raguse, qui n'y sera que demain au soir; et, aussitôt que ma Garde sera arrivée, ainsi que la cavalerie du général Latour-Maubourg, je marcherai à l'ennemi. Je suppose que cela pourra être de deux à trois heures après midi. Si j'étais obligé de remettre au lendemain, il est alors très-important que toutes les troupes qui arrivent soient masquées. Établissez la plus grande surveillance pour que personne.

aucun paysan, ne passe, et qu'il n'y ait aucune communication, afin qu'on ignore ce qu'on a de troupes.

Quant à votre armée, ayez-la toute dans la main, quelque position que vous ayez, et qu'elle soit réunie. Je ferai mes dispositions sur le champ de bataille. Je désire pouvoir, en une demi-heure, passer sur le front de toute l'armée.

Si les mouvements de l'ennemi vous faisaient craindre quelque chose pour Hoyerswerda, prévenez-en le général Normann. Il est cependant important d'occuper ce poste comme surveillance. Écrivez au général Normann, sans dire que j'arrive, pour qu'il vous envoie un officier qui fasse connaître la position des choses autour de lui, ce soir, à la nuit.

D'après la minute. Archives de l'Empire.

20517. — AU MARÉCHAL MACDONALD, DUC DE TARENTE,
COMMANDANT LE 11° CORPS DE LA GRANDE ARMÉE, À BAUTZEN.

Dresde, 3 septembre 1813.

Le duc de Trévise, avec deux divisions de la jeune Garde et la division de cavalerie du général Lefebvre-Desnoëttes, est parti ce matin de Pirna; il passera par Stolpen et approchera ce soir de Bischofswerda. La vieille Garde est partie ce matin, et approchera de Bischofswerda. Mon quartier général sera ce soir près de Bischofswerda. Le général Curial, avec deux divisions de la jeune Garde, et le général Nansouty, avec la cavalerie de la vieille Garde, ont dû arriver ce matin de bonne heure à Kœnigsbrück, et feront une demi-marche sur la route de Bautzen, de manière à y être demain de bonne heure.

Je partirai ce soir d'ici, pour être demain de très-bon matin à Bautzen. Si les circonstances sont pressantes, écrivez directement aux troupes sur la route de Kœnigsbrück et la grande route de Dresde pour hâter leur marche. Si l'ennemi vous suit vivement, mon intention est de l'attaquer sur-le-champ, c'est-à-dire demain ou après-demain au plus tard, et de tâcher de l'entamer. Comme, avec la cavalerie du général Sebastiani, celle du général Latour-Maubourg et celle de la Garde, j'aurai plus de

20,000 chevaux, nous pourrons pousser le corps ennemi et l'entamer avant qu'il ait gagné le Bober.

Je donne ordre au général Sorbier d'envoyer 5,000 fusils à Bautzen.

D'après la minute. Archives de l'Empire.

20518. — AU GÉNÉRAL MOUTON, COMTE DE LOBAU,
COMMANDANT LE 1ᵉʳ CORPS DE LA GRANDE ARMÉE, À DRESDE.

Dresde, 3 septembre 1813.

Je vous confie le commandement du 1ᵉʳ corps. Il faut que demain, à midi, ce corps soit réorganisé et prêt à donner un coup de main, s'il est nécessaire. Vous avez besoin de fusils; j'ai donné ordre au commandant de l'artillerie d'en tenir 2,000 à votre disposition; faites-les prendre dans la journée ou dans la nuit. Il vous manque des habits; j'ai donné ordre à l'intendant de tenir à votre disposition tout ce dont vous auriez besoin; que cela soit pris aujourd'hui ou cette nuit. Il vous manque de l'artillerie, mais vous avez les chevaux et le personnel, Sorbier a le matériel; que cela soit à votre camp avant demain, à six heures du matin. Vous devez avoir deux batteries à cheval, cinq à pied et une batterie de 12; total, soixante bouches à feu.

Vous avez vingt-huit bataillons; j'ai ordonné que la 42ᵉ division, qui en a quatorze, vous en fournît deux; ce qui vous fera trente, ou trois divisions à dix bataillons chacune. Il peut vous manquer des officiers; prenez dans les régiments où il y en aurait de trop, et nommez à toutes les places vacantes. Envoyez-moi, par un officier, le décret; je le signerai sur-le-champ; cela peut être fait demain avant midi. Vous avez vos sapeurs; j'ai donné des ordres pour que les outils qui vous manquent soient fournis par le général du génie; ayez-les avant six heures du matin. Vous avez deux compagnies d'équipages militaires; tout est sauvé, à l'exception des voitures. Voyez le général Picard pour qu'il vous donne des voitures. S'il n'en a pas, prenez des voitures du pays. Il vous faut quatre ambulances; ayez-les demain, avant six heures.

Que demain, dans la journée, vos troupes aient quatre jours de pain, quatre jours de riz, ou une livre, ce qui fera huit jours de vivres, et quinze jours de viande sur pied. Logez-vous dans une maison ou baraque près du camp, et exigez que tout le monde loge hors des portes, dans les maisons ou baraques des faubourgs, et que personne n'entre en ville sans votre ordre.

Votre cavalerie n'est que de 300 chevaux; réorganisez-la. Le 5e corps de cavalerie, commandé par le général Lhéritier, est à Grossenhayn; il n'est fort que de 2,500 chevaux; le major général lui ordonnera d'être sous vos ordres.

Le général Teste doit arriver cette nuit. C'est, je pense, la division la plus entière.

La copie de l'instruction générale, que le major général vous remettra et qui est envoyée aux maréchaux Saint-Cyr et Bellune, vous fera connaître mes projets. Le général Lhéritier a deux bataillons de la 42e division; vous devez l'appuyer, lui ordonner d'être réuni et d'empêcher les Cosaques de passer Grossenhayn; il doit protéger la route de Torgau autant que possible.

Si l'ennemi débouchait de Bohême par Neustadt, pour se placer entre Bautzen et Dresde, il se placerait sur ma ligne d'opération; c'est alors que le rôle que vous avez à jouer serait le plus important. Vous devez, dans ce cas, occuper les hauteurs de Weissig qui s'appuient à l'Elbe du côté de Pirna. Le maréchal Saint-Cyr ayant un pont, on le ferait jeter vers Pillnitz pour établir une communication directe entre vous. Vous auriez soin que Stolpen eût une garnison suffisante, et le maréchal Saint-Cyr fournirait une garnison à Lilienstein. Par là, toutes les avant-gardes et troupes légères de l'ennemi seraient arrêtées, et, avant que l'ennemi ait pris position et débouché, je serais prévenu et en mesure de faire toutes les dispositions nécessaires. Notre ligne de communication serait alors par Kœnigsbrück.

Si l'ennemi attaquait par la rive gauche, on recommencerait alors ce qui vient de se passer : vous vous trouveriez trois corps, formant environ 60,000 hommes, et la garnison de Dresde, pour défendre le camp retranché, et, comme je serais assez près pour arriver en deux ou trois jours, l'ennemi aurait encore plus à se repentir de cette attaque que de la première, puisque je serais alors libre de toute inquiétude de l'armée alliée de Silésie, que j'espère anéantir, et je pourrais alors me livrer à des opérations plus sérieuses contre lui.

Écrivez-moi tous les jours.

J'ai ordonné qu'une brigade du général Corbineau, qui se trouve à Wilsdruf, passât de ce côté-ci; elle va arriver à votre camp. Vous la placerez de manière à protéger la route de Bautzen et à observer les débouchés de Neustadt jusqu'à ce que je l'appelle.

Organisez votre corps et soyez en mesure. Envoyez un de vos officiers du génie à Weissig pour reconnaître la position. L'aide de camp Bernard, qui a parcouru le terrain, le connaît parfaitement; vous pouvez lui demander des notes. Prenez l'usage d'écrire tous les jours aux maréchaux Saint-Cyr et de Bellune, pour leur donner des nouvelles et en recevoir. Placez de fortes patrouilles sur les routes pour arrêter les maraudeurs, les traînards, et la canaille qui prend l'épouvante sur les derrières de l'armée. Ne laissez passer aucun homme sans fusil, à moins qu'il ne soit blessé.

D'après la minute. Archives de l'Empire.

20519. — AU GÉNÉRAL COMTE SORBIER,
COMMANDANT L'ARTILLERIE DE LA GRANDE ARMÉE, À DRESDE.

Dresde, 3 septembre 1813.

Il faudrait organiser l'armement du camp retranché de Dresde.

Le camp retranché de Dresde consiste en huit redoutes sur la rive gauche; il faudrait à ces huit redoutes dix pièces de canon à chacune, quatre-vingts bouches à feu, parmi lesquelles il faudrait au moins huit obusiers et huit pièces de 12.

Ces quatre-vingts bouches à feu pourraient se diviser en deux : quarante (ou cinq batteries) pour les redoutes, qui resteraient toujours dans les redoutes, et quarante qu'on retiendrait dans la place, en supposant que la rive droite ne serait pas attaquée en même temps que la rive gauche.

Il faut classer les redoutes en deux classes : redoutes à armer de deux pièces, et redoutes de quatre pièces; bien entendu qu'on triplera le nombre en cas d'attaque sur la rive droite et non sur la rive gauche; ou retirerait celles de la rive gauche; c'est dans ce sens qu'il faut me présenter l'armement de Dresde.

Il faut aussi que les hommes de la marine, les sapeurs et les ouvriers du parc soient en réserve pour garder les batteries.

Il faut aussi qu'on charge le commandant d'artillerie du commandement de ces redoutes, et qu'il s'occupe de placer des sacs à terre, des gabions et qu'il fasse faire un magasin; car il ne faut dans les redoutes aucun caisson, rien n'y est plus dangereux; et enfin on fera des traverses où il pourrait être nécessaire pour garantir les canonniers. L'artillerie appartenant aux différents corps d'armée ne doit jamais être placée dans les redoutes, mais doit être mobile pour appuyer les redoutes.

D'après la minute. Archives de l'Empire.

20520. — AU GÉNÉRAL COMTE SORBIER,
COMMANDANT L'ARTILLERIE DE LA GRANDE ARMÉE, À DRESDE.

Dresde, 3 septembre 1813.

La perte du matériel du 1er corps et celle qu'a faite l'armée de Silésie exigent que l'on fasse venir le matériel d'artillerie de réserve que j'avais demandé.

Donnez des ordres pour que les chevaux et les soldats du train appartenant aux 3e, 5e et 11e corps, ainsi qu'au 2e corps de cavalerie, qui ont perdu leurs pièces, se rendent à Dresde, et prenez des mesures pour organiser ce personnel et ce matériel. Il paraît que le 2e corps de cavalerie a perdu toutes ses pièces; il avait vingt-quatre bouches à feu d'artillerie à cheval; il faudra tâcher de lui reformer douze pièces.

Envoyez-moi le plus promptement possible l'état de situation de l'artillerie du 14e corps, tant pour ce qui existe que pour ce qui arrive à Leipzig.

D'après la minute. Archives de l'Empire.

20521. — A M. MARET, DUC DE BASSANO,
MINISTRE DES RELATIONS EXTÉRIEURES, À DRESDE.

Bautzen, 6 septembre 1813, deux heures du matin.

Monsieur le Duc de Bassano, j'arrive à Bautzen. J'ai poursuivi l'ennemi au delà de la Neisse. Nous sommes entrés à six heures à Gœrlitz. Aussitôt que l'ennemi a appris que j'étais à l'armée, il s'est enfui à toutes jambes et dans toutes les directions. Il n'y a pas eu moyen de l'atteindre; à peine a-t-il tiré un ou deux coups de canon. Je me suis sur-le-champ reporté ici, où je me trouve avec le 6e corps et ma Garde.

Donnez un mot de nouvelles à Paris.

NAPOLÉON.

D'après l'original comm. par M. le duc de Bassano.

20522. — AU PRINCE DE NEUCHÂTEL ET DE WAGRAM,
MAJOR GÉNÉRAL DE LA GRANDE ARMÉE, À BAUTZEN.

Bautzen, 6 septembre 1813.

Mon Cousin, envoyez sur-le-champ un courrier à la rencontre du général Latour-Maubourg, pour lui ordonner, au lieu de se diriger sur Hoyerswerda, de venir sur Dresde par le plus court chemin. Qu'il fasse connaître quand il y arrivera.

NAPOLÉON.

D'après l'original. Dépôt de la guerre.

20523. — AU MARÉCHAL MORTIER, DUC DE TRÉVISE,
COMMANDANT LA JEUNE GARDE, À BAUTZEN.

Bautzen, 6 septembre 1813.

Mon Cousin, vos quatre divisions de la jeune Garde doivent se porter sur Dresde. La vieille Garde doit se mettre en tête. Disposez bien l'heure du départ, de manière qu'elles soient le moins fatiguées possible. Je pense que la division Decous pourrait venir aujourd'hui à Bautzen et dépasser la ville, en s'arrêtant entre Bautzen et Bischofswerda; une autre division pourrait venir au château de Hartha; une autre à la poste et une au delà de la poste. Mais ce qui est important, c'est que toutes ces troupes arrivent de bonne heure, afin que, si cela est nécessaire, elles puissent partir avant le jour et être demain de bonne heure à Dresde. Il est donc important que vous mettiez une lieue ou une lieue et demie entre chaque division, afin que, partant toutes à la pointe du jour, elles arrivent toutes avant midi à Dresde. Mettez, je vous prie, beaucoup d'ordre dans cette marche, pour ne fatiguer les troupes que le moins possible. Je comprends bien que de cette manière la division Decous pourra bien ne pas arriver demain à Dresde, mais cela est indifférent.

Je vous prie aussi de me faire connaître, par un officier, le lieu où couchera chaque division et l'heure où elle arrivera, afin que je puisse faire un calcul pour la journée de demain.

Je désire que de votre personne vous m'ayez joint demain, à sept heures du matin, soit que je sois à Dresde ou en deçà de Dresde.

Napoléon.

D'après l'original comm. par M. le duc de Trévise.

20524. — AU MARÉCHAL MARMONT, DUC DE RAGUSE,
COMMANDANT LE 6ᵉ CORPS DE LA GRANDE ARMÉE, À ZINNWALD.

Bautzen, 6 septembre 1813.

Mon Cousin, je pense que vous devez porter aujourd'hui votre quartier général à Kamenz. Envoyez-moi un officier de votre état-major qui me joindra sur Dresde, pour me rendre compte de l'heure à laquelle vous serez arrivé à Kamenz. Le général Normann, étant à Schwednitz, sera à votre portée.

Selon les événements qui se passeront à Dresde, je vous donnerai ordre de vous rendre à Hoyerswerda, ce qui sera une petite journée, ou bien de venir à Dresde par Pulsnitz et Radeberg, ce qui sera une bonne journée. Il sera donc inutile de passer par Kœnigsbrück, ce qui vous ferait un détour de deux lieues. S'il y avait des Cosaques entre, et que vous ne reçussiez pas d'ordres demain, je pense que la prudence veut que vous vous dirigiez de Kamenz sur Dresde, puisque l'opération sur

Dresde serait commandée par l'ennemi, et que celle sur Hoyerswerda serait volontaire.

Ainsi donc vous irez ce soir à Kamenz, d'où vous m'expédierez sur la route de Dresde un officier qui me rendra compte de ce qui sera venu à votre connaissance et de l'heure de l'arrivée de votre corps. Je vous ferai passer des ordres demain ; mais, si vous apprenez qu'il y ait des Cosaques, et que demain, à neuf heures du matin, vous n'ayez pas d'ordres, vous vous dirigerez sur Dresde. Vous laisserez toujours votre cavalerie légère et la colonne du général Normann sur Kamenz et Kœnigsbrück, afin de tenir les Cosaques éloignés des débouchés de la forêt.

NAPOLÉON.

D'après l'original. Dépôt de la guerre.

20525. — AU PRINCE DE NEUCHÂTEL ET DE WAGRAM,
MAJOR GÉNÉRAL DE LA GRANDE ARMÉE, À BAUTZEN.

Bautzen, 6 septembre 1813.

Mon Cousin, donnez ordre au général Marchand qu'il reste à Bautzen, jusqu'à ce qu'il ait des ordres du maréchal Macdonald. Je pense qu'il doit veiller sur le parc de Weissenberg et y envoyer des renforts. Comme je me rends ce soir à Dresde, qu'il m'écrive deux fois par jour et m'instruise de tout ce qui viendra à sa connaissance. Qu'il fasse filer tous les malades et blessés sur Dresde, ainsi que toutes les voitures qui ne seraient pas attelées ; enfin tout ce qui pourrait causer de l'embarras. Bautzen étant un point de manœuvre doit être libre de tout.

Il doit avoir le petit chiffre de l'armée ; il m'écrira en chiffre, vu qu'il est important que les Cosaques ne surprennent aucun renseignement. Il doit avoir aussi le petit chiffre du maréchal Macdonald.

Qu'il fasse faire beaucoup de pain et en fasse filer sur le maréchal Macdonald.

P. S. Il serait bon qu'il eût toujours à Bautzen 100.000 rations de pain biscuité.

D'après la copie. Dépôt de la guerre.

20526. — AU GÉNÉRAL COMTE SORBIER,
COMMANDANT L'ARTILLERIE DE LA GRANDE ARMÉE, À DRESDE.

Dresde, 7 septembre 1813.

Monsieur le Général Sorbier, je reçois votre lettre par laquelle vous me faites connaître que vous avez fourni soixante et dix-sept caissons chargés à l'armée de Silésie, ce qui fait 5 à 6,000 coups de canon de 6, et 480,000 cartouches d'infanterie. Cela ne fait que dix cartouches par homme pour 48,000 hommes; il en faut quatre fois autant. Faites-moi connaître quelle est la quantité de cartouches que vous avez déjà envoyée à Bautzen pour ce corps, et la quantité de munitions de toute espèce que vous avez laissée en dépôt à Bautzen; enfin les mesures à prendre pour pourvoir aux besoins de cette armée. Il devrait y avoir à Kœnigstein et à Torgau 5 à 6 millions de cartouches et 25 à 30,000 coups de canon.

Chargez le général Pernety de prendre le commandement de l'artillerie de l'armée de Silésie et de vous faire connaître le détail de ses pertes et ce qui lui manque en munitions de toute espèce.

Faites venir dix milliers de poudre de Kœnigstein, vingt milliers de Torgau. Établissez des ateliers de cartouches à Kœnigstein, à Dresde et à Torgau, de manière que ces ateliers vous mettent à même de faire 5 à 600,000 cartouches par jour.

D'après la minute. Archives de l'Empire.

20527. — AU PRINCE DE NEUCHÂTEL ET DE WAGRAM,
MAJOR GÉNÉRAL DE LA GRANDE ARMÉE, À DRESDE.

Dresde, 8 septembre 1813, trois heures du matin.

Mon Cousin, donnez ordre au général Piré de se rendre du côté de Bautzen, pour tomber sur les Cosaques qui interceptent les communications autour de cette ville; et, comme il est probable que le mouvement du duc de Raguse sur Hoyerswerda les appellera plus loin, il les suivra, et alors se mettra sous les ordres du duc de Raguse.

Donnez ordre aux 400 hommes du 5ᵉ corps de cavalerie qui sont avec le duc de Trévise, et aux 300 qui sont avec le comte de Lobau, ce qui fait

700 hommes, de former une colonne dont vous donnerez le commandement à un officier supérieur de confiance, s'il ne s'y en trouve pas encore un, et de partir aujourd'hui de Dresde pour Stolpen, afin d'éclairer les routes de Stolpen à Schluckenau, Rumburg et Bautzen.

Mandez au prince Poniatowski qu'il est spécialement destiné à être opposé au corps autrichien qui se réunit à Zittau et à Rumburg; qu'il faut donc qu'il fasse bien éclairer les mouvements de l'ennemi de ce côté, et qu'il prenne position de manière à protéger constamment Bautzen et Neustadt contre ce corps.

Écrivez au duc de Tarente que j'approuve les dispositions qu'il a faites pour se former une administration générale; qu'il a bien fait de ne pas accorder la demande du général Sebastiani, qui n'était pas raisonnable : ce général se serait déshonoré gratuitement : on ne quitte point l'armée en temps de guerre; que le duc de Raguse occupe le terrain de Hoyerswerda et Luckau; que nous sommes ici en présence de l'ennemi, qui couronne les différents débouchés de la Bohême, et qu'il est possible qu'il y ait bientôt ici une affaire.

Écrivez au maréchal Saint-Cyr que nos reconnaissances envoyées hier à Dippoldiswalde n'y ont trouvé personne, non plus qu'à Chemnitz et à Freyberg.

Écrivez au duc de Bellune que j'approuve qu'il envoie des reconnaissances sur Dippoldiswalde, et que ses plaintes contre la cavalerie sont fondées; qu'il faut aussi qu'il envoie des reconnaissances sur Maxen.

Écrivez au duc de Raguse que le prince de la Moskova a dû se porter, le 6, de Jüterbogk sur Dahme, où il est probable qu'il sera le 7 ou le 8 : qu'on parle confusément d'une affaire qui aurait eu lieu, mais qu'on n'en a pas de détails. Dites-lui qu'il s'échelonne de manière à conserver toujours sa communication avec Dresde, et qu'il ne faut pas, sous quelque prétexte que ce soit, qu'il reste un jour sans nous donner de ses nouvelles.

D'après l'original non signé. Dépôt de la guerre.

20528. — AU PRINCE DE NEUCHÂTEL ET DE WAGRAM,
MAJOR GÉNÉRAL DE LA GRANDE ARMÉE, À DOHNA.

Dohna, 9 septembre 1813, au matin.

Mon Cousin, donnez ordre au duc de Bellune de se porter à Dohna; au comte de Lobau de dépasser Dohna avec son corps; au duc de Trévise de réunir son corps à Mügeln, de reployer ses deux dernières divisions sur les premières; au parc de réserve d'arriver jusqu'à Mügeln.

D'après l'original non signé. Dépôt de la guerre.

20529. — NOTE POUR LE MAJOR GÉNÉRAL,
À DOHNA.

Dohna, 9 septembre 1813.

Le major général enverra un officier d'état-major, à Torgau, au prince de la Moskova. Lui écrire que j'ai reçu sa lettre, que je suis à Dohna, occupé contre l'ennemi, que j'ai attaqué et culbuté hier; qu'il rallie les corps d'armée, les concentre autour de Torgau, et me fasse connaître la situation des présents sous les armes et de l'artillerie. Il doit y avoir des munitions à Torgau.

Écrire pareille lettre aux généraux Reynier et Bertrand.

D'après la minute. Dépôt de la guerre.

20530. — ORDRE AU MARÉCHAL MORTIER, DUC DE TRÉVISE,
COMMANDANT LA JEUNE GARDE, À MÜGELN.

Sedlitz, 9 septembre 1813.

M. le maréchal duc de Trévise se portera à Pirna; il occupera la position de Kœnigstein, le village de Zehista, la position du Kohlberg. Il semble à l'Empereur qu'on peut occuper ces positions avec une division. Si l'ennemi menaçait, le maréchal se ferait appuyer par ses autres divisions.

L'Empereur se porte sur Borna, où il arrivera ce soir de bonne heure; il se décidera alors à laisser reposer la Garde ou à la faire venir sur Borna par Zehista.

Le maréchal se mettra en communication avec le commandant de la 42e division, qui est à Kœnigstein.

L'Empereur désire que le duc de Trévise lui fasse connaître ce qui s'est passé hier à Pirna.

Par ordre de l'Empereur,
Le général DROUOT, aide de camp de l'Empereur.

D'après la minute. Archives de l'Empire.

20531. — AU GÉNÉRAL BARON ROGNIAT,
COMMANDANT LE GÉNIE DE LA GRANDE ARMÉE, À SEDLITZ.

Sedlitz, 9 septembre 1813.

Monsieur le Général Rogniat, le poste de Sonnenstein est de la plus haute importance. J'avais supposé, d'après des rapports que l'on m'avait faits, qu'il était impossible de le mettre en peu de temps à l'abri d'un coup de main. Le rapport que vous m'avez fait l'autre jour me donne des idées différentes. Je désire donc que dès demain vous donniez ordre qu'on y travaille avec une grande activité, afin qu'à tout événement ce poste reste dans nos mains.

NAPOLÉON.

D'après la copie. Dépôt de la guerre.

20532. — AU PRINCE DE NEUCHÂTEL ET DE WAGRAM,
MAJOR GÉNÉRAL DE LA GRANDE ARMÉE, À LIEBSTADT.

Liebstadt, 9 septembre 1813.

Mon Cousin, donnez ordre que le 6e corps, que commande le duc de Raguse, à mesure qu'il arrivera, prenne position sur la rive droite de l'Elbe et s'y repose. Rien ne doit passer les ponts jusqu'à nouvel ordre.

NAPOLÉON.

D'après l'original. Dépôt de la guerre.

20533. — AU MARÉCHAL MORTIER, DUC DE TRÉVISE,
COMMANDANT LA JEUNE GARDE, À MÜGELN.

Liebstadt, 9 septembre 1813.

Mon Cousin, je reçois votre lettre. Je ne vous avais pas ordonné d'employer tout votre corps d'armée à Pirna. Je vous avais ordonné seulement de faire venir votre 1re division, de placer un bataillon au Kohlberg et un bataillon à Sonnenstein. C'est parce que d'un moment à l'autre je puis avoir besoin de ma Garde ailleurs que je l'avais laissée à Mügeln se reposer. Faites arrêter la division Decous dans l'endroit où elle recevra vos ordres, et qu'elle reste là. Faire reposer ma Garde, c'est là la grande affaire.

D'après la minute. Archives de l'Empire.

20534. — A M. MARET, DUC DE BASSANO,
MINISTRE DES RELATIONS EXTÉRIEURES, À DRESDE.

Liebstadt, 10 septembre 1813, huit heures du matin.

Monsieur le Duc de Bassano, le duc de Tarente avec l'armée de Silésie doit être aujourd'hui, 10, en avant de Bautzen, sur la rive droite de la Sprée. Le prince Poniatowski doit être entre Neustadt et Bautzen. Le duc de Raguse doit être à Dresde. La brigade du général Piré doit également être à Dresde. Le prince de la Moskova avec ses trois corps doit être à Torgau. Dans cette situation des choses, l'armée se trouvant très-concentrée, je me porte aujourd'hui sur les hautes montagnes qui dominent Tœplitz, pour avoir des nouvelles précises de l'ennemi. Il a battu en retraite toute la nuit. Nous occupons Berggiesshübel et Hellendorf. Encore hier au soir il avait un camp à Altenberg, mais je suppose que dans la nuit ce corps sera rentré en Bohême, sans quoi il serait possible de l'atteindre.

Je suppose que ce mouvement offensif aura obligé l'ennemi à rappeler toutes les colonnes qu'il peut avoir eu l'intention de diriger sur Freyberg et Zwickau. Du reste, la jeune Garde a une division à Dresde et les autres à Pirna; de sorte que je puis arriver à Dresde, s'il le faut, dans la journée de demain, avec toute ma Garde, le corps de cavalerie de Latour-Maubourg et le corps du duc de Raguse. On ne voit pas bien ce que fait l'armée autrichienne jusqu'à cette heure. Il paraîtrait qu'il n'y avait sur Kœnigstein, Pirna et Dohna que les corps russes et prussiens, desquels encore il faudrait ôter les gardes russes, dont nous n'avons pas de nouvelles. Tous les dires sont que le quartier général de l'empereur de Russie est à Tœplitz.

Je suppose que dans la journée je recevrai de vos lettres, qui me feront connaître positivement ce que l'ennemi aurait à Freyberg et à Zwickau. Le duc de Raguse, qui doit avoir sa cavalerie légère et celle de Piré, a ordre d'envoyer de forts partis sur Freyberg et sur Nossen, pour éclairer les routes.

NAPOLÉON.

D'après l'original comm. par M. le duc de Bassano.

20535. — AU PRINCE DE NEUCHÂTEL ET DE WAGRAM,
MAJOR GÉNÉRAL DE LA GRANDE ARMÉE, À LIEBSTADT.

Liebstadt, 10 septembre 1813.

Mon Cousin, faites connaître au duc de Raguse qu'il doit rester à Dresde et avoir l'œil sur tout ce qui passe; que la position de l'armée est aujourd'hui la suivante.

Le prince de la Moskova et ses trois corps, qui ont essuyé un échec dans la journée du 6, se rallient à Torgau; le duc de Tarente vient prendre, avec son armée, position en avant de Bautzen aujourd'hui; le prince Poniatowski garde sa droite. Cette retraite n'était pas nécessaire, elle a été ordonnée par l'Empereur pour concentrer nos forces.

Le général Lhéritier est à Grossenhayn en observation.

Le 6° corps est à Dresde avec la brigade Piré.

Le général Margaron, avec un corps de 8 à 10,000 hommes, cavalerie, infanterie et artillerie, est à Leipzig.

Le maréchal Saint-Cyr, soutenu par les 1er et 2° corps, marche sur les hauteurs de Tœplitz.

Une division de la jeune Garde est à Dresde; le duc de Trévise avec les autres divisions est à Pirna, occupant Berggiesshübel.

Les corps russes et prussiens, et quelques autrichiens qui occupaient Borna, Berggiesshübel et Altenberg, se sont mis successivement en retraite dans la journée d'hier.

Faites connaître que, dans cette situation de choses, il est probable que ce mouvement offensif en Bohême rappellera les corps que l'ennemi avait jetés sur Freyberg et Zwickau, si tant est que l'ennemi ait jeté des corps dans cette direction; que, si l'ennemi n'a jeté que des partis, il est possible qu'il les laisse; mais alors le duc de Raguse peut faire faire de fortes patrouilles sur Freyberg pour les poursuivre.

Mandez aussi que le duc de Raguse doit recevoir la correspondance du général Lhéritier, et le soutenir s'il est nécessaire; qu'il faut aussi qu'il se mette en correspondance avec le prince de la Moskova, le duc de Tarente et le prince Poniatowski; qu'il est possible que l'Empereur soit de retour dans la journée de demain à Dresde; que Sa Majesté peut dans un jour réunir toute sa Garde et le corps du général Latour-Maubourg au corps du duc de Raguse; qu'il est possible aussi que, si l'Empereur trouve quelque mal à faire à l'ennemi, il reste encore éloigné de Dresde quelques jours.

Napoléon.

D'après l'original. Dépôt de la guerre.

20536. — AU PRINCE DE NEUCHÂTEL ET DE WAGRAM,
MAJOR GÉNÉRAL DE LA GRANDE ARMÉE, À LIEBSTADT.

Liebstadt, 10 septembre 1813.

Le major général écrira au duc de Trévise qu'effectivement j'aurais désiré qu'il ne marchât sur Pirna qu'une division, en laissant les deux autres à une lieue en arrière où elles étaient; que j'aurais également désiré qu'il n'occupât Berggiesshübel qu'avec deux bataillons; que tout cela n'avait pour but que d'épargner la Garde; mais, puisque c'est une chose faite, qu'il reste dans sa position jusqu'à nouvel ordre; que nous allons nous approcher de Tœplitz pour voir l'état des choses; que la 42e division, qui vient de Kœnigstein, doit avoir dépassé Berggiesshübel et Hellendorf; qu'il doit communiquer avec elle et la pousser avec la prudence convenable, en avant de lui, sur Peterswalde.

Napoléon.

D'après l'original. Dépôt de la guerre.

20537. — AU PRINCE DE NEUCHÂTEL ET DE WAGRAM,
MAJOR GÉNÉRAL DE LA GRANDE ARMÉE, À LIEBSTADT.

Liebstadt, 10 septembre 1813.

Mon Cousin, il est nécessaire d'écrire au prince de la Moskova qu'il convient qu'il se place sur la rive droite de l'Elbe, autour de Torgau; que c'est le meilleur moyen d'imposer à l'ennemi; qu'il doit tâcher de maintenir les communications avec Torgau par les deux rives; que le général Lhéritier est à Grossenhayn; que l'Empereur a poussé toute la journée d'hier l'ennemi qui s'était avancé sur Dohna et Berggiesshübel; que, si l'ennemi a fait sortir des corps de Bohême, le mouvement de l'Empereur l'oblige à les rappeler; que, s'il n'a envoyé que des partis, ils sont inférieurs en forces au général Margaron, et qu'il faut envoyer quelques camps volants pour les contenir.

Mandez-lui que l'Empereur avait des nouvelles du 9, d'après lesquelles l'ennemi n'avait à cette époque jeté aucun pont, ni passé aucune infanterie sur la rive gauche du bas Elbe; qu'il n'avait jeté seulement que des partis de cavalerie; que le duc de Tarente est aujourd'hui en position en avant de Bautzen; que, dans cette situation des choses, il est important que le prince de la Moskova prenne position en avant de Torgau, sur la rive droite.

D'après l'original non signé. Dépôt de la guerre.

20538. — AU MARÉCHAL MORTIER, DUC DE TRÉVISE,
COMMANDANT LA JEUNE GARDE, À PIRNA.

Liebstadt, 10 septembre 1813.

Monsieur le Duc de Trévise, faites jeter sur-le-champ le pont de Pirna, afin que vous puissiez partir demain avec vos deux divisions et la division de cavalerie du comte Lefebvre-Desnoëttes, et vous porter sur Bautzen si vous en recevez l'ordre, ce qui abrégera d'une grande marche, au lieu de passer par Dresde. Complétez vos vivres pour quatre jours, et tenez-vous prêt à faire ce mouvement. Instruisez-moi dès que le maréchal Saint-Cyr aura pris sa position [1].

NAPOLÉON.

D'après l'original. Dépôt de la guerre.

[1] Cette lettre est tout entière de la main de Napoléon.

20539. — A M. MARET, DUC DE BASSANO,
MINISTRE DES RELATIONS EXTÉRIEURES, À DRESDE.

Breitenau, 11 septembre 1813, au matin.

Monsieur le Duc de Bassano, on est tellement impatient à Paris d'avoir les communications, que vous ne devez pas perdre un moyen pour les envoyer. Adoucissez le plus possible et évitez qu'il y ait rien de personnel, ni contre l'empereur, ni contre Metternich. Ne vous servez jamais de termes de *cour* et de *maison*, mais dites *le cabinet*.

NAPOLÉON.

P. S. Ôtez aussi les mots de *ministre dirigeant le cabinet*.

D'après l'original. Archives des affaires étrangères.

20540. — A M. MARET, DUC DE BASSANO,
MINISTRE DES RELATIONS EXTÉRIEURES, À DRESDE.

Breitenau, 11 septembre 1813, onze heures du matin.

Monsieur le Duc de Bassano, nous sommes maîtres de Peterswalde, du Geyersberg et de Zinnwald, c'est-à-dire de tous les débouchés de Bohême. J'ai vu hier l'armée ennemie revenir en toute hâte dans toutes les directions par lesquelles elle s'était enfournée en Saxe, pour se former devant Tœplitz. S'il avait été possible de faire descendre des pièces par le Geyersberg, l'armée ennemie eût été attaquée en flanc, nous aurions obtenu de grands succès; mais tous les efforts ont été vains et les événements arrivés à l'armée de Berlin m'empêchent de passer outre. J'ai lieu de penser que l'ennemi, qui paraît très-alarmé, qui a allumé tous ses feux d'alarmes sur les montagnes de Bohême, fera rentrer tous ses détachements, et qu'ainsi toute la Saxe sera purgée de partis ennemis.

Le prince de la Moskova, qui s'était retiré sur Wurzen, doit être de retour à Torgau.

NAPOLÉON.

D'après l'original comm. par M. le duc de Bassano.

20541. — AU PRINCE DE NEUCHÂTEL ET DE WAGRAM,
MAJOR GÉNÉRAL DE LA GRANDE ARMÉE, À BREITENAU.

Breitenau, 11 septembre 1813.

Mon Cousin, écrivez au maréchal Saint-Cyr que je me rends à Peterswalde et de là sur les hauteurs de Nollendorf; que je désire qu'il fasse reconnaître aujourd'hui la chaîne de montagnes depuis le Geyersberg jusqu'à Hellendorf, et depuis le Geyersberg jusqu'à Zinnwald; que je lui ferai connaître ce soir mes intentions pour demain; mais que, si ce soir il ne reçoit pas de lettres, il resterait demain dans la position qu'il occupe aujourd'hui; que le comte de Loban est sous ses ordres. La 42e division et la division Dumonceau du 1er corps sont actuellement à Peterswalde, et doivent occuper les hauteurs de Nollendorf. Le duc de Bellune est encore en réserve aux débouchés du bois.

Écrivez au général Lefebvre-Desnoëttes, qui est à Altenberg, d'envoyer des partis du côté de Sayda.

D'après l'original non signé. Dépôt de la guerre.

20542. — AU PRINCE DE NEUCHÂTEL ET DE WAGRAM,
MAJOR GÉNÉRAL DE LA GRANDE ARMÉE, À BREITENAU.

Breitenau, 11 septembre 1813.

Mon Cousin, écrivez la lettre suivante au prince de la Moskova :

« J'ai mis sous les yeux de l'Empereur votre lettre du 10 septembre, dans laquelle vous faites connaître que le 11 votre quartier général sera à Torgau; le 7e corps à Pretzsch, la cavalerie légère à Kemberg, le 12e corps à Dommitzsch, le 4e à Süptitz, sa cavalerie légère à Eilenburg, et la grosse cavalerie à Düben et Eilenburg. Ces dispositions paraissent bonnes pour le premier moment et pour se donner le temps de réorganiser les corps. Aussitôt que vous serez un peu réorganisé, il sera bien important d'avoir à Torgau des forces sur la rive droite.

« Comme nous avons rejeté l'armée ennemie en Bohême et que nous nous sommes emparés de tous les cols, Sa Majesté ne se portera pas outre et sera probablement de retour ce soir à Dresde.

« Le général Lhéritier étant à Grossenhayn, il serait bien important que vous prissiez des mesures pour rétablir la communication de Torgau avec Dresde par la rive droite comme par la rive gauche, afin que la navigation fût sûre. »

NAPOLÉON.

D'après l'original. Dépôt de la guerre.

20543. — AU PRINCE DE NEUCHÂTEL ET DE WAGRAM,
MAJOR GÉNÉRAL DE LA GRANDE ARMÉE, À PIRNA.

Pirna, 11 septembre 1813.

Mon Cousin, faites connaître au maréchal Saint-Cyr que je mets sous ses ordres le 14e corps et le 1er. Mon intention est que vous donniez ordre au 1er corps de partir demain, à la pointe du jour, pour se diriger par Breitenau sur Hellendorf. La division Dumonceau occupe déjà le col en avant de Peterswalde et du village de Nollendorf; les deux autres divisions, qui occuperont Peterswalde, Hellendorf et Berggiesshübel, seront pour la soutenir; le quartier général pourra être à Hellendorf, et le parc et l'administration à Berggiesshübel.

Faites connaître aussi au maréchal Saint-Cyr que la 42e division reprend sa position à Kœnigstein; qu'elle s'y est rendue aujourd'hui; que le 14e corps doit garder les débouchés du Geyersberg et de Borna; que j'ai fait occuper aujourd'hui le col de Nollendorf, et que j'ai fait tirer une soixantaine de coups de canon, de quinze pièces mises en avant en batterie, sur les troupes qui étaient là, et que je leur ai montré beaucoup de forces; que je désire que demain rien ne bouge de la position d'Ebersdorf, afin que l'ennemi s'attende toujours à être attaqué; que je donne ordre au duc de Bellune de se porter demain à Altenberg; qu'il sera spécialement chargé de la garde des débouchés de Dippoldiswalde et de Freyberg; que, comme il paraît que l'ennemi pourrait se faire un jeu de venir ainsi sur Dresde, j'attends un rapport du maréchal Saint-Cyr sur les positions que doit définitivement occuper le 1er corps et aussi le 14e, pour faire une résistance sérieuse. Les Russes, du moment qu'il s'agira d'attaquer des corps nombreux et bien établis, ne s'en feront plus un jeu.

Donnez définitivement des ordres au duc de Bellune et au comte de Lobau. Demandez au duc de Bellune un état de situation, par abrégé, de son infanterie, de sa cavalerie et de son artillerie. Que l'officier qui portera votre lettre rapporte cet état.

Enfin donnez ordre au général Lefebvre-Desnoëttes, qui est à Altenberg, de se diriger en partisan partout où il apprendrait qu'il y a des Cosaques et des partis ennemis; cependant de ne quitter sa position que lorsque la cavalerie du duc de Bellune l'aura occupée; qu'il fasse connaître où il ira coucher demain, afin qu'il puisse recevoir de nouveaux ordres.

NAPOLÉON.

P. S. Mandez au maréchal Saint-Cyr de vous faire connaître les chefs de bataillon ou majors qui lui manquent, soit comme prisonniers, soit comme blessés ou tués, afin que vous lui en envoyiez d'autres pour les remplacer.

NAPOLÉON.

D'après l'original. Dépôt de la guerre.

20544. — AU PRINCE DE NEUCHÂTEL ET DE WAGRAM,
MAJOR GÉNÉRAL DE LA GRANDE ARMÉE, À PIRNA.

Pirna, 11 septembre 1813, au soir.

Mon Cousin, écrivez au prince de la Moskova et au gouverneur de Torgau que je suis mécontent de ce qu'on a fait relativement aux Saxons; que cela ne peut que les indisposer; que mon intention est que tous les dépôts du corps saxon restent à Torgau, et qu'on ait des égards pour les Saxons. Écrivez au général Gersdorf que j'ai appris avec surprise que les dépôts du corps saxon avaient été renvoyés de Torgau; que je désapprouve cette mesure et que je donne ordre que ces dépôts soient maintenus à Torgau. Faites sentir au prince de la Moskova que, le gouverneur de Torgau ayant été mis par vous, il n'y avait aucune urgence à l'ôter sans mon ordre; que Torgau n'est pas dans le cas d'être assiégé; que cependant, puisque c'est fait, je ne veux pas revenir là-dessus.

Écrivez sur-le-champ au prince Poniatowski que je suis arrivé à Pirna, après avoir rejeté l'armée ennemie en Bohême.

Écrivez au duc de Tarente qu'à moins de fortes raisons il serait convenable qu'il pût tenir position sur la rive droite de la Sprée; qu'il faut au moins en tenir l'ennemi éloigné, et être parfaitement maître de Bautzen.

Écrivez au prince de la Moskova que si l'armée ennemie de Berlin se portait sur Grossenhayn, pour se rapprocher de Dresde en même temps que l'armée ennemie de Silésie, il serait nécessaire qu'il se disposât à déboucher par Torgau, pour inquiéter cette armée.

Donnez ordre au général Durosnel de faire arrêter tous les traîneurs de l'armée du duc de Tarente et de les renvoyer à leur corps.

NAPOLÉON.

D'après l'original. Dépôt de la guerre.

20545. — AU PRINCE DE NEUCHÂTEL ET DE WAGRAM,
MAJOR GÉNÉRAL DE LA GRANDE ARMÉE, À PIRNA.

Pirna, 12 septembre 1813, trois heures du matin.

Mon Cousin, donnez ordre au duc de Raguse de se tenir prêt à partir avec sa brigade de cavalerie et le 5ᵉ corps de cavalerie, pour opérer sur Grossenhayn, faire rétablir la communication avec Torgau par la rive droite et faire arriver les convois qui de Torgau sont attendus à Dresde.

Donnez ordre au duc de Trévise de faire partir aujourd'hui, à la pointe du jour, les deux divisions de la jeune Garde qui sont le plus près de Dresde, lesquelles iront coucher à Dresde; elles prendront mes ordres à leur arrivée. Le duc de Trévise restera avec les deux autres divisions qui sont le plus près de la Bohême, jusqu'à nouvel ordre.

Donnez ordre à la division Ornano de se replier sur Pirna, en laissant cependant une brigade au comte de Lobau sur le plateau de Nollendorf, jusqu'à ce qu'elle soit remplacée par la brigade polonaise que doit envoyer le prince Poniatowski.

NAPOLÉON.

D'après l'original. Dépôt de la guerre.

20546. — AU PRINCE DE NEUCHÂTEL ET DE WAGRAM,
MAJOR GÉNÉRAL DE LA GRANDE ARMÉE, À PIRNA.

Pirna, 12 septembre 1813.

Mon Cousin, écrivez au général Lhéritier qu'il a grand tort de vouloir faire brûler les bateaux qui se trouvent entre Torgau et Dresde; que ces bateaux nous sont nécessaires pour les communications entre les deux places; qu'il se garde donc bien de les faire brûler; que, si on craint qu'ils ne servent à l'ennemi, il suffit de les faire passer sur la rive gauche.

Ajoutez au général Lhéritier que je suis surpris que, se trouvant attaqué par 600 Cosaques, il ne les ait pas attendus et culbutés; que j'ai lu avec peine sa lettre; que je vous ai demandé, en la lisant, si ses 2,000 hommes n'avaient ni sabres ni pistolets, et n'étaient armés que de manches à balai; qu'il est surprenant qu'ayant du canon et la supériorité du nombre il ne soit pas tombé sur l'ennemi pour le faire repentir de sa confiance.

NAPOLÉON.

D'après l'original. Dépôt de la guerre.

20547. — AU PRINCE DE NEUCHÂTEL ET DE WAGRAM,
MAJOR GÉNÉRAL DE LA GRANDE ARMÉE, À PIRNA.

Pirna, 12 septembre 1813.

Mon Cousin, donnez ordre à la vieille Garde de se rendre à Dresde aujourd'hui. Donnez ordre à la cavalerie de la vieille Garde de s'approcher de Dresde, en prenant ses cantonnements dans les lieux où il y a des fourrages, entre Dresde et Pirna.

D'après l'original non signé. Dépôt de la guerre.

20548. — AU PRINCE DE NEUCHÂTEL ET DE WAGRAM,
MAJOR GÉNÉRAL DE LA GRANDE ARMÉE, À PIRNA.

Pirna, 12 septembre 1813.

Mon Cousin, avant de faire évacuer le dépôt de cavalerie sur l'autre rive de la Saale, il faut le faire distribuer en deux classes : les chevaux qui ne seront pas guéris d'ici à un mois, et les chevaux qui seront guéris avant un mois. Il faut garder ces derniers dans un petit dépôt entre Torgau et Leipzig, et ne faire aller sur la rive droite de la Saale que tous ceux pour la guérison desquels il faut plus d'un mois. Donnez le même ordre à la Garde.

Réitérez l'ordre au général Durosnel et aux commandants de Torgau, de Wittenberg et de Magdeburg de ne faire partir pour l'armée aucun homme isolé; que tous les isolés et détachements qui arrivent doivent être réunis dans les places et y attendre des ordres; qu'il n'y a rien de plus funeste, lorsque l'armée est en mouvement, que ces détachements qui courent après des corps qui font des contre-marches; que cela doit nous faire perdre beaucoup d'hommes.

NAPOLÉON.

D'après l'original. Dépôt de la guerre.

20549. — AU PRINCE DE NEUCHÂTEL ET DE WAGRAM,
MAJOR GÉNÉRAL DE LA GRANDE ARMÉE, À PIRNA.

Pirna, 12 septembre 1813.

Mon Cousin, donnez ordre au général Lefebvre-Desnoëttes, qui est toujours à Altenberg, de s'approcher de Freyberg et de Chemnitz, avec les précautions convenables, pour savoir ce que les Autrichiens y ont eu le 8, le 9 et le 10, et ce qu'ils y avaient hier et aujourd'hui. On parle d'une colonne commandée par Thielmann, qui serait du côté de Zwickau. Il faut tâcher de savoir ce qui en est. Le général Lefebvre donnera les renseignements qu'il aurait au duc de Bellune.

D'après l'original non signé. Dépôt de la guerre.

20550. — ORDRE.

Pirna, 12 septembre 1813.

ARTICLE PREMIER. Les communications de Dresde à Bautzen seront assurées par trois postes placés, l'un sur les hauteurs, près de Weissig, l'autre à la poste, et le troisième à Bischofswerda.

Art. 2. Chacun de ces postes sera établi dans des maisons palissadées, ayant 100 hommes de garnison et dix jours de vivres. Une pièce de canon sera placée dans chacun de ces postes.

Il y aura un commandant à la tête de chacun de ces postes.

Le poste de Bischofswerda et celui de la poste seront fournis par le duc de Tarente, et celui de Weissig par la garnison de Dresde.

Art. 3. Les commandants rendront compte de tout ce qui se passera autour d'eux et surveilleront la marche des convois.

Art. 4. Il y aura dans chacun de ces postes un officier de gendarmerie et dix gendarmes pour arrêter tous les traînards. L'officier de gendarmerie sera chargé de la police, et des fonds seront mis à sa disposition pour envoyer des agents et espions de tous côtés et connaître les mouvements des partisans ennemis qui voudraient inquiéter la route.

Art. 5. Enfin il sera placé à chacun de ces trois postes un piquet de 100 chevaux pour faire des patrouilles et donner des nouvelles au duc de Tarente et au major général.

Art. 6. Le major général prendra toutes les mesures nécessaires pour l'exécution du présent ordre.

NAPOLÉON.

D'après l'original. Dépôt de la guerre.

20551. — AU COMTE DARU,
DIRECTEUR DE L'ADMINISTRATION DE LA GRANDE ARMÉE, À DRESDE.

Pirna, 12 septembre 1813.

Monsieur le Comte Daru, on ne tire point parti des ressources du pays. Pirna pourrait très-bien donner 10,000 rations de pain par jour, et cependant il ne donne rien. Il y a du blé partout et il y a des moulins dans tous les pays qu'occupe l'armée; mais c'est comme s'il n'y en avait pas.

Envoyez des ordres aux différents corps d'armée.

NAPOLÉON.

D'après la copie comm. par M. le comte Daru.

20552. — AU PRINCE DE NEUCHÂTEL ET DE WAGRAM,
MAJOR GÉNÉRAL DE LA GRANDE ARMÉE, À DRESDE.

Dresde, 12 septembre 1813.

Mon Cousin, donnez ordre au duc de Raguse de partir avec sa première division demain, à cinq heures du matin (sa deuxième division le suivra à six heures, et sa troisième à sept heures), et de se porter sur Grossenhayn, afin de chasser l'ennemi de la rive droite de l'Elbe, entre Torgau et Dresde, et de favoriser un convoi de 15,000 quintaux de farine qui de Torgau doit venir à Dresde. L'arrivée de ce convoi est de la plus haute importance, puisqu'elle assurerait des subsistances pendant plusieurs mois sur notre point de réunion de Dresde.

Donnez ordre au roi de Naples de partir demain, à six heures du matin, avec le corps du général Latour-Maubourg; il se rendra à Grossenhayn; il prendra sous ses ordres le 5ᵉ corps de cavalerie, sera appuyé par le duc de Raguse, et manœuvrera de manière à rendre libre l'Elbe, de sorte que le convoi de 15,000 quintaux de farine qui est embarqué à Torgau puisse arriver à Dresde, et de manière aussi à éclairer tout ce qu'il y a d'ennemis de ce côté.

Envoyez sur-le-champ un officier au prince de la Moskova pour lui faire connaître ce mouvement, et qu'il fasse charger sur-le-champ les 15,000 quintaux, qu'il peut prendre sur l'approvisionnement de siége, puisqu'il restera à Torgau 10,000 quintaux de blé que l'on convertira en farine pour remplacer ce qui aura été embarqué; que l'arrivée de ce convoi est de la plus haute importance pour assurer nos vivres au point central de Dresde; qu'il se mette en communication avec le roi de Naples et fasse les mouvements nécessaires pour aider le passage dudit convoi et les opérations du Roi.

Instruisez le prince de la Moskova que je me prépare à un mouvement offensif contre l'armée de Berlin; que j'ai rejeté l'armée ennemie de Bohême au delà de Tœplitz; qu'il se prépare à suivre mon mouvement et me fasse connaître la quantité d'infanterie, de cavalerie et d'artillerie avec laquelle il pourra venir me rejoindre.

Mandez-lui qu'en attendant il forme une colonne de 1,500 hommes d'infanterie de choix, de six pièces de canon et de 2,000 chevaux, et que, sous les ordres d'un général de confiance, il la dirige entre Leipzig et Leisnig; que j'envoie à Leisnig la brigade Piré, avec laquelle sa colonne se mettra en correspondance, afin de marcher au secours de Leipzig contre le général Thielmann, qu'on assure être à Altenburg avec 3,000 aventuriers.

NAPOLÉON.

D'après l'original. Dépôt de la guerre.

20553. — AU PRINCE DE NEUCHÂTEL ET DE WAGRAM,
MAJOR GÉNÉRAL DE LA GRANDE ARMÉE, À DRESDE.

Dresde, 12 septembre 1813.

Mon Cousin, envoyez sur-le-champ un officier au général Piré pour lui porter l'ordre de se rendre aussitôt à Leisnig; il en chassera l'ennemi et favorisera le départ d'un convoi de 3,000 quintaux de farine, que l'administration du pays doit envoyer à Dresde. Le général Piré se mettra en communication avec Leipzig et éclairera sur Altenburg; il saura s'il est vrai que le général Thielmann est à Altenburg avec un corps franc. Les partis ennemis qui sont à Leisnig et à Colditz paraissent être de ce corps. Le général Piré enverra promptement des renseignements là-dessus.

Écrivez au général Margaron qu'il s'en laisse imposer; que Thielmann n'a que 3 à 4,000 hommes d'un corps franc, troupes sans consistance, et faites-lui connaître que le général Piré se rend à Leisnig pour éclairer tout ce côté.

Vous ferez également connaître le départ du général Piré au comte Daru, afin qu'il profite de cette circonstance pour fair venir ces 3,000 quintaux de farine.

NAPOLÉON.

P. S. Recommandez au général Piré de bien éclairer la marche du général Thielmann et de vous instruire; que je donne ordre au prince de la Moskova d'envoyer 3,000 hommes entre Leipzig et Leisnig; que, s'il a besoin d'infanterie, il peut tirer 5 à 600 hommes et deux pièces de canon de Meissen.

<small>D'après l'original. Dépôt de la guerre.</small>

20554. — AU PRINCE DE NEUCHÂTEL ET DE WAGRAM,
<small>MAJOR GÉNÉRAL DE LA GRANDE ARMÉE, À DRESDE.</small>

<small>Dresde, 12 septembre 1813.</small>

Mon Cousin, donnez ordre au général Sorbier que l'équipage de pont qui est à Neustadt passe l'Elbe et soit dirigé à une lieue en avant de Dresde, sur le chemin de Pirna.

<small>D'après l'original. Dépôt de la guerre.</small>

20555. — AU GÉNÉRAL MOUTON, COMTE DE LOBAU,
<small>COMMANDANT LE 1ᵉʳ CORPS DE LA GRANDE ARMÉE, À BERGGIESSHÜBEL.</small>

<small>Dresde, 13 septembre 1813, deux heures après midi.</small>

J'ai fait fortifier le château de Sonnenstein qui domine Pirna. J'ai ordonné que la 42ᵉ division y envoyât un bataillon. Ce château sera armé dans la journée de demain; ainsi nous serons désormais assurés de ce point important. La 42ᵉ division doit être sous vos ordres. Donnez-lui l'ordre qu'au lieu de rester au camp de Lilienstein, sur la rive droite de l'Elbe, elle occupe le camp sous Kœnigstein, sur la rive gauche, et qu'à la moindre apparence qu'il y aurait que vous fussiez attaqué elle vienne sur le plateau du camp de Pirna, vis-à-vis Berggiesshübel, sur les hauteurs de Langen-Hennersdorf; le général Mouton-Duvernet y fera faire des redoutes et des abatis, et il emploiera à cet effet les ingénieurs et les outils qui sont à Kœnigstein. Si cette 42ᵉ division était poussée, elle se retirerait sur le château de Sonnenstein, en ayant soin de jeter un bataillon sur le Kohlberg.

Je donne ordre au duc de Trévise de vous soutenir à Berggiesshübel, et à la première nouvelle je me porterai moi-même sur cette position; faites-la bien reconnaître. Le maréchal Saint-Cyr occupant Borna, nous serons en ligne.

Je vous envoie l'officier d'ordonnance Lamezan, qui connaît le terrain et restera auprès de vous. Il est nécessaire que la 42° division soit dès ce soir sur la rive gauche; elle laissera un bataillon au camp de Lilienstein. Si l'ennemi vous attaque sérieusement, mon intention est de l'attaquer à mon tour et de le rejeter battant sur la Bohême. J'ai ordonné au commandant du génie de faire tracer deux ou trois redoutes sur les hauteurs de Berggiesshübel. Faites tracer sur-le-champ ces redoutes et faites-y travailler vos troupes. Faites faire des abatis sur les points convenables. Faites bien reconnaître les positions qu'il faut occuper pour assurer votre communication avec le maréchal Saint-Cyr. J'ai donné ordre au duc de Trévise d'établir une redoute sur le Kohlberg et d'y faire travailler sans délai. Ainsi donc il y aura sur les hauteurs de Langen-Hennersdorf une redoute et des abatis que fera faire le général Mouton-Duvernet; sur les hauteurs de Berggiesshübel deux ou trois redoutes et des abatis que feront les troupes de votre corps d'armée; et enfin une redoute sur le Kohlberg que fera faire le duc de Trévise. Avec de l'activité, tout cela doit être fait en trente-six heures, les travailleurs pouvant être relevés de quatre en quatre heures, et travaillant jour et nuit. Faites faire des abatis et des barricades dans le fond des vallées pour assurer votre communication avec Borna.

Indépendamment du bataillon du général Mouton-Duvernet qui restera à Lilienstein, j'ordonne au prince Poniatowski, qui est à Neustadt, d'y envoyer un second bataillon et d'avoir l'œil sur ce point.

Témoignez mon mécontentement aux officiers qui étaient, il y a trois jours, au camp de Lilienstein, de ce qu'ils se sont laissé surprendre: et qu'on se garde mieux à l'avenir.

D'après la minute. Archives de l'Empire.

20556. — AU MARÉCHAL MORTIER, DUC DE TRÉVISE,
COMMANDANT LA JEUNE GARDE, AU CAMP DE PIRNA.

Dresde, 13 septembre 1813, deux heures après midi.

Le major général vous a fait connaître que mon intention est que vous souteniez le comte de Lobau et que vous preniez position près de Berggiesshübel. J'envoie mon officier d'ordonnance Lamezan auprès du comte de Lobau; cet officier a parcouru les lieux et connaît parfaitement le terrain. La position de Berggiesshübel peut être tournée par la droite ou par la gauche; sur la droite par Borna : le maréchal Saint-Cyr y est; sur la gauche par le camp de Pirna : j'ai ordonné que la 42° division s'établisse sur les hauteurs de Langen-Hennersdorf; j'ai donné ordre au comte de Lobau de faire construire deux ou trois redoutes et des abatis sur les hauteurs de Berggiesshübel, et de faire construire par la 42° division une redoute sur la hauteur de Langen-Hennersdorf. Vous devez vous-même en faire établir une sur le Kohlberg. Tout cela doit être fait en trente-six heures; on peut relever les travailleurs toutes les quatre heures, et y faire travailler jour et nuit. On fera les palissades en même temps, de manière que cette redoute soit aussitôt palissadée. Vous tiendrez un bataillon sur ce point important.

Le général Ornano est en position près de Pirna et vous joindra au moindre événement. Deux batteries de 12 de la Garde sont à mi-chemin de Dresde à Pirna et vous appuieront au besoin. Tâchez de me prévenir promptement dès qu'il y aura quelque événement, voulant me porter moi-même à Berggieshübel, et attaquer l'ennemi au moment où il aurait échoué dans son attaque, et le rejeter battant en Bohême.

Le château de Sonnenstein aura demain son commandant, douze pièces de canon, et sera en état de défense, de sorte qu'en supposant que l'ennemi forçât la position de Berggiesshübel, il nous resterait Sonnenstein et la redoute du Kohlberg, le maréchal Saint-Cyr occupant Dohna comme seconde position.

<small>D'après la minute. Archives de l'Empire.</small>

20557. — AU MARÉCHAL GOUVION SAINT-CYR,
COMMANDANT LE 14° CORPS DE LA GRANDE ARMÉE, À LIEBSTADT.

<small>Dresde, 13 septembre 1813, trois heures après midi.</small>

Mon Cousin, j'ordonne que l'on construise deux ou trois redoutes à la position de Langen-Hennersdorf et qu'on y fasse des abatis. Cette position pouvant être tournée par le camp de Pirna, le général Mouton-Duvernet doit prendre position sur la rive gauche, au camp de Kœnigstein, faire construire une redoute et faire des abatis sur la hauteur de Langen-Hennersdorf. Dès demain le château de Sonnenstein sera armé de pièces de canon, aura une garnison et sera un poste très-fort. J'ai même ordonné d'occuper les portes de Pirna pour être maître de la ville, tant que l'ennemi ne s'y présentera pas en forces. Il faut faire deux ou trois redoutes sur les hauteurs de Borna, ainsi que des abatis; les troupes doivent y travailler.

Reste actuellement à bien déterminer le rôle que doit jouer le 2° corps sur votre droite. Il paraît certain que dans tout projet d'attaque les Autrichiens auront un corps qui débouchera par Wartenberg. Les Russes et les Prussiens seront probablement chargés de l'attaque de Peterswalde et d'Ebersdorf. Mon projet est, aussitôt que l'ennemi sera vis-à-vis de Berggiesshübel et de Borna, de recevoir son attaque, et immédiatement après de l'attaquer moi-même et de le pousser sur Peterswalde.

Entendez-vous avec le comte de Lobau et le duc de Bellune. La 42° division sera sous les ordres du comte de Lobau, et le comte de Lobau sera sous vos ordres.

D'après la minute. Archives de l'Empire.

20558. — AU CAPITAINE LAMEZAN,

OFFICIER D'ORDONNANCE DE L'EMPEREUR, À DRESDE.

Dresde, 13 septembre 1813.

L'officier d'ordonnance Lamezan se rendra à Pirna. Il verra où en sont les travaux de Sonnenstein. Il fera connaître au commandant que j'ai donné ordre que les fous fussent évacués demain avant midi, qu'on abattît la grange, et que je désire qu'on pousse les travaux de manière que ce poste soit dès après-demain en état de défense.

Il se rendra de là auprès du duc de Trévise, auquel il remettra la lettre ci-jointe; il lui expliquera les positions du comte de Lobau.

Il parcourra la route de Berggiesshübel à Borna, reconnaîtra les villages qu'il faut barricader, communiquera au maréchal Saint-Cyr les dispositions que j'ai prises et lui remettra la lettre ci-jointe.

Il se rendra ensuite au quartier général du comte de Lobau, auprès duquel il restera. Il ira voir la redoute sur la hauteur de Langen-Hennersdorf et tout ce qui se passe à la 42ᵉ division. Il me fera connaître si la 42ᵉ division a ses bouches à feu; il m'instruira tous les jours de ce qui se passe et veillera à ce que je sois prévenu du moindre événement sérieux.

Il ira ce soir aux avant-postes. Il y sera demain à la pointe du jour.

D'après la minute. Archives de l'Empire.

20559. — AU COMTE DARU,
DIRECTEUR DE L'ADMINISTRATION DE LA GRANDE ARMÉE, À DRESDE.

Dresde, 13 septembre 1813.

Monsieur le Comte Daru, il est nécessaire que vous vous occupiez de faire fournir des vivres à l'armée.

Le 1ᵉʳ corps, qui occupe depuis Peterswalde jusqu'à Pirna, peut se nourrir par Pirna. Ce corps n'a que 18,000 rationnaires. Ce ne serait donc que 6,000 rations de pain qui lui seraient nécessaires, en supposant toutefois que vous pouvez lui envoyer le riz.

Le 14ᵉ corps peut se nourrir par Dohna. Il lui faut 21,000 rations. Si cependant les bailliages de Dohna n'avaient pas assez de moulins pour les lui fournir, il faudrait lui faire des envois de Dresde.

Le 2ᵉ corps doit se nourrir par Freyberg, toute la Garde par Dresde, et enfin les 5ᵉ, 11ᵉ et 3ᵉ corps, qui font 60,000 rationnaires, ce qui exige 20,000 rations, peuvent être nourris par Dresde, au moins en plus grande partie.

Faites-moi un rapport sur ce que Dresde peut fournir tous les jours, tant en pain et farine qu'en riz, et la manière dont cela peut être réparti entre les différents corps.

NAPOLÉON.

D'après la copie comm. par M. le comte Daru.

20560. — ORDRE POUR LE CAPITAINE CARAMAN,
OFFICIER D'ORDONNANCE DE L'EMPEREUR.

Dresde, 14 septembre 1813, dans la nuit.

Caraman se rendra près du duc de Tarente, à ses avant-postes, à Bautzen; il portera une lettre du prince de Neuchâtel et verra la nouvelle position. L'armée se trouve dans des marais, sur trois colonnes, chaque colonne formant un corps d'armée; ce qui fait un corps sur la chaussée, et les deux autres qui flanquent dans des marais et défilés, ce qui est contraire au principe, puisque chaque corps d'armée ayant des bagages et de l'artillerie est ainsi exposé à perdre son matériel, et sa marche se trouve rompue.

Le général Lauriston a été attaqué et a fait quelques pertes; sans qu'il ait perdu du monde, le prince Poniatowski a été aussi attaqué près de Stolpen, et croit l'être encore ce matin; et cependant le duc de Tarente ne prévoit pas ces attaques et se laisse malmener. Caraman lui dira qu'il est nécessaire qu'il prenne une bonne position dans un pays ouvert, sur des hauteurs où toute l'armée soit en bataille. Les hauteurs derrière Bautzen étaient les meilleures positions. Aujourd'hui il en doit prendre une quelconque. Il doit avoir sur la chaussée une avant-garde d'infanterie, cavalerie et artillerie, et des corps flanqueurs qui l'éclairent à droite et à gauche. Alors l'armée sera dans une bonne position, à l'abri de toute surprise et prête à recevoir le combat ou à faire ce qu'elle voudra, parce qu'elle sera bien postée.

Caraman restera là la journée, verra ce qui se passe, comment finit l'affaire de Lauriston, et ce qui se passera du côté du prince Poniatowski.

Il ne dissimulera pas, avec toute la réserve convenable, que je trouve le maréchal mal placé et ne comprends pas sa manière de faire.

S'il y avait quelque chose d'important, il m'expédierait un chasseur.

Il ira voir tous les corps d'armée, prendra tous les renseignements qu'il pourra obtenir sur leur état et leur esprit, et viendra me rendre compte à la fin de la journée.

D'après la minute originale comm. par M. le duc de Caraman.

20561. — AU PRINCE DE NEUCHÂTEL ET DE WAGRAM,
MAJOR GÉNÉRAL DE LA GRANDE ARMÉE, À DRESDE.

Dresde, 14 septembre 1813, neuf heures du matin.

Mon Cousin, le général de division Lefebvre-Desnoëttes, qui est aujourd'hui à Freyberg, partira dans la journée pour se rendre à Dœbeln.

Il prendra sous ses ordres les brigades Piré et Vallin, ce qui lui fera près de 4,000 chevaux. Donnez avis de ce mouvement aux généraux Piré et Vallin. Réitérez à cet effet l'ordre au duc de Bellune de faire partir le général Vallin. Envoyez un officier, qui longera l'Elbe, au général Lorge, parti de Torgau pour se porter dans la direction de Leisnig; il lui fera connaître le mouvement du général Lefebvre sur Dœbeln. Cet officier recommandera au général Lorge de se concerter avec le général Lefebvre pour attaquer demain l'ennemi et le pousser vivement. Le général Lorge n'aura pas manqué de rendre compte au prince de la Moskova de tout ce qui sera arrivé à sa connaissance.

Prévenez les généraux Piré et Vallin du mouvement du général Lorge.

Prévenez-en aussi directement le prince de la Moskova, pour que, de son côté, il prévienne le général Lorge. Écrivez-lui qu'il serait convenable que le général Lorge eût au moins 2,500 chevaux; qu'il lui envoie tous les Polonais qu'il a; qu'il instruise aussi le général Margaron, à Leipzig, pour que celui-ci fasse, de son côté, la diversion qu'il pourra; que ce qui est spécialement important aujourd'hui, c'est de rétablir nos communications avec Leipzig et que notre cavalerie passe partout, batte le pays et fasse arriver nos subsistances; qu'il nous donne des nouvelles de Leipzig, nous n'en avons pas reçu hier.

Réitérez l'ordre au duc de Bellune de placer une division d'infanterie à Freyberg avec sa cavalerie. Il faut que cette infanterie se baraque militairement sur les hauteurs de Freyberg.

NAPOLÉON.

P. S. Ajoutez au duc de Bellune l'ordre que sa cavalerie batte l'estrade. Donnez-lui avis du mouvement que fait le général Lefebvre-Desnoëttes contre l'ennemi. Le duc de Bellune peut réunir 1,200 chevaux et huit compagnies de voltigeurs, bons marcheurs, et deux pièces de canon bien attelées. Cette colonne se portera au secours du général Lefebvre, si ce général en avait besoin, ou sur les derrières de l'ennemi, selon l'avis que donnera le général Lefebvre.

NAPOLÉON.

D'après l'original. Dépôt de la guerre.

20562. — A JOACHIM NAPOLÉON, ROI DE NAPLES,
À GROSSENHAYN.

Dresde, 14 septembre 1813.

Mon Frère, l'affaire importante est le passage du convoi qui nous apporte 15,000 quintaux de farine. On me mande qu'il est parti de Torgau le 13, et je crois que le vent a été favorable; ainsi il ne devrait pas être loin, et il doit avoir passé les points difficiles.

D'après la minute. Archives de l'Empire.

20563. — AU GÉNÉRAL COMTE BERTRAND,
COMMANDANT LE 4ᵉ CORPS DE LA GRANDE ARMÉE, À TORGAU.

Dresde, 14 septembre 1813.

Monsieur le Comte Bertrand, j'ai reçu votre lettre du 12 septembre. Je vois avec plaisir que votre corps se soit bien comporté; mais j'ai vu avec peine la mauvaise issue de la bataille, qui me paraît avoir été mal engagée. Je prendrai bientôt moi-même le commandement des trois corps pour tâcher de vous procurer votre revanche.

NAPOLÉON.

D'après l'original comm. par M. le général Henry Bertrand.

20564. — AU GÉNÉRAL COMTE DROUOT,
AIDE-MAJOR DE LA GARDE IMPÉRIALE, À DRESDE.

Dresde, 14 septembre 1813.

Faites courir après la brigade de la Garde qui est à Weissig, pour la faire revenir. Faites passer sur cette rive les deux divisions de la jeune Garde qui sont sur la rive droite. Que la vieille Garde se tienne prête à partir aujourd'hui même, si cela est nécessaire. Faites passer sur cette rive toute l'artillerie de la Garde qui est sur la rive droite. Donnez ordre à la vieille Garde, qui est à Moritzburg, de partir à quatre heures pour passer les ponts.

D'après la minute. Archives de l'Empire.

20565. — AU GÉNÉRAL COMTE NANSOUTY,
COMMANDANT LA CAVALERIE DE LA GARDE IMPÉRIALE, À PIRNA.

Dresde, 14 septembre 1813.

Monsieur le Général Nansouty, j'ai ordonné au général Lefebvre-Desnoëttes de se porter sur Dœbeln. Il prendra sous ses ordres la brigade Piré et la brigade Vallin, ce qui lui fera près de 4,000 chevaux.

Donnez ordre au général Ornano de partir sur-le-champ et de se rendre aujourd'hui à Nossen pour se mettre en communication avec le général Lefebvre-Desnoëttes; comme il est moins ancien, il sera sous les ordres de ce général. Cela complétera 6,000 hommes de cavalerie sous les ordres du général Lefebvre. Prenez au parc, à Neustadt, une batterie à cheval de la réserve, et confiez-la au général Ornano; dirigez-la sur le chemin de Nossen, et que le général Ornano la prenne en passant. Jusqu'à ce qu'elle ait rencontré ce général, faites-la escorter par 100 hommes de cavalerie ou un bataillon d'infanterie.

Indépendamment de ce, le général Lorge, avec sa division de 1,500 hommes d'infanterie et 2,000 chevaux, arrive aujourd'hui de Torgau du côté de Dœbeln. Par ce moyen, il y aura là 7 à 8,000 chevaux, qui doivent culbuter toute la cavalerie ennemie, d'autant plus qu'elle est composée en grande partie d'Autrichiens, et la pousser dans tous les sens, afin d'en purger le pays. Le général Ornano et le général Lefebvre, s'ils ont des hommes fatigués, pourraient laisser chacun un escadron à Dresde pour faire le service de place et se reposer. Le général Ornano couchera aujourd'hui à Nossen. Il donnera avis de sa présence au général Lefebvre-Desnoëttes. Indépendamment des rapports du général Lefebvre, il écrira tous les jours pour faire connaître ce qui serait venu à sa connaissance.

Recommandez au général Lefebvre de laisser en position en arrière le général Ornano, ou de le rapprocher de Dresde, s'il se trouvait n'en avoir aucun besoin.

D'après la minute, Archives de l'Empire.

20566. — AU GÉNÉRAL COMTE DE FLAHAULT,
AIDE DE CAMP DE L'EMPEREUR, A DRESDE.

Dresde, 14 septembre 1813.

Vous allez partir; vous prendrez 50 gardes d'honneur, 25 chevau-légers polonais et 25 chasseurs de ma Garde, du piquet de service; vous vous rendrez sur les hauteurs de Weissig. De là vous découvrirez Stolpen, Kœnigstein et toute l'armée du duc de Tarente, qui est placée de la manière suivante : le prince Poniatowski à Stolpen, le général Lauriston à Drebnitz, le quartier général à Harthau, le 3ᵉ corps à Schmiedefeld et Lauterbach. Des hauteurs de Weissig vous dominerez sur tout cela. Vous établirez là votre bivouac pour toute la journée, et vous m'enverrez toutes les demi-heures des nouvelles de ce qui se passe. Vous pourrez même envoyer quelques patrouilles à droite et à gauche pour s'approcher du feu, s'il y en a, et en rendre compte. Comme de Weissig ici il y a trois heures, vous mettrez des postes à mi-chemin pour que vos dépêches m'arrivent promptement, c'est-à-dire dans une heure, et que mes réponses vous parviennent de même.

D'après la minute. Archives de l'Empire.

20567. — A JOACHIM NAPOLÉON, ROI DE NAPLES,
A GROSSENHAYN.

Dresde, 15 septembre 1813, deux heures du matin.

Mon Frère, 15 ou 20,000 hommes ont débouché hier par Peterswalde, ce qui a obligé le comte de Lobau à prendre la position de Berggiesshübel; mais, comme l'ennemi n'a pas, en même temps, attaqué Borna, cela ne s'annonce pas comme un mouvement d'armée.

Il me tarde d'apprendre que le convoi de vivres est passé. Vous devez, vous et le duc de Raguse, faire tout pour faire arriver ce convoi. Cela fait, il faudra se tenir prêt à agir selon les circonstances, et revenir à Dresde si cela est nécessaire. Vous aurez dans la journée des nouvelles positives de ce qui se sera passé. Je compte me rendre près de Pirna, pour être plus rapproché de ce qui aura lieu de ce côté. J'espère que si, hier 14, vous n'avez pas eu de nouvelles du convoi, vous en aurez aujourd'hui 15. Si vous avez la nouvelle qu'il est passé, préparez-vous à faire un mouvement; mais ne vous pressez pas de le faire jusqu'à ce que vous ayez des nouvelles de la journée.

Même lettre au duc de Raguse.

D'après la minute. Archives de l'Empire.

20568. — AU PRINCE DE NEUCHÂTEL ET DE WAGRAM,
MAJOR GÉNÉRAL DE LA GRANDE ARMÉE, À DRESDE.

Dresde, 15 septembre 1813.

Mon Cousin, écrivez au duc de Tarente qu'il n'y a point de camp de la jeune Garde à Weissig; que la jeune Garde est entre Pirna et Dresde; que le comte de Lobau a été attaqué hier par l'ennemi, qui a débouché de Tœplitz, et qu'il s'est replié sur la seule position qu'il pouvait défendre, celle de Berggiesshübel. L'ennemi y est arrivé à une heure, et, après quelques coups de canon, il s'est arrêté devant cette position et s'est tenu tranquille. Le maréchal Saint-Cyr n'a pas été inquiété à Borna. On ignore ce qui se passera aujourd'hui. L'Empereur porte son quartier général à Mügeln, pour voir si l'ennemi offrira les moyens de l'attaquer. Il ne serait pas impossible qu'il fît jeter un pont à Pirna pour établir une communication directe avec Stolpen. Il n'y aurait alors que trois lieues. Il est indispensable que le duc de Tarente couvre la route de Radeberg et de Kamenz sur sa gauche. Faites-lui connaître que le duc de Raguse est à Grossenhayn et le roi de Naples entre Torgau et l'Elster, et que nous attendons d'un moment à l'autre le grand convoi de farine.

D'après l'original non signé. Dépôt de la guerre.

20569. — A M. MARET, DUC DE BASSANO,
MINISTRE DES RELATIONS EXTÉRIEURES, À DRESDE.

Pirna, 15 septembre 1813, neuf heures du soir.

Monsieur le Duc de Bassano, j'ai fait aujourd'hui attaquer l'ennemi et l'ai fait rejeter en Bohême. Il paraît que l'ennemi avait fait son attaque sur le comte de Lobau avec 25 ou 30,000 hommes, aux ordres du prince de Wurtemberg. Nous lui avons fait quelques centaines de prisonniers dont un major et plusieurs officiers.

Faites-moi connaître si le convoi des 15,000 quintaux de Torgau est enfin arrivé. Le roi de Naples a poussé ses postes jusqu'à Torgau.

J'ai fait jeter ici un pont de bateaux, de sorte que je suis en communication directe avec l'armée de la rive droite.

Il me semble qu'il doit être arrivé aujourd'hui à Dresde des farines de Nossen et de Dœbeln. Invitez le comte Daru à faire faire beaucoup de pain et à en envoyer dans toutes les directions; je suppose que son riz de Leipzig lui sera enfin arrivé.

Écrivez à Paris, et donnez à Leipzig l'ordre que l'estafette passe par Magdeburg.

Faites connaître au sieur Bacher que, des habitants d'Altenburg étant venus au marché de Leipzig, il était de son devoir de les interroger sur les forces de Thielmann; que c'est de sa part une négligence impardonnable que de ne l'avoir pas fait, et que je compte qu'il la réparera.

Le général Lefebvre doit être aujourd'hui à Colditz, où il doit y avoir eu 2,000 hommes de Thielmann. Nous aurons donc des nouvelles. J'espère qu'il arrivera quelque échauffourée à l'ennemi, qui le dégoûtera de ce système trop étendu de partisans.

Occupez-vous sérieusement de former des magasins de fourrages et d'avoine sur les bases dont je vous ai parlé, si ce n'est pour le moment actuel, du moins pour l'hiver.

Il est nécessaire de faire mettre dans le journal de Leipzig des articles sur ce que j'ai fait et d'indiquer où je suis, parce que cela retentit ensuite dans les journaux d'Allemagne et cela supplée à des nouvelles.

Sa Majesté, s'étant mise au lit, m'a ordonné de faire partir cette lettre sans sa signature.

Baron FAIN.

Sa Majesté, pensant qu'on doit avoir besoin de nouvelles sur les derrières, m'a dit d'ajouter à la lettre de Votre Excellence qu'elle désirait que vous fissiez une espèce d'affaire de ce qui s'est passé aujourd'hui, en faisant mettre dans la *Gazette de Leipzig* que les Russes (25 à 30,000), commandés par le prince de Wurtemberg, ont voulu attaquer le comte de Lobau, mais que Sa Majesté est arrivée, les a fait tourner par une division, qui les a obligés de rentrer précipitamment en Bohême, et qu'on leur a fait des prisonniers, etc.

D'après l'original comm. par M. le duc de Bassano.

20570. — ORDRE.

Pirna, 16 septembre 1813, au matin.

ARTICLE PREMIER. Il sera établi dans la journée, sur la rive droite, sur la hauteur vis-à-vis du pont de Pirna, une palanque en forme de flèche, dont chaque côté sera de 30 toises et appuyé à l'escarpement, de sorte qu'une centaine d'hommes s'y trouvent à l'abri des efforts de la cavalerie.

ART. 2. La petite palanque établie à la maison est inutile. La tête du village sera barricadée dans la journée et mise à l'abri d'une attaque de cavalerie, et un poste d'infanterie sera placé à la tête du village.

ART. 3. Une palanque sera établie à 100 toises du pont, près de la grosse maison qui ferme le village jusqu'à la rivière en aval, et quelques palissades seront plantées en amont pour fermer le sentier.

ART. 4. Il sera construit une redoute, de 20 toises de côté intérieur, au delà de l'angle saillant de la flèche. Cette redoute sera armée de deux pièces de canon.

ART. 5. Le major général fera sur-le-champ les dispositions nécessaires pour l'exécution du présent ordre.

D'après la minute corrigée de la main de l'Empereur. Dépôt de la guerre.

20571. — AU PRINCE DE NEUCHÂTEL ET DE WAGRAM,
MAJOR GÉNÉRAL DE LA GRANDE ARMÉE, À PIRNA.

Pirna, 16 septembre 1813, au matin.

Mon Cousin, écrivez au prince Poniatowski que j'ai reçu son rapport; que dans la journée d'hier j'ai chassé l'ennemi qui s'était avancé jusque vis-à-vis Berggiesshübel et que je lui ai fait du mal; qu'aujourd'hui je vais le rejeter entièrement en Bohême au delà des montagnes; que j'ai fait construire ici un pont, mais que personne n'y passe afin d'en tenir l'existence secrète; qu'il serait possible que demain je passasse ce pont pour me joindre à lui, attaquer les Autrichiens et les Russes, détruire leurs redoutes, les chasser de leurs positions et leur faire tout le mal possible; que je suppose que les 15,000 Russes qu'il a vus sont le corps de Langeron; qu'il m'envoie des renseignements à cet égard; que je n'ai pas encore reçu de reconnaissance du général Lauriston; que, comme il a 50 prisonniers, il doit les interroger pour savoir si les corps qu'il a devant lui sont de l'armée qui vient de Silésie ou sont de nouvelles troupes; qu'il doit m'envoyer tous les renseignements qui pourraient faciliter mon opération; qu'il les fasse connaître au duc de Tarente et au général Lauriston; que je n'ai aucune nouvelle ni de l'un ni de l'autre; que je n'ai reçu aucune de leurs reconnaissances, ni aucun rapport de ce qu'ils ont fait.

NAPOLÉON.

D'après l'original. Dépôt de la guerre.

20572. — AU PRINCE DE NEUCHÂTEL ET DE WAGRAM,
MAJOR GÉNÉRAL DE LA GRANDE ARMÉE, À PIRNA.

Pirna, 16 septembre 1813, huit heures du matin.

Mon Cousin, donnez ordre au général Curial de marcher avec sa division pour appuyer la position du général Mouton-Duvernet. Il pourra laisser derrière lui la division Decous pour garder les hauteurs, et ne la fera venir pour le soutenir qu'au cas où cela serait nécessaire. La division Decous se tiendra éclairée du côté de Rosenthal. Prévenez le général Curial que je serai de ma personne à Hellendorf, sur la grande route, et que sur le midi je ferai attaquer vigoureusement l'ennemi pour le chasser des hauteurs de Peterswalde.

Envoyez un officier au comte de Lobau pour qu'il fasse connaître si l'ennemi est toujours à Peterswalde; dites-lui que je me rends à Berggiesshübel, que j'ai ordonné au général Curial d'appuyer le général Mouton-Duvernet, mon intention étant d'attaquer à midi l'ennemi et le rejeter en Bohême; qu'il fasse ses dispositions en conséquence, et qu'il en prévienne le maréchal Saint-Cyr, pour qu'il fasse les siennes de son côté.

Envoyez un officier au maréchal Saint-Cyr pour lui faire connaître que, de onze heures à midi, j'attaquerai l'ennemi qui occupe les hauteurs de Peterswalde; que de son côté il doit réunir son corps et chasser l'ennemi au delà des montagnes. Dites-lui de placer des postes pour assurer sa communication avec nous à Hellendorf. La montagne élevée qui domine tout le pays, à côté de Fürstenwalde, communique sans interruption avec le col de Peterswalde. Il y a quelques jours, lorsque j'y étais, j'ai envoyé par là une patrouille de cavalerie qui a passé sans rencontrer d'obstacles. Il est certain que l'ennemi a un fort détachement sur la droite de l'Elbe et un autre du côté de Marienberg, et que ses principales forces, dans cette partie, sont sur la chaussée de Peterswalde, dont il lui importe de conserver le débouché pour être assuré que je ne prendrai pas l'offensive pendant qu'il se livrera à ses opérations. Faites connaître au maréchal Saint-Cyr que je serai de ma personne à Hellendorf, et recommandez-lui de m'y envoyer fréquemment de ses nouvelles.

D'après l'original non signé. Dépôt de la guerre.

20573. — AU PRINCE DE NEUCHÂTEL ET DE WAGRAM,
MAJOR GÉNÉRAL DE LA GRANDE ARMÉE, À PIRNA.

Pirna, 16 septembre 1813.

Mon Cousin, écrivez au duc de Tarente que j'ai reçu sa reconnaissance; que je lui ai fait connaître que j'ai chassé l'ennemi, qui avait pris position devant Berggiesshübel, de Hellendorf et de Peterswalde, mais que la nuit nous a surpris au delà de Peterswalde, et que l'ennemi occupe encore la hauteur qui domine la descente en Bohême; que je vais me porter pour le faire attaquer à midi et le jeter entièrement dans la plaine. Après cela, il serait possible que je débouchasse de nuit par le pont de Pirna pour me porter sur Stolpen et attaquer les Russes et les Autrichiens qui sont de ce côté. Le prince Poniatowski dit qu'il a devant lui 15,000 Russes : c'est probablement le corps de Langeron.

Je désire que le duc de Tarente me fasse connaître les mouvements qu'il pourrait faire pour faire du mal à l'ennemi, détruire les redoutes qu'il a commencé à élever entre Neustadt et Hohnstein, et le pousser jusqu'à Bautzen, que mon intention serait d'occuper, en plaçant le corps du duc de Tarente derrière.

Faites-lui connaître que le roi de Naples est arrivé vis-à-vis Torgau et qu'il y est arrivé à temps : six heures plus tard le convoi était pris. Ce convoi arrivera ce soir ou demain à Dresde. Le roi de Naples et le duc de Raguse restent entre Torgau et Grossenhayn. Le duc de Bellune est à Dippoldiswalde et occupe Freyberg. Je laisse ces corps se reposer dans leurs positions, afin de les avoir frais pour s'en servir selon les circonstances.

NAPOLÉON.

D'après l'original. Dépôt de la guerre.

20574. — AU PRINCE DE NEUCHÂTEL ET DE WAGRAM,
MAJOR GÉNÉRAL DE LA GRANDE ARMÉE, À PETERSWALDE.

Peterswalde, 17 septembre 1813, cinq heures du matin.

Mon Cousin, écrivez au duc d'Elchingen que l'ennemi qui avait passé en Saxe a été rejeté en Bohême après avoir perdu beaucoup de monde et des prisonniers, parmi lesquels se trouve le fils du général Blücher, qui commandait l'avant-garde.

Faites part des mêmes nouvelles au duc de Tarente, au prince Poniatowski, au général Durosnel et au général Margaron.

Faites connaître au prince de la Moskova que les réclamations du général Lapoype ne sont pas fondées ; du moment qu'il a 1,500 hommes, c'est assez pour la défense de Wittenberg. Il faut donc que le prince de la Moskova réunisse tout le corps du général Dombrowski, infanterie. cavalerie et artillerie, et qu'il le laisse entre Dessau et Leipzig, afin de marcher contre les partisans, les Polonais étant très-propres à ce genre de service.

Faites connaître au prince de la Moskova et au général Margaron que le général Lefebvre-Desnoëttes a dû attaquer, hier 16, un colonel autrichien qui se trouvait avec 1,600 hommes à Grimma.

J'ai vu avec peine qu'on ait fait sortir de Torgau les dépôts de la Garde sans être assuré des points où on les mettrait. Ils sont mal à Wurzen. Mais, puisque cela est fait, faites-les diriger sur Gotha, aussitôt que Thielmann aura été chassé des débouchés de la Saxe.

Écrivez au duc de Raguse ce qui a eu lieu à Dresde, afin qu'il occupe, comme je l'ai ordonné, les deux routes qui aboutissent à cette ville.

NAPOLÉON.

D'après l'original. Dépôt de la guerre.

20575. — A M. MARET, DUC DE BASSANO,
MINISTRE DES RELATIONS EXTÉRIEURES, À DRESDE.

Peterswalde, 17 septembre 1813, au matin.

Monsieur le Duc de Bassano, j'ai couché cette nuit à Peterswalde. Hier j'ai jeté l'ennemi sur Kulm. La cavalerie a fait quelques belles charges. Nous avons fait prisonnier le fils de Blücher, qui est colonel ou général-major. C'est le même qui avait été en partisan du côté de Gotha.

Le général Lefebvre était le 15 à Colditz. Hier 16, il a dû attaquer Grimma, où se trouvait un colonel autrichien avec 15 à 1,600 hommes; par une lettre de ce colonel, qu'on a interceptée, il paraît qu'il se trouve assez embarrassé de son rôle.

Thielmann n'a pu rien prendre à Naumburg, si ce n'est l'hôpital; il n'y avait ni garnison, ni commandant.

Je vais me rendre à Pirna dans la journée.

NAPOLÉON.

D'après l'original comm. par M. le duc de Bassano.

20576. — AU PRINCE DE NEUCHÂTEL ET DE WAGRAM,
MAJOR GÉNÉRAL DE LA GRANDE ARMÉE, À PETERSWALDE.

Peterswalde, 17 septembre 1813.

Mon Cousin, envoyez un officier avec un ordre en chiffre au duc de Castiglione, et cet officier pourra lui répéter l'ordre, verbalement, de se porter le plus tôt possible sur la Saale, avec son infanterie, sa cavalerie et son artillerie, en ne laissant à Würzburg que ce que j'ai désigné pour la garnison. Son principal but sera de rester maître des débouchés de la Saale et de chasser les partisans ennemis qui manœuvrent dans cette direction. Il peut se rendre en droite ligne par Cobourg sur Iena. Il faudrait lui envoyer cet ordre par quadruplicata et par différentes voies.

NAPOLÉON.

D'après l'original. Dépôt de la guerre.

20577. — AU PRINCE DE NEUCHÂTEL ET DE WAGRAM,
MAJOR GÉNÉRAL DE LA GRANDE ARMÉE, À PETERSWALDE.

Peterswalde, 17 septembre 1813.

Mon Cousin, écrivez au prince de la Moskova de donner ordre sur toute la ligne, et donnez vous-même ordre à Wittenberg et à Magdeburg, de ne recevoir aucun parlementaire de l'armée que commande le prince de Suède, et de déclarer que les communications doivent se faire du côté de la grande armée que commande le prince de Schwarzenberg.

NAPOLÉON.

D'après l'original. Dépôt de la guerre.

20578. — AU PRINCE DE NEUCHÂTEL ET DE WAGRAM,
MAJOR GÉNÉRAL DE LA GRANDE ARMÉE, À PETERSWALDE.

Peterswalde, 17 septembre 1813.

Mon Cousin, donnez ordre à la division Decous de la jeune Garde de partir de la position où elle se trouve pour se rendre à Pirna, où elle prendra position avant d'entrer dans la ville.

NAPOLÉON.

D'après l'original. Dépôt de la guerre.

20579. — AU COMTE DARU,
DIRECTEUR DE L'ADMINISTRATION DE LA GRANDE ARMÉE, À PETERSWALDE.

Peterswalde, 17 septembre 1813.

Monsieur le Comte Daru, l'essai que nous venons de faire pour les vivres a prouvé que le gouvernement saxon, seul, pouvait nous fournir des farines. Si on avait pris ce parti au moment de la récolte, on aurait d'immenses magasins. Toutes les nouvelles que je reçois des colonnes destinées à protéger les arrivages s'accordent sur ce point : c'est qu'à peine a-t-on dit aux baillis qu'ils peuvent envoyer sur Dresde, qu'ils répondent aussitôt que tout est prêt et que l'envoi se fait. Il y a donc lieu de croire que le marché pour la farine se réalisera.

Il serait à désirer qu'on pût faire de semblables marchés avec le gouvernement saxon pour la viande et pour les fourrages, hormis pour la portion qu'on doit tirer de la Westphalie. Les habitants, dans la triste perspective où ils sont de voir les soldats des deux armées les piller, préféreront vendre à leur gouvernement. Il faut donc s'attacher à cette idée de former nos magasins en traitant avec le gouvernement saxon.

NAPOLÉON.

D'après la copie comm. par M. le comte Daru.

20580. — AU MARÉCHAL GOUVION SAINT-CYR,
COMMANDANT LE 14ᵉ CORPS DE LA GRANDE ARMÉE, À BREITENAU.

Peterswalde, 17 septembre 1813, dix heures du soir.

Je vous ai écrit il y a deux heures pour vous dire que l'intention de l'Empereur était que vous débouchiez par Peterswalde demain matin ; mais le temps est si mauvais que votre artillerie ne pourrait passer par le débouché de Peterswalde.

De notre côté, l'Empereur s'est emparé des débouchés sur la plaine.

Tenez les débouchés de Fürstenwalde ; faites quelques démonstrations d'infanterie et de fusillades, afin que vous puissiez connaître ce qu'a l'ennemi. Vous aurez soin de nous donner des nouvelles de tout ce que vous verrez et apprendrez. Vous devez donc, pour demain matin, vous borner à observer et inquiéter l'ennemi, sans engager votre artillerie dans le défilé de Fürstenwalde[1].

D'après la minute. Archives de l'Empire.

---

[1] La minute de cette lettre adressée au prince de Neufchâtel porte en tête : « Lettre à écrire par le major général. »

20581. — AU GÉNÉRAL LEFEBVRE-DESNOËTTES,
COMMANDANT LA 2ᵉ DIVISION DE CAVALERIE DE LA GARDE, À ROETHA.

Peterswalde, 18 septembre 1813, quatre heures du matin.

Je reçois votre lettre du 17 à deux heures du matin. Je suppose qu'il m'en manque une dans laquelle vous me rendez compte probablement de votre arrivée à Grimma. Votre officier m'assure que ce poste avait été évacué. Il est de la plus grande importance de chasser l'ennemi de Naumburg et Weissenfels, et de rouvrir les communications avec Erfurt. Concertez-vous avec les généraux Margaron et Lorge, et rétablissez la liberté des débouchés de la Saale. Il me manque plusieurs estafettes. Faites filer tous mes dépôts de cavalerie et de blessés, ainsi que tous les embarras qui sont à Leipzig, sur Erfurt et Gotha. Tout cela est de la plus haute importance.

Envoyez un officier à Würzburg au duc de Castiglione. Je lui ai donné ordre de se porter avec son infanterie, son artillerie et sa cavalerie sur la Saale, pour maintenir les débouchés. Comme il est possible qu'il n'ait pas reçu mon ordre, par suite de la difficulté des communications, votre officier le lui fera connaître; qu'il marche sur-le-champ sur la Saale et se porte sur Erfurt ou directement sur Iena par Cobourg.

Le major général ordonnera au général Margaron de donner au général Piré et au général Vallin tout ce qui appartient à leurs régiments dans les corps qu'il a sous ses ordres.

D'après l'original. Archives de l'Empire.

20582. — AU PRINCE DE NEUCHÂTEL ET DE WAGRAM,
MAJOR GÉNÉRAL DE LA GRANDE ARMÉE, À PETERSWALDE.

Peterswalde, 18 septembre 1813, cinq heures du matin.

Mon Cousin, écrivez au prince de la Moskova que le général Lefebvre-Desnoëttes m'écrit, le 17, de Rœtha, qu'il paraît que le général Lorge n'est pas loin; que j'espère qu'ils rétabliront les communications de la Saale; qu'on fera passer l'ordre au duc de Castiglione de se rendre à Iena avec son corps, et qu'on fera filer par Gotha tous les dépôts de cavalerie et embarras qui sont à Leipzig; que le corps du général Dombrowski réuni en partisans observe Dessau; que le roi de Naples et le duc de Raguse sont toujours sur la rive droite, entre Torgau et Dresde; que je les destine à manœuvrer contre Berlin et l'armée de Berlin.

Ajoutez au prince de la Moskova qu'en cas d'événement inattendu il faut qu'il fasse tout son possible pour sauver Leipzig; qu'il se mette en correspondance avec le roi de Naples et le duc de Raguse.

NAPOLÉON.

D'après l'original. Dépôt de la guerre.

20583. — AU PRINCE DE NEUCHÂTEL ET DE WAGRAM,
MAJOR GÉNÉRAL DE LA GRANDE ARMÉE, À PETERSWALDE.

Peterswalde, 18 septembre 1813, six heures du matin.

Mon Cousin, faites connaître au duc de Bellune qu'hier nous avons obligé l'ennemi à montrer ses forces de l'autre côté de la montagne de Bohême; que nous lui avons pris quelques pièces de canon et fait des prisonniers, et que nous nous sommes emparés de tous les débouchés au bas de la montagne; que le général Lefebvre-Desnoëttes doit être aujourd'hui à Rœtha, et qu'il a chassé les partis ennemis de Wurzen, de Grimma, de Borna et de Leisnig; que le général Thielmann n'a que 2,500 chevaux avec deux pièces de canon, et qu'il est poursuivi dans différentes directions.

Écrivez à ce maréchal que je suppose que la colonne légère que j'ai demandée est déjà à Freyberg, et que mon intention est qu'il y envoie une division entière, avec de la cavalerie légère, afin de pousser de fortes reconnaissances sur Chemnitz et se tenir éclairé de ce côté. Le 2ᵉ corps ne pouvant marcher que sur Dresde ou sur Leipzig, dans l'un et l'autre cas ce détachement ne saurait nuire; cela facilitera la subsistance de ce corps.

Faites-lui connaître que mon quartier général sera ce soir à Pirna, et qu'il nous instruise fréquemment de ce qu'il y a de nouveau du côté de Sayda, Marienberg et Chemnitz.

NAPOLÉON.

D'après l'original. Dépôt de la guerre.

20584. — A M. MARET, DUC DE BASSANO,

MINISTRE DES RELATIONS EXTÉRIEURES, À DRESDE.

Peterswalde, 18 septembre 1813, au matin.

Monsieur le Duc de Bassano, je me suis rendu hier aux avant-postes, et, ayant aperçu l'ennemi dans la forêt et dans le village qui est au bas de la montagne, je l'ai fait attaquer afin de l'obliger à démasquer ses forces. On lui a enlevé toutes ses positions dans une charge de cavalerie. Les lanciers rouges de la Garde lui ont pris cinq pièces de canon. On a fait quelques prisonniers, et la journée a fini par une grande canonnade à peu près hors de portée. Ayant ainsi tous les débouchés, et le temps étant horrible, on a pris position. Je compte être aujourd'hui de bonne heure à Pirna.

Le général Lefebvre-Desnoëttes était hier 17 à Rœtha; il a balayé le colonel autrichien qui inquiétait Leipzig. Je suppose qu'à l'heure qu'il est il ira débloquer Naumburg et Weissenfels.

J'ai donné ordre au duc de Castiglione de venir sur la Saale.

NAPOLÉON.

D'après l'original comm. par M. le duc de Bassano.

20585. — AU GÉNÉRAL MOUTON, COMTE DE LOBAU,

COMMANDANT LE 1ᵉʳ CORPS DE LA GRANDE ARMÉE, À PETERSWALDE.

Peterswalde, 18 septembre 1813, à midi.

Je ne puis pas croire que l'ennemi attaque sérieusement; s'il prend les armes, c'est qu'il croit être attaqué. Je considérerais une attaque comme une chose fort heureuse. S'il attaque, il faut descendre autant de pièces de canon qu'on en peut mettre en batterie en avant du village. Laissez-y la division Teste, la division Duvernet et la division Cassagne. Placez de l'artillerie sur les rampes et soutenez l'attaque. L'ennemi sera battu, et quand il sera repoussé nous le chargerons vigoureusement. Gardez le général Dumonceau en réserve et une brigade pour garder le défilé d'Aussig. Il faut, quelque chose qui arrive, sortir triomphant de l'attaque, c'est-à-dire garder le village et les débouchés. Si l'ennemi a

50,000 hommes, j'en ai ici 60,000. La Garde prend les armes et est ici en position de soutenir. Vous pouvez ordonner à Ornano et au général Letort de rester sur les hauteurs, jusqu'à ce qu'on voie ce que veut faire l'ennemi.

D'après la minute. Archives de l'Empire.

20586. — AU PRINCE DE NEUCHÂTEL ET DE WAGRAM,
MAJOR GÉNÉRAL DE LA GRANDE ARMÉE, À PETERSWALDE.

Peterswalde, 18 septembre 1813.

Mon Cousin, je vous envoie le changement qu'il faut faire à la lettre du comte de Lobau. Montrez-la-moi encore avant de l'expédier.

Faites connaître au duc de Trévise et au général Nansouty tout ce qui les regarde. La division Roguet partira ce soir et sera maîtresse, ou de marcher toute la nuit et de prendre position dans son camp derrière Berggiesshübel, ou de ne faire que deux ou trois lieues et demain de bonne heure de continuer son mouvement. La division Roguet restera en bataille pour assurer la position de Berggiesshübel et prendra son camp en arrière du comte de Lobau, de manière que, si je n'en ai pas besoin, je puisse laisser là cette division, sans quoi elle doit se tenir prête à suivre le mouvement de la Garde.

NAPOLÉON.

Voici la nouvelle rédaction de la lettre à écrire au comte de Lobau :

« Monsieur le comte de Lobau, l'Empereur ordonne que vous fassiez évacuer dans la journée tous vos blessés au delà de Berggiesshübel; que vous fassiez enterrer les morts français qui sont dans la forêt; que vous envoyiez vos caissons vides pour se recharger, et que vous commenciez à faire filer à sept heures du soir vos ambulances, vos caissons, vos bagages et toute la partie de votre artillerie qui est inutile pour le service des divisions. Tout cela prendra position au camp de Berggiesshübel.

« Ce soir, à sept heures, la division Dumonceau portera une de ses brigades en avant de Peterswalde et l'autre sur la hauteur en arrière. La division Teste viendra prendre position sur la chapelle, et la division Cassagne à peu près à la hauteur du débouché que l'ennemi a attaqué aujourd'hui.

« A huit ou neuf heures du soir, toutes les troupes seront ainsi en position ; elles y feront la soupe et y passeront la nuit, de sorte qu'à cinq heures du matin la 42ᵉ division, qui n'aura plus ni voitures ni artillerie (l'artillerie qui lui sera nécessaire aura été transportée à la chapelle). à cinq heures, dis-je, cette division se mettra en route pour arriver à sept ou huit heures du matin à la chapelle et filer ensuite plus loin.

« La division Cassagne partira également à cinq heures, et précédera ainsi la 42ᵉ division.

« Ces deux divisions auront dépassé à sept heures la chapelle, où la division Teste sera en position. Cette division placera ce soir deux bataillons et deux pièces de canon au débouché que l'ennemi a attaqué aujourd'hui, et ce sont ces deux bataillons qui feront l'arrière-garde de l'armée, de sorte que demain, à sept heures du matin, toute l'armée se trouvera échelonnée depuis la chapelle jusqu'à la hauteur entre Hellendorf et Berggiesshübel.

« La division Dumonceau arrivera demain de bonne heure à la position de Berggiesshübel ; elle y prendra position avec l'artillerie, ainsi que toutes les autres divisions qui arriveront successivement.

« Votre division d'arrière-garde pourra prendre position en avant de Hellendorf.

« La 42ᵉ division prendra ses positions, par les défilés de Bara, sur le camp de Kœnigstein. Il faut continuer à retrancher ces positions de toutes les manières.

« Étudiez bien le terrain pour vous lier avec la 42ᵉ division, qui sera à Langen-Hennersdorf, et avec le maréchal Saint-Cyr.

« Aujourd'hui vous ne devez faire, de jour, aucune espèce de mouvement rétrograde.

« Le régiment de la Garde que commande le général Letort ne partira qu'à six heures pour venir prendre ses bivouacs plus loin que Hellendorf, et continuera demain de s'approcher de Pirna.

« Le général Ornano continuera à commander votre cavalerie légère et fera la retraite en ordre. Il pourra faire partir cette nuit la portion de son régiment qui se compose d'hommes écloppés et fatigués. Arrivé à la position de Berggiesshübel, il prendra ses bivouacs entre Berggiesshübel et Pirna, et alors vous n'aurez de cavalerie que la brigade polonaise et votre autre brigade.

« La division du général Roguet partira ce soir à six heures de la position qu'elle occupe en arrière du bois, et marchera toute la nuit pour prendre position derrière Berggiesshübel, où elle attendra de nouveaux ordres, c'est-à-dire jusqu'à ce que votre corps soit parfaitement placé. La division Teste fera l'arrière-garde, et on lui donnera une batterie d'artillerie à cheval.

« Le quartier général de l'Empereur sera ce soir à Pirna. »

D'après la minute. Dépôt de la guerre.

20587. — AU PRINCE DE NEUCHÂTEL ET DE WAGRAM,
MAJOR GÉNÉRAL DE LA GRANDE ARMÉE, À PETERSWALDE.

Peterswalde, 18 septembre 1813.

Mon Cousin, écrivez au général Lefebvre-Desnoëttes, au général Margaron et au général Lorge de rouvrir le plus tôt possible les débouchés de la Saale.

Réitérez l'ordre, par duplicata, au duc de Castiglione, à qui le général Margaron le fera passer à Würzburg par des officiers, de partir avec tout son corps, infanterie, cavalerie et artillerie, pour se rendre sur Iena, par Cobourg, afin de tenir libres les débouchés de la Saale et de protéger tous nos derrières.

Donnez ordre au général Margaron, au général Lefebvre-Desnoëttes et au général Lorge de protéger le passage sur Erfurt et Gotha des dépôts de cavalerie, des blessés et des autres embarras de l'armée qui se trouvent à Leipzig.

NAPOLÉON.

D'après l'original. Dépôt de la guerre.

20588. — AU PRINCE DE NEUCHÂTEL ET DE WAGRAM,
MAJOR GÉNÉRAL DE LA GRANDE ARMÉE, À PETERSWALDE.

Peterswalde, 18 septembre 1813.

Mon Cousin, donnez ordre à la cavalerie de la Garde que commande le général Walther de se mettre en mouvement pour prendre position ce soir près de Pirna.

Donnez ordre au régiment de la Garde que commande le général Letort de quitter sa position et de rejoindre le général Walther.

Donnez ordre au général Ornano de partir à deux heures après midi et de revenir prendre position du côté de Hellendorf. Il prendra, pour faire ce mouvement, les ordres du comte de Lobau, parce qu'il est indispensable que le général Colbert soit remplacé dans sa position.

Donnez ordre aux deux divisions de la jeune Garde qui sont le plus près de Pirna de partir sans délai pour s'approcher de Pirna; elles pourront coucher ce soir une à Zehista et l'autre plus près de Pirna.

Donnez ordre que la division de la jeune Garde qui est en position sur le plateau n'en parte qu'à deux ou trois heures de l'après-midi, s'il n'y a rien de nouveau, et se dirige sur le camp de Berggiesshübel, où elle prendra position ce soir.

Donnez ordre à toutes les batteries de réserve de la Garde de rejoindre le parc de réserve près de Pirna.

NAPOLÉON.

D'après l'original. Dépôt de la guerre.

20589. — AU MARÉCHAL GOUVION SAINT-CYR,
COMMANDANT LE 14ᵉ CORPS DE LA GRANDE ARMÉE, À BREITENAU.

Peterswalde, 18 septembre 1813.

Mon Cousin, j'ai fait hier une reconnaissance pour bien connaître la force et la position de l'ennemi. Sa position m'a paru forte, et, quoique le débouché de Peterswalde soit assez favorable pour l'artillerie, les pentes en étant assez douces, la position de l'ennemi ne me permettait pas de l'attaquer; je me suis donc arrêté au parti de m'en tenir au jeu de va-et-vient et d'attendre l'occasion.

D'après la minute. Archives de l'Empire.

20590. — ORDRE POUR LE GÉNÉRAL ROGUET,
COMMANDANT LA 1re DIVISION DE LA VIEILLE GARDE, À PETERSWALDE.

Peterswalde, 18 septembre 1813, après midi.

Ordre au général Roguet qu'en faisant son mouvement en arrière il fasse passer une brigade, avec .... [1] pièces de canon, de Hellendorf par le défilé de Borna, et qu'il prenne position sur les hauteurs de Langen-Hennersdorf, entre le débouché de Rosenthal, jusqu'à ce que la 42e division y soit arrivée. Après cela, cette brigade viendra le rejoindre dans son camp, derrière Berggiesshübel. Il serait à propos que cette brigade eût 2 ou 300 chevaux. On peut les demander au général Ornano. Le général Roguet en préviendrait le général Mouton-Duvernet.

D'après la minute. Archives de l'Empire.

20591. — AU PRINCE DE NEUCHÂTEL ET DE WAGRAM,
MAJOR GÉNÉRAL DE LA GRANDE ARMÉE, À PETERSWALDE.

Peterswalde, 18 septembre 1813, cinq heures du soir.

Mon Cousin, envoyez au maréchal Saint-Cyr la copie de la lettre que vous écrivez au comte de Lobau, afin qu'il y conforme son mouvement. Faites-lui connaître que je désire qu'il appuie une de ses divisions au comte de Lobau; deux divisions me paraissent assez pour garder son débouché. Mon intention est que le général Pajol prenne le commandement de toute sa cavalerie légère. Faites-lui également connaître que mon intention est qu'on tienne ferme à Borna et à Berggiesshübel, et que je n'aie aucune inquiétude pour ces deux positions. Sonnenstein étant maintenant très-fort, il faut que l'ennemi ne puisse nous débusquer de ces deux positions que par un mouvement général de son armée, qui justifierait alors le mouvement que je ferais contre lui; mais il ne faut

[1] Lacune dans le texte.

pas qu'il m'oblige à ce mouvement avec de simples divisions légères, comme cela vient d'avoir lieu.

Dites à ce maréchal que, un grand convoi de farine venant d'arriver à Dresde, on doit avoir commencé à lui envoyer de bonnes rations. Son ordonnateur doit se donner plus de mouvement. Il serait nécessaire qu'il se procurât une partie de la farine dont il a besoin par les moulins de Dohna, Borna, etc. Nous avons du blé, il n'y a que la mouture qui nous gêne. Presque tous les villages ont des moulins, il faut en profiter en les saisissant pour le service du corps d'armée. Il serait bon que, par ce moyen, il pût donner à chaque homme huit onces de pain; on en enverrait huit onces de Dresde avec quatre onces de riz; la ration serait alors de seize onces de pain et quatre onces de riz, à quoi le soldat joindrait les pommes de terre et les légumes qu'il trouvera encore longtemps dans tous les villages.

NAPOLÉON.

D'après l'original. Dépôt de la guerre.

20592. — AU PRINCE DE NEUCHÂTEL ET DE WAGRAM,
MAJOR GÉNÉRAL DE LA GRANDE ARMÉE, À PETERSWALDE.

Peterswalde, 18 septembre 1813, cinq heures du soir.

Mon Cousin, écrivez au maréchal Saint-Cyr que je me suis porté aujourd'hui, à midi, aux avant-postes, pour revoir encore une fois la position de l'armée ennemie; le temps étant clair, on a tout vu en détail.

L'ennemi a fait une attaque de huit ou dix bataillons sur la gauche; cela n'a duré qu'une heure, il a été vertement repoussé. Du reste, l'ennemi a paru être en position.

NAPOLÉON.

D'après l'original. Dépôt de la guerre.

20593. — A JOACHIM NAPOLÉON, ROI DE NAPLES,
À GROSSENHAYN.

Pirna, 19 septembre 1813, dix heures du matin.

Je reçois votre lettre du 18. Selon les renseignements que j'ai, le corps de Bülow est à Schweidnitz, entre Wittenberg et Jüterbogk, et le corps suédois entre Coswig et Roslau. Votre jonction avec le prince de la Moskova, entre Herzberg et Torgau, et votre projet de rejeter l'ennemi au delà de l'Elster ne trouveraient pas, je crois, grand obstacle.

J'attends des nouvelles dans la journée. Il paraît que l'ennemi a poussé un assez fort parti de Pulsnitz sur Radeberg, et que le duc de Tarente en est fort inquiété. Un mouvement alors de Grossenhayn sur Kœnigsbrück et Kamenz favoriserait le mouvement du duc de Tarente et nous mettrait en mesure de reprendre la position de Bautzen.

Je suis descendu hier dans la plaine de Bohême, près de Kulm, et j'ai obligé l'ennemi à démasquer son camp et ses forces. Il a présenté toute son armée en bataille sur plusieurs lignes; il s'attendait à être attaqué. J'ai fait alors reployer les colonnes. Cette nuit, le comte de Lobau et le maréchal Saint-Cyr ont repris leurs anciennes positions.

Si je me décide à marcher demain sur Stolpen, Bischofswerda et Bautzen, votre mouvement sur Kamenz, avec le duc de Raguse et la portion de cavalerie que vous avez sous la main, couperait beaucoup de partis et même de l'infanterie à l'ennemi. D'un autre côté, le général Lefebvre a déjà nettoyé nos communications de Leipzig à Dresde. Il paraît que Thielmann a abandonné Naumburg, où il n'est entré qu'avec 2,000 chevaux. On parle vaguement d'un mouvement des Suédois sur Dessau : cela mérite confirmation.

Tenez-vous prêt, ainsi que le duc de Raguse, ou à exécuter le mouvement que vous avez proposé, ou à faire celui sur Kamenz. Je vous enverrai des ordres ce soir. Il fait un temps horrible. Le prince de Neuchâtel est malade; je ne sais pas si c'est sa goutte ou seulement un accès de fièvre.

D'après la minute. Archives de l'Empire.

20594. — AU PRINCE PONIATOWSKI,
COMMANDANT LE 8ᵉ CORPS DE LA GRANDE ARMÉE, À STOLPEN.

Pirna, 19 septembre 1813, onze heures du matin.

Le duc de Tarente me mande qu'hier les flanqueurs qu'il avait à Pulsnitz ont dû se retirer sur Radeberg. Je viens d'ordonner à deux divisions de la jeune Garde et à la cavalerie de la Garde de passer le pont de Pirna et d'occuper Lohmen, Rœhrsdorf et Stürza. Couvrez ces troupes par votre cavalerie, afin que l'ennemi ne les voie point et qu'il ignore absolument ce mouvement.

Je ne serais pas éloigné, si le temps était moins affreux demain, de marcher à l'ennemi et de le pousser au delà de Bautzen. On assure que le corps de Langeron a quitté vos environs et qu'il s'est porté du côté de Bautzen et de Bischofswerda, afin de déborder la gauche du duc de Tarente. Faites-moi connaître ce qu'il en est. S'il n'y a pas d'inconvénient, venez avant minuit à Pirna pour me faire connaître exactement le dernier état des choses.

D'après la minute. Archives de l'Empire.

20595. — AU PRINCE DE NEUCHÂTEL ET DE WAGRAM,
MAJOR GÉNÉRAL DE LA GRANDE ARMÉE, À PIRNA.

Pirna, 19 septembre 1813.

Mon Cousin, écrivez au duc de Bellune que ce n'est pas par 4,000 hommes, mais par 400, que le général Bruno a été enlevé : il dormait tranquillement dans la ville, avec tous ses hommes. Tant que les troupes légères serviront aussi mal, il arrivera des malheurs. Au lieu de bivouaquer dans une position militaire et de changer tous les jours de camp, le général Bruno s'était renfermé dans la ville. Dites au duc de Bellune de vous envoyer l'état de situation des deux escadrons qui étaient à Freyberg et de vous faire connaître s'il y avait de l'infanterie. Témoignez-lui mon mécontentement de ce qu'il n'avait pas donné au général Bruno des instructions telles qu'il ne se soit pas enfermé dans la ville. Le maréchal a dû savoir par ses officiers qu'il vivait chez les habitants, au lieu de bivouaquer.

Je viens de dicter un ordre du jour pour faire connaître à l'armée l'événement survenu au général Bruno. Il faut réitérer l'ordre aux troupes légères de ne jamais passer la nuit dans une ville; elles doivent bivouaquer et changer de bivouac le soir, de manière à coucher à une demi-lieue ou une lieue de l'endroit où elles étaient au coucher du soleil.

C'est le moyen de n'être jamais surpris, et c'est faute de ces précautions que de pareils accidents ont lieu. 2 ou 300 hommes de cavalerie légère ne doivent pas prendre position comme un corps d'infanterie; leur but est d'éclairer et non de combattre. Faites sur ces principes un ordre du jour soigné et qu'on puisse imprimer. On doit faire connaître qu'il y a peine de mort contre les commandants de patrouilles de troupes légères qui passeraient la nuit dans une ville.

Napoléon.

ORDRE.

Sa Majesté est mécontente de la manière dont se fait le service des troupes légères de cavalerie.

Le général Gobrecht, commandant les troupes légères du 1er corps, était en position sur les flancs de l'armée sans grand'garde et tous les chevaux débridés. Les lois militaires rendent une pareille négligence passible de la peine de mort.

Sa Majesté a surpris un brigadier de la Garde qui, étant placé en grand'garde près de Pirna, avait ses chevaux débridés. Sa Majesté ordonne que ce brigadier soit cassé.

Le général de brigade Bruno, en reconnaissance avec 150 chevaux westphaliens, au lieu de bivouaquer, de changer tous les soirs d'emplacement, de ne jamais passer la nuit dans un lieu où on a pu l'observer au coucher du soleil, de n'entrer que le jour dans les villes et dans les villages, s'étant simplement cantonné dans Freyberg, ayant placé ses chevaux dans les écuries, y a été surpris par 400 Autrichiens. Sa Majesté ordonne que le général Bruno soit suspendu, et que sa conduite soit renvoyée à une commission d'enquête.

Tout officier et sous-officier qui, étant de grand'garde, négligera les précautions prescrites par les règlements militaires; tout commandant, quel qu'il soit, de troupes légères envoyées en reconnaissance ou détachées sans infanterie, en camp volant, qui négligera de prendre lesdites précautions; tout général de cavalerie qui, flanquant la position de l'armée, négligera de placer ses grand'gardes et l'exécution des règlements militaires, et exposera l'armée à une surprise de l'ennemi, sera traduit par-devant une commission militaire et condamné à mort.

D'après l'original. Dépôt de la guerre.

20596. — AU PRINCE DE NEUCHÂTEL ET DE WAGRAM,
MAJOR GÉNÉRAL DE LA GRANDE ARMÉE, À PIRNA.

Pirna, 19 septembre 1813.

Mon Cousin, écrivez au prince de la Moskova que vous avez reçu sa lettre du 18; que je vois avec plaisir la réunion du corps du général Dombrowski, infanterie, cavalerie et artillerie, à Bitterfeld; que je pense qu'il doit sur-le-champ occuper Dessau en force, avec de l'infanterie, de la cavalerie et de l'artillerie, afin de bien garder les bords de la rivière; que le moyen le plus efficace d'empêcher l'ennemi de passer l'Elbe à Dessau est que ce prince concentre son corps à Wittenberg, mais que j'approuve cependant, en attendant que j'aie pris un parti définitif, les dispositions qu'il a faites.

Dites-lui que j'ai donné ordre au général Margaron de renvoyer au 3ᵉ corps de cavalerie tous les détachements qu'il a à Leipzig; que je désire que tous les détachements des dépôts qui formaient la garnison de Leipzig et qui en auraient été tirés, soit pour des escortes, soit pour toute autre cause, rentrent à Leipzig. Je désire avoir un état de situation en abrégé de ses différents corps et de la division Lorge, infanterie, cavalerie et artillerie. Où est cette division?

Faites-lui connaître de plus que j'ai supprimé le 12ᵉ corps et qu'il doit faire sans délai cette organisation; que le duc de Reggio vient au quartier général; que je ne vois pas d'inconvénient à ce qu'il envoie le duc de Padoue à Leipzig, toutefois en y laissant le général Margaron. Le duc de Padoue aurait sous ses ordres les divisions Defrance, Lorge et Margaron. Mais je désire néanmoins que le prince de la Moskova conserve la direction de tous ces corps, tant qu'il sera aussi près de Leipzig, puisque lui seul pourrait sauver Leipzig, si cette ville était sérieusement menacée, avant que mes dispositions offensives sur la rive droite de l'Elbe aient rappelé l'ennemi d'un autre côté. Si les mouvements de l'ennemi devenaient plus sérieux, il serait bon de porter le 7ᵉ corps à Wittenberg, afin de le lier avec le général Dombrowski à Bitterfeld et à Dessau. Il faut que le général Margaron reste à Leipzig, parce que le duc de Padoue en partira avec toutes ses troupes aussitôt que le temps sera meilleur et que j'aurai pris un parti sur les opérations qui auront lieu.

NAPOLÉON.

D'après l'original. Dépôt de la guerre.

20597. — AU PRINCE DE NEUCHÂTEL ET DE WAGRAM,
MAJOR GÉNÉRAL DE LA GRANDE ARMÉE, À PIRNA.

Pirna, 19 septembre 1813.

Mon Cousin, donnez ordre au duc de Bellune d'occuper Freyberg avec son corps, en laissant un corps d'observation d'infanterie, cavalerie et artillerie à Dippoldiswalde. Il prendra à Freyberg une bonne position militaire et poussera des partis sur Chemnitz.

NAPOLÉON.

D'après l'original. Dépôt de la guerre.

20598. — A M. MARET, DUC DE BASSANO,
MINISTRE DES RELATIONS EXTÉRIEURES, À DRESDE.

Pirna, 19 septembre 1813.

Monsieur le Duc de Bassano, vous devez répondre au comte de Narbonne que ses lettres sont ridicules et ne prouvent qu'une seule chose : c'est qu'il n'a aucun usage de la guerre. Est-il en effet extraordinaire qu'il y ait du désordre dans une place[1] qui vient de servir de refuge à une armée qui a perdu une bataille? Est-il extraordinaire qu'il y ait de l'embarras quand il est question d'y former quatorze ou quinze dépôts? On l'a envoyé là avec une autorité supérieure, exprès parce qu'il y avait quelque chose à faire. Qu'il emploie dans ses lettres des formules plus sensées, telles, par exemple, que ses protestations de dire la vérité, comme si tout le monde ne devait pas dire la vérité et ne la disait pas ; comme si tout ce qui a l'expérience des affaires ne la supposait pas. Des

[1] Torgau.

protestations de dire la vérité feraient presque croire qu'on n'a pas l'habitude de la dire toujours. Tâchez de lui faire comprendre cela de la manière la plus polie; mais vraiment il écrit au major général d'une manière ridicule et comme si ce devenait un mérite d'écrire la vérité. Qu'il ne s'étonne pas de ce qu'il voit; qu'il le dise avec simplicité, et tout aura son remède; l'armée du prince de la Moskova finira par aller ailleurs; l'ennemi sera éloigné de la rive droite; le général d'artillerie enverra des armes; le comte Daru enverra des effets d'habillement, les habits arriveront de tous côtés; les dépôts seront armés, habillés : c'est un moment à passer, et il aura rendu service, en acquérant pour lui-même l'usage de ces affaires militaires.

NAPOLÉON.

D'après l'original comm. par M. le duc de Bassano.

20599. — DÉCISION.

Pirna, 19 septembre 1813.

Le duc de Feltre, ministre de la guerre, soumet à l'Empereur une proposition d'échange de prisonniers, faite par le maréchal duc de Dalmatie, commandant l'armée française en Espagne.

Blâmer le duc de Dalmatie d'avoir consenti à un échange que je désapprouve; mais lui écrire que tout échange fait dans ces termes sera accepté, savoir : deux Espagnols et un Anglais contre trois Français. Ainsi on échangera 3,000 Français contre 2,000 Espagnols et 1,000 Anglais, grade pour grade et homme pour homme. Cet échange devra se faire simultanément, de manière que trois Français nous soient remis en même temps que nous remettrons deux Espagnols et un Anglais.

NAPOLÉON.

D'après la minute. Archives de l'Empire.

20600. — AU PRINCE DE NEUCHÂTEL ET DE WAGRAM,
MAJOR GÉNÉRAL DE LA GRANDE ARMÉE, À PIRNA.

Pirna, 20 septembre 1813, quatre heures du matin.

Mon Cousin, écrivez au duc de Tarente qu'il est fâcheux qu'il ait fait un mouvement sans nécessité et déplacé ses bivouacs et ses camps par une aussi horrible journée, ce qui fait souffrir infiniment sa troupe; que le général Maurin paraît faire fort mal la guerre; qu'il n'était pas à son poste, qu'il s'était cantonné dans un château avec sa cavalerie et n'avait qu'un bataillon d'infanterie et 20 chasseurs en avant; que je désire qu'il lui en témoigne mon mécontentement; que ce n'est pas ainsi qu'un général de troupes légères qui flanque une armée doit servir.

Écrivez au général Durosnel que l'alarme qu'a donnée le duc de Tarente était une fausse alarme; que le général Maurin, qui était à Pulsnitz, a fait faire tout ce tapage pour quinze escadrons qu'il a vus.

Écrivez au prince de la Moskova que le mouvement du roi de Naples, qui a fait arriver le convoi de Dresde, a produit en outre le bien qu'on en attendait, puisqu'il a attiré sur le Roi une forte partie des troupes que l'ennemi opposait au prince de la Moskova.

NAPOLÉON.

D'après l'original. Dépôt de la guerre.

20601. — AU MARÉCHAL MARMONT, DUC DE RAGUSE,
COMMANDANT LE 6ᵉ CORPS DE LA GRANDE ARMÉE, À GROSSENHAYN.

Pirna, 20 septembre 1813, quatre heures du matin.

La journée d'hier et cette nuit sont si affreuses qu'il n'y a pas moyen de bouger. Le duc de Tarente a donné une fausse alarme. Vous devez rester jusqu'à nouvel ordre dans votre position. Il n'est pas probable que l'infanterie ennemie ose s'avancer. Si cela était, je viendrais vous renforcer et nous livrerions bataille, ce qui serait une chose bien avantageuse, mais qui paraît opposée à leur système. La grande affaire de ce moment paraît être de conserver les armes et les cartouches le plus possible.

D'après la minute. Archives de l'Empire.

20602. — AU PRINCE DE NEUCHÂTEL ET DE WAGRAM,
MAJOR GÉNÉRAL DE LA GRANDE ARMÉE, À PIRNA.

Pirna, 20 septembre 1813.

Mon Cousin, écrivez au roi de Naples, au duc de Raguse, au duc de Tarente et au prince Poniatowski, que le temps affreux qu'il a continué de faire aujourd'hui rend tout mouvement impossible, et que, si demain le temps s'améliore, il faudra se disposer pour après-demain.

NAPOLÉON.

D'après l'original. Dépôt de la guerre.

20603. — AU PRINCE DE NEUCHÂTEL ET DE WAGRAM,
MAJOR GÉNÉRAL DE LA GRANDE ARMÉE, À PIRNA.

Pirna, 21 septembre 1813.

Donnez ordre au duc de Trévise de porter aujourd'hui son quartier général à Pirna, et d'y venir avec une division de la jeune Garde. Donnez ordre à la vieille Garde de se rendre à Dresde. Deux bataillons resteront ici, à Pirna, jusqu'à ce que le duc de Trévise les ait fait relever par deux autres bataillons.

Donnez ordre au maréchal Saint-Cyr de porter, dans la journée de demain, son quartier général à Pirna. Vous lui ferez connaître qu'il est chargé de la défense de l'Elbe depuis vis-à-vis Pillnitz jusqu'à Kœnigstein, et des débouchés de la Bohême depuis Kœnigstein jusqu'à Freyberg ; que je mets à cet effet sous ses ordres le 14º corps, le 1er et le 5º ; que le 5º corps, que commande le général Lauriston, arrive demain à Dresde et se portera sur-le-champ sur Dippoldiswalde ; qu'il me fasse connaître de quelle manière il doit le placer ; qu'il est nécessaire qu'il fasse venir une division du 14º corps à Pirna, pour occuper le camp en avant de Kœnigstein ; qu'ainsi le 14º corps aura une division à Kœnigstein et l'autre sur le plateau de Pirna ; qu'aussitôt que le général Lauriston sera arrivé à Dippoldiswalde il pourra retirer une autre division de Borna pour la placer vis-à-vis Pillnitz ; que le général Lauriston a trois divisions et une brigade de cavalerie. ce qui forme à peu près 16 ou

18,000 hommes : ses trois corps réunis lui formeront donc de 40 à 50,000 hommes.

Mandez-lui que le duc de Bellune fera occuper Chemnitz, se tenant en bataille, la gauche du côté de l'Elbe et la droite du côté de la Saale et vis-à-vis la frontière de Bohême; que le duc de Raguse va se porter à Freyberg, se tenant aussi en ordre de bataille; que le duc de Tarente avec le 11º corps va se porter en avant de Dresde, aux débouchés de la forêt; que le quartier général et toute la Garde seront à Dresde; que par ce moyen on pourra réunir l'armée et lui faire prendre un peu de repos.

Le 5º corps étant commandé par le général Lauriston, comme le 1ᵉʳ par le comte de Lobau, ces deux généraux seront comme des lieutenants du maréchal Saint-Cyr.

D'après la minute. Archives de l'Empire.

20604. — AU PRINCE DE NEUCHÂTEL ET DE WAGRAM,

MAJOR GÉNÉRAL DE LA GRANDE ARMÉE, À PIRNA.

Pirna, 21 septembre 1813.

Mon Cousin, écrivez au maréchal Ney qu'il aura vu, par la nouvelle position que prend l'armée, qu'il est chargé de la défense de l'Elbe depuis Magdeburg jusqu'à Torgau, et qu'il a sous ses ordres le 4º, le 7º et le 3º corps; que le 3º corps est en marche pour Meissen, où il sera demain :

Que, d'après les nouvelles du 20, par lesquelles il paraîtrait que l'ennemi jette un pont à Dessau, je pense qu'il doit se porter sur-le-champ sur Wittenberg avec le 7º et le 4º corps, et le 3º corps de cavalerie;

Que je donne ordre au duc de Raguse et au roi de Naples de passer au pont de Meissen, où ils seront demain de bonne heure; que, si la nouvelle se vérifie du passage de l'ennemi, le Roi, avec la cavalerie et le duc de Raguse, ira sur-le-champ sur Torgau.

Donnez ordre au roi de Naples de passer, avec le 1ᵉʳ corps de cavalerie et le duc de Raguse, au pont de Meissen. Le Roi enverra sur-le-champ des partis sur la rive gauche jusqu'à Torgau. Le duc de Raguse fera occuper la tête de pont de Meissen, et se tiendra prêt à marcher sur Torgau.

quoique les dispositions générales de l'armée le placent à Freyberg, si son mouvement était prompt et qu'il fût vrai que l'ennemi pût déboucher sur Leipzig.

D'après l'original. Dépôt de la guerre.

20605. — AU PRINCE DE NEUCHÂTEL ET DE WAGRAM,
MAJOR GÉNÉRAL DE LA GRANDE ARMÉE, À PIRNA.

Pirna, 21 septembre 1813.

Mon Cousin, expédiez au maréchal Saint-Cyr l'ordre de prendre les positions qui lui sont assignées dans l'ordre général; au duc de Raguse, au roi de Naples et au 1er corps de cavalerie, l'ordre de se diriger sur Meissen; au 5e corps l'ordre de se diriger sur Dippoldiswalde, et au 3e corps l'ordre de se diriger sur Meissen, par Dresde. Le duc de Trévise, avec ses divisions de la jeune Garde, devra continuer à rester à Pirna et à Zehista toute la journée de demain, et même jusqu'à nouvel ordre.

D'après la minute. Archives de l'Empire.

20606. — AU PRINCE DE NEUCHÂTEL ET DE WAGRAM,
MAJOR GÉNÉRAL DE LA GRANDE ARMÉE, À PIRNA.

Pirna, 21 septembre 1813.

Mon Cousin, écrivez au général Curial que le général Decous ne doit occuper Stürza que par des postes et des reconnaissances, et que toutes ses troupes doivent se réunir sur Dobra. Faites connaître au général Curial qu'il doit toujours tenir son corps réuni, et qu'en cas d'événement il doit se retirer de Dobra sur Lohmen.

NAPOLÉON.

D'après l'original. Dépôt de la guerre.

20607. — AU PRINCE DE NEUCHÂTEL ET DE WAGRAM,
MAJOR GÉNÉRAL DE LA GRANDE ARMÉE, À PIRNA.

Pirna, 21 septembre 1813.

Mon Cousin, écrivez au duc de Tarente de bien appuyer le prince Poniatowski, afin que dans aucun cas il ne soit obligé d'évacuer Stolpen.

Il paraît que l'ennemi occupe des hauteurs entre Neudœrfel et Lauterbach, qui l'inquiètent.

NAPOLÉON.

D'après l'original. Dépôt de la guerre.

20608. — AU COMTE DARU,
DIRECTEUR DE L'ADMINISTRATION DE LA GRANDE ARMÉE, À DRESDE.

Pirna, 21 septembre 1813.

Monsieur le Comte Daru, j'ai donné l'ordre qu'on transportât au camp de Lilienstein 5,000 rations de biscuit et 60 quintaux de farine, pris sur l'approvisionnement du fort de Sonnenstein; de sorte qu'il y ait toujours dans ce camp 10 ou 12,000 rations. S'il n'y avait pas de bœufs, il faudrait en envoyer quelques-uns.

La 42e division, commandée par le général Mouton-Duvernet, campée sur le plateau de Sonnenstein, est dans un pays ingrat. Il faut lui destiner tout ce que peuvent fournir Pirna, Kœnigstein et les villages du plateau. Le commissaire des guerres de cette division doit faire moudre dans ces villages, et il doit être facile de se procurer ainsi une soixantaine de quintaux de farine par jour. Il faut en outre que vous envoyiez à cette division pour quatre jours de vivres, à raison de 6,000 hommes, en pain, riz et viande.

Le 1er corps est également dans un pays ingrat, et a besoin d'être tenu au courant. Ordonnez au commissaire ordonnateur de ce corps de s'aider de tous les moulins qui se trouvent dans son arrondissement. Il est nécessaire que tous les corps aient toujours des vivres pour quatre jours d'avance.

NAPOLÉON.

D'après la copie comm. par M. le comte Daru.

20609. — AU PRINCE DE NEUCHÂTEL ET DE WAGRAM,
MAJOR GÉNÉRAL DE LA GRANDE ARMÉE, À DRESDE.

Dresde, 22 septembre 1813, deux heures du matin.

Mon Cousin, écrivez au duc de Tarente la lettre suivante :

« La situation de l'ennemi entre la Sprée et Bischofswerda paraît douteuse. Le duc de Tarente a fait connaître, par sa lettre du 14, que les corps de Langeron et Saint-Priest, ce qui est la meilleure partie de l'armée russe, manœuvraient sur la droite, et que cela le décidait à concentrer sa position. Depuis, il a fait connaître par sa lettre du 19 qu'il craignait d'être dans le cas de prendre la position de Weissig, parce que l'ennemi, après avoir manœuvré par sa droite, venait de manœuvrer par sa gauche et menaçait d'arriver à Dresde avant lui. Enfin, d'après les rapports d'hier, du duc de Tarente, les espions annoncent que 15,000 hommes du corps d'York se portent sur l'extrême gauche, et qu'un autre corps russe ou prussien file plus loin, toujours dans la direction de l'Elbe.

« Dans cette situation de choses, l'Empereur ordonne qu'aujourd'hui 22, entre onze heures et une heure après midi, le duc de Tarente fasse attaquer par sa gauche, par son centre et par sa droite, abordant l'ennemi dans toutes ses positions et le menant battant jusqu'à ce qu'il le trouve en position devant une armée prête à recevoir bataille et de force égale ou supérieure à la sienne. On tâchera de faire des prisonniers, on interrogera les habitants pour recueillir le plus de renseignements possible sur les mouvements de l'ennemi. L'Empereur sera probablement en arrière sur la route, pour s'y porter si les circonstances l'exigeaient, et pour attaquer le lendemain si on trouvait l'ennemi en ligne.

« L'attaque d'aujourd'hui pour cette grande reconnaissance est ordonnée par l'Empereur comme tenant aux affaires générales de tout l'ensemble, et ne doit être ajournée sous quelque prétexte que ce soit, à moins que le temps ne soit aussi mauvais que dans la journée du 20; mais, si le temps est comme dans la journée du 21, l'attaque doit avoir lieu. »

NAPOLÉON.

D'après l'original. Dépôt de la guerre.

20610. — AU GÉNÉRAL COMTE DROUOT,
AIDE-MAJOR DE LA GARDE IMPÉRIALE, À DRESDE.

Dresde, 22 septembre 1813, quatre heures du matin.

Écrivez au duc de Trévise que je suis surpris d'apprendre que l'ennemi a été vu à Lohmen; que ce doit être une erreur du chef de bataillon;

qu'il se tienne avec une division entre Pirna et Lohmen, en prenant une bonne position et observant l'ennemi; qu'aujourd'hui, entre midi et une heure, l'ennemi sera attaqué dans ses différentes positions par le duc de Tarente; qu'il voie bien ce qui se passe.

Aussitôt que vous aurez des renseignements sur l'heure où sont arrivées les deux divisions de la Garde à pied et la division Ornano, ainsi que sur le lieu où elles ont couché, et si elles sont bien, vous me communiquerez ces renseignements.

D'après la minute. Archives de l'Empire.

20611. — AU PRINCE DE NEUCHÂTEL ET DE WAGRAM,

MAJOR GÉNÉRAL DE LA GRANDE ARMÉE, À DRESDE.

Dresde, 22 septembre 1813, cinq heures et demie du matin.

Mon Cousin, envoyez au prince Poniatowski un extrait de votre ordre au duc de Tarente. Faites-lui connaître que le duc de Trévise, avec une division de la jeune Garde, occupe le pont de Pirna. Je suis surpris d'apprendre que ce maréchal, hier au soir, a trouvé Lohmen occupé par l'ennemi.

D'après l'original non signé. Dépôt de la guerre.

20612. — AU MARÉCHAL MACDONALD, DUC DE TARENTE,

COMMANDANT LE 11° CORPS DE LA GRANDE ARMÉE, À FISCHBACH.

Dresde, 22 septembre 1813, dix heures du matin.

Mon officier d'ordonnance Laplace arrive. Je serai entre midi et une heure aux avant-postes. Je désire que vous fassiez réunir toute la cavalerie, l'infanterie et l'artillerie que vous pourrez. Si l'artillerie ne peut se remuer que sur la grande route, il en sera de même pour l'ennemi, qui n'en aura que plus d'embarras s'il est là en position. S'il n'est pas en position, et qu'il n'ait là qu'un rideau, nous n'aurons besoin que de peu d'artillerie. Je désire savoir positivement aujourd'hui ce que fait l'ennemi. Le général Delmas ayant fait sa reconnaissance par la gauche, faites-le appuyer pour qu'il la puisse faire à fond.

En faisant, entre midi et deux heures, une attaque brusque, on fera quelques prisonniers. On aura d'ailleurs quelques renseignements à Bischofswerda, et alors, selon les circonstances, on sera en mesure d'agir fortement demain. Je vous avais prévenu que mon intention était d'attaquer du moment que le temps serait moins mauvais. Dans une guerre combinée comme celle-ci, les jours sont d'une haute importance. Faites, je vous prie, vos dispositions.

D'après la minute. Archives de l'Empire.

20613. — AU MARÉCHAL VICTOR, DUC DE BELLUNE,
COMMANDANT LE 2ᵉ CORPS DE LA GRANDE ARMÉE; À FREYBERG.

Dresde, 22 septembre 1813, onze heures du matin.

Mon Cousin, les gens du pays disent que le général Mohr est à OEderan, avec une division légère de 4 à 5,000 hommes. Ce qui me rend cette nouvelle suspecte, c'est qu'il s'est fait précéder par 200 cavaliers pour tracer son camp; or, comme on n'a pas besoin d'envoyer tracer un camp pour faire camper 4 à 5,000 hommes, cela paraît n'être qu'une démonstration. Mais j'attache la plus grande importance à être positivement instruit de ce fait. Si le général Mohr est réellement en bataille avec sa division sur la grande route de Chemnitz, cela pourrait donner créance à un mouvement de la Bohême sur la Saale. Si vous avez donc des doutes sur l'existence à OEderan, non d'un parti de cavalerie, mais d'une division de 4 à 5,000 hommes, envoyez-y une forte reconnaissance pour éclaircir la chose. Instruisez-moi du résultat, mon intention étant, si l'ennemi faisait un mouvement sur la Saale ou sur Altenburg, de marcher contre lui avec votre corps et ma réserve, afin de le couper de la Bohême.

NAPOLÉON.

D'après la copie. Dépôt de la guerre.

20614. — ORDRE.

Dresde, 22 septembre 1813.

Sa Majesté ordonne, 1° que toutes les maisons qui sont dans la redoute n° 1 du camp retranché de la rive droite seront, dans les journées d'aujourd'hui et de demain, démolies, hormis une qui sera conservée comme corps de garde. Les maisons et tous les embarras qui obstruent cette redoute seront démolis.

Au moment de la présence de l'ennemi, les maisons des villages jusqu'à 60 toises en avant des redoutes seront démolies. Cette autorisation sera donnée pour consigne au gouverneur et au commandant du génie.

2° Les bois en avant des redoutes, sur les hauteurs, seront coupés à 60 toises plus loin qu'ils ne le sont dans ce moment-ci, de manière qu'un fusilier caché dans ces bois ne puisse pas envoyer ses balles dans les redoutes.

3° La redoute n° 1 ayant un fossé nul sera environnée d'un autre fossé, à 20 toises, qui sera palissadé. Ledit fossé sera précédé d'un abatis à 20 autres toises. Tous les arbres qui sont dans l'intérieur de la redoute ou à portée de fusil seront sur-le-champ coupés.

4° Tous les arbres coupés seront placés, en forme d'abatis, à demi-côte des hauteurs, entre les redoutes, de manière que cela forme un obstacle naturel.

5° Les bois, dans la vallée du ruisseau, entre les redoutes n°⁵ 6 et 7, seront coupés, et les hauteurs qui masquent la redoute n° 7 seront écrêtées, de manière que la redoute batte dans la vallée.

Les redoutes n°⁵ 7 et 8 seront réunies par un rang d'abatis qui interceptera le vallon et tous les chemins.

Il sera fait un fossé qui réunira les redoutes n°⁵ 1, 2 et 3. Ce fossé sera enfilé par les redoutes et assez large pour que la cavalerie ne puisse le sauter.

A 30 ou 40 toises derrière, les gorges des trois redoutes seront réunies par un palissadement.

En avant de la redoute n° 1, il sera fait un fossé qui réunira cette redoute à la rivière; en arrière, une palissade réunira la gorge à la rivière.

6° Il y aura une barrière sur les grandes routes de Leipzig et de Berlin; il y aura une barrière entre la redoute n° 2 et la redoute n° 3. Cette barrière sera telle qu'une colonne puisse sortir par peloton.

Il sera tiré, de la redoute n° 4, un fossé qui ira perpendiculairement et qui ensuite reviendra parallèlement sur la redoute n° 3, qui est sur le chemin de Berlin, de manière également que ce fossé ne puisse pas être franchi par la cavalerie. Derrière, il sera également établi une palissade en angle droit, vis-à-vis le bois, comme il est dit ci-dessus; il n'y aura pas de fossé, afin que rien ne s'oppose au débouchement des colonnes, mais le fossé sera remplacé par un cheval de frise mobile servant de barrière.

7° Tous les bords de la forêt seront couverts d'abatis, de manière qu'aucun homme à cheval ne puisse passer et que tous les petits chemins soient interceptés, et qu'il ne reste que les grands chemins de Leipzig, de Berlin, de Radeberg et de Bautzen. Les abatis seront tellement fourrés, que les chemins soient impraticables.

Ces quatre chemins seront fermés à la lisière de la forêt et à la hauteur des abatis par une barrière, et elle sera défendue par un blockhaus ou palissadement capable de contenir 30 hommes et de la mettre à l'abri de la cavalerie; de sorte que, par l'occupation de ces quatre corps de garde, ces quatre routes seront bien gardées et interceptées le long de la lisière du bois et des hauteurs.

8° Il sera cherché un emplacement sur la première hauteur qui domine le chemin de Bautzen, avant le chemin qui conduit à Pillnitz; il sera construit là une bonne redoute, qui sera liée aux montagnes de gauche par un abatis, de sorte que nous restions toujours maîtres du pont de bois sur la route, et que, cette redoute venant à être forcée, les hommes qui se retireront de cette redoute puissent se retirer par le pont de bois, la route de Bautzen ou le long de la rivière, et l'on pratiquera un petit chemin en coupant les vignes et les murailles.

Il sera cherché un autre emplacement sur la hauteur qui domine le chemin de Berlin, où on établira également une redoute, qui sera liée au chemin et à la plaine par des abatis, de sorte que cette redoute défendra le chemin et la hauteur, et que les hommes et l'artillerie qui la défendent pourront se retirer et gagner la plaine sous la protection des abatis.

9° On marquera les arbres qui devront être coupés fort en avant des redoutes, afin de conserver un quart de lieue d'abatis.

10° Au moment où les troupes prendront la position du camp retranché, le commandant du génie aura fait prendre connaissance et préparer des ordres pour couvrir les redoutes d'un quart de lieue d'abatis, qui sera défendu par le canon et le feu des deux nouvelles redoutes ordonnées ci-dessus, et pour le chemin de Kœnigsbrück, par la redoute actuellement existante.

11° Il sera fait un palissadement qui joindra la redoute n° 8 à la grande route de Bautzen, et un autre qui joindra la grande route à la rivière, avec une nouvelle barrière sur le grand chemin. Il sera fait un tambour au petit pont en pierre, derrière la redoute n° 8 et en avant du faubourg.

ARMEMENT.

1° Dans les journées d'aujourd'hui et de demain la redoute n° 1 sera armée de trois pièces de canon; la redoute n° 2 sera armée de deux pièces de canon; celle n° 3, de trois pièces; celle n° 4, de quatre; les redoutes n°s 5, 6 et 7, chacune de deux pièces; la redoute n° 8 sera armée de cinq pièces, dont deux de 12 et un obusier.

2° Les deux nouvelles redoutes, sur les routes de Bautzen et de Berlin, seront armées par du canon de campagne attelé, appartenant aux troupes qui défendront les redoutes. On fera demain des sacs à terre et des gabions pour couvrir les canonniers.

POLICE.

Tous les chemins de la forêt seront interdits, et il ne sera plus permis, même aux paysans, que de passer par les quatre grands chemins.

Le major général prendra toutes les dispositions nécessaires pour la prompte exécution du présent ordre.

NAPOLÉON.

D'après l'original. Dépôt de la guerre.

20615. — A M. MARET, DUC DE BASSANO,
MINISTRE DES RELATIONS EXTÉRIEURES, À DRESDE.

Hartau, 22 septembre 1813.

Monsieur le Duc de Bassano, je couche à Hartau. J'ai fait attaquer et pousser l'ennemi, qui se retire sur Bautzen. Mon avant-garde est au delà de Bischofswerda. Il paraît que l'ennemi était divisé en trois corps : celui de Langeron en avant de Stolpen, pour tourner notre droite; celui de Sacken, du côté de Kamenz, pour tourner notre gauche; York sur Bischofswerda. La colonne de 20,000 hommes qui marchait sur notre gauche était celle de Sacken. Instruisez le roi de Naples et le duc de Raguse, qui sont à Grossenhayn.

J'ai reçu des nouvelles du général Lefebvre, du 21 à huit heures du matin; il était à Naumburg; Thielmann s'était retiré sur Zeitz. J'espère avoir bientôt une estafette.

Instruisez le duc de Bellune de la retraite de Thielmann sur Zeitz : le duc de Bellune est à Freyberg. Il paraît que le gros de l'armée ennemie est à Hochkirch, sur la rive droite de la Sprée.

NAPOLÉON.

D'après l'original comm. par M. le duc de Bassano.

20616. — AU GÉNÉRAL BARON ROGNIAT,
COMMANDANT LE GÉNIE DE LA GRANDE ARMÉE, À DRESDE.

Hartau, 23 septembre 1813.

Monsieur le Général Rogniat, le major général vous fera connaître mes intentions; mais, pour plus de célérité, je vais vous donner moi-même les détails convenables. Mon intention est de reporter l'armée du duc de Tarente sur la rive gauche de l'Elbe, en conservant, 1° un pont à Kœnigstein, couvert par une estacade et défendu par les ouvrages de Lilienstein; 2° un pont à Pirna; à cet effet, on fera descendre, dans la journée de demain 24, un des deux ponts qui sont à Kœnigstein; 3° un pont à Pillnitz; à cet effet, on fera descendre, dans la journée de demain 24, le pont de pontons qui est à Pirna et à Pillnitz; 4° les trois ponts de Dresde; 5° le pont de Meissen.

Il est donc nécessaire qu'on établisse une estacade au pont de Kœnigstein et qu'on perfectionne les ouvrages de Lilienstein, pour les mettre à l'abri d'un coup de main.

Il est nécessaire que la redoute située en avant de la palanque, sur la rive droite, en avant du pont de Pirna, soit terminée dans la journée du 25, et qu'elle soit armée de deux pièces de canon tirées de Sonnenstein. Il est également nécessaire que la palanque établie à droite et à gauche, pour la défense de ce pont, soit prolongée au travers des vignes, jusqu'à l'escarpement de la montagne. Le village vis-à-vis Pirna sera barricadé de manière que l'infanterie y soit à l'abri de toute attaque des troupes légères. Il est nécessaire que dès demain, à huit heures du matin, vous ayez déterminé, de concert avec le général commandant l'artillerie, la position précise du pont de Pirna; et qu'à la même heure deux ou trois compagnies du génie, avec une brigade des troupes du duc de Trévise, travaillent à établir un bonnet de prêtre sur la rive droite, de 150 toises de développement, et qu'à 100 toises de chacun des angles de ce bonnet de prêtre on construise une redoute, de sorte que ces trois redoutes se flanquent entre elles et forment une bonne tête de pont.

Il est nécessaire qu'on travaille avec une nouvelle activité à la tête de pont de Meissen. Le duc de Raguse fournira tous les ouvriers nécessaires. Ayez soin qu'il y ait des outils, et redoublez d'efforts pour qu'en peu de jours le pont de pierre soit réparé, de sorte que l'on puisse se passer du pont de bateaux.

Voyez le général commandant l'artillerie, et faites toutes les dispositions nécessaires à l'exécution de tout cela.

Mon intention est que vous envoyiez une compagnie de mineurs, dans la nuit, à Stolpen, pour faire sauter ce fort aussitôt que le duc de Tarente l'ordonnera; toute l'artillerie en sera transportée à Dresde. Mon intention n'est pas d'occuper simplement le camp retranché de Dresde, puisqu'en s'y bornant cela laisserait l'ennemi en possession des hauteurs. Je désire donc que dès demain, à huit heures, vous traciez et fassiez travailler à la redoute que j'ai ordonnée sur la hauteur qui domine la route de Pillnitz et celle de Bautzen; on travaillera également aux abatis qui doivent lier cette redoute au bois, ainsi qu'aux tambours qui doivent couvrir le pont de bois, mon intention étant de tenir là une division qui me rendra maître du vallon de Pillnitz et me permettra de déboucher sur l'ennemi sans avoir à lutter contre une position avantageuse.

Mon intention est également que demain, à huit heures, vous ayez tracé et qu'on travaille à la redoute que j'ai ordonnée sur la hauteur qui domine la route de Berlin, ainsi qu'aux abatis qui doivent assurer la communication de cette redoute avec la plaine, me proposant également de faire camper derrière une division qui me donnera la possession des hauteurs de la route de Berlin. S'il était praticable de réunir le pont qui sera établi à Pillnitz à la montagne par une palanque, de sorte que l'ennemi ne pût pas s'introduire entre la montagne et Pillnitz, ce serait fort avantageux; toutefois il est nécessaire que le pont soit établi assez loin des hauteurs pour que la tête de pont n'en soit pas dominée.

NAPOLÉON.

D'après la copie. Dépôt de la guerre.

20617. — AU MARÉCHAL MARMONT, DUC DE RAGUSE,
COMMANDANT LE 6e CORPS DE LA GRANDE ARMÉE, À GROSSENHAYN.

Hartau, 23 septembre 1813.

L'ennemi a repassé la Sprée en désordre. Le duc de Tarente doit être dans ce moment à Bautzen. Mon intention est de faire remplacer le général Normann par un colonel du duc de Tarente, dans la journée de demain, et de vous donner ordre de vous replier sur Meissen. Aussitôt que le roi de Naples sera parti, le général Latour-Maubourg sera sous vos ordres. Je dirigerai, le 25 ou le 26, le 3e corps également sur Meissen; il sera pareillement sous vos ordres. Vous aurez ainsi une forte armée pour vous porter partout où les circonstances l'exigeront. Faites préparer des vivres à Meissen et dans les bailliages environnants. J'attache une haute importance au pont de Meissen. Pressez les travaux de la tête de pont et fournissez tous les ouvriers nécessaires. Il est nécessaire de changer le pont de bateaux de place, puisque sous huit jours le pont sera terminé. J'aurai un pont à Kœnigstein, un à Pirna, un à Pillnitz, trois à Dresde et un à Meissen.

J'ai ordonné de construire deux redoutes à une demi-lieue en avant du camp retranché, sur la route de Bautzen et sur celle de Berlin. Le duc de Tarente est chargé de la garde du camp retranché et de tous les débouchés de la forêt de Dresde. Je pourrai, par conséquent, disposer du 3ᵉ, du 5ᵉ et du 8ᵉ corps, ainsi que de la plus grande partie du 2ᵉ corps de cavalerie et de toute ma Garde; avec toutes ces forces je battrai l'ennemi de l'œil pour profiter de la première faute qu'il fera.

Envoyez un officier au prince de la Moskova pour lui faire connaître verbalement la situation des choses. Le général Lefebvre-Desnoëttes a battu Thielmann et rétabli la communication avec Erfurt, d'où je viens de recevoir sept estafettes de Paris. Le 5ᵉ corps de cavalerie restera à Grossenhayn pour couvrir les routes de Dresde et de Meissen.

<small>D'après la minute. Archives de l'Empire.</small>

20618. — A JOACHIM NAPOLÉON, ROI DE NAPLES,
À GROSSENHAYN.

Hartau, 23 septembre 1813.

J'ai poussé l'ennemi; partout il est en retraite, et le duc de Tarente sera ce matin à Bautzen. L'ennemi refusant ainsi tout engagement, mon intention est d'avoir un pont à Kœnigstein, un pont à Pirna, un à Pillnitz, trois à Dresde et un à Meissen, et de faire repasser les troupes sur la rive gauche, afin de leur donner quelque repos. Tous ces ponts seront défendus par de bonnes têtes de pont, et nous occuperons tous les débouchés de la forêt de Dresde. Dans cette position je battrai l'ennemi de l'œil, et, s'il s'enfourne dans quelque opération offensive, je tomberai sur lui de manière qu'il ne puisse pas éviter une bataille. Vous recevrez l'ordre, par le major général, de repasser sur la rive gauche au pont de Meissen avec le général Latour-Maubourg et le duc de Raguse. Ce mouvement fait, le général Latour-Maubourg sera sous les ordres du duc de Raguse, et vous pourrez revenir à Dresde.

Par le détail des ordres du major général, vous verrez que vous devez passer le 25; le 5ᵉ corps de cavalerie restera à Grossenhayn et éclairera les routes de Meissen et de Dresde. Le duc de Raguse fera terminer la tête de pont de Meissen. Le 3ᵉ corps arrivera le 26 à Meissen, et sera également sous les ordres du duc de Raguse. Le prince Poniatowski se rend avec toute sa cavalerie sur mes derrières. Le duc de Tarente sera le 25 sur la hauteur de Weissig, et le 26 il garnira tous les débouchés de la forêt. Si l'ennemi s'enfourne sur Leipzig, je l'en ferai repentir et le forcerai à livrer bataille.

J'ai enfin reçu sept estafettes de Paris, le général Lefebvre-Desnoëttes ayant rouvert sa communication avec Erfurt. Je vous écrirai ce soir de Dresde.

<small>D'après la minute. Archives de l'Empire.</small>

20619. — AU COMTE DARU,
<small>DIRECTEUR DE L'ADMINISTRATION DE LA GRANDE ARMÉE, À DRESDE.</small>

<small>Hartau, 23 septembre 1813.</small>

Monsieur le Comte Daru, l'armée n'est point nourrie. Ce serait une illusion que de voir autrement. Vingt-quatre onces de pain, une once de riz et huit onces de viande sont insuffisantes pour le soldat. Les règlements de tous les temps accordaient au soldat en guerre vingt-huit onces de pain, et cela n'était même regardé comme suffisant qu'en y ajoutant les légumes et les pommes de terre qu'il pouvait se procurer dans le pays. Aujourd'hui vous ne donnez que huit onces de pain, trois onces de riz et huit onces de viande. Le soldat vit mal et ne vit qu'au moyen de la grande consommation de viande qu'il fait. Si on continuait donc à ne donner que huit onces de pain, il en résulterait, 1° que le soldat dépérirait; 2° qu'il consommerait une énorme quantité de viande, soit en la prenant dans le pays, soit en la prenant dans les parcs de l'armée. Aucune discipline et aucune surveillance ne pourront empêcher le soldat d'abattre des bœufs autant qu'il en trouvera, et cependant la viande nous manquera plus tôt que le pain. Le riz était nécessaire à distribuer dans le temps de la chaleur, mais sa distribution est inutile aujourd'hui.

Les trois onces de riz qu'on donne aujourd'hui pourraient être supprimées si on donnait vingt-quatre onces de pain, et les pommes de terre et les légumes que les soldats se procurent en tiendraient lieu. Ces trois onces, le riz nous coûtant 70 francs le quintal, reviennent à trois sous environ, qu'il faut payer argent comptant, et sans qu'on puisse espérer aucune diminution, le riz étant une denrée étrangère au pays ; or, comme ces trois onces ne représentent que douze onces de pain ou une demi-ration, il s'ensuivrait que la ration entière reviendrait à six sous, tandis que le blé est une denrée du pays et qu'on n'a besoin de payer qu'en partie. Il serait donc convenable de réduire la distribution de riz à une once seulement. Une once de riz et vingt-quatre onces de pain formeraient une très-bonne ration ; une once de riz représenterait les quatre onces de pain qui manquent pour aller de vingt-quatre à vingt-huit. Les pommes de terre et les légumes trouvés par le soldat dans le pays équivaudraient aux deux onces de légumes qu'on doit lui donner.

Pour assurer la subsistance de l'armée pendant cent jours, il faut compter 300,000 rations par jour. Cela ferait 30 millions de rations ou 300,000 quintaux de farine, dont il faudrait la moitié, c'est-à-dire 150,000 quintaux, à Dresde, et l'autre moitié à Magdeburg, Erfurt, Leipzig, Torgau, Wittenberg et sur la ligne d'étapes. Il faudrait donc, à ce compte, 1,500 quintaux de farine par jour à Dresde. Quant aux 150,000 quintaux à avoir à Magdeburg, Erfurt, Leipzig, etc. comme ils existent en partie à Hambourg, et qu'il s'agit d'un grand nombre de points différents, cela ne peut pas inquiéter ; la seule difficulté est de réunir sur le seul point de Dresde 1,500 quintaux par jour ; il n'y aurait de moyen de se les procurer que par les bailliages. Sur les 150,000 quintaux nécessaires, vous en avez 20,000 assurés par le marché de Leipzig, vous en avez déjà 10,000 en réserve à Dresde, le pays doit en fournir 120,000 ; et vous pourrez en tirer 50,000 de Leipzig et d'Erfurt, à raison de 500 par jour. Tout cela est fondé sur le principe d'une libre circulation sur les derrières, ce qui, sauf quelque accident, va avoir lieu. Pour faciliter l'administration, on pourrait donner les vingt-quatre onces en seize onces de pain ou de farine et huit onces de blé en grains. Par exemple, la Garde, qui à elle seule prend 50,000 rations, recevrait seize onces de farine et huit onces en grains que son administration ferait moudre. Le 1er et le 14e corps, qui occupent beaucoup de villages qui ont des moulins, recevraient également leurs huit onces en grains. Ainsi le 1er corps, qui a 18,000 rationnaires, ne recevant que seize onces de pain, aurait 12,000 rations de pain et 6,000 rations de grains, qui ne font que 60 quintaux de farine, ce qui ne demande que peu de moulins. Ce corps, qui occupe le plateau de Pirna et plusieurs grands villages, ne manquera pas de moyens de faire moudre cela. Il reste aussi encore des moulins portatifs dont on pourra se servir. Il faudra donc se procurer une certaine partie de nos approvisionnements en grains. Le 3e, le 5e et le 11e corps n'ont pas eu de riz depuis cinq jours; leurs soldats sont donc réduits à huit onces de pain. Je voudrais donner l'ordre que tous les corps eussent la ration de vingt-quatre onces de pain et une once de riz. Ceux qui tireraient leurs vivres des magasins de Dresde, savoir le 1er, le 14e, le 3e, le 5e et le 11e et la Garde, auraient, sur leurs vingt-quatre onces, seize onces en pain ou farine et huit onces en grains, qu'ils feraient moudre avec les ressources de leurs cantonnements. La Garde, qui a 50,000 rationnaires, prendrait donc 17,000 rations de grains, qu'elle serait chargée de moudre. A cet effet, elle aurait un établissement hors de Dresde, à Nossen, par exemple; cet établissement est d'ailleurs nécessaire pour tous ses équipages et ses dépôts qui ne pourraient pas être à Dresde et ont besoin de s'éloigner de la ville pour se nourrir. Dresde fournirait par jour la valeur de 180,000 rations; 120,000 seraient donc en farine et 60,000 en grains. Cela exigerait 1,300 quintaux de farine et 700 de grains par jour. Pour le riz, il en faudrait 100 quintaux. Sur les 1,300 quintaux de farine, on pourrait en avoir 300 au moyen des ressources de la ville, et les 1,000 autres seraient envoyés d'Erfurt et de Leipzig et fournis par les bailliages.

Les 120,000 rations de farine seraient distribuées à peu près comme il suit : à la Garde, 40,000; à la garnison, aux dépôts. etc. 15,000; aux 5e, 11e et 3e corps, 40,000; au 1er corps, 10,000; au 14e corps, 15,000; total, 120,000.

Les 60,000 rations de grains seraient distribuées ainsi : à la Garde, 20,000; aux dépôts, 7,000; aux 5ᵉ, 11ᵉ et 3ᵉ corps, 20,000; au 1ᵉʳ corps, 5,000; au 14ᵉ corps, 8,000; total, 60,000.

Faites-moi un rapport sur tous les objets de cette lettre.

NAPOLÉON.

D'après la copie comm. par M. le comte Daru.

20620. — AU PRINCE DE NEUCHÂTEL ET DE WAGRAM,
MAJOR GÉNÉRAL DE LA GRANDE ARMÉE, À HARTAU.

Hartau, 24 septembre 1813, quatre heures du matin.

Mon Cousin, donnez ordre sur-le-champ au général Lauriston de faire occuper Stolpen, en le prévenant que le prince Poniatowski se porte sur la grande route de Bautzen à Dresde, à la hauteur de Fischbach.

Donnez ordre au prince Poniatowski de réunir son corps, infanterie, cavalerie et artillerie, sur la grande route de Bautzen à Dresde, à la hauteur de Fischbach, et d'envoyer un officier afin de me faire connaître son arrivée pour agir selon les circonstances. Il est convenable que le prince Poniatowski soit arrivé dans cette position avant dix heures du matin. Il faut qu'il fasse prévenir le duc de Trévise de son mouvement, et qu'il s'assure, avant de partir, que le général Lauriston a fait occuper Stolpen par une division. Le mouvement du prince Poniatowski doit être fait de manière à avoir l'air d'être fait en avant de Stolpen plutôt que sur Dresde.

NAPOLÉON.

D'après l'original. Dépôt de la guerre.

20621. — AU MARÉCHAL MACDONALD, DUC DE TARENTE,
COMMANDANT LE 11ᵉ CORPS DE LA GRANDE ARMÉE, À FISCHBACH.

Hartau, 24 septembre 1813, quatre heures du matin.

Vous pouvez faire échelonner le 3ᵉ corps pour suivre votre mouvement sur Bautzen. J'ai donné ordre que tous les Polonais se réunissent sur la grande route, à la hauteur de Fischbach, ayant l'intention de les envoyer aujourd'hui même à Dresde, aussitôt que vous serez prêt pour marcher sur Bautzen. Je ferai placer de même un . . . . . .¹ de la jeune Garde à Weissig, ...² les faire venir à Bautzen ou les renvoyer à Dresde. Le 5ᵉ corps devra donc occuper Stolpen par une de ses divisions, et les autres tiendront en respect le corps ennemi qui manœuvre sur Neustadt.

Il serait à souhaiter que vous partissiez le plus de bonne heure possible, afin que vous puissiez être arrivé à dix ou onze heures du matin à Bautzen, que je puisse en être instruit et envoyer sur-le-champ sur Dresde toutes les troupes qui sont nécessaires ailleurs.

J'aurais désiré savoir si les 15,000 hommes d'infanterie qu'on nous a présentés étaient russes ou prussiens, de Sacken ou de Langeron, et enfin si on avait fait quelques prisonniers qui donnent des renseignements. Les habitants du village de Burkau ont dû vous en donner.

D'après la minute. Archives de l'Empire.

20622. — AU PRINCE DE NEUCHÂTEL ET DE WAGRAM,
MAJOR GÉNÉRAL DE LA GRANDE ARMÉE, À HARTAU.

Hartau, 24 septembre 1813, cinq heures du matin.

Mon Cousin, écrivez au prince de la Moskova que j'ai reçu sa lettre du 22 à deux heures après midi; qu'il paraît que le général Lefebvre-Desnoëttes a rouvert la communication avec Erfurt; qu'effectivement toutes les estafettes nous sont arrivées de France; que le duc de Castiglione, avec son corps, est en marche pour arriver sur la Saale; que j'ai fait attaquer l'ennemi, qui de ce côté s'était trop approché de Dresde; que je l'ai fait chasser sur Bautzen; que les régiments russes, soit à cette armée, soit à celle de Bohême, sont réduits à 150 et 250 hommes par bataillon.

Écrivez-lui aussi qu'il place la majeure partie de ses forces sur Wittenberg; que, tant que l'ennemi aura la crainte qu'on ne marche sur le pont de Dessau, il n'osera pas le dégarnir; que le prince Poniatowski, avec son corps, marche sur la rive gauche contre les partisans; que d'autres

¹ et ². Mots illisibles.

corps de cavalerie passent également l'Elbe pour se diriger dans le même sens.

NAPOLÉON.

D'après l'original. Dépôt de la guerre.

20623. — AU PRINCE DE NEUCHÂTEL ET DE WAGRAM,
MAJOR GÉNÉRAL DE LA GRANDE ARMÉE, À HARTAU.

Hartau, 24 septembre 1813.

Mon Cousin, donnez l'ordre le plus positif que tout ce qu'il y a à Leipzig et tout ce qui arriverait d'Erfurt de bataillons provisoires soit envoyé à Torgau, et que, sous quelque prétexte que ce soit et sous les plus graves peines, il n'en soit rien retenu. Ceci doit s'appliquer aux bataillons de marche, aux bataillons provisoires et aux hommes isolés. Défendez, sous les plus sévères peines, aux gouverneurs de Torgau, de Wittenberg et d'Erfurt, d'employer ces hommes à tout autre service qu'à celui de l'intérieur de la place. Ce serait autant de perdu que d'employer au service des escortes cette infanterie, qui, n'ayant ni consistance ni organisation, n'est bonne à rien.

Remettez-moi l'état de tout ce qu'il y a appartenant aux différents corps d'armée, aux dépôts de Torgau, à Leipzig et dans les différents régiments de marche. Proposez-moi de faire venir à Dresde tout ce qu'il y aurait de bien habillé et bien équipé appartenant au 1er, au 14e, au 5e corps et à la jeune Garde.

Le dépôt de cavalerie qui est à Gotha ne doit pas être le dépôt de l'armée; il doit s'éteindre au fur et à mesure que les chevaux guériront et qu'ils pourront rejoindre l'armée. Donnez ordre qu'il soit formé un dépôt de cavalerie à Leipzig pour le 3e corps et pour tous les corps de cavalerie à portée de Leipzig; faites-en former un autre entre Meissen et Leipzig pour tous les corps à portée de Dresde. Donnez ordre à la Garde d'en former un autre entre Meissen et Leipzig.

Je désire que vous me fassiez connaître l'état des troupes qui n'ont pas encore rejoint l'armée, et qui cependant sont parties de Mayence : d'abord la colonne commandée par le général Piquet, dont j'ignore le numéro; celle du général Girardin; enfin la 53e, la 54e, et même la 55e colonne, qui, à l'heure qu'il est, doit être partie de Mayence, afin que j'aie le renseignement détaillé par corps de ce que les différents corps ont à Torgau, Leipzig et sur les derrières, soit cavalerie, soit infanterie.

NAPOLÉON.

D'après l'original. Dépôt de la guerre.

20624. — AU PRINCE DE NEUCHÂTEL ET DE WAGRAM,
MAJOR GÉNÉRAL DE LA GRANDE ARMÉE, À HARTAU.

Hartau, 24 septembre 1813.

Mon Cousin, écrivez au prince de la Moskova pour lui faire connaître l'étrange conduite du colonel wurtembergeois Biberstein, qui s'est retiré avec 400 hommes de cavalerie bien montés, 500 hommes d'infanterie et six pièces de canon, jusqu'à Gœttingen. Que le général Franquemont fasse rentrer ces fuyards et en fasse un exemple.

NAPOLÉON.

D'après l'original. Dépôt de la guerre.

20625. — AU PRINCE DE NEUCHÂTEL ET DE WAGRAM,
MAJOR GÉNÉRAL DE LA GRANDE ARMÉE, À HARTAU.

Hartau, 24 septembre 1813, cinq heures du soir.

Mon Cousin, donnez ordre au duc de Tarente de se porter demain sur la position de Hartau; le général Lauriston sur Stolpen; le général Souham avec le 3ᵉ corps entre Hartau et Weissig, occupant la position de Weissig, ou à Dresde s'il n'y a pas d'inconvénient.

Le général Delmas restera pour flanquer le 11ᵉ corps à Pulsnitz et Radeberg. Après-demain 26, le général Souham sera de bonne heure à Dresde; le général Lauriston se rendra également à Dresde. Le 11ᵉ corps occupera la position de Weissig. On fera sauter après-demain, à six heures du matin, le fort de Stolpen. Le duc de Tarente restera le 27 à Weissig. Il faut qu'il fasse son mouvement de manière à ne pas fatiguer ses troupes et à ne perdre aucun homme. J'ai remarqué sur la route quelques cadavres français; le duc de Tarente doit les faire enterrer et ne laisser aucun débris.

NAPOLÉON.

D'après l'original. Dépôt de la guerre.

20626. — AU MARÉCHAL MACDONALD, DUC DE TARENTE,
COMMANDANT LE 11ᵉ CORPS DE LA GRANDE ARMÉE, À GOLDBACH.

Hartau, 24 septembre 1813, six heures du soir.

Il est probable que l'ennemi battra en retraite cette nuit et repassera la Sprée. S'il ne la repasse pas cette nuit, il la repasserait demain lorsqu'il apercevrait qu'on déploie contre lui de grandes forces. Je perdrais plusieurs jours inutilement sans pouvoir espérer aucun résultat.

Le major général vous fait connaître mes intentions.

Renvoyez-moi à Dresde tout de suite le 3ᵉ et le 5ᵉ corps. Gardez les quatre divisions du 11ᵉ et le 2ᵉ corps de cavalerie. Je suppose que vous pourrez rester les journées du 27 et du 28 à Weissig. Au reste, rien n'empêche que vous ne veniez à Dresde pour en conférer avec moi et prendre connaissance du camp retranché et de tous les débouchés de la forêt. Mon intention est que vous soyez chargé de la garde du camp retranché de la rive droite et de tous les débouchés de la forêt jusqu'à deux lieues de Dresde.

Mon quartier général restera à Dresde. Je resterai à Dresde avec toute ma Garde, artillerie, cavalerie et infanterie.

Je disposerai des 3ᵉ et 5ᵉ corps aussitôt qu'ils seront arrivés à Dresde.

Le général Delmas se trouvera placé sur votre gauche; je ne vois pas d'inconvénient que vous le gardiez quelques jours.

Il faudrait que vous ayez le temps de reconnaître tous les débouchés de la forêt, afin qu'en quittant Weissig vous puissiez garnir tous ces débouchés.

Lorsque vous aurez l'ordre de quitter la position de Weissig pour venir à Dresde, vous établirez votre quartier général dans une maison de campagne en avant de la Neustadt.

Il y a au camp retranché des baraques soignées faites par la jeune Garde pendant l'armistice, et qui sont à l'abri de la pluie; ces baraques peuvent contenir 10,000 hommes.

Écrivez-moi exactement.

Les Polonais formant le 8ᵉ corps passeront demain sur la rive gauche : le général Souham pourra en être bien près.

Donnez ordre aux généraux Souham et Lauriston de m'envoyer un officier pour me faire connaître l'heure précise où ils arriveront à Dresde, afin que je leur donne sur-le-champ une destination.

Faites allumer ce soir beaucoup de feux, puisque vos troupes ne se retireront qu'à cinq heures du matin, et que tout porte à penser que l'ennemi de son côté se retirera aussi.

D'après la minute. Archives de l'Empire.

20627. — AU PRINCE DE NEUCHÂTEL ET DE WAGRAM,
MAJOR GÉNÉRAL DE LA GRANDE ARMÉE, À DRESDE.

Dresde, 25 septembre 1813, cinq heures du matin.

Mon Cousin, donnez ordre au maréchal Saint-Cyr de porter aujourd'hui son quartier général à Pirna et d'y faire venir une de ses divisions ; de sorte que le 14ᵉ corps aura une division à Kœnigstein, Langen-Hennersdorf et Sonnenstein, une autre division à Pirna et Pillnitz, gardant le pont de Pirna et le pont vis-à-vis Pillnitz, et les deux autres divisions à Borna.

Le 1ᵉʳ corps aura ses trois divisions à Berggiesshübel, comme il les a, et sera sous les ordres du maréchal Saint-Cyr.

Le général Pajol commandera toute la cavalerie sous les ordres de ce maréchal, et il couvrira tous les débouchés.

NAPOLÉON.

D'après l'original. Dépôt de la guerre.

20628. — AU PRINCE DE NEUCHÂTEL ET DE WAGRAM,
MAJOR GÉNÉRAL DE LA GRANDE ARMÉE, À DRESDE.

Dresde, 25 septembre 1813, cinq heures du matin.

Mon Cousin, donnez ordre au duc de Reggio de prendre le commandement de deux divisions de la jeune Garde, savoir : de la division Curial et de la division Decouz.

Donnez ordre au général Curial de prendre le commandement de la

2ᵉ division de la vieille Garde. Il formera cette division dans la journée d'aujourd'hui. Cette division sera composée, 1° de la brigade de fusiliers; 2° des deux bataillons de vélites; 3° des deux bataillons polonais et saxons. Deux batteries seront attachées à cette division.

La 1ʳᵉ division sera sous les ordres du général Friant.

Les fusiliers seront remplacés dans la jeune Garde par la brigade composée des deux 11ᵉˢ régiments, voltigeurs et tirailleurs. Ce changement se fera dans la journée de demain. La nouvelle division Curial prendra ses cantonnements dans la Neustadt. Les Bavarois remplaceront la brigade de la jeune Garde pour le service de la place de Dresde.

Donnez ordre au duc de Trévise de placer une division de la jeune Garde avec ses trois batteries vis-à-vis Pillnitz, dans la forêt qui borde la rive gauche; de faire construire dans cette forêt des cabanes solides, telles que cette division soit là à l'abri des pluies, et de faire venir l'autre division à Pirna. Aussitôt que le maréchal Saint-Cyr sera arrivé avec une de ses divisions à Pirna, le duc de Trévise lui remettra le pont de Pirna et se portera avec sa division de Pirna sur les villages qui sont entre Mügeln et Dresde. Il placera son quartier général dans une maison de la rive gauche, voisine le plus qu'il sera possible du pont de Pillnitz.

NAPOLÉON.

D'après l'original. Dépôt de la guerre.

20629. — AU PRINCE DE NEUCHÂTEL ET DE WAGRAM,
MAJOR GÉNÉRAL DE LA GRANDE ARMÉE, À DRESDE.

Dresde, 25 septembre 1813.

Mon Cousin, écrivez au duc de Padoue que je reçois ses lettres des 23 et 24; que sa proposition d'occuper Halle, Weissenfels, Merseburg et Naumburg n'est pas raisonnable; qu'en supposant qu'on ne mît que 1,500 hommes de garnison et quatre pièces de canon dans chacune de ces places, ce seraient 6,000 hommes et seize pièces de canon inutiles, et qui ne feraient rien pour nos convois, puisque l'ennemi irait les attaquer à deux ou trois lieues de la ville; qu'il faut occuper seulement Merseburg, y nommer un commandant et un officier du génie, et s'attacher à armer sur-le-champ cette place de manière que 1,500 hommes puissent la défendre un mois contre une armée; qu'il faut ensuite occuper Halle. Weissenfels et Naumburg par des colonnes mobiles d'infanterie, de cavalerie et d'artillerie. Mon intention est d'abandonner le système des garnisons, de n'en avoir qu'à Leipzig, et d'y suppléer par le système des colonnes mobiles, qui se combineront en raison de l'importance des passages; il faut écrire dans ce sens au prince de la Moskova, au général Lefebvre-Desnoëttes et au général d'Alton : que l'avantage de ces colonnes est qu'elles poursuivront la guerre offensive contre l'ennemi, qu'elles se trouveront à Halle, à Weissenfels, à Naumburg, selon que le passage l'exigera, et que le lendemain elles seront sur des points tout différents : que c'est le seul moyen de purger le pays et d'assurer la liberté des communications.

NAPOLÉON.

D'après l'original. Dépôt de la guerre.

20630. — AU PRINCE DE NEUCHÂTEL ET DE WAGRAM,
MAJOR GÉNÉRAL DE LA GRANDE ARMÉE, À DRESDE.

Dresde, 25 septembre 1813.

Mon Cousin, écrivez au duc de Padoue qu'il faut mettre de l'ordre et de l'organisation dans les colonnes mobiles : que d'abord il n'y faut aucun homme d'infanterie isolé, ni aucun bataillon provisoire; qu'il doit envoyer tout cela à Torgau; que cela n'est bon qu'à perdre des hommes et à affaiblir l'armée sans résultat; que les colonnes mobiles doivent se composer, 1° des troupes du général Dombrowski, qui a six bataillons, six pièces de canon et douze pièces d'artillerie à cheval : ce général a la mission d'observer Dessau; 2° de la colonne du général Lefebvre-Desnoëttes, qui est composée de 2,000 chevaux de la Garde, de 1,000 chevaux de la brigade Piré et de 1,000 chevaux de la brigade Vallin, ce qui fait 4,000 chevaux; 3° de la division Margaron, qui est composée de 2,000 chevaux, de deux pièces d'artillerie à cheval, de quatre pièces d'artillerie à pied, de trois bataillons badois et de cinq bataillons français; 4° enfin de la division de cavalerie légère du général Lorge. Je crois que le prince de la Moskova s'est conservé les divisions Defrance et Fournier: il ne reste donc plus que la division Lorge à la disposition du duc de Padoue. Ainsi le duc de Padoue a : en cavalerie, 4,000 chevaux du général Lefebvre-Desnoëttes, 2,000 du général Margaron, 2,000 du général Lorge, 1,000 du général Dombrowski, total 9,000 chevaux; en artillerie, seize pièces de canon du général Margaron, six du général Lorge, six du général Dombrowski, total vingt-huit pièces de canon; en infanterie, sept bataillons de la division Margaron, six de la division Dombrowski, ensemble treize bataillons formant environ 6 à 7,000 hommes: total, 15 à 16,000 hommes.

Faites connaître au duc de Padoue que le prince Poniatowski arrivera ce soir à Nossen avec 4,000 hommes de cavalerie, beaucoup d'artillerie, et 8,000 hommes d'infanterie; qu'il se portera sur Mittweida et éclairera les routes de Chemnitz, de Rochlitz et de Waldheim; que le duc de Padoue doit se mettre en correspondance avec lui; que le duc de Castiglione arrive à Iena avec 4,000 hommes de vieille cavalerie et 20,000 hommes d'infanterie. Il arrive plusieurs bataillons entiers à Erfurt, qui étaient destinés au 1er corps d'armée; remettez-m'en l'état et faites-moi connaître le jour où ils arriveront à Erfurt; on en augmentera la division Margaron, mais à condition de ne retenir dans ces colonnes ni bataillons de marche ni hommes isolés.

NAPOLÉON.

D'après l'original. Dépôt de la guerre.

20631. — AU PRINCE DE NEUCHÂTEL ET DE WAGRAM,
MAJOR GÉNÉRAL DE LA GRANDE ARMÉE, À DRESDE.

Dresde, 25 septembre 1813.

Mon Cousin, donnez ordre que toutes les voitures de la Garde, soit artillerie, soit équipages militaires, réunies sur la rive droite, passent aujourd'hui à huit heures sur le pont de bateaux qui est en amont, et prennent position sur la rive gauche. Le mouvement de passage commencera à huit heures précises.

Donnez ordre que toutes les voitures d'équipages militaires, de train d'artillerie, appartenant à l'armée, et tous les dépôts quelconques qui seraient sur la rive droite, passent sur la rive gauche, aujourd'hui à huit heures, en passant au pont en aval, de sorte qu'aujourd'hui, à midi, il n'y ait plus rien sur la rive droite.

Napoléon.

D'après l'original. Dépôt de la guerre.

20632. — AU MARÉCHAL MACDONALD, DUC DE TARENTE,
COMMANDANT LE 11e CORPS DE LA GRANDE ARMÉE, À SCHMIEDEFELD.

Dresde, 25 septembre 1813, midi.

Je vois par votre lettre que vous pensez que l'ennemi a été renforcé et qu'il est en situation de donner bataille. Je pense qu'il est convenable, si cela est, que vous reteniez les 3e, 5e et 11e corps sur les hauteurs de Weissig, et que vous preniez ainsi position. Le général Delmas restera sur votre gauche. On verra dans cette situation ce que veut faire l'ennemi. Le fort de Stolpen qu'on a fait sauter, et votre mouvement rétrograde si marqué, peuvent l'enhardir. Toutefois, si les événements de la rive gauche l'exigent, vos troupes touchant aux ponts de Dresde et de Pillnitz, on pourra en faire déboucher plusieurs divisions sans que l'ennemi s'aperçoive que vous soyez affaibli. Je pense que ce projet tiendra davantage en échec l'armée ennemie, couvrira mieux Dresde, et sera plus convenable pour les troupes qui seront campées sur des hauteurs toutes réunies.

J'ai placé une division de la jeune Garde dans le camp retranché. J'aurai toujours gagné, en restreignant ma position, le corps polonais, qui sera d'un excellent effet sur nos derrières. Je vous envoie mon officier d'ordonnance Atthalin, qui connaît bien toutes les positions et en a parcouru tous les environs. Le général Delmas pourra toujours rester sur la route de Radeberg à Dresde, au débouché du bois, puisqu'en occupant la position de Weissig vos avant-postes occuperont toute la forêt. Le 2e corps de cavalerie pourra fournir une colonne pour observer la route de Kœnigsbrück; jusqu'à cette heure le général Normann s'y trouve. Vous pourrez prendre demain cette position; j'irai vous y trouver après-demain et nous la reconnaîtrons. Quelque mouvement que fasse l'ennemi, je puis vous renforcer de 40,000 hommes dans une nuit, pour déboucher à la pointe du jour.

Les Autrichiens avaient avancé un corps qui avait traversé la route de Chemnitz à Freyberg pour se porter dans la direction de Leipzig; mais ce corps a rétrogradé et a gagné la Bohême, soit par la nouvelle d'un mouvement offensif de votre côté, soit à cause de l'arrivée du duc de Bellune à Freyberg, soit à cause qu'ils aient changé de dessein.

D'après la minute. Archives de l'Empire.

20633. — AU GÉNÉRAL COMTE DUROSNEL,
GOUVERNEUR DE DRESDE.

Dresde, 25 septembre 1813.

Dans la journée d'aujourd'hui, deux divisions de la jeune Garde vont entrer en ville; une sera cantonnée dans le faubourg de Friederichstadt, et l'autre dans le camp de la jeune Garde.

Le 8e corps (polonais) passera dans la matinée. Il passera au pont en aval et se cantonnera sur la route de Nossen.

A midi, il ne doit plus y avoir sur la rive droite aucune voiture, et tous les équipages militaires de la Garde, artillerie, etc. doivent filer par le pont en amont, le reste par le pont d'aval.

Dans la matinée, la cavalerie du général Walther passera également et se dirigera sur Tharandt.

Le 3e corps passera probablement dans la journée de demain, et le 5e dans la journée d'après-demain. Il ne restera plus sur la rive droite que le 11e corps que commande le duc de Tarente. Ce corps doit garder tous les débouchés dans la forêt et tenir l'ennemi éloigné de Dresde. Il n'y aura donc plus sur la rive droite que les fourrages, que pourra se procurer ce corps pour ses propres besoins. Mon quartier général continuera à rester à Dresde. La cavalerie de la Garde et tous les équipages militaires pourraient se réunir dans la vallée de Tharandt. Il faudrait choisir un autre lieu, à trois ou quatre lieues de Dresde, pour y établir les dépôts d'équipages militaires, artillerie et cavalerie de l'armée, de manière à dégorger Dresde le plus possible.

Ayant ainsi fait passer beaucoup de corps de cavalerie sur la rive gauche, les derrières se trouveront entièrement purgés et les routes très-sûres.

Faites-moi connaître les lieux à fourrages sur la rive gauche.

D'après la minute. Archives de l'Empire.

20634. — AU MARÉCHAL MARMONT, DUC DE RAGUSE,
COMMANDANT LE 6º CORPS DE LA GRANDE ARMÉE, À GROSSENHAYN.

Dresde, 25 septembre 1813.

Je reçois votre lettre du 24. J'ai ordonné qu'effectivement, sans défaire le pont actuel, on établisse des piles sur bateaux qui nous donnent sous quarante-huit heures le passage du pont de pierre. Faites exécuter cet ordre : cela fera deux ponts au lieu d'un, ce qui nous sera avantageux jusqu'à ce que nous ayons définitivement un véritable pont.

Donnez ordre qu'à Meissen on ne laisse plus passer un bateau pour Torgau, puisque la rivière n'est pas libre.

D'après la minute. Archives de l'Empire.

20635. — AU MARÉCHAL MORTIER, DUC DE TRÉVISE,
COMMANDANT LES 2º ET 4º DIVISIONS DE LA JEUNE GARDE, À PIRNA.

Dresde, 25 septembre 1813.

Mon Cousin, la brigade de la jeune Garde qui est destinée pour le pont de Pillnitz doit tenir position sur la rive gauche, ayant seulement un bataillon à la tête de pont et fournissant tous les travailleurs nécessaires pour terminer promptement la tête de pont. Les canons doivent également être mis en batterie de ce côté-ci du pont, quatre pièces à droite et quatre à gauche. Vous devez retirer toutes les troupes qui sont sur la rive droite vis-à-vis Pirna, ne laissant qu'un bataillon pour la tête de pont. Ce bataillon mettra 100 hommes pour garder la redoute sur la hauteur. Le village de la rive droite doit être barricadé. On pourra d'ailleurs faire tous les jours des fourrages en règle pour alimenter la garnison de Pirna.

On a cru hier, de Hartau, vers trois heures après midi, entendre une canonnade du côté de Pirna; mais, comme vous ne m'avez rendu compte de rien, il faut qu'on se soit trompé.

NAPOLÉON.

D'après l'original comm. par M. le duc de Trévise.

20636. — AU PRINCE DE NEUCHÂTEL ET DE WAGRAM,
MAJOR GÉNÉRAL DE LA GRANDE ARMÉE, À DRESDE.

Dresde, 25 septembre 1813, au soir.

Mon Cousin, donnez ordre au duc de Raguse de s'approcher demain de Meissen avec le 1ᵉʳ corps de cavalerie et le 6ᵉ corps, d'envoyer un de ses officiers au prince de la Moskova et au comte de Narbonne, gouverneur de Torgau, pour avoir des nouvelles; de placer le 5ᵉ corps de cavalerie sur les routes de Meissen, de Grossenhayn et de Moritzburg à Dresde, occupant même Grossenhayn; de laisser aussi avec ce corps une avant-garde en avant de Grossenhayn; ainsi placé, d'être prêt, après-demain 27, à faire, s'il en reçoit l'ordre, une forte journée sur Torgau par la rive gauche. Il est convenable toutefois que tout le pays de Meissen et Grossenhayn et environs soient couverts par ses postes.

NAPOLÉON.

D'après l'original. Dépôt de la guerre.

20637. — AU GÉNÉRAL LACUÉE, COMTE DE CESSAC,
MINISTRE DIRECTEUR DE L'ADMINISTRATION DE LA GUERRE, À PARIS.

Dresde, 26 septembre 1813.

Monsieur le Comte de Cessac, le ministre du trésor me mande que vous lui demandez 4 millions d'extraordinaire. Il ne faut faire aucune dépense qui ne soit dans votre budget et qui n'ait été prévue. Ceci me fait craindre que vous n'ayez fait des dépenses imprévues : ce serait sottise et de l'argent dépensé mal à propos. Ne vous engagez pas dans des dépenses de cette espèce, et donnez-moi des explications.

NAPOLÉON.

D'après l'original. Dépôt de la guerre.

Même lettre au ministre de la guerre.

20638. — AU PRINCE DE NEUCHÂTEL ET DE WAGRAM,
MAJOR GÉNÉRAL DE LA GRANDE ARMÉE, À DRESDE.

Dresde, 26 septembre 1813.

Mon Cousin, envoyez ordre au prince Poniatowski et aux différentes divisions de la Garde et des corps qui ont eu ordre de faire évacuer le bétail de la rive droite sur la rive gauche, de vous faire connaître l'état de ce qui a été évacué. Il y a des habitants qui ont suivi leurs bestiaux : donnez ordre que leurs bestiaux leur soient rendus, avec la condition de rester sur la rive gauche ; qu'à cet effet ils soient dirigés sur un village vis-à-vis Pillnitz. Exigez que cela soit fait, et que l'état des bestiaux vous soit envoyé dans la journée. Les Polonais étant peu nombreux et ayant beaucoup enlevé, faites venir au parc de l'armée la moitié de tout ce qu'ils ont pris.

Instruisez de ces dispositions le directeur de l'administration de l'armée, lequel fera connaître au ministre du roi de Saxe que mon intention est de liquider et de payer sur-le-champ à un prix convenu.

NAPOLÉON.

D'après l'original. Dépôt de la guerre.

20639. — AU PRINCE DE NEUCHÂTEL ET DE WAGRAM,
MAJOR GÉNÉRAL DE LA GRANDE ARMÉE, À DRESDE.

Dresde, 26 septembre 1813.

Mon Cousin, donnez ordre au général Ornano de se rendre avec sa division à Dippoldiswalde ou aux environs, de manière à être maître de cette ville, afin d'en tirer des ressources et d'éclairer les mouvements de l'ennemi sur Altenberg et Frauenstein. Prévenez-en le duc de Bellune, qui pourra faire appuyer le colonel Hardy à Shora.

Ordonnez au maréchal Saint-Cyr d'envoyer deux bataillons du 14e corps à Dippoldiswalde. Ces deux bataillons seront sous les ordres du général Ornano et soutiendront sa cavalerie. Mandez au maréchal Saint-Cyr de tenir aussi entre Dippoldiswalde et Liebstadt de l'infanterie et de la cavalerie pour établir sa communication avec le général Ornano.

Écrivez au général Ornano que le 7ᵉ de lanciers pourra ainsi se mettre en avant et en ligne.

Il est nécessaire que les deux bataillons que le maréchal Saint-Cyr doit envoyer à Dippoldiswalde y soient arrivés aujourd'hui, ou demain au plus tard.

NAPOLÉON.

D'après l'original. Dépôt de la guerre.

20640. — AU PRINCE DE NEUCHÂTEL ET DE WAGRAM,
MAJOR GÉNÉRAL DE LA GRANDE ARMÉE, À DRESDE.

Dresde, 26 septembre 1813.

Mon Cousin, faites connaître au duc de Bellune que le général Ornano doit occuper Dippoldiswalde. Aussitôt qu'il aura occupé cette ville, le duc de Bellune pourra retirer ses troupes, afin de renforcer sa colonne de Shora. Faites-lui connaître que le prince Poniatowski arrive aujourd'hui avec son corps à Nossen, et demain à Waldheim; que sa cavalerie battra Leisnig, Rochlitz, Colditz, Penig et Chemnitz, et qu'à cet effet il aura dès aujourd'hui une colonne de cavalerie à Mittweida. Mandez également au duc de Bellune qu'il a été nécessaire de diriger ce corps sur Waldheim, afin de le rapprocher de Leipzig et d'Altenburg.

NAPOLÉON.

D'après l'original. Dépôt de la guerre.

20641. — AU PRINCE PONIATOWSKI,
COMMANDANT LE 8ᵉ CORPS DE LA GRANDE ARMÉE, À NOSSEN.

Dresde, 26 septembre 1813.

Vous porterez le plus tôt possible votre quartier général à Waldheim, où vous cantonnerez votre corps. Vous pousserez votre avant-garde sur Rochlitz. Vous laisserez six pièces de canon et un bataillon à Nossen, avec une compagnie de sapeurs, qui mettra sur-le-champ en état le fort de Nossen. Vous y laisserez une centaine de chevaux. La cavalerie du 8ᵉ corps se rendra aujourd'hui, la moitié à Colditz, l'autre moitié à Mittweida. Chacune de ces deux colonnes aura une batterie d'artillerie légère; vous joindrez à chacune deux bataillons, de sorte qu'elles seront fortes de 2 à 3,000 hommes chacune. Vous donnerez ordre à la colonne de Mittweida d'envoyer des partis sur Chemnitz, sur Zwickau et sur les différents débouchés de la Bohême. L'autre colonne, qui sera à Colditz, enverra des partis sur Altenburg, Borna et Leisnig.

Le général Lefebvre-Desnoëttes avec 4,000 hommes de cavalerie était sur Zeitz, le 23, poursuivant Thielmann. Le duc de Padoue commande à Leipzig.

Vous avez l'autorisation nécessaire, sans attendre de nouveaux ordres, pour diriger vos deux colonnes mobiles sur Altenburg, Chemnitz, Zwickau, Grimma, dans la direction de Leipzig, enfin partout où vous apprendrez qu'il y a des partisans ennemis et qu'elles pourront les couper de la Bohême ou leur faire du mal.

Envoyez un de vos aides de camp à Leipzig pour instruire le duc de Padoue de votre arrivée, de votre force et de ce que vous aurez fait. Établissez une correspondance suivie et directe avec lui, afin qu'il vous tienne au courant de tous les mouvements du général Lefebvre-Desnoëttes, des généraux Lorge, Piré, etc. Le général Dombrowski avec sa division est à Bitterfeld.

Envoyez des rapports deux fois par jour. Envoyez de tous côtés des espions, et tenez-vous instruit de tous les mouvements des partisans ennemis. Faites une instruction pour qu'aucune de vos patrouilles ne se laisse surprendre et n'ait la maladresse de se cantonner la nuit dans des villages.

D'après la minute. Archives de l'Empire.

20642. — AU GÉNÉRAL BARON ROGNIAT,
COMMANDANT LE GÉNIE DE LA GRANDE ARMÉE, À DRESDE.

Dresde, 26 septembre 1813.

Monsieur le Général Rogniat, mon intention est d'occuper fortement Merseburg, afin d'être, à tout événement, bien assuré d'un pont sur la Saale. Envoyez-y un officier du génie; donnez-lui 20,000 francs et qu'il fasse un projet; mais, en attendant, qu'il travaille à fortifier la place, en organisant bien les portes, en mettant de l'eau dans les fossés, en abattant les faubourgs et les maisons inutiles qui gênent l'enceinte, et en couvrant l'enceinte par de bonnes lunettes. Il faut établir là un bon pont et une bonne tête de pont, de manière que l'armée soit toujours sûre de ce passage.

Exigez que l'officier du génie vous envoie sur-le-champ les projets.

NAPOLÉON.

D'après la copie. Dépôt de la guerre.

20643. — AU MARÉCHAL MARMONT, DUC DE RAGUSE,
COMMANDANT LE 6e CORPS DE LA GRANDE ARMÉE, À OKRILLA.

Dresde, 27 septembre 1813, quatre heures du matin.

Mon Cousin, faites repasser l'Elbe à vos divisions et au 1er corps de cavalerie. Gardez la tête de pont de Meissen par une brigade. Faites filer une portion du 1er corps de cavalerie et vos deux premières divisions en échelons sur Torgau, de manière que votre tête ne soit qu'à une bonne journée de marche; prenez une route qui ne soit en rien découverte de la rive droite. Assurez-vous que les blockhaus sont occupés par les troupes qui doivent les garder, et jetez quelque cavalerie le long de la rivière pour vous assurer que l'ennemi ne peut pas passer.

Placez le 5e corps de cavalerie de manière qu'il couvre la route de Radeburg et celle de Grossenhayn à Dresde, en prenant sa ligne d'opérations sur Dresde; et, selon les nouvelles qu'on aura dans la journée de Dessau et du prince de la Moskova, tenez-vous prêt à vous rendre en grande marche à son secours.

Je suppose qu'avant midi vous aurez votre quartier général à Meissen.

Prenez des renseignements et rendez-moi compte du nombre de bateaux chargés soit d'effets d'artillerie, soit de malades, qui seraient tombés dans les mains de l'ennemi. Il y a surtout un bateau chargé de 3,000 fusils : est-il arrivé à Torgau?

NAPOLÉON.

D'après l'original. Dépôt de la guerre.

20644. — AU MARÉCHAL MARMONT, DUC DE RAGUSE,
COMMANDANT LE 6ᵉ CORPS DE LA GRANDE ARMÉE, À OKRILLA.

Dresde, 27 septembre 1813, neuf heures du matin.

Votre première division arrivera demain à Eilenburg, votre deuxième à Wurzen, votre troisième à Oschatz. La cavalerie du général Latour-Maubourg sera sur Dahlen et Schilda. Votre quartier général sera à Wurzen. Vous donnerez l'ordre qu'une brigade de grosse cavalerie reste à Meissen jusqu'à ce qu'elle soit relevée par 600 hommes de cavalerie qui appartiennent au 5ᵉ corps et qui sont aujourd'hui à Wilsdruf.

Vous tiendrez votre quartier général demain toute la journée à Meissen.

Vous formerez trois colonnes, chacune de 3 à 400 hommes de cavalerie, un bataillon d'infanterie et six pièces d'artillerie à cheval. Ces colonnes seront bien commandées. Vous en enverrez une vis-à-vis Mühlberg, une à Strehla, et une entre Strehla et Meissen, sur les points où il y avait des bacs. Ces colonnes battront toute la rive et empêcheront tout passage. Elles feront construire des blockhaus intermédiaires entre ceux qui existent déjà, de sorte qu'au lieu d'en avoir toutes les deux lieues il y en ait de lieue en lieue. Ces colonnes feront voir qu'elles ont de l'artillerie, en la promenant le long de la rivière, pour la montrer tantôt d'un côté, tantôt de l'autre; et elles détruiront à coups de canon tous les bateaux de l'ennemi.

Vous formerez deux autres colonnes, chacune de 500 hommes de cavalerie, 500 hommes d'infanterie et deux pièces de canon, que vous ferez commander par des officiers intelligents. Ils concerteront leurs mouvements avec le prince Poniatowski, le général Lefebvre-Desnoëttes, le duc de Padoue et le général Lorge, afin de courir après les partisans ennemis, et faire en sorte qu'il n'y en ait aucun entre l'Elbe et Leipzig.

Faites une instruction pour toutes ces colonnes, et qu'aucune ne passe la nuit là où elle aurait vu coucher le soleil. Toutes ces colonnes doivent être très-actives, correspondre entre elles et purger le pays de tous les partis ennemis.

Le prince Poniatowski est à Waldheim; sa cavalerie légère est à Colditz : elle pourra ainsi se lier avec la vôtre. Le général Lefebvre-Desnoëttes est à Altenburg. Le duc de Padoue est à Leipzig avec beaucoup de cavalerie; mettez-vous en correspondance avec lui. Le prince de la Moskova est à Pretzsch et Kemberg. Dans cette position, vous serez à portée de vous joindre au prince de la Moskova pour couvrir Leipzig et couper à l'ennemi le chemin de l'Elbe, ou bien de prendre l'offensive par Wittenberg, pour faire tomber tous les ponts de l'ennemi, ou enfin revenir sur Dresde, sur Chemnitz ou sur Altenburg, pour s'opposer aux mouvements que l'ennemi pourrait faire de la Bohême.

Le duc de Bellune est à Freyberg.

Il va vous arriver d'Erfurt 3,000 hommes d'infanterie de votre corps. Je donne ordre au général Margaron de renvoyer au 1er corps de cavalerie les 1,000 hommes de ce corps qu'il a à Leipzig.

D'après l'original. Archives de l'Empire.

20645. — NOTES POUR LE MINISTRE DE LA GUERRE.

Dresde, 27 septembre 1813.

Le ministre de la guerre fera un rapport qui précédera la proposition du sénatus-consulte sur les levées de conscrits.

Il dira qu'on ne demande 200,000 hommes que pour imposer à l'Europe, mais que, dans la réalité, la conscription de 1815 ne sera levée que l'année prochaine;

Que, quant aux 120,000 hommes des conscriptions arriérées, ils ne forment guère que le septième des hommes restant disponibles, dont l'état s'élève au delà de 900,000 hommes; que 120,000 suffiront, mais que, si on les demandait plus tard, il en faudrait le double; que cependant ceux qui ne seront pas appelés sur les 900,000 doivent se tenir prêts à partir si les circonstances l'exigent.

Le ministre dira :

Que l'Empereur n'a donné aucun sujet de plainte à l'Autriche, ainsi que le démontre le manifeste même de cette puissance; qu'on n'a pas voulu négocier à Prague, parce que d'avance la guerre était résolue ; que la paix ou la guerre ne tenait pas à une province de plus ou de moins, mais que les puissances de l'Europe, dans leur jalousie contre la France, ont jugé l'occasion favorable à leurs ressentiments et ont voulu la saisir ; que les ennemis de la gloire du nom français n'ont écouté que la haine qui les anime ; qu'il y a sans doute chez nos ennemis des hommes sages qui blâment la guerre, mais qu'il en est aussi beaucoup parmi eux qui ne respirent que la dévastation de notre territoire ;

Que l'Angleterre, ainsi que l'Europe le sait, a rejeté toute proposition de paix ; qu'elle ne veut en admettre aucune jusqu'à ce qu'elle puisse dicter les conditions secrètes qu'elle veut nous imposer, combler l'embouchure de l'Escaut et obliger la France à n'avoir jamais plus de trente vaisseaux de guerre : quel est le Français qui achèterait une paix précaire à un tel prix ?

Que la Russie s'est montrée ennemie implacable ; qu'elle a employé son influence à empêcher toute négociation ; qu'ayant attiré sur elle, par la guerre qu'elle a provoquée, les malheurs qui ont frappé ses provinces, qu'ayant, de son propre aveu, allumé de ses mains l'incendie de Moscou, elle n'aspire qu'à se venger des maux qu'elle ne doit qu'à elle et à porter la torche dans les villes de l'Empire, peut-être même dans Paris, s'il était possible que dans l'excès de son aveuglement elle en eût conçu l'espoir ;

Que les alliés ne voulaient pas la paix au congrès de Prague ; qu'ils n'ont point hasardé de présenter un *ultimatum*, parce que leurs prétentions étaient portées à un tel excès, qu'ils n'osaient pas se les avouer à eux-mêmes ;

Que ce n'est pas à la cession du duché de Varsovie, à la cession des provinces illyriennes, à la cession d'une portion quelconque de notre territoire ne portant pas essentiellement atteinte à la force de l'Empire, qu'a tenu la question de la paix ou de la guerre, mais à la jalousie des puissances, à la haine des sociétés secrètes, aux passions fomentées par les artifices de l'Angleterre ;

Que, pour faire échouer les desseins conçus par l'excès de la haine et de la jalousie de l'étranger, il faut des sacrifices, il faut des hommes et de l'argent; que, lorsqu'une puissance qui compte 5 millions d'habitants a mis 200,000 hommes sous les armes, un empire de 60 millions d'habitants ne doit pas trouver au-dessus de ses forces les sacrifices qu'on lui demande; que ces sacrifices sont le sûr moyen de tenir la guerre éloignée de notre territoire, de conserver l'intégrité de l'Empire, et de faire repentir nos ennemis de leurs audacieux projets; qu'enfin (et pourquoi ne pas le dire?) c'est le seul moyen de se montrer digne du souverain qui ne connaît aucune fatigue, aucun danger pour assurer le bien-être de ses peuples et l'honneur de son Empire; que les circonstances sont grandes, qu'il faut que le peuple français montre toute l'étendue des nobles sentiments qui l'animent; que le Sénat, ce premier corps de l'état, lui en donnera l'exemple;

Qu'il n'y a personne qui ne voie que les sacrifices nécessités par des circonstances si graves sont peu de chose en comparaison de ceux qu'il faudrait faire si, faute de les avoir faits avec empressement, on devait finir par nourrir la guerre dans l'intérieur de l'Empire;

Que cette lutte, qui met les armes à la main à la génération actuelle presque tout entière, est l'ouvrage de l'Angleterre; qu'elle cesserait si cette puissance renonçait à son implacable jalousie; que l'Empereur est prêt à tous les sacrifices, et qu'il l'a annoncé hautement, pour obtenir la paix maritime et la liberté du commerce, sans laquelle la France ne pourrait exister, sans laquelle la France devrait renoncer à son indépendance, subir les restrictions qu'il conviendrait à l'Angleterre de mettre à notre navigation et le traité de commerce qu'elle voudrait nous imposer, enfin se rendre tributaire de l'Angleterre et ne travailler que pour elle comme les Indous;

Que, les passions haineuses et jalouses ayant réuni tant d'ennemis contre nous, tout Français doit sentir le besoin de courir aux armes, afin de protéger nos alliés, d'éloigner la guerre de notre territoire, et de donner de nouvelles preuves de son amour pour l'Empereur, pour la patrie et pour la gloire;

Que les peuples du royaume d'Italie ne le céderont point aux peuples de la France, et que le dévouement de 60 millions d'hommes confondra les complots de nos ennemis.

<small>D'après la minute. Archives de l'Empire.</small>

20646. — AU GÉNÉRAL CLARKE, DUC DE FELTRE,
MINISTRE DE LA GUERRE, À PARIS.

Dresde, 27 septembre 1813.

J'ai reçu votre lettre du 19 septembre sur Alexandrie.

J'approuve qu'on masse l'ancienne enceinte en terre, qu'on termine les couronnes, qu'on complète l'armement. Il est indispensable que vous ayez au moins quatre compagnies d'artillerie à Alexandrie. Mon intention est que vous vous concertiez sur-le-champ avec le ministre des finances, pour que dans les forêts, soit impériales, soit communales, situées le long du Pô et du Tessin, on coupe les bois nécessaires pour qu'Alexandrie soit, une fois pour toutes, approvisionnée en bois. Ne perdez pas un moment pour cela. La Régente signera le décret. Il faut agir comme on a fait pour Mayence.

La même mesure doit être prise pour la citadelle de Turin.

Il ne faut acheter ni palissades, ni bois de chauffage, ni bois de blindage; tout cela doit être fourni en nature par le pays et coupé dans les forêts. En général, vous devez établir ce système pour toutes mes places.

J'attache la plus grande importance à ce que toutes mes places, comme Hambourg, Coeverden, Delfzyl, Naarden, Wesel, Grave, Mayence, Juliers, Venlo, Strasbourg, les places qui sont sur le Rhin, etc. aient leur dotation complète en bois, soit pour palissadement, soit pour blindage. Ces bois pourront durer cinquante ans, et ce sera une affaire finie pour toujours.

Je ne parle pas des places du Texel, d'Anvers, de Flessingue, d'Hellevoetsluis, de Brielle, d'Ostende, parce que ces places, se trouvant à portée des chantiers de la marine, se feraient fournir facilement le bois nécessaire à leur approvisionnement: cependant je crois qu'il est convenable de faire faire des coupes pour ces places, afin que je n'aie plus besoin d'entendre parler de cela.

Le Havre et Cherbourg ont, je crois, ce qu'il leur faut.

Un travail général sur cette matière serait bien important, et c'est un grand souci de moins de savoir toutes mes places frontières bien approvisionnées en bois.

Recommandez au général Chasseloup de bien mettre en état Venise et Palmanova. J'ai déjà ordonné l'armement de Malghera, Palmanova, Osoppo. Ces places doivent être parfaitement approvisionnées. Si elles ne l'étaient pas, prenez-vous-en au vice-roi.

<small>D'après la minute. Archives de l'Empire.</small>

20647. — AU GÉNÉRAL CLARKE, DUC DE FELTRE,
MINISTRE DE LA GUERRE, À PARIS.

<small>Dresde, 27 septembre 1813.</small>

Monsieur le Duc de Feltre, je désire que vous ayez un peu l'œil sur la situation de mon artillerie en Italie.

Il est nécessaire que, outre ce que peuvent contenir mes arsenaux d'Alexandrie, de Gênes et de Turin, il y ait à Fenestrelle, à Grenoble, au fort Barraux et à Antibes, tout ce qui est nécessaire pour le service d'une armée qui se réunirait sur les Alpes, en supposant toute l'Italie perdue. Cela doit consister non-seulement en canons et équipages d'artillerie, mais aussi en fusils et en munitions. C'est sous ce point de vue que Grenoble est toujours un point important et ne doit pas être sacrifié entièrement à Turin. C'est aussi sous ce point de vue que vous devez toujours soigner l'arsenal d'Auxonne, puisqu'on peut considérer ce qui est à Auxonne comme si c'était à Grenoble. Assurez-vous que dans aucune place du Piémont, hormis Fenestrelle et la citadelle d'Alexandrie, il n'y ait des armes. Il est bien nécessaire qu'il n'y en ait pas à Gênes. Il serait préférable que le dépôt en fût placé dans la petite citadelle de Savone. D'ailleurs Alexandrie est si près de Gênes, qu'on peut tirer ce qui serait nécessaire de la citadelle d'Alexandrie.

J'ai ordonné des travaux au mont Cenis; vous sentez la grande importance que j'y attache; on m'a fait espérer qu'ils seraient finis en septembre, et qu'alors 3 à 400 hommes pourraient y obtenir un résultat: nous touchons à octobre; ainsi la campagne doit bientôt finir dans ce pays. Je désire que, si les travaux sont avancés, comme on me l'a promis, vous fassiez sur-le-champ armer de quelques pièces et obusiers le couvent et les tours dont j'ai ordonné la construction.

Vous avez, je crois, un commandant au mont Cenis; il serait convenable d'y placer 3 à 400 hommes et de renforcer la gendarmerie pour garder ce point important et en faire la police. Si l'armée d'Italie éprouvait quelque échec, c'est là qu'on pourrait arrêter tous les fuyards.

J'avais demandé des projets pour le Simplon; faites-les faire, afin que je puisse les adopter au prochain conseil et qu'ils soient exécutés l'été prochain. Il en faut aussi pour le col de Tende et pour le col de Cadibona, sur le chemin d'Alexandrie par Savone.

Le fort de Gavi est censé fermer le débouché de Gênes; je crois qu'il le ferme assez mal: faites voir si, sur la Bocchetta, on ne pourrait pas essayer des fortifications qui fermassent le col.

Ces ouvrages sur le Simplon, sur le mont Cenis, sur le col de Tende, Cadibona et sur la Bocchetta, nous rendront, avec peu d'hommes et de dépenses, maîtres de tous les débouchés sur l'Italie, et nous seront d'un grand secours pour la défense de la frontière du Valais, de la Savoie, de Nice et de Gênes.

Je ne me souviens pas de la décision que j'ai donnée pour les fortifications de Genève. Je désire que vous me la remettiez sous les yeux. Il me semble que cette place défendrait parfaitement les débouchés du Valais et de la Savoie, et serait fort utile pour couvrir Lyon.

NAPOLÉON.

D'après l'original. Dépôt de la guerre.

20648. — AU GÉNÉRAL LACUÉE, COMTE DE CESSAC,
MINISTRE DIRECTEUR DE L'ADMINISTRATION DE LA GUERRE, À PARIS.

Dresde, 27 septembre 1813.

Monsieur le Comte de Cessac, j'ai reçu votre lettre du 18. Je pense qu'il est sage d'augmenter un peu la réserve de Wesel et de Mayence:

mais je ne pense pas qu'il soit nécessaire d'y avoir ce grand approvisionnement qui exigerait 6 millions et qui serait en pure perte. La bonté de la récolte rend nécessaire le réapprovisionnement du munitionnaire, et il suffit d'avoir un peu plus de farine à Mayence et à Wesel; mais il ne faut pas faire de dépenses inutiles. Les fourrages seraient perdus, car je ne vois aucune probabilité que cette année l'armée rentre en France.

NAPOLÉON.

D'après l'original. Dépôt de la guerre.

20649. — AU PRINCE DE NEUCHÂTEL ET DE WAGRAM,
MAJOR GÉNÉRAL DE LA GRANDE ARMÉE, À DRESDE.

Dresde, 27 septembre 1813.

Mon Cousin, donnez ordre qu'il soit établi à Wurzen un pont sur pilotis avec une double tête de pont, et que ce pont nous assure ce passage, indépendamment de tous les débordements ou des glaces de la rivière.

NAPOLÉON.

D'après l'original. Dépôt de la guerre.

20650. — AU PRINCE DE NEUCHÂTEL ET DE WAGRAM,
MAJOR GÉNÉRAL DE LA GRANDE ARMÉE, À DRESDE.

Dresde, 27 septembre 1813.

Mon Cousin, donnez ordre au duc de Reggio de porter son quartier général dans un des faubourgs de la Neustadt, derrière le camp de la jeune Garde, et de faire ses dispositions pour placer aux débouchés de la forêt, sur les chemins de Grossenhayn, de Meissen et de Kœnigsbrück, des postes d'infanterie avec du canon. Il choisira lui-même les positions qu'il doit occuper et fera faire les abatis, afin de tenir l'ennemi éloigné d'une ou deux lieues du camp retranché.

Il enverra des ordres au général Lhéritier, qui doit être sur Moritzburg, pour qu'il s'approche et garde les chemins de Meissen, Grossenhayn et Kœnigsbrück, mêlé avec son infanterie; ces postes seront ainsi gardés jusqu'à ce qu'il soit relevé par les troupes du duc de Tarente.

NAPOLÉON.

D'après l'original. Dépôt de la guerre.

20651. — AU PRINCE DE NEUCHÂTEL ET DE WAGRAM,
MAJOR GÉNÉRAL DE LA GRANDE ARMÉE, À DRESDE.

Dresde, 27 septembre 1813.

Mon Cousin, répondez au roi de Westphalie que vous avez reçu sa lettre du 24; que j'approuve qu'il réunisse, habille et arme les hommes isolés qui arrivent de ce côté, et qu'il les mette en subsistance dans sa garde; que je lui recommande les dépôts de cavalerie de Gotha, d'Eisenach, Langensalza, etc. que tous les rapports qu'il a sur la Bavière sont controuvés: qu'il doit se méfier de ces rapports; que Czernitchef, loin d'avoir 17,000 hommes, n'en a que 3,600; que Walmoden n'a que le tiers de ce qu'il lui suppose; que tous les renseignements qu'il a reçus sont exagérés.

NAPOLÉON.

D'après l'original. Dépôt de la guerre.

20652. — ORDRE.

Dresde, 27 septembre 1813.

Le nombre des blockhaus qui ont été établis sur la rive gauche de l'Elbe depuis Pirna jusqu'à Wittenberg sera doublé, de manière qu'il y ait un blockhaus à toutes les lieues.

Le major général fera toutes les dispositions nécessaires pour la prompte exécution du présent ordre.

NAPOLÉON.

D'après l'original. Dépôt de la guerre.

20653. — AU MARÉCHAL MARMONT, DUC DE RAGUSE,
COMMANDANT LE 6° CORPS DE LA GRANDE ARMÉE, À MEISSEN.

Dresde, 28 septembre 1813, quatre heures du matin.

Mon Cousin, j'ai reçu votre lettre du 27 à huit heures du soir. Il est fâcheux que le général Lhéritier ne se soit pas retiré sur Dresde; mais, puisqu'il a passé à Meissen, ordonnez-lui de mettre son quartier général à Meissen. Il enverra à Wilsdruf, où il y a 6 à 700 hommes de son corps.

pour les faire rejoindre. Ce général formera deux colonnes, chacune de 4 à 500 chevaux et deux pièces d'artillerie, et bien commandées. Une de ces colonnes sera chargée de la garde de la rivière, depuis Meissen jusqu'à Riesa. Son commandant pourra se placer à peu près vis-à-vis le chemin de Grossenhayn à l'Elbe. L'autre colonne sera chargée de la garde de la rivière de Meissen à Dresde; son commandant se placera au village de Gohlis ou de Kostebaude. Vous laisserez à Meissen une brigade commandée par un bon général, avec sa batterie. Cette brigade tiendra un bataillon dans la tête de pont, sur la rive droite. Donnez ordre que le pont soit attaché aux piles du pont de pierre. Je ne conçois pas la bêtise du général Bouchu : cela aurait épargné beaucoup d'ancres et de cordages. Le général Lhéritier étant chargé de la garde de la rivière de Meissen à Riesa, vous pourrez former une colonne de moins.

NAPOLÉON.

D'après l'original comm. par M. Charavay.

20654. — AU PRINCE DE NEUCHÂTEL ET DE WAGRAM,
MAJOR GÉNÉRAL DE LA GRANDE ARMÉE, À DRESDE.

Dresde, 28 septembre 1813, quatre heures du matin.

Mon Cousin, le 5ᵉ corps de cavalerie, commandé par le général Lhéritier, restera à Meissen. Ce général réunira à son corps ses détachements qui sont à Wilsdruf. Il formera deux colonnes, chacune de 4 à 500 chevaux, avec deux pièces d'artillerie. L'une sera chargée de la garde de l'Elbe depuis Meissen jusqu'à Riesa, et l'autre de Meissen à Dresde. Tout le cours de la rivière doit être bien surveillé. Il vous fera connaître les officiers qu'il aura choisis pour les commander; il se tiendra avec le reste de son corps à Meissen, pour se porter partout où cela serait nécessaire. Par ce moyen, le duc de Raguse pourra ne former que deux colonnes, au lieu de trois, pour garder la rive gauche de l'Elbe.

Par le retour de l'officier d'état-major que vous enverrez, le général Lhéritier vous fera connaître l'état de sa cavalerie et de son artillerie. Donnez-lui ordre de faire visiter tous les blockhaus le long de l'Elbe, et de faire connaître leur situation et la garnison qu'ils ont. Les officiers commandant ces deux colonnes correspondront avec les commandants des blockhaus. Le commandant de la colonne chargée de la garde de la rive de Meissen à Riesa pourra se placer au village, à peu près vis-à-vis le chemin de Grossenhayn à l'Elbe. Celui de la colonne chargée de la garde de la rive de Meissen à Dresde se placera au village de Gohlis ou au village de Kostebaude. Donnez ordre au duc de Raguse de laisser une brigade d'infanterie avec sa batterie pour occuper Meissen, jusqu'à ce qu'elle y soit remplacée par d'autres troupes. Elle tiendra un bataillon dans la tête de pont. Le pont sera attaché aux piles du pont de pierre. Les canons du château et l'artillerie de la brigade seront mis en batterie sur la rive gauche pour protéger la tête de pont. S'il était à craindre que le pont fût rompu, il serait établi un bac pour la communication d'une rive à l'autre. Le duc de Raguse laissera un bon général de brigade pour commander cette brigade jusqu'à ce qu'elle soit remplacée.

NAPOLÉON.

D'après l'original. Dépôt de la guerre.

20655. — AU GÉNÉRAL COMTE LEFEBVRE-DESNOËTTES,
COMMANDANT LA 1re DIVISION DE CAVALERIE DE LA GARDE, À ALTENBURG.

Dresde, 28 septembre 1813.

Je reçois vos lettres du 27. Je mande au prince Poniatowski d'envoyer une de ses colonnes de Mittweida sur Penig, afin de ne pas souffrir que l'ennemi occupe Waldenburg ni Chemnitz.

Le duc de Castiglione devrait arriver à Iena le 30. Envoyez des agents à sa rencontre, afin de vous mettre sur-le-champ en communication avec la cavalerie. Il a 4,000 hommes de vieille cavalerie d'Espagne que commande le général Milhaud. Vous ferez passer au duc de Castiglione les nouvelles que vous aurez de Leipzig.

L'ennemi avait jeté un pont près de Wittenberg, vis-à-vis Elster. Le général Bertrand l'a chassé de Wartenburg sur la rive gauche, l'obligeant à lever son pont et à défaire sa tête de pont.

D'après la minute. Archives de l'Empire.

20656. — AU PRINCE DE NEUCHÂTEL ET DE WAGRAM,
MAJOR GÉNÉRAL DE LA GRANDE ARMÉE, À DRESDE.

Dresde, 28 septembre 1813.

Mon Cousin, donnez ordre au général Durosnel de faire repasser sur la rive gauche tous les parcs et voitures inutiles qui seraient sur la rive droite. Il ne doit y avoir au camp retranché que ce qui appartient au 3ᵉ corps ou au 11ᵉ corps. Donnez ordre au général Durosnel de désigner le pont en amont pour le mouvement qui aura lieu de la rive droite à la rive gauche, et le pont en aval pour le mouvement de la rive gauche à la rive droite. On laissera le pont de pierre pour les mouvements de la ville. Il est fort nécessaire que ces dispositions soient bien prises et que les chemins soient tracés pour ces ponts avant d'entrer dans la Neustadt, de sorte qu'il n'y ait encombrement nulle part. Il faut, à cet effet, les faire jalonner et y mettre des officiers de gendarmerie qui soient responsables.

Donnez ordre au duc de Reggio d'avoir son quartier général au camp retranché, d'occuper toutes les routes du camp retranché sur la rive droite, de placer des postes de la division de la jeune Garde aux débouchés des routes de Meissen, Grossenhayn, Kœnigsbrück et Radeberg.

Donnez ordre au général Nansouty de faire passer aujourd'hui au camp retranché, sur la rive droite, 400 chevau-légers, 400 chasseurs et 200 gardes d'honneur, formant 1,000 hommes, qui seront en réserve sous les ordres du duc de Reggio.

Donnez ordre au duc de Tarente pour que le 3ᵉ corps, cavalerie, infanterie et artillerie, se rende au camp retranché sur la rive droite et soit placé par le duc de Reggio : la division Ricard sur le chemin de Grossenhayn, la division Souham sur celui de Kœnigsbrück, et la division Delmas sur celui de Radeberg, gardant les débouchés de la forêt et à deux lieues de Dresde. Lorsque le duc de Reggio aura ainsi placé ces divisions, il retirera les postes de la Garde qu'il avait placés momentanément, lesquels rentreront à leurs divisions.

Donnez ordre au duc de Tarente de faire passer le 5ᵉ corps par le pont de Pillnitz sur la rive gauche, d'occuper, avec le 11ᵉ corps et la partie du corps du général Sebastiani dont il n'aura pas besoin, les hauteurs qui dominent les chemins de Bautzen et de Pillnitz. Il reconnaîtra la position, afin de placer ses troupes de la manière la plus avantageuse et de se défendre le plus qu'il pourra.

NAPOLÉON.

D'après l'original Dépôt de la guerre.

20657. — AU GÉNÉRAL CLARKE, DUC DE FELTRE,
MINISTRE DE LA GUERRE, À PARIS.

Dresde, 28 septembre 1813.

J'ai reçu votre lettre du 22 septembre. J'approuve ce que vous avez fait pour les vingt et un régiments de cavalerie de l'armée d'Espagne. Je vois qu'ils ont chacun quatre escadrons, ce qui fait 84 escadrons pour cette armée; et à 250 hommes par escadron, cela ferait 21,000 hommes de cavalerie. Il est indispensable d'avoir plus de 15,000 hommes de cavalerie en bon état pour l'armée d'Espagne. Sans l'existence de cette cavalerie, l'ennemi, qui ne manquerait pas de connaître l'état des choses, pourrait tenter quelque entreprise dans la plaine de la Garonne; mais, quand il saura que nous avons une cavalerie aussi nombreuse, il ne s'y hasardera pas. Je désire que vous me fassiez un rapport sur la situation de cette cavalerie au 1ᵉʳ octobre, en officiers et en soldats, et que vous me proposiez de l'organiser en dix brigades, chaque brigade composée de 15 à 1,600 chevaux. Il faut constamment travailler à mettre cette cavalerie en état, et de préférence augmenter la cavalerie légère. Les escadrons de cuirassiers et de dragons peuvent être suffisants à 200 hommes: il en faudra 250 à 300 pour la cavalerie légère.

D'après la minute. Archives de l'Empire.

20658. — AU PRINCE DE NEUCHÂTEL ET DE WAGRAM,
MAJOR GÉNÉRAL DE LA GRANDE ARMÉE, À DRESDE.

Dresde, 29 septembre 1813.

Mon Cousin, faites connaître au duc de Padoue que le général Lefebvre-Desnoëttes avait besoin d'être soutenu, qu'ainsi il ne fallait pas le dégarnir. On n'aurait pas dû envoyer le général Lorge pour soutenir le prince de la Moskova. Ce maréchal ayant 40,000 hommes auprès de Dessau, on a le temps de voir venir de ce côté, au lieu que le général Lefebvre-Desnoëttes est en l'air; qu'il le fasse donc soutenir. D'ailleurs, le duc de Raguse est aujourd'hui à Wurzen, avec le 1er corps de cavalerie, ce qui lui donne aussi 40,000 hommes. C'est donc encore une fois le général Lefebvre-Desnoëttes qu'il est nécessaire de soutenir. Le duc de Padoue doit donc lui envoyer la division Lorge, la brigade Vallin et tout ce dont il peut disposer. Recommandez-lui de faire travailler avec la plus grande activité aux fortifications et à l'armement de Merseburg. Il a eu tort de retirer son infanterie au général Lefebvre-Desnoëttes; il doit au contraire renforcer ce général; Altenburg est un point fort important, puisque ce n'est que de la Bohême qu'il peut s'avancer des forces qui menacent sérieusement Leipzig. Le duc de Castiglione étant à Iena, c'est également la position d'Altenburg qui couvrira la communication avec lui.

Napoléon.

D'après l'original. Dépôt de la guerre.

20659. — AU PRINCE DE NEUCHÂTEL ET DE WAGRAM,
MAJOR GÉNÉRAL DE LA GRANDE ARMÉE, À DRESDE.

Dresde, 29 septembre 1813.

Mon Cousin, faites connaître au duc de Bellune qu'on a également chassé l'ennemi de la rive gauche, vis-à-vis Dessau, qu'on lui a enlevé sa tête de pont, et qu'on l'a obligé à replier son pont; qu'ainsi l'ennemi n'a plus de pont sur l'Elbe.

Mandez également cette nouvelle au prince Poniatowski et au général Lefebvre-Desnoëttes.

Mandez au prince de la Moskova qu'il est convenable de placer le général Dombrowski à Dessau, pour éclairer toute la rive et empêcher l'ennemi de tenter de nouveau un passage; que le duc de Raguse arrive aujourd'hui à Wurzen; que je désire qu'il soit employé dans l'opération qui aura pour objet de faire lever le siége de Wittenberg.

Écrivez au maréchal Saint-Cyr qu'il paraît que l'ennemi a renoncé définitivement à son projet de pénétrer sur Dresde et à toute opération offensive, se contentant de faire la petite guerre; que des corps d'armée qui avaient l'air de déboucher par Kommotau et dans différentes directions se sont repliés sur la Bohême, et que tous les ponts que l'ennemi avait jetés sur l'Elbe à Wartenburg, vis-à-vis Elster, à Acken et à Dessau, ont été levés après de légers engagements avec le prince de la Moskova; les fortes têtes de pont qu'ils avaient établies ont été démolies; que, dans cette situation des choses, l'Empereur pense qu'il est convenable que la division qu'il a à Pirna, et celle qu'il a à Kœnigstein, occupent le plus de terrain qu'il sera possible sur la rive droite, afin de vivre; d'autant plus que ces divisions seront toujours prêtes à repasser l'Elbe et à se porter contre l'attaque que l'ennemi ferait en Bohême. Écrivez au maréchal Saint-Cyr qu'il ne doit compter sur aucun renfort de cavalerie; que, s'il n'a pas de pain, c'est la faute de son ordonnateur, puisqu'il y a ici du pain; que ce maréchal doit exiger 6,000 rations de Pirna.

NAPOLÉON.

D'après l'original. Dépôt de la guerre.

20660. — AU PRINCE DE NEUCHÂTEL ET DE WAGRAM,
MAJOR GÉNÉRAL DE LA GRANDE ARMÉE, À DRESDE.

Dresde, 30 septembre 1813, trois heures du matin.

Mon Cousin, donnez ordre au général Souham, qui a son quartier général sur le chemin de Grossenhayn, à la hauteur du camp retranché de Dresde, de faire partir à cinq heures du matin, en les faisant passer de la rive droite sur la rive gauche, sa batterie de 12 et ses batteries d'artillerie à cheval, ainsi que sa propre division, la brigade de cavalerie légère du général Beurmann et le quartier général de son corps d'armée. Tout cela se rendra à Meissen par la rive gauche. Arrivé à Meissen, il enverra la brigade d'infanterie du 6ᵉ corps qui s'y trouve rejoindre son corps, ainsi que toute l'artillerie qui appartiendrait au 6ᵉ corps; il la remplacera par sa propre artillerie pour protéger le pont.

Donnez ordre au duc de Tarente de faire partir à six heures du matin une des divisions de cavalerie légère du corps du général Sebastiani, pour remplacer au camp retranché la brigade Beurmann.

Instruisez le duc de Reggio de ces dispositions. Il doit faire remplacer la division Souham par un régiment de la division de la Garde. La division de cavalerie légère du corps du général Sebastiani prendra ses ordres, et il la distribuera sur les différents chemins.

NAPOLÉON.

D'après l'original. Dépôt de la guerre.

20661. — AU PRINCE PONIATOWSKI,
COMMANDANT LE 8ᵉ CORPS DE LA GRANDE ARMÉE, À WALDHEIM.

Dresde, 30 septembre 1813, trois heures du matin.

Monsieur le Prince Poniatowski, portez-vous avec le 4ᵉ corps de cavalerie sur l'ennemi. Il me semble que la position de Frohburg, ayant des colonnes de cavalerie sur Altenburg, serait une position favorable. Le général Lauriston porte son quartier général aujourd'hui à Nossen, et aura son avant-garde à Waldheim. Le duc de Raguse, avec son corps et le 1ᵉʳ corps de cavalerie, est à Leipzig; il aura une brigade à Wurzen. Envoyez de forts partis sur Penig, tombez sur les derrières de l'ennemi, et mettez-vous en correspondance avec le duc de Raguse et le comte Lauriston. Le duc de Bellune est toujours à Freyberg. Tous les renseignements que j'ai ne me paraissent pas encore prouver que l'ennemi ait fait un mouvement d'infanterie sur Altenburg; il en a fait, sans doute, un de 8 à 10,000 chevaux et quelques milliers d'hommes d'infanterie: toutefois c'est de vous que j'attends d'être positivement instruit. Retirez de Nossen toutes les troupes qui vous appartiennent; elles y seront remplacées par le général Lauriston.

D'après la minute. Archives de l'Empire.

20662. — AU PRINCE PONIATOWSKI,
COMMANDANT LE 8ᵉ CORPS DE LA GRANDE ARMÉE, À WALDHEIM.

Dresde, 30 septembre 1813, trois heures et demie du matin.

J'ai reçu votre lettre du 29 septembre à sept heures du matin. Je ne vois rien de nouveau dans la lettre du duc de Padoue. D'ailleurs le duc de Raguse est arrivé hier à Leipzig; ce qui, joint à votre corps, à la division Margaron et au 5ᵉ corps, formerait plus de 60,000 hommes, indépendamment de 50,000 qu'a le prince de la Moskova sur Dessau.

Le 28 à midi, les Suédois ont voulu reprendre Dessau; la garde suédoise y a perdu 1,500 hommes et a échoué complétement.

Je vous ai envoyé, il y a deux heures, l'ordre de vous porter à Frohburg. Vous serez, par ce moyen, à une journée sur la gauche de Leipzig.

Comme je ne pense pas que l'infanterie ennemie soit plus forte que 5 à 6,000 hommes, si vous trouvez moyen de lui faire du mal, faites-le. Je suppose que dans la journée j'aurai des renseignements positifs sur les mouvements de l'ennemi. J'ai bien de la peine à croire que les Autrichiens aient voulu compromettre un corps de 20 à 30,000 hommes de cette manière.

D'après la minute. Archives de l'Empire.

20663. — AU MARÉCHAL MARMONT, DUC DE RAGUSE,
COMMANDANT LE 6ᵉ CORPS DE LA GRANDE ARMÉE, À LEIPZIG.

Dresde, 30 septembre 1813, trois heures et demie du matin.

Je reçois votre lettre du 28, où vous me faites connaître que vous vous rendez à Leipzig et réunirez le 1ᵉʳ corps de cavalerie à Wurzen. Le prince Poniatowski se rend aujourd'hui de Waldheim à Frohburg, à une journée de votre gauche. Il fera battre Altenburg et Borna. Le 5ᵉ corps se rend à Nossen, son avant-garde à Waldheim. Le 2ᵉ corps se rend à Chemnitz avec le 5ᵉ corps de cavalerie. Le duc de Castiglione devra arriver demain à Iena. Je fais relever votre brigade à Meissen par la division Souham. L'ennemi a-t-il dirigé 25,000 hommes d'infanterie sur Altenburg? Si cela est, il faut couper et enlever ce corps. N'a-t-il envoyé que de la cavalerie, il faut encore harceler et obliger ce corps à se replier. Le prince de la Moskova, avec les 4ᵉ et 7ᵉ corps, le 3ᵉ corps de cavalerie et la division Dombrowski, se trouve avoir 40,000 hommes. Les 6ᵉ, 8ᵉ et 5ᵉ corps, le 1ᵉʳ corps de cavalerie, le 4ᵉ et la division Margaron, cela vous fera près de 60,000 hommes. Correspondez avec le prince Poniatowski et le général Lauriston.

D'après la minute. Archives de l'Empire.

20664. — AU GÉNÉRAL COMTE DE LAURISTON,
COMMANDANT LE 5° CORPS DE LA GRANDE ARMÉE, À WILSDRUF.

Dresde, 30 septembre 1813, trois heures et demie du matin.

Je vous ai fait donner l'ordre de partir le plus tôt possible pour vous porter sur Nossen. Le prince Poniatowski a laissé à Nossen 100 chevaux et 150 hommes d'infanterie; renvoyez tout cela à ce prince. Affectez à la garnison du château de Nossen 150 hommes écloppés de votre corps, mais bien commandés. Il est nécessaire que votre cavalerie légère et deux pièces d'artillerie légère arrivent aujourd'hui à Waldheim. Si les deux bataillons peuvent y arriver, tant mieux; mais, si la journée est trop forte, il faut que les deux bataillons s'en approchent le plus possible pour y arriver demain de bonne heure.

Le duc de Bellune porte son quartier général en avant de Freyberg, et pousse une de ses divisions entre Freyberg et Chemnitz. Le prince Poniatowski part ce matin de Waldheim et se porte sur Frohburg. Le duc de Raguse est à Leipzig. Mettez-vous en communication avec tous ces corps. Vous ne devez plus attendre de vivres de Dresde; il faut vous en procurer militairement en en requérant dans les bailliages.

Un corps de 6 à 7,000 hommes de cavalerie s'est porté le 28 sur Altenburg et a obligé le général Lefebvre à se replier. On prétend qu'il est suivi par de l'infanterie. On varie sur la force de cette infanterie. Ce mouvement paraît si hasardé, que j'ai peine à le croire. Un corps de 20 à 30,000 hommes serait trop lourd et ne serait pas assez fort pour ne pas être compromis; toutefois, comme ce mouvement peut se rattacher à quelque grand plan, insurrection ou autre, il faut se mettre en mesure de tomber sur ce corps, si l'ennemi s'était compromis ainsi.

D'après la minute. Archives de l'Empire.

20665. — AU MARÉCHAL VICTOR, DUC DE BELLUNE,
COMMANDANT LE 2ᵉ CORPS DE LA GRANDE ARMÉE, À FREYBERG.

Dresde, 30 septembre 1813, quatre heures du matin.

Le major général vous donne l'ordre de porter votre quartier général entre Chemnitz et Freyberg, et d'approcher de Chemnitz une forte division. J'ai donné ordre d'augmenter votre corps de 2,000 chevaux du 5ᵉ corps de cavalerie qui sont à Meissen et qui vous arriveront dans la journée. L'ennemi paraît avoir fait filer un corps du côté d'Altenburg. Le prince Poniatowski se porte à Frohburg; le duc de Raguse est à Leipzig; le général Lauriston est à Nossen; le duc de Castiglione doit arriver à Iena. Si l'ennemi a ainsi aventuré 30 à 40,000 hommes, ce que nous connaîtrons dans la journée, il faut pouvoir leur tomber dessus et leur couper la retraite de la Bohême. Il faut donc commencer le mouvement préparatoire qui vous est ordonné, et placer vos troupes dans une bonne position. Procurez-vous des subsistances dans le pays; vous n'avez plus rien à attendre de Dresde. Faites-nous connaître plusieurs fois par jour les renseignements que vous aurez et la position de vos troupes.

D'après la minute. Archives de l'Empire.

20666. — AU PRINCE DE NEUCHÂTEL ET DE WAGRAM,
MAJOR GÉNÉRAL DE LA GRANDE ARMÉE, À DRESDE.

Dresde, 30 septembre 1813, quatre heures du matin.

Mon Cousin, donnez ordre au général Souham, aussitôt qu'il sera arrivé à Meissen, de placer une demi-batterie d'artillerie légère avec 300 chevaux et un bataillon pour veiller sur la rive gauche depuis Riesa jusqu'à Meissen, et de former une pareille colonne pour veiller sur la rive gauche depuis Meissen jusqu'à Dresde. Ordonnez-lui de garder le reste de sa cavalerie avec lui, pour se porter avec une batterie d'artillerie légère partout où cela serait nécessaire. Ces troupes relèveront celles du 5ᵉ corps de cavalerie.

Donnez ordre au général Lhéritier, aussitôt qu'il aura été relevé, de partir pour Freyberg, où il sera aux ordres du duc de Bellune. Vous communiquerez cet ordre au duc de Bellune pour qu'il envoie à Meissen un officier pour presser le départ de ces trois brigades.

NAPOLÉON.

D'après l'original. Dépôt de la guerre.

20667. — AU MARÉCHAL MARMONT, DUC DE RAGUSE,
COMMANDANT LE 6ᵉ CORPS DE LA GRANDE ARMÉE, À LEIPZIG.

Dresde, 1ᵉʳ octobre 1813, quatre heures du matin.

Je reçois votre lettre du 29 à onze heures du soir.

La brigade que vous avez laissée à Meissen a été remplacée par le 3ᵉ corps. Laissez du monde à Wurzen et faites travailler à la double tête de pont, et surtout à l'établissement d'un pont sur pilotis : la Mulde déborde; il est nécessaire que nous soyons maîtres de ce passage.

Le 30, le prince Poniatowski a eu son quartier général à Rochlitz; aujourd'hui, 1ᵉʳ octobre, il est à Frohburg et à Altenburg. Le comte de Valmy a dû coucher le 30 à Frohburg, et a dû envoyer un fort détachement sur Borna. Le général Uminski a dû occuper Rœtha. Le prince Sulkowski a été sur Penig. Le 5ᵉ corps était, hier 30, à Nossen et à Waldheim. Les troupes du duc de Castiglione ne devaient pas tarder à paraître du côté d'Iena.

Jusqu'à cette heure, il paraîtrait que le général Platof, fils de l'hetman, et que Thielmann, tous deux soutenus d'une division légère, se portent sur la Saale. Il paraîtrait que cette division légère serait commandée par le général Baumgarten. Klenau paraîtrait se trouver à Kommotau. Il paraîtrait que Platof avait sous ses ordres 1,000 à 1,200 Cosaques, le régiment palatin Ferdinand (autrichien) et le régiment de Hesse-Hombourg (autrichien). Il paraît qu'avec ces forces le général Platof se serait porté sur Penig et de là sur Altenburg, laissant le général Baumgarten à Chemnitz. Dans la journée, tout ceci va parfaitement s'éclaircir.

D'après la minute. Archives de l'Empire.

20668. — AU PRINCE PONIATOWSKI,
COMMANDANT LE 8ᵉ CORPS DE LA GRANDE ARMÉE, À FROHBURG.

Dresde, 1ᵉʳ octobre 1813, quatre heures et demie du matin.

J'ai reçu votre lettre du 30 à quatre heures après midi. Je ne puis pas comprendre comment votre officier a mis quatorze heures pour arriver à Waldheim; un homme à pied n'en aurait pas tant mis. Le duc de Raguse était arrivé le 29 à Leipzig; il se proposait de marcher sur la Saale. Un habitant, parti le 29 d'Altenburg et qui est arrivé à Leipzig, a déclaré n'avoir laissé aucun ennemi dans cette ville. Un capitaine badois, qui a été pris dans le combat du général Lefebvre-Desnoëttes, vers neuf heures du matin, s'est échappé d'Altenburg à trois heures après midi, et n'a vu que 4,000 hommes de cavalerie et 3,000 hommes d'infanterie hongroise.

Le bruit courait à Leipzig que le prince de la Moskova avait enlevé la tête de pont de Dessau, après que les Suédois eurent échoué dans l'attaque de la ville de Dessau, où leur garde a perdu beaucoup de monde. Un homme qui a déserté le 29 de Kommotau prétend y avoir laissé le général Klenau.

D'après la minute. Archives de l'Empire.

20669. — AU PRINCE DE NEUCHÂTEL ET DE WAGRAM,
MAJOR GÉNÉRAL DE LA GRANDE ARMÉE, À DRESDE.

Dresde, 1ᵉʳ octobre 1813.

Mon Cousin, faites connaître au duc de Tarente et au général Durosnel que les huit redoutes du camp retranché, à compter de demain à quatre heures du soir, seront gardées par les troupes du duc de Tarente, et que la garnison de Dresde n'aura plus à y fournir de troupes, hormis les canonniers, qu'elle continuera d'y fournir. Je désire que le gouverneur, avec le commandant de l'artillerie de la place, fasse un projet pour retirer une partie de l'artillerie de la rive gauche, afin de doubler l'armement des redoutes de la rive droite, toute l'artillerie du duc de

Tarente devant rester attelée pour se porter partout où il serait nécessaire.

Donnez ordre que la garnison des blockhaus de Pirna à Dresde soit fournie par le corps du maréchal Saint-Cyr, qui sera aussi chargé de bien surveiller toute la rive gauche. Donnez également ordre que tous les blockhaus de Meissen à Dresde soient gardés par le 3ᵉ corps. Le général Durosnel et le commandant du génie donneront ordre de faire construire un blockhaus sur la rive gauche de l'Elbe, vis-à-vis l'ouverture de la vallée sur laquelle est le pont de bois. On y placera une pièce de canon, de sorte que cette pièce et la mousqueterie des 50 hommes qui garderont ce blockhaus empêchent la cavalerie et les tirailleurs de l'ennemi de filer sur la rive droite, le long du fleuve. Le général commandant le génie ordonnera aussi de faire des abatis sur la rive droite de ce ravin, afin qu'on ne puisse le franchir. Il faudra également établir un blockhaus à une lieue de Dresde, du côté de Meissen.

Donnez ordre au général Souham de placer deux ou trois pièces de canon, en remontant de Meissen sur Dresde, pour battre le coude que fait la route de Dresde sur la rive droite au débouché de la montagne qui va de Dresde à Meissen, et canonner tout ce qui passerait, afin d'intercepter cette route à l'ennemi.

La colonne de cavalerie chargée de la garde de la rive de Meissen à Dresde, qui doit avoir trois pièces d'artillerie à cheval, les placera sur les points les plus convenables pour battre la route sur la rive droite, de manière à l'intercepter à l'ennemi.

Donnez ordre au général Souham de faire travailler avec la plus grande activité, 1° à mettre en bon état le chemin qui de Meissen conduit à la grande route de Leipzig, sans passer sous le feu de la rive droite; 2° à construire un ouvrage au coude de la route battue par l'artillerie ennemie, afin que les pièces placées dans les embrasures de cet ouvrage puissent contre-battre les pièces ennemies.

NAPOLÉON.

D'après l'original. Dépôt de la guerre.

20670. — AU PRINCE DE NEUCHÂTEL ET DE WAGRAM,
MAJOR GÉNÉRAL DE LA GRANDE ARMÉE, A DRESDE.

Dresde, 1ᵉʳ octobre 1813, midi.

Mon Cousin, faites connaître au maréchal Saint-Cyr que tout porte à penser que l'ennemi opère sur sa gauche, et qu'il est dégoûté de s'engager dans les défilés de Berggiesshübel, de Borna et de Pirna ; qu'en conséquence j'ordonne les dispositions suivantes : que son commandement s'étendra jusqu'au pont de Pillnitz et jusqu'à Dippoldiswalde ; qu'il fera partir demain douze pièces de canon pour le pont de Pillnitz, avec trois bataillons et 50 chevaux (ces troupes garderont le pont de Pillnitz) ; qu'il fera partir 150 chevaux et trois pièces de canon pour Dippoldiswalde, où cette colonne trouvera les deux bataillons qu'il y a précédemment envoyés ; ces troupes garderont désormais sous ses ordres ce point, que le général Ornano va recevoir l'ordre de quitter.

Vous ferez connaître au maréchal Saint-Cyr qu'il aura sous ses ordres une compagnie de pontonniers pour le pont de Pirna et une pour le pont de Pillnitz. Vous donnerez ordre au général Ornano de laisser 100 chevaux à Dippoldiswalde, lesquels devront venir le rejoindre aussitôt qu'ils auront été relevés par les 150 chevaux de la division Pajol. Il se portera demain, à la pointe du jour, à Sohra, éclairant la vallée de la Bobritzsch et ayant ses communications avec Freyberg. Il sera sous les ordres du duc de Trévise.

Donnez ordre au duc de Trévise de partir demain, avec les deux divisions de la jeune Garde qui sont sous ses ordres et avec le général Walther, pour aller prendre une bonne position en avant de Tharandt, au débouché de la route de Freyberg à Dresde par Tharandt. Il placera ses divisions en échelons, de manière qu'une division soit à trois lieues de Dresde et l'autre à cinq lieues. La cavalerie du général Walther sera placée dans les endroits de la vallée de Tharandt où il y a le plus de fourrages à portée. Le duc de Trévise fournira au général Ornano, qui sera sous ses ordres à Sohra, de l'infanterie pour le soutenir et éclairer toute la vallée. Il laissera une brigade de la jeune Garde au pont de Pillnitz, jusqu'à ce que la tête de pont soit finie. Les bataillons du train de la Garde et les batteries de réserve seront sous les ordres du duc de Trévise, qui les placera dans la vallée de Tharandt, dans les lieux qui offriront le plus de ressources en fourrages.

Vous donnerez ordre au général Lhéritier de partir demain de Wilsdruf, à la pointe du jour, de manière à arriver de bonne heure à Freyberg, et à pouvoir dès demain prendre les ordres que lui donnera le duc de Bellune.

Vous donnerez ordre à la division Delmas de passer demain le pont, à six heures du matin, et de se diriger sur Meissen pour rejoindre son corps.

Même ordre à la division Ricard.

Donnez ordre au duc de Tarente de placer une division sur le chemin de Meissen et de Grossenhayn, et une sur le chemin de Kœnigsbrück et de Radeberg, avec une division de cavalerie du général Sebastiani ; de garder deux divisions et sa cavalerie légère dans la position actuelle, et de faire passer le général Sebastiani, au pont de Pillnitz, sur la rive gauche.

NAPOLÉON.

D'après l'original. Dépôt de la guerre.

20671. — AU MARÉCHAL VICTOR, DUC DE BELLUNE,
COMMANDANT LE 2ᵉ CORPS DE LA GRANDE ARMÉE, À FLOEHE.

Dresde, 1ᵉʳ octobre 1813.

Mon Cousin, j'ai reçu votre lettre de ce matin à neuf heures. Comme les renseignements que je reçois de tous côtés portent que l'ennemi fait effectivement quelque chose sur sa gauche, j'ai ordonné au général Ornano de se porter à Sohra, et au duc de Trévise, avec ses deux divisions de la jeune Garde, de se porter sur la route de Tharandt à Freyberg, de manière qu'une de ses divisions soit à cinq lieues et l'autre à trois lieues de Dresde. Il mène avec lui le parc de réserve de la Garde et la cavalerie de la vieille Garde, commandée par le général Walther. Il fournira au général Ornano, à Sohra, l'infanterie dont il aura besoin. Le duc de

Trévise a ordre de marcher sur Freyberg si vous étiez attaqué, ou de rester dans sa position et de bien se lier avec Freyberg, si vous ne l'étiez point. Le 5e corps de cavalerie couche aujourd'hui à Wilsdruf; envoyez-lui l'ordre d'accélérer sa marche de manière à vous arriver demain de bonne heure, et envoyez-le tout entier à votre avant-garde.

J'ai des lettres du prince de la Moskova, en date d'hier; il était à Dessau et avait repoussé avec perte les Suédois, qui avaient voulu reprendre cette ville. Il se préparait à s'emparer de leur tête de pont; mais il était obligé de marcher avec précaution, cette tête de pont étant fortifiée et couverte par les batteries de la rive droite. Le 3e corps est à Meissen; nous y avons un pont que l'ennemi a voulu brûler. Il a voulu ensuite attaquer de vive force la tête de pont. Deux ou trois bataillons russes ont été écrasés.

Le général Lauriston a également ordre de vous soutenir. Je vous ai déjà mandé qu'il se portait demain de Nossen sur Mittweida. Si vous étiez attaqué et que vous eussiez affaire à une armée, vous pourrez lui donner les ordres que comporteront les circonstances; mais, si vous n'êtes pas attaqué, sa position à Mittweida, avec une avant-garde sur Chemnitz, me paraît très-convenable.

Quant au prince Poniatowski, il a dû se porter du côté d'Altenburg; il est probable qu'il s'est porté sur Penig, s'il a été instruit que l'ennemi méditait quelque chose de sérieux.

Assurez-vous que les ponts sur lesquels on doit passer de Sohra à Freyberg sont en bon état.

Napoléon.

D'après la copie. Dépôt de la guerre.

20672. — AU MARÉCHAL VICTOR, DUC DE BELLUNE,
COMMANDANT LE 2e CORPS DE LA GRANDE ARMÉE, À FLOEHE.

Dresde, 1er octobre 1813.

Mon Cousin, je fais donner ordre au général Lauriston de se porter à Mittweida, et de pousser par Ebersdorf une avant-garde du côté de Chemnitz. Vous vous trouverez ainsi en communication avec lui, puisque votre avant-garde est à Flœhe. Le 5ᵉ corps de cavalerie sera arrivé demain tout entier à Freyberg. Je fais donner ordre au général Ornano de se porter à Sohra, sur la vallée de la Bobritzsch. Je le fais relever à Dippoldiswalde par le corps du maréchal Saint-Cyr. Je suis prêt avec 60,000 hommes à marcher sur Freyberg, aussitôt que le mouvement de l'ennemi sera confirmé.

Voici le dernier état des choses : il paraît que 3 ou 4,000 hommes d'infanterie, 3 ou 4,000 hommes de cavalerie et la cavalerie de Thielmann se sont portés le 28 sur Altenburg, ont poussé le général Lefebvre-Desnoëttes et lui ont pris 3 à 400 Badois. Le général Lefebvre s'est retiré sur Weissenfels; mais le corps ennemi n'a pas passé outre, et depuis on ne sait pas ce qu'il est devenu. D'un autre côté, il paraît que Klenau, avec 14,000 hommes d'infanterie et 6,000 hommes de cavalerie, serait arrivé hier ou avant-hier à Marienberg. Le prince Poniatowski était hier 30 à Rochlitz, ayant une forte avant-garde sur Penig. Il sera aujourd'hui sur Altenburg ou Penig, selon les nouvelles qu'on aura de l'ennemi. Le général Lauriston, qui est à Nossen, sera à Mittweida. Ainsi les généraux Lauriston et Poniatowski sont en mesure de vous joindre et d'agir ensemble. Le duc de Raguse est à Leipzig, Wurzen et Grimma. Il serait fort heureux qu'une armée de 100,000 hommes s'enfournât de Marienberg, soit sur Dresde, soit sur Leipzig, et que nous pussions enfin les joindre et nous battre.

Napoléon.

D'après la copie. Dépôt de la guerre.

20673. — AU MARÉCHAL MACDONALD, DUC DE TARENTE,
COMMANDANT LE 11ᵉ CORPS DE LA GRANDE ARMÉE, À DRESDE.

Dresde, 1ᵉʳ octobre 1813.

Le général Sacken s'est porté vis-à-vis Meissen. Il a attaqué hier la tête de pont. Ses colonnes d'attaque ont été obligées de prêter le flanc à dix-huit pièces d'artillerie que le duc de Raguse y avait laissées et qui leur ont tué ou blessé 5 à 600 hommes. Il a été repoussé avec beaucoup de perte, et nous lui avons fait 200 prisonniers, parmi lesquels se trouvent plusieurs officiers. C'est par eux qu'on a appris qu'au lieu des Prussiens qu'on croyait avoir à Meissen, c'était Sacken avec trois divisions russes, dont une est la 27º. J'ai d'abord pensé à déboucher à la pointe du jour par Dresde, avec 30 à 40,000 hommes; mais je préfère leur laisser encore prendre de la confiance. Le major général vous instruira de mes intentions.

Le général Delmas et le général Ricard, avec tout ce qui appartient au 3º corps, doivent passer sur la rive gauche et se rendre à Meissen, où tout le 3º corps se réunira.

De vos quatre divisions vous en destinerez une à garder les routes de Meissen et de Grossenhayn, et une à garder la route de Kœnigsbrück. Vous emploierez une division de cavalerie légère du général Sebastiani pour soutenir ces deux divisions, en plaçant principalement cette cavalerie dans la plaine, entre la route de Grossenhayn et celle de Meissen. Vos deux autres divisions, avec votre cavalerie légère, resteront dans les positions où elles se trouvent. Faites travailler aux redoutes et aux abatis. Portez votre quartier général dans une maison de campagne dans le camp retranché, afin d'avoir l'œil sur tout. Donnez ordre à l'autre division du général Sebastiani de passer demain au pont de Pillnitz, avec son artillerie, et de rester cantonnée dans les villages sur la rive gauche. Je donne ordre au duc de Reggio qu'aussitôt que vos postes seront placés il évacue le camp de la jeune Garde, que vous ferez occuper par vos troupes. Il n'y aura donc plus sur la rive droite que vos quatre divisions, votre brigade de cavalerie légère, et une division de cavalerie légère du 2º corps de cavalerie.

Le duc de Trévise est aujourd'hui à Pillnitz; il en part demain pour se porter sur Freyberg. Trois bataillons et douze pièces d'artillerie du maréchal Saint-Cyr seront chargés de la garde de ce pont. Le 3º corps se réunit à Meissen et envoie des partis de cavalerie jusqu'aux portes de Dresde.

Sans doute l'ennemi ne pense pas dans ce moment à attaquer: cependant le moment peut venir où cela lui conviendra. Je ne saurais donc trop vous recommander de faire couper des arbres par vos troupes.

pour qu'elles se couvrent d'abatis de tous les côtés. A dater de demain, à quatre heures après midi, la garnison de Dresde ne fournira plus de troupes pour la garde des redoutes du camp retranché, et ce sera à vous à y fournir. La garnison ne fournira plus que les canonniers, qui continueront à faire le service. Il convient que votre artillerie reste mobile, et ne soit point placée dans les redoutes, si ce n'est dans les nouvelles redoutes en avant du camp retranché, sur la route de Grossenhayn et du côté de Weissig. Mais, dans les redoutes du camp retranché, il faudra y laisser l'artillerie qui s'y trouve, et que la vôtre reste mobile, pour pouvoir la porter sur le point qui serait attaqué. Quand le commandant de l'artillerie de votre corps aura vu l'armement de ces redoutes, je désire qu'il fasse un projet pour le doubler; on tirera à cet effet des pièces des ouvrages de la rive gauche, pour les porter sur la rive droite.

Tous les renseignements s'accordent à dire que l'ennemi fait un mouvement par la route de Kommotau sur Marienberg. Le duc de Bellune est à moitié chemin de Freyberg à Chemnitz. Le général Lauriston se porte sur Mittweida. Le prince Poniatowski est sur Penig. Le duc de Raguse est à Leipzig. Si ce mouvement de l'armée ennemie se confirme, elle se trouvera forcée à recevoir bataille.

Le prince de la Moskova est près de Dessau; son avant-garde occupe cette ville; elle y a été attaquée par la garde suédoise, qui a été repoussée et a perdu beaucoup de monde. Le prince de la Moskova a ouvert la sape devant la tête de pont de l'ennemi, et espère l'obliger à replier son pont.

Le maréchal Saint-Cyr, ayant sous ses ordres le comte de Lobau, occupe les positions de Pirna, Berggiesshübel, Borna et Dippoldiswalde. Mais il paraît que cette fois l'ennemi, sachant que ces positions sont fortifiées et occupées en force, a renoncé à déboucher de ce côté, et veut tenter d'opérer par Marienberg; cependant tout cela est encore incertain.

Napoléon.

D'après la minute. Archives de l'Empire.

20674. — AU MARÉCHAL NEY, PRINCE DE LA MOSKOVA,
COMMANDANT LES 4ᵉ ET 7ᵉ CORPS DE LA GRANDE ARMÉE, À POETNITZ.

Dresde, 1ᵉʳ octobre 1813.

Je reçois votre lettre du 29 à trois heures après midi. Le duc de Padoue est un peu alarmiste. Je suppose que vous aurez eu des nouvelles positives; vous aurez fait revenir à vous le général Dombrowski.

La grande armée de Bohême paraît vouloir faire un mouvement par Marienberg : je la guette, et, si elle s'avance, il y aura de secondes affaires de Dresde. Le duc de Bellune est entre Freyberg et Chemnitz; le prince Poniatowski est sur Penig; le général Lauriston est à Nossen; le duc de Trévise est entre Tharandt et Freyberg. Le 3ᵉ corps se réunit à Meissen. Le 11ᵉ corps garde le camp retranché de Dresde, sur la rive droite, et les débouchés de la forêt. La Garde est à Dresde et aux environs. Le 14ᵉ corps, ainsi que le 1ᵉʳ, occupe les positions de Borna, Pirna et Berggiesshübel. Le duc de Raguse forme une réserve qui, selon les circonstances, peut appuyer sur vous ou sur la Bohême.

D'après la minute. Archives de l'Empire.

20675. — A M. MARET, DUC DE BASSANO,
MINISTRE DES RELATIONS EXTÉRIEURES, À DRESDE.

Dresde, 1ᵉʳ octobre 1813.

Monsieur le Duc de Bassano, témoignez mon mécontentement au baron de Saint-Aignan de l'alarme qu'il a jetée sur mes derrières. Vous lui ferez sentir qu'il ne peut pas rendre de plus grands services aux partisans que d'accréditer par son nom les faux bruits qu'ils font courir; que des partisans qui n'ont que 2 à 300 chevaux s'annoncent toujours pour en avoir 12 à 15,000, certains qu'ils ne peuvent avoir quelque succès qu'autant qu'ils se feront précéder d'une vaine terreur. M. de Saint-Aignan a donc montré autant d'ineptie que d'ignorance en écrivant partout des circulaires pour annoncer que 10,000 chevaux marchaient sur Gotha. Qui le lui a dit? Il prétend que c'est un paysan; mais, si ce paysan a vu une colonne, M. de Saint-Aignan devait avoir assez de sens pour penser que 10,000 hommes ne marchaient pas sur une colonne. C'était tout au plus un indice pour y envoyer des agents et des officiers saxons s'assurer de l'état des choses et pour prévenir les généraux qu'il y avait quelques partisans. Cet agent montre peu de discernement et en même temps rend peu de services. Dans un pays comme Gotha, il devrait avoir des agents de tous côtés et savoir tout ce qui se passe. Donnez-lui des ordres sévères pour qu'il ne se mêle pas de ce qui ne le regarde pas, et, si des renseignements lui parviennent, de se contenter d'en envoyer copie, ce qui mettra à même de les apprécier. Il n'y a pas un sous-lieutenant qui ne se serait moqué de mon ministre s'il avait su qu'il ajoutait foi à l'existence de 10,000 chevaux ennemis, sur la simple assertion d'un paysan qui dit les avoir vus.

Napoléon.

D'après l'original. Archives des affaires étrangères.

20676. — AU PRINCE DE NEUCHÂTEL ET DE WAGRAM,
MAJOR GÉNÉRAL DE LA GRANDE ARMÉE, À DRESDE.

Dresde, 2 octobre 1813.

Mon Cousin, faites connaître au général d'Alton mon étonnement de sa lettre du 29 septembre. Il faut qu'ils aient tous perdu la tête à Erfurt et à Eisenach. S'ils croient tous les on dit du pays et tous les bruits que répandent les partisans ennemis, ils ne peuvent faire que des sottises. Le général d'Alton a eu tort de donner l'alarme au duc de Valmy et de la répandre sur tous les derrières. Mon chargé d'affaires à Gotha a agi dans tout cela sans jugement. Il n'y a jamais eu que 1,500 hommes à Brunswick. On ne saurait rendre de plus grands services aux partisans que d'accréditer les bruits qu'ils ont intérêt à faire circuler. Il faut avoir bien peu d'expérience pour croire qu'une armée veuille ainsi s'affaiblir de 10,000 chevaux. On disait aussi qu'il y avait à Halle 6,000 hommes d'infanterie; une reconnaissance y a été envoyée et en a chassé 50 à 60 Cosaques qui y étaient depuis trois jours et terrorifiaient le pays.

On ne doit pas jeter légèrement l'alarme; il ne faut pas se laisser épouvanter par des chimères, et l'on doit avoir plus de fermeté et de discernement.

Écrivez au duc de Padoue qu'il s'alarme trop aisément, et qu'il est trop prompt à accueillir tous les faux bruits semés par l'ennemi. Ce n'est pas ainsi que doit agir un homme d'expérience : il faut plus de caractère que cela. Écrivez au général d'Alton qu'il a rêvé qu'il y avait 4,000 hommes à Mühlhausen : il n'y a jamais eu plus de 1,200 hommes. Le duc de Padoue a dû voir dans la lettre du général d'Alton, du 29, combien la nouvelle que l'ennemi avait passé à Dessau, occupait Halle et marchait sur Cassel, avait troublé la tête de ce général. Tout cela se trouve faux. Ils doivent avoir furieusement perdu la tête à Erfurt et à Eisenach, puisqu'ils croient avoir l'ennemi sur les talons en même temps qu'ils disent qu'il se dirige sur Brunswick et sur Hanovre.

Faites connaître au duc de Valmy que j'ai vu avec plaisir sa lettre du 27 septembre au général Noirot; c'est ce qu'il fallait faire, au lieu de renvoyer ces dépôts derrière les montagnes de Thuringe. Dites au duc de Valmy de ne point ajouter foi à tout ce qu'on débite du nombre des partisans sur les derrières : ce sont des partis d'une cinquantaine d'hommes qui font tout ce bruit, et nos jeunes généraux donnent de la réalité à ces chimères par leur empressement à colporter tous ces faux bruits.

Écrivez au duc de Padoue de vous faire connaître l'infanterie qu'a perdue le général Lefebvre-Desnoëttes dans l'affaire d'Altenburg.

Écrivez au général d'Alton de faire mettre en batterie, sur les remparts de la ville et de la citadelle d'Erfurt, toutes les pièces de campagne qui étaient destinées pour Magdeburg et pour Dresde, et qui sont à Erfurt sans attelages.

NAPOLÉON.

D'après l'original. Dépôt de la guerre.

20677. — AU PRINCE DE NEUCHÂTEL ET DE WAGRAM,
MAJOR GÉNÉRAL DE LA GRANDE ARMÉE, À DRESDE.

Dresde, 2 octobre 1813.

Mon Cousin, donnez ordre au roi de Naples de se rendre dans la nuit à Freyberg, où il prendra le commandement du 5ᵉ corps de cavalerie, de la division du 1ᵉʳ corps de cavalerie que commande le général Berckheim, du 2ᵉ corps d'infanterie, du 5ᵉ corps et du 8ᵉ. Il correspondra avec le duc de Trévise, qui commande deux divisions de la Garde, et avec le général Ornano, qui commande une division de cavalerie de la Garde.

Donnez avis au roi de Naples que le duc de Bellune doit être entre Freyberg et OEderan, et que la division Dufour est à Flœhe; que le général Lauriston est à Mittweida, ayant son avant-garde sur Ebersdorf; que le prince Poniatowski était hier soir à Frohburg, ayant son avant-garde sur Penig; qu'il a dû marcher aujourd'hui sur Altenburg; que la présence du Roi à Freyberg me paraît nécessaire pour coordonner les mouvements de ces différents corps et me tenir instruit de ce qu'il y a à Chemnitz; que le prince Poniatowski a mandé qu'hier, 1ᵉʳ octobre, il n'y avait à Chemnitz qu'un régiment d'infanterie et un régiment de cavalerie, mais qu'il est constant que l'hetman Platof était dans les environs d'Altenburg avec ses Cosaques; que le général Lefebvre-Desnoëttes est à Freyburg, entre Weissenfels et Naumburg; que le duc de Raguse est à Leipzig; que le général Sebastiani est sur le chemin de Freyberg; que le duc de Trévise est à Tharandt; qu'enfin le général Ornano est à Sohra; que tous les indices sont que l'ennemi fait un mouvement, et qu'on devra savoir positivement à Chemnitz ce que fait l'ennemi.

Napoléon.

D'après l'original. Dépôt de la guerre.

20678. — AU MARÉCHAL MACDONALD, DUC DE TARENTE,
COMMANDANT LE 11ᵉ CORPS DE LA GRANDE ARMÉE, À DRESDE.

Dresde, 2 octobre 1813.

Je vous envoie la copie de deux ordres que je donne, l'un au commandant de l'artillerie, l'autre au commandant du génie; portez toute votre attention à les faire exécuter. Il paraît que les corps de Langeron, de Sacken et de Blücher ont fait tous un mouvement sur Elsterwerda et Grossenhayn. Il est possible que ce soit pour attaquer le camp retranché du côté de la plaine, par les chemins de Berlin et de Meissen. Comme ils évitent par là la forêt, c'est effectivement le point le plus attaquable. Assurez-vous, par des reconnaissances, que l'ennemi s'est réellement aussi fortement dégarni sur le chemin de Bautzen, pour pouvoir également, de votre côté, en retirer des troupes. Je fais demain venir l'infanterie de la jeune Garde sur la rive gauche, afin que vous puissiez faire occuper le camp de la jeune Garde par votre réserve. J'ordonne que soixante pièces de canon soient mises en batterie dans les redoutes de la rive droite; les soixante pièces qui appartiennent à votre corps doivent rester attelées pour se porter sur le point d'attaque. Il faut qu'on donne le dernier degré de perfection à toutes les redoutes, en plaçant les sacs à terre et les gabions, en organisant les magasins à poudre et en préparant enfin tout ce qui est nécessaire pour la défense. Il faut que les redoutes de Weissig soient liées au camp retranché par des abatis; qu'on abatte tous les bois qui sont dans le ravin sur lequel il y a un pont de bois (sur le chemin de Bautzen), et que tous les bois soient placés en forme d'abatis, de manière que tous les sentiers soient obstrués par des abatis. On ne saurait trop prendre les précautions de l'art pour avoir le plus de troupes disponibles et pouvoir se porter sur les points d'attaque. Chaque général que vous avez chargé d'une partie de camp retranché à défendre doit fournir les hommes pour les travaux et s'occuper avec activité à augmenter ses moyens de défense.

D'après la minute. Archives de l'Empire.

20679. — AU MARÉCHAL GOUVION SAINT-CYR,
COMMANDANT LE 14ᵉ CORPS DE LA GRANDE ARMÉE, À PIRNA.

Dresde, 2 octobre 1813.

Il paraît que tout le corps de Langeron, Sacken et Blücher a quitté les environs de Stolpen et le chemin de Bautzen, et qu'il s'est porté entièrement sur Grossenhayn et Elsterwerda. Avez-vous quelques renseignements là-dessus?

Le prince Poniatowski est arrivé hier à Frohburg, près d'Altenburg. Il paraît que l'ennemi n'a fait déboucher de Bohême que l'hetman Platof et le général Thielmann avec 7 ou 8,000 hommes de cavalerie, huit ou dix pièces de canon et deux bataillons d'infanterie.

Je suppose que vous avez envoyé un officier intelligent pour commander à Dippoldiswalde.

Le général Ornano est à Sohra; le duc de Trévise à Tharandt; le duc de Bellune entre Freyberg et Chemnitz; le général Lauriston sur Mittweida.

Organisez bien le service et la surveillance de la rive gauche. Qui est-ce qui commande au pont de Pillnitz? Vous devez fournir 14 bataillons aux 3e et 11e corps; vous recevrez en échange 14 autres bataillons. Cela a pour but de réunir les bataillons d'un même régiment.

Le comte de Lobau tient trop de chevaux de cavalerie, d'artillerie et d'équipages au bivouac; il pourrait éloigner tout cela, en les envoyant dans les villages sur ses derrières, pour ferrer les chevaux et se rétablir.

D'après la minute. Archives de l'Empire.

20680. — AU GÉNÉRAL COMTE LEFEBVRE-DESNOËTTES,
COMMANDANT LA 1re DIVISION DE CAVALERIE DE LA GARDE, À FREYBURG.

Dresde, 2 octobre 1813.

Monsieur le Comte Lefebvre-Desnoëttes, je reçois vos lettres du 1er octobre. Ces lettres sont pleines de folies. Le quartier général du prince de Suède n'est pas à Kœnnern, puisque le prince de la Moskova est à Dessau. 5 ou 600 partisans se sont en effet portés sur Cassel, mais Czernitchef n'a pas 12,000 hommes. Vous prenez pour argent comptant tous les bruits que les partisans font courir. Il serait assurément fort heureux qu'effectivement l'ennemi s'enfournât avec de l'infanterie entre l'Elbe et le Rhin, la guerre serait alors bientôt terminée; mais il ne met en avant que des partisans, qui ont pour instruction d'exagérer leurs forces. Soyez donc plus prudent, et n'accréditez pas ces exagérations en y ajoutant foi.

Le prince Poniatowski a dû être aujourd'hui à Altenburg. Si vous aviez manœuvré avec la sagesse convenable, vous ne seriez pas resté trois jours à Altenburg, et, après en avoir chassé Thielmann, vous auriez changé de résidence tous les soirs pour ne pas être surpris. Que cela vous serve pour l'avenir; cette négligence me coûte assez cher. Je vous avais fait donner par Nansouty cette instruction de vous déplacer sans cesse pour que l'ennemi ne sache jamais où vous êtes.

Je n'ai pas encore reçu le rapport de vos affaires. Rendez-m'en compte en détail, affaire par affaire, charge par charge, et donnez-moi un état exact de vos pertes. Je suis obligé, pour avoir de vos nouvelles, d'en recueillir de l'officier polonais qui était porteur de votre dernière lettre.

D'après la minute. Archives de l'Empire.

20681. — AU GÉNÉRAL BARON ROGNIAT,
COMMANDANT LE GÉNIE DE LA GRANDE ARMÉE, À DRESDE.

Dresde, 2 octobre 1813.

Monsieur le Général Rogniat, il faut s'occuper avec la plus grande activité du camp retranché de la rive droite.

Il est nécessaire d'établir une batterie de six pièces, protégée par une palissade, sur la rive gauche, en descendant le fleuve, au point qui flanque la redoute n° 1 et qui bat tout le coude que fait la rive droite jusqu'au village de Briessnitz. Je suppose que les maisons de la redoute n° 1 sont démolies, et que les travaux que j'ai ordonnés sont terminés ou se poursuivent avec activité.

J'ai ordonné qu'on établît une petite redoute en palissades sur la rive gauche, à une lieue de Dresde, sur le chemin de Pillnitz, vis-à-vis le ravin sur lequel se trouve un pont de bois, sur la route de Bautzen. Il est nécessaire qu'il y ait sur ce point deux pièces de canon pour battre la rive droite et empêcher que rien ne se glisse le long du fleuve. Un abatis ou une palissade depuis la petite maison sur la hauteur, sur la rive droite, jusqu'en bas, serait fort utile. On placerait dans cette maison, qui serait environnée de palissades, un poste de 50 hommes qui communiquerait avec le poste du pont de bois.

Tout porte à penser que ce camp retranché sera tâté sous peu de jours. Il est donc nécessaire que les gabions et les sacs à terre soient placés, et que tout ce qui est nécessaire pour mettre la dernière main aux moyens de défense des redoutes soit fait. Il faut couper le bois de manière qu'il soit hors de la portée du mousquet.

J'ai vu avec peine que les redoutes sur les hauteurs n'ont pas avancé, faute d'outils. Faites-y travailler avec la plus grande activité, ainsi qu'à couper les bois hors de la portée du fusil. Pour garder la redoute sur la hauteur du pont de bois, il faut couper tous les bois dans le ravin jusqu'à l'Elbe, et depuis le pont de bois, fort loin, le long de la route, de manière qu'aucun homme ne puisse se glisser dans ces sentiers, et que, depuis l'Elbe jusqu'à la redoute sur la hauteur du pont de bois, aucun homme, même à pied, ne puisse pénétrer, tous les chemins étant obstrués par des abatis.

Mon intention est que la redoute n° 1 soit armée de huit pièces de canon; les redoutes n°^{os} 2, 3 et 4, chacune de six; les redoutes n°^{os} 5, 6 et 7, chacune de quatre, et la redoute n° 8, de six; ce qui fait en tout quarante-quatre bouches à feu.

Entre les redoutes n°^{os} 7 et 8, il y a un ruisseau; il faut y faire un abatis, de manière à obstruer le passage.

Donnez des instructions au commandant du génie du corps du duc de Tarente. Les bras ne lui manqueront pas dans ce moment, puisque, tout le corps du duc de Tarente étant chargé de la défense du camp retranché, les soldats feront les abatis et fourniront les travailleurs nécessaires.

NAPOLÉON.

D'après la copie. Dépôt de la guerre.

20682. — AU GÉNÉRAL COMTE SORBIER,
COMMANDANT L'ARTILLERIE DE LA GRANDE ARMÉE, À DRESDE.

Dresde, 2 octobre 1813.

Il sera établi une batterie de six pièces sur la rive gauche, en descendant le fleuve, de manière à flanquer la redoute n° 1 du camp retranché de la rive droite, et à battre tout l'enfoncement que fait la rivière jusqu'au village de Briessnitz. La redoute n° 1 sur la rive droite sera armée de huit pièces; les redoutes n°^{os} 2, 3 et 4, chacune de six; les redoutes n°^{os} 5,

6 et 7, chacune de quatre, et la redoute n° 8 de six : ce qui fait quarante-quatre bouches à feu.

L'enceinte de la nouvelle ville (Neustadt) sera bien armée; on pourra, en conséquence, y affecter une partie de l'armement de la rive gauche, de sorte cependant qu'il y reste au moins trois pièces dans chaque redoute.

Il sera pris des mesures pour établir des merlons en sacs à terre et gabions, afin de former des magasins à poudre dans toutes les redoutes, ainsi que pour donner à ce camp retranché le dernier degré de force pour recevoir une attaque.

Les soixante bouches à feu du duc de Tarente doivent rester attelées, pour se porter partout où il serait nécessaire et sur le point précis que l'ennemi attaquerait. Le service de l'artillerie sera établi de manière qu'il y ait non-seulement dans les redoutes, au moment de l'attaque, les hommes nécessaires pour le service des pièces, ainsi que pour celles de l'enceinte de la Neustadt, mais encore une réserve pour remplacer les tués et les blessés.

Vous chargerez le général Pernety du commandement de l'artillerie de toute la place et sur les deux rives, et vous mettrez à sa disposition le personnel nécessaire pour qu'il établisse bien le service.

Il faut tout préparer comme si l'on devait être attaqué le 4 ou le 5.

On placera deux pièces de canon dans chacune des redoutes, sur la route de Weissig et sur celle de Grossenhayn, en avant du camp retranché. Comme cette artillerie serait insuffisante, le surplus nécessaire sera fourni par le 11ᵉ corps sur ses pièces attelées.

En cas qu'on dût évacuer ces positions, l'artillerie du 11ᵉ corps serait chargée d'avoir des attelages prêts pour enlever ces pièces.

<small>D'après la minute. Archives de l'Empire.</small>

20683. — AU MARÉCHAL VICTOR, DUC DE BELLUNE,
<small>COMMANDANT LE 2ᵉ CORPS DE LA GRANDE ARMÉE, À KLEIN-SCHIRMA.</small>

<small>Dresde, 2 octobre 1813, dix heures du soir.</small>

Mon Cousin, je reçois votre lettre. Le prince Poniatowski est arrivé à

Altenburg. Le général Lauriston est à Mittweida. Il est important que vous poussiez l'ennemi sur Chemnitz. Une des deux choses suivantes arrivera : ou l'ennemi a peu de monde à Chemnitz, et les renseignements du prince Poniatowski sont qu'il n'y a que deux régiments, dans ce cas vous le culbuterez, vous entrerez à Chemnitz, vous vous lierez avec Lauriston et vous aurez des nouvelles; ou l'ennemi y a une armée, et dans ce cas il est important que vous dirigiez en conséquence le général Lauriston ainsi que le prince Poniatowski, pour qu'ils ne soient pas compromis et que vous m'en teniez instruit. Je regarderais comme une nouvelle bien heureuse la certitude que l'ennemi s'enfournât avec une armée de 80,000 hommes sur Leipzig; la guerre serait alors bientôt finie : mais je pense qu'il connaît trop ma manière de faire pour s'exposer à pareille aventure. Sachez donc ce que l'ennemi a à Chemnitz, et marchez-y vous-même.

NAPOLÉON.

D'après la copie. Dépôt de la guerre.

20684. — AU PRINCE DE NEUCHÂTEL ET DE WAGRAM,
MAJOR GÉNÉRAL DE LA GRANDE ARMÉE, À DRESDE.

Dresde, 3 octobre 1813.

Mon Cousin, écrivez au duc de Raguse que je désapprouve qu'il ait envoyé une partie de son corps à Merseburg; que son corps ne doit faire aucun service et se tenir prêt à partir, deux heures après qu'il en recevra l'ordre et sans perdre de temps, sur l'une ou l'autre direction.

Écrivez au duc de Padoue que la nouvelle de l'arrivée de 20,000 ennemis à Altenburg est fausse.

Écrivez au général Souham que ses troupes se comportent mal; qu'il est convenable qu'il établisse une bonne discipline, parce que déjà les paysans désertent et que cela nous affame.

Donnez ordre au général Souham d'avoir son quartier général et une division à Meissen, d'envoyer une de ses divisions à Strehla et l'autre à Riesa; que la division de Strehla se mette en communication avec Torgau; que ses troupes, soumises à une bonne discipline, surveillent les bords de l'Elbe et vivent là dans le pays.

Écrivez au duc de Bellune qu'il est nécessaire qu'il occupe Flœhe, puisque le général Lauriston est à Mittweida.

Écrivez au prince de la Moskova que tous les bruits qui courent sont faux; que la Bavière n'a pas changé de système, au contraire; que l'ennemi n'a pas encore débouché du côté de Chemnitz; que du côté de Cassel il n'a que des partisans; qu'en général l'ennemi fait courir des bruits de toute espèce contre lesquels il faut se tenir en garde, mais qu'il paraît que l'ennemi est en mouvement et qu'on attend que ce mouvement se décide pour agir.

Donnez ordre au général Sorbier d'envoyer une bonne compagnie d'artillerie et un bon officier supérieur à Wittenberg; cette mesure est très-urgente.

Écrivez au duc de Tarente que, d'après tous les renseignements des espions, l'ennemi a quitté absolument tous ses environs et s'est porté dans la direction d'Elsterwerda; qu'il serait donc convenable qu'il fît de fortes reconnaissances sur les trois grandes routes pour avoir des nouvelles.

Donnez ordre au duc de Castiglione de faire venir par Fulde et Eisenach tout ce qui reste à Würzburg, indépendamment de la garnison.

NAPOLÉON.

D'après l'original. Dépôt de la guerre.

20685. — AU MARÉCHAL MARMONT, DUC DE RAGUSE,
COMMANDANT LE 6e CORPS DE LA GRANDE ARMÉE, À LEIPZIG.

Dresde, 3 octobre 1813.

Tous les bruits que l'on fait courir sont controuvés : il n'y a point de corps d'armée ennemi sur Gera ; il n'y en a pas sur Altenburg, il n'y a de ce côté que les corps de l'hetman Platof et de Thielmann. Il faut mettre une grande circonspection dans vos mouvements. Avant tout, il faut soutenir le prince de la Moskova. Le roi de Naples, avec le 2e, le 5e et le 8e corps, qui sont entre Freyberg, Chemnitz et Altenburg, se trouve, dans l'ordre naturel, opposé à tout ce qui arriverait de Bohème. D'ailleurs, un officier que vous m'enverriez en poste pourrait en moins de vingt heures vous rapporter ma réponse.

Je vous le répète : couvrir Leipzig, puisque vous y êtes; empêcher le passage de l'Elbe, de Wittenberg à Torgau; secourir Torgau; appuyer le prince de la Moskova, voilà le premier but que vous devez vous proposer. Le reste viendra après.

J'attends aujourd'hui des nouvelles du prince Poniatowski et de l'arrivée de mes troupes à Chemnitz, ce qui me mettra à même de prendre un parti.

D'après la minute. Archives de l'Empire.

20686. — AU MARÉCHAL MACDONALD, DUC DE TARENTE,
COMMANDANT LE 11ᵉ CORPS DE LA GRANDE ARMÉE, À DRESDE.

Dresde, 3 octobre 1813.

Il paraît que Sacken, qui était vis-à-vis Meissen, en est parti hier à deux heures après midi et s'est éloigné de plusieurs lieues. Il est donc important que vous envoyiez des reconnaissances dans les directions de Kœnigsbrück, de Grossenhayn et de Kamenz, pour avoir des nouvelles de l'ennemi.

D'après la minute. Archives de l'Empire.

20687. — AU PRINCE PONIATOWSKI,
COMMANDANT LE 8ᵉ CORPS DE LA GRANDE ARMÉE, À ALTENBURG.

Dresde, 3 octobre 1813.

Le roi de Naples s'est rendu la nuit dernière à Freyberg. Il doit avoir marché aujourd'hui sur Chemnitz.

Le général Lauriston enverra une forte avant-garde sur Penig. Envoyez vos rapports au roi de Naples.

Le général Lefebvre-Desnoëttes étant toujours entre Naumburg et Weissenfels, communiquez avec lui.

Le duc de Castiglione, avec un corps de 20,000 hommes, arrive aujourd'hui à Iena; mettez-vous aussi en correspondance avec lui.

Aussitôt que j'aurai des nouvelles de ce qui se sera passé à Chemnitz, je vous enverrai des ordres ultérieurs. Le corps du général Klenau n'est que de 6,000 hommes de cavalerie et au plus de 15,000 hommes d'infanterie.

D'après la minute. Archives de l'Empire.

20688. — AU GÉNÉRAL COMTE DROUOT,
AIDE-MAJOR DE LA GARDE IMPÉRIALE, À DRESDE.

Dresde, 3 octobre 1813.

Monsieur le Comte Drouot, mandez au duc de Trévise qu'il est fort douteux qu'on ait besoin de lui à Freyberg; qu'en conséquence je désire que mes troupes soient bien cantonnées dans les villages, et puissent là bien vivre, à l'abri des mauvais temps; qu'il envoie des officiers voir ce qui se passe sur la route de Chemnitz, afin de ne pas marcher légèrement; que d'ailleurs, pendant le temps qu'il préparera sa troupe à se mettre en marche, à moins d'urgence, il aura le temps de recevoir mes ordres, puisqu'en deux heures il peut avoir ma réponse. Mais, s'il y avait urgence, il devrait marcher.

D'après la minute. Archives de l'Empire.

20689. — AU GÉNÉRAL SAVARY, DUC DE ROVIGO,
MINISTRE DE LA POLICE GÉNÉRALE, À PARIS.

Dresde, 3 octobre 1813.

Monsieur le Duc de Rovigo, je reçois votre lettre chiffrée du 27. Vous êtes bien bon de vous occuper de la Bourse; que vous importe la baisse? Ceux qui auront vendu la rente à 60 la rachèteront à 80. Moins vous vous mêlerez de ces affaires, mieux cela vaudra. Il est naturel que dans les circonstances actuelles il y ait plus ou moins de baisse; laissez-les donc faire ce qu'ils veulent. A qui cela fait-il tort? A ceux qui ont la bonté de vendre. Comme ils ne sont pas obligés de vendre, le tort qu'ils se font est donc volontaire. C'est mal à propos faire sentir l'influence de la police que de s'immiscer dans ces sortes d'affaires. La rente descendrait-elle à 6 francs, qu'importe, si les intérêts sont toujours bien payés? Le seul moyen d'aggraver le mal, c'est que vous vous en mêliez et que vous ayez l'air d'y attacher de l'importance. Pour moi, je n'y en attache aucune. Comme je ne fais pas d'emprunt et que je n'ai pas besoin d'en faire, tous ces détails d'agiotage n'attaquent en rien l'administration.

<small>D'après la minute. Archives de l'Empire.</small>

20690. — AU GÉNÉRAL LEBRUN, DUC DE PLAISANCE,
AIDE DE CAMP DE L'EMPEREUR, À DRESDE.

<small>Dresde, 4 octobre 1813, quatre heures du matin.</small>

Monsieur le Duc de Plaisance, je vous envoie la copie d'une lettre du général Chastel. Le major général fait connaître à ce général combien sa conduite a été contraire au bien de mon service.

Rendez-vous sur-le-champ à Meissen. Vous y verrez le général Souham, et de là vous continuerez votre route sur Riesa et Strehla. Il doit y avoir une division du général Souham à Riesa et une autre à Strehla. Portez-vous vis-à-vis Mühlberg; et, si l'ennemi y a effectivement jeté un pont, que la cavalerie du général Chastel, les deux divisions du 3ᵉ corps et même une brigade de la division Souham, avec l'artillerie de réserve du 3ᵉ corps, marchent sur ce point pour rejeter l'ennemi sur l'autre rive et détruire son pont. Si l'ennemi était en grande force, vous écririez au duc de Raguse à Leipzig, lequel a spécialement l'ordre de veiller à ce que l'ennemi n'établisse aucun passage sur l'Elbe.

Vous remettrez au général Souham la lettre ci-jointe.

Si l'ennemi a établi un pont à Mühlberg, il sera nécessaire que vous fassiez lancer pour le détruire des brûlots et des radeaux, indépendamment de l'attaque de vive force.

Aussitôt que vous serez arrivé à Meissen et à Strehla, vous m'écrirez par estafette pour me faire connaître les nouvelles que vous aurez, ainsi que le général Souham. Assurez-vous de vos propres yeux que l'ennemi a jeté un pont à Mühlberg, ce que je ne pense point qu'il ait fait. Replacez la division Chastel. Faites-lui donner des cartouches de Torgau. Le général qui sera à Strehla fournira des troupes pour occuper la position en face de Mühlberg.

Cela terminé, vous vous rendrez à Torgau pour voir comment y vont les choses. Écrivez-moi de Torgau par un officier. De Torgau, vous suivrez votre route par Wartenburg jusqu'à Dessau, afin de voir comment le fleuve est gardé. Vous aurez soin de m'écrire de Wartenburg et de Dessau.

Vous reviendrez par le même chemin, le long de la rivière.

NAPOLÉON.

D'après l'original comm. par M. le duc de Plaisance.

20691. — AU GÉNÉRAL COMTE SOUHAM,
COMMANDANT LE 3ᵉ CORPS DE LA GRANDE ARMÉE, À MEISSEN.

Dresde, 4 octobre 1813, quatre heures du matin.

Le major général vous a fait connaître mon intention que vous eussiez une division à Strehla, et que cette division s'opposât à tout passage de l'ennemi entre Torgau et Riesa. Le général Chastel mande que, le 2 octobre, l'ennemi a fait des mouvements à Mühlberg pour construire un pont. Si cela est, les deux divisions que vous avez à Riesa et à Strehla, à qui vous joindrez votre batterie de 12, doivent sur-le-champ attaquer l'ennemi, le rejeter sur la rive droite et détruire son pont. Vous pouvez, si cela est nécessaire, appuyer ces divisions par une des brigades de la vôtre, en en laissant une brigade à Meissen. Je donne ordre au général Chastel de retourner à son poste.

D'après la minute. Archives de l'Empire.

20692. — AU MARÉCHAL MACDONALD, DUC DE TARENTE,
COMMANDANT LE 11ᵉ CORPS DE LA GRANDE ARMÉE, À DRESDE.

Dresde, 4 octobre 1813.

On assure que l'ennemi a un camp, probablement du corps de Sacken, au village de Lindenau, à moitié chemin de Meissen à Dresde, entre la chaussée de Meissen et de Grossenhayn. Tâchez de vous en assurer par des reconnaissances. Il paraît que ce camp est tout sur le qui-vive, car dans la nuit passée il a pris trois fois les armes.

D'après la minute. Archives de l'Empire.

20693. — AU MARÉCHAL MACDONALD, DUC DE TARENTE,
COMMANDANT LE 11º CORPS DE LA GRANDE ARMÉE, À DRESDE.

Dresde, 4 octobre 1813.

Mon Cousin, j'attache une grande importance à savoir bien décidément ce que sont devenus Langeron, Sacken et York. Je désire donc que demain vous fassiez faire une reconnaissance de 7 à 8,000 hommes d'infanterie, cavalerie et artillerie sur Grossenhayn (Sacken a été de ce côté), et que vous en fassiez faire aussi dans d'autres directions, de manière à savoir positivement ce qu'est devenue l'armée ennemie de Silésie.

D'après la minute. Archives de l'Empire.

20694. — AU MARÉCHAL MARMONT, DUC DE RAGUSE,
COMMANDANT LE 6º CORPS DE LA GRANDE ARMÉE, À DÜBEN.

Dresde, 4 octobre 1813.

Mon Cousin, je reçois votre lettre. J'approuve le parti que vous prenez. Réunissez votre corps, le 1er corps de cavalerie, et marchez à l'ennemi. Enlevez-lui ses ponts de Wartenburg, Dessau et Acken; qu'il ne lui en reste aucun.

Le duc de Castiglione doit être arrivé aujourd'hui à Iena. Le prince Poniatowski est à Altenburg. Le roi de Naples doit être à Chemnitz; j'en attends des nouvelles à chaque instant. On a fait hier 2 ou 300 prisonniers à la division Baumgarten, entre Chemnitz et Freyberg.

Vous m'envoyez des officiers qui sont des enfants, qui ne savent rien et ne peuvent donner verbalement aucun renseignement : envoyez-moi des hommes.

Le 3º corps se porte sur Torgau; une de ses divisions sera demain 5 à Belgern.

P. S. Communiquez ces nouvelles au prince de la Moskova, et faites-lui connaître combien il est important d'enlever à l'ennemi tous ses ponts.

D'après la minute. Archives de l'Empire.

20695. — AU MARÉCHAL MARMONT, DUC DE RAGUSE,
COMMANDANT LE 6ᵉ CORPS DE LA GRANDE ARMÉE, À LINDENHAYN.

Dresde, 5 octobre 1813, trois heures du matin.

Mon Cousin, je reçois votre lettre du 4 octobre à onze heures du matin, datée d'Eilenburg. Je n'ai encore reçu aucune nouvelle sur les affaires du général Bertrand que par votre lettre d'hier. J'aurais bien voulu que vous m'eussiez donné quelques détails; donnez-moi tous ceux que vous aurez.

Le 3ᵉ corps a dû avoir hier 4 une division à Meissen, une à Strehla et une à Riesa. J'avais donné l'ordre qu'une division marchât sur Belgern. Je donne l'ordre que le 3ᵉ corps tout entier marche sur Torgau: il sera là à votre disposition. Donnez ordre qu'à Torgau on y joigne tous les hommes de son dépôt qui sont disponibles.

Il est de la plus haute importance que vous fassiez rétablir le pont de Düben et que vous marchiez rapidement pour détruire le pont de l'ennemi. Votre réunion avec le prince de la Moskova et le général Dombrowski est aussi de la plus haute importance. Je donne ordre au duc de Castiglione de se porter sur Leipzig avec son corps d'armée. Il serait urgent de rejeter l'ennemi au delà de la rivière, avant qu'il ait de nouveaux renforts.

D'après la minute. Archives de l'Empire.

20696. — AU PRINCE DE NEUCHÂTEL ET DE WAGRAM,
MAJOR GÉNÉRAL DE LA GRANDE ARMÉE, À DRESDE.

Dresde, 5 octobre 1813, trois heures du matin.

Mon Cousin, écrivez au duc de Padoue que la colonne de 10,000 hommes partie d'Erfurt arrivera aujourd'hui 5 à Naumburg; qu'il ne la perde pas de vue et la dirige selon les circonstances: que j'ai donné l'ordre aux deux bataillons que le général Margaron a fait partir le 4 pour Dresde de rétrograder sur Wurzen, où ils garderont le pont et seront à la disposition du général Margaron.

Envoyez un officier intelligent, et qui puisse nous rendre compte de ce qui se passe, au duc de Raguse, à Eilenburg[1], pour l'instruire que le 3ᵉ corps est sous ses ordres; qu'il devait avoir hier soir une division à Strehla, une à Riesa et une à Meissen; qu'il reçoit l'ordre de se mettre en marche, ce matin 5, pour Torgau; que le général Souham, qui le commande, est à Meissen et reçoit l'ordre de lui envoyer un officier pour prendre ses ordres; que le maréchal peut donc disposer de ce corps.

Écrivez au prince de la Moskova pour lui faire connaître que le duc de Raguse, avec le 6ᵉ corps et le 1ᵉʳ corps de cavalerie, est à Eilenburg et doit être joint par le 3ᵉ corps, qui se met en marche, une division de Strehla, une de Riesa et une de Meissen, et que tout cela est sous ses ordres.

Écrivez dans ce sens au duc de Raguse. Prévenez-le que, le maréchal prince de la Moskova étant le plus ancien, il se trouve avec son armée sous les ordres de ce prince; qu'il est nécessaire, aussitôt qu'ils seront réunis, qu'ils manœuvrent rapidement pour rejeter l'ennemi au delà de la rivière.

NAPOLÉON.

D'après l'original. Dépôt de la guerre.

20697. — AU PRINCE DE NEUCHÂTEL ET DE WAGRAM,
MAJOR GÉNÉRAL DE LA GRANDE ARMÉE, À DRESDE.

Dresde, 5 octobre 1813, trois heures du matin.

Mon Cousin, donnez ordre au général Drouot de faire passer sur la rive gauche la division de la Garde qui est sur la rive droite. Cette division se dirigera par la rive gauche sur Meissen, où le duc de Reggio portera son quartier général aujourd'hui 5, de bonne heure.

NAPOLÉON.

D'après l'original. Dépôt de la guerre.

[1] Le 5 octobre, le duc de Raguse était à Lindenhayn, et non à Eilenburg, où il n'est revenu que dans la journée du 6. Voir ci-après pièce n° 20705.

20698. — A JOACHIM NAPOLÉON, ROI DE NAPLES,
À FREYBERG.

Dresde, 5 octobre 1813, cinq heures du matin.

Il serait important d'être à Chemnitz. Le duc de Bellune prendrait alors une bonne position entre Chemnitz et Zschopau, et le prince Poniatowski viendrait sur Penig. Cette position nous rendrait absolument maîtres de la communication de l'ennemi avec Leipzig. Je ferais porter alors le duc de Trévise sur Freyberg. Il serait surtout important que l'ennemi fût obligé d'évacuer Schellenberg et de se retirer sur son camp de Marienberg. Je ne crois pas que l'armée de Wittgenstein arrive avec ses renforts. Je crois que le corps de Klenau est fort de 14,000 hommes d'infanterie.

Faites travailler à des abatis, à des redoutes et à des palissades sur les hauteurs du pont de Flœhe, afin d'en être parfaitement maître. Le général Lauriston doit bien faire reconnaître toutes les routes qui communiquent de sa position sur Penig, qu'il est important que le prince Poniatowski occupe constamment.

D'après la minute. Archives de l'Empire.

20699. — AU PRINCE DE NEUCHÂTEL ET DE WAGRAM,
MAJOR GÉNÉRAL DE LA GRANDE ARMÉE, À DRESDE.

Dresde, 5 octobre 1813.

Mon Cousin, donnez ordre au maréchal Saint-Cyr de faire descendre demain, 6 octobre, de bonne heure, le pont de Pillnitz à Dresde, où ces bateaux seront employés à remplacer un des ponts de bateaux dont on emploiera les bateaux à un service de transport. Donnez le même ordre au général d'artillerie. Vous ferez connaître au maréchal Saint-Cyr qu'on doit cependant garder à Pillnitz un bateau capable de porter 50 hommes, avec les pontonniers nécessaires, pour tenir toujours un poste dans la tête de pont. Il ne sera plus placé de canons dans la tête de pont de Pillnitz, mais seulement un poste de 50 hommes, qui sera protégé par l'artillerie de la rive gauche. Le bateau sera disposé de manière à pouvoir faire facilement le trajet.

Donnez ordre également au maréchal Saint-Cyr de faire établir demain le quartier général du comte de Lobau à Pirna, et d'y faire venir une de ses divisions. Le maréchal portera son quartier général à Dresde, dans le faubourg de Pirna. Il se rendra à Dresde avec deux de ses divisions, savoir : la 43e, et l'autre qu'il tirera de Borna. Une partie de la cavalerie du maréchal Saint-Cyr gardera la rive gauche de l'Elbe, depuis Dresde jusqu'à Pirna. Le point vis-à-vis Pillnitz sera gardé par le comte de Lobau.

Le maréchal Saint-Cyr fera connaître à quelle heure ses deux divisions arriveront demain à Dresde.

NAPOLÉON.

D'après l'original. Dépôt de la guerre.

20700. — NOTE POUR LE CAPITAINE CARAMAN,
OFFICIER D'ORDONNANCE DE L'EMPEREUR, À DRESDE.

Dresde, 6 octobre 1813, après minuit.

Caraman portera au duc de Raguse cette lettre ouverte . . . . . .[1] Il la lira et la déchirera s'il est besoin.

Il se rendra à Meissen au galop, promptement. Il peut même faire une pointe sur Wurzen. Il fera venir ses chevaux à Meissen et Wurzen. Il me paraît que la poste va très-lentement. Arrivé à Meissen, il me fera connaître l'état de la garnison, l'heure du départ du général Souham, et tout ce qu'on sait à Meissen. De là il ira à Wurzen. Si en route il apprenait quelque chose, il m'expédierait un gendarme saxon. A dix heures il sera à Wurzen; il m'écrira la situation et ce qu'il apprendra là. Il ira au quartier général du duc de Raguse et lui remettra ma dépêche. A son arrivée il m'expédiera un officier après avoir causé avec le duc de Raguse et connu sa position. Il reviendra à Meissen, où je serai cette nuit. S'il était possible, il se trouverait de retour demain à huit heures

---

[1] Trois mots illisibles. Cette lettre au duc de Raguse n'a pas été retrouvée.

du matin. Ma lettre dit tout au duc de Raguse. Dans la journée de demain, soit que je marche sur Torgau ou Wurzen, nous serons près d'être unis.

S'il apprend la direction du 3º corps, il me la fera connaître aussitôt.

Il m'instruira s'il trouvait des habitants ou des militaires venant de Leipzig, constatera l'heure du départ, en évitant les bruits, et s'informera de ce qui s'y passait.

D'après l'original non signé comm. par M. le duc de Caraman.

20701. — AU PRINCE DE NEUCHÂTEL ET DE WAGRAM,
MAJOR GÉNÉRAL DE LA GRANDE ARMÉE, À DRESDE.

Dresde, 6 octobre 1813, trois heures du matin.

Mon Cousin, écrivez au duc de Tarente de se tenir prêt à se porter aujourd'hui 6 à Meissen, où il passerait le pont pour se porter sur la rive gauche. Faites-lui connaître que j'attends, pour donner les derniers ordres, d'avoir les derniers rapports des reconnaissances d'hier, et que deux divisions du maréchal Saint-Cyr vont venir occuper Dresde.

NAPOLÉON.

D'après l'original. Dépôt de la guerre.

20702. — AU PRINCE DE NEUCHÂTEL ET DE WAGRAM,
MAJOR GÉNÉRAL DE LA GRANDE ARMÉE, À DRESDE.

Dresde, 6 octobre 1813, trois heures du matin.

Mon Cousin, donnez l'ordre au duc de Castiglione de se porter sur Leipzig. Prévenez de cet ordre le duc de Padoue.

NAPOLÉON.

D'après l'original. Dépôt de la guerre.

20703. — A JOACHIM NAPOLÉON, ROI DE NAPLES,
A FREYBERG.

Dresde, 6 octobre 1813, trois heures du matin.

Je reçois votre lettre. Le passage de l'ennemi sur le bas Elbe ne doit en rien empêcher votre opération. La position du prince Poniatowski à

Penig est très-favorable à l'occupation de Chemnitz. Toute l'armée de Silésie, commandée par le général Blücher, a filé du côté de Wittenberg, de manière qu'il ne reste personne devant Dresde. Nos reconnaissances ont été jusqu'à Kamenz et à Kœnigsbrück.

D'après la minute. Archives de l'Empire.

20704. — AU MARÉCHAL MACDONALD, DUC DE TARENTE,
COMMANDANT LE 11ᵉ CORPS DE LA GRANDE ARMÉE, À DRESDE.

Dresde, 6 octobre 1813.

La tête de l'armée de Silésie a jeté dans la nuit un pont à Wartenburg, entre Wittenberg et Pretzsch. Le général Bertrand occupait l'isthme, derrière des digues et des marais. Il s'est battu pendant douze heures; l'ennemi est monté sept fois à l'assaut pour le déloger sans le pouvoir. Le général Bertrand voyant le soir que l'armée se renforçait à chaque instant a fait sa retraite. Hier soir 5, le prince de la Moskova, le général Bertrand et le général Dombrowski étaient depuis Raguhn, Bitterfeld et Düben, gardant la Mulde. Le duc de Raguse était à Eilenburg, occupant la tête de pont et occupant Wurzen. Le 3ᵉ corps était: une division à Belgern, une à Strehla et une à Meissen. Le général Souham a eu ordre de mener son corps à Torgau, et de prendre cependant les ordres du duc de Raguse. S'il a marché sur Torgau, son corps y aura été réuni aujourd'hui. Je donne ordre au général Sebastiani de se porter sur Meissen, ainsi qu'à votre corps d'armée. Portez-vous de votre personne, le plus de bonne heure que vous pourrez, sur Meissen, et envoyez des officiers au général Souham et au maréchal Marmont, pour vous instruire de ce qu'ils ont fait. Il n'y a aucun inconvénient à ce que votre corps passe par la rive droite. La route par la rive gauche est plus longue et est embarrassée par le corps du duc de Reggio. Il y a des ponts à Meissen. Aussitôt que tous vos ordres seront expédiés et tout votre monde mis en marche, venez me voir.

D'après la minute. Archives de l'Empire.

20705. — AU MARÉCHAL MARMONT, DUC DE RAGUSE,
COMMANDANT LE 6ᵉ CORPS DE LA GRANDE ARMÉE, À LINDENHAYN.

Dresde, 6 octobre 1813, neuf heures du matin.

Le duc de Padoue m'a fait passer votre lettre datée de Lindenhayn le 5. J'avais reçu vos lettres précédentes. J'ai reçu également, par le duc de Padoue, une lettre du prince de la Moskova datée du 4 à deux heures après midi. Je vous ai déjà fait connaître que le 3ᵉ corps était échelonné sur la route de Meissen à Torgau; il a dû être concentré aujourd'hui 6 à Torgau. Je serai ce soir à Meissen avec 80,000 hommes, mon avant-garde étant à l'embranchement de la route de Leipzig et de celle de Torgau; j'y recevrai vos lettres, qui me décideront à prendre l'une ou l'autre. Les reconnaissances envoyées hier sur la rive droite, jusqu'à dix lieues de Dresde, n'ont trouvé que peu de monde. Le commissaire du cercle de Kœnigsbrück nous a instruits en détail des forces et du mouvement de l'armée ennemie. Comme le 3ᵉ corps est sous vos ordres, j'ignore la direction que vous lui avez donnée; mais je suppose que demain matin je serai positivement éclairé là-dessus. Je me propose de me porter sur Torgau, et de là de marcher par la rive droite, afin de couper l'ennemi et de lui enlever tous ses ponts, sans être obligé de lutter contre ses têtes de pont. En marchant par la rive gauche, il y a l'inconvénient que l'ennemi peut repasser la rivière et éviter la bataille; mais, dans cette seconde hypothèse, on pourrait déboucher par Wittenberg. Au reste, comme l'ennemi a l'initiative du mouvement, je ne pourrai me décider définitivement sur le plan à adopter que quand je connaîtrai l'état de la question, le 6 au soir.

D'après la minute. Archives de l'Empire.

20706. — AU PRINCE DE NEUCHÂTEL ET DE WAGRAM,
MAJOR GÉNÉRAL DE LA GRANDE ARMÉE, À DRESDE.

Dresde, 6 octobre 1813.

Mon Cousin, donnez ordre au général Drouot de prescrire au duc de

Reggio de se rendre avec son corps à une lieue en avant de Meissen, à l'embranchement des routes de Wurzen et de Torgau.

Donnez ordre au général Sorbier de faire partir le parc de l'armée et les équipages de pont pour se rendre à Meissen par la rive gauche.

Donnez ordre au général du génie de faire partir une compagnie du train du génie avec une bonne partie des sapeurs et des ouvriers de marine pour se rendre ce soir à Meissen. Les ouvriers de la marine qui sont à Meissen se joindront à ce convoi.

J'ai donné ordre cette nuit que le pont de Pillnitz fût transporté à Dresde pour être mis en place d'un des ponts de Dresde; ordonnez en conséquence qu'un des ponts de Dresde soit défait, et qu'on embarque de suite 2 à 3,000 malades.

NAPOLÉON.

D'après l'original. Dépôt de la guerre.

20707. — AU GÉNÉRAL COMTE SEBASTIANI,
COMMANDANT LE 2ᵉ CORPS DE CAVALERIE, À DRESDE.

Dresde, 6 octobre 1813, midi.

Dépassez ce soir Meissen et portez-vous à l'embranchement de Leipzig et de Torgau à Meissen, à peu près à deux lieues en avant de Meissen. Le duc de Reggio doit s'y trouver, mais n'a point de cavalerie. Envoyez quelques coureurs sur les directions de Torgau et de Wurzen pour avoir des nouvelles du général Souham et du duc de Raguse. Je serai de bonne heure ce soir, de ma personne, à Meissen. Vos coureurs interrogeront toutes les personnes qu'ils rencontreront, et vous me ferez connaître toutes les nouvelles que vous aurez.

D'après la minute. Archives de l'Empire.

20708. — AU PRINCE DE NEUCHÂTEL ET DE WAGRAM,
MAJOR GÉNÉRAL DE LA GRANDE ARMÉE, À DRESDE.

Dresde, 6 octobre 1813.

Mon Cousin, donnez l'ordre au maréchal Macdonald de partir sur-le-champ avec son corps d'armée pour se rendre à Meissen, où il passera le pont. Il laissera, en forme d'arrière-garde, une brigade pour garder les positions du général Gérard, jusqu'à ce qu'elle soit remplacée.

Donnez l'ordre au général Sebastiani de partir avec son corps pour Meissen; il s'échelonnera sur le chemin de Torgau et de Wurzen; il sera sous les ordres du duc de Tarente.

NAPOLÉON.

D'après l'original. Dépôt de la guerre.

20709. — AU PRINCE DE NEUCHÂTEL ET DE WAGRAM,
MAJOR GÉNÉRAL DE LA GRANDE ARMÉE, À DRESDE.

Dresde, 6 octobre 1813.

Mon Cousin, j'ai ordonné que les ponts de Pirna et de Pillnitz fussent descendus à Dresde. Cela fera donc la valeur de 80 bateaux ou pontons; et, comme il y a à Dresde 10 bateaux disponibles, cela fera 90. On gardera 20 pontons pour pouvoir jeter un pont à Dresde, en place du pont en aval; il restera donc 70 bateaux; 40 seront donnés à l'administration, dont 10 à la Garde; l'administration fera embarquer 6,000 malades: 30 seront donnés à l'artillerie, qui fera embarquer tous ses caissons, fusils et munitions. Ce convoi de 70 bateaux sera prêt à descendre la rivière dans la journée de demain pour se rendre à Torgau. Il y a à Pirna un va-et-vient qui servira pour les postes que le général devra laisser sur la rive droite.

J'ai ordonné de faire partir le petit quartier général et toutes les ambulances du quartier général pour Meissen. Donnez ordre que toutes les voitures d'équipages militaires à la suite du quartier général partent avec le général Picard pour les conduire; qu'on les charge de riz, de biscuit, de pain et d'eau-de-vie pour la nourriture de l'armée.

NAPOLÉON.

D'après l'original. Dépôt de la guerre.

20710. — NOTE POUR LE COMTE DARU,
DIRECTEUR DE L'ADMINISTRATION DE LA GRANDE ARMÉE, À DRESDE.

... Octobre 1813 [1].

Toutes les voitures des équipages militaires qui se trouvent ici seront

[1] Cette note paraît être du 6.

chargées de biscuit, d'eau-de-vie et de farine, pour partir à la suite de l'armée.

J'ai donné l'ordre que le petit quartier général partît aujourd'hui. J'ai de plus ordonné qu'on y joignît le chirurgien en chef et toutes les ambulances du quartier général, vu qu'il va y avoir une grande bataille.

J'ordonnerai le départ du grand quartier général plus tard.

J'ai ordonné que les deux ponts de Dresde fussent défaits, qu'on descendît cette nuit le pont de Pirna et celui de Pillnitz. Cela fera la valeur de quatre ponts avec les pontons restants et les petits bateaux. Il restera 70 bateaux; l'artillerie en prendra 30; il en restera 40 à l'administration, sur lesquels on embarquera 6,000 malades aujourd'hui et dans la nuit, en ne laissant ici que les véritables malades; et on prendrait de préférence tous les officiers et sous-officiers. Il est convenable que tous les officiers et employés qui peuvent se mettre en marche partent aujourd'hui, dans la nuit et demain, en se dirigeant sur Iena, où il y a un corps d'armée.

Par ce moyen, il ne restera ici que 6,000 malades. On en évacuera tous ces jours-ci tant qu'on pourra.

Le comte Daru fera une instruction pour l'intendant qui reste ici, dans les termes suivants :

L'Empereur va livrer bataille. La place sera occupée par 30,000 hommes. Si Sa Majesté perd la bataille, elle fera évacuer la place. Dans ce cas, l'artillerie détruira les affûts et enclouera les pièces. Le génie brûlera les blockhaus. L'administration distribuera les effets d'habillement aux 30,000 hommes qui restent ici. Les effets d'hôpitaux seront placés dans les hôpitaux où seront nos malades. On y laissera des officiers de santé et un commissaire des hôpitaux. On brûlera les voitures des équipages militaires.

Mais, comme Sa Majesté remportera la bataille, Dresde se tiendra toujours son centre d'opérations.

Le biscuit et le riz que peuvent porter les équipages de la Garde doivent être chargés aujourd'hui. Le reste partira demain.

On fera le plus de pain qu'on pourra.

Comme nous sommes en opérations, il est inutile que le payeur s'occupe d'envoyer de l'argent aux corps. Il suffit qu'il paye ce qui se présentera ici à sa caisse. Quand le quartier général partira, il laissera ici de quoi payer les 1er et 14e corps.

Il faut qu'on ait le plus grand soin des effets d'habillement et autres, et que cela ne soit gaspillé que quand on aurait la nouvelle d'une bataille perdue et l'ordre d'évacuer.

Le comte Daru fera réunir l'intendant général et les ordonnateurs en chef, pour leur communiquer ceci secrètement.

Comme sur cent chances Sa Majesté croit en avoir quatre-vingts pour elle, il faut agir comme si elle devait réussir.

Placer les équipages militaires dans un endroit tel qu'on puisse les brûler sans nuire à la ville.

D'après la copie comm. par M. le comte Daru.

20711. — NOTES
SUR LES MOUVEMENTS DES DIFFÉRENTS CORPS D'ARMÉE.

Dresde, 7 octobre 1813, une heure du matin.

1° Faire dans la journée du 7 une grande marche sur Wurzen. Je puis y avoir mon quartier général avec la cavalerie Sebastiani, celle de la Garde, et le corps d'Oudinot à quatre lieues de Wurzen, de manière à être demain 8 à Leipzig, s'il le fallait absolument.

2° Le 3e corps d'infanterie sera probablement à Wurzen, puisque le duc de Raguse l'a dirigé sur la Mulde.

3° Le général Lauriston peut prendre position à Rochlitz, il n'a que trois lieues à faire; le duc de Bellune peut aller à Mittweida, commençant son mouvement un peu tard : ils se trouveront en liaison avec le prince Poniatowski, qui est à Frohburg. Demain ils peuvent être à Frohburg, contenant ainsi la tête de l'armée ennemie.

Le maréchal Saint-Cyr peut faire ployer, aujourd'hui 7, le 1er et le 14e corps sur Dresde, faire occuper, demain 8, Meissen et commencer son mouvement, évacuer Dresde le 7 et se mettre en grande marche sur Wurzen.

Par le résultat de ce mouvement, je serai maître de faire ce que je voudrai : de Wurzen je puis me porter sur Torgau et sur l'ennemi, débouchant de Wittenberg, ou bien ployer toute mon armée sur Leipzig et avoir une bataille générale, ou bien repasser la Saale.

Détail. Le roi de Naples se porterait sur Mittweida, en masquant son mouvement; il n'évacuerait Flœhe que le 7 à la nuit; l'ennemi ne saurait que le 8, au matin, qu'il n'y a plus personne sur la route de Chemnitz à Dresde.

Le général Lauriston gagnerait Rochlitz et n'abandonnerait Mittweida que lorsque la tête du 2ᵉ corps serait arrivée.

Le 8, le 2ᵉ corps se porterait sur Rochlitz, et resterait en observation de Rochlitz à Frohburg, occupant Colditz, afin de se lier avec l'armée. Il resterait là jusqu'à nouvel ordre, à moins que l'ennemi ne le poussât : dans ce cas, il se rapprocherait de Leipzig, sans se laisser détacher de la Mulde.

Le 8, l'armée que je commande en personne serait sur Wurzen.

Le 10, le corps du maréchal Saint-Cyr serait sur Wurzen.

<small>D'après la minute. Archives de l'Empire.</small>

20712. — AU PRINCE DE NEUCHÂTEL ET DE WAGRAM,
MAJOR GÉNÉRAL DE LA GRANDE ARMÉE, À DRESDE.

<small>Dresde, 7 octobre 1813, une heure du matin.</small>

Mon Cousin, écrivez au roi de Naples que j'ai reçu sa lettre du 6 à quatre heures après midi; que je suis fâché qu'il n'ait pas attaqué Chemnitz; qu'il se serait trouvé dans une position naturelle; que, toutefois, voici ce qu'il convient de faire.

Le général Lauriston est à Mittweida, le 2ᵉ corps à OEderan et Flœhe : il faut que le général Lauriston se porte sur Rochlitz, et le 2ᵉ corps sur Mittweida, par la route d'OEderan et celle de Flœhe. Il est nécessaire que Flœhe soit occupé jusqu'à aujourd'hui 7 au soir, de sorte que ce ne soit que demain 8, au matin, que l'ennemi puisse s'apercevoir de la manœuvre. Ainsi, aujourd'hui 7, le 2ᵉ corps sera à Mittweida, dans de bonnes positions militaires, puisque l'ennemi est en présence; et le 5e corps sera à Rochlitz, occupant Colditz et Geithayn, et correspondant avec le prince Poniatowski, qui est à Frohburg. Tous les postes du 2e corps, de Flœhe à Dresde, seront repliés de manière que, dans la journée du 8, l'ennemi puisse entrer à Freyberg ou sur tout autre point sans faire aucun mal à ce corps. De Rochlitz, le roi de Naples se mettra en correspondance avec moi, qui serai aujourd'hui entre Meissen et Wurzen, et demain 8 à Wurzen.

Le Roi m'enverra ses rapports, dès ce soir, par Colditz, Grimma et Wurzen.

Son principal but doit être de retarder la marche de l'ennemi sur Leipzig, en ne se laissant jamais couper de la Mulde, de sorte que nous puissions approcher tous en même temps de Leipzig, tenir l'ennemi éloigné, ou, s'il le faut, livrer une bataille générale.

D'après l'original non signé. Dépôt de la guerre.

20713. — AU PRINCE DE NEUCHÂTEL ET DE WAGRAM,
MAJOR GÉNÉRAL DE LA GRANDE ARMÉE, À DRESDE.

Dresde, 7 octobre 1813, trois heures du matin.

Mon Cousin, le quartier général partira aujourd'hui, à dix heures du matin, pour se rendre à Meissen. La division du général Friant (de vieille Garde) partira à cinq heures du matin pour se rendre à Meissen. La division du général Curial partira à six heures du matin. Le général Curial se rendra auprès du roi de Saxe pour prendre ses ordres. Sa division passera la ville, sur le chemin de Meissen, sur la rive gauche. Les voitures du roi marcheront entre le bataillon saxon et le bataillon polonais. On fera partir, avec le quartier général, les trois bataillons bavarois qui restent. Le maréchal Saint-Cyr placera les Westphaliens dans les différentes divisions de son corps d'armée, un régiment par division.

NAPOLÉON.

D'après l'original. Dépôt de la guerre.

20714. — AU PRINCE DE NEUCHÂTEL ET DE WAGRAM,
MAJOR GÉNÉRAL DE LA GRANDE ARMÉE, À DRESDE.

Dresde, 7 octobre 1813, trois heures du matin.

Mon Cousin, donnez ordre au maréchal Saint-Cyr de reployer dans la journée le 1ᵉʳ corps et le 14ᵉ sur la seconde position de Pirna et de Dohna, en tenant la cavalerie et l'arrière-garde le plus loin possible; de faire descendre, la nuit prochaine, le pont de Kœnigstein sur Dresde; les canons de Lilienstein seront remis à Kœnigstein; de tirer de Kœnigstein toutes les troupes françaises, lesquelles suivront leurs divisions; de sorte que, dans la nuit du 7 au 8, la garnison de Kœnigstein arrive à Sonnenstein.

Donnez-lui ordre de faire filer sur Torgau, dans la nuit du 7 au 8 et dans la journée du 8, tous les bateaux qu'on aura chargés de blessés, et d'être prêt, dans la nuit du 8 au 9, à évacuer, s'il y a lieu, la ville de Dresde, après avoir fait sauter les blockhaus, brûlé tous les affûts des pièces qui servent à la défense de la place, et avoir encloué ces pièces, brûlé tous les caissons et toutes les voitures qui seraient restés, et fait distribuer tous les effets d'habillement à ses troupes, ne laissant ici que 5 ou 6,000 malades, trop faibles pour pouvoir être transportés.

Il sera nécessaire que les deux divisions qui passeront la journée du 7 à Dresde puissent occuper en force Meissen et Nossen. Le maréchal Saint-Cyr fera garder Sonnenstein jusqu'au dernier moment. Il est convenable de laisser subsister le pont de Meissen, jusqu'à ce que son arrière-garde ait passé Meissen, puisqu'à tout événement ce pont pourrait devenir utile.

NAPOLÉON.

D'après l'original. Dépôt de la guerre.

20715. — AU PRINCE DE NEUCHÂTEL ET DE WAGRAM,
MAJOR GÉNÉRAL DE LA GRANDE ARMÉE, À DRESDE.

Dresde, 7 octobre 1813, trois heures du matin.

Mon Cousin, donnez l'ordre au duc de Reggio de partir à six heures du matin pour faire une bonne marche sur la route de Wurzen. Donnez le même ordre au général Sebastiani et au duc de Tarente. Le duc de Trévise partira après le duc de Tarente, avec la cavalerie de la vieille Garde. L'équipage de pont, le parc d'artillerie et le parc du génie seront réunis ensemble et partiront après le duc de Trévise. Le petit quartier général se tiendra prêt à partir.

NAPOLÉON.

D'après l'original. Dépôt de la guerre.

20716. — AU MARÉCHAL MACDONALD, DUC DE TARENTE,
COMMANDANT LE 11ᵉ CORPS DE LA GRANDE ARMÉE, À MEISSEN.

Dresde, 7 octobre 1813, quatre heures du matin.

Mon Cousin, le duc de Raguse a attiré le 3ᵉ corps sur la Mulde. Je ne serai probablement instruit que tard de ce qui s'y sera passé le 6, je préfère donc m'approcher de la Mulde. Je donne ordre au duc de Reggio de partir à la pointe du jour et de faire une forte journée. Le général Sebastiani le suivra; suivez-le. Le duc de Trévise marchera après vous, et la vieille Garde après. Il y a une brigade du 3ᵉ corps qu'on a laissée : j'ai ordonné qu'elle marcherait avec le duc de Reggio jusqu'à ce qu'elle rencontre son corps. Pour les détachements du 10ᵉ de hussards qui seraient entre Meissen et Dresde, ou feraient partie du 3ᵉ corps, donnez-leur ordre de se joindre à cette brigade. Donnez ordre que la cavalerie jette des partis sur la droite.

NAPOLÉON.

P. S. Je vous envoie l'extrait d'un rapport que je reçois de mon officier d'ordonnance Caraman. Il est nécessaire que le 8 octobre Sebastiani envoie du monde pour balayer cette partie, et fasse éclairer notamment le pays dans la direction de Torgau et de Leipzig.

D'après la copie comm. par M. Olivier Barbier, conservateur adjoint à la Bibliothèque impériale.

20717. — AU MARÉCHAL MARMONT, DUC DE RAGUSE,
COMMANDANT LE 6ᵉ CORPS DE LA GRANDE ARMÉE, À TAUCHA.

Dresde, 7 octobre 1813, quatre heures du matin.

D'après la direction que vous avez donnée au 3ᵉ corps, en l'appelant sur la Mulde, je viens de donner ordre aux deux divisions du duc de Reggio, au corps du duc de Tarente, aux deux divisions du duc de Trévise, et à la cavalerie du général Sebastiani, qui sont à Meissen, de faire aujourd'hui une forte marche sur Wurzen, de manière à pouvoir être, dans la journée de demain, sur Leipzig, si cela était absolument nécessaire. Je serai moi-même ce soir à Wurzen.

D'après la minute. Archives de l'Empire.

20718. — A JOACHIM NAPOLÉON, ROI DE NAPLES,
À ROCHLITZ.

Dresde, 7 octobre 1813, six heures du matin.

Je vous ai écrit à une heure du matin. Je pars pour Meissen. Toute l'armée de Silésie a débouché par Wartenburg, et il n'y a plus personne de Dresde à Gœrlitz, ni de Dresde à Berlin. Le maréchal Saint-Cyr reste à Dresde. Retenez les Autrichiens le plus que vous pourrez, pour que je puisse battre Blücher et les Suédois avant leur arrivée au corps de Schwarzenberg.

Le roi de Saxe, la reine et la princesse Auguste viennent à Meissen; ils ne veulent pas rester à Dresde pendant mon absence. Les autres princes de la famille restent.

D'après la minute. Archives de l'Empire.

20719. — AU MARÉCHAL GOUVION SAINT-CYR,
COMMANDANT LE 14ᵉ CORPS DE LA GRANDE ARMÉE, À DRESDE.

Meissen, 7 octobre 1813.

J'arrive à Meissen. J'ordonne que les convois de farine continuent leur route sur Dresde. J'ai l'espérance d'attirer l'ennemi à une bataille.

Gardez toute la journée du 8 toutes les positions en avant de Pirna. Mes idées seront entièrement assises demain, et, si j'ai l'espérance d'attirer l'ennemi à une bataille, mon intention est de conserver Dresde; d'autant plus que j'opérerai par Torgau et que mes communications seront assurées par l'une et l'autre rive. Faites faire du pain: faites travailler au camp retranché, et évacuez le plus de blessés possible. Les brouettes qui conduisent des fruits à Dresde peuvent être employées pour transporter des blessés. Rassurez la ville, dites partout qu'il n'est pas question d'évacuer Dresde ; que vous avez 50,000 hommes pour la défendre, et que d'ailleurs vous avez la certitude, en cas de besoin, d'être promptement secouru.

Il est nécessaire que vous envoyiez six pièces de canon, 200 hommes de cavalerie et 8 à 900 hommes d'infanterie à Nossen, pour garder ce point. Ordonnez au commandant de communiquer avec celui de Meissen.

Le grand quartier général est aujourd'hui à Meissen. Je porte le mien à Oschatz. De là, je me dirigerai probablement sur Torgau.

D'après la minute. Archives de l'Empire.

20720. — AU PRINCE DE NEUCHÂTEL ET DE WAGRAM,
MAJOR GÉNÉRAL DE LA GRANDE ARMÉE, À SEERHAUSEN.

Seerhausen, 7 octobre 1813.

Mon Cousin, instruisez le duc de Padoue, pour qu'il en transmette l'avis au duc de Castiglione, que le prince Maurice Liechtenstein a passé le 5 avec un corps de 5,000 hommes à Gera, annonçant qu'il marchait sur Iena, mais se portant probablement sur Leipzig; qu'il était suivi de 1,500 chevaux aux ordres de Thielmann : que, si le duc de Castiglione peut tomber dessus, c'est un corps qu'il pourrait manger facilement; qu'il faut lui faire savoir que rien n'est plus mauvais que l'infanterie autrichienne. Le duc de Padoue doit prendre également ces renseignements pour lui.

NAPOLÉON.

D'après l'original. Dépôt de la guerre.

20721. — AU PRINCE DE NEUCHÂTEL ET DE WAGRAM,
MAJOR GÉNÉRAL DE LA GRANDE ARMÉE, À SEERHAUSEN.

Seerhausen, 7 octobre 1813, au soir.

Mon Cousin, donnez ordre au duc de Reggio de partir demain, à six heures du matin, et de se rendre à Dahlen;

Au duc de Trévise de partir à six heures du matin pour se rendre à Dahlen;

Au général Ornano de partir à six heures du matin pour se rendre à Dahlen;

Au général Walther de partir à six heures du matin et de se rendre à Dahlen;

Au parc, à l'équipage de pont et à la réserve de la Garde de partir à six heures du matin pour Oschatz;

A la division Curial, qui est à Meissen, de partir à huit heures du matin pour Oschatz;

A toute la cavalerie de Latour-Maubourg ou du 3e corps, qui est le long de l'Elbe depuis Meissen jusqu'à Torgau, de se réunir sous les ordres du général Chastel sur Torgau; à ce général de division de se mettre en correspondance avec nous, et d'avoir toutes ses troupes sous la main, en cas de besoin;

Au petit quartier général de se rendre demain à Dahlen; au grand quartier général de se rendre demain à Oschatz; au parc, équipage de pont et parc du génie de partir demain, de bonne heure, pour se rendre à Oschatz.

Donnez ordre à chacun de faire connaître l'heure à laquelle ces colonnes arriveront à Dahlen et à Oschatz.

NAPOLÉON.

D'après l'original. Dépôt de la guerre.

20722. — A M. MARET, DUC DE BASSANO,
MINISTRE DES RELATIONS EXTÉRIEURES, À MEISSEN.

Seerhausen, 7 octobre 1813, sept heures du soir.

Monsieur le Duc de Bassano, nous nous sommes arrêtés ici, et le quartier général s'y trouve placé dans un vieux castel. Il paraît qu'hier il n'y a eu rien d'important; cependant nous attendons à chaque instant des nouvelles de la journée. Donnez des nouvelles à Dresde; envoyez-en aussi à Rochlitz, où doit être le général Lauriston, mais il serait convenable de les lui donner en chiffre, ou par quelqu'un qui les lui transmettrait verbalement, afin que dans le moment actuel l'ennemi n'attrape pas des renseignements qui puissent le décider à la retraite. Le général Lauriston enverra vos nouvelles au roi de Naples et au prince Poniatowski.

Sa Majesté m'ayant dit d'écrire cette lettre à Votre Excellence en mon nom, je ne la transcris pas de nouveau, afin de ne pas retarder le départ.

Baron FAIN.

D'après l'original comm. par M. le duc de Bassano.

20723. — AU PRINCE DE NEUCHÂTEL ET DE WAGRAM,
MAJOR GÉNÉRAL DE LA GRANDE ARMÉE, À WURZEN.

Wurzen, 8 octobre 1813, au soir.

Mon Cousin, le roi de Saxe, le quartier général et la division Curial partiront demain, à neuf heures du matin, pour se rendre à Wurzen.

Vous ferez connaître au prince de la Moskova qu'il doit se tenir prêt à partir demain, à six heures du matin, avec les 7e, 4e et 3e corps, pour se diriger sur Düben; que le 3e corps est à cet effet mis sous ses ordres pour ce mouvement; que le 4e corps partira de Schilda; que, pendant que le 7e corps sera à Sprotta, le 4e sera à Mockrehna; que la cavalerie du général Latour-Maubourg sera sous ses ordres et marchera par Eilenburg; que je serai derrière et le soutiendrai avec le reste de l'armée; qu'il faut pourtant qu'aucun mouvement ne se fasse sans qu'il ait pris mes ordres, vu que j'attends dans la nuit les derniers renseignements, mais qu'il doit donner les ordres préparatoires.

Vous ferez connaître au duc de Tarente que je me porte demain sur Düben; que le prince de la Moskova s'y porte avec le 4e corps qui est à Schilda, le 7e qui est à Eilenburg[1] et le 3e qui est entre Eilenburg et

[1] Le 7e corps était sur la rive gauche de la Mulde, à Püchen.

Wurzen; qu'il doit se tenir prêt à se porter d'abord sur Mockrehna ; mais qu'il ne doit pas se mettre en mouvement sans avoir reçu de nouveaux ordres; que l'Empereur se portera lui-même à Düben.

Prévenez le général Sebastiani de se préparer aussi à ce mouvement, et de vous envoyer un officier pour recevoir les ordres définitifs.

Comme le général Bertrand, qui est sous les ordres du prince de la Moskova, se rendra sur Mockrehna, il sera convenable que le duc de Tarente, s'il entend le canon, presse son mouvement pour l'appuyer, et que dès ce moment il se mette en correspondance avec ce général. Il sera convenable également que le duc de Tarente fasse en sorte d'avoir rallié à lui demain toute la cavalerie du général Chastel, qui est à Torgau.

NAPOLÉON.

P. S. La réserve de la Garde, le parc, l'équipage de pont, le grand quartier général, la division Curial, tout cela se rendra demain à Wurzen.

D'après l'original. Dépôt de la guerre.

20724. — A JOACHIM NAPOLÉON, ROI DE NAPLES,
À ROCHLITZ.

Wurzen, 8 octobre 1813, huit heures du soir.

Je reçois votre lettre du 8 à trois heures du matin.

Il faut tenir des avant-postes sur Mittweida et Waldheim, pour correspondre avec Nossen. Il faut aussi tenir vos ponts en bon état, afin que vous soyez en position de vous porter sur Dresde, si l'ennemi menaçait cette ville.

Je suis arrivé aujourd'hui à Wurzen. Il n'y a rien de nouveau. Tout va bien ici.

P. S. Faites faire des redoutes en avant de tous les ponts.

D'après la minute. Archives de l'Empire.

20725. — AU PRINCE DE NEUCHÂTEL ET DE WAGRAM,
MAJOR GÉNÉRAL DE LA GRANDE ARMÉE, À WURZEN.

Wurzen, 9 octobre 1813, après minuit.

Mon Cousin, donnez ordre que les trois divisions de la Garde, le général Lefebvre-Desnoëttes, qui est à Leipzig, le général Ornano et le général Walther se réunissent à Eilenburg. Le duc de Reggio partira avec la jeune Garde, aussitôt que le 3ᵉ corps aura filé, pour prendre la direction d'Eilenburg. La vieille Garde et le duc de Trévise partiront à la pointe du jour pour se rendre à Wurzen. La réserve de la Garde, l'équipage de pont et le parc du génie, ainsi que le parc général de l'armée, avec le grand quartier général et la division Curial, partiront aujourd'hui pour se rendre à Wurzen. La réserve de la Garde partira de bonne heure et prendra la tête de la colonne, les batteries de réserve d'artillerie légère en tête. Le petit quartier général partira à neuf heures du matin, pour se rendre près d'Eilenburg.

NAPOLÉON.

D'après l'original. Dépôt de la guerre.

20726. — AU PRINCE DE NEUCHÂTEL ET DE WAGRAM,
MAJOR GÉNÉRAL DE LA GRANDE ARMÉE, À WURZEN.

Wurzen, 9 octobre 1813, une heure du matin.

Mon Cousin, vous écrirez ce qui suit au duc de Padoue : Le 6ᵉ corps, avec la division Lorge, se porte aujourd'hui en avant. Le quartier général de l'Empereur sera à Eilenburg. Nous occupons Colditz, Rochlitz, Penig et Frohburg; ainsi Leipzig est couvert de tous les côtés, hormis ceux de Halle et de Dessau. Le duc de Padoue a la division Margaron, composée de six bataillons d'infanterie avec seize pièces de canon, la brigade Quinette et un régiment de marche du 5ᵉ corps. Ces troupes sont suffisantes pour garder Leipzig et le mettre à l'abri de toute attaque de cavalerie ou d'une avant-garde; mais il y arrivera en outre aujourd'hui, à huit heures du matin, la division du général Lefol, forte de 3,000 hommes de cavalerie, 6 ou 7,000 d'infanterie et dix pièces de canon. Le duc de Padoue conservera cette division, qui a trois brigades, et l'emploiera dans son organisation actuelle. Il placera les régiments provisoires aux différents ponts et débouchés de Leipzig, sur les routes de Halle et de Dessau, de manière à former deux bonnes avant-gardes d'infanterie, cavalerie et artillerie, qui occuperont des villages à une lieue de Leipzig. Il y a 1,800 gardes d'honneur dont il ne fera autre chose que les mettre en bataille, pour en imposer à l'ennemi, en les tenant toujours en réserve.

Le duc de Padoue correspondra avec le roi de Naples, qui est à Rochlitz, avec le prince Poniatowski, qui est à Frohburg, et plusieurs fois par jour avec le quartier général de l'Empereur, qui sera à huit heures du matin à Eilenburg.

Le grand quartier général, les administrations et le roi de Saxe seront aujourd'hui, à deux heures après midi, à Wurzen.

NAPOLÉON.

D'après l'original. Dépôt de la guerre.

20727. — AU PRINCE DE NEUCHÂTEL ET DE WAGRAM,
MAJOR GÉNÉRAL DE LA GRANDE ARMÉE, À WURZEN.

Wurzen, 9 octobre 1813, une heure du matin.

Mon Cousin, donnez ordre au prince de la Moskova de partir ce matin, à six heures, avec le 3ᵉ corps de l'armée, en se portant par la rive droite de la Mulde sur Eilenburg. Il ordonnera au 7ᵉ corps, que commande le général Reynier, de s'y porter par la rive gauche, et au général Bertrand, qui se trouve à Schilda, de se porter à Mockrehna par la rive droite. Donnez ordre au général Sebastiani de partir ce matin à six heures, se dirigeant sur Eilenburg. Il prendra les ordres du prince de la Moskova, et, en conséquence, ce prince aura sous ses ordres les 3ᵉ, 4ᵉ et 7ᵉ corps, le 2ᵉ corps de cavalerie et la division d'observation du général Dombrowski. Mandez-lui que je serai de ma personne à Eilenburg, pour l'appuyer avec la Garde, cavalerie, infanterie et artillerie; que le duc de Raguse reçoit l'ordre de partir à six heures du matin pour se porter par la rive gauche sur la route de Düben; qu'il faudra envoyer des partis pour communiquer avec lui; que le duc de Tarente reçoit ordre de partir de Dahlen à six heures du matin pour se diriger sur Mockrehna; qu'il en préviendra le général Bertrand, en lui faisant connaître que le duc de Tarente a ordre de l'appuyer en cas que ce soit nécessaire. Il est convenable que le prince de la Moskova se porte de sa personne avec le 3ᵉ corps et celui du général Sebastiani en forme d'avant-garde, ayant le 7ᵉ corps à sa gauche, qui passera la Mulde à Eilenburg, et sur sa droite le général Bertrand, et qu'il arrive entre Eilenburg et Düben, le plus tôt possible, afin de faciliter la marche du général Bertrand sur Mockrehna et d'avoir des nouvelles positives de l'ennemi.

J'attache de l'importance à être maître aujourd'hui de Düben, et, si l'ennemi n'y a pas plus de 30,000 hommes, mon intention est d'attaquer ce soir.

NAPOLÉON.

D'après l'original. Dépôt de la guerre.

20728. — AU PRINCE DE NEUCHÂTEL ET DE WAGRAM,
MAJOR GÉNÉRAL DE LA GRANDE ARMÉE, À WURZEN.

Wurzen, 9 octobre 1813, une heure du matin.

Mon Cousin, donnez ordre au duc de Raguse de faire partir, à six heures du matin, le général Latour-Maubourg avec tout le 1ᵉʳ corps de cavalerie, le général Lefebvre-Desnoëttes avec toute la cavalerie de la Garde, la brigade Piré et la brigade Vallin. Le général Lefebvre, dans la marche, sera sous les ordres du général Latour-Maubourg. Ces corps arriveront le plus tôt possible à Eilenburg, où je me trouverai de ma personne. Il est nécessaire qu'ils y soient à onze heures du matin. Ils battront le chemin direct de Düben. Le général Lefebvre et le général Latour-Maubourg m'enverront directement un officier pour me faire connaître l'heure à laquelle ils arriveront. Cette cavalerie nettoiera ainsi tout le pays, depuis la route de Leipzig à Eilenburg jusqu'à celle de Leipzig à Düben.

Le duc de Raguse se portera aujourd'hui avec son corps d'armée sur la route de Düben. Il aura sa cavalerie légère et la division Lorge. Il fera éclairer par une colonne mobile la route de Leipzig à Delitzsch : il accélérera le retour de la division qu'il a détachée et la placera en réserve, ce qui n'empêchera pas ce maréchal de faire partir, à six heures du matin, une bonne avant-garde d'infanterie, de cavalerie et d'artillerie, et de la suivre avec ses deux divisions, étant nécessaire qu'il soit à la hauteur d'Eilenburg aujourd'hui, avant onze heures du matin.

Je serai à huit heures du matin à Eilenburg, marchant aujourd'hui avec 120,000 hommes sur Düben.

<small>D'après l'original non signé. Dépôt de la guerre.</small>

20729. — AU PRINCE DE NEUCHÂTEL ET DE WAGRAM,
MAJOR GÉNÉRAL DE LA GRANDE ARMÉE, À WURZEN.

Wurzen, 9 octobre 1813, une heure du matin.

Mon Cousin, donnez ordre au duc de Tarente de partir aujourd'hui, avec tout son corps d'armée, à six heures du matin, pour se rendre à Mockrehna. Si le 4ᵉ corps est à Schilda, il le précédera; le duc de Tarente l'appuiera en cas d'événement. Le duc de Tarente sera instruit que je pars à six heures du matin pour me rendre à Eilenburg et de là sur Düben; aussitôt qu'il sera arrivé à Mockrehna, il sera nécessaire qu'il puisse se diriger sur Düben, afin de concourir à l'attaque de ce point, où l'on dit que se trouve Blücher. Toute la cavalerie du général Chastel doit l'avoir rejoint. On suppose que le général Blücher est à Düben.

<small>D'après l'original non signé. Dépôt de la guerre.</small>

20730. — AU GÉNÉRAL COMTE REYNIER,
COMMANDANT LE 7ᵉ CORPS DE LA GRANDE ARMÉE, À PÜCHEN.

Wurzen, 9 octobre 1813, deux heures du matin.

Le prince de la Moskova vous donne ordre de partir à six heures du matin pour vous porter sur Eilenburg. J'y serai de ma personne à sept heures du matin. Il est indispensable que la tête de votre corps y arrive à huit heures, afin qu'entre neuf et dix vous ayez passé et soyez sur le chemin de Düben, où je veux attaquer aujourd'hui l'ennemi. Le duc de

Raguse part de Leipzig et se porte, sur la rive gauche, par le chemin de Düben, à la hauteur d'Eilenburg. Laissez un parti de cavalerie pour le reconnaître. Vous partirez à six heures du matin, précises.

D'après la minute. Archives de l'Empire.

20731. — AU PRINCE DE NEUCHÂTEL ET DE WAGRAM,
MAJOR GÉNÉRAL DE LA GRANDE ARMÉE, À WURZEN.

Wurzen, 9 octobre 1813, deux heures du matin.

Mon Cousin, le prince de la Moskova ayant avec lui la cavalerie du 7ᵉ corps, du 3ᵉ corps et du général Dombrowski, et les deux divisions Defrance et Fournier du 3ᵉ corps de cavalerie, le 2ᵉ corps de cavalerie sera dirigé sur Schilda, où il appuiera le corps du général Bertrand, et, si le corps du général Bertrand n'était pas à Schilda, il sera sous les ordres du duc de Tarente et éclairera son mouvement sur Mockrehna. Toutes les deux heures le général Sebastiani m'enverra des nouvelles sur Eilenburg. Le général Dombrowski et les divisions du 3ᵉ corps de cavalerie se mettront en marche aujourd'hui de bonne heure, de manière à avoir passé la rivière à six heures du matin.

Deux heures et demie du matin.

P. S. Instruisez le général Sebastiani que le prince de la Moskova marche, à six heures du matin, sur Düben, où l'on dit qu'est l'armée ennemie, avec le 3ᵉ et le 7ᵉ corps, et deux divisions du 3ᵉ corps de cavalerie; que le général Bertrand y marche par Schilda, en se dirigeant sur Mockrehna, où l'on dit que l'ennemi a du monde; que le duc de Tarente l'appuie; que, si le général Bertrand n'était pas à Schilda et s'était dirigé sur Torgau, ce qui n'est pas probable, le duc de Tarente marcherait toujours sur Mockrehna; que le duc de Raguse marche par la route de Leipzig à Düben; que l'Empereur sera, avant neuf heures du matin, en avant d'Eilenburg; qu'il est très-important que le général Sebastiani fasse reconnaître Mockrehna et instruise l'Empereur de tout ce qui est sur la droite. Le général Chastel et une brigade du général Doumerc, qui s'étaient approchés de Torgau, doivent venir appuyer sur Mockrehna et se trouver sur notre droite; instruisez-en le général Sebastiani, pour que, s'il rencontre cette cavalerie, il lui donne une direction.

<small>D'après l'original non signé. Dépôt de la guerre.</small>

20732. — AU PRINCE DE NEUCHÂTEL ET DE WAGRAM,
MAJOR GÉNÉRAL DE LA GRANDE ARMÉE, À WURZEN.

Wurzen, 9 octobre 1813, au matin.

Mon Cousin, écrivez au duc de Padoue qu'il est nécessaire qu'il m'envoie sur-le-champ l'état du convoi qui doit être arrivé ce matin; qu'il en conserve les hommes jusqu'à nouvel ordre et les laisse organisés comme ils sont; qu'il fasse barricader toutes les entrées des faubourgs; qu'il le fasse avec des palissades; qu'il fasse arranger toutes les portes de la ville, et qu'il destine à chacune des brigades le poste qu'elle doit occuper, en les casernant aux portes mêmes des endroits qu'elles doivent défendre.

Le duc de Castiglione doit arriver aujourd'hui 9 à Naumburg.

NAPOLÉON.

<small>D'après l'original. Dépôt de la guerre.</small>

20733. — AU GÉNÉRAL COMTE DE NARBONNE,
GOUVERNEUR DE TORGAU.

Wurzen, 9 octobre 1813, au matin.

Monsieur le Comte de Narbonne, je marche aujourd'hui sur Düben, demain sur Wittenberg. Ou je livrerai bataille à l'ennemi, et, avec l'aide de Dieu, j'espère avoir un succès complet; ou j'obligerai l'ennemi à lever le siége de Wittenberg, et je m'emparerai de ses deux ponts de Dessau et de Wartenburg; et, comme il a des bagages immenses sur la rive gauche, sa retraite sera difficile.

6,000 malades, 2 ou 300 voitures, 30 ou 40,000 coups de canon ont été embarqués à Dresde et doivent arriver à Torgau. C'est un surcroît d'embarras. Arrangez-vous comme vous pourrez. Je donne l'ordre d'envoyer 3 à 400,000 francs chez le payeur de Torgau.

Le roi de Saxe arrive aujourd'hui à Wurzen et va de là à Leipzig, où le duc de Castiglione arrivera demain avec son corps.

De Wittenberg, je vous enverrai de la poudre et de la farine. De Leipzig, le comte Daru dirige sur Torgau 10,000 quintaux de farine. Remédiez à tout. Les blessés et malades guériront. Vous avez des habits et des fournitures.

D'après la minute. Dépôt de la guerre.

20734. — AU PRINCE CAMBACÉRÈS.
ARCHICHANCELIER DE L'EMPIRE, À PARIS.

Wurzen, 9 octobre 1813, au matin.

Mon Cousin, j'ai reçu toutes vos lettres, hormis celle du 29 septembre, qui a été prise. Faites-moi connaître s'il y avait quelque chose d'important. Dans la position actuelle de mes armées, le maréchal Saint-Cyr est à Dresde, le roi de Naples sur la haute Mulde. Je manœuvre avec le reste de mon armée pour faire lever le siége de Wittenberg, que l'ennemi attaque. Il est possible que cela donne lieu à une bataille, dont je tiens le succès pour certain, et qui aurait une grande influence sur les affaires. Le temps est malheureusement fort mauvais. Le prince de Neuchâtel se rétablit. Ma santé est parfaite.

NAPOLÉON.

D'après la copie comm. par M. le duc de Cambacérès.

20735. — A JOACHIM NAPOLÉON, ROI DE NAPLES,
À ROCHLITZ.

Wurzen, 9 octobre 1813, neuf heures du matin.

Je pars pour Wittenberg que l'ennemi assiége. Je compte attaquer le général Blücher à Düben, où l'on m'assure que l'armée de Silésie est en position. J'espère être demain à Wittenberg, en faire lever le siége, passer sur la rive droite de l'Elbe et enlever les deux ponts de l'ennemi.

Le duc de Castiglione est parti le 8 d'Iena ; il doit être aujourd'hui à Naumburg.

Selon les renseignements que j'ai, Blücher, avec l'armée de Silésie formant environ 60,000 hommes, est à Düben, et le prince de Suède, avec 40,000 hommes, est à Dessau.

Le général Allix est rentré dans Cassel à la tête de 6,000 Français. Le Roi retourne dans sa capitale. Czernitchef a fait tout ce tapage avec 2,500 Cosaques. On s'est laissé effrayer.

Ne croyez pas à la nouvelle de la défection de la Bavière, ni à tout ce que débite l'ennemi.

Correspondez avec le duc de Padoue, qui reste à Leipzig.

Je vous ai fait connaître hier mes intentions.

Ayez soin de raccommoder les têtes de pont et de tout préparer pour déboucher sur les derrières de l'ennemi s'il se portait sur Dresde.

D'après la minute. Dépôt de la guerre.

20736.— AU PRINCE DE NEUCHÂTEL ET DE WAGRAM,
MAJOR GÉNÉRAL DE LA GRANDE ARMÉE, À EILENBURG.

Eilenburg, 10 octobre 1813, quatre heures du matin.

Mon Cousin, donnez ordre au général Lefebvre-Desnoëttes d'éclairer tout le pays entre Eilenburg, Düben, Delitzsch et . . . . . [1], et de servir de communication entre le duc de Raguse et Eilenburg. Il ne partira d'Eilenburg, pour se rendre à Düben, que lorsqu'il sera certain que le duc de Raguse a remonté, et que l'avant-garde ennemie, qui était hier à Delitzsch, a rétrogradé du côté de Dessau.

NAPOLÉON.

D'après l'original. Dépôt de la guerre.

20737.— AU PRINCE DE NEUCHÂTEL ET DE WAGRAM,
MAJOR GÉNÉRAL DE LA GRANDE ARMÉE, À EILENBURG.

Eilenburg, 10 octobre 1813, quatre heures du matin.

Mon Cousin, donnez ordre au général Latour-Maubourg de se porter, avec son corps de cavalerie, en avant de Düben.

NAPOLÉON.

D'après l'original. Dépôt de la guerre.

[1] Un mot illisible.

20738. — AU PRINCE DE NEUCHÂTEL ET DE WAGRAM,
MAJOR GÉNÉRAL DE LA GRANDE ARMÉE, À EILENBURG.

Eilenburg, 10 octobre 1813, quatre heures du matin.

Mon Cousin, donnez ordre au duc de Tarente de se porter avec le 11ᵉ corps et la cavalerie du général Chastel, ainsi que la cavalerie légère du 2ᵉ corps, qui est à ses ordres, sur Weidenhain. S'il apprend que Sacken s'est retiré sur Dommitsch ou Pretzsch, il le suivra; si Sacken s'était retiré sur Kemberg, il prendrait cette direction. Il enverra plusieurs fois dans la journée des nouvelles au quartier général à Düben.

Le général Bertrand doit se rendre à Pressel avec le général Sebastiani.

NAPOLÉON.

D'après l'original. Dépôt de la guerre.

20739. — AU PRINCE DE NEUCHÂTEL ET DE WAGRAM,
MAJOR GÉNÉRAL DE LA GRANDE ARMÉE, À EILENBURG.

Eilenburg, 10 octobre 1813, quatre heures du matin.

Mon Cousin, donnez ordre au prince de la Moskova d'envoyer aujourd'hui le corps du général Dombrowski, infanterie, cavalerie, artillerie, en forme d'avant-garde, sur Kemberg.

Donnez ordre à la division Fournier de passer le pont de Düben et de marcher à la rencontre du duc de Raguse, qui se porte par Lindenhayn sur Düben, ainsi qu'à la rencontre du général Lefebvre-Desnoëttes, qui d'Eilenburg vient par la rive gauche sur Düben. Cette division éclairera aussi les mouvements de l'ennemi sur Delitzsch et Bitterfeld.

Donnez ordre au général Reynier de soutenir avec son corps et la division Defrance, ainsi qu'avec sa cavalerie saxonne, le général Dombrowski. Le général Defrance commandera en conséquence la cavalerie du général Reynier, celle de Dombrowski et sa cavalerie propre.

Le 3ᵉ corps se portera en avant de Düben. La cavalerie légère du 3ᵉ corps se dirigera du côté de Mühlbeck, pour avoir des nouvelles de l'ennemi.

Le général Bertrand recevra l'ordre de se rendre à Pressel avec le général Sebastiani. Vous le préviendrez que le duc de Tarente se rendra de Mockrehna à Weidenhain, et de là suivra Sacken dans la direction qu'il a prise.

NAPOLÉON.

D'après l'original. Dépôt de la guerre.

20740. — AU MARÉCHAL NEY, PRINCE DE LA MOSKOVA,
COMMANDANT LES 3°, 4° ET 7° CORPS DE LA GRANDE ARMÉE, À DÜBEN.

Eilenburg, 10 octobre 1813, quatre heures du matin.

L'état-major vous donne des ordres. Il paraît que les projets de l'ennemi ont été ceux-ci : de faire occuper le pont d'Eilenburg par Sacken, celui de Düben par Langeron, et celui de Bitterfeld par York; ces corps avaient ainsi tous les trois leur pont et leur direction pour arriver rapidement sur Leipzig. Une avant-garde suédoise de 3,000 hommes était hier à Delitzsch. Sacken a rétrogradé hier en toute hâte et se dirige de Mockrehna sur Weidenhain. Langeron, qui était à Düben, l'a évacué : il faudra voir où il s'est porté; il me semble que vous êtes arrivé trop tard pour bien savoir la direction qu'il a prise.

Dans cet état de choses, je donne ordre au duc de Tarente de se porter de Mockrehna sur Weidenhain, et de là de suivre les traces de Sacken; s'il se retire à Dommitsch, de l'y suivre; s'il se retire par Kemberg, de l'y suivre également. Je donne ordre au général Sebastiani et au général Bertrand de se rendre sur Pressel. Je vous fais donner ordre que le 3° corps se rende dans une position en avant de Düben. Je fais donner le même ordre au général Latour-Maubourg. Vous aurez donc le 4° corps et le 3° et les deux corps de cavalerie sur Düben.

Le général Reynier soutiendra le général Dombrowski sur Kemberg. Le général Fournier repassera le pont de Düben pour se porter à la rencontre du duc de Raguse, qui a couché à Hohenleina et se dirige sur Düben. Les reconnaissances qui seront envoyées par la cavalerie du 3° corps sur Mühlbeck, les détails qu'aura recueillis le général Fournier par ses partis sur la rive gauche et du côté de Bitterfeld, nous donneront des renseignements sur la résolution de l'ennemi dans la journée d'aujourd'hui, en conséquence de l'événement d'hier; et cependant nous n'aurons pas perdu de temps, puisque notre avant-garde peut communiquer aujourd'hui avec Wittenberg, et que le général Reynier, le 11ᵉ corps, le 4ᵉ, le 6ᵉ, auront marché autant qu'ils pouvaient.

Donnez pour instruction au général Dombrowski de tâcher de communiquer avec Wittenberg.

D'après la minute. Archives de l'Empire.

20741. — AU MARÉCHAL MARMONT, DUC DE RAGUSE,
COMMANDANT LE 6ᵉ CORPS DE LA GRANDE ARMÉE, À LINDENHAYN.

Eilenburg, 10 octobre 1813, cinq heures et demie du matin.

Mon Cousin, le major général vous fait connaître mes intentions : vous marcherez sur Düben. Il paraît que le projet de l'ennemi était de passer, York au pont de Bitterfeld, Langeron à Düben et Sacken à Eilenburg. Sacken est repassé hier, paraissant se diriger du côté de Wartenburg. Langeron a quitté hier Düben, à quatre heures après midi, se dirigeant, à ce qu'il paraît, du côté de Dessau. Il paraît que notre mouvement offensif était tout à fait inattendu et que l'ennemi nous croyait à cent lieues de là. Dans cette situation des choses, il est indispensable que vous fassiez bien observer ce qui se passe du côté de Delitzsch et quelle espèce de mouvement fait l'ennemi. J'ai donné ordre à la division Fournier de passer aujourd'hui le pont de Düben et de marcher à votre rencontre. La division Lefebvre-Desnoëttes reste en avant d'Eilenburg pour servir de communication entre vous, Düben et Eilenburg, et battre le pays.

Communiquez plusieurs fois dans la journée.

NAPOLÉON.

D'après l'original. Dépôt de la guerre.

20742. — AU PRINCE DE NEUCHÂTEL ET DE WAGRAM,
MAJOR GÉNÉRAL DE LA GRANDE ARMÉE, À EILENBURG.

Eilenburg, 10 octobre 1813, cinq heures et demie du matin.

Mon Cousin, une colonne de troupes du génie, forte de 1,200 baïonnettes, escorte le parc du génie; une colonne de troupes d'artillerie, forte également d'environ 1,200 hommes, escorte le parc d'artillerie; trois bataillons bavarois escortent le grand quartier général : voilà près de 4,000 hommes qui ont chacun un commandant séparé. Comme tout cela marche ensemble, j'ai besoin d'avoir à leur tête un général d'infanterie qui s'occupe exclusivement de garder la position, non-seulement celle des parcs, mais aussi celle de la ville où l'on se trouve. Souvent même la réserve de la Garde se trouve avec ces troupes; c'est encore une augmentation de forces. Je crois que le parc général a trois ou quatre pièces de canon; les Bavarois doivent en avoir six.

Mon intention est que vous donniez ordre au général Durrieu de prendre le commandement de toutes les troupes d'infanterie, de cavalerie, d'artillerie et du génie qui escortent le grand quartier général.

L'équipage de pont, les parcs du génie et de l'artillerie, le grand quartier général, tout cela se rend aujourd'hui à Eilenburg.

Le général Durrieu fera ses dispositions pour que les voitures parquent toujours en carré; les voitures du génie formeront un carré; celles de l'artillerie en formeront un autre; les équipages de pont en formeront un autre; enfin les voitures du quartier général en formeront un autre; il faut que tous ces carrés soient à la portée les uns des autres, et qu'une partie de l'infanterie et de l'artillerie soit placée sur les points de chaque carré qui les défendent.

Indépendamment de ce, il disposera d'une partie de ses troupes pour garder la ville où l'on s'arrête. Par exemple, ce soir, à Eilenburg, il placera des troupes sur les deux rives; il en placera au château et mettra des pièces en position sur les différents ponts.

Les officiers d'artillerie et ceux du génie s'occuperont des détails de leur arme, et ils continueront à être chargés de la police et des détails de leurs voitures.

NAPOLÉON.

D'après l'original. Dépôt de la guerre.

20743. — A M. MARET, DUC DE BASSANO,
MINISTRE DES RELATIONS EXTÉRIEURES, À WURZEN.

Eilenburg, 10 octobre 1813, dix heures du matin.

Monsieur le Duc de Bassano, nous sommes arrivés hier à Düben. Le général Langeron en était parti à trois heures après midi. Le général Sacken était à Mockrehna; il en est également parti à l'approche du général Bertrand. Le duc de Raguse est sur la rive gauche de la Mulde, à mi-chemin de Düben.

Envoyez-nous des rapports de Leipzig. Faites-moi connaître si, quand les parcs seront partis de Wurzen, il restera quelque chose attelé ou non attelé, soit sur la rive droite, soit sur la rive gauche. Je ne sais pas encore si le duc de Castiglione est arrivé à Leipzig. J'ai compté sur cette armée pour y diriger le roi de Saxe; si j'apprends qu'elle n'est pas arrivée, je le ferai venir à Eilenburg. La journée est petite, et, en attendant, les parcs filent. Parlez-en dans ce sens au roi.

Sa Majesté venant de se jeter sur son lit, je fais partir cette lettre sans sa signature.

Baron Fain.

D'après l'original comm. par M. le duc de Bassano.

20744. — A M. MARET, DUC DE BASSANO,
MINISTRE DES RELATIONS EXTÉRIEURES, À WURZEN.

Eilenburg, 10 octobre 1813, dix heures du matin.

Monsieur le Duc de Bassano, écrivez à Paris par des agents : vous avez un chiffre. Faites connaître que nous sommes à la veille d'un grand événement qui aura une grande influence sur les affaires.

Écrivez aussi en chiffre au général Lauriston et au roi de Naples pour leur donner des nouvelles. Écrivez au général Lauriston de se mettre en communication avec Nossen, où le maréchal Saint-Cyr a une brigade. Si j'apprends que le duc de Castiglione arrive à Leipzig, il sera possible que je dirige demain le roi de Saxe sur cette ville.

Écrivez par duplicata et triplicata au maréchal Saint-Cyr, par des agents du pays et par des courriers, et surtout envoyez-moi, trois ou quatre fois par jour, des nouvelles de Leipzig. C'est, dans ce moment, de tous les renseignements, les plus importants pour moi. Envoyez-y un de vos jeunes gens; qu'il aille y voir tout ce qui se passe et qu'il vienne me trouver ce soir à Düben.

Sa Majesté part et m'ordonne de signer cette lettre.

Baron FAIN.

D'après l'original comm. par M. le duc de Bassano.

20745. — A M. MARET, DUC DE BASSANO,
MINISTRE DES RELATIONS EXTÉRIEURES, À WURZEN.

Eilenburg, 10 octobre 1813, dix heures du matin.

Monsieur le Duc de Bassano, je vous ai, je crois, mandé que nous étions entrés à Düben. Langeron a été poussé avec tant de précipitation, que nous avons pris le pont. Je ne sais pas si je vous ai écrit que nous avions pris un convoi de 300 voitures venant de Russie, chargées de biscuit, d'eau-de-vie et d'effets; ce convoi arrivait au corps de Sacken. Je vous ai mandé que Sacken se retirait en toute hâte sur le pont de Wartenburg. J'espère communiquer aujourd'hui avec Wittenberg. Le grand quartier général et tous les parcs se rendent aujourd'hui à Eilenburg. Je vous laisse encore à Wurzen, parce que je suppose que le roi sera fatigué. J'avais cependant bien envie de vous faire venir à Eilenburg.

Bacher, ni Rumigny, ni le duc de Padoue, ne nous ont envoyé les rapports accoutumés.

J'ai des nouvelles du maréchal Saint-Cyr, du 9 à dix heures du soir; écrivez-lui en chiffre; vous devez avoir son chiffre et un chiffre avec M. Serra. Mandez-lui que ma tête sera aujourd'hui à Wittenberg; qu'il est possible que demain ou après demain il y ait bataille; que, cet événement passé, je retournerai sur lui. Faites-lui connaître ce que vous savez du roi de Naples, qui est à Altenburg, Frohburg, Penig et Colditz; qu'à tout événement je compte qu'il gardera Dresde; que je crois être sûr que le 9e corps russe n'est pas devant Dresde, qu'il est ici avec Langeron; que, si des événements quelconques arrivaient et qu'il ne pût pas tenir à Dresde, ce qui, j'espère, n'aura pas lieu, le maréchal Saint-Cyr peut se retirer sur Torgau par l'une ou l'autre rive; que, s'il y a bataille et que je batte l'ennemi ici, les Autrichiens rentreront dans leurs frontières, et je me rapprocherai de Torgau par la rive droite, pour me mettre en communication avec lui et aller ensuite faire une visite à Berlin, mais après l'avoir dégagé. Si, au contraire, il n'y a pas de bataille, il est très-possible que je manœuvre sur la rive droite de l'Elbe, parce que, tous les projets de l'ennemi ayant été fondés sur des mouvements sur la rive gauche, je veux aussi tomber sur leur ligne d'opération, et que la suite des événements d'aujourd'hui et de demain peut être incalculable: que je compte sur sa fermeté et sa prudence.

Écrivez à Meissen qu'on fasse filer les bâtiments sur Torgau.

Écrivez en chiffre à Narbonne de tenir au fait de ce qui se passe et de pourvoir à tout.

J'ai grande hâte de recevoir des renseignements de Leipzig sur les mouvements de l'ennemi, et de savoir s'ils sont rétrogrades ou en avant: il paraît que sa grande force est entre la Mulde et la Saale. C'est entre la Mulde et l'Elbe que je me prépare à manœuvrer, jusqu'à ce que de nouveaux renseignements et l'événement me fassent aller à l'Elbe.

Sa Majesté monte à cheval et m'ordonne de signer cette lettre.

Baron FAIN.

D'après l'original comm. par M. le duc de Bassano.

20746. — A M. MARET, DUC DE BASSANO,
MINISTRE DES RELATIONS EXTÉRIEURES, À WURZEN.

Düben, 10 octobre 1813, trois heures après midi.

Monsieur le Duc de Bassano, l'armée autrichienne débouche par Penig. Wittgenstein, qui a 25,000 hommes, débouche par Altenburg et par Zeitz. Le roi de Naples était ce matin, à la pointe du jour, à Frohburg, occupant Gethain, Rochlitz et Borna. Il est probable qu'il aura fait aujourd'hui un mouvement de retraite sur Leipzig.

Dans cette situation des choses, un officier d'état-major a porté l'ordre au général Curial de se porter ce soir avec le roi de Saxe à Eilenburg, et j'ai envoyé l'ordre à Leipzig pour que tous les embarras qui s'y trouvent s'évacuent pendant toute la nuit et la journée de demain sur Eilenburg.

Mon intention est, si le roi de Naples était obligé d'évacuer Leipzig, de repasser l'Elbe avec toute mon armée, en jetant l'armée de Silésie et de Berlin sur la rive droite et prenant tout le temps de la détruire; ou, si elle préfère abandonner ses ponts, de la laisser sur la rive gauche et de prendre ma ligne d'opération sur la rive droite, depuis Dresde jusqu'à Magdeburg.

Il est convenable que vous écriviez sur-le-champ en chiffre au maréchal Saint-Cyr, pour lui faire connaître ces dispositions. Vous les ferez connaître également au commandant d'Erfurt, en vous servant du petit chiffre de l'armée; il vaut mieux ne rien écrire que d'écrire sans chiffre, vu que pour trois jours c'est le grand secret de l'armée, et, si l'ennemi parvenait à le savoir, j'en éprouverais le plus grand dommage.

Tout ce que vous avez à Leipzig appartenant à votre ministère peut se diriger, avec les embarras qui évacueront cette ville, sur la Mulde et Eilenburg. Rumigny pourra rester jusqu'au dernier moment pour observer; je suppose que vous avez un chiffre avec lui.

Vous enverrez, par des courriers et par des gens du pays, ces nouvelles à Dresde. Écrivez-les aussi en chiffre aux relations extérieures à Paris, afin qu'on ne s'étonne pas de tout ce que publiera l'ennemi, et qu'on sache que c'est un mouvement combiné de ma part pour amener l'ennemi à une bataille et à quelque chose de décisif. Écrivez aussi à Narbonne, et toujours en chiffre.

Il est inutile de confier ce secret au roi. Vous lui ferez connaître seulement que les affaires vont bien; que j'ai fait lever le siége de Wittenberg, mais que les mouvements combinés ne permettent pas dans ce moment qu'il aille à Leipzig, qu'il est préférable qu'il vienne à Wittenberg ou à Torgau. C'est Torgau que le maréchal Saint-Cyr doit avoir en vue, par une rive ou par l'autre, et, aussitôt que j'aurai eu raison de l'armée de Silésie, je manœuvrerai par la rive droite pour me mettre en communication avec le maréchal Saint-Cyr.

Écrivez en chiffre au roi de Naples et au général Lauriston qu'à tout événement, s'ils évacuent Leipzig, leur retraite doit être sur Torgau et Wittenberg, et que les ponts de Düben et d'Eilenburg sont gardés; que, s'ils étaient obligés d'évacuer Leipzig, mon intention est de passer sur la rive droite de l'Elbe.

NAPOLÉON.

D'après l'original comm. par M. le duc de Bassano.

20747. — AU PRINCE DE NEUCHÂTEL ET DE WAGRAM,
MAJOR GÉNÉRAL DE LA GRANDE ARMÉE, À DÜBEN.

Düben, 10 octobre 1813, quatre heures du soir.

Mon Cousin, le prince de la Moskova ira avec son corps à Græfenhaynchen et s'éclairera sur Dessau, Bitterfeld et Jessnitz. Le général Reynier ira ce soir à Kemberg, et le général Dombrowski sur Wittenberg. Le général Bertrand ira à Trebitz avec le général Sebastiani, de manière que les trois corps puissent déboucher demain sur Wittenberg. Le duc de Tarente ne doit pas être loin. Le duc de Reggio et le duc de Trévise prendront une position militaire en avant de Düben, au moulin à vent. Le général Ornano se rendra à Schkœna et poussera des partis sur Bitterfeld et sur Jessnitz. Le général Walther restera sur la rive gauche de la Schwarzbach, avant d'arriver à Düben. La vieille Garde sera à Düben.

NAPOLÉON.

D'après l'original. Dépôt de la guerre.

20748. — A JOACHIM NAPOLÉON, ROI DE NAPLES,
À BORNA.

Düben, 10 octobre 1813, quatre heures du soir.

Mon Frère, l'officier qui m'a apporté votre lettre de Frohburg m'a dit avoir entendu, à deux heures du matin, une forte canonnade; cependant vous n'en parlez point dans votre lettre de Borna d'aujourd'hui, à dix heures du matin. S'il n'y a contre vous que Wittgenstein, et que vous n'ayez éprouvé aucun accident, renforcé par le duc de Castiglione et la garnison de Leipzig, vous pourrez être en nombre égal à lui; et, s'il ne fallait que détacher un corps d'une vingtaine de mille hommes pour vous donner la facilité de tenir, je pourrais vous l'envoyer en peu d'heures. Les Autrichiens, ayant un corps assez considérable du côté de Dresde, ne peuvent être très-forts vis-à-vis de vous. Au reste, mes instructions générales que je vous ai fait passer, et mes intentions que vous fera connaître le duc de Padoue, remédieront à tout.

D'après la minute. Archives de l'Empire.

20749. — AU GÉNÉRAL ARRIGHI, DUC DE PADOUE,
COMMANDANT LE 3e CORPS DE CAVALERIE, À LEIPZIG.

Düben, 10 octobre 1813, quatre heures du soir.

Monsieur le Duc de Padoue, le major général vous a donné l'ordre, il y a deux heures, de faire filer cette nuit, sur Eilenburg, le trésor, les parcs d'artillerie, des vivres, les équipages militaires et tout ce qui serait embarras. Vous avez dû envoyer au duc de Castiglione pour presser son arrivée à Leipzig. Réuni avec le duc de Castiglione, et débarrassé de tous vos embarras et même des hommes malingres, vous formerez une belle réserve pour soutenir le roi de Naples. J'ai fait débloquer Wittenberg, et l'armée de Silésie est en pleine retraite sur Dessau et sur ses ponts, que je lui enlèverai demain, ou je l'obligerai à une bataille.

Je suppose que le roi de Naples, réuni à vous et au duc de Castiglione, pourra garder Leipzig. S'il en était autrement, mon intention est que la retraite se fasse sur la Mulde par les ponts d'Eilenburg et de Düben; et, si cela devenait nécessaire, sur l'Elbe, par Wittenberg et Torgau; mon projet étant, pour déconcerter entièrement l'ennemi (dans le cas où je n'aurais pas le temps de battre l'armée de Berlin, avant que l'ennemi fût arrivé à Leipzig), de céder toute la rive gauche, pour avoir ainsi le temps de détruire cette armée, ayant des magasins et des débouchés à Dresde, Torgau, Wittenberg et Magdeburg. Ceci demande le plus grand secret; ne l'écrivez à qui que ce soit, si ce n'est en chiffre.

Dans le cas où vous pourriez envoyer un homme sûr à Erfurt, écrivez, en chiffre, au commandant de bien se garder et de ne point s'effrayer, tout ce qui arrive étant prévu, et le résultat de manœuvres.

Mon intention est cependant, et vous la ferez connaître au roi de Naples, que Leipzig ne soit abandonné que si cela est nécessaire pour ne pas engager une affaire avec des forces inférieures. Choisissez une bonne position pour pouvoir l'indiquer au roi de Naples; vous y réunirez vos troupes et celles du duc de Castiglione, pour y recevoir son armée. Au dernier moment, vous pourrez dire aux magistrats de Leipzig de bien se comporter, que tout ce qu'ils voient est l'effet de manœuvres pour engager l'ennemi à une bataille qu'il a toujours voulu éviter, et que cela finira par un coup de tonnerre sur l'armée ennemie. Vous leur recommanderez en même temps nos hôpitaux et nos blessés. J'avais écrit au duc de Bassano de faire revenir tout ce qu'il a de son département à Leipzig; cependant, je pense qu'il vaut mieux que personne ne parte pour ne pas jeter l'alarme et ne pas déceler nos projets; il ne faut faire partir que ce qui vous embarrasserait.

NAPOLÉON.

P. S. Je vous envoie des lettres ouvertes pour le roi de Naples : prenez-en connaissance et remettez-les-lui en main propre.

D'après l'original comm. par M. le duc de Padoue.

20750. — AU GÉNÉRAL COMTE REYNIER,
COMMANDANT LE 7ᵉ CORPS DE LA GRANDE ARMÉE, À KEMBERG.

Düben, 10 octobre 1813, quatre heures du soir.

Le général Bertrand et la cavalerie du général Sebastiani sont arrivés à Pressel et marchent sur Trebitz. Il paraît que Sacken s'est porté en toute hâte sur le pont de Wartenburg. Vous en aurez des nouvelles plus précises à Kemberg, où il est indispensable que vous arriviez sans délai. Le prince de la Moskova se porte à Græfenhaynchen, avec tout le 3ᵉ corps et la division Defrance. Liez-vous cette nuit avec les généraux Sebastiani et Bertrand. Vous aurez par ces deux généraux des nouvelles du duc de Tarente. Le duc de Raguse et toute ma Garde resteront ici en réserve.

La nouvelle de Dessau est que l'ennemi, de tous côtés, se retire sur

Dessau. Il est indispensable de culbuter demain le corps qui serait devant Wittenberg, de s'emparer de la rive droite, où il est possible que je passe avec toute mon armée, car j'ai ordonné que tous les embarras de Leipzig marchent sur Wittenberg.

Tout porte à penser que l'armée de Berlin a fait des manœuvres sur la Saale, concertées avec le mouvement parti de Zwickau. Comme moyen de tout déranger, j'irai sur l'Elbe où j'ai l'avantage, puisque j'ai Hambourg, Magdeburg, Wittenberg, Torgau et Dresde.

Ayez ce soir des nouvelles de Wittenberg. Poussez le général Dombrowski le plus loin possible et jusqu'aux portes de Wittenberg. Vous ferez dire au général Lapoype de m'envoyer un officier pour me rendre compte de tout ce qui s'est passé. Donnez ordre qu'on fasse à Wittenberg le plus de pain que l'on pourra.

D'après la minute. Archives de l'Empire.

20751. — AU GÉNÉRAL COMTE BERTRAND,
COMMANDANT LE 4ᵉ CORPS DE LA GRANDE ARMÉE, À TREBITZ.

Düben, 10 octobre 1813, quatre heures du soir.

Monsieur le Comte Bertrand, je reçois votre lettre; il est indispensable que vous marchiez rapidement sur Wartenburg. Le général Reynier est à Kemberg. Je suppose que le général Dombrowski est ce soir à Wittenberg.

NAPOLÉON.

P. S. Le corps de Sacken est parti de Leipnitz ce matin à six heures et s'est rendu à Raguhn. Tenez cela pour votre gouverne. Il ne doit donc rien y avoir à Wartenburg; aussitôt que vous en serez assuré et que le pont aura été levé, tenez-vous en mesure de marcher sur Wittenberg.

NAPOLÉON.

Communiquez ceci au duc de Tarente.

D'après l'original comm. par M. le général comte Henry Bertrand.

20752. — AU PRINCE DE NEUCHÂTEL ET DE WAGRAM,
MAJOR GÉNÉRAL DE LA GRANDE ARMÉE, À DÜBEN.

Düben, 10 octobre 1813, cinq heures du soir.

Mon Cousin, écrivez en chiffre au maréchal Saint-Cyr que j'ai reçu sa lettre du 9 octobre ; qu'il est indispensable qu'il ordonne que tous les bateaux qui sont à Meissen descendent à Torgau, au lieu de les retenir à Meissen comme on a fait ; que je suis à Wittenberg, que j'ai débloqué ; que l'armée de Silésie est en retraite de tous côtés sur la rive gauche ; que nous avons fait plusieurs centaines de prisonniers ; que demain je l'obligerai à recevoir bataille ou à se laisser enlever ses ponts de Dessau et de Wartenburg ; que peut-être me déciderai-je alors à passer sur la rive droite avec toute mon armée ; que c'est par la rive droite que je me porterai sur Dresde ; qu'aussitôt qu'il le jugera nécessaire il doit faire replier sur Torgau les postes de Meissen et de Nossen.

NAPOLÉON.

D'après l'original. Dépôt de la guerre.

20753. — AU PRINCE DE NEUCHÂTEL ET DE WAGRAM,
MAJOR GÉNÉRAL DE LA GRANDE ARMÉE, À DÜBEN.

Düben, 10 octobre 1813.

Mon Cousin, envoyez sur-le-champ un officier à Meissen ; qu'il tâche d'y arriver, s'il est possible, dans la nuit. Il portera l'ordre au commandant de faire descendre tous les bateaux chargés de blessés et de munitions de guerre, en les dirigeant sur Torgau. Donnez ordre aussi à ce commandant de se tenir bien sur ses gardes.

NAPOLÉON.

D'après l'original. Dépôt de la guerre.

20754. — A JOACHIM NAPOLÉON, ROI DE NAPLES,
À BORNA.

Düben, 10 octobre 1813, cinq heures et demie du soir.

Dans la journée de demain 11, ou j'aurai balayé l'ennemi, ou j'aurai détruit ses ponts et l'aurai jeté de l'autre côté de la rivière. Ayant ainsi chassé l'armée de Silésie, je puis, dans la journée du 13, me trouver à Leipzig avec toute mon armée.

Voici comment je calcule vos forces :

Infanterie, 8e corps, 5,000 hommes; 5e corps, 12,000; 2e corps. 16,000; duc de Castiglione, 8,000; duc de Padoue, 8,000.

Cavalerie, 8e corps, 3,000 hommes; 5e corps, 500; 2e corps, 1,200: duc de Castiglione, 3,000; duc de Padoue, 3,000; 5e corps de cavalerie. 2,000.

Je pourrais, pour la journée du 12, vous envoyer facilement 20,000 hommes, ce qui vous ferait plus de 80,000 hommes. Si vous n'avez contre vous que Wittgenstein et Kleist, je ne suppose pas que cela puisse faire 50,000 hommes; s'il y avait de plus le corps de Klenau, cela ferait tout au plus 80,000 hommes.

Le tout serait d'avoir une très-belle position et d'être certain que vous n'ayez pas d'autres troupes contre vous. Je vous ai déjà dit plus haut que. le 13, toute l'armée pourrait être sur Leipzig.

D'après la minute. Archives de l'Empire.

20755. — AU PRINCE DE NEUCHÂTEL ET DE WAGRAM,
MAJOR GÉNÉRAL DE LA GRANDE ARMÉE, À DÜBEN.

Düben, 10 octobre 1813, six heures du soir.

Mon Cousin, envoyez un officier d'état-major qui passera le pont à Düben, et attendra la 1re division du duc de Raguse, pour lui dire de prendre position sur la rive gauche, sans passer ce soir la rivière. Il continuera sa route jusqu'à ce qu'il rencontre les deux autres divisions du duc de Raguse, et leur dira également de prendre position où il les trouvera, afin qu'elles ne se fatiguent pas inutilement. Cet officier vous fera connaître où ces divisions ont pris position, ainsi que la cavalerie et l'artillerie du 6e corps.

NAPOLÉON.

D'après l'original. Dépôt de la guerre.

20756. — A M. MARET, DUC DE BASSANO,
MINISTRE DES RELATIONS EXTÉRIEURES, À WURZEN.

Düben, 10 octobre 1813, six heures du soir.

Monsieur le Duc de Bassano, remettez la lettre ci-jointe au roi. Vous aurez sans doute reçu des nouvelles de Dresde par M. de Serra. Il paraît que l'ennemi s'approcherait, mais simplement avec un corps de 25,000 hommes. Je désire que de votre côté vous envoyiez un courrier et des agents, et que vous écriviez à Meissen pour que le commandant laisse descendre sur Torgau les bateaux chargés, soit d'artillerie, soit de blessés, qui s'y trouvent; je ne sais pas pourquoi bêtement on les a retenus là.

NAPOLÉON.

D'après l'original comm. par M. le duc de Bassano.

20757. — AU PRINCE DE NEUCHÂTEL ET DE WAGRAM,
MAJOR GÉNÉRAL DE LA GRANDE ARMÉE, À DÜBEN.

Düben, 11 octobre 1813, une heure du matin.

Mon Cousin, faites connaître au duc de Tarente, comme nouvelle positive, que Sacken s'est rendu sur Dessau; qu'en conséquence il est nécessaire qu'il parte à la pointe du jour pour arriver à Wittenberg; que le général Bertrand est chargé de reconnaître le pont de Wartenburg et de le faire lever; que des gens du pays prétendent que l'ennemi l'a déjà levé; que le général Dombrowski est aux portes de Wittenberg, le général Reynier à Kemberg; qu'il est nécessaire qu'il puisse dès demain passer sur la rive droite; qu'il fasse connaître à quelle heure il croit arriver sur Wittenberg, et précisément la route qu'il tiendra.

NAPOLÉON.

D'après l'original. Dépôt de la guerre.

20758. — AU PRINCE DE NEUCHÂTEL ET DE WAGRAM,
MAJOR GÉNÉRAL DE LA GRANDE ARMÉE, À DÜBEN.

Düben, 11 octobre 1813, trois heures du matin.

Mon Cousin, accusez au duc de Tarente la réception de sa lettre de

Falkenberg. Réitérez-lui l'ordre de partir aujourd'hui à six heures du matin et de passer de bonne heure sur la rive droite; que toute l'armée ennemie paraît centralisée à Dessau ; que mon intention est de marcher par la rive droite sur les ponts de Roslau ; que l'ennemi a une quantité immense de bagages.

Donnez ordre au général Bertrand de partir à la pointe du jour, de s'assurer que le pont de Wartenburg est levé, d'y laisser des observateurs, et de se diriger du côté de Wittenberg aussitôt qu'il se sera bien assuré que le pont est levé.

Faites connaître au général Sebastiani la nécessité de partir aujourd'hui, de bonne heure, pour pouvoir passer dans la journée sur la rive droite, à Wittenberg.

Écrivez au prince de la Moskova et au général Reynier qu'il est nécessaire que le général Reynier et le général Dombrowski soient de bonne heure à Wittenberg et passent sur-le-champ sur la rive droite, afin de faire place au général Bertrand, au duc de Tarente et à tout le reste de l'armée, qui s'y porte également. Vous ferez connaître au prince de la Moskova que je pense qu'il est nécessaire qu'il reste aujourd'hui à Græfenhaynchen, pour observer les routes de Dessau, de Raguhn, de Jessnitz et Mühlbeck; que, pendant ce temps, les généraux Reynier et Dombrowski, Bertrand et le duc de Tarente, passeront la rivière ; que je me porte à Kemberg, et que toute ma Garde s'y réunit et sera en position de le soutenir.

Donnez ordre au duc de Raguse de passer aujourd'hui la Mulde, aussitôt que Düben sera désencombré. Il laissera les généraux Lorge et Normann sur la rive gauche, et leur donnera pour instruction de faire courir des partis sur Delitzsch et Bitterfeld. Le duc de Raguse dirigera avec cette cavalerie, sur Bitterfeld, l'infanterie nécessaire pour obliger l'infanterie ennemie à évacuer cette position. Il dirigera l'opération et fera partir des troupes une heure avant le jour, de manière à savoir de bonne heure l'intention de l'ennemi sur Bitterfeld et Jessnitz.

Donnez ordre au général Latour-Maubourg de partir aujourd'hui, à six heures du matin, pour se rendre à Kemberg.

Faites-moi connaître l'heure à laquelle le grand quartier général, l'équipage de pont et le parc sont arrivés à Laussig. Donnez ordre que l'arrière-garde que le général Curial a laissée à Wurzen y reste aujourd'hui pour garder le pont de Wurzen. Recommandez que cette troupe se garde militairement.

NAPOLÉON.

D'après l'original. Dépôt de la guerre.

20759. — AU GÉNÉRAL COMTE DROUOT,
AIDE-MAJOR DE LA GARDE IMPÉRIALE, À DÜBEN.

Düben, 11 octobre 1813, trois heures du matin.

Écrivez au général Curial de donner l'ordre à l'arrière-garde de deux bataillons qu'il a laissée à Wurzen d'y rester aujourd'hui toute la journée, en prenant une position militaire et en s'éclairant du côté de Grimma. Le commandant de cette arrière-garde ferait connaître tout ce qu'il arriverait de nouveau de Leipzig.

Donnez ordre que les quatre divisions de la jeune Garde et la vieille Garde se tiennent prêtes à partir. Faites-moi connaître à quelle distance l'une de l'autre il serait nécessaire qu'elles partissent, afin de point s'encombrer sur les routes.

Faites mettre en mouvement, à six heures du matin, le parc de réserve pour se rapprocher de Düben et marcher avec la vieille Garde. Donnez ordre au général Ornano de rester en position à Schkœna, en s'éclairant du côté de Bitterfeld, pour savoir ce que l'ennemi a à Bitterfeld et sur les autres points.

Faites connaître au général Lefebvre-Desnoëttes qu'il arrive aujourd'hui de Leipzig à Eilenburg un grand convoi, et que mon intention est qu'il tienne la campagne pour protéger ce convoi, composé d'artillerie, de munitions, etc. qu'il le dirige sur-le-champ d'Eilenburg sur Laussig. Il est nécessaire que ce général se maintienne toute la journée en communication avec Leipzig.

P. S. Vous viendrez, à six heures du matin, me faire connaître si les routes sont désencombrées, et si les parcs des 3ᵉ et 7ᵉ corps, etc. ont passé.

<small>D'après la minute. Archives de l'Empire.</small>

20760. — AU MARÉCHAL MARMONT, DUC DE RAGUSE,
COMMANDANT LE 6ᵉ CORPS DE LA GRANDE ARMÉE, À LINDENHAYN.

Düben, 11 octobre 1813.

Le major général vous donne des ordres pour passer aujourd'hui sur la rive droite, aussitôt que Düben sera désencombré. Vous laisserez votre cavalerie sur la rive gauche, pour maintenir libre la route d'ici à Leipzig et observer les mouvements de l'ennemi. Avant de repasser sur la rive droite, mon intention est que vous fassiez marcher sur Bitterfeld 4 ou 5,000 hommes de toutes armes, et les échelonnant de manière à forcer l'ennemi d'évacuer cette position et à bien savoir ce qu'il y avait à Jessnitz. Mettez cette colonne en mouvement avant le jour, afin qu'on sache promptement à quoi s'en tenir.

<small>D'après la minute. Archives de l'Empire.</small>

20761. — AU MARÉCHAL NEY, PRINCE DE LA MOSKOVA,
COMMANDANT LES 3ᵉ, 4ᵉ ET 7ᵉ CORPS DE LA GRANDE ARMÉE, À GRÆFENHAYNCHEN.

Düben, 11 octobre 1813.

Mon Cousin, l'ennemi avait beaucoup de monde à Jessnitz; il n'y a plus personne ce matin. Je suppose que vous êtes à Græfenhaynchen. Le duc de Tarente sera ce soir à Rackith. Je pense qu'il serait convenable que vous eussiez du monde à Oranienbaum, pour couvrir la route de Dessau à Wittenberg et connaître ce qui se passe. Quelques renseignements porteraient à penser que l'ennemi lèvera ses ponts et restera sur la rive gauche, vis-à-vis Roslau. Si cela est, où est-ce qu'il faudrait marcher pour l'attaquer, s'emparer de Dessau et le bloquer sur sa tête de pont? J'aurai ici un équipage de pont avec lequel en peu d'heures on pourrait jeter cinq ou six ponts. Donnez-moi des renseignements là-dessus.

Mandez au général Reynier de tâcher d'envoyer des partis sur Coswig et Zahna, afin d'avoir des indices sur ce que veut faire l'ennemi; qu'il prenne position en avant de Wittenberg, aussitôt qu'il aura chassé les cinq ou six bataillons qui observaient la place; qu'il fasse passer la cavalerie de Latour-Maubourg et tout ce qui se présentera, et qu'il place tout cela en avant. Il paraît que nous n'avons point de ressources vis-à-vis de Wittenberg; qu'il y a beaucoup de grains, à la vérité, mais peu de farines et peu de moyens de mouture. Recommandez bien au général Reynier d'envoyer vis-à-vis l'embouchure de l'Elster, afin d'obliger l'ennemi à lever ses ponts de Wartenburg, et qu'on fasse sur-le-champ raser ses têtes de ponts.

J'attends encore à Düben, où je me trouve plus à portée des nouvelles. Peut-être dans la nuit me porterai-je à Kemberg.

N'avez-vous aucune nouvelle des partis que vous avez envoyés sur Dessau et sur les autres points de l'Elster?

D'après la minute. Archives de l'Empire.

20762. — A M. MARET, DUC DE BASSANO,
MINISTRE DES RELATIONS EXTÉRIEURES, À EILENBURG.

Düben, 11 octobre 1813.

Monsieur le Duc de Bassano, je reçois votre lettre du 10 à midi. Je suppose qu'à l'heure qu'il est le convoi de Leipzig sera arrivé. Faites-moi connaître de combien de voitures il se compose et ce qu'il porte.

Donnez ordre que les équipages du 6º corps se dirigent sur Düben. Donnez ordre qu'on réunisse les hommes isolés appartenant aux différents corps d'armée; qu'on y mette des officiers et qu'on les dirige sur Düben.

Dites au général Curial que, puisqu'on a appelé des Bavarois à Eilenburg, il faut qu'il ait soin de ce poste important et qu'il fournisse tout ce qui y sera nécessaire; le général Lefebvre-Desnoëttes en avait été chargé: il fournira la cavalerie nécessaire pour couvrir ce poste.

Je suppose qu'il n'y a plus rien à Wurzen. Envoyez-y un de vos jeunes gens pour s'en assurer, afin que, si je fais évacuer ce poste, on n'y laisse rien.

Je suppose que vous avez des nouvelles de Leipzig; je n'en ai pas depuis celles que m'a apportées l'auditeur Maussion, et c'est pour en attendre que je reste ici.

NAPOLÉON.

P. S. J'ai pensé que le roi avait besoin de repos; je vous écrirai ce soir pour son départ de demain. Je n'ai pas reçu la lettre du roi.

D'après l'original commu. par M. le duc de Bassano.

20763. — AU GÉNÉRAL COMTE REYNIER,
COMMANDANT LE 7ᵉ CORPS DE LA GRANDE ARMÉE, À WITTENBERG.

Düben, 11 octobre 1813, midi.

Je reçois votre lettre. Il paraît que la place de Wittenberg a beaucoup de blé, mais pas de farine et peu de moyens de moudre. Je suppose que la division qui bloquait la place s'en sera allée; chassez-la bien loin, afin de requérir des farines de tous les points de la rive droite et de la rive gauche.

Le général Latour-Maubourg doit arriver; faites-lui passer sur-le-champ le pont. Avec la cavalerie saxonne, les Polonais et Latour-Maubourg, on peut battre la plaine et avoir quelques indices de ce que fait l'ennemi à Dessau. A-t-il quelques projets de repasser sur la rive droite et de livrer bataille, ou se propose-t-il de replier son pont et de rester sur la rive gauche? Si l'on pouvait aller sur Coswig, on aurait beaucoup de renseignements.

Faites marcher aussi du côté de Wartenburg, afin d'obliger l'ennemi à lever ses ponts. Ordonnez qu'on travaille aussitôt à raser la tête de pont. Le général Bertrand a dû s'y porter directement. Cette opération faite, le général Bertrand passera aussi le pont. Le duc de Tarente croit ne pas pouvoir aller ce soir plus loin que Rackith; si sa cavalerie est devant, écrivez-lui de passer le pont. Aussitôt que vous serez éclairé, prenez position en avant de la ville, afin de faire place à tous les corps qui, dans la nuit et dans la journée de demain, vont passer.

Toute la Garde est en marche et sera ce soir près de Wittenberg.

D'après la minute. Archives de l'Empire.

20764. — AU MARÉCHAL NEY, PRINCE DE LA MOSKOVA,
COMMANDANT LES 3°, 4° ET 7° CORPS DE LA GRANDE ARMÉE, À GRÆFENHAYNCHEN.

Düben, 11 octobre 1813, trois heures après midi.

Des agents sûrs donnent la nouvelle qu'à Raguhn il n'y avait hier, à huit heures du soir, personne, et qu'il y avait peu de monde à Dessau. L'ennemi paraissait s'être retiré sur Cœthen et Radegast. Envoyez de fortes reconnaissances sur Raguhn et Dessau pour avoir des nouvelles positives.

D'après la minute. Archives de l'Empire.

20765. — AU MARÉCHAL NEY, PRINCE DE LA MOSKOVA,
COMMANDANT LES 3°, 4° ET 7° CORPS DE LA GRANDE ARMÉE, À GRÆFENHAYNCHEN.

Düben, 12 octobre 1813, trois heures du matin.

J'ai reçu votre lettre de Græfenhaynchen le 11, à cinq heures du soir. Tous les renseignements que je puis avoir disent que, dans la journée du 10, le général Blücher s'est dirigé sur Halle; que le quartier général de l'armée ennemie était près de Radegast, et qu'il y avait beaucoup de bagages à Cœthen.

Wittgenstein a eu un combat à Borna avec le roi de Naples. Wittgenstein a été battu. Le 11, à onze heures du matin, Wittgenstein et les Autrichiens du prince Schwarzenberg s'étaient mis en retraite sur Frohburg. Dans cette situation des choses, je désire que le général Reynier et le général Dombrowski poussent vivement sur Roslau. Le duc de Tarente est à Rackith; il sera demain de bonne heure à Wittenberg. Si l'ennemi oppose de la résistance à Roslau, il passera pour appuyer le général Reynier; si, au contraire, l'ennemi n'oppose point de résistance, il ne passera pas. Je n'ai point de nouvelles du général Bertrand, qui a dû se porter sur Wartenburg; son opération faite, il pourra se rapprocher de Dessau. Il n'y avait certainement, le 11 au matin, à Dessau, que 5 à 6,000 hommes, et personne à Raguhn et à Jessnitz, où les ponts étaient brûlés. Je pense qu'il est convenable que vous vous portiez de bonne heure sur Dessau, avec le

3ᵉ corps et la cavalerie qui est à votre disposition, pour occuper Dessau et la tête de pont. Aussitôt que le général Reynier, maître de Roslau, aura rendu cette tête de pont intenable, vous ferez raser la tête de pont, occuper la ville en force, et faire deux ponts. Si votre cavalerie peut déboucher dans la plaine de Dessau, je pense qu'elle fera beaucoup de mal à l'ennemi, qui paraît entièrement occupé de ses opérations offensives. Vous pourrez attirer à vous le général Bertrand, quand il aura fini son opération sur Wartenburg, et s'il n'était pas nécessaire sur la rive droite. Le duc de Reggio restera à Græfenhaynchen et observera Raguhn, qu'il fera occuper par une avant-garde, ainsi que le point de Jessnitz.

Je dirige le duc de Raguse du côté de Delitzsch, afin d'être en mesure d'observer Halle et Leipzig. Le duc de Trévise se trouve à deux lieues en deçà de Kemberg; je ne lui ordonne aucun mouvement pour cette journée, vu que je pense que, si l'ennemi continue à se disséminer, j'aurai besoin de ma Garde pour marcher sur lui avec le duc de Raguse. Le général Sebastiani passera à Wittenberg pour battre la rive droite. Le général Latour-Maubourg restera à Kemberg jusqu'à ce que j'aie de plus amples renseignements sur tout ceci, afin de le faire revenir si cela est nécessaire.

D'après la minute. Archives de l'Empire.

20766. — A M. MARET, DUC DE BASSANO,
MINISTRE DES RELATIONS EXTÉRIEURES, À EILENBURG.

Düben, 12 octobre 1813, quatre heures du matin.

Monsieur le Duc de Bassano, le roi de Naples a eu le 10, à Borna, une affaire avec Wittgenstein : Wittgenstein a été battu. Le Roi me marque qu'hier à onze heures du matin le prince Schwarzenberg et Wittgenstein se mettaient en retraite sur Frohburg. Il paraît assez constant que de ce côté-ci la plus grande partie de l'armée alliée était en marche dans la direction de Halle et de la basse Saale. Les généraux Reynier et Dombrowski ont passé hier soir l'Elbe à Wittenberg et se portent sur Roslau. Le prince de la Moskova se porte sur Dessau. Le duc de Raguse est entre Leipzig, Dessau et Halle, pour observer ce qui se fait. Le roi et le quartier général ne feront aujourd'hui aucun mouvement. Le général Curial doit continuer à occuper Wurzen par son arrière-garde.

Faites connaître au général Lefebvre-Desnoëttes toutes les nouvelles que vous avez des Cosaques : c'est à lui à en purger le pays.

On n'a envoyé de Leipzig qu'une partie du convoi; le plus important, qui était les 31,000 paires de souliers, a été retenu à Leipzig; chargez un peu Rumigny de voir pourquoi : y aurait-il là-dessous quelque projet de friponnerie?

Donnez les nouvelles au roi de Saxe. Nous aurons aujourd'hui les plus grands développements sur toutes les opérations de l'ennemi.

NAPOLÉON.

P. S. Faites passer la lettre ci-jointe au duc de Padoue.

D'après l'original comm. par M. le duc de Bassano.

20767. — AU PRINCE DE NEUCHÂTEL ET DE WAGRAM,
MAJOR GÉNÉRAL DE LA GRANDE ARMÉE, À DÜBEN.

Düben, 12 octobre 1813, quatre heures du matin.

Mon Cousin, donnez ordre au duc de Padoue de diriger sur Eilenburg tous les gardes d'honneur et tout ce qu'il y a à Leipzig appartenant à la Garde, infanterie, cavalerie et artillerie. A moins d'événement à Leipzig, tout cela partira aujourd'hui.

NAPOLÉON.

D'après l'original. Dépôt de la guerre.

20768. — AU GÉNÉRAL COMTE REYNIER,
COMMANDANT LE 7ᵉ CORPS DE LA GRANDE ARMÉE, À WITTENBERG.

Düben, 12 octobre 1813, quatre heures du matin.

Le 11 au matin il n'y avait que 5 à 6,000 hommes à Dessau, et sur les deux rives se trouvaient toute l'artillerie et les bagages de l'armée ennemie. L'ennemi avait évacué Raguhn, Jessnitz et Bitterfeld; ses colonnes ont défilé toute la journée du 10 pour se porter, de Raguhn, de Jessnitz et de Bitterfeld, dans la direction de Halle. Le quartier général de l'armée ennemie était près de Radegast. Le prince de Schwarzenberg et Wittgenstein étaient près de Borna. Des colonnes légères s'étaient dirigées du côté de la haute Saale. Le 10, Wittgenstein avait eu à Borna un combat où le roi de Naples l'avait battu. Le 11, à midi, l'armée autrichienne paraissait s'être mise en retraite sur Frohburg.

J'espère que votre cavalerie aura déjà battu la rive droite. Cependant je n'ai pas encore de renseignements. Je m'attendais que dans la journée du 11 vous auriez battu la rive droite et m'auriez envoyé des nouvelles importantes.

L'ensemble des dispositions de l'ennemi me fait penser que Roslau n'est pas gardé en force, et que, si vous marchez avec votre corps et Dombrowski, vous vous emparerez des ponts de l'ennemi et de beaucoup de bagages. Le duc de Tarente est au pont de Wittenberg; il vous appuiera. Mon intention est qu'il ne passe qu'autant que vous auriez devant vous des forces qui s'opposeraient à votre opération. Quant au général Sebastiani, je lui donne ordre de passer, afin que vous ayez de la cavalerie pour battre toute la plaine de la rive droite. Portez le désordre partout et emparez-vous des bagages. L'ennemi peut bien avoir compté sur l'incursion de quelques partis sortant de Wittenberg, mais il n'a pas prévu une opération sérieuse. Si vous ne trouvez pas de forces supérieures aux vôtres, je désire que le duc de Tarente ne passe pas, afin qu'il puisse se porter ailleurs. Le prince de la Moskova se porte sur Dessau.

<small>D'après la minute. Archives de l'Empire.</small>

20769. — AU MARÉCHAL OUDINOT, DUC DE REGGIO,
<small>COMMANDANT LES 1re ET 2e DIVISIONS DE LA JEUNE GARDE, À GRÆFENHAYNCHEN.</small>

<small>Düben, 12 octobre 1813, quatre heures du matin.</small>

Faites occuper Raguhn par une avant-garde d'infanterie, de cavalerie et d'artillerie, et faites-y rétablir le pont. Que le général Ornano fasse battre la plaine, et envoie de fortes patrouilles à Jessnitz pour en chasser l'ennemi; il pourra même y tenir un poste fixe de cavalerie et d'infanterie.

Pendant l'opération que fait le prince de la Moskova, tenez-vous en communication avec lui. Ne faites du reste aucun autre mouvement, afin que vos troupes soient disponibles pour se porter où les circonstances l'exigeraient, suivant les mouvements de l'ennemi.

D'après la minute. Archives de l'Empire.

20770. — AU MARÉCHAL MARMONT, DUC DE RAGUSE,
COMMANDANT LE 6ᵉ CORPS DE LA GRANDE ARMÉE, À LINDENHAYN.

Düben, 12 octobre 1813, quatre heures du matin.

Choisissez une position d'où vous puissiez couvrir à la fois Düben, Jessnitz et Leipzig. Vous pourriez peut-être vous couvrir de la branche de la Mulde qui passe à Delitzsch, si toutefois elle n'est pas guéable; alors vous vous trouveriez en communication avec le duc de Reggio, qui a une avant-garde à Raguhn et à Jessnitz. Vous couvririez parfaitement Düben, dont vous vous placeriez à trois lieues, et vous seriez à portée de vous rendre, en une petite marche, sur Leipzig, et surtout de tomber sur le flanc du corps qui marcherait de Halle sur Leipzig. Votre corps, baraqué ainsi dans une bonne position, serait d'un effet très-avantageux. Il ferait le prolongement de la ligne de Dessau par Jessnitz jusqu'à Borna, où se trouve le roi de Naples. Vous couvririez par ce moyen Eilenburg, et le général Lefebvre-Desnoëttes pourrait se porter en avant pour éclairer votre gauche. En cas de nécessité, la Garde débouchera sur vous par Düben et par Eilenburg. Vous placerez des avant-gardes de cavalerie, artillerie et infanterie à une ou deux lieues en avant sur les routes de Halle, de Cœthen et de Leipzig. Aussitôt que vous aurez choisi une position, et que votre corps se sera mis en mouvement pour s'y rendre, vous le ferez connaître au duc de Padoue, avec lequel il faut que vous ayez une correspondance très-sûre et très-rapide.

D'après la minute. Archives de l'Empire.

20771. — AU PRINCE DE NEUCHÂTEL ET DE WAGRAM,
MAJOR GÉNÉRAL DE LA GRANDE ARMÉE, À DÜBEN.

Düben, 12 octobre 1813, neuf heures et demie du matin.

Donnez ordre au prince de la Moskova de partir avec toutes ses troupes, au reçu du présent ordre, pour se porter sur Düben, y passer la rivière et se porter sur Taucha, où il devra être arrivé le 14, mon intention étant d'y livrer bataille avec toutes mes forces réunies. En conséquence, il ne laissera rien derrière.

Ordre au duc de Tarente de se porter aussitôt que possible sur Düben, où il est indispensable qu'il arrive le 14 dans la matinée.

Ordre au général Reynier et au général Dombrowski de revenir sur Düben, où il est nécessaire qu'ils arrivent le 13, pour être le 14 à Taucha, où j'ai intention de livrer bataille à l'ennemi.

Ordre aux généraux Bertrand, Sebastiani et Latour-Maubourg de se diriger aussitôt sur Düben.

D'après la minute. Archives de l'Empire.

20772. — NOTES
SUR LA RÉUNION DES DIFFÉRENTS CORPS D'ARMÉE À TAUCHA.

Düben, 12 octobre 1813, dix heures du matin.

Je donne ordre à Ney de se porter sur Düben.

Ney ne recevra pas cet ordre avant deux heures de l'après-midi; ses troupes se mettront en marche à trois heures; elles ne pourront passer le pont de Düben que demain 13 (la Garde alors l'aura passé); il peut être le 13 au soir, sans difficulté, à Taucha.

Latour-Maubourg étant à Kemberg, il n'y a non plus aucune difficulté.

Le duc de Tarente ne recevra l'ordre qu'à trois heures; s'il a passé le pont de l'Elbe, il lui faudra la nuit pour repasser; il ne sera à Düben que demain 13; et pendant la journée du 14 il se mettra en marche sur Taucha.

Le général Reynier, qui marche sur Roslau, ne pourra être que cette nuit à Wittenberg; il pourra être le 15 à Taucha. Celui-là peut venir par Eilenburg.

Il en est de même pour le général Sebastiani.

Quant aux ducs de Trévise et de Reggio et à la réserve de la Garde, tout cela passe le pont de Düben aujourd'hui et sera demain à Taucha, de bonne heure.

Le Roi est aujourd'hui 12 à Crœbern; il sera demain 13 à Leipzig et à Taucha, où je serai arrivé demain avec Curial, la vieille et la jeune Garde et le duc de Raguse, près de 40,000 hommes; ce qui, avec les 50,000 hommes du Roi, fera près de 90,000 hommes.

Ces 90,000 hommes seront renforcés dans la journée de demain 13, où nécessairement l'ennemi ne peut pas attaquer, par Ney, Bertrand et Latour-Maubourg.

Le 15, toute notre armée sera réunie.

Demain 13, l'ennemi arrive à Crœbern. Il saura que la Grande Armée est arrivée. On passera la journée du 14 à se mettre en bataille. J'ai donc le 13 et le 14 pour réunir. Je dis plus : quand toute l'armée serait à Düben, elle ne pourrait pas arriver avant, à moins d'avoir cinq ou six débouchés.

―――

Le roi de Naples est à Crœbern le 12, le maréchal Marmont à Lindenhayn; ils peuvent être demain 13 à Taucha, bonne position; ma Garde, aujourd'hui à Düben et à Eilenburg, sera demain facilement à Taucha; Oudinot et Mortier seront aujourd'hui à Düben avec Ornano, Walther et Latour-Maubourg.

Demain, tout cela à Taucha.

J'aurai donc demain à Taucha :

En première ligne, le roi de Naples, 50,000 hommes, y compris la garnison de Leipzig, qui y restera; Marmont, 20,000 hommes d'infanterie, 2,000 de cavalerie; la Garde, 30,000 hommes d'infanterie, 8,000 de cavalerie; Latour-Maubourg, 3,000 hommes de cavalerie; total, près de 120,000 hommes demain à Taucha;

En deuxième ligne, le duc de Tarente, ce soir 12, à Kemberg, demain à Düben; le prince de la Moskova, ce soir à Græfenhaynchen, demain à Düben; Bertrand, demain à Düben; Sebastiani, demain à Düben; Dombrowski et Reynier, le 13, demain, à mi-chemin de Düben.

Le 14, tout peut me rejoindre : Tarente, 20,000 hommes d'infanfanterie, 2,000 hommes de cavalerie; Moskova, 12,000 hommes d'infanterie, 2,000 hommes de cavalerie; Bertrand, 10,000 hommes; Sebastiani, 3,000 hommes; Dombrowski et Reynier, 20,000 hommes.

Ainsi : première ligne, près de 120,000 hommes; seconde ligne, 70,000 hommes; total, environ 190,000 hommes.

D'après la minute. Archives de l'Empire.

20773. — A JOACHIM NAPOLÉON, ROI DE NAPLES,
À CROEBERN.

Düben, 12 octobre 1813, dix heures du matin.

J'ai reçu votre lettre du 11 à neuf heures du matin, ainsi que la relation de l'affaire de Borna. Faites-moi connaître la perte que nous avons éprouvée. Le duc de Raguse avec la division Lorge prend position entre Düben, Leipzig et Halle. J'ai déjà plus de 60,000 hommes sur la rive droite, qui marchent aujourd'hui sur le pont de Roslau, en même temps que je fais attaquer Dessau. On m'assure que l'ennemi est entre Halle et Dessau. Vous ne me faites pas connaître quelle est la force présumée des Autrichiens que vous avez devant vous.

D'après la minute. Archives de l'Empire.

20774. — AU PRINCE DE NEUCHÂTEL ET DE WAGRAM,
MAJOR GÉNÉRAL DE LA GRANDE ARMÉE, À DÜBEN.

Düben, 12 octobre 1813.

Mon Cousin, le duc de Reggio restera aujourd'hui à Græfenhaynchen et il enverra une avant-garde d'infanterie, cavalerie et artillerie, à Raguhn, où il fera rétablir le pont; ce parti enverra des patrouilles à Jessnitz.

Le duc de Trévise ne bougera point de la position qu'il occupe, non plus que le parc de la Garde, la cavalerie du général Latour-Maubourg et la cavalerie du général Walther, de la Garde. Toutes ces troupes doivent se tenir prêtes à revenir ici, si elles en reçoivent l'ordre.

Le quartier général sera placé à Priestæblich, ainsi que le parc d'artillerie et du génie et l'équipage de pont. Tout cela n'aura pas d'ordre de mouvement aujourd'hui. La division Friant, de la vieille Garde, restera aujourd'hui à Düben. La division Curial restera à Eilenburg, et continuera à occuper Wurzen par son arrière-garde. La division Lefebvre-

Desnoëttes restera sur la rive gauche de la Mulde, et protégera le chemin d'Eilenburg et de Leipzig. Le duc de Raguse prendra une position entre Düben, Leipzig et Delitzsch.

NAPOLÉON.

D'après l'original. Dépôt de la guerre.

20775. — AU MARÉCHAL MARMONT, DUC DE RAGUSE,
COMMANDANT LE 6ᵉ CORPS DE LA GRANDE ARMÉE, À DELITZSCH.

Düben, 12 octobre 1813, trois heures après midi.

Je n'ai point reçu de nouvelles de vous aujourd'hui; j'espère ne pas tarder à en recevoir. Je suppose que vous vous serez placé à quatre lieues de Leipzig.

Nous nous sommes emparés des ponts de l'ennemi sur l'Elbe, et il paraît que l'armée de Berlin s'est portée sur la rive droite. D'un autre côté, le roi de Naples occupe la position de Crœbern, qu'il a prise ce matin; je lui mande de la conserver toute la journée de demain 13. Mon intention est que, ce prince conservant cette position, vous partiez à trois heures du matin, pour prendre une position sur la route de Düben, ayant votre gauche à Taucha. Je me mettrai en marche de Düben avec la vieille Garde pour vous rejoindre; la division Curial se mettra en marche d'Eilenburg avec la division Lefebvre: de sorte que demain, vers midi, nous serons 70,000 hommes réunis à portée de Leipzig.

Toute mon armée se mettra en mouvement; dans la journée du 14 elle sera toute arrivée, et je pourrai livrer bataille à l'ennemi avec 200,000 hommes.

Faites-moi connaître les renseignements que vous auriez de votre côté sur l'armée de Silésie, et sur les positions que l'on pourrait prendre contre cette armée et contre l'armée qui viendrait par Halle ou par Dessau.

Faites-moi bien connaître la position que vous occuperez et à quelle heure vous pourrez être rendu à portée de Leipzig.

D'après la minute. Archives de l'Empire.

20776. — A M. MARET, DUC DE BASSANO,
MINISTRE DES RELATIONS EXTÉRIEURES, À EILENBURG.

Düben, 12 octobre 1813, quatre heures après midi.

Monsieur le Duc de Bassano, faites donner un cheval, n'importe lequel, à l'officier qui vous portera cette lettre, afin qu'il soit avant sept heures à Leipzig. Voici l'état de la question : le roi de Naples est en position à Crœbern; il a devant lui des forces qu'il évalue à 60,000 hommes; s'il peut tenir avec ses propres forces toute la journée de demain 13, je me rendrai sur Leipzig et y livrerai bataille à l'ennemi. Dans ce cas, le duc de Raguse, qui est déjà entre Düben et Leipzig, s'approcherait dans la nuit jusqu'à Taucha, et je partirais, immédiatement après la réception de la réponse du Roi, avec ma Garde; de sorte que demain, dans la journée, j'aurais 80,000 hommes à Taucha, et, dans la journée du 14, tout le reste de l'armée arriverait. Si, au contraire, le Roi ne peut pas tenir, je réunirai toute mon armée sur la Mulde, le Roi formant la gauche à Grimma et Wurzen, et le reste de l'armée depuis Wurzen jusqu'à Eilenburg et Düben. Je manœuvrerai alors pour livrer bataille à l'ennemi.

Nous nous sommes emparés des ponts et de la tête de pont de Wartenburg. Le général Reynier et le général Dombrowski se sont à cette heure emparés de Roslau et de Dessau. Ainsi l'ennemi n'a plus de pont sur l'Elbe. On m'assure que le prince royal et toute l'armée de Berlin ont passé sur la rive droite; je recevrai avant minuit la confirmation de cette nouvelle, et alors, m'étant débarrassé ainsi de 40 à 50,000 ennemis, je me placerai avec toute mon armée sur Leipzig et livrerai bataille à l'ennemi.

Faites donner un cheval à l'officier porteur de cette lettre, et tenez prêts deux autres chevaux pour les officiers qui vont revenir de Leipzig. Que ces deux chevaux soient tout sellés dans votre écurie, de manière qu'on ne perde pas un moment.

NAPOLÉON.

D'après l'original comm. par M. le duc de Bassano.

20777. — AU GÉNÉRAL ARRIGHI, DUC DE PADOUE,
GOUVERNEUR DE LEIPZIG.

Düben, 12 octobre 1813, quatre heures après midi.

Monsieur le Duc de Padoue, je vous envoie ouverte la lettre que j'écris au roi de Naples : prenez-en connaissance. J'ordonne au duc de Bassano de tenir dans ses écuries, à Eilenburg, deux chevaux tout sellés. Le premier sera pour l'officier que vous m'enverrez une demi-heure après avoir reçu la présente lettre, pour me faire connaître si, d'après les derniers renseignements que vous avez, vous pensez que le roi de Naples puisse garder sa position, et vous la ville de Leipzig, toute la journée de demain 13. Cet officier pourra être à neuf heures du soir à Eilenburg ; il y trouvera, comme il a été dit, un cheval sellé dans les écuries du duc de Bassano et pourra être ici à onze heures.

Aussitôt que vous aurez reçu la réponse du roi de Naples, vous m'expédierez un autre officier, qui prendra à Eilenburg le second cheval tenu prêt dans les écuries du duc de Bassano. Faites en sorte que ce second officier arrive à Düben avant une ou deux heures du matin. Par le premier officier vous me ferez connaître à quelle heure est arrivé l'officier d'état-major, et à quelle heure arrivera l'officier que vous expédiez au roi de Naples.

Si vous êtes pour l'affirmative, il est convenable que vous envoyiez un officier sur la route de Düben pour instruire directement le duc de Raguse de ce qu'aura répondu le roi de Naples, puisqu'il se portera aussitôt qu'il la connaîtra sur Taucha.

Faites-moi connaître la double position qu'on pourrait prendre contre une armée débouchant de Halle et de Dessau, et contre celle qui débouche de la Bohême.

Je suppose que vous avez déjà fait palissader la tête de pont de Lindenau, et occuper en force ce débouché important et tous les ponts aboutissant de droite et de gauche sur la rivière.

Si vous deviez évacuer Leipzig, n'y laissez pas les 30,000 paires de souliers dont nous avons un si grand besoin.

NAPOLÉON.

D'après l'original comm. par M. le duc de Padoue.

20778. — A JOACHIM NAPOLÉON, ROI DE NAPLES,
À CROEBERN.

Düben, 12 octobre 1813.

Le major général vous fait connaître mes intentions. Dans la journée de demain 13, je puis être à Taucha avec 70,000 hommes, et dans la journée du 14 toute mon armée peut y être réunie; je ne puis donc être dans le cas de donner bataille que le 15, en conservant Leipzig.

Pouvez-vous, sans vous compromettre, garder, toute la journée de demain 13, votre position et Leipzig? Vous serez renforcé dans le courant de la journée dans votre position actuelle; ou bien, dans la nuit du 13 au 14, vous prendrez une position qui appuie votre gauche à Connewitz et votre droite vers Wurzen. Vous serez augmenté de 80,000 hommes. que je vous amènerai, et, le 14, de tout le reste de l'armée. Nous aurons le 15 au matin 200,000 hommes.

Consultez le duc de Bellune, le général Lauriston et le prince Poniatowski. Je crois que toute l'armée de Berlin a repassé sur la rive droite, et qu'ainsi nous pouvons livrer bataille sans elle.

Si vous ne pouvez pas garder votre position, faites votre mouvement sur Taucha et Wurzen.

D'après la minute. Archives de l'Empire.

20779. — AU COMTE DARU,
DIRECTEUR DE L'ADMINISTRATION DE LA GRANDE ARMÉE, À DÜBEN.

Düben, 12 octobre 1813.

Monsieur le Comte Daru, vous verrez par la distribution des souliers que j'en ai destiné une partie au 2e corps et une partie au 5e corps, lesquels se trouvent avec le Roi, du côté de Borna. Il ne faut pas qu'on fasse venir ces souliers ici, mais qu'on les leur envoie directement. Ce sera donc, sur les 31,000 paires de souliers, 21,000 paires à envoyer ici. Il est important que cela soit distribué sans délai.

NAPOLÉON.

D'après la copie comm. par M. le comte Daru.

20780. — A M. MARET, DUC DE BASSANO,
MINISTRE DES RELATIONS EXTÉRIEURES, À EILENBURG.

Düben, 12 octobre 1813, sept heures du soir.

Monsieur le Duc de Bassano, mes troupes sont entrées à Dessau avec tant de rapidité que le pont de la Mulde a été conservé. On a pris deux pièces de canon et fait 800 prisonniers. J'attends à chaque instant des nouvelles de la marche du général Reynier sur Roslau.

Le duc de Castiglione était hier soir à Weissenfels; on l'attend aujourd'hui 12 à Leipzig.

Communiquez ces nouvelles au roi de Saxe.

NAPOLÉON.

D'après l'original. Archives des affaires étrangères.

20781. — A JOACHIM NAPOLÉON, ROI DE NAPLES,
À WACHAU.

Düben, 12 octobre 1813, huit heures du soir.

Un adjoint d'état-major du général Belliard arrive; il est parti à trois heures après midi; j'ai reçu votre lettre écrite à neuf heures du matin. Cet officier m'annonce que le duc de Castiglione est arrivé.

Organisez sur-le-champ le 5e corps de cavalerie, et faites connaître au général Pajol la confiance que j'ai en lui. Ce corps va se trouver fort de plus de 5,000 chevaux. Ayez soin que sur-le-champ toutes les compagnies soient tiercées, afin que les anciens soldats soient avec les nouveaux. Le 5e corps a un régiment de marche de 1,000 chevaux avec le duc de Padoue; ce régiment faisait partie de la division Margaron : faites-le dissoudre. Faites-moi connaître à qui vous donnez le commandement de la division de cavalerie légère.

Le prince de la Moskova est entré à Dessau; il a pris deux pièces de canon et fait 7 à 800 prisonniers; les restes du *Bataillon de la Vengeance* en font partie. J'attends à chaque instant des nouvelles du général Reynier, qui marche sur Aken par la rive droite : tous les bagages de l'armée de Silésie sont sur cette rive.

Je compte que vous avez actuellement 60,000 hommes. Le duc de Raguse couchera cette nuit à quatre lieues de Leipzig; si je ne prends pas le parti d'y aller moi-même, je vous l'enverrai, ce qui vous fera 85 à 90,000 hommes; avec cela vous devez pouvoir gagner quelques jours. Une bonne ruse serait de faire tirer des salves en réjouissance de la victoire remportée sur l'autre armée. Il faudrait aussi faire passer une revue d'apparat comme si j'étais là et faire crier : *Vive l'Empereur !* Il ne faut pas se dissimuler qu'il est d'une grande importance de conserver Leipzig. Cette nuit, vers une heure du matin, je recevrai mes rapports de tous côtés et je prendrai mon parti.

J'ai de bonnes nouvelles de Dresde : c'est Bennigsen qui est devant cette ville, avec un tas de recrues mal habillées et que nos gens ont déjà houspillées d'importance.

Je suppose que le duc de Raguse vous aura donné des renseignements sur ce qui peut se présenter du côté de Landsberg. Il paraît que du côté de Zœrbig il y a eu le corps de Blücher; il y en a qui prétendent qu'il marche dans la direction de Rothenburg près Kœnnern, mais cela me paraît fort apocryphe. C'est pour lui en imposer que j'ai spécialement envoyé le duc de Raguse, comme tête de colonne, dans cette direction.

On dit que du côté de Schkeuditz est la bonne position à prendre contre l'armée qui viendrait de Halle. Faites reconnaître le terrain.

Il est bon de faire un tambour en palissades au dernier pont du village de Lindenau, et successivement aux autres ponts.

D'après la minute. Archives de l'Empire.

20782. — AU MARÉCHAL MARMONT, DUC DE RAGUSE,
COMMANDANT LE 6ᵉ CORPS DE LA GRANDE ARMÉE, À DELITZSCH.

Düben, 12 octobre 1813, minuit.

Je reçois votre lettre que m'apporte l'officier d'ordonnance Gourgaud; elle est datée d'aujourd'hui à neuf heures du soir.

Le prince de la Moskova s'est emparé de Dessau; il a fait 2,500 prisonniers dont 50 officiers. Il me mande, à trois heures après midi, que le général Tauenzien a passé les ponts à Dessau pour aller du côté de

Roslau, et qu'on voit sur la rive droite des colonnes immenses de bagages et de parcs qui remontent la rivière; et toutes les probabilités sont que l'armée de Berlin tout entière a passé sur la rive droite, aux ponts de Dessau et surtout à Aken. Le général Reynier, le général Dombrowski et le duc de Tarente avaient passé, à Wittenberg, sur la rive droite: à trois heures, nos avant-postes avaient passé Coswig. A quatre heures, on a entendu une canonnade très-vive qui a duré jusqu'à six heures; je n'en connais point encore le résultat : c'était l'attaque du général Reynier et du général Dombrowski sur la rive droite, à Roslau. L'ennemi paraissait être dans une grande épouvante.

Le duc de Castiglione est arrivé à Leipzig; il a eu, il y a trois jours, une affaire avec Thielmann et Liechtenstein : il a battu complétement ce dernier, l'a mis en déroute et lui a fait 1,200 prisonniers.

Le roi de Naples occupe la position de Crœbern, où il me mande qu'il tiendra toute la journée de demain 13. Mon intention est que vous vous mettiez en marche pour vous rapprocher de Leipzig, et que vous envoyiez demander des ordres au roi de Naples. Je compte donc que vous serez à sept ou huit heures du matin, comme vous le proposez, sur Hohenleina. Je vous écrirai du reste de nouveau. Votre réunion au roi de Naples lui complétera 90,000 hommes.

Si le général Reynier ne s'est pas emparé aujourd'hui de Roslau, cela me donnera le temps de m'en emparer demain, de bien battre l'armée de Berlin et de terminer toutes ces affaires-là.

Je suppose que les reconnaissances que vous aurez envoyées du côté de Halle vous auront enfin donné des nouvelles: envoyez de fortes reconnaissances dans cette direction.

Marchez de manière à pouvoir surtout secourir Leipzig, et envoyez demander des ordres au Roi pour entrer en bataille. Le moment décisif paraît être arrivé; il ne peut plus être question que de se bien battre.

Si vous entendez la canonnade du côté de Leipzig, pressez votre marche et prenez part à l'affaire.

D'après la minute. Archives de l'Empire.

20783. — A M. MARET, DUC DE BASSANO,
MINISTRE DES RELATIONS EXTÉRIEURES, À EILENBURG.

Düben, 13 octobre 1813, minuit et demie.

Monsieur le Duc de Bassano, je reçois des nouvelles de Dessau à trois heures de l'après-midi. Nous y avons fait 2,100 prisonniers dont 50 officiers, tous Prussiens du corps de Tauenzien; nous étions maîtres de la ville et nos tirailleurs étaient sur la tête de pont. Le général Reynier et le général Dombrowski avaient dépassé Coswig et marchaient sur Roslau. Une grande canonnade s'est fait entendre de ce côté, à quatre heures après midi. Le prince de la Moskova me mande qu'on voit sur la rive droite des colonnes immenses de bagages et de parcs qui remontent la rivière et viennent du pont d'Aken. Il n'y a donc plus de doute que toute l'armée de Berlin a repassé sur la rive droite. Le roi de Naples ayant reçu le renfort du duc de Castiglione, et le duc de Raguse ayant ordre de se rapprocher de la ville, cela fera au roi de Naples près de 90,000 hommes, ce qui me donnera le temps de finir demain les opérations contre l'armée qui a passé sur la rive droite.

Je vous écris dans le premier moment, pour que vous expédiiez un courrier au duc de Padoue et au roi de Naples pour leur donner ces nouvelles. Je vous écrirai probablement une autre lettre dans deux heures pour vous instruire de ce qui se sera fait à Roslau. Nous avons remarqué dans les prisonniers que, pour la première fois, il y avait beaucoup de Cosaques; reste à savoir si ce sont de vrais Cosaques ou seulement des hommes habillés en Cosaques. On a détruit un bataillon qui s'appelait *Bataillon de la Vengeance*, et on lui a pris ses deux pièces de canon. Je pense que c'est bon à écrire à Bacher, pour qu'il en fasse un bulletin. Que dans tout cela il ne soit pas question de moi; qu'on ne sache pas où je suis. Qu'on fasse connaître aussi les prisonniers et le grand nombre de voitures qui ont été enlevées avant-hier.

Je vous le répète, faites connaître ces nouvelles au roi de Naples et au duc de Padoue, par courrier extraordinaire. Donnez-en communication au roi de Saxe à son lever.

Faites écrire par le général Curial à Wurzen que tous les malades et les vivres qui sont à Wurzen doivent être dirigés sur Torgau et qu'on doit se procurer à cet effet tous les moyens de transport nécessaires.

NAPOLÉON.

D'après l'original comm. par M. le duc de Bassano.

20784. — AU PRINCE DE NEUCHÂTEL ET DE WAGRAM,
MAJOR GÉNÉRAL DE LA GRANDE ARMÉE, À DÜBEN.

Düben, 13 octobre 1813, une heure du matin.

Mon Cousin, donnez ordre au duc de Raguse d'être rendu aujourd'hui 13, à sept heures du matin, à trois lieues de Leipzig, et de prendre les ordres du roi de Naples pour sa position, pour entrer en ligne.

Donnez ordre au duc de Castiglione de prendre les ordres du roi de Naples.

Donnez ordre au général Pajol de prendre le commandement de tout le 5e corps de cavalerie.

Donnez ordre que tous les régiments et détachements du 5e corps de cavalerie soient réunis et que les trois divisions soient formées. Le général Milhaud et le général Lhéritier commanderont chacun une division de dragons. Le roi de Naples désignera quelqu'un pour prendre le commandement de la division de cavalerie légère.

Le régiment de marche du 5e corps sera dissous, et tous les détachements qui le composent seront réunis à leurs régiments respectifs; les compagnies seront tiercées dans la matinée d'aujourd'hui, de manière que les nouveaux soldats et les anciens soient mêlés; ce qui mettra dès aujourd'hui dans la main du roi de Naples un corps de trois divisions, fort de 5,000 bons chevaux, et sous les ordres du général Pajol. Mandez au roi qu'il pourrait mettre sous les ordres du duc de Castiglione la division composée des troupes de Leipzig, que je le laisse maître de cette disposition.

Faites connaître au duc de Castiglione que tout le 5e corps de cavalerie est directement sous les ordres du général Pajol et du roi de Naples.

NAPOLÉON.

D'après l'original. Dépôt de la guerre.

20785. — A JOACHIM NAPOLÉON, ROI DE NAPLES,
À WACHAU.

Düben, 13 octobre 1813, une heure du matin.

Le duc de Raguse est à Delitzsch; il a ordre d'être rendu à sept heures du matin à Hohenleina, et pourra par conséquent entrer en bataille; ce qui, avec le duc de Castiglione et la garnison de Leipzig, vous fera de 80 à 90,000 hommes.

Toute l'armée de Berlin a repassé sur la rive droite. Le général Tauenzien était hier 12, à midi, à Roslau; une de ses divisions gardait Dessau; elle a été culbutée par le prince de la Moskova, qui lui a fait 2,500 prisonniers et pris deux pièces de canon; le reste s'est éparpillé et l'on espère le ramasser; il s'est emparé de la ville et du pont, qui n'était pas brûlé.

Le général Reynier est sur la rive droite; on a entendu de son côté une canonnade dont on ne connaît pas encore l'issue.

J'ai reçu des nouvelles de Dresde; elles sont bonnes. Le maréchal Saint-Cyr poussait aussi avant qu'il convenait.

<small>D'après la minute. Archives de l'Empire.</small>

20786. — A M. MARET, DUC DE BASSANO,
MINISTRE DES RELATIONS EXTÉRIEURES, À EILENBURG.

Düben, 13 octobre 1813, quatre heures du matin.

Monsieur le Duc de Bassano, le conseiller Kraft vient d'être arrêté dans sa voiture. Il était expédié, à ce qu'il paraît, du quartier général de Bohême au quartier général des Suédois pour y être secrétaire du sieur Pozzo di Borgo. Il avait avec lui beaucoup de papiers. Je vous envoie son portefeuille, dans lequel vous verrez des conditions de paix. Vous y verrez aussi des lettres de Me Moreau, qu'il faut garder pour envoyer à la police à la première occasion sûre.

Le nombre des prisonniers faits hier à Dessau est de 3,000, dont un colonel et deux majors. Le général York a été blessé mortellement.

Le général Reynier a eu une canonnade entre Coswig et Roslau, depuis quatre heures jusqu'à six heures du soir. Il a fait 600 prisonniers. L'ennemi avait levé le pont de Roslau. Le général Reynier marche sur Aken.

Donnez ces nouvelles au roi de Saxe; faites-les répandre à Leipzig.

NAPOLÉON.

D'après la copie. Archives des affaires étrangères.

20787. — AU PRINCE DE NEUCHÂTEL ET DE WAGRAM,
MAJOR GÉNÉRAL DE LA GRANDE ARMÉE, À DÜBEN.

Düben, 13 octobre 1813, quatre heures du matin.

Mon Cousin, donnez ordre au général Drouot que le duc de Reggio, le duc de Trévise, la réserve de la Garde, le général Walther et le général Ornano partent sans délai pour se rendre à Düben.

Donnez ordre au général Latour-Maubourg de partir à la pointe du jour pour se rendre à Düben de bonne heure.

Recommandez à ces généraux de faire connaître l'heure à laquelle ils arriveront.

NAPOLÉON.

D'après l'original. Dépôt de la guerre.

20788. — AU PRINCE DE NEUCHÂTEL ET DE WAGRAM,
MAJOR GÉNÉRAL DE LA GRANDE ARMÉE, À DÜBEN.

Düben, 13 octobre 1813, cinq heures du matin.

Mon Cousin, donnez ordre au général Bertrand, dans quelque lieu qu'il se trouve, de se diriger à marche forcée avec son corps d'armée sur Düben, où il est nécessaire qu'il arrive aujourd'hui. Envoyez cette lettre dans différentes directions au prince de la Moskova et au duc de Tarente, pour qu'ils la lui fassent parvenir.

NAPOLÉON.

D'après l'original. Dépôt de la guerre.

20789. — AU MARÉCHAL NEY, PRINCE DE LA MOSKOVA,
COMMANDANT LES 3°, 4° ET 7° CORPS DE LA GRANDE ARMÉE, À POETNITZ.

Düben, 13 octobre 1813, cinq heures du matin.

J'ai fait replier toute ma Garde sur Düben, pour pouvoir demain me porter sur Leipzig; le roi de Naples s'y trouve en avant. J'y ai envoyé le duc de Raguse, ce qui fera au roi de Naples 90,000 hommes. La conduite que vous devez tenir est relative à ce que fera l'ennemi. Je pense qu'il faut nous disposer à nous pelotonner en toute hâte. Si le prince royal de Suède s'est jeté avec l'armée de Berlin sur la rive droite, c'est 40,000 hommes de moins que nous aurons contre nous à la bataille; si, au contraire, le prince de Suède est toujours sur la rive gauche, c'est une raison de plus de se replier. Il me semble que vous auriez pu trouver plus de renseignements à Dessau et connaître bien dans cette ville l'organisation de l'armée de Berlin, division par division, régiment par régiment. Il paraît que le général Reynier marche demain sur Aken : faites diversion en sa faveur par la rive gauche. Cette opération du pont d'Aken terminée, il sera nécessaire que vous vous reployiez pour vous porter sur Düben, car il va y avoir indubitablement une grande bataille à Leipzig.

D'après la minute. Archives de l'Empire.

20790. — AU MARÉCHAL MACDONALD, DUC DE TARENTE,
COMMANDANT LE 11° CORPS DE LA GRANDE ARMÉE, À KEMBERG.

Düben, 13 octobre 1813, six heures du matin.

Mon Cousin, le général Reynier, à ce qu'il paraît, n'a eu affaire hier qu'à une division prussienne; cependant il devait y avoir une autre division de Tauenzien à Roslau. Je suppose qu'à la pointe du jour le général Reynier sera maître du pont, et acquerra des renseignements sur ce qui se passe à Aken. Il paraît que le quartier général du prince royal de Suède était le 11 à Bernburg. Si vous prévoyez ne pas être indispensable au général Reynier, il faut vous reporter sur Düben avec le général Sebastiani. Le général Reynier reviendra sur Wittenberg, son opération faite, pour se porter également sur Leipzig, où je crois que nous allons avoir une bataille générale. Il faudrait être en mesure pour dépasser le pont à Düben demain, avant la nuit.

Si vous avez connaissance du général Bertrand, faites-lui connaître qu'il a ordre de se rendre sur-le-champ, aujourd'hui 13, à Düben: faites-lui connaître la date de ma lettre, afin qu'il sache l'heure à laquelle je vous écris, et qu'il se mette sur-le-champ en marche.

Le roi de Naples, avec 90,000 hommes, couvre Leipzig contre l'armée autrichienne. L'armée de Silésie, suivant tous les renseignements, paraît se rallier sur Halle. Nous sommes dans un moment fort important : je crois que la bataille aura lieu le 15 ou le 16. Si toute l'armée de Berlin avait passé sur la rive droite, comme on l'assure, nous serions débarrassés d'une quarantaine de mille hommes. N'engagez votre corps d'armée sur la rive droite que dans le cas où ce serait indispensable. Il n'y aura rien à regretter s'il se bat et culbute l'ennemi; mais il serait bien désavantageux qu'il s'engageât sans nécessité, et qu'ainsi son mouvement sur Leipzig fût retardé.

NAPOLÉON.

D'après la copie. Dépôt de la guerre.

20791. — AU MARÉCHAL MARMONT, DUC DE RAGUSE,
COMMANDANT LE 6ᵉ CORPS DE LA GRANDE ARMÉE, À HOHENLEINA.

Düben, 13 octobre 1813, dix heures du matin.

Je reçois votre lettre d'aujourd'hui 13 à trois heures du matin, par laquelle vous m'annoncez que vous serez à huit heures à Hohenleina. Je pense qu'il est nécessaire que vous n'entriez en ligne sur la rive gauche de la Partha qu'autant que le Roi serait attaqué; mais ce serait une grande faute que de vous porter en ligne sur la rive gauche de la Partha, puisqu'on peut avoir à craindre que Blücher ne vienne à déboucher par Halle ou par quelque autre point. Je pense donc que vous devez reconnaître la position de Breitenfeld et la ligne de la Partha jusqu'à Taucha, et avoir des avant-gardes sur Schkeuditz, ainsi que sur la route de Landsberg; par ce moyen, vous vous déploieriez promptement, la gauche à l'Elster et la droite à la Partha, pour recevoir ce qui viendrait de ces chemins. Reconnaissez bien cette position. Ayez trois ponts sur la Partha pour déboucher rapidement sur la rive gauche s'il en était besoin; mais tenez votre cavalerie dans la direction de Halle et de Landsberg; battez les routes de Delitzsch et de Düben, afin de maintenir toutes ces communications parfaitement libres.

Toute ma Garde arrive ici dans la journée, et je suppose que la tête arrivera aujourd'hui sur Lindenhayn et sur Hohenleina. A mesure que les autres corps d'armée arriveront, on les placera autour de Leipzig, la Garde au centre, en réserve. Si vous étiez placé en ligne sur la gauche de la Partha, et qu'il fallût vous porter contre quelque chose qui viendrait du côté de Blücher, cela dérangerait toute la ligne et serait du plus mauvais effet. Il est important que l'armée de Silésie n'approche pas à deux lieues de Leipzig. Vos trois divisions peuvent être très-espacées, avec les bonnes troupes qui les composent. Le temps de reconnaître la position qu'elles occuperont donnera le temps nécessaire pour se mettre à l'abri de toute attaque.

Mon intention est que vous placiez vos troupes sur deux rangs au lieu de trois; le troisième rang ne sert à rien au feu; il sert encore moins à la baïonnette. Quand on sera en colonnes serrées, trois divisions formeront six rangs et trois rangs de serre-files. Vous verrez l'avantage que cela aura : votre feu sera meilleur; vos forces seront tiercées; l'ennemi, accoutumé à nous savoir sur trois rangs, jugera nos bataillons plus forts d'un tiers. Donnez les ordres les plus précis pour l'exécution de la présente disposition.

D'après la minute. Archives de l'Empire.

20792. — A JOACHIM NAPOLÉON, ROI DE NAPLES,
À WACHAU.

Düben, 13 octobre 1813.

J'ai reçu vos lettres. Le duc de Raguse, avec la division Lorge et quatre-vingts pièces, arrive ce matin à huit heures à Hohenleina. Vous trouverez ci-jointe la lettre que je lui écris. Il est très-important que vous ne fassiez pas entrer en ligne ce maréchal sur la gauche de la Partha, car si vous le faisiez entrer en ligne, comme il est à craindre que le corps de Blücher ne débouche par Halle, vous seriez obligé d'affaiblir votre ligne dans un moment important. C'est ce mouvement qui fait perdre toutes les batailles; elles ne se gagnent qu'en renforçant la ligne dans un moment critique. Mon intention est donc que vous placiez le duc de Raguse à Breitenfeld, où l'on me dit qu'il y a une bonne position : il appuiera sa droite à la Partha et sa gauche à l'Elster. Il occupera les routes de Halle et de Landsberg; toute sa cavalerie sera placée en avant-garde sur ces deux routes, 5 à 600 hommes sur chacune, avec deux bataillons et six pièces de canon, de sorte que ces routes soient bien éclairées. On m'assure que Breitenfeld est une position qui domine la plaine; cela est une chose à étudier. La rive gauche de la Partha jusqu'à Taucha sera éclairée par des postes de cavalerie et de l'artillerie. Sur la Partha il y a plusieurs ponts : trois seront désignés pour que, si l'ennemi ne faisait pas de mouvements du côté de Halle, et que pourtant vous fussiez attaqué par les Autrichiens, et eussiez besoin du 6ᵉ corps, il pût déboucher par les trois ponts et passer la Partha. Mais ayez soin de n'employer le 6ᵉ corps qu'à la dernière extrémité, car tout porte à croire que l'armée de Silésie est du côté de Halle. Je pense que le maréchal Marmont doit sur-le-champ faire construire quelques redoutes dans la position qu'il choisira à Breitenfeld. Je pense qu'on doit sur-le-champ faire construire un tambour au pont de Connewitz et aux différents ponts de Leipzig, et surtout à Lindenau.

J'ai pris hier un ordre du jour pour ordonner que toute mon infanterie fût placée sur deux rangs; mettez-le sur-le-champ à exécution. Je ne veux plus qu'on soit sur trois rangs : le feu du troisième rang, la baïonnette du troisième rang, sont insignifiants, et quand on se placera en colonnes par division, chaque bataillon se trouvera former une colonne de six rangs, outre les trois rangs de serre-files. Cela est plus que suffisant, et cela a le grand avantage qu'un bataillon de 500 hommes paraîtra à l'ennemi être de 750 hommes; ce qui surtout sera d'un très-bon effet dans ce moment, où l'ennemi ne connaît pas cette nouvelle ordonnance, et lui fera juger l'armée d'un tiers plus forte qu'elle n'est. Une heure après la réception de cet ordre, que tout soit arrangé ainsi.

Il est bien important que vous formiez le 5ᵉ corps de cavalerie, en rejoignant tous les régiments. Le général Belliard connaît parfaitement l'organisation de ce corps en trois divisions. Vous aurez alors trois bonnes divisions, une de cavalerie légère et deux de dragons; car les jeunes soldats, mêlés aux anciens, seront aussi bons.

Il est probable que je viendrai cette nuit prendre position du côté de Hohenleina, avec toute ma Garde et les cuirassiers de Latour-Maubourg. Dans la journée de demain 14, d'autres corps arriveront.

Tout ce qu'il y a dans la garnison de Leipzig, appartenant aux 2ᵉ, 5ᵉ et 6ᵉ corps, il faudra le leur renvoyer. Ces hommes rendront plus de services dans leurs corps qu'isolément dans des bataillons provisoires.

Aussitôt que ma Garde sera arrivée, tout ce qui lui appartient en infanterie, cavalerie et artillerie, et qui se trouve à Leipzig, la rejoindra.

D'après la minute. Archives de l'Empire.

20793. — AU PRINCE DE NEUCHÂTEL ET DE WAGRAM,
MAJOR GÉNÉRAL DE LA GRANDE ARMÉE, À DÜBEN.

Düben, 13 octobre 1813.

Mon Cousin, mettez à l'ordre de l'armée que l'Empereur ordonne qu'à dater d'aujourd'hui toute l'infanterie de l'armée se range en bataillons sur deux rangs au lieu de trois, Sa Majesté regardant le feu et les baïonnettes du troisième rang comme de nul effet. Lorsque les bataillons se rangent en colonnes serrées par division, la formation sur deux rangs offre six rangs et trois rangs de feu, ce qui est suffisant, et a de plus l'avantage de donner aux bataillons un tiers de plus de front. Cette formation a aussi cet avantage que la veille d'une bataille l'ennemi, n'en étant pas prévenu, évaluera l'armée qu'il a devant lui à des forces d'un tiers plus considérables qu'elles ne le sont.

NAPOLÉON.

D'après l'original. Dépôt de la guerre.

20794. — AU GÉNÉRAL COMTE DROUOT,
AIDE-MAJOR DE LA GARDE IMPÉRIALE, À DÜBEN.

Düben, 13 octobre 1813.

La première division du duc de Trévise ira à Hohenleina, la deuxième à une lieue en arrière, à Hohenroda. La première division du duc de Reggio ira à Gollmenz, la deuxième, à Lindenhayn; la réserve d'artillerie, à Lindenhayn; Latour-Maubourg, à droite de Gollmenz, observant Delitzsch et flanquant la route; Ornano, à Hohenleina, côté de Cleetzen, flanquant également la route; le général Walther, derrière lui. Recommandez à toute la cavalerie de bien flanquer la droite et de s'éclairer.

Le général Bertrand sera en position au moulin à vent de Düben.

Le général Curial à Eilenburg et le général Friant à Düben seront prêts à partir à quatre heures du matin.

D'après la minute. Archives de l'Empire.

20795. — A M. MARET, DUC DE BASSANO,
MINISTRE DES RELATIONS EXTÉRIEURES, À EILENBURG.

Düben, 13 octobre 1813, deux heures après midi.

Monsieur le Duc de Bassano, mandez au duc de Padoue et au roi de Naples que le duc de Trévise, le duc de Reggio, le général Latour-Maubourg et le général Walther viennent de passer le pont de Düben et seront cette nuit à Hohenleina. Le duc de Raguse doit être arrivé à midi aux environs de Leipzig. Les parcs, l'équipage de pont, le grand quartier général se rendent à Eilenburg. Le général Durrieu prendra le commandement de la place. Le général Curial devra partir demain, à la pointe du jour. Le roi de Saxe pourra partir avec le général Curial pour Leipzig; il y aura bataille, mais ce sera à plus d'une lieue de la ville: si cependant le roi préfère aller à Torgau, pour se tenir plus éloigné de la bataille, faites-moi connaître son opinion. Dans le cas où il viendrait à Leipzig, il faudrait qu'il partît à trois heures du matin avec la division Curial; le roi arriverait alors de bonne heure.

Écrivez en chiffre, et par toutes les voies, à Dresde les succès que nous avons obtenus tous ces jours-ci, et les probabilités qu'il y a pour une bataille.

NAPOLÉON.

D'après l'original comm. par M. le duc de Bassano.

20796. — A M. MARET, DUC DE BASSANO,
MINISTRE DES RELATIONS EXTÉRIEURES, À EILENBURG.

Düben, 13 octobre 1813, au soir.

Monsieur le Duc de Bassano, il est probable que je serai demain, à la pointe du jour, à Hohenleina. Toute ma jeune Garde et ma cavalerie seront demain sur Leipzig. La division Curial va recevoir ordre de partir à cinq heures du matin. La division Friant partira d'ici demain, au jour. Le 4e corps, qui vient d'arriver, partira aussi demain, au jour. Le duc de Tarente passera le pont de Düben demain, à une heure après-midi. Le général Reynier sera demain au soir ici.

Nous avons détruit les ponts de Wartenburg, de Dessau et d'Aken. Nous avons fait dans ces différentes affaires 3,000 prisonniers ; nous avons pris vingt pièces de canon, 2 à 300 voitures, porté l'alarme jusqu'à Berlin, et toute mon armée sera réunie le 16 à Leipzig pour livrer bataille.

Les nouvelles sont que le quartier général du prince de Suède était le 12 à Bernburg. Le corps de Tauenzien et une partie du corps de Bülow ont été rejetés sur la rive droite, avec les bagages, une grande partie des parcs, et se trouvent séparés de leur armée.

Je viens de voir le nommé Kraft, qui m'a dit qu'ils avaient de grandes espérances sur la Bavière, mais qu'à son départ rien n'était encore convenu, qu'il n'y avait rien d'entamé avec le Danemark, qu'on croyait l'armée française en retraite derrière la Saale.

Écrivez à Dresde et à Leipzig les résultats que je vous ai annoncés plus haut, mais en augmentant les chiffres. Si le roi de Saxe se décide pour aller à Leipzig, faites en sorte qu'il puisse partir avec la division Curial et le général Lefebvre, à cinq heures du matin.

Écrivez à votre agent à Leipzig de parler sérieusement à la régence, pour qu'on fasse force pain et qu'on fournisse force eau-de-vie, et qu'on réunisse un grand approvisionnement de riz, afin que les troupes soient nourries; qu'il lui fasse sentir que ce n'est pas dans un moment où on a 300,000 hommes autour de ses murs qu'une ville comme Leipzig doit plaisanter sur des objets de cette conséquence. Il faudrait aussi parler aux ministres du roi pour qu'ils envoient des commissaires. Il faut absolument avoir 100,000 rations de pain, 500 quintaux de riz et 300,000 rations d'eau-de-vie par jour. Cette grande quantité de riz est pour être distribuée à raison de six onces par homme, afin que les 100,000 rations de pain, qui ne sont que le tiers des rations nécessaires, puissent suffire. Faites sentir l'importance des mesures à prendre pour arriver à ce résultat.

NAPOLÉON.

P. S. Faites passer la lettre ci-jointe au roi de Naples.

<small>D'après l'original comm. par M. le duc de Bassano.</small>

20797. — A JOACHIM NAPOLÉON, ROI DE NAPLES,
À WACHAU.

Düben, 13 octobre 1813, sept heures du soir.

Je serai demain matin, au jour, à Hohenleina où est réunie toute ma Garde.

La position d'Eutrizsch, sur le chemin de Halle, s'appuyant la gauche à l'Elster et la droite à la Partha, est désignée comme pouvant être occupée par 12,000 hommes, qui y seraient à l'abri d'être forcés; ordonnez au duc de Raguse de la reconnaître; le duc de Raguse doit être arrivé.

Le général Lefebvre et le général Curial marcheront aussi demain, de bonne heure, et se porteront sur Taucha. Je crois que le roi de Saxe passera aussi par là pour se porter à Leipzig.

Nous nous sommes emparés des ponts d'Aken et de Roslau. Nous avons fait, dans ces différentes affaires, 3,000 prisonniers dont 80 officiers, pris vingt pièces de canon et 2 à 300 voitures. Nos coureurs sont répandus dans toute la plaine; l'alarme est jusqu'à Berlin.

Il paraît que le quartier général du prince de Suède était hier 12 à Bernburg.

Ce n'est que le 16 que je serai en mesure d'attaquer l'ennemi.

<small>D'après la minute. Archives de l'Empire.</small>

20798. — A M. MARET, DUC DE BASSANO,
MINISTRE DES RELATIONS EXTÉRIEURES, À EILENBURG.

<small>Düben, 14 octobre 1813, trois heures du matin.</small>

Monsieur le Duc de Bassano, je viens de donner des ordres pour que le roi de Saxe, le général Curial et le général Lefebvre partent à cinq heures du matin pour Leipzig. Arrivées à Taucha, les troupes prendront position, et le roi, avec son bataillon qu'il a amené de Dresde, et protégé par la cavalerie du général Lefebvre, entrera à Leipzig.

Je pars à sept heures du matin pour me rendre à Leipzig; c'est donc sur la route directe de Düben à Leipzig que je serai.

La ville d'Eilenburg sera gardée par le général Durrieu qui doit y être arrivé hier avec le grand quartier général et les parcs.

600 Cosaques, qui avaient échappé aux affaires de Dessau, ont voulu passer l'Elbe à la nage, mais, comme le vent était trop fort, ils se sont noyés.

NAPOLÉON.

Faites passer la lettre ci-jointe au roi de Naples.

Je vous envoie également une lettre pour le duc de Padoue.

J'écris au roi de Saxe; vous trouverez la lettre ci-jointe.

<small>D'après l'original comm. par M. le duc de Bassano.</small>

20799. — AU PRINCE DE NEUCHÂTEL ET DE WAGRAM,
MAJOR GÉNÉRAL DE LA GRANDE ARMÉE, À DÜBEN.

<small>Düben, 14 octobre 1813, trois heures du matin.</small>

Mon Cousin, faites connaître au prince de la Moskova que mon quartier général sera aujourd'hui aux portes de Leipzig; que je suppose que dans la soirée du 14 il passera le pont de Düben, afin d'être demain à Leipzig. Écrivez au duc de Tarente que je suppose qu'il a couché hier 13 à Kemberg, et qu'il pourra passer aujourd'hui de bonne heure le pont de Düben, pour porter sa tête à Lindenhayn, de sorte que le prince de la Moskova puisse passer à la nuit.

Mandez au prince de la Moskova de laisser une forte arrière-garde d'infanterie et de cavalerie pour faire des patrouilles dans tous les sens et ramasser les traîneurs et les faire rejoindre.

Écrivez au général Reynier que je n'ai pas de nouvelles de lui depuis le 13 au matin; que je suppose qu'il sera venu coucher le 13 à Wittenberg, et qu'aujourd'hui 14 il s'approchera de Düben; que, mon quartier général étant près de Leipzig, il m'y fasse connaître sa marche en détail et le lieu où il pourra être le 15 et le 16.

Écrivez au général Sebastiani qu'il est nécessaire qu'il prenne les devants sur le duc de Tarente, pour passer le plus tôt possible le pont de Düben et se rapprocher de Leipzig. Recommandez-lui de faire connaître où il se trouve, où il sera ce soir et demain.

Donnez ordre au général Latour-Maubourg de partir à cinq heures du matin pour faire une marche sur la route de Leipzig. Il marchera sur la droite, couvrira toute la route et se fera éclairer du côté de Delitzsch. S'il apprend quelque chose dans sa reconnaissance, il m'en instruira sur-le-champ.

Donnez ordre au général Drouot de faire partir les ducs de Reggio et de Trévise, le général Ornano et le général Walther aujourd'hui, à la pointe du jour, pour se rapprocher jusqu'à une lieue de Leipzig; de faire partir également aujourd'hui la vieille Garde au jour.

Donnez le même ordre au petit quartier général; il ne devra pas dépasser la position que prendra la vieille Garde. Le général Drouot donnera ordre au général Curial et au général Lefebvre de partir également à la pointe du jour pour se diriger d'Eilenburg sur Taucha.

Le roi de Saxe marchera avec les généraux Lefebvre et Curial. Le général Lefebvre donnera au roi l'escorte nécessaire pour le conduire de Taucha à Leipzig; mais les généraux Lefebvre-Desnoëttes et Curial resteront à Taucha; ils feront connaître l'heure à laquelle ils arriveront.

Le général Durrieu gardera le point important d'Eilenburg ; il dirigera les voitures du parc, celles du grand quartier général, celles de l'administration et des équipages de pont, sur la rive gauche ; il fera connaître l'heure à laquelle, aujourd'hui 14, tout cela sera parqué sur la rive gauche et pourrait partir. Il prendra toutes les dispositions convenables.

Donnez ordre au général Bertrand de partir aujourd'hui de Düben, à neuf heures du matin et lorsqu'il sera assuré que le pont est libre, et de faire une bonne marche dans la direction de Leipzig. Il sera nécessaire qu'il arrive ce soir à une lieue de Leipzig.

Vous donnerez l'ordre au général Curial d'envoyer à Wurzen les 200 chevaux de la brigade Vallin, pour éclairer et soutenir le bataillon et les deux pièces de canon qu'il a à Wurzen, ainsi que pour tenir libres les routes de Wurzen à Leipzig.

NAPOLÉON.

D'après l'original. Dépôt de la guerre.

20800. — AU GÉNÉRAL ARRIGHI, DUC DE PADOUE,
GOUVERNEUR DE LEIPZIG.

Düben, 14 octobre 1813, trois heures du matin.

Monsieur le Duc de Padoue, le roi de Saxe part d'Eilenburg aujourd'hui à cinq heures du matin, pour se rendre à Leipzig. Donnez ordre qu'on prépare son logement ; il ira chez lui. Je choisirai moi-même, à mon arrivée, le lieu où je voudrai m'établir.

Le duc de Trévise a couché à Hohenleina. Il sera demain de bonne heure à Widderitzsch, la droite appuyée à la route et la gauche du côté de l'Elster. Le duc de Reggio ira prendre position au village de Seehausen, la gauche à la route et la droite du côté de la Partha.

Le général Curial arrivera à Taucha.

Le roi de Saxe, qui est escorté par le général Curial, part, comme je vous l'ai dit, à cinq heures du matin. Vous pouvez par là calculer le moment de son arrivée. Il a amené de Dresde un petit bataillon de grenadiers saxons qui l'accompagnera à son logement.

NAPOLÉON.

P. S. Je pars à sept heures du matin pour me rendre à Leipzig. C'est donc sur la route directe de Düben à Leipzig que je serai. S'il y a quelque chose de nouveau, adressez-le-moi sur cette route. Je prendrai probablement mon logement hors de la ville.

D'après l'original comm. par M. le duc de Bassano.

20801. — AU MARÉCHAL MACDONALD, DUC DE TARENTE,
COMMANDANT LE 11ᵉ CORPS DE LA GRANDE ARMÉE, EN MARCHE SUR DÜBEN.

Düben, 14 octobre 1813, sept heures du matin.

Mon Cousin, j'espère que vous arriverez ici aujourd'hui de bonne heure. Il faut passer sur-le-champ la rivière. Il est hors de doute que demain 15 nous serons attaqués par l'armée de Bohême et par l'armée de Silésie. Marchez donc en toute hâte, et, si vous entendez la canonnade, portez-vous au feu. L'armée de Silésie débouche par Halle et par Zorbig.

NAPOLÉON.

D'après la copie comm. par M. Bædeker, de Cologne.

20802. — AU MARÉCHAL NEY, PRINCE DE LA MOSKOVA,
COMMANDANT LES 3ᵉ, 4ᵉ ET 7ᵉ CORPS DE LA GRANDE ARMÉE, À POETNITZ.

Düben, 14 octobre 1813, sept heures du matin.

J'ai reçu votre lettre d'hier à cinq heures du soir. Je suis surpris de ce que vous n'aviez pas encore reçu ma lettre, dans laquelle je vous mandais que nous partions pour Leipzig et que vous deviez partir en toute diligence. J'espère que vous serez parti ce matin avant le jour et que vous serez ce soir à Düben. Les nouvelles que vous avez du prince royal doivent vous faire accélérer votre marche; s'il est parti le 12 pour Bernburg, il peut être aujourd'hui 14 à Leipzig, et il peut nous attaquer demain : marchez donc en toute diligence sur Leipzig. Le général Reynier et le général Dombrowski y marchent également. Le duc de Tarente a couché à Kemberg; ainsi j'espère qu'il passera de bonne heure à Düben et qu'il vous précédera. Faites-moi connaître l'heure à laquelle vous passerez le pont de Düben.

Il est probable que nous serons attaqués demain sur Leipzig. Si vous entendez le canon demain, redoublez votre marche.

D'après la minute. Archives de l'Empire.

20803. — AU PRINCE DE NEUCHÂTEL ET DE WAGRAM,
MAJOR GÉNÉRAL DE LA GRANDE ARMÉE, À DÜBEN.

Düben, 14 octobre 1813.

Mon Cousin, le général Bertrand et le général Latour-Maubourg feront connaître l'heure à laquelle ils arriveront au village de Gœbschelwitz, à deux lieues de Leipzig, afin que je puisse leur envoyer des ordres positifs. S'ils arrivent à ce village sans recevoir d'ordres, le général Bertrand prendra position, la droite à la route et la gauche du côté de la route de Dessau. Le général Latour-Maubourg prendra position de la même manière, faisant éclairer la route de Delitzsch et de Landsberg, les parcs et embarras derrière.

Le duc de Reggio a ordre de se placer provisoirement, s'il ne reçoit pas d'ordres, la gauche à la route, à la hauteur du village de Seehausen, et la droite à la Partha; le duc de Trévise au village de Widderitzsch, sa droite à la route et la gauche du côté de l'Elster.

Si le général Bertrand et le général Latour-Maubourg entendent la canonnade vivement à Leipzig, ils accéléreront leur marche. Je serai sur la route de Düben à Leipzig, et il sera laissé un piquet de gendarmerie d'élite au pont de Pfaffendorf, pour indiquer la position que j'aurai prise après avoir passé la Partha.

NAPOLÉON.

D'après l'original. Dépôt de la guerre.

20804. — AU PRINCE DE NEUCHÂTEL ET DE WAGRAM,
MAJOR GÉNÉRAL DE LA GRANDE ARMÉE, À DÜBEN.

Düben, 14 octobre 1813.

Mon Cousin, écrivez au général Durrieu qu'il fasse placer les équipages de pont, les voitures du grand quartier général et les parcs d'artillerie et du génie sur la rive gauche de la Mulde; qu'il confie au général bavarois la garde d'Eilenburg; qu'il visite avec ce général la place, pour bien déterminer comment il doit placer son infanterie et son artillerie ; qu'il fasse connaître l'état où se trouvent les équipages, le nombre de voitures, l'heure à laquelle elles pourront partir, et le temps qu'il lui faut pour arriver à Leipzig, et qu'il se tienne prêt à partir une heure après qu'il en recevrait l'ordre, avec toutes ses voitures.

Napoléon.

<small>D'après l'original. Dépôt de la guerre.</small>

20805. — AU MARÉCHAL MARMONT, DUC DE RAGUSE,
<small>COMMANDANT LE 6ᵉ CORPS DE LA GRANDE ARMÉE, À BREITENFELD.</small>

Reudnitz, 14 octobre 1813.

Mon quartier général est au village de Reudnitz dans le Kohlgarten, au point d'intersection des routes de Taucha et de Wurzen, à une demi-lieue de Leipzig.

Mon officier d'ordonnance Caraman me rend compte que vous prenez position à Stahmel et à Breitenfeld.

Le général Bertrand a ordre de prendre position, la gauche à Gohlis et la droite à la Partha, couvrant le pont de Schœnfeld; il est ainsi dirigé en arrière de votre gauche et vous servira de réserve.

Le duc de Tarente a passé, à deux heures après midi, le pont de Düben et s'avancera demain sur Leipzig.

Il y a eu aujourd'hui une canonnade assez vive; l'ennemi a été repoussé. Nous occupons Liebertwolkwitz, la droite appuyée à l'Elster, l'ennemi se prolongeant sur sa gauche, c'est-à-dire sur notre droite.

Toute ma Garde, cavalerie, infanterie, artillerie, vient se placer autour de mon logement.

Il serait bien convenable de remuer un peu de terre. Faites quelques abatis et placez des palissades où cela pourrait être utile.

Je vous envoie une relation de la bataille de Gustave Adolphe, qui traite des positions que vous occupez.

<small>D'après la minute. Archives de l'Empire.</small>

20806. — A M. MARET, DUC DE BASSANO,
MINISTRE DES RELATIONS EXTÉRIEURES, À EILENBURG.

Reudnitz, 14 octobre 1813.

Monsieur le Duc de Bassano, je reçois une lettre du maréchal Saint-Cyr, en date du 13 octobre à dix heures du soir, c'est-à-dire d'hier au soir. Écrivez-lui par des gens du pays, pour lui faire connaître nos succès de ces jours derniers. Dites-lui qu'on s'est encore battu aujourd'hui avec succès, comme affaire d'avant-garde; que probablement tout ceci sera décidé le 15 et le 16, et que dès lors il peut calculer qu'il sera promptement dégagé.

NAPOLÉON.

D'après l'original comm. par M. le duc de Bassano.

20807. — AU MARÉCHAL MACDONALD, DUC DE TARENTE,
COMMANDANT LE 11ᵉ CORPS DE LA GRANDE ARMÉE, À LINDENHAYN.

Reudnitz, 15 octobre 1813, huit heures du matin.

L'ennemi a attaqué hier le roi de Naples avec 80,000 hommes; il a fait six attaques, il a été partout repoussé; quatre-vingts pièces de canon ont été engagées; le 5ᵉ corps de cavalerie, composé en partie de cavalerie venant d'Espagne, a fait les plus belles charges. Non-seulement le roi de Naples a maintenu sa position, mais même il a repris la portion de terrain qu'il avait évacuée pendant la nuit pour se concentrer. A quatre heures après midi, l'ennemi a commencé un mouvement rétrograde. Dans la nuit, on a vu peu de feux. Il n'est que huit heures du matin. Toutes les reconnaissances marchent sans rien rencontrer. L'ennemi a-t-il pris une position défensive pour recevoir la bataille, ou s'est-il retiré, voyant que nous étions en mesure pour l'écraser? C'est ce que nous saurons dans peu d'heures. Dans tous les cas, dirigez-vous sur Taucha, ce qui déblayera le chemin pour le prince de la Moskova.

Faites-moi connaître à quelle heure vous arriverez à Taucha. Ne passez pas le pont, car il serait possible que je vous fisse tourner par Naunhof.

Tous les renseignements sont que, par une manœuvre que je ne puis comprendre, le prince de Suède a passé la Saale et se porte sur Merseburg, de sorte que le duc de Raguse n'aurait devant lui que de la cavalerie. Si cette marche a pour but de nous prendre tous, j'y vois une nouvelle preuve de folie que donne en ce moment le prince de Suède, puisque, en attendant, il livre les Autrichiens et l'armée de Wittgenstein à leurs seules forces.

Envoyez copie de cette lettre au prince de la Moskova. Il est nécessaire qu'il continue sa marche dans la direction qu'il suit.

Il y a un pont à Schœnfeld; il y en a un vis-à-vis Neutzsch; s'il vous fallait rétrograder pour aller à Taucha, vous pourriez également passer à un de ces ponts.

Nous avons fait hier à l'ennemi 1,200 prisonniers et pris deux pièces de canon. Je crois que nous avons eu 4 ou 500 blessés.

D'après la minute. Archives de l'Empire.

20808. — AU PRINCE DE NEUCHÂTEL ET DE WAGRAM,
MAJOR GÉNÉRAL DE LA GRANDE ARMÉE, À REUDNITZ.

Reudnitz, 15 octobre 1813.

Mon Cousin, écrivez au prince Poniatowski d'envoyer une forte reconnaissance au pont de Crostewitz. Elle poussera du côté de Zwenkau, où l'on dit qu'il y a beaucoup de Cosaques; elle tâchera de les surprendre, et ira de village en village interroger les habitants et prendre des renseignements.

NAPOLÉON.

D'après l'original. Dépôt de la guerre.

20809. — ALLOCUTION PRONONCÉE PAR L'EMPEREUR
EN REMETTANT LES AIGLES A TROIS RÉGIMENTS DU 4ᵉ CORPS.

.... 15 octobre 1813.

Soldats, que ces aigles soient désormais votre point de ralliement. Jurez de mourir plutôt que de les abandonner; jurez de préférer la mort au déshonneur de nos armes.

Soldats, voilà l'ennemi; vous jurez de mourir plutôt que de souffrir que la France éprouve un affront!

Extrait du *Manuscrit de 1813*, du baron Fain.

20810. — ORDRE.

Reudnitz, 15 octobre 1813, au soir.

Ordre au général Reynier de réunir tout son corps à Düben, de repasser sur la rive gauche et d'attendre là de nouveaux ordres.

D'après la minute. Dépôt de la guerre.

20811. — AU PRINCE DE NEUCHÂTEL ET DE WAGRAM,
MAJOR GÉNÉRAL DE LA GRANDE ARMÉE, À REUDNITZ.

Reudnitz, 15 octobre 1813, six heures du soir.

Mon Cousin, donnez ordre au duc de Tarente de partir demain, au jour, pour se rendre à Holzhausen, et de là à Seifertshayn, où il recevra des ordres pour tourner l'ennemi par sa droite. Il laissera à Taucha deux bataillons pour garder ses parcs, ses bagages et la position.

L'Empereur sera à six heures du matin à Liebertwolkwitz.

D'après la minute. Dépôt de la guerre.

20812. — AU MARÉCHAL MARMONT, DUC DE RAGUSE,
COMMANDANT LE 6ᵉ CORPS DE LA GRANDE ARMÉE, À LINDENTHAL.

Reudnitz, 15 octobre 1813, dix heures du soir.

Les rapports de la ville sont que le prince royal est à Merseburg. On croit ce soir voir beaucoup de feux à Markrannstædt, ce qui me ferait supposer que la force de l'ennemi ne se présentera pas sur le chemin de Halle, mais sur le chemin de Weissenfels, d'où il se joindrait par Zwenkau ou Pegau à l'armée de Bohême. Il est indispensable que vous ayez un officier à la tour de Lindenau, et que vous en envoyiez un autre à la tour de Leipzig pour lorgner à la pointe du jour. Je suis fâché que vous n'ayez pas poussé votre reconnaissance jusqu'à Schkenditz.

D'après la minute. Archives de l'Empire.

20813. — BULLETIN DE LA GRANDE ARMÉE.

Reudnitz, 15 octobre 1813.

Le 7, l'Empereur est parti de Dresde. Le 8, il a couché à Wurzen ; le 9, à Eilenburg, et le 10, à Düben.

L'armée ennemie de Silésie, qui se portait sur Wurzen, a sur-le-champ battu en retraite et repassé sur la rive gauche de la Mulde ; elle a eu quelques engagements, où nous lui avons fait des prisonniers et pris plusieurs centaines de voitures de bagages.

Le général Reynier s'est porté sur Wittenberg, a passé l'Elbe, a marché sur Roslau, a tourné le pont de Dessau, s'en est emparé, s'est ensuite porté sur Aken et s'est emparé du pont. Le général Bertrand s'est porté sur les ponts de Wartenburg et s'en est emparé. Le prince de la Moskova s'est porté sur la ville de Dessau, il a rencontré une division prussienne ; le général Delmas l'a culbutée, et lui a pris 3,000 hommes et six pièces de canon.

Plusieurs courriers de cabinet, entre autres le sieur Krafft, avec des dépêches de haute importance, ont été pris.

Après s'être ainsi emparé de tous les ponts de l'ennemi, le projet de l'Empereur était de passer l'Elbe, de manœuvrer sur la rive droite, depuis Hambourg jusqu'à Dresde, de menacer Potsdam et Berlin, et de prendre pour centre d'opération Magdeburg, qui, dans ce dessein, avait été approvisionné en munitions de guerre et de bouche. Mais, le 13, l'Empereur apprit à Düben que l'armée bavaroise était réunie à l'armée autrichienne et menaçait le bas Rhin. Cette inconcevable défection fit prévoir la défection d'autres princes, et fit prendre à l'Empereur le parti de retourner sur le Rhin ; changement fâcheux, puisque tout avait été préparé pour opérer sur Magdeburg ; mais il aurait fallu rester séparé et sans communication avec la France pendant un mois : ce n'avait pas d'inconvénient au moment où l'Empereur avait arrêté ses projets ; il n'en était plus de même lorsque l'Autriche allait se trouver avoir deux nouvelles armées disponibles : l'armée bavaroise et l'armée opposée à la

Bavière. L'Empereur changea donc avec ces circonstances imprévues, et porta son quartier général à Leipzig.

Cependant le roi de Naples, qui était resté en observation à Freyberg, avait reçu le 7 l'ordre de faire un changement de front, et de se porter sur Penig et Frohburg, opérant sur Wurzen et Wittenberg. Une division autrichienne, qui occupait Augustusburg, rendant difficile ce mouvement, le Roi reçut l'ordre de l'attaquer, la défit, lui prit plusieurs bataillons, et après cela opéra sa conversion à droite. Cependant la droite de l'armée ennemie de Bohême, composée du corps russe de Wittgenstein, s'était portée sur Altenburg, à la nouvelle du changement de front du roi de Naples. Elle se porta sur Frohburg, et ensuite par la gauche sur Borna, se plaçant entre le roi de Naples et Leipzig. Le Roi n'hésita pas sur la manœuvre qu'il devait faire; il fit volte-face, marcha sur l'ennemi, le culbuta, lui prit neuf pièces de canon, un millier de prisonniers, et le jeta au delà de l'Elster, après lui avoir fait éprouver une perte de 4 à 5,000 hommes.

Le 15, la position de l'armée était la suivante:

Le quartier général de l'Empereur était à Reudnitz, à une demi-lieue de Leipzig.

Le 4e corps, commandé par le général Bertrand, était au village de Lindenau.

Le 6e corps était à Lindenthal.

Le roi de Naples, avec les 2e, 8e et 5e corps, avait sa droite à Dœlitz et sa gauche à Liebertwolkwitz.

Les 3e et 7e corps étaient en marche d'Eilenburg pour flanquer le 6e corps.

La grande armée autrichienne de Bohême avait le corps de Gyulai vis-à-vis Lindenau, un corps à Zwenkau, et le reste de l'armée, la gauche appuyée à Crœbern, et la droite à Naunhof.

Les ponts de Wurzen et d'Eilenburg sur la Mulde, et la position de Taucha sur la Partha, étaient occupés par nos troupes.

Tout annonçait une grande bataille.

Le résultat de nos divers mouvements, dans ces six jours, a été

5,000 prisonniers, plusieurs pièces de canon et beaucoup de mal fait à l'ennemi.

Le prince Poniatowski s'est dans ces circonstances couvert de gloire.

Extrait du *Moniteur* du 30 octobre 1813.

20814. — AU MARÉCHAL MARMONT, DUC DE RAGUSE,
COMMANDANT LE 6ᵉ CORPS DE LA GRANDE ARMÉE, A LINDENTHAL.

Reudnitz, 16 octobre 1813, sept heures du matin.

Il me paraît que rien n'annonce que l'ennemi veuille déboucher par Halle, et qu'il n'a là que des reconnaissances et un corps de cavalerie. Il paraît douteux qu'on ait vu hier, comme on le prétend, quelques bataillons d'infanterie. A la rentrée des reconnaissances, ce matin, cela sera entièrement vérifié, et comme je vais faire attaquer les Autrichiens, je pense qu'il est convenable que vous passiez la ville au pont de la Partha, au faubourg, et que vous veniez vous placer en réserve à une demi-lieue de la ville, entre Leipzig et Liebertwolkwitz, vos divisions en échelons; de là vous pourrez vous porter sur Lindenau, si l'ennemi faisait une attaque sérieuse de ce côté, ce qui me paraît absurde. Je vous appellerai à la bataille, aussitôt que je verrai les forces de l'ennemi et que je serai certain qu'il s'engage. Enfin, vous pourrez arriver au secours du général Bertrand, qui aura des postes sur vos positions, si, ce qui n'est pas probable, une armée ennemie pouvait paraître sur le chemin de Halle.

Il faudra vous tenir de votre personne sur le chemin hors de la ville.

Il faudra laisser la division Lorge au général Bertrand, afin que cette division, soutenue par l'infanterie du général Bertrand, occupe toujours vos positions avancées.

D'après la minute. Archives de l'Empire.

20815. — BULLETIN DE LA GRANDE ARMÉE.

Leipzig, 16 octobre 1813, au soir.

Le 15, le prince de Schwarzenberg, commandant l'armée ennemie, annonça à l'ordre du jour que, le lendemain 16, il y aurait une bataille générale et décisive.

Effectivement le 16, à neuf heures du matin, la grande armée alliée déboucha sur nous. Elle opérait constamment pour s'étendre sur sa droite. On vit d'abord trois grosses colonnes se porter, l'une le long de la rivière de l'Elster, contre le village de Dœlitz; la seconde contre le village de Wachau, et la troisième contre celui de Liebertwolkwitz. Ces trois colonnes étaient précédées par deux cents pièces de canon.

L'Empereur fit aussitôt ses dispositions.

A dix heures, la canonnade était des plus fortes, et à onze heures les deux armées étaient engagées aux villages de Dœlitz, Wachau et Liebertwolkwitz. Ces villages furent attaqués six à sept fois; l'ennemi fut constamment repoussé et couvrit les avenues de ses cadavres. Le comte Lauriston, avec le 5ᵉ corps, défendait le village de gauche, Liebertwolkwitz; le prince Poniatowski, avec ses braves Polonais, défendait le village de droite, Dœlitz, et le duc de Bellune défendait Wachau.

A midi, la sixième attaque de l'ennemi avait été repoussée; nous étions maîtres des trois villages, et nous avions fait 2,000 prisonniers.

A peu près au même moment, le duc de Tarente débouchait par Holzhausen, se portant sur une redoute de l'ennemi, que le général Charpentier enleva au pas de charge, en s'emparant de l'artillerie et faisant quelques prisonniers.

Le moment parut décisif.

L'Empereur ordonna au duc de Reggio de se porter sur Wachau avec deux divisions de la jeune Garde. Il ordonna également au duc de Trévise de se porter sur Liebertwolkwitz avec deux autres divisions de la jeune Garde, et de s'emparer d'un grand bois qui est sur la gauche du village. En même temps il fit avancer sur le centre une batterie de cent cinquante pièces de canon, que dirigea le général Drouot.

L'ensemble de ces dispositions eut le succès qu'on en attendait. L'artillerie ennemie s'éloigna. L'ennemi se retira, et le champ de bataille nous resta en entier.

Il était trois heures après midi. Toutes les troupes de l'ennemi avaient été engagées. Il eut recours à sa réserve. Le comte de Merveldt, qui commandait en chef la réserve autrichienne, releva avec six divisions toutes les troupes sur toutes les attaques, et la garde impériale russe, qui formait la réserve de l'armée russe, les releva au centre.

La cavalerie de la garde russe et les cuirassiers autrichiens se précipitèrent par leur gauche sur notre droite, s'emparèrent de Dœlitz et vinrent caracoler autour des carrés du duc de Bellune.

Le roi de Naples marcha avec les cuirassiers de Latour-Maubourg, et chargea la cavalerie ennemie par la gauche de Wachau, dans le temps que la cavalerie polonaise et les dragons de la Garde, commandés par le général Letort, chargeaient par la droite. La cavalerie ennemie fut défaite; deux régiments entiers restèrent sur le champ de bataille. Le général Letort fit 300 prisonniers russes et autrichiens. Le général Latour-Maubourg prit quelques centaines d'hommes de la garde russe.

L'Empereur fit sur-le-champ avancer la division Curial de la Garde pour renforcer le prince Poniatowski. Le général Curial se porta au village de Dœlitz, l'attaqua à la baïonnette, le prit sans coup férir, et fit 1,200 prisonniers, parmi lesquels s'est trouvé le général en chef Merveldt.

Les affaires ainsi rétablies à notre droite, l'ennemi se mit en retraite, et le champ de bataille ne nous fut pas disputé.

Les pièces de la réserve de la Garde, que commandait le général Drouot, étaient avec les tirailleurs; la cavalerie ennemie vint les charger. Les canonniers rangèrent en carré leurs pièces, qu'ils avaient eu la précaution de charger à mitraille, et tirèrent avec tant d'agilité, qu'en un instant l'ennemi fut repoussé. Sur ces entrefaites, la cavalerie française s'avança pour soutenir ces batteries.

Le général Maison, commandant une division du 5ᵉ corps, officier de la plus grande distinction, fut blessé. Le général Latour-Maubourg, commandant la cavalerie, eut la cuisse emportée d'un boulet. Notre perte dans cette journée a été de 2,500 hommes, tant tués que blessés. Ce n'est pas exagérer que de porter celle de l'ennemi à 25,000 hommes.

On ne saurait trop faire l'éloge de la conduite du comte Lauriston et du prince Poniatowski dans cette journée. Pour donner à ce dernier une preuve de sa satisfaction, l'Empereur l'a nommé sur le champ de bataille maréchal de France, et a accordé un grand nombre de décorations aux régiments de son corps.

Le général Bertrand était en même temps attaqué au village de Lindenau par les généraux Gyulai, Thielmann et Liechtenstein. On déploya de part et d'autre une cinquantaine de pièces de canon. Le combat dura six heures sans que l'ennemi pût gagner un pouce de terrain. A cinq heures du soir, le général Bertrand décida la victoire en faisant une charge avec sa réserve, et non-seulement il rendit vains les projets de l'ennemi, qui voulait s'emparer des ponts de Lindenau et des faubourgs de Leipzig, mais encore il le contraignit à évacuer son champ de bataille.

Sur la droite de la Partha, à une lieue de Leipzig, et à peu près à quatre lieues du champ de bataille où se trouvait l'Empereur, le duc de Raguse fut engagé. Par une de ces circonstances fatales qui influent souvent sur les affaires les plus importantes, le 3e corps, qui devait soutenir le duc de Raguse, n'entendant rien de ce côté à dix heures du matin, et entendant au contraire une effroyable canonnade du côté où se trouvait l'Empereur, crut bien faire de s'y porter, et perdit ainsi sa journée en marches. Le duc de Raguse, livré à ses propres forces, défendit Leipzig et soutint sa position pendant toute la journée; mais il éprouva des pertes qui n'ont point été compensées par celles qu'il a fait éprouver à l'ennemi, quelque grandes qu'elles fussent. Des bataillons de canonniers de la marine se sont faiblement comportés. Les généraux Compans et Friederichs ont été blessés. Le soir, le duc de Raguse, légèrement blessé lui-même, a été obligé de resserrer sa position sur la Partha. Il a dû abandonner dans ce mouvement plusieurs pièces démontées et plusieurs voitures.

Extrait du *Moniteur* du 30 octobre 1813.

20816. — AU MARÉCHAL MORTIER, DUC DE TRÉVISE,
COMMANDANT LES 2ᵉ ET 4ᵉ DIVISIONS DE LA JEUNE GARDE, À LEIPZIG.

Faubourg de Leipzig, 19 octobre 1813.

Mon Cousin, dirigez-vous, avec les deux divisions de cavalerie légère de la Garde et une de vos divisions, sur Lützen. Faites commencer à faire filer derrière vous les bagages et parcs, et en les faisant flanquer par des colonnes de cavalerie. La division Barrois restera à Lindenau et entre ce village et la route de Halle, pour garder toutes les positions, jusqu'à ce qu'elle soit remplacée.

Depuis deux jours je n'ai pas reçu une lettre de vous; il eût cependant été bien important que vous m'informassiez des dispositions que vous aviez faites; vous auriez dû m'écrire quatre fois par jour.

Écrivez au général Bertrand pour lui faire bien comprendre qu'il doit occuper dans le jour, et le plus tôt possible, Weissenfels, sans coup férir.

NAPOLÉON.

D'après l'original comm. par M. le duc de Trévise.

20817. — AU GÉNÉRAL COMTE BERTRAND,
COMMANDANT LE 4ᵉ CORPS DE LA GRANDE ARMÉE, À WEISSENFELS.

Leipzig, 20 octobre 1813, sept heures du matin.

Monsieur le Général Bertrand, j'ai reçu votre lettre du 19 à dix heures. Je vois avec plaisir que vous êtes à Weissenfels et maître du pont. Faites construire trois ponts de chevalet et placez-les de manière que cela fasse trois débouchés différents. Envoyez des reconnaissances dans la direction de Merseburg et de Naumburg, par la rive droite. Occupez le couvent et faites des dispositions comme si Weissenfels devait être défendu comme tête de pont, et surtout rendez praticables les débouchés sur la rive gauche, qui m'ont paru difficiles. Si vous ne prévoyez aucun obstacle à vous emparer de Naumburg et de Merseburg par des détachements, faites-le; actuellement que nous avons sur les deux rives un point sûr, Merseburg aurait l'avantage d'être beaucoup plus près de Leipzig. Aussitôt que j'en serai instruit, une partie de l'armée se dirigera sur ce point. Il est indispensable d'envoyer une colonne d'infanterie, cavalerie et artillerie sur Kœsen; l'infanterie s'y retranchera et gardera le pont.

Écrivez à Erfurt pour qu'on écrive au duc de Valmy, qui fera connaître par le télégraphe que, après des affaires multipliées, où la gloire des armes nous est toujours restée, je me dirige sur la Saale; que l'Empereur se porte bien.

Placez des postes dans des maisons crénelées, entre Lützen et Weissenfels. Faites placer au défilé où a été tué le duc d'Istrie un bon poste d'infanterie qui se retranche avec deux pièces de canon.

NAPOLÉON.

D'après l'original comm. par M. le général comte Henry Bertrand.

20818. — AU PRINCE DE NEUCHÂTEL ET DE WAGRAM,
MAJOR GÉNÉRAL DE LA GRANDE ARMÉE, À WEISSENFELS.

Weissenfels, 20 octobre 1813.

Mon Cousin, écrivez au général Piré que vous avez reçu son rapport; qu'il a bien fait de l'adresser directement; que le général Lefebvre-Desnoëttes, avec 5,000 hommes de cavalerie légère, sera ce soir à Freyburg, pour de là passer sur la rive droite de l'Unstrut et inonder toute la plaine dans les directions de Weimar, d'Erfurt et de Naumburg; que je désire qu'il interroge les habitants pour avoir des nouvelles de ce qui se passe à Cassel, et qu'aussitôt qu'il en aura il doit me les faire connaître; que, si le Roi est rentré dans sa capitale, il lui envoie un courrier pour l'instruire de l'approche de l'armée.

NAPOLÉON.

D'après l'original. Dépôt de la guerre.

20819. — AU PRINCE DE NEUCHÂTEL ET DE WAGRAM,
MAJOR GÉNÉRAL DE LA GRANDE ARMÉE, À WEISSENFELS.

Weissenfels, 20 octobre 1813, six heures du soir.

Mon Cousin, écrivez au général Bertrand qu'il doit avoir dans la main, ce soir à Freyburg, le 5ᵉ corps de cavalerie et les divisions Guilleminot et Morand, ainsi que les Wurtembergeois; que j'ai donné ordre au duc de Trévise de filer toute la nuit, pour être demain matin à Freyburg; que je pense qu'avec le 5ᵉ corps de cavalerie et son infanterie il doit marcher demain sur Eckartsberga, en attaquant ce que l'ennemi aurait vis-à-vis Kœsen, l'ennemi ne pouvant pas, d'après les considérations générales, avoir là beaucoup de monde; qu'il doit d'ailleurs, par ses reconnaissances d'aujourd'hui et à Freyburg, avoir obtenu des renseignements positifs; que si l'ennemi était en force considérable, ce qui n'est nullement présumable, le duc de Trévise le soutiendrait; car il est important que rien ne puisse défiler contre nous par le pont de Kœsen; que le général Lefebvre-Desnoëttes sera arrivé dans la nuit à Freyburg avec 5 à 6,000 chevaux; qu'il passera sur la rive droite de l'Unstrut et de là battra toutes les routes de Laucha et autres sur la droite, de manière à flanquer la droite de son mouvement, et communiquer avec Erfurt, ainsi que savoir ce qui se fait du côté de Cassel; qu'il ne doit considérer le général Lefebvre que comme partisan ou comme flanqueur; mais qu'il doit toujours tenir dans sa main le 5ᵉ corps; que je serai demain de bonne heure à Freyburg.

NAPOLÉON.

D'après l'original. Dépôt de la guerre.

20820. — AU PRINCE DE NEUCHÂTEL ET DE WAGRAM,
MAJOR GÉNÉRAL DE LA GRANDE ARMÉE, À WEISSENFELS.

Weissenfels, 20 octobre 1813, six heures du soir.

Mon Cousin, écrivez au général Lefebvre-Desnoëttes pour lui donner l'ordre de se rendre avec sa cavalerie cette nuit à Freyburg, d'où il débouchera de manière à couvrir de sa cavalerie légère les routes de Laucha, Kœlleda, Buttelstedt, etc. afin de conserver les ponts et avoir de tous les côtés des nouvelles de l'ennemi.

Faites-lui connaître que le général Bertrand, avec le 5ᵉ corps de cavalerie, se portera par Freyburg sur Buttelstedt, mais en attaquant auparavant ce que l'ennemi aurait au haut du défilé de Kœsen; que je serai demain de bonne heure de ma personne à Freyburg. Recommandez-lui d'interroger les baillis et les maîtres de poste, d'envoyer des agents dans toutes les directions, et de donner partout l'alarme.

Donnez ordre au duc de Trévise de partir, de manière à être avant le jour à Freyburg, d'où il secondera le comte Bertrand dans son attaque, si cela est nécessaire.

Le général Ornano sera attaché au duc de Trévise, qu'il joindra à Freyburg. Donnez des ordres en conséquence au général Ornano.

NAPOLÉON.

D'après l'original. Dépôt de la guerre.

20821. — AU PRINCE DE NEUCHÂTEL ET DE WAGRAM,

MAJOR GÉNÉRAL DE LA GRANDE ARMÉE, À WEISSENFELS.

Weissenfels, 20 octobre 1813, neuf heures du soir.

Mon Cousin, donnez ordre au général Fontanelli de passer sur le grand pont après minuit et de rejoindre son corps.

Chargez le général Ruty, chef d'état-major de l'artillerie, de vous déclarer si toute l'artillerie a passé, et ce, sous sa responsabilité, puisque c'est d'après ce rapport que je donnerai des ordres.

Donnez ordre, soit aux équipages militaires, soit à tous autres transports, de traverser le pont dans la nuit. Vous me ferez connaître si demain matin tout sera passé.

Donnez ordre au duc de Reggio de faire passer toute la cavalerie qu'il a sous ses ordres, et de la diriger sur la position du 2e corps de cavalerie, tenant en échec tout ce qui pourrait déboucher de Merseburg. Ordonnez que toute cette cavalerie batte l'estrade du côté de Merseburg et dans toutes les directions. Le duc de Reggio prendra position sur les hauteurs de Weissenfels. Il fera passer une division pour garder la tête de pont de ce côté et appuyer sa cavalerie, qui sera en observation sur le chemin de Merseburg et dans la position qu'occupe aujourd'hui le 2e corps de cavalerie.

Donnez ordre au duc de Raguse de partir, avec les 6e, 3e et 7e corps et son artillerie, à deux heures du matin, pour se rendre à Freyburg.

Donnez ordre au duc de Bellune de partir avec le 2ᵉ corps à trois heures du matin, pour la même destination.

La division du général Semellé partira à quatre heures du matin pour les suivre.

Les 11ᵉ et 5ᵉ corps ne partiront qu'après la Garde, et au plus tôt à sept heures du matin, après s'être bien ralliés.

Donnez ordre que le 2ᵉ corps de cavalerie, le 3ᵉ et tout ce qu'on aurait de cavalerie qui ne serait pas attaché à des corps d'armée autres que le 1ᵉʳ corps, qui est affecté au duc de Reggio, se mettent en marche à quatre heures du matin pour Freyburg.

Enfin, donnez ordre que la vieille Garde et la cavalerie de la vieille Garde se mettent en mouvement demain, à cinq heures du matin, pour Freyburg. Elles seront précédées par les pièces de réserve du parc et le parc de la Garde. Toutes les mesures seront prises de manière qu'il n'y ait d'autre intervalle dans la marche des corps que celui voulu par l'ordonnance.

Écrivez au duc de Padoue de prendre le détail du commandement du 3ᵉ corps de cavalerie.

NAPOLÉON.

D'après l'original. Dépôt de la guerre.

20822. — AU GÉNÉRAL COMTE BERTRAND,
COMMANDANT LE 4ᵉ CORPS DE LA GRANDE ARMÉE, À KOESEN.

Freyburg, 21 octobre 1813, dix heures du matin.

Monsieur le Comte Bertrand, un de vos aides de camp arrive et me fait connaître que vous êtes à Kœsen. Je n'ai reçu aucune lettre de vous depuis que vous m'avez quitté.

Je suis à Freyburg. Il est dix heures. Peut-être irai-je m'établir ce soir à Eckartsberga. Écrivez-moi dans l'un et l'autre endroit.

Tenez tous les débouchés de la Saale, depuis celui des hauteurs de Kœsen jusqu'à ceux des hauteurs de Camburg et de Dornburg. Faites observer celui d'Iena.

Il est probable que le duc de Reggio, qui fait l'arrière-garde, occupera cette nuit les débouchés de Freyburg et de Laucha.

S'il n'y a point d'ennemis à Weimar, envoyez-y quelqu'un pour y avoir des nouvelles.

Le général Lefebvre-Desnoëttes avec 5,000 chevaux est aujourd'hui à Rastenberg. Le pont de Laucha a été conservé. Le général Saint-Germain, avec son corps de cavalerie, s'y trouve.

Ralliez toute la cavalerie qui est sous vos ordres, sur Kœsen pour pouvoir éclairer toute la rive gauche de la Saale.

NAPOLÉON.

D'après l'original comm. par M. le général comte Henry Bertrand.

20823. — AU PRINCE DE NEUCHÂTEL ET DE WAGRAM,
MAJOR GÉNÉRAL DE LA GRANDE ARMÉE, À ECKARTSBERGA.

Eckartsberga, 22 octobre 1813.

Mon Cousin, écrivez au général Bertrand que son évacuation de Kœsen n'est motivée par rien; qu'elle expose le quartier général, la ligne de communication avec Freyburg, et surtout l'arrière-garde; que cela est d'autant plus inconvenant qu'il a écrit hier une lettre tout opposée, par laquelle il sentait la nécessité de conserver cette position toute la journée d'aujourd'hui; que c'est là-dessus que comptait le duc de Reggio; qu'il est nécessaire qu'il prenne position pour flanquer la marche du duc de Reggio, et qu'il renvoie le 5ᵉ corps de cavalerie avec de l'artillerie pour observer les débouchés de Kœsen, protéger la route d'Eckartsberga et se lier avec la cavalerie du duc de Reggio.

NAPOLÉON.

D'après l'original. Dépôt de la guerre.

20824. — AU PRINCE DE NEUCHÂTEL ET DE WAGRAM,
MAJOR GÉNÉRAL DE LA GRANDE ARMÉE, À ERFURT.

Erfurt, 23 octobre 1813, midi.

Mon Cousin, donnez ordre au général Lefebvre-Desnoëttes de soutenir le général Piré sur la route de Weimar, et de pousser l'ennemi dans Weimar, s'il est le plus fort.

Donnez ordre aux Polonais d'appuyer le général Piré et le général Lefebvre-Desnoëttes dans la même direction.

NAPOLÉON.

D'après l'original. Dépôt de la guerre.

20825. — AU PRINCE DE NEUCHÂTEL ET DE WAGRAM,
MAJOR GÉNÉRAL DE LA GRANDE ARMÉE, À ERFURT.

Erfurt, 23 octobre 1813.

Mon Cousin, donnez ordre au général Sebastiani de partir avec la division Exelmans, la division Berckheim et la division Saint-Germain avec cinq pièces de canon. Il se rendra sur-le-champ à Gotha, où il établira son quartier général. Il poussera les Cosaques, et établira ses communications avec Eisenach et Erfurt. Il y a à Gotha le général Guérin avec un convoi, plusieurs bataillons et deux batteries d'artillerie : remettez-lui la lettre ci-incluse ; il prendra cela sous ses ordres.

D'après la minute. Dépôt de la guerre.

20826. — AU PRINCE DE NEUCHÂTEL ET DE WAGRAM,
MAJOR GÉNÉRAL DE LA GRANDE ARMÉE, À ERFURT.

Erfurt, 23 octobre 1813.

Mon Cousin, donnez ordre que les maréchaux remettent dans la journée l'état des fusils, souliers et effets d'habillement qui leur manquent : qu'ils fassent également compléter toutes les cartouches ; que l'artillerie remplisse tous les caissons, et que le général d'artillerie propose dans la journée la réorganisation de l'artillerie de l'armée.

Donnez ordre au duc de Padoue de prendre le commandement du 3ᵉ corps de cavalerie et d'en tenir les divisions dans sa main.

NAPOLÉON.

D'après l'original. Dépôt de la guerre.

20827. — AU PRINCE CAMBACÉRÈS,
ARCHICHANCELIER DE L'EMPIRE, À PARIS.

Erfurt, 23 octobre 1813.

Mon Cousin, j'ai trouvé peu convenable, en lisant l'adresse du corps municipal de Paris à l'Impératrice, que, dans ces circonstances, on ait rappelé la conduite de Marie-Thérèse : il y a là bien peu de tact.

NAPOLÉON.

D'après la copie comm. par M. le duc de Cambacérès.

20828. — AU PRINCE DE NEUCHÂTEL ET DE WAGRAM,
MAJOR GÉNÉRAL DE LA GRANDE ARMÉE, À ERFURT.

Erfurt, 24 octobre 1813.

Mon Cousin, le général Fontanelli continuera à suivre le général Bertrand, comme il l'a fait jusqu'à cette heure. Vous lui donnerez ordre de réunir, à son arrivée à Mayence, toutes les troupes italiennes, infanterie, cavalerie et artillerie, et de se diriger, en toute diligence, sur Milan, en passant par le Simplon. Tous les cadres qui ne seraient pas nécessaires pour conduire les hommes seront envoyés à Milan en poste.

NAPOLÉON.

D'après l'original. Dépôt de la guerre.

20829. — AU GÉNÉRAL COMTE DROUOT,
AIDE-MAJOR DE LA GARDE IMPÉRIALE, À ERFURT.

Erfurt, 24 octobre 1813.

Écrivez au général Lefebvre-Desnoëttes qu'il est nécessaire qu'il prenne une route intermédiaire de Langensalza à Gotha, afin de flanquer toujours notre droite et de se trouver demain entre Gotha, Eisenach et Langensalza, toujours en communication avec nous.

D'après la minute. Archives de l'Empire.

20830. — BULLETIN DE LA GRANDE ARMÉE.

Erfurt, 24 octobre 1813.

La bataille de Wachau avait déconcerté tous les projets de l'ennemi. Mais son armée était tellement nombreuse, qu'il avait encore des ressources. Il rappela en toute hâte, dans la nuit, les corps qu'il avait laissés sur la ligne d'opération et les divisions restées sur la Saale; et il pressa la marche du général Bennigsen, qui arrivait avec 40,000 hommes.

Après le mouvement de retraite qu'il avait fait le 16 au soir et pendant la nuit, l'ennemi occupa une belle position à deux lieues en arrière. Il fallut employer la journée du 17 à le reconnaître et à bien déterminer le point d'attaque. Cette journée était d'ailleurs nécessaire pour faire venir les parcs de réserve et remplacer les 80,000 coups de canon qui avaient été consommés dans la bataille. L'ennemi eut donc le temps de rassembler ses troupes qu'il avait disséminées lorsqu'il se livrait à des projets chimériques, et de recevoir les renforts qu'il attendait.

Ayant eu avis de l'arrivée de ces renforts, et ayant reconnu que la position de l'ennemi était très-forte, l'Empereur résolut de l'attirer sur un autre terrain. Le 18, à deux heures du matin, il se rapprocha de Leipzig de deux lieues, et plaça son armée, la droite à Connewitz, le centre à Probstheyda, la gauche à Stœtteritz, en se plaçant de sa personne au moulin à tabac.

De son côté, le prince de la Moskova avait placé ses troupes vis-à-vis l'armée de Silésie, sur la Partha; le 6ᵉ corps à Schœnfeld, et le 3ᵉ et le 7ᵉ le long de la Partha, à Neutzsch et à Sainte-Thecla. Le duc de Padoue, avec le général Dombrowski, gardait la position et le faubourg de Leipzig, sur la route de Halle.

A trois heures du matin, l'Empereur était au village de Lindenau. Il ordonna au général Bertrand de se porter sur Lützen et Weissenfels, de balayer la plaine et de s'assurer des débouchés sur la Saale et de la communication avec Erfurt. Les troupes légères de l'ennemi se dispersèrent: et à midi le général Bertrand était maître de Weissenfels et du pont sur la Saale.

Ayant ainsi assuré ses communications, l'Empereur attendit de pied ferme l'ennemi.

A neuf heures, les coureurs annoncèrent qu'il marchait sur toute la ligne. A dix heures, la canonnade s'engagea.

Le prince Poniatowski et le général Lefol défendaient le pont de Connewitz. Le roi de Naples, avec le 2ᵉ corps, était à Probstheyda, et le duc de Tarente à Holzhausen. Tous les efforts de l'ennemi, pendant la journée, contre Connewitz et Probstheyda, échouèrent. Le duc de Tarente fut débordé à Holzhausen. L'Empereur ordonna qu'il se plaçât au village de Stœtteritz. La canonnade fut terrible. Le duc de Castiglione, qui défendait un bois sur le centre, s'y soutint toute la journée.

La vieille Garde était rangée en réserve sur une élévation, formant quatre grosses colonnes dirigées sur les quatre principaux points d'attaque.

Le duc de Reggio fut envoyé pour soutenir le prince Poniatowski, et le duc de Trévise pour garder les débouchés de la ville de Leipzig.

Le succès de la bataille était dans le village de Probstheyda. L'ennemi l'attaqua quatre fois avec des forces considérables; quatre fois il fut repoussé avec une grande perte.

A cinq heures du soir, l'Empereur fit avancer ses réserves d'artillerie, et déploya tout son feu sur l'ennemi, qui s'éloigna à une lieue du champ de bataille.

Pendant ce temps, l'armée de Silésie attaqua le faubourg de Halle. Ses attaques, renouvelées un grand nombre de fois dans la journée, échouèrent toutes. Elle essaya, avec la plus grande partie de ses forces, de passer la Partha à Schœnfeld et à Sainte-Thecla. Trois fois elle parvint à se placer sur la rive gauche, et trois fois le prince de Moskowa la chassa et la culbuta à la baïonnette.

A trois heures après midi, la victoire était pour nous de ce côté contre l'armée de Silésie, comme du côté où était l'Empereur contre la grande armée. Mais en ce moment l'armée saxonne, infanterie, cavalerie et artillerie, et la cavalerie wurtembergeoise, passèrent tout entières à l'ennemi. Il ne resta de l'armée saxonne que le général Zeschau, qui la commandait en chef, et 500 hommes. Cette trahison, non-seulement mit du vide dans nos lignes, mais livra à l'ennemi le débouché important confié à l'armée saxonne, qui poussa l'infamie au point de tourner sur-le-champ ses quarante pièces de canon contre le division Durutte. Un moment de désordre s'ensuivit: l'ennemi passa la Partha et marcha sur Reudnitz, dont il s'empara; il ne se trouvait plus qu'à une demi-lieue de Leipzig.

L'Empereur envoya sa Garde à cheval, commandée par le général Nansouty, avec vingt pièces d'artillerie, afin de prendre en flanc les troupes qui s'avançaient le long de la Partha pour attaquer Leipzig. Il se porta lui-même avec une division de la Garde au village de Reudnitz. La promptitude de ces mouvements rétablit l'ordre; le village fut repris, et l'ennemi poussé fort loin.

Le champ de bataille resta en entier en notre pouvoir, et l'armée française resta victorieuse aux champs de Leipzig, comme elle l'avait été aux champs de Wachau.

A la nuit, le feu de nos canons avait, sur tous les points, repoussé à une lieue du champ de bataille le feu de l'ennemi.

Les généraux de division Vial et Rochambeau sont morts glorieusement. Notre perte dans cette journée peut s'évaluer à 4,000 tués ou blessés; celle de l'ennemi doit avoir été extrêmement considérable. Il ne nous a fait aucun prisonnier, et nous lui avons pris 500 hommes.

A six heures du soir, l'Empereur ordonna les dispositions pour la journée du lendemain. Mais, à sept heures, les généraux Sorbier et Dulauloy, commandant l'artillerie de l'armée et de la Garde, vinrent à son bivouac lui rendre compte des consommations de la journée : on avait tiré 95,000 coups de canon. Ils dirent que les réserves étaient épuisées, qu'il ne restait pas plus de 16,000 coups de canon; que cela suffisait à peine pour entretenir le feu pendant deux heures, et qu'ensuite on serait sans munitions pour les événements ultérieurs; que l'armée, depuis cinq jours, avait tiré plus de 220,000 coups de canon, et qu'on ne pourrait se réapprovisionner qu'à Magdeburg ou à Erfurt.

Cet état de choses rendait nécessaire un prompt mouvement sur un de nos deux grands dépôts; l'Empereur se décida pour Erfurt, par la même raison qui l'avait décidé à venir sur Leipzig, pour être à portée d'apprécier l'influence de la défection de la Bavière.

L'Empereur donna sur-le-champ les ordres pour que les bagages, les parcs, l'artillerie passassent les défilés de Lindenau : il donna le même ordre à la cavalerie et à différents corps d'armée, et il vint dans les faubourgs de Leipzig, à l'hôtel de Prusse, où il arriva à neuf heures du soir.

Cette circonstance obligea l'armée française à renoncer aux fruits des deux victoires où elle avait, avec tant de gloire, battu des troupes de beaucoup supérieures en nombre, les armées de tout le continent.

Mais ce mouvement n'était pas sans difficulté. De Leipzig à Lindenau, il y a un défilé de deux lieues, traversé par cinq ou six ponts. On proposa de mettre 6,000 hommes et 60 pièces de canon dans la ville de Leipzig, qui a des remparts, d'occuper cette ville comme tête de défilé, et d'incendier ses vastes faubourgs, afin d'empêcher l'ennemi de s'y loger et de donner jeu à notre artillerie placée sur les remparts.

Quelque odieuse que fût la trahison de l'armée saxonne, l'Empereur ne put se résoudre à détruire une des belles villes de l'Allemagne, à la livrer à tous les genres de désordre inséparables d'une telle défense, et cela sous les yeux du roi, qui, depuis Dresde, avait voulu accompagner l'Empereur, et qui était si vivement affligé de la conduite de son armée. L'Empereur aima mieux s'exposer à perdre quelques centaines de voitures que d'adopter ce parti barbare.

A la pointe du jour, tous les parcs, les bagages, toute l'artillerie, la cavalerie, la Garde et les deux tiers de l'armée avaient passé le défilé.

Le duc de Tarente et le prince Poniatowski furent chargés de garder les faubourgs, de les défendre assez de temps pour laisser tout déboucher, et d'exécuter eux-mêmes le passage du défilé vers onze heures.

Le magistrat de Leipzig envoya, à six heures du matin, une députation au prince de Schwarzenberg, pour lui demander de ne pas rendre la ville le théâtre d'un combat qui entraînerait sa ruine.

A neuf heures, l'Empereur monta à cheval, entra dans Leipzig et alla voir le roi. Il a laissé ce prince maître de faire ce qu'il voudrait, et de ne pas quitter ses états en les laissant exposés à cet esprit de sédition qu'on avait fomenté parmi les soldats. Un bataillon saxon avait été formé à Dresde et joint à la jeune Garde; l'Empereur le fit ranger à Leipzig devant le palais du roi, pour lui servir de garde, et pour le mettre à l'abri du premier mouvement de l'ennemi.

Une demi-heure après, l'Empereur se rendit à Lindenau, pour y attendre l'évacuation de Leipzig, et voir les dernières troupes passer les ponts avant de se mettre en marche.

Cependant l'ennemi ne tarda pas à apprendre que la plus grande partie de l'armée avait évacué Leipzig, et qu'il n'y restait qu'une forte arrière-garde. Il attaqua vivement le duc de Tarente et le prince Poniatowski ; il fut plusieurs fois repoussé ; et, tout en défendant les faubourgs, notre arrière-garde opéra sa retraite. Mais les Saxons restés dans la ville tirèrent sur nos troupes de dessus les remparts, ce qui obligea d'accélérer la retraite et mit un peu de désordre.

L'Empereur avait ordonné au génie de pratiquer des fougasses sous le grand pont qui est entre Leipzig et Lindenau, afin de le faire sauter au dernier moment, de retarder ainsi la marche de l'ennemi, et de laisser le temps aux bagages de filer. Le général Dulauloy avait chargé le colonel Montfort de cette opération. Ce colonel, au lieu de rester sur les lieux pour la diriger et pour donner le signal, ordonna à un caporal et à quatre sapeurs de faire sauter le pont aussitôt que l'ennemi se présenterait. Le caporal, homme sans intelligence et comprenant mal sa mission, entendant les premiers coups de fusil tirés des remparts de la ville, mit le feu aux fougasses et fit sauter le pont : une partie de l'armée était encore de l'autre côté avec un parc de 80 bouches à feu et de quelques centaines de voitures !

La tête de cette partie de l'armée, qui arrivait au pont, le voyant sauter, crut qu'il était au pouvoir de l'ennemi. Un cri d'épouvante se propagea de rang en rang : « L'ennemi est sur nos derrières, et les ponts sont coupés ! » Ces malheureux se débandèrent et cherchèrent à se sauver. Le duc de Tarente passa la rivière à la nage ; le comte Lauriston, moins heureux, se noya ; le prince Poniatowski, monté sur un cheval fougueux, s'élança dans l'eau et n'a plus reparu. L'Empereur n'apprit ce désastre que lorsqu'il n'était plus temps d'y remédier ; aucun remède même n'eût été possible. Le colonel Montfort et le caporal de sapeurs sont traduits à un conseil de guerre.

On ne peut encore évaluer les pertes occasionnées par ce malheureux événement, mais on les porte, par approximation, à 12,000 hommes et à plusieurs centaines de voitures. Les désordres qu'il a portés dans l'armée ont changé la situation des choses : l'armée française victorieuse arrive à Erfurt comme y arriverait une armée battue. Il est impossible de peindre les regrets que l'armée a donnés au prince Poniatowski, au comte

Lauriston et à tous les braves qui ont péri par suite de ce funeste événement.

On n'a pas de nouvelles du général Reynier; on ignore s'il a été pris ou tué. On se figurera facilement la profonde douleur de l'Empereur, qui voit, par un oubli de ses prudentes dispositions, s'évanouir les résultats de tant de fatigues et de travaux.

Le 19, l'Empereur a couché à Markrannstædt. Le duc de Reggio était resté à Lindenau.

Le 20, l'Empereur a passé la Saale à Weissenfels.

Le 21, l'armée a passé l'Unstrut à Freyburg. Le général Bertrand a pris position sur les hauteurs de Kœsen.

Le 22, l'Empereur a couché au village d'Ollendorf.

Le 23, il est arrivé à Erfurt.

L'ennemi, qui avait été consterné des batailles du 16 et du 18, a repris, par le désastre du 19, du courage et l'ascendant de la victoire. L'armée française, après de si brillants succès, a perdu son attitude victorieuse.

Nous avons trouvé à Erfurt, en vivres, munitions, habits, souliers, tout ce dont l'armée pouvait avoir besoin.

L'état-major publiera les rapports des différents chefs d'armée sur les officiers qui se sont distingués dans les grandes journées de Wachau et de Leipzig.

Extrait du *Moniteur* du 30 octobre 1813.

20831. — A LA PRINCESSE PAULINE BORGHESE,
À PARIS.

Gotha, 25 octobre 1813.

Ma Sœur, j'ai reçu votre lettre du 13 octobre. Mes dépenses ont été considérables cette année et le seront encore plus l'année prochaine. J'accepte le don que vous voulez me faire; mais la bonne volonté et les ressources de mes peuples sont telles que je crois mes moyens assurés pour faire face aux énormes dépenses qu'exigeront les campagnes de 1814 et de 1815, quels que puissent en être les événements. Si cette coalition de l'Europe contre la France se prolongeait au delà, et que je n'eusse pas obtenu les succès que j'ai le droit d'espérer de la bravoure et du patriotisme des Français, alors je ferai usage de votre don et de tous ceux que mes sujets voudront me faire.

D'après la minute. Archives de l'Empire.

20832. — AU PRINCE CAMBACÉRÈS,
ARCHICHANCELIER DE L'EMPIRE, À PARIS.

Gotha, 25 octobre 1813.

Mon Cousin, la dernière lettre que j'ai reçue de vous est celle du 18 : je recevrai probablement ce soir les deux suivantes.

Je n'ai rien à ajouter aux bulletins que vous communiquera l'Impératrice. Je me rends à Mayence et je concentrerai l'armée sur la frontière. La trahison aussi inconcevable qu'inattendue de la Bavière a dérangé tous mes projets, et m'oblige à rapprocher la guerre de nos frontières.

Il est à présumer que, dans cet état de choses, les 120,000 conscrits demandés ne seront pas suffisants; car vous sentez que je ne compte pas beaucoup sur les 140,000 conscrits de 1815. Je désire donc que vous réunissiez le ministre de la guerre, le directeur de la conscription, le ministre de la police et le ministre de l'intérieur, pour aviser aux moyens de se procurer 60 à 80,000 hommes, âgés de plus de vingt-deux ans. Indépendamment de cette ressource, je compte sur 100,000 conscrits réfractaires. Il faudra, à cet effet, organiser des colonnes mobiles pour les faire rejoindre.

Quant au besoin d'argent, j'ai écrit longuement au ministre des finances[1], et peut-être viendrai-je bientôt moi-même à Paris pour diriger toutes ces opérations.

Voyez le ministre de la guerre et celui de l'administration de la guerre, pour qu'ils s'occupent sans délai de Wesel, Coeverden, Juliers, Venlo, Grave, etc.

---

[1] Cette lettre n'a pas été retrouvée.

Le roi de Naples est parti hier au soir pour se rendre à Naples, où sa présence m'a paru nécessaire.

NAPOLÉON.

D'après la copie comm. par M. le duc de Cambacérès.

20833. — AU PRINCE CAMBACÉRÈS,
ARCHICHANCELIER DE L'EMPIRE, À PARIS.

Gotha, 25 octobre 1813.

Mon Cousin, j'écris au ministre de la guerre pour ce qui est relatif à une levée de 80 à 100,000 hommes dont j'ai besoin. Tenez un conseil là-dessus et faites-moi connaître l'opinion qu'on a eue. Quand toute l'Europe est sous les armes, quand partout on lève les hommes mariés et non mariés, et que tout le monde court aux armes contre nous, la France est perdue si elle n'en fait autant.

Quant aux fonds, je suis fâché que le ministre des finances ne m'ait pas répondu. J'ai convoqué le Corps législatif pour le 2 décembre prochain; j'espère le présider moi-même; mais, dans tous les cas, la manière la plus simple d'avoir de l'argent me paraît être d'augmenter de 25 à 50 centimes de guerre toutes les contributions. Les contributions rendent, je crois, 800 millions : 25 centimes produiraient 200 millions; 50 en produiraient 400. J'attends les calculs en détail et les observations du ministre des finances sur cette idée. Aussitôt que je l'aurai adoptée, un décret du Conseil d'état, sans attendre le Corps législatif, pourra ordonner cette augmentation sur les contributions indirectes, et le ministre pourra l'ordonner sur les contributions directes. Ne perdez pas un instant à me faire rendre compte de cela, afin que je puisse signer le décret, et que cela arrive à Paris avant le 5 ou le 6 novembre. Une perception de deux mois est d'une haute importance. Les contributions directes ont été fort dégrevées, je les crois susceptibles d'une augmentation de 50 centimes. Les contributions du sel et des droits réunis pourront, ce me semble, recevoir la même augmentation sans inconvénient. Les octrois des villes peuvent également la supporter. La poste aux lettres est susceptible de la même augmentation. Les douanes seules ne pourraient pas être traitées de cette manière; mais on pourrait augmenter les droits sur beaucoup d'objets, tels que l'introduction des laines, et ce, sans inconvénient.

NAPOLÉON.

D'après la copie comm. par M. le duc de Cambacérès.

20834. — AU GÉNÉRAL CLARKE, DUC DE FELTRE,
MINISTRE DE LA GUERRE, À PARIS.

Gotha, 25 octobre 1813.

Monsieur le Duc de Feltre, j'ai laissé à Erfurt un approvisionnement pour huit mois et une garnison de 6,000 hommes, sous les ordres du général d'Alton, et je ramène mon armée à Mayence.

J'ai prescrit au duc de Valmy de faire passer sur la rive gauche du Rhin tous les hôpitaux, les dépôts de convalescents et les dépôts de cavalerie, afin de laisser libres et disponibles pour les mouvements de l'armée le grand-duché de Francfort et les autres provinces de la rive droite.

Il est probable que, quand vous recevrez cette lettre, je serai dans les plaines de Francfort avec 30,000 hommes de cavalerie et 100,000 hommes d'infanterie, et 4 ou 500 pièces d'artillerie.

Nous avons perdu ou brûlé beaucoup de caissons, tant des équipages militaires que de l'artillerie.

Voici les mesures à prendre:

Il faut à Mayence, dans le plus court délai, 100,000 coups de canon et 30,000 fusils.

Il faut faire armer la ville de Mayence, ainsi que Wesel, Juliers, Venlo, Grave, Coeverden, Delfzyl, Naarden et Gorcum; ces places seront complétement approvisionnées, et cela sera fait sans aucun délai.

L'approvisionnement de Wesel doit être fait militairement, par voie de réquisition, en distribuant le fardeau entre les différentes préfectures voisines et le grand-duché de Berg. Wesel est le point le plus important; réunissez-y sur-le-champ trois compagnies d'artillerie et une garnison de 8 à 10,000 hommes.

Vous dirigerez sur Mayence tout ce que les différents régiments auraient de disponible à leurs 5es bataillons, surtout les régiments de marine ; voilà une saison où les côtes n'ont rien à craindre.

Je vais former une armée à Mayence et une à Wesel. Je verrai plus tard s'il est nécessaire d'en former une à Strasbourg.

Les dispositions à prendre pour les places du Nord, et surtout pour Wesel, me paraissent ce qu'il y a de plus pressant.

Envoyez à Wesel un colonel du génie et un colonel d'artillerie, d'élite, ainsi qu'un bon gouverneur.

NAPOLÉON.

D'après la copie. Dépôt de la guerre.

20835. — AU GÉNÉRAL CLARKE, DUC DE FELTRE,
MINISTRE DE LA GUERRE, À PARIS.

Gotha, 25 octobre 1813.

Monsieur le Duc de Feltre, vous aurez remarqué que, sur les 120,000 hommes de la conscription, j'ai compris le Piémont pour très-peu de chose ; mais si l'esprit du Piémont était tel qu'il pût fournir 4 ou 5,000 hommes de plus, je vous autorise à les prendre. Il faudrait tâcher que cette levée, au lieu de 120,000 hommes, en rendît 140,000.

140,000 hommes, dans la position actuelle de la France, ne me suffisent pas. Je compte sur 100,000 conscrits réfractaires.

J'écris à M. l'archichancelier pour qu'il avise aux moyens d'avoir 60 à 80,000 hommes ; mais il me faut des hommes et non des enfants. On n'est pas plus brave que notre jeunesse ; mais, sans force, elle peuple les hôpitaux, et même, à la moindre incertitude, cette jeunesse montre le caractère de son âge. Il faut des hommes pour défendre la France.

La France a 40 millions de population ; un moyen convenable serait de lever trois bataillons par million, ce qui ferait un bataillon de 840 hommes par chaque département de 333,000 habitants. Les départements formeraient ces bataillons en faisant tirer au sort tous les hommes non mariés âgés de plus de vingt-trois ans, en y recevant tous les hommes mariés qui se présenteraient de bonne volonté, ou à prix d'argent. Les cent vingt bataillons que cela produirait, et que je réduis à cent, à cause des pays conquis, qui fourniraient du monde dans une proportion moins forte, feraient un supplément de 84,000 hommes.

Un autre projet serait de porter à six compagnies chacun des soixante bataillons de la jeune Garde; cela ferait une augmentation de cent vingt compagnies, et, ces compagnies étant de 200 hommes, cela ferait une augmentation de 24,000 hommes.

Dans la situation actuelle, la jeune Garde, qui est de soixante bataillons, devrait être de 48,000 hommes; je ne pense pas qu'elle en compte plus de 20,000; son déficit serait donc de 28,000 hommes.

Les soixante bataillons portés à six compagnies, ou à 1,200 hommes par bataillon, feront un complet de 72,000 hommes; il n'y en a que 20,000 de présents; 52,000 hommes seraient donc à fournir. On pourrait demander ces 52,000 hommes aux départements, en sus de leur conscription. Ces 52,000 hommes, divisés par 40 millions de population, feraient 1,300 hommes par million, ou 433 hommes par département de 333,000 habitants en moyenne.

Par ce moyen, on économiserait sur la conscription des 120,000 hommes tout ce qui était destiné à la Garde impériale.

En adoptant ce second projet, il faudrait ajouter, pour les cinquante départements de la frontière de l'Est, qui sont les plus intéressés à repousser l'ennemi, la formation de cinquante bataillons qui, à 800 hommes chacun, feraient 40,000 hommes. Ces 40,000 hommes et les 52,000 hommes pour la Garde donneraient ainsi les 80 à 100,000 hommes que je veux avoir.

Montrez cette dépêche à l'archichancelier, qui vous réunira chez lui, vous et le directeur de la conscription, avec les ministres de la police, de l'intérieur et de l'administration de la guerre, et voyez tous ensemble laquelle des deux mesures il convient le mieux d'adopter; mais ce sont des hommes qu'il faut et non des enfants.

Si l'on adopte la mesure de la Garde impériale, il faudrait aussi en excepter les départements du Languedoc, qui devraient organiser leurs bataillons pour la guerre d'Espagne.

L'organisation de la garde nationale, dans les départements du Haut-Rhin et du Bas-Rhin, est de la plus grande importance.

NAPOLÉON.

D'après la copie. Archives de l'Empire.

20836. — AU VICE-AMIRAL DUC DECRÈS,
MINISTRE DE LA MARINE, À PARIS.

Gotha, 25 octobre 1813.

Monsieur le Duc Decrès, je reçois votre lettre du 21 octobre. Faites partir les frégates comme si de rien n'était, et remettez-moi un travail qui me fasse connaître quelle ressource peut m'offrir le reste de mes équipages en désarmant, s'il est nécessaire, tous mes vaisseaux. Mais les frégates devant former des marins et faire du mal aux ennemis, il faut les laisser partir.

D'après la minute. Archives de l'Empire.

20837. — AU MARÉCHAL KELLERMANN, DUC DE VALMY,
COMMANDANT SUPÉRIEUR DES 5ᵉ, 25ᵉ ET 26ᵉ DIVISIONS MILITAIRES, À MAYENCE.

Gotha, 25 octobre 1813.

Mon Cousin, faites faire du pain à Francfort, à Hanau et à Mayence. Faites venir à Mayence 60 à 80,000 coups de canon et plusieurs millions de cartouches. Faites évacuer sur la rive gauche du Rhin tous les hôpitaux et tous les malades. Faites également passer sur la rive gauche tous les dépôts de cavalerie et autres, étant nécessaire qu'il n'y ait sur la rive droite que des forces mobiles, et toutes les ressources du pays devant servir à l'armée active. 100,000 hommes d'infanterie et 30,000 hommes de cavalerie seront dans peu de jours à Hanau et Francfort et aux environs.

Si vous avez des nouvelles de l'armée bavaroise ainsi que de Würzburg, donnez-nous-en.

Un grand nombre de fuyards sont arrivés ou arrivent à chaque instant; ayez soin qu'on les retienne à Mayence et autres places, afin de les rhabiller, les réarmer et leur faire rejoindre leurs corps. Il faut donc que vous ayez au moins 30,000 fusils à Mayence. Procurez-vous-les sans délai. Faites armer et approvisionner Mayence.

Il faut surtout s'occuper de faire armer et approvisionner Wesel. Prenez des mesures pour qu'il y ait sans délai dans cette place deux ou trois compagnies d'artillerie et 7 à 8,000 hommes de garnison. Faites-la sur-le-champ approvisionner pour 10,000 hommes pendant trois mois. A cet effet, vous ferez faire par votre commissaire ordonnateur l'état des denrées nécessaires, et, sans attendre les ordres des ministres, vous les requerrez dans les départements de la Roër et de la Lippe, et dans le grand-duché de Berg, en les répartissant par tiers égaux, de manière que les versements dans Wesel commencent sans aucun délai.

Faites armer également Juliers, Venlo et Grave, et faites approvisionner ces places.

Écrivez au général Molitor de faire armer et approvisionner Coeverden, Delfzyl, Naarden et Gorcum.

Vous enverrez la copie de ma lettre aux ministres de la guerre et de l'administration de la guerre, pour justifier les opérations que vous aurez faites.

NAPOLÉON.

D'après l'original comm. par M. le duc de Valmy.

20838. — AU PRINCE CAMBACÉRÈS,
ARCHICHANCELIER DE L'EMPIRE, À PARIS.

Gotha, 25 octobre 1813, six heures du soir.

Mon Cousin, j'ai reçu vos lettres du 19, du 20 et du 21.

J'ai écrit au ministre de la marine qu'il ne fallait rien changer aux croisières des frégates. Je m'approche de Mayence, et peut-être arriverai-je promptement à Paris.

Vous avez très-bien fait d'organiser les gardes nationales du Rhin; cela est absolument indispensable.

NAPOLÉON.

D'après la copie communiquée par M. le duc de Cambacérès.

20839. — ALLOCUTION
FAITE AU CORPS POLONAIS DE LA GRANDE ARMÉE[1].

Le 27 octobre 1813, quelques jours avant la bataille de Hanau, l'Empereur, entouré des officiers polonais, se plaça sur un tertre écarté de la route, près de Schlüchtern, et leur adressa les paroles suivantes :

«On m'a rendu compte de vos intentions. Comme empereur, comme général, je ne puis que louer vos procédés; je n'ai rien à vous reprocher. Vous avez agi loyalement envers moi; vous n'avez pas voulu m'abandonner sans me rien dire, et même vous m'avez promis de me reconduire jusqu'au Rhin. Aujourd'hui je veux vous donner de bons conseils. Dites-moi, où voulez-vous retourner? Chez votre roi, qui, peut-être, lui-même n'a plus d'asile? Je vous l'ai donné pour votre souverain, parce que d'autres puissances n'ont pas voulu voir à la tête de votre nation un homme qui eût plus d'énergie. Il fallait vous donner un Allemand, pour ne pas exciter la jalousie de vos ennemis; et comme c'est un

---

[1] Il existe de cette allocution plusieurs versions, toutes semblables quant au sens général. La Commission, sans avoir à se prononcer sur l'exactitude des paroles rapportées par les divers historiens, croit devoir reproduire ici, après la version du *Journal historique*, celle de M. le comte Grabowski, un des officiers supérieurs du corps de cavalerie polonaise :

«On m'a rendu compte de vos intentions : vous voulez me quitter. Comme empereur, comme général, je n'ai rien à vous reprocher. Vous avez loyalement agi envers moi. Vous n'avez pas voulu m'abandonner sans m'en prévenir, et vous voulez même me reconduire jusqu'au Rhin. Aujourd'hui je veux vous donner de bons conseils. Où voulez-vous aller? Chez votre roi, qui est prisonnier de vos ennemis? Je vous l'ai donné pour souverain parce que d'autres puissances n'ont pas voulu voir à la tête de votre nation un chef plus énergique. Pour ne pas exciter la jalousie de vos ennemis, il le fallait. Je vous ai donné un honnête homme et mon ami particulier. Quant à vous, je n'ai plus besoin de vos services, mais vous avez besoin de moi. Quelques mille hommes de plus ou de moins, tout braves que vous êtes, ne changeront rien à mes destinées. Mais craignez que vos compatriotes n'aient à vous faire des reproches si, dans les traités qui auront lieu, il ne sera plus question de la Pologne. Si vous m'abandonnez, je n'aurai plus le droit de parler pour vous; et, malgré les désastres qui ont eu lieu, je suis encore le plus puissant monarque de l'Europe. Comme vous n'existez que par les traités, jusqu'à ce qu'il y en ait d'autres, votre existence politique n'est pas anéantie. Je vous donne ma parole que je ne signerai aucun traité sans que votre rentrée honorable dans votre patrie ne soit garantie.

«A présent vous entrerez en France, où vous serez reçus en frères et en braves. Vos bons et loyaux services seront récompensés. Je vous ferai réorganiser et rééquiper, et vous vous reposerez de vos fatigues.»

honnête homme, mon ami particulier, je l'ai fait votre duc, pour qu'il fût l'organe de mes volontés. Quant à vous, vous êtes les maîtres de retourner chez vous, si c'est votre intention; 2 ou 3,000 hommes de plus ou de moins, tout braves que vous êtes, ne changeront rien à mes affaires. Mais craignez que vos frères, que la postérité n'aient à vous reprocher que la Pologne n'existe plus! Si vous m'abandonnez, je n'aurai plus le droit de parler de vous. Et je crois que, malgré les désastres qui ont eu lieu, je suis encore le plus puissant monarque de l'Europe; les choses peuvent prendre une autre face. D'ailleurs, comme vous existez par les traités, jusqu'à ce qu'il y en ait d'autres, votre existence politique n'est pas anéantie. Si même j'étais contraint de vous sacrifier, on fera mention de vous dans le prochain traité de paix. Alors vous pourrez retourner tranquillement chez vous. Maintenant vous retourneriez chapeau bas. Qui sait si un jour vous ne rentrerez pas les armes à la main? J'ai toujours tenu à votre existence, et, pour vous en donner la preuve, lisez *le Moniteur* : il vous éclairera sur un traité de paix fait avec l'empereur d'Autriche, par lequel il me cédait la Galicie en échange de l'Illyrie.

« Si je ne tenais pas si fort à vous, j'aurais pu faire la paix à Dresde, en vous sacrifiant. Vous vous nourrissiez toujours d'espoir dans les temps les plus critiques; aujourd'hui, si l'espoir vous abandonne, on vous taxera d'inconstance et de légèreté. »

Tout le monde s'écria qu'on était prêt à suivre partout l'Empereur; qu'on voulait seulement savoir comment il regardait les corps polonais dans les circonstances présentes.

« Je vous regarde, reprit Sa Majesté, comme les troupes du duché de Varsovie, comme des troupes alliées, comme les représentants de votre nation. Vous aurez vos relations avec le ministre des affaires étrangères..... »

A ces paroles, les cris de *Vive l'Empereur!* les protestations qu'on ne l'abandonnera pas, retentirent de toutes parts.

Extrait du *Journal historique des opérations de la 7ᵉ division de cavalerie*. Cette division, toute composée de troupes polonaises, faisait partie du 4ᵉ corps de cavalerie de réserve.

20840. — AU PRINCE CAMBACÉRÈS,
ARCHICHANCELIER DE L'EMPIRE, À PARIS.

Francfort, 31 octobre 1813, quatre heures du soir.

Mon Cousin, j'arrive à Francfort. L'armée bavaroise, et l'armée autrichienne qui était opposée à la Bavière, formant 60,000 hommes, étaient venues se poster à Hanau, voulant me couper de la France : je les ai battues hier d'importance; je leur ai pris du canon, des drapeaux et 6,000 hommes.

Les estafettes du 23, du 24 et du 25 ont été prises; faites-le connaître aux ministres, afin qu'ils m'envoient des duplicata des choses importantes. Les estafettes du 26, du 27 et du 28 sont à Mayence; je les attends ce soir. J'ai l'assurance que toutes mes lettres expédiées d'Erfurt et de Gotha sont arrivées.

Ma santé n'a jamais été meilleure. Je vais me rendre à Mayence.

NAPOLÉON.

D'après la copie comm. par M. le duc de Cambacérès.

20841. — BULLETIN DE LA GRANDE ARMÉE.

Francfort, 31 octobre 1813.

Les deux régiments de cuirassiers du roi de Saxe, faisant partie du 1ᵉʳ corps de cavalerie, étaient restés avec l'armée française. Lorsque l'Empereur eut quitté Leipzig, il leur fit écrire la lettre ci-jointe par le duc de Vicence[1], et les renvoya à Leipzig, pour servir de garde au roi.

Lorsqu'on fut certain de la défection de la Bavière, un bataillon ba-

---

[1] « Au capitaine commandant les deux régiments de cuirassiers saxons employés dans le corps de cavalerie du comte Latour-Maubourg.

« Markraunstædt, 19 octobre 1813.

« Je m'empresse de vous prévenir, Monsieur le Commandant, que l'Empereur autorise les deux régiments de cuirassiers saxons de la garde et de Zastrow, qui servaient dans ses armées, à se rendre à Leipzig, Sa Majesté pensant qu'il sera agréable à votre bon roi d'avoir ces corps de sa garde près de sa personne, dans les circonstances actuelles.

« M. le général Latour-Maubourg, qui est prévenu de cette disposition, vous donnera toutes les facilités nécessaires pour que le retour de ces troupes n'éprouve aucune difficulté.

« CAULAINCOURT, duc de VICENCE. »

varois était encore avec l'armée : Sa Majesté a fait écrire la lettre ci-jointe au commandant de ce bataillon par le major général [1].

L'Empereur est parti d'Erfurt le 25.

Notre armée a opéré tranquillement son mouvement sur le Main. Arrivée le 29 à Gelnhausen, on aperçut un corps ennemi de 5 à 6,000 hommes, cavalerie, infanterie et artillerie, qu'on sut par les prisonniers être l'avant-garde de l'armée autrichienne et bavaroise. Cette avant-garde fut poussée et obligée de se retirer. On rétablit promptement le pont que l'ennemi avait coupé. On apprit aussi par les prisonniers que l'armée autrichienne et bavaroise, annoncée forte de 60 à 70,000 hommes, venant de Braunau, était arrivée à Hanau et prétendait barrer le chemin à l'armée française.

Le 29 au soir, les tirailleurs de l'avant-garde ennemie furent poussés au delà du village de Langenselbold; et à sept heures du soir l'Empereur et son quartier général étaient dans ce village, au château d'Isenburg.

Le lendemain 30, à neuf heures du matin, l'Empereur monta à cheval. Le duc de Tarente se porta en avant avec 5,000 tirailleurs sous les ordres du général Charpentier. La cavalerie du général Sebastiani, la division de la Garde, commandée par le général Friant, et la cavalerie de la vieille Garde suivirent; le reste de l'armée était en arrière d'une marche.

L'ennemi avait placé six bataillons au village de Rückingen, afin de

---

[1] «Au chef de bataillon commandant les troupes bavaroises.

«Erfurt, 24 octobre 1813.

«Le roi, votre maître, Monsieur, méconnaissant ce que l'Empereur a fait pour lui, a déclaré la guerre à la France. Dans de pareilles circonstances, les troupes bavaroises qui se trouvent à l'armée devraient être désarmées et prisonnières de guerre: mais cela est contraire à la confiance que l'Empereur veut que les troupes à ses ordres aient en lui. En conséquence, Monsieur, l'intention de Sa Majesté est que vous réunissiez votre bataillon. Vous vous ferez donner des magasins quatre jours de vivres, et vous partirez d'ici pour vous rendre par Cobourg sur Bamberg, où vous prendrez les ordres du ministre de S. M. le roi de Bavière.

«Il serait également contraire aux sentiments d'honneur et de loyauté que vous prissiez les armes contre la France. En conséquence, l'intention de l'Empereur est que vous et vos officiers donniez votre parole d'honneur que ni vous ni vos soldats ne servirez contre la France avant un an.

«Le prince vice-connétable, major général.
«ALEXANDRE.»

couper toutes les routes qui pouvaient conduire sur le Rhin. Quelques coups de mitraille et une charge de cavalerie firent reculer précipitamment ces bataillons.

Arrivés sur la lisière du bois, à deux lieues de Hanau, les tirailleurs ne tardèrent pas à s'engager. L'ennemi fut acculé dans le bois jusqu'au point de jonction de la vieille et de la nouvelle route. Ne pouvant rien opposer à la supériorité de notre infanterie, il essaya de tirer parti de son grand nombre; il étendit le feu sur sa droite. Une brigade de 2,000 tirailleurs du 2ᵉ corps, commandée par le général Dubreton, fut engagée pour le contenir; et le général Sebastiani fit exécuter avec succès, dans l'éclaircie du bois, plusieurs charges sur les tirailleurs ennemis. Nos 5,000 tirailleurs continrent ainsi toute l'armée ennemie, en gagnant insensiblement du temps, jusqu'à trois heures de l'après-midi.

L'artillerie étant arrivée, l'Empereur ordonna au général Curial de se porter au pas de charge sur l'ennemi avec deux bataillons de chasseurs de la vieille Garde, et de le culbuter au delà du débouché; au général Drouot de déboucher sur-le-champ avec cinquante pièces de canon; au général Nansouty, avec tout le corps du général Sebastiani et la cavalerie de la vieille Garde, de charger vigoureusement l'ennemi dans la plaine.

Toutes ces dispositions furent exécutées exactement.

Le général Curial culbuta plusieurs bataillons ennemis. Au seul aspect de la vieille Garde, les Autrichiens et les Bavarois fuirent épouvantés.

Quinze pièces de canon, et successivement jusqu'à cinquante, furent placées en batterie avec l'activité et l'intrépide sang-froid qui distinguent le général Drouot. Le général Nansouty se porta sur la droite de ces batteries et fit charger 10,000 hommes de cavalerie ennemie par le général Laferrière-Lévesque, major de la vieille Garde, par la division de cuirassiers Saint-Germain, et successivement par les grenadiers et les dragons de la cavalerie de la Garde. Toutes ces charges eurent le plus heureux résultat. La cavalerie ennemie fut culbutée et sabrée; plusieurs carrés d'infanterie furent enfoncés; le régiment autrichien Jordis et les uhlans du prince de Schwarzenberg ont été entièrement détruits. L'ennemi abandonna précipitamment le chemin de Francfort qu'il barrait, et tout le terrain qu'occupait sa gauche. Il se mit en retraite, et bientôt après en complète déroute.

Il était cinq heures. Les ennemis firent un effort sur leur droite pour dégager leur gauche et donner le temps à celle-ci de se reployer. Le général Friant envoya deux bataillons de la vieille Garde à une ferme située sur le vieux chemin de Hanau. L'ennemi en fut promptement débusqué, et sa droite fut obligée de plier et de se mettre en retraite. Avant six heures du soir, il repassa en déroute la petite rivière de la Kinzig.

La victoire fut complète. L'ennemi, qui prétendait barrer tout le pays, fut obligé d'évacuer le chemin de Francfort et de Hanau.

Nous avons fait 6,000 prisonniers et pris plusieurs drapeaux et plusieurs pièces de canon. L'ennemi a eu six généraux tués ou blessés. Sa perte a été d'environ 10,000 hommes tués, blessés ou prisonniers. La nôtre n'est que de 4 à 500 hommes tués ou blessés. Nous n'avons eu d'engagés que 5,000 tirailleurs, 4 bataillons de la vieille Garde, et à peu près 80 escadrons de cavalerie et cent vingt pièces de canon.

A la pointe du jour, le 31, l'ennemi s'est retiré, se dirigeant sur Aschaffenburg.

L'Empereur a continué son mouvement, et à trois heures après midi Sa Majesté était à Francfort.

Les drapeaux pris à cette bataille et ceux qui ont été pris aux batailles de Wachau et de Leipzig sont partis pour Paris.

Les cuirassiers, les grenadiers à cheval, les dragons, ont fait de brillantes charges. Deux escadrons de gardes d'honneur du 3ᵉ régiment, commandés par le major Saluces, se sont spécialement distingués, et font présumer ce qu'on doit attendre de ce corps au printemps prochain, lorsqu'il sera parfaitement organisé et instruit.

Le général d'artillerie de l'armée Noury et le général Desvaux, major d'artillerie de la Garde, ont mérité d'être distingués; le général Letort, major des dragons de la Garde, quoique blessé à la bataille de

Wachau, a voulu charger à la tête de son régiment et a eu son cheval tué.

Le 31 au soir, le grand quartier général était à Francfort.

Le duc de Trévise, avec deux divisions de la jeune Garde et le 1er corps de cavalerie, était à Gelnhausen.

Le duc de Reggio arrivait à Francfort.

Le comte Bertrand et le duc de Raguse étaient à Hanau.

Le général Sebastiani était sur la Nidda.

<small>Extrait du *Moniteur* du 5 novembre 1813.</small>

20842. — AU PRINCE DE NEUCHÂTEL ET DE WAGRAM,
MAJOR GÉNÉRAL DE LA GRANDE ARMÉE, À FRANCFORT.

<small>Francfort, 1er novembre 1813, trois heures du matin.</small>

Mon Cousin, donnez ordre au duc de Tarente de se rendre à Mayence, d'y passer le Rhin, et de se porter de là à Bingen, où il ralliera tout son corps.

Donnez ordre au duc de Bellune de se rendre à Mayence, d'y passer le Rhin, et de se porter de là à Oppenheim, où il ralliera son corps.

Donnez ordre au général Albert de passer le Rhin à Mayence et de rallier le 5e corps dans une position intermédiaire entre Bingen et Mayence, qui lui sera désignée par le duc de Valmy.

Donnez ordre au duc de Raguse de se porter avec les 3e et 6e corps à Hœchst, de passer la Nidda et de prendre position sur cette rivière.

Envoyez plusieurs officiers d'état-major et des gendarmes sur la route de Hanau et dans les rues de Francfort, pour faire filer tous les bagages et toutes les voitures.

La Garde prendra les armes et sera en bataille aujourd'hui à sept heures du matin. La cavalerie de la vieille Garde sera à cheval à la même heure.

Il sera envoyé sur-le-champ un officier à Hœchst, pour s'assurer si le pont est rétabli, si les bagages filent et si aujourd'hui, 1er novembre à midi, tout cela aura passé la Nidda.

Faites partir tous les corps entre cinq et six heures du matin.

Donnez ordre à la division Semellé de passer la Nidda et de prendre position dans un village sur la gauche de Hochheim, de manière à ne pas barrer la route.

Envoyez copie de tous ces ordres au duc de Valmy.

NAPOLÉON.

D'après l'original. Dépôt de la guerre.

20843. — AU PRINCE DE NEUCHÂTEL ET DE WAGRAM,
MAJOR GÉNÉRAL DE LA GRANDE ARMÉE, À FRANCFORT.

Francfort, 1er novembre 1813.

Mon Cousin, il paraît que le général Lefebvre-Desnoëttes arrivera ce soir à Vilbel et occupera Bonames et les bords de la Nidda. Donnez ordre au duc de Padoue et au général Sebastiani de prendre position sur la Nidda et le long du Main, pour surveiller cette rivière.

Le grand quartier général se rendra sur-le-champ à Mayence. Je partirai de ma personne, à une heure après midi, pour me rendre à Hœchst, avec la vieille Garde et avec la cavalerie de la Garde.

Le général Curial et le général Ornano resteront à Francfort. Le duc de Trévise et le comte Bertrand resteront en avant de cette ville.

Les mouvements pour cette nuit et pour la journée de demain seront relatifs à ce qui se sera passé à Hœchst.

D'après l'original non signé. Dépôt de la guerre.

20844. — A MARIE-LOUISE, IMPÉRATRICE-REINE ET RÉGENTE,
À PARIS.

Francfort, 1er novembre 1813.

Madame et très-chère Épouse, je vous envoie vingt drapeaux pris par mes armées aux batailles de Wachau, de Leipzig et de Hanau; c'est un hommage que j'aime à vous rendre. Je désire que vous y voyiez une marque de ma grande satisfaction de votre conduite pendant la régence que je vous ai confiée.

NAPOLÉON.

D'après l'original comm. par M. le baron Meneval.

20845. — AU PRINCE DE NEUCHÂTEL ET DE WAGRAM,
MAJOR GÉNÉRAL DE LA GRANDE ARMÉE, À HOECHST.

Hœchst, 1er novembre 1813.

Mon Cousin, donnez ordre au duc de Tarente de laisser le commandement du 11e corps au général Charpentier, qui exécutera tous les ordres qui lui ont été donnés, et de se rendre de sa personne, en toute diligence, à Cologne, pour prendre le commandement de la frontière du Rhin, depuis la Moselle jusqu'à Zwolle. La première opération du duc de Tarente doit être de retirer tous les bacs et bateaux, de manière qu'aucun parti ennemi ne puisse passer le fleuve. La seconde doit être de pourvoir à l'armement, à l'approvisionnement et à la défense de Wesel. Il ordonnera également l'armement et l'approvisionnement de Venlo, de Grave et de Juliers, ainsi que ceux de la place de Dewenter. Toutes les troupes qui sont dans la 25e division seront sous ses ordres. Il correspondra avec le général Molitor pour la défense de la frontière de l'Yssel et pour l'approvisionnement et l'armement de Dewenter.

Le roi de Westphalie est arrivé à Cologne avec une colonne de 2 à 3,000 hommes. Ces troupes seront sous les ordres du duc de Tarente.

Le général Rigaud doit se trouver à Wesel ou à Cologne, avec 4 ou 5,000 hommes de toutes armes. Il doit y avoir à Wesel 7 à 8,000 hommes.

Les généraux Amey et Carra Saint-Cyr se seront probablement reployés sur l'Ems, et, s'ils sont forcés de quitter cette position, ils pourront être employés à la défense de Wesel et de l'Yssel.

J'ai ordonné l'organisation des gardes nationales des départements de la Roër et de Rhin-et-Moselle. Il est question, pour le moment, de pourvoir d'abord au plus pressant, et d'avoir sur cette frontière un centre d'autorité auquel on puisse s'adresser.

NAPOLÉON.

D'après l'original. Dépôt de la guerre.

20846. — AU PRINCE CAMBACÉRÈS,
ARCHICHANCELIER DE L'EMPIRE, À PARIS.

Mayence, 2 novembre 1813.

Mon Cousin, j'ai reçu votre lettre du 29 octobre. Je suis arrivé à Mayence. Je tâche d'y rallier, d'y reposer et d'y réorganiser l'armée.

Dites au ministre de la guerre de ne pas répandre partout l'alarme sur le manque de fusils; qu'il y a beaucoup de fusils en France; que beaucoup, à la vérité, ne sont pas de calibre ou sont de calibre étranger, mais qu'on peut s'en servir pour l'armement des gardes nationales, et qu'on ne peut pas dire que l'on n'a pas de fusils.

NAPOLÉON.

D'après la copie comm. par M. le duc de Cambacérès.

20847. — AU GÉNÉRAL CLARKE, DUC DE FELTRE,
MINISTRE DE LA GUERRE, À PARIS.

Mayence, 2 novembre 1813.

Monsieur le Duc de Feltre, je suppose que vous avez envoyé sur-le-champ au vice-roi les six mille fusils qu'il demande. Arrêtez toutes les fournitures d'armes qui seraient encore à faire au Wurtemberg et aux autres états de la Confédération.

D'après la minute. Archives de l'Empire.

20848. — AU PRINCE DE NEUCHÂTEL ET DE WAGRAM,
MAJOR GÉNÉRAL DE LA GRANDE ARMÉE, À MAYENCE.

Mayence, 2 novembre 1813.

Mon Cousin, lorsque toute l'armée aura repassé le Rhin, le général Bertrand formera l'avant-garde. Il tiendra position sur la rive droite. Cette avant-garde sera composée des divisions Morand, Guilleminot, Durutte et Semellé, ce qui formera quatre divisions.

La division Margaron sera incorporée dans la division Durutte. Tous les traînards seront réunis, et ce corps, qui continuera à porter le n° 4, sera le premier réorganisé et complété. Vous me présenterez un projet pour compléter ces quatre divisions avec tous les bataillons qui sont disponibles à Mayence, à Kastel, ou qui formaient la colonne du général Préval.

Ce corps aura deux compagnies de sapeurs avec leurs caissons, ses quatre ambulances, un général d'artillerie avec deux compagnies d'artillerie à cheval, une batterie de 12 et deux batteries à pied par division.

Des officiers du génie de la place seront envoyés aujourd'hui pour reconnaître la meilleure position que pourra occuper cette avant-garde, soit la position de Hattersheim ou celle de Weilbach.

La cavalerie de l'avant-garde sera commandée par le général Lefebvre-Desnoëttes, et composée de sa division, à laquelle sera joint un régiment de 600 hommes du 5º corps de cavalerie.

Aussitôt que j'aurai déterminé la position que doit occuper cette avant-garde, on jettera deux ponts sur le Main, qu'on couvrira chacun d'une tête de pont, et le général Bertrand emploiera ses sapeurs, ses soldats et les paysans des environs à se retrancher dans la position qui aura été reconnue.

Deux divisions de la jeune Garde, avec leur artillerie et la cavalerie du général Ornano, sous les ordres du duc de Trévise, seront cantonnées à Kastel.

Aussitôt que je connaîtrai la situation des corps, je désignerai pour la garnison de Mayence quelques corps des plus fatigués.

NAPOLÉON.

D'après l'original. Dépôt de la guerre.

20849. — AU MARÉCHAL KELLERMANN, DUC DE VALMY,
COMMANDANT LES 5ᵉ ET 26ᵉ DIVISIONS MILITAIRES, À MAYENCE.

Mayence, 2 novembre 1813.

Mon Cousin, donnez des ordres pour que tous les prisonniers espagnols qui sont à Schelestadt et dans les autres places du Rhin en soient éloignés sans délai.

On m'assure que la garnison de Kehl est composée de conscrits réfractaires de la 32ᵉ division. Il faut les faire rentrer dans Strasbourg et ne mettre dans Kehl que des Français et des Italiens.

NAPOLÉON.

D'après l'original comm. par M. le duc de Valmy.

20850. — AU PRINCE CAMBACÉRÈS,
ARCHICHANCELIER DE L'EMPIRE, À PARIS.

Mayence, 3 novembre 1813.

Mon Cousin, dites un mot aux conseillers d'état et sénateurs pusillanimes. On me dit de tout côté qu'ils montrent une grande peur et peu de caractère. Soyez donc bien persuadé que mon infanterie, mon artillerie et ma cavalerie ont une telle supériorité sur celles de l'ennemi qu'il n'y a rien à redouter, et qu'aussitôt que je connaîtrai bien les ennemis auxquels j'ai affaire, et que je n'aurai plus à craindre des trahisons ni des crocs-en-jambe, je les battrai aussi vite que les autres. Il faut des conscrits et de l'argent ; mais la France fournira encore moins que les autres puissances. Je suis fâché de ne pas être à Paris ; on m'y verrait plus tranquille et plus calme que dans aucune circonstance de ma vie. J'ai dit toute la vérité, parce que j'estime la nation ; mais sachez que les bulletins, qui sont exacts, exagèrent cependant plutôt les pertes qu'ils ne les diminuent.

Je viens de recevoir la relation du prince de Schwarzenberg : je la fais mettre dans *le Moniteur*.

NAPOLÉON.

D'après la copie comm. par M. le duc de Cambacérès.

OBSERVATIONS DE L'EMPEREUR
SUR LA RELATION DE LA BATAILLE DE LEIPZIG PAR LE PRINCE DE SCHWARZENBERG [1].

L'Empereur Napoléon avait rassemblé, le 15 de ce mois, sa force entière près de Leipzig, son aile droite postée près de Connewitz, le centre près de Probstheyda et l'aile gauche près de Stœtteritz, et avait fait occuper par des forces considérables les villages de Dœlitz, Wachau et Holzhausen.

---

[1] Cette relation ni les observations de l'Empereur n'ont été reproduites par *le Moniteur*.

qui étaient devant sa ligne. Il avait opposé à l'armée du général de cavalerie Blücher deux ou trois corps d'armée, au nombre desquels se trouvaient aussi des troupes de la Garde. Le corps du général Reynier, qui avait été renforcé par des détachements d'autres corps, était ce jour-là près de Wittenberg, où il avait passé l'Elbe pour faire des démonstrations sur la rive droite, vers Roslau. On résolut d'attaquer l'ennemi, le 16 au matin, avec la grande armée, et l'armée du général Blücher, qui était arrivée près de Schkeuditz.

Le général Blücher avançait de Schkeuditz, en passant le ruisseau de Partha, sur Leipzig. Le feldzeugmeister comte de Gyulai avançait de Lützen sur Lindenau; le général de cavalerie comte de Merveldt, avec le corps de réserve autrichien, avançait de Pegau par Zwenkau dans la direction de Connewitz; le général de cavalerie comte de Wittgenstein avançait avec le corps du général lieutenant de Kleist et du général de cavalerie comte de Klenau, par Crœbern et Güldengossa, sur Liebertwolkwitz.

L'attaque de la grande armée a commencé à huit heures. L'ennemi a déployé une masse de forces de 140 à 150,000 hommes; il paraissait vouloir surtout déborder notre aile droite, et montrait près de Liebertwolkwitz de grandes masses de cavalerie.

La bataille a commencé par une canonnade très-vive sur tous les points; plus de mille bouches à feu jouaient les unes contre les autres.

L'attaque de Connewitz n'était pas praticable en front, parce que l'ennemi défendait le pont et la digue avec beaucoup d'artillerie et d'infanterie, et que le terrain rendait impossible d'y opposer de l'artillerie.

Aussitôt que l'on vit que l'ennemi mettait de grandes colonnes d'attaque en mouvement sur le centre et l'extrémité de l'aile droite, le général en chef feld-maréchal prince de Schwarzenberg fit passer tout le corps de réserve autrichien, sous les ordres du prince héréditaire de Hesse-Hombourg, par Gaschwitz et Deuben, sur la rive droite de la Pleisse, et ordonna qu'il se formât devant Crœbern.

Les généraux comte de Wittgenstein, de Kleist et comte de Klenau ont repoussé toutes les attaques de l'ennemi.

Le général en chef Barclay de Tolly soutenait le centre avec le corps de grenadiers et quelques régiments de grenadiers de la garde. A cette occasion le corps de Kleist a enlevé cinq canons.

Au moment où la tête de la cavalerie de réserve autrichienne, sous les ordres du feld-maréchal lieutenant comte de Nostitz, débouchait de Crœbern, l'ennemi avait réussi sur l'aile gauche à s'avancer jusque près de Crœbern avec une grande masse de cavalerie soutenue par plusieurs carrés d'infanterie. Le feld-maréchal lieutenant comte de Nostitz ne perdit pas un instant : il s'est jeté avec sa cavalerie sur la cavalerie ennemie, l'a renversée, a sabré plusieurs carrés d'infanterie et les a entièrement rompus. Le prince héréditaire de Hesse-Hombourg s'est avancé sur les hauteurs de Markleeberg avec la division du feld-maréchal lieutenant Bianchi qui avait débouché de Crœbern immédiatement après la cavalerie. Le feld-maréchal lieutenant Bianchi a dirigé le feu de son artillerie sur le flanc gauche de la ligne ennemie, l'a repoussée et lui a pris huit canons.

L'ennemi entreprit alors, avec une hardiesse étonnante, une attaque sur l'aile

Qui est resté maître des villages de Liebertwolkwitz, de Dœlitz, de Wachau?

Qui a perdu deux régiments de cuirassiers et 500 prisonniers de cavalerie autrichienne et russe?

Faux, très-faux!

La cavalerie ennemie a été sabrée, ramenée, et a perdu la moitié de son monde. Les cuirassiers de Latour-Maubourg, la Garde à cheval et les Polonais du prince Poniatowski s'y sont couverts de gloire.

Controuvé, faux, très-faux.

droite; son intention était de la séparer du centre. Les généraux de cavalerie comte de Wittgenstein et comte de Klenau le reçurent encore avec le plus grand sang-froid, et même, lorsqu'il se fut avancé avec sa colonne de cavalerie jusque près de Güldengossa, les grenadiers russes restèrent inébranlables.

Le feu bien dirigé de l'artillerie et une attaque brillante du régiment de Cosaques de la garde, sous les ordres de l'adjudant général de Sa Majesté l'empereur de toutes les Russies, le général comte Orlof-Denizof, a forcé l'ennemi à se retirer jusque derrière Wachau. Le feld-maréchal commandant en chef a ordonné un mouvement général en avant pour être entièrement maître du plateau de Wachau.

Les gardes russes et la division de grenadiers autrichiens de Weissenwolf ont été destinés à soutenir cette attaque par laquelle l'ennemi a été repoussé bien au delà de sa première position.

Le général de cavalerie comte de Merveldt était chargé de forcer le passage de la Pleisse près du village de Connewitz, sur les derrières de l'aile droite de l'ennemi. Vers le soir, ce général réussit à passer la rivière; mais une force ennemie bien supérieure obligea le bataillon qui avait passé la Pleisse à reculer. Le cheval du général Merveldt fut tué; lui-même fut légèrement blessé et fait prisonnier.

Le feld-maréchal lieutenant prince de Liechtenstein s'est maintenu toute la journée, avec une partie du corps de Merveldt, dans sa position, malgré les attaques les plus vives. Le feldzeugmeister comte de Gyulai a pénétré jusqu'à Lindenau, où l'en-

Mais Güldengossa est à une lieue de votre champ de bataille. Pour avoir été réduit à défendre Güldengossa, il fallait avoir perdu Liebertwolkwitz que vous avez attaqué sept fois, où vous avez laissé 5,000 cadavres.

Vous aviez donc Wachau! Vous aviez donc dépassé le défilé et le débouché que vous aviez perdu! Vous avez là, comme à la gauche, été ramenés à une lieue du champ de bataille.

Quoi! vous avez été maîtres de Wachau! Quoi! vous avez couché sur le champ de bataille, même sur notre position! 300,000 hommes ont été témoins du fait : vos propres officiers vous désavouent.

Le comte Merveldt avait pris position après avoir repoussé les avant-postes du prince Poniatowski. Il fut attaqué par le général Curial, le village repris, et il fut pris avec 1,200 hommes. Une division de 10,000 hommes fut mise en déroute.

Jamais. S'il avait pénétré jusqu'à Lindenau, le comte Bertrand n'aurait pas pu déboucher. Le secrétaire qui a écrit cela ne connaît pas les localités.

nemi, favorisé par le terrain, fit la résistance la plus opiniâtre; il lui enleva deux canons.

Le général de cavalerie Blücher a battu l'ennemi de son côté, l'a chassé de Mœckern, lui a pris une aigle de la garde marine, trente pièces de canon et 2,000 prisonniers.

La nuit mit fin à la bataille de cette journée.

Cela est vrai, hormis qu'il n'a pris que dix canons démontés et 700 prisonniers au lieu de 2,000.

Oui, mais nous avons ramassé vos blessés, nous sommes restés maîtres du champ de bataille, de toutes vos positions; nous avons compté plus de 11,000 morts à vous. Nous avons pris six drapeaux, quinze pièces de canon et 7,000 prisonniers, dont plusieurs colonels et officiers.

Le général de cavalerie de Bennigsen, après avoir laissé un corps d'armée assez considérable devant Dresde, s'était mis en marche pour joindre la grande armée; mais, malgré les plus grands efforts, il ne put venir le 17 que jusqu'à Colditz, et le feldzeugmeister comte de Colloredo, qui avait pris sa route par Freyberg et Chemnitz, ne put arriver que jusqu'à Borna.

Le prince royal de Suède, qui était près de Kœthen, s'étant convaincu que les mouvements du général Reynier n'étaient que des démonstrations, résolut de se réunir au général Blücher pour couper ce corps ennemi, ou bien, dans le cas où il se réunirait à l'armée française, pouvoir participer à l'attaque générale dans les plaines de Leipzig. Il s'avança à cet effet, le jour même, jusque près de Halle. L'armée du prince royal, le corps d'armée du général Bennigsen et le corps du feldzeugmeister comte de Colloredo étant, le 17, encore tellement éloignés de la grande armée, qu'ils ne pou-

Cependant vous dites que c'est vous qui avez attaqué; cependant, dans votre ordre du jour du 15, vous dites que le 16 il y aurait bavaient arriver à temps pour prendre une part active à la bataille, le feld-maréchal général en chef jugea à propos d'attendre au lendemain pour renouveler le combat. Le soir du 17, le général de Bennigsen est arrivé à Naunhof, et le feldzeugmeister comte de Colloredo avait rejoint la grande armée.

La force principale de l'ennemi s'était mise le 18 en ordre de bataille, depuis Connewitz, par Dœsen, en avant de Wachau, vers Fuchshayn et Seifertshayn, et avait détaché des corps d'armée contre le général Blücher.

L'ennemi continua de tenir Leipzig fortement occupé.

L'attaque principale commença sur trois colonnes, le matin à huit heures.

Le général en chef y destina la colonne du général de cavalerie baron de Bennigsen et du général comte de Klenau, marchant sur la droite du corps d'armée. La 2ᵉ colonne, sous le commandement du général en chef Barclay de Tolly, était formée des corps d'armée du général de cavalerie comte de Wittgenstein et du lieutenant général de Kleist; elle avait pour réserve toutes les gardes russe et prussienne. La 3ᵉ colonne, sous le commandement du général de cavalerie prince héréditaire de Hesse-Hombourg, était formée des divisions de Bianchi, du prince Aloys de Liechtenstein, du comte Weissenwolf et du comte Nostitz. Le général feldzeugmeister comte de Colloredo suivait avec sa division pour en former la réserve.

La 1ʳᵉ colonne avança de Seifertshayn dans la direction de Holzhausen ; la 2ᵉ de Güldengossa vers les hauteurs de Wachau, pendant que la 3ᵉ tenait occupé le plateau entre Dœsen et Lœsnig. L'ennemi faisait tous ses efforts pour arrêter les progrès de nos colonnes ; mais rien n'a pu résister à la bravoure des troupes alliées. Il a été repoussé

taille générale : vos moyens étaient donc réunis.

Cela est faux : le 18, à deux heures du matin, l'armée a pris une position qui a été le champ de bataille du 18.

Il n'y avait qu'un rideau de cavalerie à trois heures du matin ; l'armée était dans ses positions de bataille du 18. La bravoure des troupes alliées ne s'est donc pas montrée ce matin-là.

d'une position dans l'autre, de manière qu'à l'entrée de la nuit il était resserré dans la position depuis Connewitz, par Probstheyda, jusqu'à Zweynaundorf.

Toute la journée du 18 l'armée française a gardé son champ de bataille, et, à la nuit, vous étiez donc loin de ses positions. Wachau, Lœsnig sont restés en son pouvoir. Vous avez échoué dans toutes vos attaques.

L'ennemi était fortement poussé par l'aile droite, et on lui a pris sept canons.

Le prince royal de Suède chassa l'ennemi devant lui et avança vers Paunsdorf, pendant que le général Blücher passait la Partha avec plusieurs divisions de son armée.

Cela est matériellement faux.

Deux régiments de cavalerie wurtembergeoise, sous le commandement du général Normann, deux régiments de cavalerie saxonne et sept bataillons de fusiliers avec quatre batteries de vingt-six bouches à feu, sous le commandement du général de Ryssel, abandonnèrent ce jour-là les rangs de l'ennemi et se réunirent à l'armée des alliés pour défendre la cause de l'Allemagne concurremment avec elle.

Oui, des traîtres ont été pour vous, mais sans changer la face des affaires. Ils ont été écrasés et obligés de fuir.

Dès dix heures du matin, l'armée française avait commencé sa retraite sur les routes de Merseburg et de Weissenfels; elle continua ce mouvement toute la journée et la nuit suivante.

Cela est faux.

Comme il n'était pas possible de jeter au delà de l'Elster autant de troupes qu'il en aurait fallu pour attaquer l'ennemi avec succès, au moment où il déboucha de Lindenau, le général Gyulai reçut ordre de se rendre vers Pegau avec sa division, et de se borner à harceler l'ennemi avec ses troupes légères.

Cela est faux.

Le 19, au commencement du jour, l'ennemi n'occupait plus que Zweynaundorf et le moulin à vent vers Connewitz. L'at-

Le 19, à la pointe du jour, l'armée était en marche sur la Saale, pour refaire ses munitions.

taque générale se renouvela à sept heures, et l'ennemi se rejeta vers Leipzig, où il chercha à gagner du temps pour sauver ses troupes et son artillerie.

A cet effet, il envoya des parlementaires chargés de proposer de rendre le reste des troupes saxonnes, à condition que l'on ne bombarderait point la ville et qu'on accorderait une libre sortie à l'armée et à ses effets.

L'ennemi voulait continuer à défendre la ville; les alliés entrèrent malgré la résistance qu'on leur opposait. Les Saxons, rangés sur la place, tournèrent leurs armes contre les Français; un régiment d'infanterie badoise suivit l'exemple des Saxons, et la mêlée devint générale.

Les résultats de ces opérations, aussi profondément conçues qu'heureusement exécutées, et d'après lesquelles toutes les armées se sont concentrées sur un même point, sont, pendant ces trois jours glorieux, cent cinquante bouches à feu et 600 caissons et fourgons, plus de 8,000 prisonniers de guerre, parmi lesquels se trouvent les trois commandants de corps d'armée, les généraux Lauriston, Reynier et Bertrand, avec dix autres généraux.

Le prince Poniatowski, nommé maréchal de l'empire français le 16, ne trouvant plus d'issue par le pont, voulut se sauver en traversant l'Elster à la nage; mais il y trouva la mort, d'après la déposition de ses aides de camp prisonniers de guerre.

Ce même soir, huit régiments polonais abandonnèrent les drapeaux ennemis et se rangèrent du côté des alliés.

Il n'y avait alors qu'une arrière-garde et point de munitions.

Faux, très-faux! La ville de Leipzig a envoyé un parlementaire demander que l'armée l'épargnât. On crut devoir accorder cela; cela est conforme à l'usage militaire.

Comment voulait-on défendre la ville, puisqu'il n'y avait que des Saxons et point de Français? Soyez donc conséquents.

Cela est faux : vous avez pris un parc de quatre-vingts bouches à feu, par la catastrophe du pont que l'on a par malheur fait sauter.

Vous avez fait au plus 1,500 prisonniers de guerre, sans les malades. Leipzig ayant été un grand hôpital où il y en avait eu jusqu'à 16,000, il en restait 4,000; vous avez donc fait 5,500 prisonniers.

Le général Bertrand, que vous avez pris, est un général de brigade commandant la place, qui fut surpris avec le trésor.

Cela n'est pas croyable : les Polonais ne sont pas traîtres et ils

Le champ de bataille, de trois lieues de long et autant de large, sur lequel on avait combattu pendant près de trois jours pour la cause de l'Allemagne et pour la tranquillité de l'Europe, est tellement couvert des morts de l'ennemi, qu'on peut estimer la perte que l'armée française a essuyée sur tous les points au moins à 40,000 hommes. La perte des armées alliées se monte tout au plus à 10,000 hommes, tant en morts qu'en blessés.

Les trois monarques alliés étaient hier, jour décisif, sur les hauteurs entre Wachau et Probstheyda.

haïssent trop les tyrans de leur patrie pour.....[1]

Le champ de bataille a été en notre pouvoir; vous le savez aussi bien que nous. Nous y avons compté trois alliés pour un Français.

Mais nous avons fait 7,500 prisonniers, et avons compté 21,000 cadavres sur le champ de bataille le 16 et le 18[2].

Au quartier général de Gotha, 19 octobre 1813.

D'après l'original. Archives de l'Empire.

20851. — AU GÉNÉRAL SAVARY, DUC DE ROVIGO,
MINISTRE DE LA POLICE GÉNÉRALE, À PARIS.

Mayence, 3 novembre 1813.

Monsieur le Duc de Rovigo, vos alarmes et votre peur à Paris me font rire; je vous croyais dignes d'entendre des vérités. Partez du principe que mon infanterie, mon artillerie et même ma grosse cavalerie ont une telle supériorité que je ne crains rien. Je battrai l'ennemi plus vite que vous ne croyez. Vous verrez dans *le Moniteur* le rapport du prince Schwarzenberg. Il est faux dans toutes les parties; cependant il ne porte les prisonniers à Leipzig qu'à 8,000 et la plupart de ce nombre se composait de blessés et de malades qu'on n'avait pas pu transporter.

Le général Reynier est échangé contre le général Merveldt.

Ma présence est trop nécessaire à l'armée pour que je parte en ce moment.

[1] Quelques mots illisibles. — [2] Les observations de l'Empereur sont toutes de sa main.

J'attends un travail du ministre des finances qu'il ne m'a pas encore envoyé.

Quand il sera nécessaire, je serai à Paris.

D'après la minute. Archives de l'Empire.

20852. — A M. GAUDIN, DUC DE GAËTE,
MINISTRE DES FINANCES, À PARIS.

Mayence, 3 novembre 1813.

Monsieur le Duc de Gaëte, il y a bien longtemps que je vous ai écrit de Dresde pour vous faire connaître mes intentions sur les finances; je n'ai pas reçu de réponse : il est bien temps que vous me l'envoyiez avec l'évaluation de ce que produira l'impôt extraordinaire de cinquante centimes, et le projet de décret. Cela fera cesser tout le vague et fera voir la bonté de la situation de mes finances.

D'après la minute. Archives de l'Empire.

20853. — AU COMTE MOLLIEN,
MINISTRE DU TRÉSOR PUBLIC, À PARIS.

Mayence, 3 novembre 1813.

Monsieur le Comte Mollien, je reçois la lettre sans date que vous aviez chiffrée et dont le déchiffrement n'a pu m'être remis qu'en ce moment. Vous me proposez le tiercement des contributions foncières devant produire 120 millions : mon projet est d'imposer un supplément de cinquante centimes; cela fera donc 180 millions; j'adopte le doublement de l'impôt sur le sel, 40 millions; j'adopte également le doublement de la contribution mobilière, 30 millions; total, 250 millions.

Je mets cinquante centimes de guerre sur les droits réunis, sur les tabacs, sur les postes, sur les octrois de toutes les villes. J'attends l'évaluation de ce que cela produira; je ne m'amuse pas à en faire le détail, que vous et le ministre des finances ferez bien plus facilement: mais je suppose que cela produira également 250 millions, et que cela donnera ainsi 500 millions d'extraordinaire.

Je désire que les ministres montrent du calme et de la confiance. Mon infanterie, mon artillerie et ma grosse cavalerie ont une telle supériorité sur celles de l'ennemi, que je ne suis pas en peine de dissoudre cette coalition aussitôt que les autres. Le principal est de connaître à qui j'ai affaire, de n'avoir pas d'ennemis dans les rangs et de ne plus craindre de coups de Jarnac au milieu d'une bataille. C'est dans ce sens qu'il faut s'exprimer.

J'ai convoqué le Corps législatif pour le 2 décembre[1]. Mais aussitôt que vous m'aurez rédigé le décret dans ce sens, de concert avec le ministre des finances, je le prendrai aussitôt, puisqu'il avancera de six semaines la perception.

NAPOLÉON.

D'après l'original comm. par Mme la comtesse Mollien.

20854. — AU GÉNÉRAL CLARKE, DUC DE FELTRE,
MINISTRE DE LA GUERRE, À PARIS.

Mayence, 3 novembre 1813.

Monsieur le Duc de Feltre, je donne ordre au major général de vous envoyer seize drapeaux pris aux batailles de Wachau, de Leipzig et de Hanau. Vous trouverez ci-jointe une lettre que j'écris à l'Impératrice à ce sujet. Mon intention est que vous traversiez tout Paris avec ces drapeaux, et que vous les présentiez à l'Impératrice, assise dans la salle du trône, suivant l'étiquette, à la place que doit occuper la Régente, et environnée du Sénat et des autres autorités. Vous lui ferez lecture de ma lettre, et vous y ajouterez un petit compliment, dans lequel vous direz que ces drapeaux sont un témoignage de la bravoure des armées françaises et des succès qu'elles ont obtenus aux trois batailles. Je crois qu'il n'y a que seize drapeaux, et que les quatre autres ont été perdus.

L'Impératrice ayant répondu à votre discours, vous ferez transporter les drapeaux aux Invalides. Je désire qu'à cette occasion vous y fassiez porter aussi une centaine de drapeaux, dont six anglais, qui ont été pris

---

[1] Par décret du 29 novembre, l'ouverture de la session fut remise au 19 décembre.

en Espagne. On les y portera sans pompe; mais vous donnerez ordre que les six drapeaux anglais enlevés à la bataille d'Albufera y soient remis avec pompe. Quant aux seize drapeaux, vous ferez placer aux Invalides une table de marbre sur laquelle sera cette inscription : *Drapeaux pris aux batailles de Wachau, de Leipzig et de Hanau*, et de plus ma lettre à l'Impératrice. Les quarante drapeaux que j'avais pris à la bataille de Dresde ont été malheureusement laissés dans cette ville.

Vous savez depuis longtemps ce que je pense de ces pompes militaires; mais dans la circonstance actuelle je crois qu'elles seront utiles. Je n'ai pas besoin de vous dire que chaque drapeau doit être porté par un officier à cheval et que vous devez marcher en grand cortége. Comme je n'ai pas le temps d'écrire à l'archichancelier, montrez-lui ma lettre, et concertez-vous avec lui pour donner à cela autant de pompe qu'il sera possible.

D'après la minute. Archives de l'Empire.

20855. — AU GÉNÉRAL CLARKE, DUC DE FELTRE,
MINISTRE DE LA GUERRE, À PARIS.

Mayence, 3 novembre 1813.

Monsieur le Duc de Feltre, écrivez au ministre du trésor, conformément aux demandes portées dans votre rapport du 26 octobre, de vous donner un million par mois pour les fusils, et de payer les deux millions que vous devez aux manufactures. Moyennant ce, je compte que vous porterez la fabrication à 26,000 fusils par mois, et que vous aurez réparé les 90,000 fusils qui sont à réparer. Il n'est aucune espèce de doute qu'il faut pousser la fabrication à 30,000 fusils par mois, ce qui ferait 360,000 par an. Je remarque dans votre rapport qu'il ne faut point donner des fusils à Naples, ni aux princes de la Confédération. J'y remarque aussi qu'il faut donner aux gardes nationales des fusils étrangers, même des fusils qui ne seraient point de notre calibre; vous devez en avoir beaucoup.

D'après la minute. Archives de l'Empire.

20856. — AU GÉNÉRAL CLARKE, DUC DE FELTRE,
MINISTRE DE LA GUERRE, À PARIS.

Mayence, 3 novembre 1813.

Monsieur le Duc de Feltre, j'ai lu avec attention votre rapport du 21 octobre. Je vois que vous avez créé neuf cohortes urbaines pour la défense de Huningue, Belfort, Neuf-Brisach, Schlestadt, Strasbourg, Landau et Lauterbourg. Cette mesure me paraît fort bonne. Vous avez créé une légion de six cohortes dans le département du Haut-Rhin, et une pareille légion dans celui du Bas-Rhin; et une légion de huit cohortes dans chacun des départements des Vosges, de la Meurthe, de la Haute-Marne et de la Haute-Saône, et un cinquième département que vous avez oublié de nommer: ce qui fait sept légions et cinquante-deux cohortes. Ces cinquante-deux cohortes seront nécessaires pour la garde de la frontière depuis Mayence jusqu'à Wesel, ne jugeant pas à propos de confier aux nouveaux Français du Mont-Tonnerre et de la Roër la défense de cette partie de la frontière. Il reste à savoir si l'on prendra les quatre compagnies de chaque cohorte, ce qui ferait 31,200 hommes, ou simplement les compagnies de grenadiers et de chasseurs, ce qui ferait 15,600 hommes. Dans ce dernier parti, qui me paraît le plus raisonnable, pour ne pas trop charger ces départements, il faudrait créer sept autres légions dans les départements de l'ancienne France qui ne sont pas compris dans votre travail, tels que ceux des Ardennes et de la Champagne, en choisissant les plus à proximité de Wesel et de Mayence. Nous aurions alors 32,000 hommes pour garder Wesel, Venlo, Juliers, Coeverden, Grave, etc. et border la frontière.

J'ai levé les gardes nationales pour défendre Cherbourg, Boulogne et Anvers; elles doivent être organisées et armées, et même habillées. Ne serait-il pas possible de leur faire demander à venir défendre la frontière du Rhin et du Nord, n'y ayant rien à faire sur les côtes pendant l'hiver? Si ces gardes nationales faisaient volontairement cette demande, je les dirigerais toutes sur Wesel, Utrecht et Gorcum. Faites-moi connaître si ces gardes nationales sont habillées et armées, l'état de leur instruction et leur nombre, et voyez si, dans les circonstances actuelles, on pourrait obtenir cela d'elles.

D'ici au printemps nous aurons de nouvelles gardes nationales et la conscription de 1815. Si cela pouvait donner 15 ou 20,000 hommes, cela serait un bon secours pour Wesel.

NAPOLÉON.

D'après la copie. Archives de l'Empire.

20857. — AU PRINCE DE NEUCHÂTEL ET DE WAGRAM,
MAJOR GÉNÉRAL DE LA GRANDE ARMÉE, À MAYENCE.

Mayence, 3 novembre 1813.

Mon Cousin, les quatre régiments de gardes d'honneur seront placés de la manière suivante : le 1er à Worms, surveillant le Rhin depuis Oppenheim jusque vis-à-vis Manheim; le 2e à Spire, surveillant le Rhin depuis la hauteur de Manheim jusqu'à Gemersheim; le 3e à Landau, surveillant le Rhin depuis Gemersheim jusqu'à Lauterbourg; le 4e à Strasbourg, surveillant le Rhin depuis Lauterbourg jusqu'à Strasbourg. Donnez des ordres pour que tous les détachements qui sont en route se détournent pour rejoindre leurs régiments dans leurs emplacements respectifs. Tout ce qui est à l'armée partira aujourd'hui de Mayence pour s'y rendre, et tout ce qui est disponible aux dépôts des quatre régiments s'y rendra directement. Vous donnerez ordre aux colonels de ces régiments de s'y rendre eux-mêmes pour diriger l'instruction et le service de leurs corps.

Il sera attaché à chacun des régiments une batterie d'artillerie à cheval, pour mieux garder le fleuve et se porter partout où il serait nécessaire.

NAPOLÉON.

D'après l'original. Dépôt de la guerre.

20858. — AU PRINCE DE NEUCHÂTEL ET DE WAGRAM,
MAJOR GÉNÉRAL DE LA GRANDE ARMÉE, À MAYENCE.

Mayence, 3 novembre 1813.

Mon Cousin, donnez ordre au duc de Bellune de se rendre à Strasbourg et d'y prendre le commandement de la frontière depuis Huningue jusqu'à Landau.

Donnez ordre au duc de Raguse de prendre le commandement de la rive gauche du Rhin depuis Coblentz jusqu'à Landau.

Ainsi les trois maréchaux ducs de Tarente, de Raguse et de Bellune se trouveront avoir le commandement supérieur depuis la Hollande jusqu'à la Suisse.

Les généraux de division et de brigade commandant les départements des 25º, 26º et 5º divisions militaires seront continués dans leurs fonctions; mais ils correspondront chacun avec les maréchaux chargés de la surveillance supérieure de cette partie de la frontière.

Le général Dubreton prendra le commandement du 2º corps et correspondra directement avec vous.

NAPOLÉON.

D'après l'original. Dépôt de la guerre.

20859. — AU PRINCE DE NEUCHÂTEL ET DE WAGRAM,
MAJOR GÉNÉRAL DE LA GRANDE ARMÉE, À MAYENCE.

Mayence, 3 novembre 1813.

Mon Cousin, donnez ordre au 2º corps de cavalerie de repasser le Rhin et de se diriger sur la position qu'il doit occuper. Donnez le même ordre au 1er corps de cavalerie.

Donnez ordre à la vieille Garde à pied de repasser le Rhin et d'être cantonnée cette nuit dans la ville de Mayence.

Donnez ordre au général Walther de passer demain de bonne heure le pont de Mayence, et de se rendre dans ses cantonnements.

Enfin, donnez ordre au général Curial de partir demain avec ses deux divisions, et de se rendre également dans ses cantonnements.

De sorte que demain toute l'armée aura passé le Rhin, hormis le corps du général Bertrand, composé de ses quatre divisions, et le corps du maréchal duc de Trévise, qui prendra position en avant de Kastel.

Le général Durutte portera ce soir son quartier général dans le fort

Montebello et y cantonnera sa division. Il fera prendre dans les villages les plus voisins tout ce qui est nécessaire pour se baraquer.

NAPOLÉON.

D'après l'original. Dépôt de la guerre.

20860. — AU GÉNÉRAL COMTE BERTRAND,
COMMANDANT LE 4ᵉ CORPS DE LA GRANDE ARMÉE, À MAYENCE.

Mayence, 3 novembre 1813.

Monsieur le Général Bertrand, mon intention, si j'étais obligé d'évacuer Mayence, est de vous charger avec votre corps de la défense de la place, et, pendant le temps que je serai à Mayence avec l'armée, mon intention est que vous restiez sur la rive droite, comme commandant l'avant-garde de l'armée. Kastel, le fort Montebello et le fort Saint-Hilaire seront sous vos ordres.

Je vais monter à cheval pour reconnaître l'emplacement d'un camp retranché entre Hochheim et Biberich. On m'assure qu'il y a une série de hauteurs formant 3,000 toises. Ce serait huit bonnes redoutes à faire, et Biberich et Hochheim à retrancher. Ces huit redoutes pourraient être faites en huit jours, et alors votre corps, composé de quatre divisions, et qui sera porté de 25 à 30,000 hommes, serait parfaitement en sûreté derrière ce camp, et l'ennemi menacé à chaque instant de voir toute l'armée déboucher par là.

Votre corps se compose de la division Morand, de la division Guilleminot, de la division Semellé et de la division Durutte. Une vingtaine de bataillons qui n'ont pas fait la guerre et que j'ai ici vont vous être envoyés pour compléter les divisions Durutte et Semellé, et plusieurs milliers de conscrits vont être dirigés sur les divisions Morand et Guilleminot.

Faites-moi passer l'organisation actuelle des divisions Semellé et Durutte, et de la division Margaron, qui doit être supprimée et incorporée dans ces deux divisions.

J'ai ordonné que l'on construise un nouveau pont à Mayence.

Le général Gressot a ordre de prendre le commandement de Kastel et des ouvrages sur la rive droite.

NAPOLÉON.

D'après l'original comm. par M. le général comte Henry Bertrand.

20861. — A EUGÈNE NAPOLÉON,

VICE-ROI D'ITALIE, À VÉRONE.

Mayence, 3 novembre 1813.

Mon Fils, le roi de Naples me mande qu'il sera bientôt à Bologne avec 30,000 hommes. Cette nouvelle vous permettra de vous maintenir en communication avec Venise, et donnera le temps d'attendre toute l'armée que je forme pour pouvoir reprendre le pays de Venise. Agissez avec le Roi le mieux qu'il vous sera possible; envoyez-lui un commissaire italien pour assurer la nourriture de sa troupe, et faites-lui toutes les prévenances possibles, afin d'en tirer le meilleur parti. C'est une grande consolation pour moi que, moyennant cette arrivée, je n'aie plus rien à craindre pour l'Italie.

Je vous ai mandé que toutes les troupes italiennes qui étaient en Aragon, en Catalogne et à Bayonne étaient en marche.

D'après la minute. Archives de l'Empire.

20862. — AU PRINCE CAMBACÉRÈS,

ARCHICHANCELIER DE L'EMPIRE, À PARIS.

Mayence, 4 novembre 1813.

Mon Cousin, je reçois votre lettre du 1er novembre.

Vous aurez reçu la convocation du Corps législatif pour le 2 décembre[1]. Il faut qu'on prépare au Conseil d'état tout ce qu'on doit y porter, et que les ministres des finances et du trésor préparent leurs comptes. J'espère faire moi-même l'ouverture.

NAPOLÉON.

D'après la copie comm. par M. le duc de Cambacérès.

[1] Voir la note de la page 472.

20863. — AU BARON MARCHANT,

INTENDANT GÉNÉRAL DE LA GRANDE ARMÉE, À MAYENCE.

Mayence, 4 novembre 1813.

Vous verrez, par la lettre ci-jointe, jusqu'où le mal est porté. Ordonnez donc que les blessés soient transportés au port franc, qui peut en contenir jusqu'à 3,000, et, comme le propose ce négociant, qu'on requière les chaudières des brasseurs pour faire de la soupe, et qu'on en demande à la municipalité. Témoignez mon mécontentement aux chirurgiens et aux médecins, et faites-les rester en permanence à l'hôpital. Prenez aussi des mesures pour faire enterrer les morts.

D'après la minute. Archives de l'Empire.

20864. — A MADAME LA COMTESSE TYSZKEWICZ[1].

Mayence, 6 novembre 1813.

Madame la Comtesse Tyszkewicz, la perte que nous avons faite est bien grande. Le prince Poniatowski est mort glorieusement après m'avoir rendu de grands services, pour lesquels je l'avais nommé maréchal de France. Vous trouverez toujours près de moi protection et le plus vif intérêt. J'ai ordonné à mon ministre secrétaire d'état de vous expédier le brevet d'une pension de 50,000 francs, et de vous envoyer les brevets et autres marques de satisfaction que j'avais donnés à votre frère.

D'après la minute. Archives de l'Empire.

20865. — AU PRINCE CAMBACÉRÈS,

ARCHICHANCELIER DE L'EMPIRE, À PARIS.

Mayence, 6 novembre 1813.

Mon Cousin, j'ai reçu votre lettre du 3. Ma présence est encore nécessaire ici pour la réorganisation de mon armée. Aussitôt que les affaires me permettront de m'éloigner, je me rendrai à Paris.

NAPOLÉON.

D'après la copie comm. par M. le duc de Cambacérès.

[1] Sœur du prince Poniatowski.

20866. — AU GÉNÉRAL CLARKE, DUC DE FELTRE,
MINISTRE DE LA GUERRE, À PARIS.

Mayence, 6 novembre 1813.

Monsieur le Duc de Feltre, faites-moi connaître la situation des dix brigades de cavalerie de l'armée d'Espagne au 1er novembre. Puis-je compter au 1er décembre sur 16,000 chevaux? Il serait possible que j'en retirasse des Pyrénées pour les reporter sur l'Italie et le Rhin, attendu que, ne voulant pas faire la guerre offensive en Espagne, et renforçant de beaucoup l'infanterie de cette armée, la cavalerie y devient à peu près inutile.

D'après la minute. Archives de l'Empire.

20867. — AU GÉNÉRAL CLARKE, DUC DE FELTRE,
MINISTRE DE LA GUERRE, À PARIS.

Mayence, 6 novembre 1813.

Monsieur le Duc de Feltre, je vous renvoie le plan de Genève. Ce n'est que l'année prochaine qu'on pourra faire les nouveaux travaux. L'important actuellement est de rétablir l'enceinte, les ponts-levis, les barrières et d'armer la place. Y a-t-il des canons? S'il n'y en a pas, envoyez-en sur-le-champ de Grenoble, et faites qu'au 1er décembre cette place puisse se défendre.

D'après la minute. Archives de l'Empire.

20868. — AU PRINCE DE NEUCHÂTEL ET DE WAGRAM,
MAJOR GÉNÉRAL DE LA GRANDE ARMÉE, À MAYENCE.

Mayence, 6 novembre 1813.

Mon Cousin, donnez ordre qu'il parte aujourd'hui un général du génie et un général d'artillerie pour se rendre à Cologne, auprès du duc de Tarente, et prendre le commandement de l'artillerie et des places depuis Zwolle jusqu'à Coblentz.

Donnez ordre qu'il se rende également un général du génie et un général d'artillerie à Strasbourg, près du duc de Bellune.

Le général Pernety et un général du génie seront près du duc de Raguse, à Mayence.

NAPOLÉON.

D'après l'original. Dépôt de la guerre.

20869. — AU PRINCE DE NEUCHÂTEL ET DE WAGRAM,
MAJOR GÉNÉRAL DE LA GRANDE ARMÉE, À MAYENCE.

Mayence, 6 novembre 1813.

Mon Cousin, donnez ordre au 2ᵉ corps de cavalerie, que commande le général Sebastiani, de se rendre à Cologne, où il sera sous les ordres du duc de Tarente et surveillera le Rhin jusqu'à Wesel.

Donnez ordre au général Sorbier de fournir une batterie d'artillerie légère au 2ᵉ corps de cavalerie et de la diriger sur Cologne.

Donnez ordre au duc de Padoue de se rendre à Coblentz, et de surveiller le Rhin depuis Bingen jusqu'à Coblentz; il sera sous les ordres du duc de Raguse.

Établissez entre Adenau et Bonn la ligne de démarcation qui doit séparer le commandement de Cologne de celui de Mayence.

Donnez ordre au général commandant le 1ᵉʳ corps de cavalerie d'envoyer des piquets pour éclairer le Rhin depuis Mayence jusqu'à Bingen. Cette cavalerie sera à Bingen sous les ordres d'un général de brigade qu'il y enverra et qui correspondra avec le duc de Raguse.

Donnez ordre au général Sorbier d'envoyer une batterie d'artillerie légère au 3ᵉ corps de cavalerie que commande le duc de Padoue. Donnez-lui ordre également d'envoyer une batterie d'artillerie légère au 1ᵉʳ corps de cavalerie. Cette batterie se tiendra à Bingen, sous les ordres du général de brigade qui sera chargé de surveiller cette partie de la rive.

Écrivez au duc de Tarente que le 11ᵉ corps, qui est à Bingen, va se réorganiser, recevoir son artillerie, et se rendre à Cologne avec le 2ᵉ corps de cavalerie.

NAPOLÉON.

D'après l'original. Dépôt de la guerre.

20870. — AU PRINCE DE NEUCHÂTEL ET DE WAGRAM,
MAJOR GÉNÉRAL DE LA GRANDE ARMÉE, À MAYENCE.

Mayence, 7 novembre 1813.

Mon Cousin, je pars cette nuit pour Paris.

Mon intention est que vous vous rendiez demain à Bingen, et que vous passiez successivement la revue de tous les corps pour nommer à toutes les places vacantes, et faire tout ce qui est nécessaire pour mettre de l'ordre dans ces corps.

Vous vous rendrez après cela à Strasbourg; vous y verrez les gardes nationales, et tout ce qu'il y a à faire pour défendre cette frontière.

De là vous me rejoindrez à Paris.

NAPOLÉON.

P. S. Vous m'écrirez tous les jours.

D'après l'original. Dépôt de la guerre.

20871. — AU PRINCE DE NEUCHÂTEL ET DE WAGRAM,
MAJOR GÉNÉRAL DE LA GRANDE ARMÉE, À MAYENCE.

Mayence, 7 novembre 1813.

Mon Cousin, donnez ordre aux généraux qui commandent les 5e, 6e et 2e corps d'armée, le 3e, le 1er et le 5e corps de cavalerie, au général Bertrand, ainsi qu'aux généraux qui commandent la division et la place, de prendre dès demain les ordres du maréchal duc de Raguse.

Donnez de même l'ordre au général Sorbier, au général Rogniat, à l'intendant Marchant et à l'ordonnateur des subsistances, de travailler avec le duc de Raguse pendant tout le temps que je ne serai pas à Mayence.

NAPOLÉON.

D'après l'original. Dépôt de la guerre.

20872. — AU CAPITAINE CARAMAN,
OFFICIER D'ORDONNANCE DE L'EMPEREUR, À MAYENCE.

Mayence, 7 novembre 1813.

Monsieur l'officier d'ordonnance Caraman, rendez-vous à Grave.

Juliers, Venlo et Gorcum, et faites-moi connaître la situation de ces places, sous le point de vue des fortifications, de l'armement et des magasins de vivres. Vous m'écrirez de chaque place. De là, vous vous rendrez à Deventer. Vous irez ensuite passer chez vous quelques jours pour arranger vos affaires. Après cela, vous irez visiter Naarden, Amsterdam, le Helder, et vous viendrez, par Anvers et Flessingue, me rejoindre. Vous m'écrirez de chacune de ces places.

NAPOLÉON.

D'après l'original comm. par M. le duc de Caraman.

20873. — AU MARÉCHAL MONCEY, DUC DE CONEGLIANO,
À PARIS.

Saint-Cloud, 10 novembre 1813.

Mon Cousin, comme vous connaissez parfaitement la frontière d'Espagne, qui est actuellement le théâtre de la guerre, je vous prie de vous rendre chez le ministre de la guerre, de bien méditer la position sur la plus grande carte qu'on pourra trouver. Si cela est nécessaire, faites-en faire un croquis, et lorsque vous serez parfaitement au fait de la situation des choses, vous viendrez me le faire connaître et conférer avec moi sur les ordres qu'il convient de donner.

D'après la minute. Archives de l'Empire.

20874. — AU GÉNÉRAL CLARKE, DUC DE FELTRE,
MINISTRE DE LA GUERRE, À PARIS.

Saint-Cloud, 10 novembre 1813, onze heures du soir.

Monsieur le Duc de Feltre, j'ai lu avec attention votre rapport du 7 novembre. Le directeur de la conscription promet 150,000 hommes au lieu de 120,000. Je désire que ces 150,000 hommes soient distribués de la manière suivante, savoir : conscription de 150,000 hommes, qui se lève actuellement, 25,000 hommes en Italie, 20,000 hommes à la Garde, 8,000 hommes à l'artillerie de ligne, 2,000 hommes au génie, 95,000 hommes à l'infanterie; total, 150,000 hommes.

Ces 150,000 hommes étant insuffisants, je désire en lever 100,000 autres, lesquels seront prélevés sur les années 1806 et 1807, sur les ans XIII et XIV[1] et sur les réserves. S'il était vrai que les conscriptions des années XIII et XIV, évaluées à 600,000 hommes, n'aient fourni que 120,000 hommes, il serait resté 480,000 hommes de disponibles ; si cela était, en en ôtant les mariages et les morts, entre les années XIII, XIV, 1806 et 1807, on pourrait prendre les 100,000 hommes que je désire avoir. Ces 100,000 hommes seraient distribués ainsi qu'il suit, savoir : 15,000 hommes à l'armée d'Italie; 3,000 hommes à l'artillerie, 2,000 hommes au génie, 20,000 hommes à la Garde, 60,000 hommes aux dépôts de la Grande Armée; total, 100,000 hommes.

Ces 250,000 hommes m'offriraient donc ce résultat, savoir : 11,000 hommes pour l'artillerie, 4,000 hommes pour le génie, 40,000 hommes pour la Garde, 40,000 hommes pour l'armée d'Italie, 155,000 hommes pour la Grande Armée; total, 250,000 hommes.

Mais sur les 100,000 hommes qui seraient de nouveau appelés, les départements du Languedoc ne me fourniraient rien. On pourrait sur ces vingt-quatre départements appeler 25,000 hommes pour l'armée des Pyrénées, ce qui, joint à 30,000 hommes fournis à cette armée, ferait 55,000 hommes : cela porterait le recrutement extraordinaire à 125,000 hommes ; c'est donc 125,000 hommes qu'il faut de nouveau appeler. Ces 125,000 hommes seraient ainsi répartis : conscription sur les ans XIII, XIV, 1806 et 1807 : 15,000 hommes à l'armée d'Italie, 3,000 hommes à l'artillerie, 2,000 hommes au génie, 20,000 hommes à la Garde, 60,000 hommes aux dépôts de la Grande Armée, 25,000 hommes pour l'armée des Pyrénées.

La conscription de 1815 est censée être de 160,000 hommes : je pourrai en appeler 200,000 ; ce qui me produira les 500,000 hommes dont j'ai besoin. Mais pour donner une couleur à cette mesure il faudrait s'exprimer ainsi :

§ 1er. Il sera formé quatre armées de réserve, savoir : une à Bordeaux, une à Turin, une à Metz et une à Anvers; chacune de ces armées de 100,000 hommes.

[1] Les années 1804 et 1805.

§ 2. Indépendamment des hommes mis à la disposition du ministre de la guerre par le sénatus-consulte de tel jour, il est mis à sa disposition 125,000 hommes sur les conscriptions des années xiii, xiv, 1806 et 1807.

Voilà la base du sénatus-consulte que je vous prie de me porter demain, au conseil privé, rédigé définitivement.

Les 125,000 hommes, anciens conscrits, seraient, comme je l'ai dit plus haut, incorporés avec les 180,000 hommes de la levée de réserve, ce qui ferait un renfort de 305,000 hommes, et les armées de réserve seraient formées avec les 200,000 hommes de la conscription de 1815. savoir : conscription de 1815 : 30.000 hommes à Bordeaux, 30,000 hommes à Turin, 80,000 hommes à Metz, 40,000 hommes à Anvers: 20,000 hommes de cette conscription seraient réservés pour la Garde, le génie, l'artillerie, la cavalerie et les équipages militaires. Cet ensemble paraît satisfaire à tous les besoins.

L'armée des Pyrénées aurait donc reçu 30,000 hommes, qu'elle reçoit actuellement, 25,000 hommes par le nouveau sénatus-consulte, 30,000 hommes sur 1815; total, 85,000 hommes.

L'armée d'Italie aurait reçu 25,000 hommes de la conscription qui se lève actuellement, 15,000 hommes sur les 125,000 des ans xiii et xiv, 30,000 hommes de l'armée de réserve; total, 70,000 hommes.

La Grande Armée aurait reçu 95,000 hommes de la conscription actuelle, 60,000 hommes de la conscription des années xiii à 1807: 120,000 hommes des armées de réserve de Metz et d'Anvers; total. 275,000 hommes.

La Garde recevrait 50,000 hommes; l'artillerie, le génie, etc. 25,000 hommes; total, 75,000 hommes.

Nous avons suffisamment de cadres pour les 30,000 hommes levés actuellement pour l'armée des Pyrénées: en avons-nous assez pour les 25,000 hommes que je veux lui donner sur les ans xiii, xiv, 1806 et 1807? Avons-nous assez de cadres pour contenir les 30,000 hommes que je donne à la réserve de Bordeaux?

Y a-t-il assez de cadres pour recevoir les 25,000 hommes que je veux donner à l'armée d'Italie? Y a-t-il assez de cadres pour les 15,000 hommes des conscriptions des années XIII à 1807 et pour les 30,000 hommes de celle de 1815 que je donne à la réserve de Turin?

Enfin, y a-t-il assez de cadres pour les 95,000 hommes que je donne à la Grande Armée sur la levée de 150,000 hommes; pour les 60,000 hommes que je lui donne sur la levée des années XIII, etc. et pour les 120,000 hommes des réserves de Metz et d'Anvers?

Après avoir pourvu aux cadres, il faut pourvoir aux armes; vous y avez pourvu pour ce qui regarde l'armée des Pyrénées. Il faudra y pourvoir pour la levée de 125,000 hommes et pour celle des armées de réserve, ce qui fera 300,000 fusils. Vous avez sept mois jusqu'au mois de mai. A 30,000 fusils par mois, vous en aurez 210,000. On éprouve donc le besoin de parer à une consommation de 200,000 fusils. Votre rapport paraît en fournir les moyens.

D'après la minute. Archives de l'Empire.

20875. — AU COMTE DE MONTALIVET,
MINISTRE DE L'INTÉRIEUR, À PARIS.

Saint-Cloud, 11 novembre 1813.

Monsieur le Comte de Montalivet, écrivez à la Grande-Duchesse que je trouve fort ridicule qu'elle fasse arrêter les personnes qui se refusent à faire partie des députations qu'on envoie à Paris; qu'il y a bien de la gaucherie dans tout cela; que ce n'est pas ainsi que l'on gouverne et que ces actes arbitraires ne peuvent qu'augmenter le mécontentement; qu'au surplus je n'ai pas besoin de députations des Toscans, et qu'il serait honteux de me faire voir ici des gens qui y viendraient malgré eux et sous peine de prison. Témoignez donc mon mécontentement à la Grande-Duchesse, et faites-lui connaître que je désire que cela n'arrive plus désormais.

D'après la minute. Archives de l'Empire.

20876. — AU GÉNÉRAL SAVARY, DUC DE ROVIGO,
MINISTRE DE LA POLICE GÉNÉRALE, À PARIS.

Saint-Cloud, 11 novembre 1813.

Monsieur le Duc de Rovigo, vous avez eu grand tort de faire signifier aux conseillers d'état et sénateurs de Toscane qu'ils devaient se rendre à Paris; vous n'y étiez pas autorisé. Il est ridicule de leur avoir fait faire cette signification par la police. Ainsi ces conseillers d'état et sénateurs vont se considérer comme n'étant plus que des otages! Si la police se mêlait de moins de choses, elle éviterait bien des inconvénients. En général, vous ne devez pas perdre de vue que tout homme à qui la police fait des insinuations se regarde comme insulté et dès lors comme un homme suspect. Une mesure comme celle-là était de nature à être soumise à la régence, qui aurait parfaitement compris l'inconvénient de cette manière d'agir.

D'après la minute. Archives de l'Empire.

20877. — AU VICE-AMIRAL DUC DECRÈS,
MINISTRE DE LA MARINE, À PARIS.

Saint-Cloud, 11 novembre 1813.

Monsieur le Duc Decrès, faites-moi connaître le nombre de marins français qui se trouvent en Hollande. Donnez ordre que quatre chaloupes canonnières, bateaux canonniers ou caïques, se rendent à Wesel pour concourir à la défense de la place. Donnez ordre que quatre ou cinq chaloupes canonnières se rendent à Gorcum pour assurer le passage. Faites entrer des chaloupes canonnières à Moerdyk, dans la mer de Haarlem et dans le Zuiderzee; qu'il y en ait à l'embouchure de l'Yssel, et que des péniches et des caïques puissent remonter jusqu'à Nimègue, pour me rendre maître de toute cette partie de la rivière.

Faites connaître à l'amiral Ver Huell que 600,000 hommes sont en mouvement, et que bientôt il y aura 100,000 hommes à Utrecht, mais qu'en attendant il est indispensable qu'il établisse 1,500 hommes au Helder, afin qu'une partie de la garnison de cette place puisse se porter sur Naarden. Recommandez à l'amiral Ver Huell de se concerter, pour toutes ces mesures, avec le général Molitor. S'il n'y avait pas suffisamment de bateaux canonniers et d'équipages, il faudrait sur-le-champ y faire passer une partie de ceux que vous avez dans l'Escaut. Dans un pays comme la Hollande, il est important que je sois maître de toutes les eaux. Il faut des chaloupes canonnières, non-seulement à Gorcum, mais aussi au passage du Waal et en avant d'Utrecht. Je désirerais même avoir à Mayence, pour la défense de la place, deux ou trois petits bateaux canonniers; faites-les venir à Wesel, et on profitera d'une occasion pour les faire venir à Mayence.

D'après la minute. Archives de l'Empire.

20878. — AU GÉNÉRAL CLARKE, DUC DE FELTRE,
MINISTRE DE LA GUERRE, À PARIS.

Saint-Cloud, 11 novembre 1813.

Monsieur le Duc de Feltre, la place de Gorcum est, dans le moment actuel, de la plus grande importance. Donnez ordre sur-le-champ au général Rampon de s'y rendre avec les 3,000 gardes nationaux qui sont sous ses ordres, et de veiller à l'approvisionnement, armement et mise en état de défense de cette place. Ayez soin aussi qu'il y ait un officier du génie, un officier d'artillerie et des canonniers.

Il est de la plus grande importance de faire revenir le régiment allemand, qui autrement va déserter tout entier. Faites-le venir sur-le-champ à Anvers, d'où on le fera filer plus bas.

Mettez également en marche les gardes nationales du Havre et de Cherbourg pour Anvers. Vous leur ferez connaître que je les ai destinées à la garde de ce chantier important, qui dans ce moment pourrait être menacé. Envoyez ces ordres par courriers extraordinaires, et que ces troupes partent vingt-quatre heures après les avoir reçus.

Écrivez au duc de Tarente pour faire connaître que vous envoyez un corps à Gorcum; que vous rappelez le régiment allemand; et qu'il est nécessaire qu'il fixe les yeux sur Deventer et Coeverden; que les troupes que ramène le général Carra Saint-Cyr doivent, en partie, se porter sur Deventer, Delfzyl et l'Yssel; qu'il leur en donne l'ordre.

Écrivez-lui que 600,000 hommes de la conscription, et pris parmi les hommes de trente ans, sont en mouvement; que déjà de nombreux détachements arrivent aux dépôts et que les armées vont être promptement formées.

Écrivez dans ce sens au duc de Raguse et au duc de Bellune.

Écrivez à l'un et à l'autre que, si des gardes nationaux voulaient s'engager de bonne volonté dans les troupes de ligne, ils sont autorisés à les y faire admettre.

NAPOLÉON.

D'après la copie. Dépôt de la guerre.

20879. — AU GÉNÉRAL CLARKE, DUC DE FELTRE,
MINISTRE DE LA GUERRE, À PARIS.

Saint-Cloud, 11 novembre 1813.

Monsieur le Duc de Feltre, vous avez levé des gardes nationales il y a quinze jours, et tout cela est en mouvement. Cette opération, que l'urgence des circonstances vous a fait établir, doit continuer; mais je ne sais pas s'il convient d'organiser les gardes nationales de la Meuse, des Ardennes, de la Marne, de l'Aube et de l'Aisne, dont vous me parlez par votre lettre du 9 novembre. Je ne sais pas également s'il convient d'organiser celles du Doubs, du Jura, de l'Ain, de la Côte-d'Or et de Saône-et-Loire. S'il n'y a rien de fait pour cette organisation, conférez auparavant avec moi à cet égard.

Je distingue deux choses : les cohortes urbaines à Besançon et dans les autres places fortes sont bonnes, et ne sont susceptibles d'aucune objection; mais quant aux cohortes dans les départements, je ne pense pas de même; je crains que cela ne coûte beaucoup d'argent aux départements, et que cela ne les épuise d'hommes, sans aucune utilité pour le service. Je donnerai donc des ordres ultérieurs, après la conférence que vous aurez avec moi sur cet objet.

NAPOLÉON.

D'après la copie. Dépôt de la guerre.

20880. — AU GÉNÉRAL CLARKE, DUC DE FELTRE,
MINISTRE DE LA GUERRE, À PARIS.

Saint-Cloud, 11 novembre 1813.

Monsieur le Duc de Feltre, vous aurez reçu du major général les ordres par lesquels j'ai provisoirement organisé l'armée à Mayence.

Le 11ᵉ corps est composé de deux divisions : la 31ᵉ division, qui est composée de tous les régiments qui faisaient partie du 11ᵉ corps, et la 35ᵉ, où j'ai placé le 123ᵉ, le 124ᵉ, le 127ᵉ et les trois bataillons suisses. La 31ᵉ division est dans ce moment à Cologne; le général Charpentier la commande. La 35ᵉ va se réunir à Wesel, sous les ordres du général Brayer. Les deux divisions formant le 11ᵉ corps se trouvent sous les ordres du duc de Tarente. L'état-major du 11ᵉ corps est à Cologne. Il est donc nécessaire que vous me remettiez sur-le-champ un état de tout ce que les dépôts des régiments peuvent faire partir pour recruter la 31ᵉ division. Il est nécessaire aussi que des mesures soient prises pour activer l'armement et l'habillement des 123ᵉ, 124ᵉ et 127ᵉ régiments, et que tout ce que ces corps auraient à Mayence ou ailleurs soit réuni à leurs bataillons de guerre à Wesel. Enfin, il est nécessaire que vous donniez les ordres les plus positifs pour que tout ce que les dépôts des régiments suisses ont de disponible se rende à Wesel.

Le duc de Tarente a aussi sous ses ordres le 2ᵉ corps de cavalerie, composé de trois divisions et commandé par le général Sebastiani, qui est à Cologne. Il est également nécessaire que tout ce que les dépôts des régiments de cavalerie de ce corps auraient de disponible à cheval s'achemine sur Cologne.

Il est convenable aussi que tous les isolés qui se trouveraient n'importe en quel lieu, et qui appartiendraient aux régiments qui formaient le 11ᵉ corps, rejoignent sans délai leurs régiments à Cologne.

Le 5ᵉ corps formera une seule division, sous les ordres du général Albert. Cette division est à Bingen; elle va recevoir l'ordre de se rendre à Coblentz. Il est nécessaire que vous me fassiez connaître ce que les dépôts de ces régiments ont de disponible pour le diriger sur Coblentz, afin de compléter ces régiments, et que tous les isolés qui leur appartiennent, dans quelque lieu qu'ils se trouvent, rejoignent à Coblentz leurs bataillons. L'état-major du 5e corps est conservé.

J'ai réuni le 3e et le 6e corps sous les ordres du duc de Raguse. Le 6e corps forme une division, le 3e corps en forme une autre; l'une est commandée par le général Lagrange, l'autre par le général Ricard. J'ai ordonné que l'état-major de ces deux corps n'en forme qu'un seul sous le titre de 6e corps. Le 6e corps reste dans les environs de Mayence. Il faut que tous les bataillons de marine et que tous les hommes disponibles ou isolés des corps qui formaient les 3e et 6e corps partent sans délai pour se rendre à Mayence.

J'ai formé une division de tout ce qui appartient au 2e corps. Elle est du côté de Worms; je l'y laisserai jusqu'à nouvel ordre; mais il est nécessaire que tout ce que les dépôts peuvent envoyer et les hommes isolés rejoignent du côté de Worms. L'état-major du 2e corps reste avec cette division.

Enfin le 4e corps, qui est sous les ordres du général Bertrand, est en avant de Kastel. Il est nécessaire que tous les hommes qu'il y a de disponibles aux dépôts des différents régiments rejoignent à Mayence.

Par ces dispositions, dont vous verrez le détail dans les ordres que j'ai signés à Mayence le 7, je conserve donc le 11e corps, qui sera de deux divisions; le 5e, qui n'a qu'une division, mais auquel j'en fournirai incessamment une deuxième et auquel je donnerai un chef; le 4e corps, qui a quatre divisions qu'il ne s'agit que de compléter; le 6e corps, qui a deux divisions, et dans lequel sont réunis le 3e corps et le 6e corps, et le 2e corps, qui n'a encore qu'une division, mais auquel je fournirai bientôt une deuxième.

Quant à la cavalerie, le 1er corps, qui est Kreutznach, reste organisé à quatre divisions, comme il était; le 2e corps, qui est dans le commandement du duc de Tarente, reste organisé à trois divisions, comme il était; le 3e corps, qui est à Coblentz, sous les ordres du duc de Padoue, reste organisé à trois divisions; enfin le 5e, qui est près de Mayence, sous les ordres du général Milhaud, reste également organisé à trois divisions, comme il était.

Faites-moi dresser un état de l'armée d'après cette nouvelle organisation ; qu'une colonne contienne ce qu'il y avait à la revue, au moment de la formation des corps, les 7 et 8 de ce mois, et en outre ce qu'on peut faire partir des dépôts pour les renforcer.

Il est convenable de ne pas éparpiller les troupes. Les gardes nationales et le 128° sont suffisants à Strasbourg. Si les besoins deviennent urgents, j'y enverrai tout le 2° corps. Il faut que tous les détachements appartenant au 18°, et que tous les détachements qui font partie du 2° corps, rejoignent le 2° corps.

Je vois, par votre lettre de ce jour, qu'on a dégarni Genève ; je ne conçois pas la nécessité de cette mesure pour envoyer du monde dans le Simplon. Genève est très-important. Je vous ai mandé de faire armer la place.

De tous les dépôts qui ont fourni des bataillons à la formation de la Grande Armée, il faut faire partir tout ce qu'il y a de disponible pour renforcer ces bataillons, et que le bureau du mouvement s'occupe sans délai à faire ce travail.

J'ai envoyé le duc de Valmy à Metz. Donnez-lui connaissance de ces dispositions pour qu'il donne une direction convenable à tous les isolés et à tout ce qui sort des hôpitaux.

Quant au génie, toutes les compagnies de sapeurs sont revenues. J'ai donné ordre que celles qui auraient perdu leurs caissons les rétablissent sur-le-champ sur les fonds que le génie de la Grande Armée a à sa disposition ; et, comme deux compagnies du train du génie sont enfermées dans Torgau, j'ai ordonné que la 6° compagnie revenant d'Erfurt, et qui est à Mayence, se complétât sur-le-champ. Elle a laissé la moitié de ses voitures à Erfurt.

Vous aurez vu par mes ordres du 7 (et le bureau de l'artillerie pourra faire appeler mon premier officier d'ordonnance Gourgaud, qui a tous les renseignements à cet égard) que j'ai ordonné qu'on réorganisât quatre cents bouches à feu ; et, comme il y a 3,000 chevaux, une partie de cette artillerie doit déjà être réorganisée et se diriger sur différents corps. Je pense qu'il sera convenable d'achever cette organisation pour le reste à Metz. Faites-moi un rapport là-dessus. Ces quatre cents bouches à feu ne sont pas suffisantes; il faudra en organiser deux cents autres du côté de l'Escaut et dans l'intérieur.

La Garde a réorganisé cinquante-huit bouches à feu en bon état et bien approvisionnées. Le reste s'est dirigé sur Metz. L'organisation de l'artillerie de la Garde sera, comme la précédente, de cent quatre-vingt-seize bouches à feu.

Napoléon.

D'après la copie. Dépôt de la guerre.

20881. — AU GÉNÉRAL CLARKE, DUC DE FELTRE,
MINISTRE DE LA GUERRE, À PARIS.

Saint-Cloud, 12 novembre 1813.

Il est nécessaire de commencer l'armement de Metz et de Luxembourg; il suffira que ces places soient armées au tiers. Mais il ne se trouve plus de poudre dans ces deux places : il est nécessaire qu'il y en ait une quantité raisonnable, afin que le public ne puisse avoir d'alarme à cet égard. Il faut que les bureaux du génie et de l'artillerie se concertent, et que vous me remettiez un projet d'armement, sur ces principes, pour Metz et Luxembourg, ainsi que pour Thionville et Phalsbourg.

D'après la minute. Archives de l'Empire.

20882. — AU GÉNÉRAL LACUÉE, COMTE DE CESSAC,
MINISTRE DIRECTEUR DE L'ADMINISTRATION DE LA GUERRE, À PARIS.

Saint-Cloud, 12 novembre 1813.

Monsieur le Comte de Cessac, la régie des vivres doit fournir des vivres pour l'approvisionnement des places fortes. Cependant aucun mouvement pour cela n'a eu lieu nulle part, et j'apprends qu'à Juliers, entre autres, on n'a fait aucun préparatif. Faites connaître au comte Maret que sa responsabilité est fortement engagée; qu'il n'est pas question de faire cette année comme l'année dernière, où plus de trois mois ont été perdus en vaines formalités; que les places seraient compromises, et qu'on aurait à craindre les plus funestes conséquences, si les mesures qu'il a prises ne sont pas telles que les blés soient versés promptement dans les places.

Napoléon.

D'après l'original. Dépôt de la guerre.

20883. — AU MARÉCHAL MARMONT, DUC DE RAGUSE,
COMMANDANT LE 6ᵉ CORPS DE LA GRANDE ARMÉE, À MAYENCE.

Saint-Cloud, 12 novembre 1813.

Mon Cousin, vous me dites, dans votre lettre du 9 novembre, qu'il y a 700 voitures d'artillerie de campagne et aucun moyen de les atteler. Je pense que c'est une opération très-convenable que de diriger une partie de ces voitures sur Metz. Au reste, le ministre de la guerre donne des ordres à l'artillerie sur cet objet.

Le 5ᵉ corps est si peu de chose, que je pense convenable que vous le dirigiez tout entier sur Coblentz avec le corps du duc de Padoue. Cela donnera l'infanterie et la cavalerie nécessaires pour la garde du Rhin. Donnez des ordres en conséquence.

La Garde se trouve trop resserrée. Il me semble que j'ai ordonné à la vieille Garde à cheval de se rendre à Kreutznach. Elle pourrait s'étendre jusque du côté de Simmern et de Trèves. J'ai également envoyé les soixante-huit bouches à feu attelées de la Garde à Kreutznach. Le 5ᵉ corps se rendant à Coblentz, une division de la jeune Garde pourra s'appuyer à Bingen. La Garde pourra même s'étendre du côté de Kaiserslautern. Le principal est que la cavalerie et l'infanterie se refassent; pour cela il faut prendre plus de terrain.

On m'annonce que le général Bertrand a évacué Hochheim ; cela est très-fâcheux. Il sera alors impossible à tout son corps de rester sur la rive droite, et comme je n'avais laissé la vieille Garde à la proximité de Mayence que pour soutenir le général Bertrand dans sa position de Hochheim, je pense qu'elle peut maintenant se rendre à Kaiserslautern. Le duc de Trévise y portera son quartier général. La jeune Garde sera entre

Bingen et Mayence; la cavalerie sera à Kreutznach et s'étendra dans les vallées de Kaiserslautern et de Deux-Ponts. La vieille Garde à pied sera, comme je l'ai dit, à Kaiserslautern et aux environs. Faites connaître ces dispositions au duc de Trévise, en vous servant, pour éviter toute collision d'étiquette, de l'intermédiaire du général Belliard, aide-major général, auquel vous communiquerez cette lettre.

On me fera connaître quand la Garde pourra être rendue dans ses nouveaux cantonnements, afin que je puisse ordonner les dispositions ultérieures. Vous pourrez alors rappeler une ou deux divisions du général Bertrand à Mayence, parce qu'une ou deux divisions suffisent pour la défense de Kastel.

NAPOLÉON.

D'après la copie. Dépôt de la guerre.

20884. — AU MARÉCHAL MARMONT, DUC DE RAGUSE,
COMMANDANT LE 6ᵉ CORPS DE LA GRANDE ARMÉE, À MAYENCE.
(DÉPÊCHE TÉLÉGRAPHIQUE).

Saint-Cloud, 12 novembre 1813, au soir.

Faites-moi connaître, par le télégraphe, si l'approvisionnement et l'armement de Mayence avancent : pressez-les par tous les moyens possibles.

D'après la minute. Archives de l'Empire.

20885. — A EUGÈNE NAPOLÉON,
VICE-ROI D'ITALIE, À VÉRONE.

Saint-Cloud, 12 novembre 1813.

Mon Fils, j'arrive à Paris. J'apprends avec peine que vous êtes sur l'Adige. Envoyez-moi l'état de votre armée, des ressources que vous espérez tirer d'Italie, et des garnisons que vous avez laissées dans l'état de Venise.

Je suis occupé dans ce moment à lever 600,000 hommes.

NAPOLÉON.

D'après la copie comm. par S. A. I. Mᵐᵉ la duchesse de Leuchtenberg.

20886. — ALLOCUTION DE L'EMPEREUR
AU SÉNAT.

Palais des Tuileries, 14 novembre 1813.

Sénateurs, j'agrée les sentiments que vous m'exprimez.

Toute l'Europe marchait avec nous il y a un an; toute l'Europe marche aujourd'hui contre nous. C'est que l'opinion du monde est faite par la France ou par l'Angleterre. Nous aurions donc tout à redouter sans l'énergie et la puissance de la nation.

La postérité dira que, si de grandes et critiques circonstances se sont présentées, elles n'étaient pas au-dessus de la France et de moi.

Extrait du *Moniteur* du 15 novembre 1813.

20887. — AU VICE-AMIRAL DUC DECRÈS,
MINISTRE DE LA MARINE, À PARIS.

Saint-Cloud, 14 novembre 1813.

J'ai tant d'occupations que je ne peux pas répondre en détail à votre lettre du 13 novembre.

Je vous ai fait connaître mes intentions; elles sont, 1° que les frégates qui étaient en armement au Helder, et qui avaient des missions, partent pour remplir ces missions; 2° que 1,500 hommes pris sur l'escadre renforcent les garnisons du Helder; cette disposition sera pour peu de temps, car, avant la mi-décembre, j'aurai en Hollande plus de troupes qu'il ne m'en faudra, et on rendra ces marins à leurs vaisseaux; 3° qu'il y ait des canonnières dans la mer de Haarlem, dans le Zuiderzee, aux embouchures de l'Escaut et de la Meuse, à Moerdyk, vis-à-vis Gorcum, au passage du Waal, à l'embouchure de l'Yssel et sur tous les points où elles peuvent contribuer à la défense de la Hollande et comprimer le pays; 4° que ces canonnières soient armées par de vieux Français; qu'on dispose à cet effet, si cela est nécessaire, de la plupart des canonnières qui sont dans l'Escaut; 5° enfin qu'on envoie deux caïques, ou bateaux canonniers, à Wesel et à Mayence, pour servir à la défense du fleuve : bien entendu qu'il y aura un officier de marine et le nombre de marins nécessaire. Pour Wesel, les bateaux doivent pouvoir y arriver facilement. Quant à Mayence, si vous le jugez préférable, faites-y construire à vos frais deux chaloupes canonnières.

D'après la minute. Archives de l'Empire.

20888. — AU GÉNÉRAL CLARKE, DUC DE FELTRE,
MINISTRE DE LA GUERRE, À PARIS.

Saint-Cloud, 14 novembre 1813.

Monsieur le Duc de Feltre, vous me dites, dans votre lettre du 13 novembre, que j'ai l'état des divisions militaires au 15 octobre. Je ne l'ai point reçu. Je n'ai rien dans les mains qui me mette à même de connaître la situation de mes affaires et de pourvoir à ce qui est nécessaire.

Je vous renvoie des états qui me sont inutiles. Que voulez-vous que je fasse, après les événements qui ont eu lieu, d'états de situation au 1er septembre? Il faut que votre bureau du mouvement soit désorganisé, puisque, depuis six jours que je suis à Paris, il ne m'a pas encore donné les états dont j'ai besoin.

NAPOLÉON.

D'après la copie. Dépôt de la guerre.

20889. — AU GÉNÉRAL CLARKE, DUC DE FELTRE,
MINISTRE DE LA GUERRE, À PARIS.

Saint-Cloud, 14 novembre 1813.

Monsieur le Duc de Feltre, je reçois votre lettre du 13 novembre. J'approuve que le général Rampon se rende sur-le-champ à Gorcum. Recommandez-lui de prendre des mesures pour activer l'approvisionnement de cette place, pour couper les arbres, refaire les ouvrages, compléter l'armement et se mettre en état de faire une bonne défense, car Gorcum est la clef de la Hollande. Ordonnez-lui de faire occuper les petits forts qui sont vis-à-vis, sur la rive gauche.

Quant au général Latour-Maubourg, je comprends qu'il est impossible que les gardes nationales quittent Cherbourg jusqu'à ce qu'elles soient remplacées; mais ne pourrait-on pas porter la division du général Rampon à 6,000 hommes, en appelant, sans faire aucune nouvelle création, les grenadiers et chasseurs ou les simples compagnies des gardes nationales du département du Nord et d'Arras? Cela ferait au général Rampon 4,000 vieux Français et 2,000 Belges. Cette division de réserve le mettrait en état de surveiller tous les environs.

Donnez ordre au directeur de l'artillerie qu'on lui organise une batterie de huit pièces de canon de campagne.

Mandez au général Molitor que, quant au renvoi des régiments étrangers, il peut y mettre toute la lenteur qu'il jugera nécessaire, et agir là-dessus suivant ses connaissances locales.

Je croyais que le bataillon étranger qui était au Helder était bon, et qu'on pouvait l'y laisser, et que c'étaient les régiments étrangers qui étaient plus mauvais.

NAPOLÉON.

D'après la copie. Dépôt de la guerre.

20890. — AU GÉNÉRAL CLARKE, DUC DE FELTRE,
MINISTRE DE LA GUERRE, À PARIS.

Saint-Cloud, 14 novembre 1813.

Je pense qu'il est nécessaire que vous nommiez une commission d'officiers d'artillerie et du génie, qui fasse la revue de tous les ordres que vous avez donnés pour l'armement des places des frontières de Suisse, du Rhin et du Nord, afin de voir si vous n'avez rien oublié. Cette commission me fera un rapport sur ceux des postes qu'on douterait qu'il convînt d'armer.

D'après la minute. Archives de l'Empire.

20891. — AU GÉNÉRAL CLARKE, DUC DE FELTRE,
MINISTRE DE LA GUERRE, À PARIS.

Saint-Cloud, 14 novembre 1813.

J'ignore si Belfort est en état de défense. S'il y est, il faut le faire armer, ainsi que tous les châteaux de la frontière de Suisse; non que j'aie lieu de me méfier des Suisses, mais parce que, dans la situation actuelle de l'Empire, il faut s'armer de tous côtés.

<small>D'après la minute. Archives de l'Empire.</small>

20892. — AU GÉNÉRAL CLARKE, DUC DE FELTRE,
MINISTRE DE LA GUERRE, À PARIS.

Saint-Cloud, 15 novembre 1813.

Monsieur le Duc de Feltre, il est de la plus haute urgence que vous donniez des ordres pour que toutes les gardes nationales de Middelburg et de Zélande qui seraient à Flessingue soient envoyées dans l'île de Cadzand, ou sur tout autre point, et remplacées par des gardes nationales plus sûres.

NAPOLÉON.

<small>D'après la copie. Dépôt de la guerre.</small>

20893. — NOTE DICTÉE AU COMTE DARU.

Saint-Cloud, 15 novembre 1813[1].

Nous sommes dans un moment où nous ne devons compter sur aucun étranger. Cela ne peut que nous être extrêmement dangereux.

Le comte Daru ira au ministère de la guerre, et me rapportera un travail sérieux sur cet objet.

Les troupes étrangères se divisent en plusieurs classes :

Les Suisses (je veux encore m'y fier); les régiments étrangers; les trois ou quatre bataillons étrangers; les régiments illyriens; les Croates; les Espagnols; les Portugais; les régiments du grand-duché de Berg; enfin les régiments de Bade, de Hesse-Darmstadt et de Nassau, qui sont à l'armée d'Espagne ou de Catalogne.

Il importe, 1° d'avoir l'état de situation et d'emplacement de toutes ces troupes;

2° De connaître le nombre de fusils qu'elles ont;

3° De préparer des mesures sur la manière d'assurer leur désarmement;

[1] Date présumée.

4° De connaître le nombre d'armes que ces bataillons, etc. ont, et préparer le projet pour les désarmer.

Il faut en faire des régiments de pionniers et les éloigner des frontières et des places fortes.

Il est convenable de faire de même pour les officiers étrangers. Une mesure générale est une mesure générale. Ceux qui ont servi dans les armées françaises pourront recevoir une pension ou un traitement de réforme; mais il ne faut pas qu'ils viennent embarrasser nos rangs.

Il y a en France, à ce que dit le ministre, 120,000 prisonniers. Presque partout la population est inquiète de ce dangereux voisinage. Il faut me remettre l'état des prisonniers de guerre par département, et prendre des mesures telles qu'au moyen des gardes nationales et autres troupes il y ait toujours un homme armé sur 10 prisonniers.

On ajoute qu'il a été porté des plaintes contre des étrangers qui ont déclaré qu'ils *allaient aiguiser des poignards*. Il faut, si le fait est vrai, faire juger sur-le-champ les plus coupables.

On objectera que tant de prisonniers sont fort embarrassants. Quelle que soit la situation particulière de nos affaires, les travaux de l'année 1814 seront aussi considérables que ceux de l'année qui finit. On pourra même entreprendre quelques travaux de desséchement pour cet objet.

Dans les circonstances actuelles, il devient nécessaire de renforcer notre gendarmerie. Le mieux est de faire venir ce que nous en avons en Espagne, où on l'emploie fort mal; on en a mis 7 à 800 à Pampelune, ce qui est une perte importante. Je désire qu'on me donne l'état de ces gendarmes, en distinguant, 1° ceux qui l'étaient avant leur départ pour l'Espagne; 2° ceux qui ont été admis depuis, mais ayant six ans de service; 3° les recrues qui n'ont pas encore six ans de service. Mon intention serait de faire rentrer tous les anciens gendarmes et tous ceux qui ont acquis les qualités nécessaires à ce service. On ferait venir aussi tous les officiers, et on incorporerait le reste dans les corps de l'armée d'Espagne.

D'après la copie comm. par M. le comte Daru.

20894. — NOTE.

Saint-Cloud, 15 novembre 1813 [1].

Daru verra le ministre de la guerre pour cet objet [2]. Je manque de fonds. Je suis dans un moment où tout le monde me trahit, jusqu'à Würzburg. Les soldats de la 32ᵉ division m'ont trahi. D'un autre côté, les fusils sont rares. Il est donc nécessaire de s'emparer des fusils de tous les étrangers.

C'est une folie de supposer que je puisse me fier aux Espagnols qui sont à... [3]

D'après la copie comm. par M. le comte Daru.

20895. — AU GÉNÉRAL CAULAINCOURT, DUC DE VICENCE,
GRAND ÉCUYER DE L'EMPEREUR, À PARIS.

Saint-Cloud, 15 novembre 1813.

Ordre que, si jamais les Anglais arrivent au château de Marracq, on brûle le château et toutes les maisons qui m'appartiennent, afin qu'ils ne couchent pas dans mon lit. On en retirera tous les meubles, si l'on veut, qu'on placera dans une maison de Bayonne.

D'après la minute. Archives de l'Empire.

20896. — A M. FOUCHÉ, DUC D'OTRANTE,
À BOLOGNE.

Saint-Cloud, 15 novembre 1813.

J'ai reçu votre lettre. Je désire que, dans les circonstances actuelles, vous vous rendiez en toute diligence à Naples, pour faire sentir au Roi l'importance qu'il marche avec 25,000 hommes sur le Pô; vous le ferez connaître aussi à la Reine, et vous ferez tout votre possible pour empêcher que, dans ce pays, on ne se laisse fourvoyer par les promesses fallacieuses de l'Autriche et par le langage mielleux de Metternich. Le mou-

---

[1] Date présumée.
[2] Le maréchal Soult, commandant les armées d'Espagne et des Pyrénées, demandait à faire les dépenses nécessaires pour l'habillement et l'équipement des troupes espagnoles.
[3] Lacune dans le texte.

vement de l'armée napolitaine sur le Pô est de la plus haute urgence. Il est très-fâcheux qu'une portion de cette armée n'y soit pas venue dès le commencement de la campagne, elle aurait pu aider à donner une autre tournure aux affaires.

On arme et on marche de tous côtés en France. La circonstance est majeure. Vous prendrez le parti, soit de revenir avec l'armée napolitaine, si le Roi est fidèle à l'honneur et à la patrie, soit de vous en revenir en toute diligence à Turin, où vous trouverez de nouveaux ordres.

Passez par Florence et par Rome, et donnez à tous ces gens-là tous les conseils que peuvent exiger les circonstances.

D'après la minute. Archives de l'Empire.

20897. — AU GÉNÉRAL CLARKE, DUC DE FELTRE,
MINISTRE DE LA GUERRE, À PARIS.

Saint-Cloud, 16 novembre 1813.

Monsieur le Duc de Feltre, vous recevrez un décret par lequel ma Garde est portée à huit divisions d'infanterie. Je ne fais d'autre augmentation dans les cadres que de porter chaque bataillon à six compagnies au lieu de quatre, ce qui me fera un complet de 72,000 hommes d'infanterie. Je compte avoir besoin, pour compléter ce nombre, de 30,000 hommes, indépendamment des 20,000. Ces 30,000 hommes pourront être fournis sur la conscription des 300,000 hommes.

Je trouve beaucoup d'avantages à augmenter ainsi ma Garde, puisqu'il se formera là de bons cadres; que ce seront des cadres d'élite; que la Garde est animée d'un excellent esprit; que c'est à elle que j'ai dû tous les succès de cette campagne; que son administration particulière, tant pour les équipages militaires que pour l'artillerie, fait qu'elle est mieux servie; enfin que l'organisation peut être plus prompte.

Vous distinguerez quatre classes différentes d'hommes à prendre pour la Garde : ceux qui sont nécessaires pour compléter la vieille Garde, il faut les tirer de toutes les armées; je crois que pour cela j'ai besoin de peu de chose; les fusiliers doivent être pris parmi les hommes qui ont un peu d'éducation, qui savent lire et écrire; c'est là que doit être la pépinière des sous-officiers; pour les flanqueurs, il faudrait prendre de préférence parmi les forestiers; enfin, il y aura les hommes de la conscription ordinaire.

Les deux bataillons des vélites toscans et piémontais seront de préférence recrutés d'Italiens, les cadres étant pour la plus grande partie composés d'Italiens.

Chacune des huit divisions aura deux batteries à pied.

Les voltigeurs se formeront tous à Metz; les tirailleurs à Paris.

Un autre avantage de cette augmentation de la Garde, c'est que l'organisation et la nomination aux emplois se feront sans fatiguer le ministère, et que cependant on sera sûr de faire de bons choix.

NAPOLÉON.

D'après la copie. Dépôt de la guerre.

20898. — AU GÉNÉRAL CLARKE, DUC DE FELTRE,
MINISTRE DE LA GUERRE, À PARIS.

Saint-Cloud, 16 novembre 1813.

Présentez-moi un projet pour la formation d'une armée de réserve du côté des Pyrénées. Cette armée sera composée de la manière suivante :

Il sera choisi vingt régiments ayant chacun deux bataillons, ou plus de deux bataillons à l'armée d'Aragon, ou à l'armée de Catalogne, et il leur sera donné l'ordre de fournir de ces bataillons le nombre nécessaire de capitaines, de lieutenants, de sous-lieutenants, de sergents, de caporaux et de tambours pour former le cadre d'un nouveau bataillon, qui prendra le nom de 6ᵉ bataillon de ces régiments respectifs. Ces vingt cadres de 6ᵉˢ bataillons se rendront savoir : dix à Toulouse, et dix à Perpignan, ou dans toute autre ville que vous jugerez convenable, ce qui formera deux divisions chacune de dix bataillons. Il sera dirigé, sur chacun de ces bataillons, 1,500 hommes de la levée des 300,000 hommes, pris dans les départements qui sont assignés à l'armée des Pyrénées. Cela fera ainsi, pour les vingt bataillons, 30,000 hommes. Chaque bataillon enverra aux bataillons de son régiment qui sont à l'armée de Catalogne ou à l'armée d'Aragon 400 hommes, dès qu'ils seront habillés et armés.

et gardera les 1,100 autres. Ce sera un recrutement de 8,000 hommes pour ces deux armées, et il restera deux divisions, chacune de 11,000 hommes, composées de bataillons entiers et disponibles pour agir selon les circonstances.

La même opération sera faite pour l'armée d'Espagne : il sera choisi vingt régiments ayant chacun deux bataillons, ou plus de deux bataillons, à cette armée, et il leur sera donné l'ordre d'envoyer les cadres de ces vingt 6ᵉˢ bataillons à Bordeaux, où ils recevront également chacun 1,500 hommes, ou en tout 30,000 hommes, qui seront pris de même sur la levée de 300,000 hommes dans les départements assignés à l'armée des Pyrénées.

Enfin il y a, je crois, douze régiments qui ont leurs dépôts dans les 10ᵉ et 11ᵉ divisions militaires. Il sera fourni à chacun 2,000 hommes pour être répartis dans les bataillons de l'armée qui en auront le plus besoin.

Ces 6ᵉˢ bataillons enverront également 8,000 hommes aux bataillons de leurs régiments qui sont à l'armée, et il restera 22,000 hommes disponibles; et les armées d'Aragon, de Catalogne et d'Espagne réunies auront reçu 16,000 hommes de recrutement, indépendamment des 44,000 hommes qui seront en réserve, ces 44,000 hommes formant quarante bataillons ou quatre divisions de dix bataillons chacune.

Cela fera donc en réalité une augmentation de forces de 84,000 hommes à prendre sur la levée de 300,000 hommes; mais comme le contingent des vingt-quatre départements assignés aux armées des Pyrénées dans cette levée ne pourrait suffire, on pourra y joindre la conscription de 1815.

Par ce moyen, tous les contingents des départements du Midi sur la levée de 300,000 hommes et sur la conscription de 1815 seront destinés à cette armée de réserve, dont le commandement sera donné au maréchal Moncey. Il faudra annoncer avec éclat la réunion de cette armée, et faire tout ce qui serait convenable pour exciter les habitants à défendre les frontières.

Présentez-moi, 1° l'état des vingt-quatre départements avec leurs contingents sur la levée des 300,000 hommes et sur la conscription de

1815; 2° les quarante régiments qui fourniront les cadres de ces 6ᶜˢ bataillons.

Je vous ferai connaître successivement mes intentions pour l'armée de réserve de Turin, pour celle de Metz et pour celle d'Utrecht; mais j'ai besoin de l'état numérique qui contient tous les bataillons supprimés et les cadres renvoyés en conséquence de la nouvelle organisation de l'armée, ou bien de l'état en cent colonnes.

D'après la minute. Archives de l'Empire.

20899. — AU GÉNÉRAL CLARKE, DUC DE FELTRE,
MINISTRE DE LA GUERRE, À PARIS.

Saint-Cloud, 16 novembre 1813.

Répondez au général Molitor qu'avant le 15 décembre il y aura 60,000 Français au camp d'Utrecht; mais que jusque-là il ne peut compter que sur les troupes du général Rampon et sur celles que le duc de Tarente enverra sur l'Yssel.

Écrivez au duc de Tarente pour qu'il soigne l'Yssel.

D'après la minute. Archives de l'Empire.

20900. — AU MARÉCHAL MARMONT, DUC DE RAGUSE,
COMMANDANT LE 6ᵉ CORPS DE LA GRANDE ARMÉE, À MAYENCE.

Saint-Cloud, 16 novembre 1813.

Je reçois votre lettre du 12, qui m'est apportée par mon officier d'ordonnance Laplace.

Vous aurez reçu l'ordre que j'ai donné pour faire filer toute ma Garde sur Kaiserslautern et sur la Sarre. Vous aurez reçu également l'ordre que j'ai donné pour réunir tout le 5ᵉ corps à Coblentz. Il vous reste donc le 2ᵉ corps, le 6ᵉ et le 4ᵉ.

Je ne pense pas que le 2ᵉ corps soit nécessaire à Strasbourg, où les gardes nationales qu'on a levées seront suffisantes.

Il paraît que notre mouvement doit avoir lieu du côté de la Hollande, et que c'est de ce côté que l'ennemi a des intentions.

Le ministre de la guerre a donné des ordres pour ôter tous les dépôts de Mayence. On a ordonné que tous les militaires des dépôts des équipages fussent envoyés à Sampigny. On a ordonné que les dépôts de la Garde fussent réunis à Metz. On a ordonné que toute l'artillerie qui ne serait pas attelée et en état se rendît sur Metz.

Quant aux gardes d'honneur, vous êtes le maître de les faire descendre un peu plus, si vous le jugez convenable.

J'attends un état de situation de tous les corps et de l'artillerie qui sont sous vos ordres.

Faites-moi connaître si le second pont est établi à Mayence. J'y attache de l'importance, afin de pouvoir déboucher rapidement.

Soignez les gardes nationales qui sont sous vos ordres; passez-en la revue et organisez-les le mieux possible.

Je pense qu'il sera nécessaire que vous passiez la revue de tous les corps, afin de pouvoir me présenter des nominations aux emplois vacants, et de faire distribuer des armes et des habits à ceux qui en manqueraient. J'espère que tous les bataillons ne tarderont pas à être portés à 800 hommes. Je vous ai mandé que vous aviez beaucoup de cadres de bataillons qui avaient reçu des Hollandais et des hommes isolés. Les uns et les autres ayant été depuis incorporés dans les corps de l'armée, je désire que vous me fassiez connaître ce que sont devenus ces premiers cadres, afin que je leur donne une destination.

Il est convenable que vous visitiez la position de Kaiserslautern et sa liaison avec Sarrelouis et Landau, puisque, si jamais l'ennemi voulait bloquer Mayence, le 4ᵉ corps formerait la garnison de la place, et votre position d'observation paraîtrait devoir être naturellement à Kaiserslautern.

On me rend compte qu'on a établi la redoute que j'ai ordonnée à l'embouchure du Neckar; faites-en établir une à l'embouchure de la Lahn.

Faites occuper, du côté de Coblentz, l'île du Rhin où il y a un couvent de religieuses; nous l'occupions dans les autres guerres, et l'on m'assure que ce point peut nous être utile.

Si la compagnie du train du génie ne vous sert à rien, vous pouvez la diriger sur Metz, où elle se complétera plus facilement.

Le ministre de l'administration de la guerre aura fait connaître à l'intendant Marchant les dispositions que j'ai faites pour les six compagnies du train qui restent dans l'intérieur. Comme les ministres sont toujours lents à expédier, vous trouverez ci-jointes, 1° la copie de mes ordres pour ces compagnies; 2° la copie des ordres que j'ai donnés pour les différents dépôts d'infanterie.

J'ai placé le quartier général de la Garde à Kaiserslautern; je le ferai aller plus loin. Quant au grand quartier général impérial, je ne verrais pas de difficulté à l'éloigner. J'attends l'arrivée du prince de Neuchâtel pour prendre une détermination à cet égard.

Je suppose que vous n'avez pas d'embarras pour les chevaux de ma Maison; j'ai ordonné qu'ils fussent envoyés sur les derrières.

D'après la minute. Archives de l'Empire.

20901. — A M. MELZI, DUC DE LODI,
CHANCELIER DU ROYAUME D'ITALIE, À MILAN.

Saint-Cloud, 16 novembre 1813.

Je reçois votre lettre du 11 novembre. Je vois avec peine que vous souffriez dans ce moment de vos accès de goutte.

Je m'occupe de l'Italie, et je vais réunir à Turin une armée de 100.000 hommes; quelque chose qui arrive, le royaume peut compter que je ne l'abandonnerai pas. Des circonstances imprévues ont rendu critique le moment actuel; mais tout est en train de se réparer.

D'après la minute. Archives de l'Empire.

20902. — AU COMTE MOLLIEN,
MINISTRE DU TRÉSOR PUBLIC, À PARIS.

Saint-Cloud, 17 novembre 1813, une heure du matin.

Monsieur le Comte Mollien, le service du trésor, dans des temps de pénurie comme ceux-ci, ne peut pas se faire par les mêmes principes et de la même manière que dans des temps d'abondance, comme on l'a fait jusqu'à cette heure. Toutes les ordonnances de l'administration de la guerre pour l'approvisionnement de la place; toutes celles du ministre de la guerre pour les dépenses du génie, de l'artillerie et du réarmement des places ne sont pas payées; de là les résultats les plus funestes pour la défense de l'État. C'est un malheur que la dette publique, les pensions et les traitements de Hollande, de Rome, de Florence, du Piémont et même de France éprouvent des retards; mais ce malheur n'est nullement comparable à celui qui résulterait du moindre retard dans le payement des ordonnances du ministre de l'administration de la guerre et du ministre de la guerre.

Je n'ai plus que 30 millions d'argent dans le trésor de la Couronne: je vous en donne 10, et j'éprouve une grande répugnance à cela, car c'est une poire que je gardais pour le dernier moment de la soif, et, si cet argent était employé en dépenses civiles, ce serait perdre cette dernière ressource.

Il est donc indispensable que vous m'apportiez aujourd'hui, au Conseil d'état, l'état des ordonnances de l'administration de la guerre et du ministre de la guerre qui ne sont pas soldées. Le salut public n'a pas de loi : ces ordonnances doivent être payées avant les traitements civils et les rentes. Depuis les circonstances actuelles, on n'a nulle part remué un pouce de terre, parce que partout les ordonnances de la guerre n'étaient pas soldées.

NAPOLÉON.

D'après l'original comm. par Mme la comtesse Mollien.

20903. — NOTE DICTÉE EN CONSEIL DES MINISTRES.

Paris, 17 novembre 1813.

Sa Majesté demande les causes du retard qu'éprouve le procès des individus prévenus de correspondance avec l'ennemi et d'avoir voulu livrer Toulon. Elle ordonne que des ordres soient donnés pour que cette affaire soit jugée sur-le-champ.

D'après la copie. Archives de l'Empire.

20904. — AU GÉNÉRAL CLARKE, DUC DE FELTRE,
MINISTRE DE LA GUERRE, À PARIS.

Saint-Cloud, 17 novembre 1813.

Monsieur le Duc de Feltre, il sera formé un corps qui prendra le titre de 1ᵉʳ corps *bis* et 13ᵉ *bis* de la Grande Armée, lequel se réunira à Anvers, à Gand et à Utrecht. Il sera composé de deux bataillons du 7ᵉ léger, du 13ᵉ léger, du 12ᵉ de ligne, du 17ᵉ, du 25ᵉ, du 33ᵉ, du 85ᵉ; d'un du 57ᵉ, d'un bataillon du 36ᵉ, du 51ᵉ et du 55ᵉ, qui sont reformés à leurs dépôts, et du 6ᵉ bataillon du 15ᵉ léger, du 21ᵉ de ligne, du 30ᵉ, du 48ᵉ, du 108ᵉ, du 111ᵉ et du 61ᵉ; total, 25 bataillons; ce qui au complet ferait 25,000 hommes[1].

Une partie de ces 25,000 hommes existe par la conscription qui se lève actuellement; mais un tiers ou un quart peuvent manquer, et vous y suppléerez en les portant sur les conscriptions que vous destinez au dépôt de Nancy.

Ces 25,000 hommes formeront trois divisions. Les 6ᵉˢ bataillons des 15ᵉ léger, 30ᵉ de ligne, 48ᵉ, 108ᵉ, 111ᵉ et 61ᵉ seront réunis dans la même division, ces bataillons appartenant aux régiments qui ont fourni à la composition du 13ᵉ corps.

Aussitôt que chacun de ces régiments pourra compléter un bataillon, il le fera partir pour Utrecht. Par ce moyen, ce corps pourra être à peu près formé par la conscription qui se lève aujourd'hui. Il peut donc être réalisé dans le courant de décembre.

Informez-vous près de l'administration de la guerre si l'habillement est prêt. Pourvoyez à l'habillement, et bientôt on pourra ressentir l'effet de cette nouvelle formation à Utrecht. Occupez-vous spécialement de compléter les cadres en officiers et sous-officiers. Vous comprendrez facilement pourquoi j'ai mis séparément ces bataillons, puisqu'ils ne doivent rien fournir, ni au 11ᵉ, ni au 5ᵉ, ni au 3ᵉ, ni au 2ᵉ corps de la Grande Armée.

D'après la copie. Dépôt de la guerre. NAPOLÉON.

[1] Cette organisation fut modifiée par un décret du 24 novembre 1813.

20905. — AU GÉNÉRAL CLARKE, DUC DE FELTRE,
MINISTRE DE LA GUERRE, À PARIS.

Saint-Cloud, 17 novembre 1813.

Monsieur le Duc de Feltre, il sera formé à Strasbourg un 2e corps *bis* de la Grande Armée.

Ce 2e corps *bis* sera composé des 2es et 3es bataillons des régiments ci-après, savoir : les 11e, 24e, 26e léger, 19e, 37e, 56e, 93e, 46e, 72e, 4e, 2e et 18e de ligne; total, 24 bataillons. Cela formera provisoirement une division; le général Dufour en prendra le commandement.

Ces vingt-quatre bataillons doivent se réorganiser aux dépôts.

Il faudra donc à chaque régiment 1,600 hommes; vous ne leur en avez donné sur la conscription actuelle que 900, l'un portant l'autre : c'est donc encore, vu les non-valeurs, à peu près 1,000 hommes à donner par régiment, ce qui fera 12,000 hommes.

Destinez à cela 8,000 hommes sur les 12,000 que vous avez désignés pour le dépôt de Metz, et faites-en la distribution entre les douze régiments.

Des 12,000 hommes que vous destiniez au dépôt de Nancy, distribuez-en 8,000 aux bataillons qui doivent former les corps 1er et 13e *bis* de la Grande Armée.

Par ce moyen, ces deux corps seront complétés sans avoir besoin de la conscription des 300,000 hommes.

Donnez ordre au général Dufour de parcourir les différents bataillons pour compléter les cadres en officiers et sous-officiers; et qu'aussitôt qu'un bataillon pourra partir avec 600 hommes habillés, armés et équipés, il le dirige sur Strasbourg.

Il est de ces bataillons qui sont à Strasbourg, il en est qui sont à Metz, il en est qui sont à Nancy; ainsi, en très-peu de jours, si l'on a des armes et l'habillement, le général Dufour peut avoir à Strasbourg 7 à 8,000 hommes.

Vous ordonnerez qu'on organise d'abord les 2es bataillons, et immédiatement après les 3es. Je n'ai pas besoin de dire qu'aussitôt que cette division du 2ᵉ corps sera formée on la rapprochera des deux premières pour réunir les 2ᶜˢ bataillons avec les 1ᶜʳˢ, et ensuite les 3ᶜˢ.

On en fera d'abord deux et ensuite trois divisions. Cela aura l'avantage que déjà le point important de Strasbourg sera gardé.

Le surplus des conscrits qui sont à ces régiments servira à compléter les 1ᶜʳˢ bataillons à 840 hommes; de sorte que ce 2ᵉ corps se trouvera composé de douze régiments de trois bataillons chacun, savoir : les 1ᶜʳˢ, 2ᶜˢ et 3ᶜˢ bataillons, les 4ᶜˢ étant à Magdeburg; ce qui fera trente-six bataillons et près de 30,000 hommes.

Ainsi, sans toucher à la levée des 300,000 hommes, j'aurai donc deux corps, l'un de trente bataillons à Utrecht, et l'autre de trente-six bataillons à Strasbourg et Spire.

NAPOLÉON.

D'après la copie. Dépôt de la guerre.

20906. — AU GÉNÉRAL CLARKE, DUC DE FELTRE,
MINISTRE DE LA GUERRE, À PARIS.

Saint-Cloud, 17 novembre 1813.

Monsieur le Duc de Feltre, je vous ai fait connaître mon intention sur la formation d'un 1ᵉʳ corps *bis* de la Grande Armée, fort de trente bataillons, qui seront réunis à Utrecht et formés uniquement par la conscription qui se lève en ce moment, et d'un 2ᵉ corps *bis* fort de trente-six bataillons formés avec la même conscription et devant se réunir entre Strasbourg et Spire.

Le 5ᵉ corps, qui ne forme aujourd'hui qu'une division, est composé de deux bataillons de chacun des régiments suivants, savoir : les 139ᵉ, 140ᵉ, 141ᵉ, 152ᵉ, 153ᵉ, 154ᵉ, 135ᵉ, 149ᵉ, 150ᵉ, 155ᵉ de ligne; total, vingt bataillons.

Au fur et à mesure que les hommes seront habillés et armés, il faudra faire partir ce qui est nécessaire pour compléter tous ces bataillons.

Le dépôt de chacun de ces corps ayant reçu à peu près 900 hommes de la conscription, et les deux bataillons ayant, outre cela, 2 à 300 hommes à leur dépôt, ces corps pourront recevoir promptement à peu près 1,100 hommes par régiment, ou 11,000 hommes, ce qui, joint aux 8,000 hommes qui s'y trouvent sous les armes, ferait 19,000 hommes : on en formera deux divisions, chacune de dix bataillons.

Tous les régiments de ce corps ne seront donc plus composés que de deux bataillons de guerre et un bataillon de dépôt.

Vous n'avez donc d'autre ordre à donner pour les dix régiments de ce corps que celui qu'au fur et à mesure que 100 hommes du dépôt seront prêts ils aient à se rendre à Coblentz pour recruter leur bataillon.

Ainsi le 1er corps bis sera fort de trois divisions, chacune de dix bataillons, et se réunira à Utrecht.

Le 5e corps sera composé de deux divisions, de dix bataillons chacune, et se réunira à Coblentz.

Le 2e corps sera composé de trois divisions, chacune de douze bataillons, et se réunira à Strasbourg.

Je vous ferai connaître demain mon intention sur le 6e corps, qui comprend le 3e, et sur le 4e.

NAPOLÉON.

D'après la copie. Dépôt de la guerre.

20907. — AU GÉNÉRAL CLARKE, DUC DE FELTRE,
MINISTRE DE LA GUERRE, À PARIS.

Saint-Cloud, 17 novembre 1813.

Monsieur le Duc de Feltre, le 4e corps est composé :

1° De la division Morand, qui comprend quatre bataillons du 13e de ligne, trois bataillons du 23e et trois du 137e ; ces trois régiments ayant leurs dépôts en Italie, il faudra fournir de France 3,000 conscrits au 13e, 2,000 au 23e et 2,000 au 137e : total, 7,000 conscrits ;

2° De la division Guilleminot, qui comprend le 4e bataillon du 1er léger, le 3e du 7e de ligne, le 3e du 52e, le 3e et le 4e du 67e, le 5e et le 6e du 82e, le 2e et le 3e du 101e, le 1er du 156e ; ces dix bataillons ont aussi leurs dépôts en Italie ; il faut pour le 4e bataillon du 1er léger, 500 hommes ; pour le 3e du 7e de ligne, 500 ; pour le 3e du 52e, 500 ;

pour le 3ᵉ et le 4ᵉ du 67ᵉ, 1,000; pour les 2ᵉ et 3ᵉ du 101ᵉ, 1,000; et pour le 1ᵉʳ du 156ᵉ, 500; total, 4,000 hommes;

3° De la division Durutte, qui comprend dans sa composition le 1ᵉʳ bataillon du 35ᵉ léger, dont le dépôt est également en Italie; ce bataillon a besoin de 500 hommes.

Ainsi donc, les bataillons du 4ᵉ corps, qui ont leurs dépôts en Italie, ont besoin, ceux de la division Morand, de 7,000 hommes, ceux de la division Guilleminot de 4,000, et celui de la division Durutte de 500; total, 11,500 hommes, qu'il faut envoyer à ces corps.

Ces 11,500 hommes seront dirigés sur Mayence, où le ministre de l'administration de la guerre les fera tous habiller et équiper; vous pourvoirez à leur armement.

Le 4ᵉ corps étant destiné à rester à Mayence, ces hommes y seront dirigés ainsi tout naturellement. Indépendamment de ce, les dépôts situés en deçà des Alpes enverront à Mayence tout ce qui est nécessaire pour compléter leurs bataillons.

Le régiment illyrien sera supprimé; les fusils seront pris, et les hommes seront employés comme pionniers.

NAPOLÉON.

D'après la copie. Dépôt de la guerre.

20908. — AU GÉNÉRAL CLARKE, DUC DE FELTRE,
MINISTRE DE LA GUERRE, À PARIS.

Saint-Cloud, 17 novembre 1813.

Monsieur le Duc de Feltre, je vous ai envoyé hier la formation d'une armée de réserve aux Pyrénées; je vous envoie aujourd'hui la formation d'une armée de réserve en Italie. Comme je l'ai dictée également de mémoire, il peut y avoir des erreurs dont je désire que le bureau du mouvement prépare la correction; vous me la renverrez ensuite.

Il sera fourni à la composition de ces armées par la conscription des 300,000 hommes.

Mon intention est de disposer, pour l'armée des Pyrénées, de tout ce que les vingt-quatre départements du Midi fourniront à cette conscription, et, si ce n'était pas suffisant, j'y emploierais la conscription de 1815.

En Italie, je vais avoir besoin de 40,000 hommes. Il faut de même les prendre sur la conscription des 7ᵉ, 19ᵉ et 8ᵉ divisions militaires, qui sont le plus près. Faites-moi connaître ce que rendra la levée de ces trois divisions.

Mon intention est de donner le commandement de l'armée de réserve d'Italie au général Caffarelli.

Par ces dispositions, l'Italie recevra 58,000 hommes, y compris les conscrits de la levée de 120,000 hommes; et comme, indépendamment des places, elle a 40,000 hommes sous les armes, et que j'ai d'ailleurs 3 à 4,000 hommes de cavalerie, cela portera mes forces, au delà des Alpes, à un nombre très-considérable.

Ce qu'il y a de plus important, c'est l'habillement, l'armement de tout cela, et la formation des cadres. Il paraît que les Italiens ne tiennent pas, qu'ils désertent, et que, dans la pénurie où nous sommes de fusils, il faut les garder pour les Français.

NAPOLÉON.

D'après la copie. Dépôt de la guerre.

20909. — A EUGÈNE NAPOLÉON,
VICE-ROI D'ITALIE, A VÉRONE.

Saint-Cloud, 17 novembre 1813.

Mon Fils, vous trouverez ci-joint un projet de décret. Vous y verrez que je distingue deux choses : ce qui doit servir au recrutement des 1ᵉʳˢ, 2ᵉˢ et 3ᵉˢ bataillons, et ce qui est destiné à une armée de réserve. Les 15,000 hommes destinés à porter les bataillons de guerre à leur grand complet sont déjà en marche. Ils partiront d'Alexandrie. Correspondez avec le prince Borghèse pour presser leur habillement, leur équipement et leur armement.

L'armée de réserve que je forme sera de plus de 40,000 hommes d'infanterie. Les cadres ne peuvent être tirés que des bataillons que vous avez actuellement. Faites des promotions et envoyez à Alexandrie tout ce qui est nécessaire pour la formation de ces cadres, en officiers et sous-officiers. Les cadres des 5es bataillons pourront servir à vous conduire jusqu'à mi-chemin tous les hommes disponibles. Il sera nécessaire de les renvoyer, pour qu'ils puissent recevoir les hommes de la conscription des 300,000 hommes.

Renvoyez-moi le plus tôt possible ce projet de décret, où il peut y avoir des erreurs qui seront rectifiées au bureau du mouvement, et sur lequel d'ailleurs je désire que vous me remettiez vos observations.

NAPOLÉON.

D'après la copie comm. par S. A. I. Mme la duchesse de Leuchtenberg.

20910. — A ÉLISA NAPOLÉON,
GRANDE-DUCHESSE DE TOSCANE, À FLORENCE.

Saint-Cloud, 18 novembre 1813.

Ma Sœur, j'ai reçu votre lettre du 10 de ce mois. Je vous ai écrit aujourd'hui sur les grandes forces que je réunis en Italie. Envoyez sur-le-champ en Corse les Croates dont vous êtes mécontente. Organisez les 3e et 4e bataillons du 112e. Les cadres viennent de la Grande Armée en Toscane; mais je crois qu'il arrivera peu de chose. Vous les compléterez avec les conscrits qui sont dirigés sur la Toscane pour ce régiment, et qui doivent avoir passé à Turin.

J'ai écrit au roi de Naples que je lui envoie le duc d'Otrante. Écrivez-lui aussi de votre côté.

Dans tous les cas, quand même l'ennemi arriverait sur le Mincio, vous ne devez point quitter la Toscane; l'ennemi ne pourra pas faire de détachements considérables quand il sera tenu en respect par le vice-roi et tant qu'il n'aura pas gagné une grande bataille. Vous aurez toujours votre retraite assurée sur Naples.

Il y a en ce moment 16,000 hommes arrivés à Alexandrie.

NAPOLÉON.

P. S. Il serait bien convenable que les bâtiments qui transporteront les Croates en Corse rapportassent leurs fusils; on les emploiera comme on voudra.

D'après l'original comm. par S. A. Mᵐᵉ la princesse Baciocchi.

20911. — AU GÉNÉRAL SAVARY, DUC DE ROVIGO,
MINISTRE DE LA POLICE GÉNÉRALE, À PARIS.

Saint-Cloud, 18 novembre 1813.

Faites mettre dans les journaux des détails sur la manière dont les alliés se conduisent envers le roi de Saxe, sur les horreurs de toute espèce qu'éprouve l'Allemagne, sur le papier-monnaie et les réquisitions, et enfin sur le changement qui s'opère dans les esprits.

D'après la minute. Archives de l'Empire.

20912. — AU GÉNÉRAL CLARKE, DUC DE FELTRE,
MINISTRE DE LA GUERRE, À PARIS.

Saint-Cloud, 18 novembre 1813.

Le 21 octobre, la Régente a levé les cohortes urbaines de la 5ᵉ division et sept légions de gardes nationales, formant 16,000 hommes, dans les départements du Haut-Rhin, du Bas-Rhin, des Vosges, de la Meurthe, de la Moselle, de la Haute-Marne et de la Haute-Saône. J'approuve cette levée; il faut parfaitement organiser ces 16,000 hommes; ils seront utiles pour renforcer les garnisons. Quant aux cohortes urbaines, je crois qu'il faut leur donner plus d'étendue, et qu'il convient de les organiser dans toutes les places fortes de l'ancienne frontière de France, afin qu'en cas d'événement ces places se gardent elles-mêmes.

Le 7 novembre, la régence a préparé une levée de gardes nationales pour la frontière de la Suisse. J'approuve la formation des cohortes urbaines à Besançon; mais une levée de gardes nationales d'élite de 9,000 hommes serait trop considérable; je préfère qu'elle n'ait pas lieu. On ne peut pas lever par tous les bouts, et je crois que je lèverai beaucoup plus vite les 300,000 conscrits. Il faut donc organiser la garde nationale à Besançon, à Auxonne, à Belfort et dans les petites places de la frontière de la Suisse, mais seulement des cohortes urbaines, qui ne se déplacent point. On pourrait même, si l'ennemi s'approchait, l'organiser à Grenoble.

Mais le seul point vraiment important de ce côté, c'est Genève. Je ne serais pas éloigné d'envoyer la légion de la Haute-Saône, qui est déjà levée, tenir garnison à Genève, car nous ne saurions nous fier aux Génevois. Je vous ai déjà donné ordre d'armer cette place. Son armement et son approvisionnement sont un objet important, et il faut qu'il y ait toujours 2 à 3,000 anciens Français en garnison.

Le 9 novembre, vous m'avez proposé un projet de décret pour lever les cohortes dans dix-huit départements; je n'approuve point cette disposition. Le 11 novembre, vous m'avez proposé d'envoyer 7,000 gardes nationaux du Nord à Utrecht; je n'approuve pas non plus cette proposition. Ainsi je m'en tiens à ce qui existe, avec le seul changement que la légion de la Haute-Saône tiendra garnison à Genève.

J'ai pourvu au Nord, en réunissant sous les ordres du duc de Plaisance trente bataillons du 1ᵉʳ corps *bis* de la Grande Armée. C'est d'organiser ce corps sans délai qu'il faut s'occuper. J'ai de ce côté beaucoup de places fortes; il suffira d'organiser les gardes nationales urbaines pour les défendre.

Il y a 3,000 hommes de gardes nationales en activité pour la défense de Toulon; je désire que la moitié ou 1,500 hommes se rendent sans délai à Gênes pour en renforcer la garnison. Donnez-en l'ordre sur-le-champ.

Je désire que le prince d'Essling se rende lui-même à Gênes, où il prendra le commandement des trois départements de la 28ᵉ division. Il aura sous ses ordres les gardes nationales et les gardes-côtes; et, si sa santé le lui permet, il pourra prendre le commandement de l'armée de réserve qui se réunit à Turin et à Alexandrie. Si sa santé ne le lui permet pas, il se bornera au commandement de Gênes, dont le climat lui sera favorable autant que celui de Toulon. Donnez-lui ordre de s'y rendre sans retard, ainsi que les 1,500 gardes nationaux.

Comme j'ai ordonné que les 3,000 gardes nationaux qui étaient à Flessingue se rendissent à Gorcum, donnez ordre au général Latour-

Maubourg d'envoyer à Ostende 1,500 hommes des 4,000 qu'il a sous ses ordres à Ostende; ils seront à portée de soutenir Flessingue.

Je vois que la levée de la garde nationale d'Alsace est ordonnée depuis près d'un mois, et cependant elle ne peut encore faire aucun service; il faut donc deux mois pour que les gardes nationales puissent être bonnes à quelque chose; la conscription exige moins de temps.

D'après la minute. Archives de l'Empire.

20913. — AU GÉNÉRAL CLARKE, DUC DE FELTRE,
MINISTRE DE LA GUERRE, À PARIS.

Saint-Cloud, 18 novembre 1813.

Écrivez à la grande-duchesse de Toscane et au général Miollis que des renforts considérables sont envoyés en Italie, et que la présence de quelques troupes légères ennemies ne doit leur faire abandonner ni Rome, ni la Toscane, que, quand même le vice-roi serait sur le Mincio, ce ne serait pas pour longtemps, et que l'ennemi ne pourra point faire de forts détachements contre eux; enfin qu'à tout événement la retraite de la Grande-Duchesse et des employés doit être sur Rome et Naples.

D'après la minute. Archives de l'Empire.

20914. — AU GÉNÉRAL CLARKE, DUC DE FELTRE,
MINISTRE DE LA GUERRE, À PARIS.

Saint-Cloud, 18 novembre 1813.

Monsieur le Duc de Feltre, avez-vous en Italie les 16,000 fusils nécessaires pour armer les 16,000 hommes de la conscription actuelle dirigés sur Turin et Alexandrie, pour recruter l'armée d'Italie?

Aurez-vous au 15 décembre les 30,000 fusils nécessaires pour cette armée, comme il est dit au titre II du décret de ce jour?

Je ne vois rien de plus important que cet objet, puisqu'on se bat pendant l'hiver en Italie, et que le sort de ce pays et de nos places de Gênes, d'Alexandrie, de Plaisance, de Turin dépend du prompt armement de ces troupes. Rassurez-moi donc là-dessus. Comme les 30,000 hommes de la levée des 300,000 seront pris en Dauphiné et en Provence, il est probable qu'ils seront rendus avant la fin de décembre.

NAPOLÉON.

D'après la copie. Dépôt de la guerre.

20915. — AU GÉNÉRAL CLARKE, DUC DE FELTRE,
MINISTRE DE LA GUERRE, À PARIS.

Saint-Cloud, 18 novembre 1813.

Monsieur le Duc de Feltre, vous trouverez ci-jointe une première ébauche pour la formation de la Grande Armée. Mon intention est de porter les trois divisions du 1er corps *bis*, chacune à douze bataillons : il reste donc à trouver six bataillons pour compléter l'organisation de ce corps; de porter les deux divisions du 5e corps à douze bataillons chacune : il reste donc à trouver quatre bataillons; d'ajouter au 5e corps deux autres divisions de vingt-quatre bataillons; de trouver pour le 11e corps deux autres divisions, c'est-à-dire vingt-quatre bataillons. Il faut donc trouver en total cinquante-huit bataillons à prendre parmi les bataillons qui ont leurs cadres aux dépôts.

Sur ces cinquante-huit bataillons, vingt-quatre sont trouvés, puisque le 6e corps, lorsqu'il aura reçu ses bataillons, se trouvera porté à cinq divisions et aura, par conséquent, deux divisions qu'il pourra céder. Il ne restera donc plus que trente-quatre bataillons à trouver. Le bureau du mouvement, en faisant le travail de la réunion des bataillons, trouvera facilement ces trente-quatre cadres. Il est surtout important de réunir tous les bataillons d'un même régiment ensemble.

L'armée alors sera composée de six corps, et organisée en vingt-deux divisions.

L'organisation de l'artillerie devra être réglée en conséquence.

Vingt-deux divisions forment quarante-quatre batteries d'artillerie à pied. Les six corps exigent douze batteries à cheval et vingt-quatre batteries de réserve, ce qui fait quatre-vingts batteries; indépendamment des 1er, 2e, 3e et 5e corps de cavalerie, auxquels il faut au moins deux batteries par corps; ce qui fera huit batteries ou quarante-huit bouches à feu; et au total pour toute l'armée six cent soixante-quatre bouches à feu.

Il me semble que cette armée, qui se trouvera ainsi composée de deux cent soixante-quatre bataillons, aura un complet de 200,000 hommes. Elle pourra donc être à peu près entièrement formée avec la conscription qui se lève aujourd'hui, et qui offre, je crois, pour l'infanterie de la Grande Armée, plus de 120,000 hommes. Le complément se trouvera dans ce qui existe aux cadres. Il sera tout au plus nécessaire de prendre un supplément de 30 à 40,000 hommes sur la conscription des 300,000 hommes.

Il faudra désigner, pour compléter cette armée, les conscrits les plus voisins des départements du Rhin.

J'attendrai, pour donner des numéros aux divisions, que le bureau du mouvement ait tracé cette organisation dans un état, indiquant ce qui existe, ce qu'on suppose aux hôpitaux, ce qui est encore éparpillé, mais qui devra joindre d'un moment à l'autre, ce que les corps reçoivent de la conscription que je lève en ce moment, et enfin ce qui leur est assigné sur la conscription des 300,000 hommes.

NAPOLÉON.

D'après la copie. Dépôt de la guerre.

20916. — AU PRINCE DE NEUCHÂTEL ET DE WAGRAM.
MAJOR GÉNÉRAL DE LA GRANDE ARMÉE, À PARIS.

Saint-Cloud, 18 novembre 1813.

Mon Cousin, autorisez le général comte Bertrand, que j'ai nommé mon grand maréchal du Palais, à se rendre à Paris. Le général Morand prendra le commandement du 4ᵉ corps; il jouira à ce titre du traitement qui est alloué aux commandants des corps d'armée qui ne sont pas maréchaux. Le général Morand sera sous les ordres du duc de Raguse.

NAPOLÉON.

D'après l'original. Dépôt de la guerre.

20917. — AU PRINCE DE NEUCHÂTEL ET DE WAGRAM,
MAJOR GÉNÉRAL DE LA GRANDE ARMÉE, À PARIS.

Saint-Cloud, 18 novembre 1813.

Mon Cousin, le général Sebastiani prendra le commandement du 5ᵉ corps, et sera sous les ordres du duc de Tarente; le 2ᵉ corps de cavalerie sera commandé par le général de division Bordesoulle.

Ainsi les corps de l'armée seront commandés : le 11ᵉ, par le duc de Tarente; le 5ᵉ, par le général Sebastiani; le 4ᵉ, par le général Morand; le 6ᵉ, par le duc de Raguse, et le 2ᵉ restera au duc de Bellune.

NAPOLÉON.

D'après l'original. Dépôt de la guerre.

20918. — AU PRINCE DE NEUCHÂTEL ET DE WAGRAM,
MAJOR GÉNÉRAL DE LA GRANDE ARMÉE, À PARIS.

Saint-Cloud, 18 novembre 1813.

Mon Cousin, écrivez au duc de Raguse d'envoyer un officier intelligent auprès du prince de Schwarzenberg, pour offrir de traiter de la reddition de Danzig, de Modlin, de Zamosc, de Stettin, de Küstrin et de Glogau. Les conditions de la reddition de ces places seraient que les garnisons rentreraient en France avec armes et bagages, sans être prisonnières de guerre; que toute l'artillerie de campagne aux armes françaises, ainsi que les magasins d'habillement qui se trouveraient dans les places, nous seraient laissés; que des moyens de transport pour les ramener nous seraient fournis; que les malades seraient, à fur et mesure de leur guérison, renvoyés. Il fera connaître que Danzig peut tenir encore un an; que Glogau et Küstrin peuvent tenir également encore un an, et que, si on veut avoir ces places par un siége, on abîmera la ville; que ces conditions sont donc avantageuses aux alliés, d'autant plus que la reddition de ces places tranquillisera les états prussiens.

Écrivez au général Turreau que je le blâme d'avoir capitulé pour la ville de Würzburg, puisque, s'il n'avait pas signé cette capitulation, il aurait retenu sur ce point 4 à 5,000 hommes que j'aurais eus de moins à Hanau. Faites-lui connaître que je l'autorise à traiter pour la reddition de la citadelle à la condition du retour en France de la garnison, de ses hôpitaux, de son artillerie et de tous ses magasins de vivres et autres, lesquels seront embarqués sur le Main; que je consens à cette reddition spécialement par égard pour la ville de Würzburg, qui pourrait être compromise par la résistance de la citadelle. Comme, dans le fait, il n'y a pas de compensation suffisante pour l'avantage que trouvera l'armée alliée à occuper cette citadelle, il tâchera d'obtenir en même temps la libération de 2,500 prisonniers; cependant il ne fera pas de cette question une condition *sine qua non*.

Vous ajouterez au duc de Raguse que, si on parlait de la reddition de Hambourg, de Magdeburg, d'Erfurt, de Torgau et de Wittenberg, il doit répondre qu'il prendra mes ordres là-dessus, mais qu'il n'a pas d'instructions; qu'il n'est question actuellement que de traiter pour les places de l'Oder et de la Vistule. Ces communications serviront aussi à avoir des nouvelles. Vous ne parlerez pas au duc de Raguse de ce qui est relatif à la citadelle de Würzburg, et vous aurez soin d'écrire à ce sujet en chiffre au général Turreau.

NAPOLÉON.

D'après l'original. Dépôt de la guerre.

20919. — A M. MELZI, DUC DE LODI,
CHANCELIER DU ROYAUME D'ITALIE, À MILAN.

Saint-Cloud, 18 novembre 1813.

J'ai reçu votre lettre du 13 novembre. Le prince d'Essling marche sur Gênes avec un corps de troupes; 16,000 conscrits, âgés de plus de vingt-deux ans et nés dans la vieille France, se portent sur Turin et Alexandrie. J'ai pris des mesures pour avoir, à la fin de décembre, 60,000 hommes sur ces deux points.

Le roi de Naples m'a promis de marcher avec 30,000 hommes sur le Pô. S'il tient sa promesse, j'espère qu'il n'arrivera pas d'autre malheur.

Au reste, j'ai ici 600,000 hommes en mouvement, et, quelque chose qui arrive, les Autrichiens ne resteront pas maîtres de l'Italie. Les circonstances ont été critiques; elles le sont encore; mais je trouve d'immenses ressources et beaucoup de bonne volonté dans ce pays.

<small>D'après la minute. Archives de l'Empire.</small>

20920. — AU GÉNÉRAL CLARKE, DUC DE FELTRE,
<small>MINISTRE DE LA GUERRE, À PARIS.</small>

<small>Saint-Cloud, 19 novembre 1813.</small>

Vous avez environ 120 à 130,000 prisonniers de guerre; ce nombre est considérable. Les habitants des villes où ils sont placés paraissent montrer de l'inquiétude. Mon intention est que vous ordonniez qu'il soit mis en activité une compagnie de 140 hommes de la garde nationale à Saint-Quentin, qui fournira une escouade de 25 hommes à Laon. Une pareille compagnie sera formée à Givet; une pareille à Mézières; une pareille à Philippeville; et enfin une pareille, qui sera répartie entre Marienbourg et Bouillon; ce qui formera quatre compagnies pour le département des Ardennes. Ces compagnies étant composées de gardes nationales urbaines, les habitants seront moins fatigués. Vous ferez former une pareille compagnie à Briançon, une à Mont-Dauphin, trois à Moulins et enfin deux pour le département du Calvados.

Mon intention est que partout où il y a 1,000 prisonniers réunis, il soit formé une compagnie de gardes nationales pour les contenir. Il me semble que, dans les endroits où il ne s'en trouvera pas un pareil nombre, une force du dixième ou du quinzième sera suffisante pour les garder, étant aidée de la gendarmerie; que dans ceux où il n'y a que 3 à 400 prisonniers, la gendarmerie suffira. Où il y aura des vétérans, vous pourrez épargner cette dépense. Cette mesure mettra la tranquillité parmi les habitants et assurera la garde des prisonniers.

<small>D'après la minute. Archives de l'Empire.</small>

20921. — AU MARÉCHAL MARMONT, DUC DE RAGUSE,
<small>COMMANDANT LE 6ᵉ CORPS DE LA GRANDE ARMÉE, À MAYENCE.</small>

<small>Saint-Cloud, 19 novembre 1813.</small>

Je reçois votre lettre du 16. J'ai ordonné que le duc de Trévise porte son quartier général à Trèves, où se rendra toute la vieille Garde; que les deux divisions composées de tirailleurs se placent dans la direction de Trèves à Mayence, et de Trèves à Coblentz; que les deux divisions composées de voltigeurs se rendent à Luxembourg afin d'être à portée de leur dépôt, qui est à Metz; que chaque brigade ait avec elle son artillerie. Les batteries de 12 et celles à cheval seront avec la vieille Garde. Tous les employés et administrations de la vieille Garde seront à Trèves. Par ce moyen, vous serez parfaitement débarrassé et il n'y aura rien sur la grande route.

Je me fais faire un rapport sur la situation de la cavalerie, afin de la placer définitivement dans les lieux les plus convenables.

Il partira d'ici tous les huit jours 1,200 hommes, pour compléter les voltigeurs. Ainsi, ma Garde sera, avant le 15 janvier, un corps de 80,000 hommes.

Je crois n'avoir pas encore donné d'ordre pour le grand quartier général. Je crains qu'il n'y ait quelque inconvénient à éloigner le payeur et l'intendant de Mayence.

Je crois vous avoir mandé que 11,500 conscrits sont dirigés sur Mayence, où ils sont destinés à recruter la portion du 4ᵉ corps qui a ses dépôts en Italie; et comme tous les autres dépôts du 4ᵉ corps vont diriger des conscrits pour recruter leurs bataillons, je compte que ce corps sera incessamment de 30 à 40,000 hommes.

Faites partir la division de la jeune Garde que vous avez gardée à Mayence.

Je suppose que le 5ᵉ corps est parti pour Cologne.

Faites partir l'ancien 3ᵉ corps pour Coblentz.

Le 2ᵉ corps et la division du 6ᵉ corps paraissent suffisants du côté de Manheim et en Alsace. Les gardes nationales me paraissent suffisantes également.

J'ai ordonné la formation d'un 2ᵉ corps *bis* à Strasbourg; je crois vous avoir instruit de ces dispositions. Nous ne sommes dans ce moment-ci en mesure pour rien. Nous serons, dans la première quinzaine de décembre, déjà en mesure pour beaucoup de choses. La grande affaire aujourd'hui, c'est l'armement et l'approvisionnement des places. A moins de nécessité absolue, ne laissez pas sortir la division du 2° corps de votre commandement. Le duc de Bellune voudrait l'attirer à lui, mais il n'y a rien à craindre pour Strasbourg; il faudrait être fou pour nous attaquer par l'Alsace. C'est sur Cologne, Wesel et Coblentz qu'il est naturel de penser que l'ennemi doit se porter.

Avez-vous rallié au 6° corps les 1,200 ou 1,500 hommes de la marine qui se trouvaient du côté de Cologne?

Avez-vous fait partir des officiers pour parcourir les différents régiments, pour voir les isolés qui y ont été incorporés et les faire revenir à leurs régiments?

Le ministre a décidé où devaient être placés les dépôts du 30° et du 33° de ligne; quant aux 8°, 27°, 70° et 88° régiments de ligne, renvoyez les cadres à leurs dépôts. Le 8° est du côté de la basse Meuse; ôtez tous les hommes disponibles, et placez-les dans le 13° de ligne. Le 88° a aussi son dépôt dans le Nord. Il n'y a que le 70° qui ait son dépôt à Brest: placez ce bataillon dans celui des corps où se trouve déjà le 70°. J'ai donné des ordres pour que 600 conscrits lui soient envoyés à Mayence pour le compléter; il serait trop long de l'envoyer se recruter du côté de Brest.

Le 28° ayant son dépôt dans le Nord, renvoyez-le à son dépôt. Vous aurez donc ainsi à Mayence deux dépôts, celui du 133° et un bataillon du 70°. Quant au 33° léger, vous l'avez dirigé sur Sarrelouis; il me paraît bien là.

Instruisez de ces dispositions les commissaires des guerres de Metz, Châlons et de la route, afin que les conscrits qui se rendent à ces différents dépôts ne puissent se détourner.

D'après la minute. Archives de l'Empire.

20922. — AU PRINCE CAMBACÉRÈS,
ARCHICHANCELIER DE L'EMPIRE, À PARIS.

Saint-Cloud, 20 novembre 1813.

Mon Cousin, ayant résolu de nommer le comte Daru mon ministre de l'administration de la guerre, je désire que vous voyiez le comte de Cessac pour lui faire pressentir qu'il est convenable qu'il donne sa démission, et comme je ne fais point ce changement par des motifs de mécontentement, je voudrais que vous me fissiez connaître ce qu'il désire.

Aussitôt que vous aurez vu le comte de Cessac, vous viendrez à Saint-Cloud pour me présenter le comte Daru au serment qu'il doit prêter en cette nouvelle qualité.

D'après la minute. Archives de l'Empire.

20923. — AU GÉNÉRAL LACUÉE, COMTE DE CESSAC,
MINISTRE DIRECTEUR DE L'ADMINISTRATION DE LA GUERRE, À PARIS.

Saint-Cloud, 20 novembre 1813.

Monsieur le Comte de Cessac, les fatigues du ministère que vous gérez depuis quelques années vous ont porté plusieurs fois à me témoigner le désir d'en être déchargé. Je charge mon cousin le prince archichancelier de prendre le portefeuille de votre ministère. Voulant vous donner une preuve de ma satisfaction pour les services que vous m'avez rendus, soit en Conseil d'état, soit en votre ministère, je vous accorde une pension de 20,000 francs sur mon trésor impérial et une dotation de 20,000 francs de revenu, qui sera jointe à votre titre et transmissible avec lui. Voulant aussi profiter de vos avis et bons conseils, j'ai ordonné qu'il vous fût délivré des lettres patentes de ministre d'état.

D'après la minute. Archives de l'Empire.

20924. — AU COMTE BIGOT DE PRÉAMENEU,
MINISTRE DES CULTES, À PARIS.

Saint-Cloud, 20 novembre 1813.

Monsieur le Comte Bigot de Préameneu, je reçois votre projet de lettre. Il y aurait trop d'inconvénients à écrire cette dépêche aux évêques, qui la prêcheraient partout. Il vaut mieux ne pas l'écrire, ou seulement cinq ou six lignes : que dans les circonstances actuelles on compte sur leur zèle pour la patrie et sur leur attachement à ma personne.

NAPOLÉON.

D'après l'original comm. par M*me* la baronne de Nougarède de Fayet.

20925. — A M. COLLIN, COMTE DE SUSSY,
MINISTRE DU COMMERCE ET DES MANUFACTURES, À PARIS.

Saint-Cloud, 20 novembre 1813.

Le mouvement des Anglais sur Bayonne met à découvert cette partie de la frontière. J'apprends qu'ils ont déjà jeté une certaine quantité de leurs marchandises du côté de Saint-Jean-de-Luz. Je pense que vous aurez porté vos lignes de douane sur d'autres points. Cet objet mérite toute votre attention.

D'après la minute. Archives de l'Empire.

20926. — AU GÉNÉRAL CLARKE, DUC DE FELTRE,
MINISTRE DE LA GUERRE, À PARIS.

Saint-Cloud, 20 novembre 1813.

Il y a plusieurs rivières qui confluent avec le Rhin par la rive droite, telles que le Neckar et la Lahn. Mon intention est que vis-à-vis l'embouchure de ces rivières on construise des redoutes, qui seront armées de plusieurs pièces de gros calibre dont quelques-unes de 24, et qu'elles soient à l'abri d'un coup de main. Plus tard on s'occupera d'élever à ces endroits des forts permanents. Faites-moi un rapport sur cet objet.

D'après la minute. Archives de l'Empire.

20927. — AU MARÉCHAL MARMONT, DUC DE RAGUSE,
COMMANDANT LE 6ᵉ CORPS DE LA GRANDE ARMÉE, À MAYENCE.

Saint-Cloud, 20 novembre 1813.

Il est probable que l'ennemi ne veut pas tenter de passer le Rhin. Laissez donc vos troupes tranquilles et ne vous tourmentez pas. Toutefois, si l'ennemi passe le Rhin, il le passera sur le bas Rhin. N'éloignez donc pas le 2ᵉ corps de Mayence. Une division du 6ᵉ corps doit être à Coblentz, afin que le 5ᵉ corps soit à Cologne, à la disposition du duc de Tarente.

J'estime que les gardes nationales qu'on a levées dans l'Alsace sont suffisantes pour défendre cette frontière.

La redoute à l'embouchure du Neckar est établie. En a-t-on établi une semblable vis-à-vis la Lahn? Si on ne l'a pas faite, ordonnez qu'on la fasse.

<small>D'après la minute. Archives de l'Empire.</small>

20928. — INSTRUCTIONS POUR LE GÉNÉRAL D'ANTHOUARD.

<small>Saint-Cloud, 20 novembre 1813, onze heures du matin.</small>

D'Anthouard m'écrira du mont Cenis où en est la forteresse, si on peut l'armer, si elle est à l'abri d'un coup de main, etc.

Il verra le prince Borghese, qui doit avoir reçu la copie de l'ordre que j'ai signé hier, ayant deux buts, et qui la lui fera voir.

Premier but : l'envoi de 16,000 hommes de renfort à l'armée d'Italie sur la conscription des 120,000 hommes. Ces 16,000 hommes sont fournis aux six divisions qui forment l'armée d'Italie, à raison de 700 hommes chacune; total, 4,200; plus 800 hommes à prendre au dépôt du 156e pour le 92e : en tout 5,000 hommes; plus 7,000 hommes, qui font partie des régiments qui sont à l'armée d'Italie et des dépôts au delà des Alpes; enfin, 600 hommes du dépôt du 156e régiment pour le 36e léger, 600 hommes pour le 133e, 600 hommes pour le 132e, etc. Total, 16,000 hommes.

Au reste, le prince Borghese lui remettra le décret, qui est très-détaillé, afin qu'il en ait pleine connaissance pour l'exécution de ses ordres.

Il reconnaîtra : 1° si les conscrits sont beaux hommes et forts, s'assurera de la quantité, si la désertion a occasionné des pertes, et combien : 2° il s'informera du directeur de l'artillerie s'il a les armes pour ces 16,000 hommes; 3° il s'assurera si l'habillement, le grand et petit équipement, sont prêts, ou quand ils le seront.

Second but : ces 16,000 hommes sont destinés aux 1ers et 2es bataillons de l'armée d'Italie; mais j'ai en outre une armée de réserve de 30,000 hommes par décret d'hier, 19 novembre, et à prendre sur la levée des 300,000 hommes. Ces 30,000 hommes se lèveront en Provence, en Dauphiné, dans le Lyonnais, et seront réunis à Alexandrie, à la fin de décembre. Il faut voir si les armes sont prêtes pour ces 30,000 hommes, ainsi que l'habillement, ou bien si les mesures sont prises pour cela.

Ces 30,000 hommes, formant trois divisions, seront incorporés, 1° pour la 1re division, dans les 4es et 6es bataillons de l'armée d'Italie; les 4es bataillons existent à Alexandrie; le vice-roi fera former les cadres des 6es bataillons et les enverra de suite à Alexandrie; 2° la 2e division sera formée des bataillons qui ont leurs dépôts en Piémont; plusieurs retournent à la Grande Armée, en sorte qu'il ne faut compter que sur la moitié; il faut donc former des cadres en remplacement et les diriger sur ces dépôts; 3° la 3e division sera formée de onze à douze 5es bataillons, dans les 27e et 28e divisions militaires.

La 1re division recevra 9,000 hommes; la 2e division, 7,500; la 3e division, 5,500; total 22,000 hommes.

Indépendamment de ces trois divisions, je forme une réserve en Toscane des 3e, 4e, 5e bataillons du 112e régiment et des 4e, 5e bataillons du 35e léger, qui reçoivent 2,500 hommes sur la levée des 300,000 hommes.

De plus, je forme une réserve à Rome des 3e, 4e bataillons du 22e léger, des 4e, 5e bataillons du 4e léger, des 4e, 5e bataillons du 6e de ligne, qui recevront 3,000 hommes sur les 300,000 hommes, non compris ce qu'ils reçoivent des 120,000 hommes. Total, 28,000 hommes.

Il reste 2,000 hommes pour l'artillerie d'Alexandrie, de Turin, pour les sapeurs, les équipages. Je veux une artillerie pour l'armée de réserve.

J'ai envoyé le prince d'Essling à Gênes avec 3,000 hommes de gardes nationales levés depuis un an à Toulon. Il est possible que je lui confie le commandement de l'armée de réserve; mais s'il est totalement hors d'état de le remplir à cause de sa poitrine, j'y enverrai probablement le général Caffarelli.

Ainsi donc, avant le 1er janvier, le vice-roi recevra 16,000 hommes des 120,000 hommes, pour recruter les trois 1ers bataillons des régiments, tout cela de l'ancienne France; il n'y aura ni Piémontais, ni Italiens, ni Belges; plus 30,000 hommes de l'armée de réserve; total, 46,000 hommes, réunis d'ici au mois de février; tous vieux Français et âgés de vingt-trois, vingt-quatre, vingt-cinq, vingt-six, vingt-sept, vingt-huit, vingt-neuf, trente, trente et un et trente-deux ans.

Le principal soin doit être de former les 6ᵉˢ bataillons, et de tirer des corps pour former les cadres dont nous manquons et qu'on ne peut créer.

Le roi de Naples m'a écrit qu'il marche avec 30,000 hommes. S'il exécute ce mouvement, l'Italie est sauvée, car les troupes autrichiennes ne valent pas les Napolitains. Le Roi est un homme très-brave ; il mérite de la considération. Il ne peut diriger des opérations, mais il est brave, il anime, il enlève, et mérite des égards. Il ne peut donner de l'ombrage au vice-roi : son rôle est Naples, il n'en peut sortir.

D'Anthouard me rendra compte de l'état dans lequel se trouve la citadelle de Turin, son armement, ses magasins de guerre et de bouche, son commandant, les officiers du génie, de l'état-major, etc. Il me rendra le même compte sur Alexandrie, en joignant le calque des ouvrages ; il me fera un rapport sur les officiers, l'état-major, etc.

Même rapport sur la citadelle de Plaisance.

On me parle de la citadelle de Casale : il s'y rendra, et me rendra compte si cela vaut la peine d'être armé et approvisionné.

Si le vice-roi avait enfermé dans les places les fonds de dépôts, comme quartiers-maîtres, ouvriers, etc. il faut les retirer ; il faut même évacuer tout ce qui, dans ce genre, se trouve à Mantoue. On y a même enfermé le 5ᵉ bataillon et le dépôt du 8ᵉ léger. J'ai donné deux ordres pour que ce dépôt reçoive 600 conscrits à Alexandrie. D'Anthouard se fera rendre compte où cela en est. Que cela soit dirigé à Alexandrie ; ensuite que le dépôt, le major, les ouvriers, soient à Plaisance pour recevoir ce qui revient de la Grande Armée et organiser un bataillon. D'Anthouard trouvera à Alexandrie 700 hommes pour le 13ᵉ de ligne ; le vice-roi a enfermé le dépôt à Palmanova ; ces 700 hommes vont se trouver seuls ; j'ai ordonné d'en former le 6ᵉ bataillon. Il faut que le vice-roi fournisse quelques officiers, et le prince Borghese formera le cadre. J'ai ordonné qu'un demi-cadre du 13ᵉ soit envoyé de Mayence, mais jusqu'à l'arrivée il faut pourvoir à la réception, organisation, instruction, et mettre ce bataillon à la citadelle d'Alexandrie.

D'Anthouard trouvera à Plaisance le dépôt du 9ᵉ bataillon des équipages militaires. Il faut diriger tout l'atelier, tout le matériel, les magasins sur Alexandrie, qui est une place sûre. Si les approvisionnements des citadelles de Turin et d'Alexandrie n'étaient pas complets, il faudrait en rendre compte au prince Borghese, pour qu'il y pourvoie de suite. D'Anthouard donnera des ordres en forme d'avis pour tout ce qu'il croira nécessaire d'après mes instructions, et me rendra compte des ordres qu'il aura donnés.

Il faut que les fortifications soient en état, fermer les gorges en palissades, voir ce qui est nécessaire pour les parapets et banquettes à rétablir, etc. porter une grande attention sur les inondations. Compte-t-on dans le pays sur l'inondation du Tanaro et la résistance du pont éclusé ?

Un régiment croate de 1,300 hommes et 600 chevaux est à Lyon. Je donne ordre à Corbineau de leur faire mettre pied à terre et d'envoyer cette canaille sur la Loire, et de donner 300 chevaux à chacun des deux régiments, 1ᵉʳ de hussards et 31ᵉ de chasseurs. Je vais m'occuper de la cavalerie pour l'armée d'Italie : 1° j'envoie à Milan tout ce qui appartient au 1ᵉʳ de hussards et au 31ᵉ de chasseurs; 2° je veux y envoyer deux bons régiments de dragons d'Espagne de 1,200 chevaux chacun.

J'ai ordonné que toutes les troupes italiennes de la Grande Armée se rendent à Milan; il y a 4,000 hommes. Même ordre pour les mêmes troupes qui sont en Aragon et en Espagne; il y a 6,000 hommes. Tout cela est en marche.

J'ai ordonné à Grouchy de se rendre à l'armée d'Italie. Il est un peu susceptible, mais le vice-roi fera pour le mieux.

Le vice-roi peut avoir grande confiance en Zucchi, j'en ai été très-content. Il ne faut pas donner de crédit à Pino. Il faut élever en crédit Palombini et Zucchi, et soutenir Fontanelli. L'expérience m'a prouvé que l'ennemi s'occupe particulièrement de gagner les généraux étrangers que nous portons en avant, en leur accordant crédit et confiance. Ainsi de Wrede, pour qui j'ai tant fait, a été tourné contre moi; mais il est mort. Les trois généraux que j'indique peuvent être mis en avant en ce moment, et annuler Pino.

Il faut que les approvisionnements des places soient pour six mois.

Je désire que d'Anthouard examine Saint-Georges et me dise sur quoi je puis compter.

OPÉRATIONS.

Le vice-roi ne doit pas quitter l'Adige sans une bataille. Il doit avoir de la confiance; il a 40,000 hommes; il peut avoir cent vingt pièces de canon; il est sûr du succès. Quitter l'Adige sans se battre est un déshonneur. Il vaut mieux être battu.

Il faut qu'il ait beaucoup d'artillerie; il ne doit pas en manquer à Mantoue et à Pavie; il n'y a que les attelages qui pourraient manquer: mais les dépôts sont trop voisins pour que l'on ait besoin de traîner beaucoup de caissons. Ce n'est pas comme l'armée attaquante, qui est obligée d'avoir avec soi ses deux approvisionnements. Il faut une réserve de dix-huit pièces de 12 pour un moment décisif. L'attelage bien nécessaire est celui de la pièce et d'un caisson et demi. Il n'est pas besoin d'attelages réguliers pour les affûts, les forges, les rechanges, etc, lorsque l'on est aussi près de ses places et dépôts. Lorsqu'il verra venir la bataille, il doit avoir cent cinquante à deux cents pièces. Je n'attache pas d'importance à la perte de canons, si les chances de prises peuvent être compensées par les chances de succès.

Je suppose que la demi-lune de la porte de Vérone à Caldiero est établie et armée; en cas contraire, il faut l'établir sur-le-champ et l'armer avec du 8 et du 12 en fer, ou mauvais aloi, à tirer des places, puisqu'on n'a pas occupé Caldiero, qui était la véritable position. J'avais dans le temps fait établir cette demi-lune. L'occupation des hauteurs de Caldiero, couvertes d'ouvrages de campagne, ne peut être forcée l'Alpone en avant. On doit y être sans inquiétude. La Rocca-d'Anfo barre le seul chemin par où l'on puisse venir avec de l'artillerie. Il y faut deux chaloupes armées pour le lac.

Il faut deux ou trois barques armées pour le lac de Como. Il faut tirer des marins de la côte pour ce service, et, s'il n'y en a pas, en demander au prince Borghese, de Gênes, où il se trouve des marins de l'ancienne France.

Il faut 3 à 400 hommes dans les citadelles de Bergame et de Brescia; quelques poignées d'hommes de gardes nationales pour l'intérieur de la ville, et deux mauvaises pièces à la citadelle.

Il faut des bateaux armés pour les lacs de Mantoue, et qu'il y ait un lieutenant de vaisseau de la vieille France pour chef. Il faut rester maître de tous les points des lacs.

Il faut se maintenir en communication avec Brondolo, par la rive droite de l'Adige.

Il faut à Rivoli une bonne redoute palissadée, armée de canons, ce qui rend impraticable la grande route de Vérone. Il faut occuper le Montebaldo et un ouvrage à la Corona. Il faut alors que l'ennemi passe l'Adige, et je ne vois pas de difficultés à couper les digues de l'Alpone et même les digues de l'Adige à Chiavari[1], sous Legnago, au batardeau.

Il faut des bateaux armés sur le lac Majeur et sur le lac de Lugano, sans violer le territoire suisse; il y a un point au royaume d'Italie.

Dans ces situations inforçables, il ne faut pas quitter sans une bataille. Une manœuvre que j'indique, que je ne conseille pas, que je ferais, serait de passer par Brondolo sur Mestre et de forcer sur Trévise ou la Piave avec 30,000 hommes. Il ne manque pas de moyens de transport à Venise. Je la ferais, mais je ne la conseille pas, si on ne me comprend pas. On obtiendrait des résultats incalculables. L'ennemi opère par Conegliano et Trévise; on le coupe, on le disperse, on le détruit; et, s'il faut se retirer, on le fait sur Malghera et l'Adige. Mais je ne conseille pas cette manœuvre hardie; c'est là ma manière; mais il faut comprendre et saisir tous les détails et moyens d'exécution, le but à remplir, les coups à porter, etc. l'armée serait. . . . .

(Sa Majesté en est restée là court[2].)

Si le vice-roi perdait la bataille et abandonnait l'Adige, il a la ligne du Mincio, qui n'est pas bonne, mais qu'il faut préparer d'avance pour s'en servir pour un premier moment de retraite et voir venir. Ensuite l'Adda, le Tessin, etc. Je pense que, forcé sur le Tessin, il doit se

[1] Anghiari?
[2] Note du général d'Anthouard, qui a écrit ces instructions sous la dictée de Napoléon.

jeter sur Alexandrie et la Bocchetta. Il serait à Alexandrie renforcé par l'armée de réserve. Sa ligne d'opération serait par Gênes; je préfère Gênes au mont Cenis, parce que d'Alexandrie à Gênes il protége davantage la Toscane. En cas de cette retraite, il faudrait prévenir les garnisons de Turin et du mont Cenis, et celle du Simplon, qui doit se retirer sur Genève, que je fais mettre en état de défense.

Quand bien même le vice-roi quitterait le Mincio et l'Adda, la Grande-Duchesse doit rester à Florence. L'ennemi ne peut y envoyer qu'un détachement de son armée. D'ailleurs, si la Grande-Duchesse était forcée, elle se replierait sur Rome; si elle y était encore forcée, elle se replierait sur Naples.

La présence du prince d'Essling avec 3,000 hommes à Gênes, où les dépôts se forment, et les marins, assurent la place. D'ailleurs les Génois ne sont pas autrichiens.

Il n'y a rien à craindre des Suisses; s'ils étaient contre nous, ils seraient perdus. Ils sont bien loin de se déclarer aujourd'hui, quoi qu'on en dise.

Enfin, passé février, je serai en mesure et j'enverrai d'autres renforts. J'ai en ce moment 800,000 hommes en mouvement, etc. L'argent ne me manque pas.

Si les autorités italiennes étaient obligées d'évacuer Milan, elles se retireraient à Gênes.

Dans tout ceci, j'ai fait abstraction du roi de Naples, car s'il est fidèle à moi, à la France et à l'honneur, il doit être avec 25,000 hommes sur le Pô. Alors beaucoup de combinaisons sont changées.

Je connais parfaitement les positions. Je ne vois pas comment l'ennemi passerait l'Adige. Quand bien même l'ennemi se porterait d'Ala sur Montebaldo, il ne peut y conduire d'artillerie sur la Corona. Il y a de superbes positions, où j'ai donné ma bataille de Rivoli. L'infanterie autrichienne est méprisable, la seule qui vaille quelque chose est l'infanterie prussienne. A Leipzig ils étaient 300,000 hommes. je n'en avais que 110,000, je les ai battus deux jours de suite, etc.

Il faut un pont sur le Pô, au-dessous de Pavie, vers Stradella.

Il faut faire travailler à la citadelle de Plaisance.

Si j'avais su sur quoi compter pour l'artillerie, j'aurais vu si je devais aller en Italie; dans tous les cas, on peut laisser ébruiter que j'irai en Italie, etc.

D'après la copie comm. par le général d'Anthouard.

20929. — A EUGÈNE NAPOLÉON,
VICE-ROI D'ITALIE, À VÉRONE.

Saint-Cloud, 20 novembre 1813.

Mon Fils, je viens de dicter au général d'Anthouard ce qu'il doit faire à Turin, Alexandrie, Plaisance et Mantoue. Il vous fera connaître mes intentions.

Il ne faut point quitter l'Adige sans livrer une grande bataille. Les grandes batailles se gagnent avec de l'artillerie; ayez beaucoup de pièces de 12. Étant à portée des places fortes, vous pouvez en avoir autant que vous voudrez.

Vous n'avez plus rien à craindre d'une diversion sur les derrières, puisque l'artillerie ne passe nulle part.

Mettez 200 hommes et six pièces de canon à la citadelle, à Brescia.

Ayez des barques armées qui vous rendent absolument maître du lac de Peschiera, du lac de Lugano, du lac Majeur et du lac de Côme.

Faites construire de bonnes redoutes fraisées et palissadées sur le plateau de Rivoli, et qu'elles battent le chemin de Vérone, sur la rive gauche de l'Adige. Faites construire des ouvrages du côté de la Corona[1]. Si vous êtes à temps, occupez les hauteurs de Caldiero et faites-y faire des redoutes. Coupez les digues de l'Alpone et inondez le bas Adige.

Enfin, la grande manœuvre serait d'attaquer l'ennemi, en concertant les moyens de passer rapidement, et sans qu'il le sût, par Mestre; cette manœuvre, concertée en secret, et avec les grands moyens que vous avez, pourrait vous donner des avantages considérables.

NAPOLÉON.

D'après la copie comm. par S. A. I. Mme la duchesse de Leuchtenberg.

[1] *La Corona*, substitué, de la main de l'Empereur, à Montebaldo.

20930. — AU GÉNÉRAL CLARKE, DUC DE FELTRE,
MINISTRE DE LA GUERRE, À PARIS.

Paris, 21 novembre 1813.

Portez la plus grande attention, et rendez-en responsables le commandant de Sedan ainsi que l'inspecteur aux revues, à ce qu'il ne soit point enrôlé d'Allemands; ce serait dépenser des armes et de l'argent pour fortifier les armées de l'ennemi. Il ne faut que des Polonais, et encore modérément, puisque nous manquons d'armes. Les officiers polonais ont la rage d'enrôler des Allemands.

D'après la minute. Archives de l'Empire.

20931. — AU GÉNÉRAL CLARKE, DUC DE FELTRE,
MINISTRE DE LA GUERRE, À PARIS.

Paris, 21 novembre 1813.

Monsieur le Duc de Feltre, tous les régiments qui sont en France, et dont les dépôts doivent sur-le-champ recruter la Grande Armée, ont trois destinations : ou ils sont destinés à former le 1er corps bis, conformément à la lettre que je vous ai écrite il y a peu de jours, lequel doit se réunir à Bruxelles, Anvers et Gorcum; ou ils sont destinés à former le 2e corps bis, lequel doit se réunir à Strasbourg; ou enfin ils sont destinés à recruter les bataillons qui sont aux 4e, 5e, 6e, 11e et 14e corps.

Vous devez donc ordonner que tous les corps qui doivent fournir au 1er corps bis forment sur-le-champ un bataillon, bien habillé, bien équipé et bien armé, et le diriger sur Anvers, pour y être sous les ordres du duc de Plaisance; que, lorsque ce bataillon sera formé et parti, ils forment l'autre; le 1er corps bis n'étant composé que de bataillons entiers.

Vous devez donc ordonner que les dépôts qui doivent fournir au 2e corps bis complètent d'abord un bataillon et l'envoient à Strasbourg, et que, ce bataillon étant parti, ils forment l'autre, le 2e corps bis n'étant également formé que de bataillons entiers.

Enfin, viennent tous les dépôts, qui doivent sur-le-champ, et avant de compléter les bataillons qui sont aux dépôts, compléter les bataillons qui sont aux 4ᵉ, 5ᵉ, 6ᵉ, 11ᵉ et 14ᵉ corps. Donnez-leur les ordres suivants.

Chaque 5ᵉ bataillon des corps portés dans l'état ci-joint fournira deux compagnies complétées à 500 hommes et qui seront dirigées sur Mayence, pour de là être incorporées dans les bataillons qu'ils doivent recruter.

Il est nécessaire que vous fassiez comprendre aux généraux commandant les divisions militaires la nécessité de faire partir ces hommes aussitôt qu'ils seront habillés, équipés et armés.

Les cadres retourneront ensuite aux dépôts.

Il faut que les commandants des divisions militaires vous tiennent exactement instruit de tous ces départs.

J'autorise qu'on fasse partir d'abord 250 hommes avec un cadre de compagnie, lorsqu'il y aura lieu de penser qu'entre le premier et le second départ il s'écoulera plus de dix jours, par des raisons d'habillement ou d'équipement.

Quatre-vingt-trois corps expédiant chacun 500 hommes, cela fera une augmentation de 41,500 hommes pour les 4ᵉ, 5ᵉ, 6ᵉ, 11ᵉ et 14ᵉ corps; Le 4ᵉ corps devant en outre recevoir 11,500 hommes directement et le 11ᵉ corps 5,000 hommes directement, l'armée recevra donc, par ces divers mouvements, une augmentation d'environ 60,000 hommes.

Comme les 4ᵉ, 5ᵉ, 6ᵉ et 11ᵉ corps font actuellement plus de 50,000 hommes, ces corps se trouveront donc portés à 110,000 hommes, sans compter les 1ᵉʳ et 2ᵉ corps *bis*, ni le 14ᵉ.

Aussitôt que le 1ᵉʳ corps *bis* sera formé, l'armée sera augmentée de trente bataillons ou de 20,000 hommes.

Le 2ᵉ corps *bis*, réuni au 2ᵉ corps, fournira trente-six bataillons ou 24,000 hommes.

L'armée, pour cette première opération, se trouvera donc être composée, en infanterie, de 150,000 hommes, sans compter le 14ᵉ corps, ni le 13ᵉ, ni le 1ᵉʳ, qui sont encore sur l'Elbe; ce qui, joint à la cavalerie et à l'artillerie, fera dès ce moment une armée convenable.

Les généraux de division vous rendront compte, au moins tous les huit jours, des départs qui doivent se faire tous à la fois, si tout le contingent peut partir d'ici au 1er décembre, ou qui du moins se feront en deux parties, si chaque départ ne peut être que de 250 hommes.

Dans l'état que vous me remettrez de ces départs, vous indiquerez à quel corps les détachements doivent se rendre. Vous aurez soin d'en instruire le général qui commande le corps et les dépôts; ces généraux instruiront directement l'officier supérieur qui commande les bataillons à l'armée.

Voilà de toutes les opérations la première qui doit être faite. Une fois qu'elle sera terminée, nous nous trouverons dans un état défensif très-respectable.

Vos rapports sur les départs se diviseront en trois points : les départs pour le 1er corps *bis*; ceux pour le 2e corps *bis*; et les 500 hommes que les 5es bataillons enverront pour recruter les 4e, 5e, 6e, 11e et 14e corps.

De même, vous aurez soin, dans les états de mouvement, de bien distinguer tout ce qui pourrait appartenir à ces envois.

J'attache de l'importance à connaître positivement l'accroissement successif que recevront les corps d'armée, afin de pouvoir en conséquence les étendre et donner les ordres convenables pour la défense du territoire.

Comme j'ai dicté ces notes de mémoire, s'il était arrivé que j'eusse oublié quelques corps, le bureau du mouvement redresserait ces erreurs en faisant le travail.

J'attends toujours la formation de l'armée de réserve des Pyrénées, dont je vous ai envoyé les bases. Il n'y a pas un moment à perdre afin qu'on forme les cadres.

NAPOLÉON.

D'après la copie. Dépôt de la guerre.

20932. — A EUGÈNE NAPOLÉON,
VICE-ROI D'ITALIE, À VÉRONE.

Paris, 21 novembre 1813.

Vous trouverez ci-jointe la copie d'une lettre du ministre de la guerre. Il est indispensable que les fusils que vous avez envoyés à Mantoue retournent à Alexandrie pour armer les 16,000 conscrits qui y arrivent. Il est aussi indispensable que vous fassiez revenir les fusils qui sont à Venise. Pour ceux qui sont à Palmanova, c'est sans remède. J'ordonne que pour le moment on ne vous en donne que 4,000. Mon ministre de la guerre en ayant 24,000 en Italie, il en resterait 20,000; il faut en ôter les 2,000 laissés à Palmanova; mais Turin en fournissant 2,000 en novembre, cela fera les 20,000 qui sont nécessaires.

J'ordonne, outre cela, que 5,000 soient envoyés de Toulon à Gênes, et 5,000 de Saint-Étienne à Fenestrelle; il ne restera ainsi que 20,000 fusils à se procurer pour l'armement des 30,000 conscrits de l'armée de réserve : ces 20,000 fusils seront également fournis.

Je lève tant de monde dans ce moment, qu'on a beaucoup de peine à trouver assez de fusils. Ménagez-les donc, et activez la fabrication des armes dans le royaume d'Italie.

D'après la minute. Archives de l'Empire.

20933. — AU GÉNÉRAL CLARKE, DUC DE FELTRE,
MINISTRE DE LA GUERRE, À PARIS.

Paris, 22 novembre 1813.

Si le roi de Naples entre dans le pays de Rome avec son armée, en traversant les départements de Toscane, pour arriver sur le Pô, il doit être très-bien reçu, et ses troupes traitées le mieux qu'il sera possible.

D'après la minute. Archives de l'Empire.

20934. — AU MARÉCHAL MORTIER, DUC DE TRÉVISE,
COMMANDANT LA GARDE IMPÉRIALE, À TRÈVES.

Paris, 22 novembre 1813.

Mon Cousin, je reçois votre lettre du 19; je vous ai, depuis, donné ordre de vous rendre à Trèves. Vous commandez toute la Garde, cavalerie, infanterie et artillerie. Aucun mouvement ne doit se faire sans votre ordre. Expliquez-vous là-dessus positivement.

Le général Drouot vous aura adressé la nouvelle organisation de la Garde. Vous y verrez que je la porte à 80,000 hommes d'infanterie.

Faites-moi connaître exactement le jour de votre arrivée.

Envoyez au général Drouot, tous les cinq jours, la situation sommaire et l'emplacement de tous les corps. Tenez à votre quartier général le génie, la compagnie du train du génie, le général qui commande les cinquante-huit bouches à feu : je crois que c'est le général Desvaux. J'ai donné ordre à l'ordonnateur et au général Dulauloy de se rendre à Paris. Je suppose que l'ordonnateur se sera fait remplacer par le premier commissaire des guerres qui sera au fait du service ; tenez-le à votre quartier général. Si la Garde a un payeur, tenez-le également à votre quartier général. Enfin les colonels de la cavalerie ayant eu ordre de se rendre à Paris pour que je puisse concerter avec eux la réorganisation de la cavalerie, et le général Nansouty étant employé au commandement de la cavalerie de l'armée, appelez près de vous le plus ancien général de cavalerie qui ne sera pas colonel, pour qu'il suive tous les détails de la cavalerie. Que tout ce qui est en activité dans la Garde corresponde avec vous et forme une armée que vous ayez dans la main. Que le commandant du génie, que le commandant de l'artillerie, que celui de la cavalerie, que le payeur, que le suppléant de l'ordonnateur soient autour de vous, afin que vous puissiez ainsi répondre toujours à tous. Faites mettre en bon état les deux compagnies d'équipages militaires ; faites-leur faire le moins de service possible, afin que les chevaux se remettent.

Ordonnez qu'il y ait toujours dans les cantonnements quatre jours de pain assurés, afin de pouvoir inopinément faire un mouvement, si cela était nécessaire.

NAPOLÉON.

D'après l'original comm. par M. le duc de Trévise.

20935. — AU MARÉCHAL MARMONT, DUC DE RAGUSE.
COMMANDANT LE 6ᵉ CORPS DE LA GRANDE ARMÉE, À MAYENCE.

Paris, 22 novembre 1813.

J'ai reçu votre lettre. Ce n'est pas du grain, c'est de la farine qu'il faut avoir à Mayence ; les glaces vont arriver ; pressez les moutures de tous côtés.

Il y a à Mayence deux manutentions, une petite et une grande; faites-moi un rapport sur ces deux établissements. Faites augmenter la petite manutention, de manière qu'elle contienne sept ou huit fours, et qu'avec la grande on ait à Mayence de quoi cuire 100,000 rations de pain par jour.

D'après la minute. Archives de l'Empire.

20936. — AU GÉNÉRAL CLARKE, DUC DE FELTRE,
MINISTRE DE LA GUERRE, À PARIS.

Paris, 24 novembre 1813.

Nous n'avons aucune position sur le Leck. Il est nécessaire d'occuper de suite Schoonhoven et Nieuport. Le général Molitor peut retirer de l'artillerie de Naarden, pour l'envoyer dans ces deux places. Le général Rampon y enverra aussi vingt pièces. Un capitaine d'artillerie et un officier du génie, avec 50,000 francs, partiront pour s'y rendre. On dirigera de Gorcum 600 hommes pour prendre position dans ces places. Une réquisition sera frappée sur les villages voisins, et l'on fera toutes les dispositions nécessaire pour s'y établir militairement.

Donnez donc ordre à un officier du génie de partir d'Anvers, avec 50,000 francs, pour se rendre à Schoonhoven. Ordonnez au général Rampon de faire partir pour la même place 600 hommes de gardes nationales, et 200 marins, total, 800 hommes, vingt pièces de canon, un officier d'artillerie et un bon général ou colonel, pour y prendre le commandement. Tout cela devra y arriver à la fois, de sorte qu'en vingt-quatre heures il puisse y avoir dix pièces de canon en batterie dans chacune des places. Les marins y feront le service, et armeront un bâtiment sur le fleuve. Un commissaire des guerres frappera de suite des réquisitions sur les environs, et y formera des magasins.

Ordonnez au général Molitor de tirer trente ou quarante pièces de canon de Naarden, et de les diriger sur Schoonhoven. Par ce moyen, les troupes qui se trouvent sur la rive droite auront une retraite assurée, et l'ennemi ne pourra plus nous empêcher de passer le Leck, qui ne sera plus alors une ligne pour lui.

Ordonnez en outre au général Molitor de couper les digues, de manière que Schoonhoven soit inondé dans le cas où on serait forcé de repasser le Waal, et où cette place courrait des dangers. On devra en faire de même à l'égard de Gorcum, qui se trouverait alors au milieu de l'inondation et deviendrait imprenable. On observera de ne couper ces digues qu'à la dernière extrémité.

Donnez l'ordre au duc de Tarente d'occuper Arnheim, et de le faire mettre en état.

Recommandez aux directeurs d'artillerie et du génie de Hollande de se rendre à Schoonhoven, et de tout préparer pour son armement, mon intention étant d'y mettre cent pièces de canon, aussitôt que nous pourrons y avoir une garnison suffisante. Mais en attendant, ces premières mesures sont indispensables. Ordonnez à cet effet une réunion d'officiers d'artillerie et du génie pour préparer de concert la mise en état de cette place, ainsi que l'organisation nécessaire et l'armement définitif.

Recommandez au général Rampon d'occuper les forts et postes sur la rive gauche.

D'après la minute. Archives de l'Empire.

20937. — AU GÉNÉRAL COMTE DEJEAN,
INSPECTEUR DU GÉNIE, À STRASBOURG.

Paris, 24 novembre 1813.

Visitez toutes les places depuis Strasbourg jusqu'à Huningue. Voyez la situation des gardes nationales qui ont été mises en activité. Revenez de Huningue à Strasbourg, et descendez le Rhin jusqu'à Mayence. Voyez la situation des troupes et des places. Voyez de quelle manière la rive gauche est gardée; et de Mayence revenez à Paris.

Écrivez-moi de toutes les villes où vous vous arrêterez.

D'après la minute. Archives de l'Empire.

20938. — AU COMTE MOLLIEN,
MINISTRE DU TRÉSOR, À PARIS.

Paris, 24 novembre 1813.

Monsieur le Comte Mollien, tout retard dans les payements de l'administration de la guerre en Piémont pourrait compromettre les affaires. Donnez ordre au trésorier dans le Piémont d'obtempérer aux demandes d'argent que lui ferait le prince Borghese pour les dépenses de l'armement et de l'habillement des 16.000 conscrits qui lui arrivent; bien entendu que ces payements se feront sur les ordonnances de l'ordonnateur. Faites-moi connaître si ce trésorier a dans les mains les fonds suffisants.

Si vous avez des ordonnances de l'administration de la guerre à payer dans le Piémont, faites-les payer par l'estafette de ce jour. Il me semble que la Couronne vous a remis les fonds qu'elle avait au delà des Alpes: employez-les à cette destination.

Le duc de Bassano a dû vous envoyer le décret à faire par anticipation sur divers objets. Il est de la plus haute importance que, dans la journée de demain, vous expédiiez les ordres pour que les deux millions dus aux corps pour l'habillement soient payés sur-le-champ et avant tout.

Écrivez cette nuit au ministre de l'administration de la guerre pour qu'on vous remette l'état de ce qui est dû aux corps, afin que sur-le-champ cela puisse être payé.

NAPOLÉON.

D'après l'original comm. par M⁻ᵉ la comtesse Mollien.

20939. — AU GÉNÉRAL SAVARY, DUC DE ROVIGO,
MINISTRE DE LA POLICE GÉNÉRALE, À PARIS.

Paris, 24 novembre 1813.

Il est des personnes qui supposent qu'un bon nombre d'élèves des écoles de médecine et de chirurgie se trouvent atteints par la nouvelle levée. Il serait fort naturel de demander une centaine de ces jeunes gens pour les employer dans l'armée comme médecins et chirurgiens, et de les choisir parmi ceux qui seraient compris dans la levée. Faites-vous donner des états, faites venir les professeurs et prenez des renseignements sur la capacité de ces jeunes gens.

Faites-vous remettre aussi l'état des jeunes gens de l'école de droit qui seraient également de la nouvelle conscription. Ces jeunes gens pourraient être employés de plusieurs manières dans l'armée; et on leur ouvrirait ainsi une carrière nouvelle, à la place de celle qu'ils seraient dans le cas de quitter.

Les personnes qui ont supposé que le nombre de ces divers jeunes gens est considérable voudraient qu'on interrompît les écoles. Elles se trompent probablement sur le nombre, et, quant à l'interruption des écoles, elle ne serait pas sans inconvénients. Employez les moyens de police pour découvrir les boute-feux et les placer de préférence, les chirurgiens et les médecins comme officiers de santé, et les élèves de l'école de droit de la manière convenable.

C'est dans ce sens qu'il faut travailler avec le préfet de Paris.

S'il y a beaucoup de garçons maréchaux parmi les jeunes gens de la levée, ou tous autres ouvriers dont le service puisse être utile à l'armée, rien n'empêche de les y employer dans leur métier.

J'attache du prix à ce que les levées se fassent dans Paris sur-le-champ, et à ce qu'on en soit débarrassé. Concertez-vous avec le préfet et avec le général d'Hastrel. Rendez-moi compte des jours où les levées auront lieu et de tout ce qui tient à cette affaire, qui exige beaucoup d'attention. On fera valoir Paris d'avoir été le premier à commencer ses opérations; ce sera un bon exemple; et, quand les levées seront faites, cela calmera beaucoup.

Il faut user d'habileté et mettre du tact dans la conduite de cette affaire, pour qu'on ne voie pas dans ces ménagements le doigt de l'administration.

D'après la minute. Archives de l'Empire.

20940. — AU GÉNÉRAL CLARKE, DUC DE FELTRE,
MINISTRE DE LA GUERRE, À PARIS.

Paris, 25 novembre 1813.

Monsieur le Duc de Feltre, j'ai pris un décret pour ordonner le désarmement du 4ᵉ régiment étranger. Prenez des mesures pour qu'il soit désarmé aussitôt après son arrivée à Anvers, et que les soldats soient envoyés dans l'intérieur. Il est constant que, dans la position actuelle des choses, nous ne pouvons nous fier à aucun étranger. Il me tarde donc d'apprendre qu'on a désarmé le régiment de Castille et toutes les troupes de la Confédération qui sont à l'armée de Catalogne et à l'armée d'Espagne. Cela nous fera des fusils de plus, et des ennemis de moins. Tous ces hommes doivent être conduits dans les dépôts de prisonniers.

NAPOLÉON.

D'après la copie. Dépôt de la guerre.

20941. — AU GÉNÉRAL CLARKE, DUC DE FELTRE,
MINISTRE DE LA GUERRE, À PARIS.

Paris, 25 novembre 1813.

L'état n° 3, qui constate les besoins que nous avons de fusils et que vous avez joint à votre rapport, contient une erreur : la levée des 300,000 hommes y est portée pour 140,000, en comprenant, 1° 40,000 hommes pour l'armée de réserve des Pyrénées; 2° 30,000 pour l'armée de réserve d'Italie, etc. tandis qu'il faut compter 40,000 hommes pour l'armée des Pyrénées, 30,000 pour l'armée de réserve d'Italie, 30,000 pour la Garde, et au moins 110,000 pour le reste de la levée; total, 210,000 au lieu de 140,000.

Il est difficile d'être plus mal en fusils que nous le sommes. Il est donc important d'ordonner sur-le-champ le désarmement des dragons. Vous recevrez le décret que j'ai pris pour cela, ainsi que celui par lequel j'ordonne le désarmement des régiments coloniaux et étrangers. Je pense que ces deux mesures produiront environ 50,000 fusils. Je crains que ce ne soit encore insuffisant. Les mesures que propose le bureau d'artillerie sont également insuffisantes. Nous allons manquer de fusils, et ainsi la sûreté de l'état peut par là être compromise.

Je vous l'ai dit et je vous le répète : indépendamment des 30 à 40,000 fusils que les fabriques d'armes peuvent vous donner par mois sur le modèle de 1777, il en faudrait faire 30 à 40,000 sur un modèle moins régulier, à Liége et dans les autres manufactures.

D'après la minute. Archives de l'Empire.

20942. — AU GÉNÉRAL CLARKE, DUC DE FELTRE,
MINISTRE DE LA GUERRE, À PARIS.

Paris, 25 novembre 1813.

Réitérez l'ordre que la division Severoli et tous les Italiens qui sont aux armées de Catalogne et d'Aragon retournent à Milan. Cela est de la plus haute importance; il faut que les Italiens aillent au secours de leur patrie.

Je vois, dans la cavalerie de l'armée de Catalogne, 260 chasseurs de Nassau et 178 chasseurs westphaliens. Il faut mettre ces hommes à pied: cela nous fera 400 chevaux, que vous donnerez au 29e de chasseurs et au 12e de hussards. Avant de donner ces ordres, faites-moi un rapport là-dessus.

Je crois qu'il y a à cette armée 1,100 gendarmes; laissez-en 150, et faites rentrer le reste en France.

Le 1er régiment de Nassau, qui a 1,700 hommes, finira par nous jouer un mauvais tour à Barcelone; il faudra profiter de l'arrivée des conscrits pour le désarmer et le renvoyer en France.

Vous n'écrirez toutes ces dispositions au général Decaen et au duc d'Albufera qu'en chiffre.

Nous avons 1,100 Français à Sagonte, 400 à Peñiscola et 5,000 à Tortosa; je crois qu'il serait convenable de rappeler ces garnisons, en faisant sauter les places. Donnez des instructions au duc d'Albufera à ce sujet. Demandez-lui un rapport sur Mequinenza, où nous avons 1,500 hommes, et sur Lerida, où nous en avons 2,000: peut-il faire une opération pour communiquer avec ces places, en retirer les garnisons, en détruire l'artillerie et en employer les poudres à faire sauter les fortifications? Les armées d'Aragon et de Catalogne ne tiennent pas en échec des armées proportionnées à leurs forces; il faudrait que le duc d'Albufera avançât un gros corps à Lerida, pour menacer Saragosse et rappeler de ce côté une partie des forces que le duc de Dalmatie a devant lui.

Je vous renvoie votre état des armées de Catalogne et d'Aragon pour que vous me le renvoyiez avec les changements qui résultent de cette lettre.

<small>D'après la minute. Archives de l'Empire.</small>

20943. — AU GÉNÉRAL CLARKE, DUC DE FELTRE,
MINISTRE DE LA GUERRE, À PARIS.

Paris, 25 novembre 1813.

Monsieur le Duc de Feltre, donnez ordre au général Curial de faire partir les 12e et 13e régiments de voltigeurs de Metz pour Bruxelles. Il les fera partir aussitôt qu'ils seront complétés, chacun à 1,600 hommes. Ces deux régiments iront rejoindre les 12e et 13e de tirailleurs.

Donnez ordre au général Roguet d'être rendu le 2 décembre à Bruxelles, où il prendra le commandement de cette division, composée de huit bataillons de la Garde, faisant 6,000 hommes, plus, de 200 hommes à cheval, d'une batterie d'artillerie de huit pièces et de 200 gendarmes à cheval.

Les deux régiments de voltigeurs pourront partir séparément, chacun aussitôt qu'il sera prêt et complété à 1,600 hommes bien équipés et bien armés.

On ôtera tous les Belges et les Hollandais qui se trouveraient dans ces deux régiments.

Donnez ordre également à la division de cavalerie de la jeune Garde que commande le général Lefebvre-Desnoëttes de partir sur-le-champ pour se diriger sur Bruxelles.

Donnez ordre à Metz que tout ce qu'il y aurait, à Metz, de disponible, en état de bien servir, appartenant aux régiments qui composent cette division de cavalerie, soit dirigé également sur Bruxelles.

Donnez ordre à Metz qu'il soit fourni une batterie de six pièces d'artillerie à cheval, qui se rendra à Bruxelles, où elle sera attachée à cette cavalerie.

Ainsi j'aurai de la Garde, à Bruxelles, une division de cavalerie qui, avec les gendarmes et l'escadron parti d'ici, fera 1,200 chevaux, une division d'infanterie et une batterie à pied ainsi qu'une batterie à cheval.

Napoléon.

D'après la copie. Dépôt de la guerre.

20944. — AU COMTE DARU,
MINISTRE DIRECTEUR DE L'ADMINISTRATION DE LA GUERRE, À PARIS.

Paris, 25 novembre 1813.

Monsieur le Comte Daru, je ne conçois pas comment l'armée qui est à Bayonne s'y trouve à la demi-ration de pain, lorsque le blé est si abondant et à si bon marché en France. Témoignez-en mon mécontentement au comte Maret, et qu'il prenne sur-le-champ des mesures pour qu'il y ait abondance de pain à l'armée de Bayonne.

Napoléon.

D'après la copie comm. par M. le comte Daru.

20945. — AU COMTE DARU,
MINISTRE DIRECTEUR DE L'ADMINISTRATION DE LA GUERRE, À PARIS.

Paris, 25 novembre 1813.

Monsieur le Comte Daru, je reçois votre lettre par laquelle vous m'instruisez que le duc de Bellune demande un approvisionnement pour 60,000 hommes pendant six mois, et pour les places de la 5ᵉ division. Faites-lui connaître que je désapprouve cette mesure; que les approvisionnements de siége qui se font en ce moment dans toutes les places, et que la réserve que doit avoir le munitionnaire en blé et farine, sont des mesures suffisantes; que, quant aux fourrages et à la viande, tout le pays les fournirait en cas d'événement; que la 5ᵉ division militaire[1] n'est pas menacée; qu'il faudrait que les ennemis connussent bien peu la situation de la France pour aller se placer dans nos places fortes, lorsqu'ils ont un meilleur champ et une disposition des esprits plus favorable sur le bas Rhin et dans la Belgique; qu'il est donc suffisant qu'il y ait à Stras-

[1] La 5ᵉ division comprenait les places de Strasbourg, Huningue, Landau, Neuf-Brisach, etc.

bourg, Huningue, Landau et Neuf-Brisach, et en deuxième ligne à Phalsbourg, des approvisionnements en farine provenant de la réserve. Nous déterminerons cela au conseil de samedi. Quant aux fourrages, il suffit que chaque magasin soit approvisionné pour vingt-cinq jours d'avance, ainsi que pour la viande. Tout autre projet ruinerait la France sans résultat.

NAPOLÉON.

D'après la copie comm. par M. le comte Daru.

20946. — AU MARÉCHAL MARMONT, DUC DE RAGUSE,
COMMANDANT LE 6ᵉ CORPS DE LA GRANDE ARMÉE, À MAYENCE.

Paris, 25 novembre 1813.

Renvoyez sans délai ma Garde, cavalerie, infanterie, artillerie, sur la Sarre; n'en retenez rien, parce qu'il y a un système d'organisation que l'on suit et qu'il est nécessaire que rien ne soit dérangé.

Au 1ᵉʳ décembre, il partira de chaque dépôt 500 hommes pour renforcer tous les bataillons qui sont à l'armée; ce qui fera 50,000 hommes de renfort, et portera les 4ᵉ, 5ᵉ, 6ᵉ et 11ᵉ corps fort haut.

Il partira aussi, à la même époque, un bataillon de chacun des dépôts du 2ᵉ corps; ces douze bataillons se réuniront à Strasbourg.

D'après la minute. Archives de l'Empire.

20947. — OBSERVATIONS SUR LE BUDGET DE 1814.

Paris, 26 novembre 1813.

Sa Majesté fixe le budget de 1814 pour la guerre et pour l'administration de la guerre, savoir : le premier à 342 millions; le deuxième à 330 millions; total pour ces deux ministères, 672 millions.

Les autres chapitres du budget, savoir : la liste civile, la dette publique et les pensions, les frais de négociation, et les divers ministères, la Hollande comprise, en n'y comprenant pas l'Illyrie et les villes hanséatiques, montent à 485 millions; total, 1 milliard 157 millions. L'état des recettes présumées, y compris 50 centimes de guerre, ne monte qu'à 1 milliard 125 millions. Il y aurait un déficit de 32 millions, et cependant il n'est porté dans le budget en dépense aucun fonds de réserve pour subvenir, soit à des diminutions de recettes non prévues, soit à l'excédant de dépenses des ministères qui, tels que ceux de la guerre et de l'administration de la guerre, par exemple, ne peuvent être fixés qu'hypothétiquement. Il faut donc s'assurer des ressources extraordinaires.

On porterait, à cet effet, les centimes de guerre à 75 centimes, dont 50 centimes seraient payés avec les contributions, et 25 centimes pourraient être recouvrés à la fin de l'année, si les circonstances l'exigeaient, en vertu d'un décret du gouvernement.

La manière de présenter cette opération pourrait être celle-ci : en demandant les 75 centimes, on annoncerait que 25 centimes ne seraient pas recouvrés avec le principal des contributions, afin que, dans le cas où la paix serait faite, cette augmentation, qui aurait cessé d'être nécessaire, ne fût pas payée.

Le produit des 25 centimes est estimé à 55 millions, laquelle somme, jointe à celle de 1 milliard 125 millions, montant de la recette présumée, donnerait une recette totale de 1 milliard 180 millions.

A cette recette il faut ajouter, pour couvrir le déficit qui se trouve dans l'opération de la vente des domaines, une ressource extraordinaire de 100 millions.

Cette ressource pourrait consister dans la vente des portions de bois des communes et des bois nationaux au-dessous de 500 arpents, et éloignées des forêts nationales ou communales à la distance déterminée par les lois antérieures. On aurait soin, en faisant cette opération, de réserver et de cantonner les affouages et de prendre toutes les autres précautions de détail qu'un examen approfondi ferait reconnaître nécessaires.

Cette opération serait fondée, comme il a été dit plus haut, sur le déficit qui s'est trouvé dans la vente des biens des communes, et l'on annoncerait que ce déficit provient des nombreuses exceptions accordées en exécution de la loi.

Les recettes de 1814 se composeraient donc comme il suit : montant de l'état des recettes présumées, 1 milliard 125 millions; montant des 25 centimes de guerre, qui ne seraient mis en recouvrement que dans les derniers mois de l'année, 55 millions; produit de la vente des portions de bois nationaux ou communaux au-dessous de 500 arpents, 100 millions; total, 1 milliard 280 millions.

Le budget en dépense étant estimé à 1 milliard 157 millions, il resterait un gros fonds de réserve de 123 millions, et dans le cas où les 25 centimes de la fin de l'année ne seraient pas perçus, dont le montant alors à déduire serait de 55 millions, le fonds de réserve du budget général serait encore de 68 millions.

Sur les 100 millions de la vente des portions de bois au-dessous de 500 arpents, 50 millions seraient assurés par le moyen de la suspension du quart des traitements de 1814 au-dessus de 2,000 francs, donnant une pareille somme de 50 millions, dont le remboursement serait garanti sur le produit des ventes de ces bois.

D'après la copie. Archives de l'Empire.

20948. — AU GÉNÉRAL CLARKE, DUC DE FELTRE,
MINISTRE DE LA GUERRE, À PARIS.

Paris, 28 novembre 1813.

Monsieur le Duc de Feltre, le 4ᵉ bataillon du 10ᵉ léger, le 3ᵉ du 21ᵉ *idem*, le 3ᵉ du 25ᵉ *idem*, le 1ᵉʳ du 29ᵉ *idem*, le 4ᵉ du 32ᵉ de ligne, le 3ᵉ du 39ᵉ, le 3ᵉ du 54ᵉ, le 3ᵉ du 63ᵉ, le 3ᵉ du 95ᵉ, le 3ᵉ du 96ᵉ et le 3ᵉ du 103ᵉ, ce qui fait onze bataillons, se rendront, aussitôt après leur arrivée à Mayence, et rejoindront les bataillons de leurs régiments qui se trouvent au 4ᵉ corps; ce qui augmentera ce corps de onze bataillons.

Les cadres des 2ᵉ et 3ᵉ bataillons du 29ᵉ léger, du 6ᵉ du 32ᵉ de ligne et du 4ᵉ du 103ᵉ, ce qui fait les cadres de quatre bataillons, se rendront aux dépôts de leurs régiments respectifs, afin d'y recevoir des conscrits.

Vous ajouterez à l'état de situation du 4ᵉ corps une colonne qui fera connaître l'augmentation que ces dispositions lui donnent.

Il sera formé un nouveau corps d'armée qui prendra le n° 7, et qui sera composé de trente-six bataillons ou de trois divisions, formées ainsi qu'il suit : 1ʳᵉ division : 12ᵉ léger, 3ᵉ et 4ᵉ bataillons; 8ᵉ de ligne, 2ᵉ et 3ᵉ bataillons; 24ᵉ de ligne, 2ᵉ et 3ᵉ bataillons; 27ᵉ de ligne, 2ᵉ et 3ᵉ bataillons; 28ᵉ de ligne, 2ᵉ et 4ᵉ bataillons; 34ᵉ de ligne, 3ᵉ et 4ᵉ bataillons; total, 12 bataillons; 2ᵉ division : 27ᵉ léger, 2ᵉ, 3ᵉ et 4ᵉ bataillons; 45ᵉ de ligne, 2ᵉ et 3ᵉ bataillons; 58ᵉ de ligne, 2ᵉ, 3ᵉ et 4ᵉ bataillons; 64ᵉ de ligne, 3ᵉ et 4ᵉ bataillons; 81ᵉ de ligne, 6ᵉ bataillon; 60ᵉ de ligne, 4ᵉ bataillon; total, 12 bataillons; 3ᵉ division : 75ᵉ de ligne, 2ᵉ et 3ᵉ bataillons; 76ᵉ de ligne, 2ᵉ et 3ᵉ bataillons; 79ᵉ de ligne, 3ᵉ et 4ᵉ bataillons; 88ᵉ de ligne, 2ᵉ et 3ᵉ bataillons; 94ᵉ de ligne, 3ᵉ bataillon; 100ᵉ de ligne, 2ᵉ, 3ᵉ et 4ᵉ bataillons; total, 12 bataillons. En tout pour le 7ᵉ corps, 36 bataillons.

Les administrations, l'artillerie et le génie qui étaient attachés au 14ᵉ corps le seront au 7ᵉ corps.

Les dépôts enverront à leurs bataillons respectifs les détachements nécessaires pour les porter au complet; et ceux des bataillons dénommés ci-dessus, qui se trouvent dans les dépôts, se rendront sans délai à Strasbourg, où ce corps se formera.

En résultat général, le 1ᵉʳ corps sera composé de quarante et un bataillons, formant trois divisions, deux de quatorze bataillons et une de treize. Dans l'état actuel, il est de vingt-quatre bataillons, mais il renverra à leurs dépôts les cadres des 3ᵉ et 4ᵉ bataillons du 21ᵉ de ligne et le cadre du 3ᵉ bataillon du 57ᵉ. Il ne restera donc que vingt et un bataillons qui, joints aux vingt bataillons du 1ᵉʳ corps *bis*, formeront les quarante et un bataillons portés ci-dessus; mais, comme il renvoie en même temps à leurs dépôts les cadres de trois bataillons, si ces trois bataillons peuvent être complétés, ce corps sera porté à quarante-quatre bataillons.

Le 2ᵉ corps sera de trente-six bataillons, formant trois divisions, chacune de douze bataillons, indépendamment des douze bataillons que ce corps a à Magdeburg.

Le 4ᵉ corps sera composé des cinquante-huit bataillons qui y existent; des onze qu'il reçoit du 14ᵉ corps, et de douze qui peuvent être envoyés des dépôts pour le rejoindre; total, quatre-vingt-un bataillons. (Je crois que le 133ᵉ doit recevoir un bataillon qu'il avait à Meissen, et qui a dû revenir avec le 14ᵉ corps.) Ces quatre-vingt-un bataillons seraient un nombre trop considérable pour un seul corps; il faudra, par la suite, en former deux; mais on peut toujours laisser provisoirement les choses dans cet état, en attendant que j'aie l'état en cent colonnes.

Au reste, sur les cinquante-huit bataillons existant au corps, beaucoup ne pourront pas être complétés par leurs dépôts; et sur les douze qui sont dans les dépôts, il y en a qui sont en Italie, tels que celui du 67e. et plusieurs qui ne pourront pas être complétés. Cela fera donc une diminution, et je ne pense pas qu'il y ait en tout plus de soixante et seize bataillons du 4e corps qui puissent être complétés cet hiver, au moyen de la conscription.

Le 5e corps aura vingt bataillons.

Le 6e corps aura les trente et un bataillons portés dans votre état, comme existant à l'armée, et les vingt-cinq qui sont dans les dépôts; ce qui fait cinquante-six bataillons, à quoi il faut ajouter les seize bataillons des quatre régiments d'artillerie de marine que je vois y avoir été oubliés, en sorte que ce corps sera de soixante et douze bataillons.

Le 7e corps, formé comme il a été dit ci-dessus, sera de trente-six bataillons.

Le 11e corps sera composé des vingt-cinq bataillons qui existent à l'armée, et des trois qui sont au dépôt; total, vingt-huit bataillons.

Le 13e corps sera composé des vingt-six bataillons existant à l'armée, et des huit du 13e corps *bis;* total, trente-quatre bataillons.

Je vous renvoie votre état, afin que vous fassiez rectifier ce qui est relatif au 6e corps, et voir s'il n'y a pas d'autres erreurs.

RÉCAPITULATION. — 1er corps, quarante et un ou quarante-quatre bataillons; 2e corps, trente-six; 4e corps, soixante et seize ou quatre-vingt-un; 5e corps, vingt; 6e corps, soixante et douze; 7e corps, trente-six; 11e corps, vingt-huit; 13e corps, trente-quatre; total, trois cent quarante-trois ou trois cent cinquante et un, ce qui, en comptant ces bataillons au complet de 840 hommes, fait une infanterie de près de 300,000 hommes.

Tous ces bataillons doivent se trouver complétés moyennant l'appel de la moitié des 300,000 hommes, ou si cela ne suffisait pas, moyennant un supplément sur la conscription de 1815.

Il faudra me renvoyer cet état quand vous l'aurez corrigé, et comme la répartition des 160,000 hommes est déjà faite, la répartition des 140,000 hommes, que j'appelle sur la levée des 300,000 pour l'armée du Rhin, doit servir à compléter tous ses bataillons. Il n'y a, d'ailleurs, que l'état en cent colonnes qui puisse bien déterminer cela. Les cadres qui ne pourraient pas être remplis le seront sur la conscription de 1815.

NAPOLÉON.

P. S. On égalisera par la suite tous les corps, chacun à trois divisions de quatorze bataillons, ou quarante-deux bataillons par corps, ce qui, multiplié par huit, fait trois cent trente-six bataillons ou vingt-quatre divisions; mais c'est une opération de détail qui se fera plus tard.

D'après la copie. Dépôt de la guerre.

20949. — AU COMTE MOLLIEN,
MINISTRE DU TRÉSOR PUBLIC, À PARIS.

Paris, 28 novembre 1813.

Monsieur le Comte Mollien, je vous envoie une réponse que je viens de recevoir de l'intendant Marchant. Il est de la plus haute importance que cette solde soit payée sans délai à l'armée, car les officiers sont tous nus. Il leur reviendrait des gratifications pour se remettre; il faut au moins leur payer leur solde. Je désire que vous me fassiez connaître ce que vous pouvez faire là-dessus.

NAPOLÉON.

D'après l'original comm. par Mme la comtesse Mollien.

20950. — A EUGÈNE NAPOLÉON,
VICE-ROI D'ITALIE, À VÉRONE.

Paris, 28 novembre 1813.

Mon Fils, je reçois votre lettre du 22 à onze heures du soir[1]. Je re-

---

[1] EUGÈNE NAPOLÉON A L'EMPEREUR.

«Vérone, 22 novembre 1813, onze heures du soir.

«Sire, j'ai l'honneur de rendre compte à Votre Majesté qu'il s'est présenté ce soir à nos avant-postes un major autrichien, ayant des lettres à mon adresse qu'il demandait à ne remettre qu'à moi.

«J'étais alors à cheval visitant les postes du val Pantena. Je me suis porté sur la grande route,

connais bien là la politique de l'Autriche; c'est ainsi qu'elle fait tant de traîtres.

Je ne vois pas de difficulté à ce que vous fassiez un armistice de deux mois; mais le principal est de bien stipuler que les places seront ravitaillées journellement, afin qu'au moment où l'armistice viendra à se rompre elles soient aussi bien approvisionnées qu'avant. Je pense au

et j'ai vu avec surprise que ce major autrichien n'était autre que le prince de Taxis, aide de camp du roi de Bavière. Il m'a remis une lettre de mon beau-père, purement d'amitié, dans laquelle il me priait d'entendre la personne qu'il m'envoyait.

– Je me suis promené environ une heure à hauteur de notre grand'garde, et, s'il m'est difficile de rendre à Votre Majesté toute notre conversation, je vais du moins tâcher de lui en faire connaître la substance :

« 1° Assurances d'estime et d'amitié du roi de Bavière ;

« 2° Assurance que les alliés consentiraient à tout arrangement que je pourrais faire avec le roi pour assurer à ma famille un sort avantageux en Italie ;

« 3° Prière du roi de ne considérer dans cette demande que le vif désir de voir assuré dans ces circonstances le sort de sa fille et de ses petits-enfants ;

« 4° Enfin, la proposition de me faire déclarer roi du pays qui serait convenu.

« Si Votre Majesté connaît bien mon cœur, Elle peut d'avance savoir tout ce que j'ai répondu. Les phrases du moment étaient certes plus énergiques que tout ce que je pourrais actuellement répéter. Il ne m'a pas fallu grande réflexion pour faire assurer au roi de Bavière que son gendre était trop honnête homme pour commettre une lâcheté; que je tiendrais jusqu'à mon dernier soupir le serment que j'avais fait, et que je répétais, de vous servir fidèlement; que le sort de ma famille est et serait toujours entre vos mains, et que, si le malheur pesait jamais sur nos

têtes, j'estimais tellement le roi de Bavière, que j'étais sûr d'avance qu'il préférerait toujours retrouver son gendre particulier, mais honnête homme, que *roi et traître;* qu'enfin la vice-reine partageait entièrement mes sentiments à cet égard.

« Le jeune prince Taxis m'a demandé si pourtant il n'y aurait pas moyen d'allier mes intérêts avec ceux de Votre Majesté. A cela j'ai répondu que la seule chose que je ne trouverais point contraire aux intérêts de Votre Majesté serait un armistice de six semaines ou deux mois, qui désignerait la ligne que j'occupe en ce moment, ne voulant pas perdre un seul pouce de terrain, et bien entendu que les places, même celles en Dalmatie, seraient respectées pendant sa durée.

« Votre Majesté comprend facilement qu'en faisant une semblable proposition je n'ai eu en vue que son propre avantage, puisque le bien qui résulterait de ces deux mois gagnés n'est point à discuter.

« Le prince de Taxis m'a quitté en m'assurant qu'il ne doutait pas qu'avant huit jours le général Hiller ne reçût l'ordre de traiter avec moi sur les bases ci-dessus.

« J'écris à cet effet à Votre Majesté par le télégraphe, afin de connaître d'avance si cela ne dérangerait aucun de ses projets.

– La situation actuelle des choses en Italie, la mauvaise direction de l'esprit public, et, plus que tout cela, le temps nécessaire à l'arrivée comme à l'organisation des renforts pour l'armée, me font vivement désirer que Votre Majesté approuve mes propositions.

– Eugène NAPOLÉON. »

reste que cela se borne à Osoppo et Palmanova, puisque vous conservez vos communications avec Venise.

NAPOLÉON.

D'après la copie comm. par S. A. I. Mme la duchesse de Leuchtenberg.

20951. — AU GÉNÉRAL BARON D'HASTREL,
DIRECTEUR GÉNÉRAL DE LA CONSCRIPTION MILITAIRE, À PARIS.

Paris, 29 novembre 1813.

Monsieur le Baron d'Hastrel, vous trouverez ci-joint le décret qui sera porté demain au Conseil d'état. Au lieu de 140,000 hommes, je ne lève d'abord que 100,000 hommes, et cette première levée sur les 300,000 ne comprend que les départements des 1re, 14e, 15e, 2e, 3e, 4e, 5e, 6e, 16e et 18e divisions.

Il restera à lever la conscription des départements qui composent les 21e, 22e, 25e et 26e divisions, savoir, environ 40,000 hommes, ce qui fera les 140,000. Vous me présenterez plus tard un autre décret pour la levée de cette seconde portion.

Mon intention est qu'un tiers du contingent des départements des 1re, 14e et 15e divisions soit pour la Garde. La levée de ces trois divisions sera d'environ 45,000 hommes; le tiers est de 15,000 conscrits, qui seront dirigés sur Paris pour les tirailleurs de la Garde.

Quant au contingent des départements des 2e, 3e, 4e, 5e, 6e et 18e divisions, mon intention est que plus du quart soit pour la Garde. Ces six divisions fournissent environ 55,000 hommes; ce sera 15,000 hommes, qui seront dirigés sur Metz pour le recrutement des voltigeurs. Tout ce qui restera, après que ce prélèvement pour les voltigeurs et les tirailleurs de la Garde aura été effectué, sera employé à recruter les dépôts des corps qui se trouvent dans chaque division le plus à portée des conscrits.

Présentez-moi, sur les bases suivantes, un projet de répartition pour les 70,000 hommes restant sur cette levée de 100,000 hommes :

10,000 conscrits seront destinés à recruter les régiments du 1er corps: 10,000 pour ceux du 2e corps; 12,000 pour ceux du 4e corps; 6,000 pour le 5e corps; 18,000 pour le 6e corps; 4,000 pour le 7e corps;

total, 60,000; en prenant pour base les instructions que j'ai données hier au ministre de la guerre sur l'organisation de ces corps, et en ayant soin de diriger sur les dépôts des corps les conscrits les plus rapprochés;

2,000 hommes seront pris pour compléter l'artillerie à pied et à cheval de la Grande Armée; ces 2,000 hommes seront choisis, sur le contingent de chaque département, parmi les conscrits de la plus haute taille, et ce à raison d'un cinquantième de la levée; enfin, il sera de plus accordé 2,000 hommes sur cette levée pour compléter le train d'artillerie, ce qui fera en tout 4,000 hommes à prendre pour l'artillerie. Les hommes qui seraient nécessaires au delà de ce nombre, pour compléter l'artillerie, seront pris successivement sur les autres levées.

Ainsi la levée de 100,000 hommes qu'on va faire fournira : 30,000 hommes pour la Garde, 60,000 pour l'infanterie et 4,000 pour l'artillerie; total, 94,000 hommes. Il restera 6,000 hommes dont la destination n'est pas encore déterminée; vous me ferez connaître l'emploi qu'il est le plus convenable d'en faire.

Voyez le ministre de l'administration de la guerre, pour savoir ce qui serait nécessaire pour compléter les équipages militaires de l'administration.

Je désirerais que tous les hommes de cette conscription qui sont en ce moment dans les gardes nationales fussent compris dans la levée, entrassent dès lors dans les régiments, et que les départements pussent ainsi s'acquitter et incorporer dans leurs contingents ceux des gardes nationales qui seraient dans le cas d'en faire partie.

<small>D'après la minute. Archives de l'Empire.</small>

20952. — NOTE POUR LE MINISTRE DE LA MARINE,
À PARIS.

<small>Paris, 30 novembre 1813.</small>

Il est de la plus haute importance que j'aie à Willemstad des chaloupes canonnières qui de là puissent remonter jusqu'à Gorcum.

NAPOLÉON.

<small>D'après l'original. Archives de la marine.</small>

20953. — AU COMTE DARU,

MINISTRE DIRECTEUR DE L'ADMINISTRATION DE LA GUERRE, À PARIS.

Paris, 30 novembre 1813.

Je vous envoie l'état de Gorcum; vous verrez que les approvisionnements sont encore bien faibles. Prenez des mesures efficaces pour les compléter promptement. Il faut approvisionner Anvers.

D'après la minute. Archives de l'Empire.

20954. — AU GÉNÉRAL COMTE DROUOT,

AIDE-MAJOR DE LA GARDE IMPÉRIALE, À PARIS.

Paris, 30 novembre 1813.

Monsieur le Comte Drouot, il y aura, entre Bruxelles et Anvers, une réserve de la Garde, qui sera composée :

1° De 300 gendarmes d'élite à cheval, savoir : 120 partis depuis longtemps, 80 partis il y a huit jours, et 100 qui partent aujourd'hui: ils seront sous les ordres du général Henry;

2° D'un escadron de 200 lanciers du 2º régiment, dont 150 sont partis il y a huit jours et 50 partent aujourd'hui; d'une compagnie de 100 chasseurs à cheval, dont 50 sont partis il y a huit jours, et 50 partent aujourd'hui; enfin d'un escadron de 160 gardes d'honneur: ce qui fera 460 : ces 460 chevaux seront réunis à la division du général Lefebvre-Desnoëttes, qui est partie de Deux-Ponts pour Bruxelles et la compléteront à 16 ou 1,800 chevaux ;

3° D'une division d'infanterie de la jeune Garde, commandée par le général Roguet et par trois généraux de brigade, qui prendront chacun une brigade. La 1re brigade sera composée des 12º et 13º de tirailleurs: la 2º, des 9º et 10º de tirailleurs, et la 3º des 12º et 13º de voltigeurs. Le 11º de tirailleurs attendra à Mons l'arrivée du 2º provisoire, et sera ensuite réuni à celle de ces brigades qui sera la plus faible.

Chacune de ces brigades aura une batterie d'artillerie à pied, ce qui fera trois batteries. Je crois que deux sont déjà parties: il faudra sans délai en organiser une troisième à la Fère. Voyez là-dessus le général

Dulauloy. Faites-moi connaître les trois généraux de la jeune Garde qui doivent commander ces brigades, ainsi que l'officier supérieur qui doit commander l'artillerie.

Organisez une des compagnies de marins qui sont à Paris, laquelle se complétera à Anvers.

Organisez également une compagnie de sapeurs avec ses outils; vous pouvez prendre les sapeurs à Paris; attachez-y un ou deux officiers du génie.

Envoyez à la réserve de la Garde un ou deux commissaires des guerres et, indépendamment des chirurgiens du corps, une brigade de chirurgiens. Il faut que les corps se procurent sur-le-champ leurs ambulances régimentaires sur un cheval de peloton; il doit y en avoir un par bataillon. Indépendamment de ce, organisez une ambulance sur six caissons.

Mon intention est qu'on organise la 12ᵉ compagnie d'équipages à Bruxelles; vous y emploierez les hommes que j'ai vus ce matin; faites les fonds nécessaires pour l'achat de voitures. Six de ces voitures seront réservées pour le service de l'ambulance.

En conséquence des différentes dispositions ci-dessus, la réserve de la Garde à Bruxelles sera munie de tout ce qui est nécessaire. Surveillez tous les détails de cette organisation, afin qu'elle soit bien faite et qu'il n'y manque rien.

Faites-moi connaître s'il y a encore à Paris des chasseurs, des gendarmes, des lanciers, des dragons, des grenadiers, etc. qu'on puisse monter. Il serait convenable de pouvoir en faire partir dans la semaine, afin d'en augmenter d'autant la division de cavalerie du général Lefebvre-Desnoëttes. Je n'ai pas besoin de dire que, quand les gendarmes nouveaux seront arrivés, on les mêlera avec les vieux gendarmes.

D'après la minute. Archives de l'Empire.

20955. — OBSERVATIONS
SUR LES PROCÈS ENTRE LES COMMUNES ET LES PARTICULIERS.

Paris, 30 novembre 1813.

Sa Majesté dit qu'il paraît fort extraordinaire d'empêcher les particuliers d'exercer librement leurs droits contre les communes : on plaide bien contre l'Empereur. Elle dit que c'est ouvrir aux communes un moyen de ne pas payer leurs dettes; que, si l'on ne peut plaider sans autorisation contre un maire qui, par des règlements, aurait attenté à la propriété, la propriété n'est plus inviolable en France.

<small>D'après la copie comm. par le cabinet de S. M. l'Empereur.</small>

20956. — LE MINISTRE DES RELATIONS EXTÉRIEURES AU PRINCE DE METTERNICH [1].

<small>Paris, 1er décembre 1813.</small>

J'ai mis immédiatement sous les yeux de l'Empereur la lettre que Votre Excellence adressait à M. le duc de Bassano.

Il apparaît de la communication verbale de M. de Saint-Aignan [2] que les bases générales et sommaires des alliés sont une paix fondée, 1° sur l'équilibre de l'Europe; 2° sur la reconnaissance de toutes les nations dans leurs limites naturelles; 3° sur la reconnaissance de l'indépendance de toutes les nations, sans qu'aucune puisse s'arroger aucun droit de suprématie ou de suzeraineté, et sous quelque forme que ce soit, tant sur terre que sur mer.

C'est donc avec une vive satisfaction que je suis chargé et autorisé par l'Empereur, mon maître, à déclarer à Votre Excellence que Sa Majesté adhère aux bases que M. de Saint-Aignan a communiquées. Elles entraîneront de grands sacrifices de la part de la France; Sa Majesté les fera sans regret, si de pareils sacrifices sont faits par l'Angleterre, pour arriver ainsi à une paix générale sur terre et sur mer, que Votre Excellence assure être le vœu, non-seulement des puissances continentales, mais aussi de l'Angleterre.

<small>D'après la minute. Archives des affaires étrangères.</small>

<small>[1] «Lettre dictée par l'Empereur, en réponse à la lettre du prince de Metternich, du 25 novembre 1813.» (Note de la minute.)
Depuis le 20 novembre le duc de Vicence remplaçait le duc de Bassano au ministère des relations extérieures.

[2] M. de Saint-Aignan, ministre plénipotentiaire de France à Gotha, avait été arrêté à Weimar par les Prussiens; il fut conduit à Francfort, et là on le fit assister, le 9 novembre, à une conférence entre M. de Nesselrode, lord Aberdeen, M. de Metternich, dans laquelle le ministre autrichien avait exposé les conditions de paix arrêtées entre les alliés.</small>

20957. — AU GÉNÉRAL CLARKE, DUC DE FELTRE,

MINISTRE DE LA GUERRE, À PARIS.

Paris, 1er décembre 1813.

Monsieur le Duc de Feltre, je reçois votre rapport du 1er décembre, avec la lettre du baron d'Hastrel qui y était jointe. Le décret pour une levée de 100,000 hommes, qui a passé hier au Conseil d'état et que vous avez dû recevoir, répond à toutes ces objections.

Il faut donner des instructions aux préfets des départements de la Meurthe, de la Moselle, de la Haute-Marne, de la Haute-Saône, du Haut-Rhin, du Bas-Rhin et des Vosges, pour que tout ce qu'ils ont dans les gardes nationales, soit conscrits, soit remplaçants, puisse passer pour leur compte dans la conscription.

Pour ne pas déplacer ces hommes, on les incorporera dans les dépôts les plus voisins de la 5e division militaire. Cela dégarnira un peu les gardes nationales, mais augmentera d'autant les troupes de ligne. Vous ferez connaître, d'ailleurs, qu'à moins de circonstances inattendues il est probable que les gardes nationales ne seront pas renouvelées.

D'après la minute. Archives de l'Empire.

20958. — NOTE

POUR LE MINISTRE DIRECTEUR DE L'ADMINISTRATION DE LA GUERRE.

Paris, 1er décembre 1813.

Il ne paraît pas possible de faire des marchés pour tout ce qui compose le service des fourrages, mais on peut le diviser en deux, l'avoine d'un côté, et de l'autre le foin et la paille. Il est possible de faire des marchés pour l'avoine, en variant les prix selon les localités. Ce serait déjà un grand souci de moins que d'avoir cette partie du service assurée. Quant au foin et à la paille, on ne peut songer à se les procurer que par réquisition. On connaît la situation de la récolte dans les différents départements, et les moyens de communication affluent sur les magasins centraux. Les réquisitions seraient faites à des prix qui ne fussent point onéreux pour le gouvernement, sans léser le propriétaire.

Le ministre fera un tableau des besoins de chaque magasin, en foin et en paille, et de ce que les départements peuvent y verser. Des mesures seront prises pour que les payements aux départements se fassent régulièrement chaque mois. Ce sera une charge, mais on ne peut faire autrement.

Une compagnie s'est présentée à Mayence pour faire le service à 40 sous. On ne comprend pas comment il lui sera possible de le faire, à moins qu'elle ne compte faire faire une partie de son service par des réquisitions dont elle rachèterait les bons. Toute compagnie de fourrages se trouvera dans la dépendance des mouvements de la cavalerie, qu'elle ne peut prévoir, ni pour les lieux, ni pour la durée de leur séjour. Il est de règle que la cavalerie vive sur le pays où elle se trouve. Si l'ennemi fait, par exemple, un mouvement sur Strasbourg et qu'on y porte 40,000 chevaux, comment la compagnie y pourvoira-t-elle avec ses magasins? Comment suffira-t-elle aux transports, etc.? Il faudra toujours en revenir aux réquisitions.

Dans l'intérieur, où il n'y aura que des dépôts, la charge des réquisitions sera peu considérable pour les départements, et même tout préfet intelligent la leur épargnerait, en traitant comme aurait fait la guerre.

Partout où il se fera de grands rassemblements, comme sur le Rhin, le service par marché est impossible. Il ne reste que celui des réquisitions qui, s'il est bien régularisé, sera le moins possible à charge au pays, qui sent d'ailleurs la nécessité de nourrir les chevaux pour empêcher que le cavalier n'aille prendre ce qui ne lui serait pas donné, et éviter ainsi des désordres.

Quant aux Pyrénées, on sent qu'on ne peut y nourrir longtemps la cavalerie. Le système des réquisitions, le seul qu'on puisse établir, est plus difficile qu'ailleurs et les prix doivent être beaucoup plus hauts.

En résultat, 40 sous ne seraient pas un prix trop considérable pour le Rhin, si le service pouvait être fait; mais le munitionnaire gagnerait 50 pour 100 sur les chevaux isolés et les dépôts dont il ferait réellement le service; quant aux rassemblements et au véritable service de l'armée, il se couvrirait de son insuffisance pour recourir aux réquisitions.

D'après la copie comm. par M. le comte Daru.

20959. — AU GÉNÉRAL CLARKE, DUC DE FELTRE,
MINISTRE DE LA GUERRE, À PARIS.

Paris, 3 décembre 1813.

Monsieur le Duc de Feltre, du moment que vous m'avez envoyé hier avis du projet d'évacuation d'Hellevoetsluis, j'en ai pris beaucoup d'inquiétude. Je pense que vous aurez été à temps d'envoyer les contre-ordres, et j'espère qu'on aura tenu dans cette place. Envoyez-y un bon commandant et 1,200 hommes.

Donnez ordre à l'amiral Missiessy de renvoyer la flottille qui doit protéger cette place. Désormais le général Decaen doit être chargé de suivre ces opérations. Donnez ordre que les 3,000 gardes nationales qui arrivent des départements du Nord et du Pas-de-Calais se forment à Breda, car Anvers est bien encombré. Cela complétera les gardes nationales du général Rampon à 6,000 hommes.

Écrivez au major général de vous instruire de tous les mouvements du duc de Tarente, afin que vous puissiez en tenir informé le général Decaen.

Il est nécessaire que, aussitôt que le général Decaen aura bien pris possession de son commandement, le duc de Plaisance se tienne le plus souvent à Anvers pour veiller sur cette place, aille inspecter l'île de Cadzand et Flessingue, et parcoure tous les dépôts des 16e et 24e divisions militaires pour accélérer le mouvement des troupes et la formation du 1er et du 13e corps *bis*.

NAPOLÉON.

D'après la copie. Dépôt de la guerre.

20960. — AU GÉNÉRAL CLARKE, DUC DE FELTRE,
MINISTRE DE LA GUERRE, À PARIS.

Paris, 3 décembre 1813.

Présentez-moi un projet de formation pour tout le corps polonais. Vous pouvez charger mon aide de camp Flahault de se rendre à Sedan pour en concerter les bases avec les généraux. Je crois qu'il y a actuellement à Sedan sept régiments de cavalerie, savoir : le 2e, le 3e, le 4e, le 8e, le 7e de lanciers, le 1er de chasseurs et le régiment des Cosaques-Cracus. Je pense qu'il y a également 1,800 chevaux. Mon intention serait, de ces 1,800 chevaux, d'en former quatre régiments de lanciers ordinaires, chacun de 500 chevaux, et de prendre tout ce qui resterait de Polonais, tant de cavalerie que d'infanterie, pour en former deux régiments de Cosaques, qui seraient montés sur des chevaux de 4 pieds 3 pouces et seraient équipés à la cosaque. Les chevaux s'achèteraient par un marché. Nous avons 20,000 de ces chevaux, qu'on peut se procurer en France. Ainsi cette opération pourrait avoir lieu sans affaiblir nos moyens de remonte. On garderait les chevaux de taille ordinaire pour les quatre premiers régiments. Il n'y aurait plus alors d'infanterie polonaise. Donnez sur ce principe des instructions au général Flahault, et qu'il se rende sans délai à Sedan.

D'après la minute. Archives de l'Empire.

20961. — AU GÉNÉRAL CLARKE, DUC DE FELTRE,
MINISTRE DE LA GUERRE, À PARIS.

Paris, 3 décembre 1813.

Monsieur le Duc de Feltre, je ne vois pas d'inconvénient à ce que vous fassiez venir de Corse les 5,000 fusils qui s'y trouvent. Je ne vois pas d'inconvénient non plus à ce que, d'ici à quelque temps, sur les 6,000 fusils qui sont à Corfou, vous en fassiez remettre 4,000 au roi de Naples, en les lui vendant. Je crois utile de faire venir ceux qui sont en Catalogne. Il me semble impossible d'ôter les fusils aux douaniers; ils font un service trop actif et trop utile.

Je vous ai mandé de vous concerter avec le ministre de la marine pour qu'il vous remette tous les fusils dont il peut se passer. Il me semble difficile de retirer les fusils aux vétérans; ce serait tout à fait désorganiser cette troupe; on pourrait tout au plus lui donner des fusils à réparer, en échange de ses bons fusils.

D'après la minute. Archives de l'Empire.

20962. — AU VICE-AMIRAL DUC DECRÈS,
MINISTRE DE LA MARINE, À PARIS.

Paris, 3 décembre 1813.

Monsieur le Duc Decrès, envoyez, par une estafette extraordinaire, l'ordre aux quatre frégates qui sont à Flessingue de rester mouillées sous les remparts de la ville, afin de protéger la défense de la place et le passage de l'île de Cadzand. Dans le cas où elles seraient obligées de quitter la rade, donnez-leur l'ordre d'entrer dans le bassin et d'employer leur personnel et leur matériel à la défense de l'île de Walcheren et de la place. Faites-leur connaître qu'elles sont sous les ordres du gouverneur, le général Gilly; faites-le connaître aussi au général Gilly. Mettez à sa disposition non-seulement le matériel et le personnel de ces quatre frégates, mais encore tout ce que la marine offre de ressources pour la défense de l'île de Walcheren, de Terveere, et pour les communications avec l'île de Cadzand. Faites-moi connaître les vivres que vous avez à Flessingue, le nombre de bouches, y compris les frégates, et pour combien de temps cela vous fera de vivres. Je désire que vous me fassiez connaître demain quelle est la situation de la marine à Flessingue et à Terveere, personnel et matériel, combien il y a de chaloupes canonnières à l'embouchure de l'Escaut, et de quelle espèce; combien il y en a à Cadzand; quelles ressources le matériel de la marine peut offrir, en agrès, affûts, etc. pour la défense de Flessingue et de l'île; quelles ressources peut également offrir le personnel de la marine, en y comprenant les quatre frégates qui, d'après mon ordre ci-dessus, rentreraient dans la ville.

D'après la minute. Archives de l'Empire.

20963. — A EUGÈNE NAPOLÉON,
VICE-ROI D'ITALIE, À VÉRONE.

Paris, 3 décembre 1813.

Mon Fils, j'ai accordé les décorations de la Légion d'honneur et de la Couronne de fer que vous m'avez demandées pour l'armée, par votre lettre du 25 du mois dernier.

Le roi de Naples me mande qu'il sera bientôt à Bologne avec 30,000 hommes. Cette nouvelle vous permettra de vous maintenir en communication avec Venise et vous donnera le temps d'attendre l'armée que je forme, pour pouvoir reprendre le pays de Venise. Agissez avec le Roi le mieux qu'il vous sera possible. Envoyez-lui un commissaire italien, pour assurer la nourriture de ses troupes ; enfin faites-lui toutes les prévenances possibles pour en tirer le meilleur parti.

C'est une grande consolation pour moi de n'avoir plus rien à craindre pour l'Italie.

Je vous ai mandé que toutes les troupes italiennes qui étaient en Aragon, en Catalogne et à Bayonne, sont actuellement en marche pour vous rejoindre.

NAPOLÉON.

D'après la copie comm. par S. A. I. Mme la duchesse de Leuchtenberg.

20964. — AU GÉNÉRAL CLARKE, DUC DE FELTRE,
MINISTRE DE LA GUERRE, À PARIS.

Paris, 4 décembre 1813.

Tout annonce que la guerre va devenir sérieuse du côté de la Hollande. Il est donc nécessaire de réunir et d'organiser à Douai du matériel, des équipages et des caissons.

D'après la minute. Archives de l'Empire.

20965. — AU GÉNÉRAL CLARKE, DUC DE FELTRE,
MINISTRE DE LA GUERRE, À PARIS.

Paris, 4 décembre 1813.

Monsieur le Duc de Feltre, vous me faites connaître que vous craignez qu'une partie des 10,000 chevaux dont j'ai ordonné la levée ne se trouvent pas. Si vous êtes fondé dans cette opinion, mon intention est que vous passiez sur-le-champ des marchés pour les avoir par des fournisseurs. Ces chevaux doivent être levés à Douai, à Metz, à Mayence et à Strasbourg.

Je désire que l'équipage du 11e corps et celui du 1er corps *bis* soient formés sans délai, à Douai ou Maestricht, pour rejoindre à Nimègue et à Gorcum leurs corps respectifs. L'équipage du 5ᵉ corps pourrait être formé à Douai ou Maestricht. Le 2ᵉ corps est à Cologne, et il est probable qu'il remontera le fleuve; son équipage doit être formé à Strasbourg. Celui du 4ᵉ corps et celui du 6ᵉ doivent être formés à Mayence; celui du 7ᵉ à Strasbourg; enfin celui de la réserve à Metz. Donnez des ordres en conséquence, tant pour la réunion du matériel et du personnel que pour les attelages. Le 11ᵉ corps, le 1ᵉʳ corps *bis* et probablement le 5ᵉ, seront nécessaires dans le Nord pour reconquérir la Hollande.

Je crois qu'il n'a point été requis de chevaux dans les départements du Rhin, des Bouches-de-l'Escaut et de l'Escaut, non plus que dans le département de la Dyle. On pourrait très-bien en prendre dans ces départements pour former l'équipage de Douai.

Donnez ordre au général Pernety de prendre le commandement de l'artillerie du 11ᵉ corps, du 5ᵉ et du 1ᵉʳ corps *bis*, et de se rendre à Douai, où il est nécessaire pour la formation des équipages.

NAPOLÉON.

D'après la minute. Archives de l'Empire.

20966. — AU MARÉCHAL MARMONT, DUC DE RAGUSE,

COMMANDANT LE 6ᵉ CORPS DE LA GRANDE ARMÉE, À MAYENCE.

Paris, 4 décembre 1813.

Je ne comprends pas comment le duc de Tarente se plaint de n'avoir pas encore touché de solde; donnez-moi une explication là-dessus.

Je ne comprends pas davantage comment la cavalerie n'a pas touché sa masse de ferrage.

Faites-moi connaître quelle était la situation du magasin de l'habillement à Mayence, au 1ᵉʳ novembre, et quelle est la situation au 1ᵉʳ décembre.

Les conscrits pour le 4ᵉ corps commencent-ils à arriver?

D'après la minute. Archives de l'Empire.

20967. — AU GÉNÉRAL COMTE NANSOUTY,
COMMANDANT LA CAVALERIE DE LA GARDE, À PARIS.

Paris, 4 décembre 1813.

Je vois toujours dans vos rapports sur les revues de cavalerie qu'on se plaint de ne pas avoir la masse de ferrage. Voilà plus de dix fois que je donne des ordres pour ce payement. Voyez l'intendant et le payeur, et ne sortez pas de chez eux que vous n'ayez l'assurance qu'on ait mis au courant toutes les masses de ferrage et de harnachement.

D'après la minute. Archives de l'Empire.

20968. — A M. MARET, DUC DE BASSANO,
MINISTRE SECRÉTAIRE D'ÉTAT, À PARIS.

Paris, 5 décembre 1813.

Voyez le ministre du trésor avant midi, avec les budgets en main et les états du payeur. A-t-il fourni, ou non, l'argent nécessaire à la Grande Armée? La masse de ferrage n'est pas payée, de sorte que mes chevaux s'abîment à l'armée. Rien de la solde n'est payé; aussi les officiers sont-ils au désespoir. Revenant nus, ils avaient droit à une gratification; mais, n'ayant pas de solde, ils ne peuvent ni s'habiller ni acheter des souliers : je ne comprends rien à cela. Allez donc avec les budgets chez le ministre du trésor, de manière à pouvoir me donner aujourd'hui, après l'audience, des renseignements sur cet objet.

D'après la minute. Archives de l'Empire.

20969. — AU PRINCE DE NEUCHÂTEL ET DE WAGRAM,
MAJOR GÉNÉRAL DE LA GRANDE ARMÉE, À PARIS.

Paris, 5 décembre 1813.

Mon Cousin, donnez ordre sur toute la ligne, et spécialement à Kehl et à Kastel, qu'on interdise le passage d'une rive à l'autre et que personne ne contrevienne à cet ordre, sous peine d'être considéré comme espion. Témoignez mon mécontentement au général Morand de ce qu'à Kastel on laisse passer, sous prétexte d'aller vendre de la volaille, ou sous tous autre prétexte semblable. On ne doit laisser passer ni dans un sens ni dans l'autre.

NAPOLÉON.

D'après l'original. Dépôt de la guerre.

20970. — AU BARON DE LA BOUILLERIE,
TRÉSORIER GÉNÉRAL DE LA COURONNE, À PARIS.

Paris, 5 décembre 1813.

Je désire que vous m'apportiez ce matin une action de la Banque de France, une action des salines de Peccais, une du canal du Midi, une du canal de Loing, une inscription des 5 pour 100 de la somme que vous voudrez (5 ou 600 francs suffisent), un bon de la caisse d'amortissement, un bon du Mont-Napoléon, un bon des droits réunis et un bon du syndicat de Hollande. Mettez tout cela dans un portefeuille, et vous m'apporterez en même temps un reçu. Je désire garder ces valeurs comme échantillons.

D'après la minute. Archives de l'Empire.

20971. — A M. LE COMTE DE SÉGUR,
GRAND MAÎTRE DES CÉRÉMONIES, À PARIS.

Paris, 5 décembre 1813.

Monsieur le Comte de Ségur, il est ridicule qu'en décembre on tire le canon à six heures du matin pour une fête. Il faudrait ne tirer qu'au moins à neuf heures. Votre protocole paraît en cela avoir été mal arrangé; il convient de le changer.

D'après la minute. Archives de l'Empire.

20972. — A Mme LA MARÉCHALE BESSIÈRES, DUCHESSE D'ISTRIE.
À PARIS.

Paris, 5 décembre 1813.

Ma Cousine, j'ai reçu la lettre que vous m'avez écrite. Votre confiance en moi est bien fondée. J'ai donné ordre à mon grand maréchal du Palais de me faire un rapport sur votre affaire; je prendrai les mesures nécessaires pour la terminer et pour vous mettre dans une situation convenable. Chargez votre père ou quelqu'un qui ait connaissance de vos affaires (et sans que les créanciers de la succession le sachent) de voir mon grand maréchal pour lui donner tous les renseignements qu'il peut demander.

NAPOLÉON.

D'après l'original comm. par Mme la maréchale duchesse d'Istrie.

20973. — AU GÉNÉRAL COMTE BERTRAND,
GRAND MARÉCHAL DU PALAIS, À PARIS.

Paris, 5 décembre 1813.

Je vous envoie un rapport du ministre de la police; occupez-vous un peu de cette affaire de la duchesse d'Istrie. Je vois que la succession doit 600,000 francs au domaine extraordinaire. Cela ne fait pas embarras; il suffit que ces 600,000 francs soient hypothéqués sur le château de Grignon. Je ne fais point de difficulté de prêter encore 400,000 francs pour payer les dettes les plus criardes. Il ne resterait donc plus à pourvoir qu'à 400,000 francs. Il y a deux ou trois individus nommés comme ayant à réclamer de fortes sommes de la succession. Il faudrait tâcher de les rembourser en six ou sept ans, en payant l'intérêt à 5 pour 100 dès ce moment, et en affectant 50,000 francs par an à leur remboursement. On prendrait ces 50,000 francs sur la dotation du Mont-Napoléon, qui est une dotation assurée. Il resterait donc à la duchesse, pendant tout le temps que les dotations d'Allemagne seraient suspendues, 50,000 francs sur le Mont-Napoléon et les revenus de la terre de Grignon. Comme ces revenus sont d'une vingtaine de mille francs, la duchesse aurait pour l'éducation de ses enfants 60 à 70,000 francs, la propriété et l'habitation de son château; elle aurait alors une fortune décente. Le domaine extraordinaire aurait une hypothèque des 400,000 francs prêtés sur la terre de Grignon, qui lui seraient remboursés immédiatement après le remboursement des créanciers, et par la même retenue d'une partie de la dotation. Ce que je crois important, c'est de vérifier si les mémoires d'architectes sont dans le cas d'être réglés, pour que, s'il y a lieu, on les envoie au comité des architectes de ma Maison.

<small>D'après la minute. Archives de l'Empire.</small>

20974. — A Mme LA COMTESSE DE LAURISTON,
À PARIS.

Paris, 5 décembre 1813.

J'ai reçu votre lettre. J'ai chargé le comte Defermon, intendant général de mon domaine extraordinaire, de vous faire toucher par avance une année du revenu de vos dotations, dont il opérera la retenue au fur et à mesure des rentrées.

J'ai ordonné au baron la Bouillerie de vous donner, à compter du 1er juillet dernier, 4,000 francs par mois, jusqu'à ce que le comte Lauriston, votre mari, cesse d'être prisonnier de guerre.

<small>D'après la minute. Archives de l'Empire.</small>

20975. — AU COMTE DARU,
MINISTRE DIRECTEUR DE L'ADMINISTRATION DE LA GUERRE, À PARIS.

Paris, 6 décembre 1813.

Monsieur le Comte Daru, j'ai besoin d'un bataillon des équipages dans le Nord, et je me décide à en faire confectionner les voitures par l'arsenal de la marine à Anvers. Il faudrait donc placer un des dépôts au nord, soit à Douai, soit à Lille. Ce dépôt recevrait les hommes et les chevaux des départements du Nord et les voitures d'Anvers. Le 6e bataillon, dont le dépôt est à Commercy, n'a que 171 hommes, dont 44 au dépôt; dirigez-le sur Douai, où vous enverrez les hommes et les chevaux destinés à le compléter. Les harnais nécessaires se confectionneront à Douai. Apportez un soin particulier à la réorganisation de ce bataillon, afin que je puisse avoir deux compagnies complètes au 25 décembre, et les deux autres au premier jour, puisque l'armée du Nord entre en opération.

Je destine un bataillon à chaque corps d'armée et un pour le quartier général: le 2e bataillon sera employé au 6e corps, le 6e au 1er corps *bis*, le 7ᵉ au 5ᵉ corps, le 10ᵉ au quartier général, le 12ᵉ au 2ᵉ corps, le 14ᵉ au 4ᵉ corps, le 15ᵉ au 11ᵉ corps, le 17ᵉ au 7ᵉ corps. Vous me rendrez compte tous les huit jours, les mercredis, de la situation et de l'organisation des bataillons, des cadres, de l'habillement, confection de voitures, levée de chevaux, etc.

Il faut augmenter les confections du parc de Sampigny; faites-moi un rapport sur cet établissement; les confections de voitures y sont meilleures que celles de Metz, Strasbourg et Nancy; il faudrait tâcher de les y faire toutes. Indiquez-moi les mesures à prendre pour que l'on puisse faire par mois cent cinquante voitures à Sampigny. J'ai ordonné que la marine construirait à Anvers toutes les voitures nécessaires pour le 6ᵉ bataillon. Mon intention est que toutes les trente-deux compagnies des équipages soient complétées, personnel et matériel, et soient parties des dépôts au 1ᵉʳ mars. Cette organisation ne peut être arrêtée par rien. Faites-moi un rapport détaillé sur les confections de Plaisance, dont l'atelier a dû être transféré à Alexandrie. Apportez un grand soin à remplir mes intentions : 1° à avoir quatre compagnies du 10ᵉ bataillon et une par chacun des sept autres bataillons, prêtes au 20 décembre; 2° à avoir dans chaque bataillon une 2ᵉ compagnie disponible au 15 janvier; 3° une 3ᵉ compagnie, au 30 janvier; 4° une 4ᵉ compagnie, au 15 février. Poussez tout cela de front et remettez-moi aussi les devis et le montant des achats, des harnais, des confections, etc.

NAPOLÉON.

D'après la copie comm. par M. le comte Daru.

20976. — AU COMTE DARU,
MINISTRE DIRECTEUR DE L'ADMINISTRATION DE LA GUERRE, À PARIS.

Paris, 6 décembre 1813.

Monsieur le Comte Daru, je vous envoie ci-joint un décret relatif à l'organisation des équipages militaires et des ambulances; il faut prendre sur-le-champ les mesures nécessaires pour en hâter l'exécution. Je donne l'ordre au ministre de la guerre de mettre à votre disposition, pour compléter les équipages militaires, 1,000 conscrits sur la première levée des 300,000 hommes et 1,000 sur la seconde levée, ou sur la conscription de 1815. Organisez ces bataillons sans délai, et faites partir le 6ᵉ bataillon pour Douai.

Faites monter les ateliers de Sampigny, de manière à faire cent cinquante voitures par mois, ce qui, avec les voitures déjà existantes, donnera 1,000 voitures en quatre mois.

Rendez-moi compte, tous les mercredis, de la situation et de la réorganisation des équipages. Rien ne peut vous empêcher de remplir mes intentions. Il faut un peu d'activité et prendre de bonnes mesures d'exécution.

Remettez-moi aussi un projet de règlement et d'organisation pour le bataillon d'ambulances; il pourra porter 40 ambulances et être composé de 160 caissons et 480 cabriolets; total, 640 voitures, équivalant à 400 voitures ordinaires ou dix compagnies des équipages. Vous savez l'importance qu'il y a à avoir des cabriolets pour enlever les blessés du champ de bataille.

Je vous ai dicté à Dresde des notes sur les ambulances et sur le projet que j'avais de n'employer à leur service que des chirurgiens et des pharmaciens, et de ne point y avoir de commis ni d'employés.

Les dix compagnies d'infirmiers ne seront pas armées de fusils, mais de piques, dont les infirmiers se serviront comme brancards, pour transporter les blessés. Il sera nécessaire de mettre à la tête de ce bataillon des chirurgiens que vous intéresserez à la réussite de cette nouvelle organisation.

NAPOLÉON.

D'après la copie comm. par M. le comte Daru.

20977. — AU PRINCE DE NEUCHÂTEL ET DE WAGRAM,
MAJOR GÉNÉRAL DE LA GRANDE ARMÉE, À PARIS.

Paris, 7 décembre 1813.

Mon Cousin, je vois, par votre rapport de ce jour, que vous avez adressé directement au général Dufour l'ordre de se rendre à Strasbourg. Il me semble que vous avez fait là une grande faute. C'est au duc de Raguse que cet ordre devait être adressé, car enfin, avant que ce général quittât, il fallait qu'il fût remplacé, et il pourrait être survenu des circonstances telles qu'il ne dût pas partir. C'est par de pareilles erreurs que l'état-major fait quelquefois tant de mal; veuillez remédier à cet inconvénient.

Napoléon.

D'après l'original. Dépôt de la guerre.

20978. — AU GÉNÉRAL CLARKE, DUC DE FELTRE,
MINISTRE DE LA GUERRE, À PARIS.

Paris, 7 décembre 1813.

Monsieur le Duc de Feltre, on fait venir les gardes nationales du Nord à Anvers et on les envoie à Gorcum, c'est-à-dire devant l'ennemi, sans habits et sans armes; cela est absurde. Envoyez des ordres par estafette extraordinaire, pour que ces gardes nationales restent à Anvers jusqu'à ce qu'elles soient habillées et armées. Aussitôt qu'elles seront armées, elles pourront être placées à Flessingue, à Terveere, au fort de Bath ou à Berg-op-Zoom. Il est ridicule de les envoyer tout à fait sur les frontières, sans habits, sans armes et sans organisation.

Napoléon.

P. S. Il faut cependant ne rien faire revenir, mais presser l'armement de ce qui est en avant.

D'après la copie. Dépôt de la guerre.

20979. — AU GÉNÉRAL CLARKE, DUC DE FELTRE,
MINISTRE DE LA GUERRE, À PARIS.

Paris, 7 décembre 1813.

Monsieur le Duc de Feltre, vous n'avez pas compris le 7e corps dans l'organisation des équipages d'artillerie des armées, mais vous pouvez fournir l'artillerie nécessaire à ce corps, soit en prenant sur celle destinée à la réserve à Metz, soit sur celle destinée à d'autres corps, car il n'est pas possible de faire autrement. Je réduis l'équipage destiné pour l'armée de réserve de Metz à huit batteries de division, deux à cheval, deux de réserve; total, 92 bouches à feu; celui de réserve des Pyrénées à quatre batteries de division, une à cheval, une de réserve; total, 46 bouches à feu; celui de réserve de Turin à trois batteries de division et une de réserve, une à cheval; total, 38 bouches à feu; ce qui fait une réduction totale de 176 bouches à feu; de sorte que le total des équipages, qui se montait à 1,182 bouches à feu, ne sera plus que de 1,006.

Je suppose que les 1er et 14e corps rentreront en France, car, s'ils ne revenaient pas, il faudrait diminuer l'artillerie du 1er corps *bis*, qui n'a que vingt-deux bataillons.

Je vois qu'il y a à la Grande Armée cinquante-cinq compagnies d'artillerie à pied et dix-huit dans les 1er et 14e corps, ce qui fait soixante et treize compagnies. D'après les réductions ci-dessus, il ne faut plus que cent cinq compagnies d'artillerie à pied au lieu de cent vingt-quatre. Le déficit ne sera donc plus que de trente-deux compagnies.

Je pense qu'il faut recréer à leurs dépôts les compagnies d'artillerie à pied qui sont dans les places de Stettin, Modlin, Zamosc, Danzig, Torgau, Wittenberg, Erfurt, Würzburg, Raguse, Zara, Trieste, Sagonte, Peñiscola, Tortose et Lerida, ce qui fait quarante-cinq compagnies. Bien entendu que les compagnies recréées porteront le n° *bis* jusqu'à ce que le sort de celles qui sont dans les places soit décidé. Au lieu de quatre-vingt-dix compagnies que vous me proposez de recréer, vous n'en organiserez que quarante-cinq; ainsi 5,000 conscrits environ vous suffiront. Présentez-moi un projet de décret pour cette réorganisation et pour accorder la quantité de conscrits nécessaire.

Je pense qu'un simple approvisionnement attelé suffit; et comme j'ai diminué les équipages de cent soixante et seize bouches à feu, 25,000 chevaux seront suffisants pour les attelages; 20,000 sont déjà assurés; le déficit ne sera donc plus que de 5,000. Mais il ne faut pas faire de nouvelles commandes avant la réception des 20,000. Faites-moi connaître combien la Garde reçoit de chevaux sur les 20,000. Il faudra avoir les voitures nécessaires, non-seulement pour un approvisionnement et demi, mais même pour un double, afin de remplacer les pertes et d'avoir toujours des caissons disponibles. Ainsi, dans le nouveau travail d'organisation des équipages que vous allez refaire, prenez pour base d'avoir les caissons nécessaires pour un double approvisionnement, le nombre des soldats du train calculé d'après la même hypothèse, mais pris sur la conscription de 1815; et enfin les chevaux calculés pour un simple approvisionnement à tous les équipages, excepté celui de la Garde, qui en aura un et demi.

S'il arrivait que les 1ᵉʳ et 14ᵉ corps, qui doivent rentrer en France, ne vinssent pas, alors on diminuerait les équipages du nombre de batteries que les compagnies d'artillerie de ces corps auraient pu servir.

D'après la minute. Archives de l'Empire.

20980. — AU GÉNÉRAL CLARKE, DUC DE FELTRE,
MINISTRE DE LA GUERRE, À PARIS.

Paris, 7 décembre 1813.

Réitérez l'ordre au général Rampon de couper les digues. Dites-lui que la gelée n'est pas assez forte pour que les inondations n'aient pas lieu, que ce n'est que la surface qui est prise; que, si la gelée vient par la suite, ce sera une mer de glace qui s'opposera au passage de l'ennemi. Ordonnez positivement qu'on coupe les deux digues devant Gorcum.

D'après la minute. Archives de l'Empire.

20981. — AU GÉNÉRAL LEBRUN, DUC DE PLAISANCE,
GOUVERNEUR D'ANVERS.

Paris, 7 décembre 1813.

Monsieur le Duc Charles de Plaisance, le ministre de la guerre vous fera connaître que je viens de vous nommer gouverneur d'Anvers. Votre commandement s'étend sur Breda, Berg-op-Zoom, Willemstad et sur les îles de Cadzand, de Flessingue, de nord et sud Beveland et de Goeree, ainsi que sur les forts qui en dépendent. Je regarde tout cela comme la banlieue d'Anvers. Vous aurez aussi le commandement supérieur sur les 1,200 gardes nationales du Pas-de-Calais qui seront à Flessingue, sur les 1,800 gardes nationales du Nord qui seront réunies à Breda, et sur les 1,200 qui arrivent de Caen.

Vous devez organiser et habiller ces gardes nationales. Pour les bien organiser, il faut mettre des officiers de la ligne à la tête des compagnies et des chefs de bataillon à la tête des cohortes. Autorisez le général Gilly à requérir à Middleburg tout ce qui est nécessaire pour habiller promptement les deux cohortes qui sont dans l'île de Walcheren, et requérez vous-même, à Breda, tout ce qui est nécessaire pour habiller promptement les gardes nationales que vous aurez à Breda.

En cas de siége, vous vous enfermerez dans Anvers. Il faut donc que vous étudiiez en détail cette ville ainsi que son armement et son approvisionnement, ainsi que ses magasins.

Vous devez avoir reçu un décret par lequel j'ordonne la formation de deux magasins, l'un par la guerre et l'autre par la marine.

En cas de siége, vous aurez le commandement des troupes de la marine, qui vous seront d'un grand secours.

Le 13° corps *bis* et les deux bataillons du 131° sont sous vos ordres.

Vous êtes vous-même sous le commandement du général Decaen, avec lequel il faut vous concerter. Le général Decaen doit porter son quartier général à Gorcum ou à Bois-le-Duc; vous devez l'appuyer et le soutenir au besoin, soit en faisant occuper Geertruidenberg, soit enfin en envoyant à son secours.

NAPOLÉON.

D'après l'original comm. par M. le duc de Plaisance.

20982. — AU PRINCE DE NEUCHÂTEL ET DE WAGRAM,
MAJOR GÉNÉRAL DE LA GRANDE ARMÉE, À PARIS.

Paris, 8 décembre 1813.

Mon Cousin, recommandez au duc de Tarente de bien conserver Nimègue.

NAPOLÉON.

D'après l'original. Dépôt de la guerre.

20983. — AU VICE-AMIRAL DUC DECRÈS,
MINISTRE DE LA MARINE, À PARIS.

Paris, 8 décembre 1813.

Monsieur le Duc Decrès, je désire que vous fassiez une enquête pour savoir qui a ordonné de faire partir la flottille de Hellevoetsluis, ce qui a exposé cette place et l'île de Goeree. Il est impossible de plus mal servir qu'on me sert dans ces circonstances. C'est au moment où j'ordonne de renforcer les chaloupes canonnières dans la Meuse, qu'on retire celles qui s'y trouvent. Faites-moi connaître combien de chaloupes canonnières j'ai de ce côté, et où elles sont. Qui est-ce qui commande la marine à Goeree et à Willemstad? Ai-je là des canonnières et des bricks?

NAPOLÉON.

D'après l'original comm. par Mme la duchesse Decrès.

20984. — AU VICE-AMIRAL DUC DECRÈS,
MINISTRE DE LA MARINE, À PARIS.

Paris, 8 décembre 1813.

Les affaires de Hollande rendent nécessaire de compléter les 6e et 7e compagnies des marins de ma Garde. Elles se rendent à Anvers. Prenez des mesures pour les compléter sur-le-champ, afin que j'aie ces deux compagnies promptement disponibles pour la Hollande. Elles se réuniront à la division d'infanterie et de cavalerie de ma Garde, qui se réunit à Bruxelles et à Anvers. Faites-moi connaître quand ces deux compagnies seront complétées.

D'après la minute. Archives de l'Empire.

20985. — NOTE DICTÉE PAR L'EMPEREUR.

Paris, 8 décembre 1813.

Sa Majesté suppose que les magasins de la marine à Flessingue sont à l'abri de la bombe. Si cela n'était pas, le ministre ordonnera les transports nécessaires en cas de siége.

Il faut savoir où sont les magasins de la marine à Anvers, et demander les moyens de les mettre à l'abri de la bombe; avec les moyens reconnus qu'a la marine, cela doit être très-aisé. On ne fera point cela dans ce moment, mais on arrêtera le projet et on tiendra les moyens tout prêts.

Le ministre écrira à l'ingénieur de la marine à Anvers, sous le plus grand secret, de faire un projet pour mettre tous les vaisseaux à l'abri de la bombe. Il lui fera comprendre que cela n'arrivera pas, mais qu'il importe d'avoir préparé le plan de cette opération.

M. le comte Daru fera un rapport sur l'approvisionnement de la marine à Anvers et à Flessingue. Il demandera au ministre de la marine ce qu'il a dans les deux places.

Sa Majesté a demandé, à Flessingue, un approvisionnement de 2,000 hommes pour six mois; si cet approvisionnement existe, il n'y a rien à faire; s'il n'existe pas, il faut former l'approvisionnement, mais en le calculant sur la ration de terre et non sur la ration de la marine. Il y faudra du pain pour un an, de la viande salée pour quatre mois, de l'eau-de-vie, du vin ou de la bière pour un an, mais on ne donnera pas les liquides comme sur mer. Si on a des quantités excédant ces fixations, on les gardera.

Le ministre de l'administration de la guerre écrira au général Gilly de ne toucher à rien de ce qui appartient à la marine, excepté en cas de siége. Il faudra surtout garder soigneusement les vivres de campagne des quatre frégates.

D'après la copie. Archives de la marine.

20986. — AU COMTE DARU,
MINISTRE DIRECTEUR DE L'ADMINISTRATION DE LA GUERRE, À PARIS.

Paris, 8 décembre 1813.

Monsieur le Comte Daru, le service de l'armée exige qu'on établisse des hôpitaux extraordinaires dans les 25ᵉ, 26ᵉ et 5ᵉ divisions militaires. Mon intention est que tous ces hôpitaux soient placés dans des places fortes. Faites-moi un projet de décret, afin qu'on ne soit plus obligé d'évacuer les malades, comme on l'a fait jusqu'à cette heure, jusqu'au cœur de la France, et que les malades restent désormais dans l'arrondissement de l'armée. Je suppose qu'on peut établir à Mayence 8,000 lits, autant à Strasbourg, et dans les places entre Mayence et Strasbourg des hôpitaux pour 10,000 malades. Enfin, faites-moi un projet pour les hôpitaux à établir sur les derrières. Quant aux hôpitaux de la 25ᵉ division, il en faut à Maestricht et dans toutes les places fortes de la Meuse.

NAPOLÉON.

D'après la copie comm. par M. le comte Daru.

20987. — AU GÉNÉRAL CLARKE, DUC DE FELTRE,
MINISTRE DE LA GUERRE, À PARIS.

Paris, 8 décembre 1813.

Je reçois votre lettre du 7 décembre relative à l'exécution de mon décret sur le désarmement des étrangers. Votre première question est relative aux jeunes Illyriens. S'il est de ces jeunes gens qui veuillent entrer au service, abandonner leur pays et qui parlent français, et paraissent attachés à la cause de la France, on peut les employer dans les régiments français. La seconde question concerne les 300 fusiliers et les 100 hussards espagnols de la garde royale. Les hussards doivent être mis à pied, et leurs chevaux donnés à des hussards français. Les 300 fusiliers doivent être désarmés. Les uns et les autres doivent être envoyés dans l'intérieur, où ils resteront sans être armés. Les officiers portugais peuvent rester également en France, dans des lieux qui leur seront désignés. Quoique désarmés, il faudra continuer à les bien traiter.

D'après la minute. Archives de l'Empire.

20988. — AU GÉNÉRAL CLARKE, DUC DE FELTRE,
MINISTRE DE LA GUERRE, À PARIS.

Paris, 8 décembre 1813.

Recommandez au duc de Dalmatie de ne pas faire souffrir sa cavalerie; que la perte des chevaux a d'autant plus d'inconvénient que nous ne sommes plus en Allemagne et que nous ne pouvons plus les remplacer; qu'il faut donc avoir soin de renvoyer sur les derrières les chevaux qui dépérissent, et ce, avant qu'ils aient assez dépéri pour ne pouvoir plus se remettre promptement.

D'après la minute. Archives de l'Empire.

20989. — AU GÉNÉRAL CLARKE, DUC DE FELTRE,
MINISTRE DE LA GUERRE, À PARIS.

Paris, 8 décembre 1813.

Il est important de jeter un coup d'œil sur toutes nos places de première ligne dans le Nord, soit sous le point de vue des fortifications, soit sous celui de leur armement et de leur approvisionnement. Ces places sont très-dégarnies; il faut les réapprovisionner en retirant d'Anvers et de Boulogne tout ce qu'il y a de trop.

Il faut aussi retirer de Maestricht, de Wesel et de Strasbourg l'excédant qui peut s'y trouver, et le diriger sur Metz.

Nous devons placer nos réserves à Metz et à Lille, qui sont deux places de premier ordre et les vrais boulevards de la France. Il ne doit y avoir à Strasbourg, Mayence, Wesel et Maestricht que l'artillerie nécessaire à leur défense. Le travail à faire à cet égard me paraît de la plus haute importance.

D'après la minute. Archives de l'Empire.

20990. — AU GÉNÉRAL LEBRUN, DUC DE PLAISANCE,
GOUVERNEUR D'ANVERS.

Paris, 8 décembre 1813.

Monsieur le Duc de Plaisance, il est nécessaire d'avoir à Willemstad, au fort Duquesne et à Ooltgensplaat, dans l'île de Goeree, les hommes nécessaires pour défendre ces postes et nous maintenir maîtres de l'île de Goeree. Le général Rostollant, qui est à Willemstad, peut prendre aussi le commandement d'Ooltgensplaat et de Hellevoetsluis.

Il est nécessaire que vous me fassiez connaître qui a ordonné que la flottille évacuât Hellevoetsluis.

Il y a à Willemstad des bateaux canonniers qui peuvent descendre à Hellevoetsluis et nous maintenir maîtres de toute la côte de Goeree.

Le moment de crise passe; des troupes arrivent tous les jours. Il est de la plus haute importance d'approvisionner Hellevoetsluis pour plusieurs mois, d'y mettre un bon commandant et de se maintenir maîtres de ce point. Enfin, il faut prendre toutes les mesures convenables pour reprendre la batterie dont les insurgés se sont emparés.

Huit ou dix canonnières avec des équipages français seraient indispensables pour être en station à Hellevoetsluis.

Quel est l'officier de marine qui a eu assez peu de bon sens pour donner ordre à la flottille d'évacuer Hellevoetsluis?

NAPOLÉON.

D'après l'original comm. par M. le duc de Plaisance.

20991. — AU PRINCE DE NEUCHÂTEL ET DE WAGRAM,
MAJOR GÉNÉRAL DE LA GRANDE ARMÉE, À PARIS.

Paris, 9 décembre 1813.

Mon Cousin, écrivez au duc de Padoue et au général Sebastiani pour leur témoigner mon mécontentement : au duc de Padoue, de ce que la cavalerie ne couvrait pas Neuss, et à tous les deux, de ce qu'ils ne se sont pas portés aussitôt sur Neuss, comme c'était leur devoir; que j'avais droit d'attendre plus de zèle et plus d'activité de leur part. Donnez ordre au duc de Padoue de faire partir sa femme six heures après la réception de votre ordre. Vous lui ferez connaître mon mécontentement de ce qu'il a donné ce mauvais exemple à l'armée. Avant de lui écrire à ce sujet, vous vous assurerez que sa femme est effectivement partie pour le rejoindre. Donnez ordre que toutes les femmes qui se trouveraient à l'armée aient à s'en éloigner et à retourner chez elles.

NAPOLÉON.

D'après l'original. Dépôt de la guerre.

20992. — AU GÉNÉRAL CLARKE, DUC DE FELTRE,
MINISTRE DE LA GUERRE, À PARIS.

Paris, 9 décembre 1813.

Je vous renvoie votre rapport sur la formation des Polonais. Les bu-

lais sur Flessingue, afin de réunir une grande quantité de petits bâtiments dans l'Escaut.

Il ne faut rien laisser à Boulogne ; il faut diriger tous les bateaux canonniers et chaloupes canonnières sur Calais, Dunkerque et Anvers. Dirigez les prames sur Calais.

Dans un état joint à votre rapport du 8 décembre, je vois que vous portez comme existant en croisière à Willemstad, à Zierikzee et au fort Duquesne, six chaloupes canonnières, deux bateaux canonniers et deux péniches : je ne crois pas que ces forces s'y trouvent, puisque j'apprends que la communication de ce côté est interceptée et que l'ennemi en est maître.

Dans cet état du 8 décembre, je ne vois rien à Flessingue : comment est-il possible que, malgré mes ordres et tout ce que les circonstances exigent, vous laissiez l'embouchure de l'Escaut sans canonniers ? Envoyez, par une estafette extraordinaire, l'ordre d'armer les vingt bateaux canonniers et les vingt-trois péniches qui sont à Flessingue, et que tout cela croise entre les îles de Cadzand et de Walcheren.

Envoyez de même l'ordre que les quinze chaloupes canonnières de la flottille de l'Escaut, ainsi que les vingt-cinq désarmées à Willebroek et les cinquante bateaux canonniers désarmés également à Willebroek ou dans le bassin d'Anvers, soient mis en état.

Je vous renvoie votre dernier état. Il en résulterait qu'on peut réarmer quarante chaloupes, soixante et dix bateaux canonniers et vingt-trois péniches qui sont à Anvers ; ce qui ferait plus de cent canonnières, quatre-vingts bateaux canonniers et trente péniches ; et en tout plus de deux cents bâtiments légers.

Mon intention est que vous ordonniez sur-le-champ la réparation et mise en état de ces deux cents bâtiments pour occuper l'Escaut, l'embouchure de la Meuse et tous les canaux intérieurs. Augmentez ce nombre par tout ce que vous aurez à Boulogne, vous n'avez pas besoin de nouveaux ordres de moi à cet égard. Ordonnez ces mouvements par des estafettes extraordinaires. Quand j'aurais trois cents bâtiments dans l'Escaut, ce ne serait pas trop pour me maintenir entièrement maître des différentes branches de l'Escaut et de la Meuse.

Il paraît que mon ordre du 18 février a été mis de côté et que cette flottille a été bien négligée. Apportez-moi demain dans la journée un travail sur toutes les dispositions qui sont l'objet de cette lettre; mais avant de venir expédiez un de vos officiers pour porter l'ordre de maintenir les communications de l'île de Goeree avec Willemstad, de renforcer les croisières à l'embouchure de la Meuse et d'envoyer des bateaux canonniers à Geertruidenberg et à Gorcum, de manière à être parfaitement maître de cette mer intérieure.

D'après la minute. Archives de l'Empire.

20994. — AU GÉNÉRAL CLARKE, DUC DE FELTRE,
MINISTRE DE LA GUERRE, À PARIS.

Paris, 10 décembre 1813.

Monsieur le Duc de Feltre, je reçois votre lettre du 9 décembre sur Flessingue. Je vois avec plaisir l'état satisfaisant de cette place, mais un approvisionnement pour 10,000 hommes pendant trois mois n'est pas suffisant; il en faut pour 10,000 pendant un an, et qu'en outre la marine fasse un approvisionnement pour 2,000 hommes pendant un an. Un mois d'approvisionnement à Terveere n'est pas suffisant, il faut que cette place soit approvisionnée pour 1,500 hommes pendant six mois. Il faut que toutes les réquisitions nécessaires pour compléter ces approvisionnements soient faites à Middelburg et dans toute l'île de Walcheren, sans aucune espèce de ménagement. Je pense qu'il est convenable de bien déterminer la garnison de l'île de Walcheren. Les affaires de Hollande rendent urgent de compléter cette garnison, qui à chaque instant peut être attaquée. Ce point m'importe au premier degré, et j'ai cru nécessaire d'y pourvoir par un décret. Vous verrez par ce décret que le fond de la garnison de l'île de Walcheren sera d'environ 8,000 hommes; il faudra y ajouter environ 120 hommes de troupes à cheval sous les ordres d'un bon chef d'escadrons. Si l'île de Walcheren était menacée, on y ferait filer, de l'île de Cadzand et d'Anvers, tout ce qui serait disponible pour porter la garnison au moins à 10,000 hommes. Mais pour attaquer l'île de Walcheren il faut une expédition de plus de 20,000 hommes, et par conséquent l'on aura le temps d'en voir les préparatifs. Donnez tous vos soins à la formation des trois bataillons du 131º.

D'après la minute. Archives de l'Empire.

20995. — AU GÉNÉRAL CLARKE, DUC DE FELTRE,
MINISTRE DE LA GUERRE, À PARIS.

Paris, 10 décembre 1813.

Monsieur le Duc de Feltre, vous demandez, par votre rapport du 9 décembre, où doit se réunir le 13º corps bis. Mon intention est, pour pourvoir au plus pressé, que d'abord il se réunisse à Anvers, où il sera sous les ordres du duc de Plaisance. En conséquence, les huit bataillons qui forment le 13º bis se réuniront à Anvers.

Quand le premier besoin sera satisfait, et que les circonstances le permettront, ces bataillons se rendront à Wesel.

Je suppose que vous avez écrit au général Decaen de réunir le 1ᵉʳ corps bis à Breda et à Bois-le-Duc. Faites-moi connaître si vous avez des renseignements sur l'époque où ce 1ᵉʳ corps bis sera formé.

NAPOLÉON.

D'après la copie. Dépôt de la guerre.

20996. — AU GÉNÉRAL LEBRUN, DUC DE PLAISANCE,
GOUVERNEUR D'ANVERS.

Paris, 10 décembre 1813.

Monsieur le Duc de Plaisance, je reçois votre lettre du 8 décembre. Je suppose que le ministre de la guerre vous aura fait connaître que mon intention est que vous restiez à Anvers, et que vous preniez le commandement supérieur de Berg-op-Zoom, de Willemstad, de l'île de Goeree, d'Ostende, de l'île de Walcheren et d'Anvers.

Vous recevrez un décret par lequel j'ai réglé la garnison de l'île de Walcheren de la manière suivante. Cette garnison sera composée, 1º du 4º bataillon du 131º, dont le cadre revient de la Grande Armée; du 6º bataillon du 131º, qui est déjà à Flessingue; du 7º bataillon du 131º, qui sera formé sans délai; total, trois bataillons du 131ᵉ, qui seront complétés chacun à 1,200 hommes par le dépôt de Bruges et moyennant l'envoi de 2,000 réfractaires à Flessingue; 2° de deux bataillons de gardes nationales du Pas-de-Calais, chacun de 600 hommes; 3° de 2,000 marins, y compris les équipages d'une flottille de trente bâtiments légers; 4° de quatre compagnies de réfractaires qui formeront un bataillon de pionniers; d'une compagnie détachée du 131ᵉ; 5° de trois compagnies d'artillerie de la ligne, d'une compagnie d'artillerie des gardes nationales du Pas-de-Calais, et d'une compagnie d'artillerie de canonniers vétérans.

Cela fera le fond de la garnison de Walcheren, et il ne pourra en être rien distrait.

L'approvisionnement en vivres sera pour 10,000 hommes pendant un an, au compte de la guerre, et pour 2,000 hommes pendant un an, au compte de la marine; ce qui fera pour 12,000 hommes pendant un an.

La guerre se régularisant dans le Nord, il est important de n'avoir aucune inquiétude pour Flessingue, ni pour l'île de Walcheren. Dans le cas où cette île serait menacée, il faudrait en compléter la garnison à 10,000 hommes, en y envoyant ce qu'on pourrait d'Anvers et de l'île de Cadzand.

Trois bataillons de gardes nationales de Caen arrivent à Ostende; un de ces bataillons restera en garnison dans la ville; un autre reçoit ordre d'aller tenir garnison dans le fort Impérial de l'île de Cadzand; le 3ᵉ bataillon se réunit à la colonne mobile du général Henry, qui est chargé de faire rejoindre les réfractaires et de faire rétablir la police dans le département de la Lys. Par suite de ces dispositions, le bataillon du 13ᵉ léger qui est à Cadzand a ordre de rejoindre par Anvers le 1ᵉʳ corps *bis*, dont il doit faire partie.

Je pense que le général Decaen doit porter son quartier général au moins à Geertruidenberg et qu'il doit réunir là les bataillons qui doivent former le 1ᵉʳ *bis*.

J'ai donné ordre à la marine d'envoyer des bateaux canonniers à Geertruidenberg, pour être maîtres de toute cette mer.

Vous devez faire occuper Breda par les 1,800 gardes nationaux du département du Nord et les y tenir pendant le temps nécessaire pour les former, les armer et les habiller.

Tout le 13º corps *bis* formera votre réserve à Anvers. Ce corps est composé de huit bataillons. Le 6ᵉ bataillon du 15ᵉ léger part demain de Paris. Le 48ᵉ et le 108ᵉ sont à votre portée. Les autres se mettent en marche des différents points où ils se trouvent. Je vous envoie de plus le 2ᵉ bataillon du 4ᵉ léger et le 3ᵉ du 58ᵉ, qui partent demain de Paris pour aller tenir garnison à Anvers, jusqu'à nouvel ordre.

Je désire que, au fur et à mesure que ce sera possible, vous rappeliez les hommes de la marine qui ont été détachés.

J'ai donné des ordres pour que tous les bâtiments légers qui sont en désarmement à Anvers soient réparés et remis en état de reprendre la mer, de manière que l'Escaut, la Meuse et tous les canaux intermédiaires soient couverts de nos chaloupes canonnières et de nos péniches.

La Garde forme une réserve qui sera bientôt de 15 à 18,000 hommes, tant infanterie que cavalerie et artillerie, dans la Belgique. Puisque vous le désirez, je donne ordre au général Roguet de faire partir, le 12, la 1ʳᵉ brigade de Louvain pour se rendre à Anvers; et je donne ordre au général Castex de partir avec la 1ʳᵉ brigade de cavalerie, qui est composée de 500 chevaux, pour la même destination.

Cette Garde est ma ressource; ne lui faites faire qu'un service modéré. Ce sont des recrues qui ont d'excellents cadres et qui se formeront promptement; mais il faut les laisser se former.

Ayez soin aussi de la cavalerie; placez-la d'une manière convenable; veillez à ce qu'elle n'ait pas d'échec et à ce qu'on ne harasse pas les chevaux. Les chevaux d'artillerie sont fatigués; vous ne devez pas hésiter à les changer, moyennant une réquisition que vous ferez dans le pays de Breda.

Napoléon.

D'après l'original comm. par M. le duc de Plaisance.

20997. — AU GÉNÉRAL CAULAINCOURT, DUC DE VICENCE,
MINISTRE DES RELATIONS EXTÉRIEURES, À PARIS.

Paris, 11 décembre 1813.

Monsieur le Duc de Vicence, je vous envoie une lettre du général Miollis avec celle du général napolitain, et une autre lettre du sous-inspecteur aux revues de la 30° division. Faites appeler le ministre de Naples; faites-lui comprendre combien je dois être blessé de ces mesures. Dites-lui que les fusils qui sont à Rome sont destinés pour les Français qui y arrivent; que je n'ai point accordé au Roi d'autres fusils que ceux qu'il doit faire prendre à Corfou. Ajoutez que tout cela paraît fort extraordinaire; que le général Miollis n'a point à remettre au Roi l'état de situation des forteresses, puisque l'ennemi n'est pas à Rome, mais au delà de l'Adige. Faites-lui aussi comprendre combien il est ridicule de ne pas donner le tableau de l'effectif des troupes dans un pays où on doit les nourrir. Que l'ambassadeur expédie un courrier pour faire connaître qu'on doit se comporter sur le territoire de l'Empire avec les égards convenables; que cette manière d'agir mécontente beaucoup ici et à Rome; qu'on voit avec peine que les troupes napolitaines restent à Rome, au lieu de marcher rapidement sur le Pô; qu'on ne sait pas trop ce que cela veut dire. Parlez sérieusement à l'ambassadeur, et faites-lui sentir combien il serait maladroit au Roi de prendre une fausse direction.

NAPOLÉON.

D'après l'original. Archives des affaires étrangères.

20998. — AU GÉNÉRAL CLARKE, DUC DE FELTRE,
MINISTRE DE LA GUERRE, À PARIS.

Paris, 11 décembre 1813.

Monsieur le Duc de Feltre, donnez les ordres les plus positifs au général Miollis de ne fournir aucuns fusils au roi de Naples, et de ne laisser entrer les troupes napolitaines ni à Civita-Vecchia ni au château Saint-

Ange. Blâmez-le d'avoir envoyé 500 fusils; faites-lui connaître qu'il n'y en aura point pour les conscrits qui arrivent.

Écrivez la même chose à la Grande-Duchesse et au vice-roi.

D'après la minute. Archives de l'Empire.

20999. — AU COMTE DE LACÉPÈDE,
GRAND CHANCELIER DE LA LÉGION D'HONNEUR, À PARIS.

Paris, 11 décembre 1813.

Monsieur le Comte Lacépède, j'ai été content de la maison de Saint-Denis, et je vous en témoigne ma satisfaction. J'ai nommé Mme Dubouzet baronne, et je lui ai accordé une dotation de 4,000 francs sur mon domaine extraordinaire. Faites-moi connaître celles des dignitaires et dames qui ont le plus contribué à la prospérité de cette maison, mon intention étant de leur accorder des pensions.

D'après la minute. Archives de l'Empire.

21000. — AU GÉNÉRAL CLARKE, DUC DE FELTRE,
MINISTRE DE LA GUERRE, À PARIS.

Paris, 12 décembre 1813.

Monsieur le Duc de Feltre, je vous envoie un décret pour la formation de la cavalerie en 1814. Beaucoup de régiments n'ont pas 600 hommes, vu que je ne comprends pas dans leur situation ce qui est au delà du Rhin; il faut les compléter, savoir : les régiments de cuirassiers et de dragons à 550 hommes, et les régiments de cavalerie légère à 750 hommes, en choisissant des hommes qui aient déjà l'habitude du cheval. Présentez-moi un état de ce que chaque régiment a d'existant en France et de ce qui lui manque pour arriver à ce même nombre. Les régiments qui auraient plus d'hommes présents qu'il ne vient d'être réglé les conserveront, et vous ne leur donnerez rien.

Vous verrez par mon décret que je supprime le 7º régiment de chevau-légers et que je le réunis au 8º de chevau-légers; que je supprime le 13º de husssards et que je réorganise le 14º.

Mon intention est que le 1ᵉʳ et le 14º de hussards, les 4º, 19º et 31º de chasseurs aient chacun six escadrons, dont quatre de cavalerie légère et deux d'éclaireurs. Les quarante autres régiments de cavalerie légère auront chacun un escadron de 250 hommes, montés, armés et équipés en éclaireurs.

La remonte pour les chevaux d'éclaireurs ne doit être que de 250 francs par cheval. Vous ferez une instruction pour leur équipement, qui sera le même que pour les éclaireurs de la Garde; comme ces petits chevaux sont en grand nombre, les régiments s'en procureront facilement dans leurs départements; mais il faut veiller à ce qu'on n'en prenne pas au-dessous de la taille prescrite.

Donnez ordre à tout ce qui appartient au 4e régiment de chasseurs, qui est à la Grande Armée, de se rendre à Vienne, où ce régiment se complétera; il devra faire partie désormais de la cavalerie légère de l'armée d'Italie.

Le dépôt du 31e de chasseurs, qui est à Vienne, pourra être rapproché et placé à Annecy en Savoie, ou même du côté de Pignerol.

Il est nécessaire de nommer à toutes les places de colonel et de chef d'escadrons vacantes dans la cavalerie, et de faire compléter les cadres de tous les régiments.

NAPOLÉON.

D'après la copie. Dépôt de la guerre.

21001. — AU COMTE DARU,

MINISTRE DIRECTEUR DE L'ADMINISTRATION DE LA GUERRE, À PARIS.

Paris, 13 décembre 1813.

Monsieur le Comte Daru, vous avez commandé des confections de voitures des équipages militaires à Metz; mais comme les charrons de Paris manquent d'ouvrage en ce moment, il faut que vous fassiez une commande de 200 voitures des équipages dans cette dernière ville. Ces voitures seront faites promptement, et cela donnera de l'occupation aux charrons de Paris.

NAPOLÉON.

D'après la copie comm. par M. le comte Daru.

21002. — AU GÉNÉRAL CLARKE, DUC DE FELTRE,
MINISTRE DE LA GUERRE, À PARIS.

Paris, 14 décembre 1813.

Monsieur le Duc de Feltre, il paraît qu'il ne faut plus compter sur le retour des 1er et 14e corps d'armée et que la capitulation de Dresde a été violée. Cela étant, faites-moi un rapport sur les bataillons qu'il y aurait à reformer en France, afin d'employer tous les conscrits des 120,000 et des 300,000 hommes qui ont été donnés aux dépôts de ces régiments. On recréera ces bataillons sous les numéros *bis*. Présentez-moi en même temps un projet de décret.

Faites-moi connaître tous les détachements qui sont en marche pour Strasbourg et qui étaient destinés au 14e corps. Proposez-moi de les employer à compléter le 2e corps.

Tous les 1ers bataillons du 2e corps qui sont restés à la division active et qui se trouvent aujourd'hui à Strasbourg sont incomplets; il y en a douze; ils pourraient bien recevoir chacun 5 à 600 conscrits, ce qui ferait l'emploi de 5 à 6,000 hommes.

NAPOLÉON.

D'après la copie. Dépôt de la guerre.

20103. — AU GÉNÉRAL CLARKE, DUC DE FELTRE,
MINISTRE DE LA GUERRE, À PARIS.

Paris, 14 décembre 1813.

Monsieur le Duc de Feltre, écrivez au général Decaen qu'il a perdu la tête; que je ne puis pas croire qu'on ait évacué sans mon ordre Willemstad, qui est une place forte. Si cela est, demandez-lui compte d'une opération aussi folle. Rien que l'équipage de la flottille qui était à Willemstad suffisait pour défendre la place. Écrivez-lui qu'il paraît qu'on prend de son côté des peurs bien légèrement; que le général Roguet doit être rendu à Anvers; que de tous côtés des troupes se rendent en Belgique; que lui-même doit avoir déjà, réunis, 4 à 5,000 hommes du 1er corps *bis*; que j'espère qu'il reportera le plus tôt possible son quartier général à Breda, et qu'il y réunira tout le 1er corps *bis*, au fur et à mesure que les bataillons arriveront.

Cette opération faite, il sera convenable que vous donniez ordre qu'on arme et qu'on approvisionne Breda. L'artillerie ne manquera pas à Anvers.

Il est bien important qu'on reprenne Willemstad, si l'on est encore à temps.

D'après la copie. Dépôt de la guerre.

21004. — AU PRINCE DE NEUCHÂTEL ET DE WAGRAM,
MAJOR GÉNÉRAL DE LA GRANDE ARMÉE, À PARIS.

Paris, 14 décembre 1813.

Mon Cousin, écrivez au général Roguet que je compte qu'aussitôt que la division Lefebvre-Desnoëttes sera arrivée il fera disparaître toutes les peurs qu'on a prises mal à propos, et nous replacera sur la rive gauche du Waal, en rétablissant nos communications avec Gorcum.

NAPOLÉON.

D'après l'original. Dépôt de la guerre.

21005. — AU PRINCE DE NEUCHÂTEL ET DE WAGRAM,
MAJOR GÉNÉRAL DE LA GRANDE ARMÉE, À PARIS.

Paris, 14 décembre 1813.

Mon Cousin, écrivez au duc de Reggio que je le destine à commander les 4e, 5e et 6e divisions de la jeune Garde, qui seront réunies à Anvers; que le général Roguet y est déjà avec 10,000 hommes, ainsi qu'une division de cavalerie de la jeune Garde, commandée par le général Lefebvre-Desnoëttes; que cela fera, dans les premiers jours de janvier, un corps de 30,000 hommes; mais qu'avant d'écouter son zèle il faut qu'il écoute sa santé et se rétablisse avant tout.

NAPOLÉON.

D'après l'original. Dépôt de la guerre.

21006. — AU MARÉCHAL MARMONT, DUC DE RAGUSE,
COMMANDANT LE 6ᵉ CORPS DE LA GRANDE ARMÉE, À MAYENCE.

Paris, 14 décembre 1813.

Mon Cousin, j'ai donné tous les ordres pour la formation de grands hôpitaux sur les derrières de l'armée, afin d'éviter les évacuations. Correspondez à ce sujet avec le major général. Je vois avec peine que les maladies continuent; est-ce que le froid ne les fera pas diminuer?

Deux cohortes de gardes nationales, qui sont très-belles et qui sont sous votre commandement, ont eu beaucoup de déserteurs parce que vous les avez éparpillées. Il serait convenable de les tenir dans des places fortes, sans quoi jamais elles ne se formeront. Écrivez aux préfets pour qu'ils fassent rejoindre les déserteurs, ou qu'ils les remplacent.

D'après la minute. Archives de l'Empire.

21007. — AU MARÉCHAL MORTIER, DUC DE TRÉVISE,
COMMANDANT LA GARDE IMPÉRIALE, À TRÈVES.

Paris, 14 décembre 1813.

Mon Cousin, je vous prie de me faire connaître la plus courte route qui existe pour se rendre de Trèves à Bruxelles. Est-ce qu'on serait obligé de passer par Luxembourg et Arlon? Ne pourrait-on pas prendre la traverse avec ou sans artillerie? Donnez-moi des détails là-dessus. Si vous étiez obligé de vous y porter avec la vieille Garde, en combien de jours pourriez-vous arriver?

NAPOLÉON.

D'après l'original comm. par M. le duc de Trévise.

21008. — A M. REINHARD,
LANDAMMAN DE LA SUISSE, À BERNE.

Palais des Tuileries, 14 décembre 1813.

Monsieur le Landamman, j'ai lu avec plaisir la lettre que vous avez chargé MM. Ruttimann et de Wielandt, envoyés extraordinaires de la Confédération, de me remettre. J'ai appris, avec une particulière satisfaction, l'union qui a régné entre tous les cantons et entre toutes les classes de citoyens. La neutralité que la diète a proclamée à l'unanimité est à la fois conforme aux obligations de vos traités et à vos plus chers intérêts. Je reconnais cette neutralité, et j'ai donné les ordres nécessaires pour qu'elle soit respectée. Faites connaître aux dix-neuf cantons qu'en toute occasion ils peuvent compter sur le vif intérêt que je leur porte, et que je serai toujours disposé à leur donner des preuves de ma protection et de mon amitié[1].

NAPOLÉON.

D'après la copie comm. par le gouvernement de la Confédération suisse.

21009. — AU GÉNÉRAL CLARKE, DUC DE FELTRE,
MINISTRE DE LA GUERRE, À PARIS.

Paris, 15 décembre 1813.

J'apprends que le 10 décembre un bataillon de Francfort et le régiment de Nassau, employés à l'armée d'Espagne, ont passé à l'ennemi, et que ce n'est qu'à la suite de cette défection qu'on a désarmé le bataillon de Bade, qui faisait aussi partie de cette même armée. Je suis étonné du retard qu'on a mis à opérer ce désarmement, que j'avais ordonné par décret du 25 novembre. Donnez les ordres nécessaires pour la prompte exécution des autres dispositions contenues dans ce décret, et de tout ce que j'ai ordonné relativement aux troupes étrangères et à celles de la Confédération.

D'après la minute. Archives de l'Empire.

21010. — AU GÉNÉRAL CLARKE, DUC DE FELTRE,
MINISTRE DE LA GUERRE, À PARIS.

Paris, 15 décembre 1813.

Monsieur le Duc de Feltre, je vois, par l'état de situation du 15 décembre, que rien n'est moins satisfaisant que notre situation en fusils. Vous aurez reçu mon décret de ce jour, par lequel j'ordonne que les

---

[1] Le 21 décembre, les Autrichiens violèrent la neutralité de la Suisse.

3,360 conscrits du département du Nord et les 1,866 du département du Pas-de-Calais, qui, sur la levée des 300,000 hommes, devaient être envoyés à Metz pour la Garde, se rendraient à Lille, où j'ai ordonné l'établissement d'un atelier d'habillement. Il me faudra donc 5,000 fusils à Lille, dans le premiers jours de janvier.

Quant aux 1,600 hommes du département de la Seine-Inférieure et aux 1,600 hommes du département de la Somme, qui devaient être pour Paris, j'ai ordonné qu'ils fussent réunis à Amiens, où il sera formé un atelier d'habillement. C'est donc 3,000 fusils qu'il me faudra à Amiens, dans les premiers jours de janvier.

Ainsi, sur les 15,000 conscrits de la levée des 300,000 hommes, 5,000, qui étaient destinés pour Metz, étant réunis à Lille, il ne faudra plus que 10,000 fusils à Metz; et sur les 15,000 conscrits destinés à Paris, 3,000 se réunissant à Amiens, il ne faudra plus que 12,000 fusils à Paris. Je ne parle pas de ce que ces départements doivent fournir sur la levée des 120,000 hommes.

Il n'y a pas de doute que la Garde prendra les fusils étrangers qui sont à Vincennes; mais c'est peu de chose, puisque ces fusils seront employés en huit jours, et ensuite je ne vois pas les moyens que vous aurez. Les fusils que vous voulez faire venir de Brest et de la Rochelle sont bien loin; ils ne seront pas arrivés dans le courant de janvier.

Ainsi, il me paraît bien prouvé, si vous n'avez pas d'autres mesures à prendre, que je manquerai de fusils et que toutes les troupes qui se rassemblent sur la frontière du Nord pourront se trouver sans utilité, par défaut de fusils.

Il n'y a pas de doute que toute la conscription des 300,000 hommes sera levée et en partie habillée d'ici au 15 janvier. Il nous faut des fusils avant cette époque, afin qu'elle puisse déjà être utile si l'ennemi nous presse, et c'est surtout pour la frontière du Nord, où il paraît que nous sommes attaqués, que ce service est de la plus haute importance.

D'après la minute. Archives de l'Empire.

21011. — AU GÉNÉRAL CLARKE, DUC DE FELTRE,
MINISTRE DE LA GUERRE, À PARIS.

Paris, 16 décembre 1813.

Nommez une commission d'enquête pour informer sur l'évacuation de Willemstad; envoyez toutes les pièces relatives à cette affaire. Il paraît que cette place n'était pas attaquée.

Le Sas-de-Gand est une place qui n'a pas été terminée, non plus que Hulst; je ne conçois pas comment le général Decaen s'occupe de ces postes et abandonne une place comme Willemstad qui est la clef d'Anvers. Je suis extrêmement mécontent de la précipitation qu'il met dans toutes ses mesures. Comment a-t-on pu laisser à Breda 400 fusils et 700 malades ou blessés? Toutes les mesures que prend le général Decaen sont funestes. Ce général me paraît n'avoir ni le caractère ni les talents nécessaires pour commander; il donne des ordres à tort et à travers sans connaître la situation ni l'importance des places. Il faut le rappeler; le duc Charles de Plaisance le remplacera. A son arrivée à Paris, s'il ne donne pas pour sa justification des explications qui soient raisonnables, vous le suspendrez de ses fonctions.

Une place comme Willemstad pourrait, à l'aide de ses inondations, trouver une garnison déjà suffisante dans les 500 hommes des équipages de la flottille. C'est la plus grande perte que nous ayons pu faire, puisque désormais ce point assurera la position de l'ennemi.

Recommandez au général Gilly-Vieux de prendre tout ce qu'il trouvera à Middelburg et dans l'île de Walcheren pour armer ses troupes et ses gardes nationales et les mettre en état.

Il paraît que le général Ambert a évacué Breda sans raison et qu'il n'a vu que quelques cavaliers ennemis. Si c'est vrai, et qu'il ait laissé dans cette place 400 fusils et 700 malades, ce doit être aussi l'objet d'une enquête : demandez un rapport détaillé là-dessus.

D'après la minute. Archives de l'Empire.

21012. — AU VICE-AMIRAL DUC DECRÈS,
MINISTRE DE LA MARINE, À PARIS.

Paris, 16 décembre 1813.

Monsieur le Duc Decrès, l'amiral Missiessy a fait brûler ma flottille de Willemstad. Comment cet amiral, qui connaît les localités, n'a-t-il pas représenté la folie qu'il y avait à évacuer Willemstad? Je viens de rappeler le général Decaen, et j'ai ordonné une enquête sur l'évacuation de cette ville. Je suis très-mécontent de la conduite des officiers de marine qui n'ont pas été à Gorcum. Faites faire une enquête là-dessus. Si les chaloupes canonnières s'étaient rendues à Gorcum, rien de tout cela ne serait arrivé. Il paraît que l'amiral Missiessy s'abandonne totalement aux généraux de terre, et que, s'ils lui disaient de brûler la flottille, il le ferait sans ordre. Il y a dans tout cela bien peu de dignité et d'énergie. L'amiral aurait dû dissuader le général Decaen d'évacuer Willemstad, et lui dire qu'avec les seuls 400 hommes qu'offraient les équipages, et la ressource des inondations, on pouvait la défendre; que la place était bien armée et bien approvisionnée, et que c'était la clef de toute notre frontière de ce côté.

NAPOLÉON.

D'après l'original comm. par Mme la duchesse Decrès.

21013. — AU GÉNÉRAL LEBRUN, DUC DE PLAISANCE,
GOUVERNEUR D'ANVERS.

Paris, 16 décembre 1813.

Monsieur le Duc Charles de Plaisance, le général Lefebvre-Desnoëttes part en poste, cette nuit, pour aller se mettre à la tête de sa division. Deux autres divisions de la Garde se réunissent sur Bruxelles. Le duc de Trévise, avec la vieille Garde, se rend à Namur.

Je n'ai pas approuvé qu'on eût évacué le bagne; je donne des ordres pour qu'il retourne sur-le-champ. Ne désorganisez pas la marine d'Anvers. N'exigez d'elle que ce qui est indispensable. Je donne des ordres pour qu'elle n'adhère qu'à ce qui serait trop pressant pour qu'elle ne pût pas demander des ordres et attendre la réponse. Occupez-vous surtout de Berg-op-Zoom. Anvers n'a rien à craindre. Les forçats seront replacés comme ils étaient. J'ai cependant ordonné qu'on enverrait dans un autre port les forçats hollandais et belges. Si vous avez renvoyé les prisonniers étrangers, vous avez bien fait; mais, si ce sont des officiers de marine prisonniers de guerre, vous avez très-mal fait s'ils sont utiles à l'arsenal.

Si vous parvenez à réoccuper Breda, il faut que, dans les vingt-quatre heures, cinquante pièces de canon y soient envoyées, et deux jours après cinquante autres; alors il sera inutile d'évacuer l'hôpital Saint-Bernard: il suffira de l'environner de palissades pour le mettre à l'abri des Cosaques, et de placer devant quelques chaloupes canonnières. Aussitôt que vous aurez repris Breda, réunissez-y, sous les ordres d'un bon général, tout ce qui vous arrive du 1er corps *bis*. Vous devez déjà avoir actuellement, compris le bataillon du 13e léger, plus de 3,000 hommes, ce qui vous suffira pour la garnison de Breda. L'ennemi n'est pas en mesure de faire un siége en règle.

J'apprends que Molitor a garni Bois-le-Duc. Si vous avez assuré Berg-op-Zoom, et vous n'aurez pas manqué de recommander au commandant, et sous les peines capitales, d'y tenir jusqu'à l'extrémité, tout le mal qu'aura fait le général Decaen, mais il est grand, sera borné à la prise de Willemstad.

Ordonnez que les douanes reprennent leurs lignes. Montrez du sang-froid, de l'énergie. Ne faites de votre chef que ce que les circonstances exigent; pour tout le reste consultez votre conseil, et envoyez-moi les propositions par estafette.

Napoléon.

D'après l'original comm. par M. le duc de Plaisance.

21014. — AU COMTE DE MONTALIVET,
MINISTRE DE L'INTÉRIEUR, À PARIS.

Paris, 17 décembre 1813.

J'ai rendu un décret sur l'organisation de la garde nationale[1]. Je n'en

[1] Voir *le Moniteur* du 29 décembre 1813.

ai pas organisé dans les villes où déjà vous l'avez mise en activité. Vous me ferez un rapport là-dessus, et vous me ferez connaître où en est l'organisation que vous avez adoptée précédemment, afin de voir s'il est temps d'établir celle que j'ai arrêtée.

<small>D'après la minute. Archives de l'Empire.</small>

21015. — AU COMTE DE MONTALIVET,
MINISTRE DE L'INTÉRIEUR, À PARIS.

Paris, 17 décembre 1813.

Vous trouverez ci-joint un état de 21,200 ouvriers que le préfet de police présente comme n'ayant pas de travail; mon intention est de leur en donner. J'ai peine à croire qu'il y ait à Paris 350 passementiers, 700 chapeliers, 1,200 serruriers, 500 charpentiers, 2,000 menuisiers, 2,000 carrossiers, 300 bottiers, faisant en tout de 6 à 7,000 ouvriers sans ouvrage, lorsqu'on se plaint de ne point en trouver pour les travaux de la guerre, de l'administration de la guerre, de la Garde. Toutefois mon intention est de doubler, tripler les travaux, plutôt que de laisser ces ouvriers sans ouvrage. J'ai ordonné au ministre directeur de l'administration de la guerre de faire confectionner 200 voitures des nouveaux modèles et plusieurs centaines de cabriolets d'ambulances, et à l'ordonnateur de la Garde de faire confectionner 800 voitures semblables pour la Garde : voilà donc plus de 1,000 voitures que je ne puis avoir encore, faute d'ouvriers. Je ne trouverai point de difficulté à faire confectionner 200 autres voitures, s'il est vrai que ces ouvriers manquent d'ouvrage. La Garde a cinq ou six ateliers d'habillement, mais deux de premier ordre. Je voudrais qu'ils me fournissent jusqu'à 2,000 habits par jour; ils ne le peuvent faute d'ouvriers. L'administration de la guerre a ordre de confectionner 2,000 habillements complets; elle ne peut, faute d'ouvriers, aller aussi vite que je voudrais. Enfin, le ministre de la guerre emploie beaucoup d'ouvriers à faire les roues des trains d'artillerie et des caissons; j'en augmenterai la quantité, si cela est nécessaire, pour employer les ouvriers. Je désire que vous me fassiez connaître exactement quel est le nombre d'ouvriers sans ouvrage, et ce qu'il faudrait faire pour leur en donner, en augmentant les commandes dont je viens de vous parler. Les fileuses de coton peuvent être employées à la confection de l'habillement, des chemises, capotes, guêtres, etc. J'ai ordonné au duc de Cadore d'examiner ce que l'on pourrait faire pour occuper les orfévres, horlogers, bijoutiers, tapissiers, etc. en augmentant les travaux de la Couronne.

Après m'avoir proposé d'accroître les commandes dans ces différents genres, pour augmenter l'activité des ouvriers, il sera nécessaire d'ouvrir des travaux de terrasse, soit en démolissant les maisons voisines de la halle, soit pour les déblais et remblais à faire dans les différentes parties de Paris.

Faites venir les chefs des bureaux de la guerre, de l'administration de la guerre, l'ordonnateur de la Garde, les différents chefs d'ateliers, conférez avec eux, sachez ce qu'ils emploient d'ouvriers, ce qu'ils peuvent en employer, afin que, dans quarante-huit heures, je puisse voir ce que dois ajouter aux commandes déjà faites pour que tout le monde soit occupé.

D'après la minute. Archives de l'Empire.

21016. — AU VICE-AMIRAL DUC DECRÈS,
MINISTRE DE LA MARINE, À PARIS.

Paris, 17 décembre 1813.

Monsieur le Duc Decrès, nous avons besoin d'hommes vigoureux. Le vice-amiral Allemand a montré beaucoup d'énergie et de vigueur; c'est le seul général de marine qui ait encore fait quelque chose. Mon intention serait qu'il établît son quartier général à Flessingue, et qu'on lui organisât une belle flottille, avec laquelle il défendrait l'Escaut, la Zélande, l'île de Cadzand, et seconderait les opérations de l'armée lorsqu'elle marcherait en Hollande. Faites-moi un rapport là-dessus.

NAPOLÉON.

D'après l'original comm. par Mme la duchesse Decrès.

21017. — A MME LA COMTESSE WALTHER.

Paris, 17 décembre 1813.

J'ai lu avec intérêt votre lettre du 14. Je partage bien vivement votre douleur. J'ai perdu dans votre mari un de mes généraux les plus braves et dont je faisais le plus de cas[1]. Je charge mon grand maréchal de vous voir et d'arranger tout ce qui est relatif à vos intérêts et à ceux de vos filles. Vous et elles, vous pouvez toujours compter sur ma protection; je vous en donnerai des preuves dans toutes les circonstances.

<small>D'après la minute. Archives de l'Empire.</small>

21018. — AU GÉNÉRAL CAULAINCOURT, DUC DE VICENCE,
<small>MINISTRE DES RELATIONS EXTÉRIEURES, À PARIS.</small>

<small>Paris, 18 décembre 1813.</small>

Monsieur le Duc de Vicence, je vous envoie la correspondance qui a eu lieu entre le prince de Schwarzenberg et le maréchal Saint-Cyr. Je suppose que vous avez les pièces de la capitulation; si vous ne les avez pas, demandez-les au prince de Neuchâtel. Réunissez ces pièces, afin de préparer le travail qui doit être fait là-dessus. Je désire que vous demandiez aussi au prince de Neuchâtel toute sa correspondance relative à l'échange des prisonniers; enfin, demandez-lui également celle qui a eu lieu pour la reddition des places. Vous devez avoir les pièces qui existent sur ces trois points, les tenir bien en règle, et les lire avec attention, vu que je serai dans le cas de vous dicter un travail à cet égard.

Napoléon.

P. S. Je vous envoie une lettre du prince de Schwarzenberg relative à la reddition des places.

<small>D'après l'original. Archives des affaires étrangères.</small>

21019. — ORDRE.

<small>Paris, 18 décembre 1813.</small>

Le général Corbineau se rendra de suite aux bureaux de la guerre chez le chef de division du mouvement, Gérard. Il lui remettra les

---

[1] Le général Walther, colonel des grenadiers de la Garde, se rendait à Metz pour y rétablir sa santé épuisée par des blessures et de longues fatigues, lorsqu'il fut surpris en route par la mort dans un village du département de la Saare, Cussel, le 23 novembre 1813.

états ci-joints. Je donne une nouvelle organisation au 1er corps et au 2e à Strasbourg ; je forme une division de réserve à Genève. Les ordres seront expédiés par des estafettes extraordinaires, et dès ce jour. L'organisation des 1er et 2e corps de réserve se trouve dans ma lettre.

M. Gérard me remettra, ce soir à huit heures, les états du 2 décembre et le projet que lui a remis M. Gourgaud, la formation du 4e, du 5e, du 6e et du 11e corps d'armée, tels qu'ils sont ; les régiments qui les composent, les bataillons qu'ils ont aux dépôts. Je les désignerai. Le travail que M. Gérard m'a présenté n'est pas approuvé. Il faut regarder les bataillons du 1er et du 14e corps comme perdus : la capitulation a été violée et les corps vont en Bohême.

M. Gérard me présentera un état qui me fera connaître la situation des régiments qui composent les 4e, 5e, 6e et 11e corps. Une colonne désignera les bataillons qu'ils ont à l'armée et ceux qu'ils ont aux dépôts.

Il résultera de ce travail combien il y a de bataillons dans les divisions et combien aux dépôts qui doivent rejoindre ; enfin s'il reste des régiments qui ne soient pas nommés dans un des corps.

Ce travail m'est nécessaire pour organiser définitivement les corps d'armée.

D'après la copie. Dépôt de la guerre.

21020. — DISCOURS DE L'EMPEREUR,
A L'OUVERTURE DU CORPS LÉGISLATIF.

Palais des Tuileries, 19 décembre 1813.

Sénateurs, Conseillers d'état, Députés des départements au Corps législatif, d'éclatantes victoires ont illustré les armes françaises dans cette campagne ; des défections sans exemple ont rendu ces victoires inutiles. Tout a tourné contre nous. La France même serait en danger, sans l'énergie et l'union des Français.

Dans ces grandes circonstances, ma première pensée a été de vous appeler près de moi. Mon cœur a besoin de la présence et de l'affection de mes sujets.

Je n'ai jamais été séduit par la prospérité. L'adversité me trouverait au-dessus de ses atteintes.

J'ai plusieurs fois donné la paix aux nations, lorsqu'elles avaient tout perdu. D'une part de mes conquêtes, j'ai élevé des trônes pour des rois qui m'ont abandonné.

J'avais conçu et exécuté de grands desseins pour la prospérité et le bonheur du monde. Monarque et père, je sens ce que la paix ajoute à la sécurité des trônes et à celle des familles. Des négociations ont été entamées avec les puissances coalisées. J'ai adhéré aux bases préliminaires qu'elles ont présentées. J'avais donc l'espoir qu'avant l'ouverture de cette session le congrès de Manheim serait réuni : mais de nouveaux retards, qui ne sont pas attribués à la France, ont différé ce moment, que presse le vœu du monde.

J'ai ordonné qu'on vous communiquât toutes les pièces originales qui se trouvent au portefeuille de mon département des affaires étrangères. Vous en prendrez connaissance par l'intermédiaire d'une commission. Les orateurs de mon Conseil vous feront connaître ma volonté sur cet objet.

Rien ne s'oppose de ma part au rétablissement de la paix. Je connais et je partage tous les sentiments des Français; je dis, des Français, parce qu'il n'en est aucun qui désirât la paix au prix de l'honneur.

C'est à regret que je demande à ce peuple généreux de nouveaux sacrifices : mais ils sont commandés par ses plus nobles et ses plus chers intérêts. J'ai dû renforcer mes armées par de nombreuses levées; les nations ne traitent avec sécurité qu'en déployant toutes leurs forces. Un accroissement dans les recettes devient indispensable. Ce que mon ministre des finances vous proposera est conforme au système de finances que j'ai établi. Nous ferons face à tout sans emprunt qui consomme l'avenir, et sans papier-monnaie, qui est le plus grand ennemi de l'ordre social.

Je suis satisfait des sentiments que m'ont montrés dans cette circonstance mes peuples d'Italie.

Le Danemark et Naples sont seuls restés fidèles à mon alliance.

La république des États-Unis d'Amérique continue avec succès sa guerre contre l'Angleterre.

J'ai reconnu la neutralité des dix-neuf cantons suisses.

Sénateurs, Conseillers d'état, Députés des départements au Corps législatif, vous êtes les organes naturels de ce trône; c'est à vous de donner l'exemple d'une énergie qui recommande notre génération aux générations futures. Qu'elles ne disent pas de nous : « Ils ont sacrifié les premiers intérêts du pays! ils ont reconnu les lois que l'Angleterre a cherché en vain, pendant quatre siècles, à imposer à la France! »

Mes peuples ne peuvent pas craindre que la politique de leur Empereur trahisse jamais la gloire nationale. De mon côté, j'ai la confiance que les Français seront constamment dignes d'eux et de moi.

Extrait du *Moniteur* du 20 décembre 1813.

21021. — AU VICE-AMIRAL DUC DECRÈS,
MINISTRE DE LA MARINE, À PARIS.

Paris, 20 décembre 1813.

J'approuve que cent cinquante bâtiments soient mis sous les ordres du vice-amiral Allemand et que cet amiral porte son quartier général à Flessingue, pour défendre tout l'Escaut, empêcher l'ennemi de passer d'une rive à l'autre, défendre l'île de Cadzand, la Zélande, et aider à la reprise de tout ce que nous avons perdu.

D'après la minute. Archives de l'Empire.

21022. — AU PRINCE DE NEUCHÂTEL ET DE WAGRAM,
MAJOR GÉNÉRAL DE LA GRANDE ARMÉE, À PARIS.

Paris, 20 décembre 1813.

Mon Cousin, répondez au duc de Raguse qu'il ne faut faire aucune suspension d'armes que ce ne soit convenu pour toute la ligne, depuis la Suisse.

NAPOLÉON.

D'après l'original. Dépôt de la guerre.

21023. — AU MARÉCHAL MORTIER, DUC DE TRÉVISE,
COMMANDANT LA GARDE IMPÉRIALE, À TRÈVES.

Paris, 20 décembre 1813.

Vous devez avoir reçu l'ordre de vous porter sur Namur; exécutez cet ordre le plus tôt qu'il vous sera possible. Votre présence dans la Belgique devient nécessaire. Bruxelles est environné de Cosaques russes, de Cosaques hollandais, et je crois aussi de quelques Cosaques du pays; il est nécessaire que la division à cheval soit promptement en mesure de se mettre à leurs trousses. Le général Lefebvre-Desnoëttes marche d'Anvers sur Breda avec le général Roguet. La division Barrois, que vous annoncez devoir arriver le 22 à Bruxelles, y sera successivement renforcée. Faites-moi connaître le jour où toutes vos troupes seront arrivées à Namur; faites-les marcher sans séjour. Pressez surtout l'arrivée de votre cavalerie. Envoyez-moi l'état de situation de votre infanterie, de votre cavalerie et de votre artillerie.

D'après la minute. Archives de l'Empire.

21024. — ORDRES.

Paris, 21 décembre 1813.

Le général Maison est nommé commandant du 1er corps d'armée à Anvers; le major général lui donnera l'ordre de partir demain pour se rendre dans cette place; le général Roguet et le général Lefebvre-Desnoëttes seront sous ses ordres.

Le major général donnera l'ordre au général Grouchy de partir de suite pour se rendre à Strasbourg, où il prendra le commandement en chef de la cavalerie de l'armée.

Il sera donné des ordres pour que les dépôts des régiments composant le 5e corps de cavalerie envoient à Strasbourg tout ce qu'ils ont d'hommes montés et en état d'entrer en campagne, afin qu'ils rejoignent leurs escadrons de guerre.

Le major général donnera l'ordre au duc de Bellune de rappeler le 1er bataillon du 37e régiment, qu'il a envoyé à Lauterbourg, et de tenir les divisions du 2ᵉ corps d'armée réunies, de manière qu'elles soient prêtes à partir au premier ordre sans dégarnir aucun poste. Sa Majesté approuve que le duc de Bellune prenne tout ce qu'il y a de conscrits dans les dépôts de réfractaires à Strasbourg pour compléter ses bataillons.

Le major général donnera l'ordre au général Ruty de fournir sans délai au 5ᵉ corps de cavalerie deux batteries d'artillerie à cheval.

Il ordonnera au duc de Bellune d'organiser le 2ᵉ corps d'armée en trois divisions de la manière suivante :

1ʳᵉ division : 24ᵉ léger, trois bataillons; 19ᵉ de ligne, trois; 37ᵉ, trois: 56ᵉ, trois; 61ᵉ, un; 111ᵉ, un; total, quatorze bataillons;

Le général Dufour commandera cette division;

2ᵉ division : 26ᵉ léger, trois bataillons; 18ᵉ de ligne, trois; 46ᵉ, trois; 93ᵉ, trois; 57ᵉ, deux; total, quatorze bataillons;

Le général Dubreton commandera cette division;

3ᵉ division : 7ᵉ léger, deux bataillons; 11ᵉ, trois; 2ᵉ de ligne, trois; 4ᵉ, trois; 72ᵉ, trois; total, quatorze bataillons;

Le général Duhesme pourra commander cette division.

Chaque division aura deux batteries d'artillerie à pied; total, six batteries, quarante-huit pièces. Ce corps d'armée aura en outre deux batteries d'artillerie de réserve, seize pièces, et deux batteries d'artillerie à cheval, douze pièces.

Le 5ᵉ corps de cavalerie aura deux batteries d'artillerie à cheval, douze pièces.

Total, pour le 2ᵉ corps d'armée et le 5ᵉ corps de cavalerie, douze batteries ou quatre-vingt-huit bouches à feu.

Le major général ordonnera au général Ruty d'organiser ces batteries.

Il sera nommé un général pour commander l'artillerie du 2ᵉ corps.

Il sera aussi désigné, de concert entre le major général et les ministres de la guerre et de l'administration de la guerre, les généraux de brigade, adjudants-commandants, officiers d'état-major, l'ordonnateur, les commissaires des guerres, inspecteurs et sous-inspecteurs aux revues, employés ou agents des administrations qui sont nécessaires pour compléter l'organisation du 2° corps.

Un bataillon des équipages militaires sera attaché à ce corps d'armée.

Il y sera pareillement attaché trois compagnies de sapeurs, un officier général ou supérieur pour commander le génie, et les officiers du génie nécessaires.

Le major général fera connaître au duc de Bellune qu'il est indispensable qu'au 1ᵉʳ janvier il forme son corps à trois divisions, quand même chaque division ne serait qu'à 3,000 hommes; qu'il est nécessaire de former les cadres de ces divisions, tant en généraux, en officiers d'état-major, etc. que pour l'artillerie, le génie et les administrations, attendu que les bataillons vont arriver tous à la fois.

Il ordonnera au duc de Bellune de placer ces divisions en échelons, depuis Strasbourg jusqu'à Huningue.

Le 1ᵉʳ corps d'armée, commandé par le général Maison, sera composé de trois divisions, savoir :

1ʳᵉ division : 12ᵉ léger, un bataillon; 15ᵉ, un; 27ᵉ, un; 8ᵉ de ligne, deux; 12ᵉ, trois; 17ᵉ, trois; 34ᵉ, deux; 36ᵉ, deux; 44ᵉ, un; 48ᵉ, un; 108ᵉ, un; total, dix-huit bataillons.

Cette division pourra être commandée par le général Molitor.

2ᵉ division : 13ᵉ léger, trois bataillons; 24ᵉ de ligne, deux; 25ᵉ, trois; 27ᵉ, deux; 28ᵉ, deux; 45ᵉ, un; 51ᵉ, deux; 58ᵉ, deux; total, dix-sept bataillons.

Cette division sera commandée par le général Ambert.

3ᵉ division : 21ᵉ de ligne, deux bataillons; 30ᵉ, un; 33ᵉ, trois; 55ᵉ, deux; 64ᵉ, un; 75ᵉ, un; 76ᵉ, un; 85ᵉ, deux; 88ᵉ, deux; 94ᵉ, un; 100ᵉ, un; total, dix-sept bataillons.

Cette division pourra être commandée par le général Carra Saint-Cyr.

L'artillerie de ce corps d'armée, qui se forme à Douai, sera composée, comme celle du 2ᵉ corps, de six batteries de division, deux batteries de réserve et deux batteries d'artillerie à cheval; total, dix batteries ou soixante et seize bouches à feu. Un général sera désigné pour commander l'artillerie de ce corps. Un officier général ou supérieur sera nommé pour y commander le génie, et il y sera attaché trois compagnies de sapeurs. Son administration sera organisée comme celle du 2ᵉ corps.

Le 4ᵉ corps d'armée, commandé par le général Morand, restera composé de quatre divisions, ainsi qu'il suit :

12ᵉ division, général Damas : 5ᵉ léger, trois bataillons; 8ᵉ, deux : 13ᵉ de ligne, quatre; 23ᵉ, trois; 96ᵉ, deux; 137ᵉ, trois; total, dix-sept bataillons.

3ᵉ division, général Guilleminot : 54ᵉ de ligne, deux bataillons; 82ᵉ, deux; 95ᵉ, deux; 104ᵉ, quatre; 156ᵉ, deux; total, douze bataillons.

32ᵉ division, général Durutte : 10ᵉ léger, deux bataillons; 17ᵉ, deux; 36ᵉ, deux; 66ᵉ de ligne, deux; 103ᵉ, un; 131ᵉ, deux; 132ᵉ, deux; total, treize bataillons.

51ᵉ division, général Semellé : 21ᵉ léger, deux bataillons; 25ᵉ, deux; 29ᵉ, deux; 26ᵉ de ligne, deux; 32ᵉ, deux; 39ᵉ, deux; 47ᵉ, deux; 63ᵉ, deux; 86ᵉ, deux; 122ᵉ, trois; total, vingt et un bataillons.

En conséquence, les deux bataillons du 10ᵉ léger et les deux bataillons du 17ᵉ léger feront désormais partie de la 32ᵉ division, au lieu de la 51ᵉ.

Le 5ᵉ corps d'armée, commandé par le général Sebastiani, sera formé en deux divisions ainsi qu'il suit :

1ʳᵉ division, général Albert : 135ᵉ de ligne, deux bataillons; 139ᵉ, deux; 140ᵉ, deux; 141ᵉ, deux; 149ᵉ, deux; total, dix bataillons.

2ᵉ division, général ..... : 150ᵉ de ligne, deux bataillons; 152ᵉ, deux; 153ᵉ, deux; 154ᵉ, deux; 155ᵉ, deux; total, dix bataillons.

Le 6ᵉ corps d'armée, commandé par le maréchal duc de Raguse, sera formé en quatre divisions, savoir :

1ʳᵉ division, général Ricard : 2ᵉ léger, deux bataillons; 4ᵉ, deux; 22ᵉ de ligne, quatre; 40ᵉ, deux; 43ᵉ, deux; 50ᵉ, trois; total, quinze bataillons.

2ᵉ division, général ..... : 6ᵉ léger, deux bataillons; 9ᵉ, deux; 59ᵉ de ligne, deux; 65ᵉ, deux; 69ᵉ, deux; 136ᵉ, deux; 138ᵉ, deux; 142ᵉ, deux; total, seize bataillons.

3ᵉ division, général Lagrange : 16ᵉ léger, deux bataillons; 28ᵉ, deux;

144ᵉ de ligne, deux; 145ᵉ, un; 1ᵉʳ, un; 14ᵉ, un; 15ᵉ, trois; 16ᵉ, un; 62ᵉ, deux; 70ᵉ, deux; total, dix-sept bataillons.

4ᵉ division, général ..... : 23ᵉ léger, deux bataillons; 37ᵉ, quatre; 121ᵉ de ligne, trois; 1ᵉʳ de marine, quatre; 2ᵉ, quatre; 3ᵉ, quatre; 4ᵉ, quatre; total, vingt-cinq bataillons.

Le 11ᵉ corps d'armée, commandé par le maréchal duc de Tarente, restera formé en deux divisions, savoir :

31ᵉ division, général Charpentier : 19ᵉ léger, six bataillons; 5ᵉ de ligne, un; 11ᵉ, un; 107ᵉ, quatre; total, douze bataillons.

2ᵉ division, général Brayer : 123ᵉ de ligne, trois bataillons; 124ᵉ, trois; 127ᵉ, trois; les trois 1ᵉʳˢ bataillons des trois premiers régiments suisses; total, douze bataillons.

La brigade dite de réserve, qui se réunit à Genève, sera composée ainsi qu'il suit, savoir : 8ᵉ léger, deux bataillons; 18ᵉ, un; 32ᵉ, un; 5ᵉ de ligne, un; 11ᵉ, un; 23ᵉ, un; 60ᵉ, deux; 79ᵉ, deux; 81ᵉ, deux; 16ᵉ, un; 145ᵉ, un; total, quinze bataillons.

D'après la minute. Archives de l'Empire.

21025. — AU GÉNÉRAL CLARKE, DUC DE FELTRE,
MINISTRE DE LA GUERRE, À PARIS.

Paris, 21 décembre 1813.

Il résulte du travail que vous m'avez remis le 19 décembre, sur la formation de la Grande Armée, qu'il manquerait 11,100 hommes pour compléter tout ce que j'ai demandé, savoir : 800 hommes au 8ᵉ de ligne, 600 au 34ᵉ, 600 au 24ᵉ, 300 au 28ᵉ, 400 au 51ᵉ, 300 au 61ᵉ, 300 au 111ᵉ, 400 au 57ᵉ, 900 au 132ᵉ, 900 au 122ᵉ, 400 au 140ᵉ, 400 au 141ᵉ, 1,000 au 70ᵉ, 1,200 au 1ᵉʳ, 400 au 2ᵉ, 500 au 18ᵉ, 300 au 23ᵉ, 300 au 79ᵉ, 300 au 81ᵉ, etc. total, 11,100 hommes.

Il faudra se procurer ces 11,100 hommes sur l'appel des 300,000 hommes à faire dans les départements du Mont-Tonnerre et de la Sarre et dans les départements de l'Ouest où cet appel n'a pas encore eu lieu. Faites-moi connaître les levées que l'on pourrait faire dans ces départements sur les 300,000 hommes. Il faudra employer les premiers hommes qu'on lèvera à combler ce déficit.

<small>D'après la minute. Archives de l'Empire.</small>

21026. — AU GÉNÉRAL CLARKE, DUC DE FELTRE,
<small>MINISTRE DE LA GUERRE, À PARIS.</small>

<small>Paris, 21 décembre 1813.</small>

Monsieur le Duc de Feltre, donnez ordre au général de brigade Dejean, mon aide de camp, de partir dans la journée pour se rendre à Huningue, où il prendra le commandement supérieur de la place et sera chargé de sa défense. Chargez-le de correspondre tous les jours avec le duc de Bellune et avec vous directement. Faites-lui connaître que je compte sur son zèle pour envoyer des agents en Suisse, éclairer les mouvements de l'ennemi et mettre la place que je lui confie dans un bon état de défense.

Renouvelez vos ordres pour la remise en état de Belfort, la prompte organisation de la garde nationale à Besançon, l'armement et l'approvisionnement de ces places.

<small>D'après la minute. Archives de l'Empire.</small>

21027. — AU PRINCE CAMBACÉRÈS,
<small>ARCHICHANCELIER DE L'EMPIRE, À PARIS.</small>

<small>Paris, 23 décembre 1813.</small>

Mon Cousin, nous vous adressons la présente lettre close pour vous faire connaître que notre intention est que la commission nommée hier par le Corps législatif, en exécution de notre décret, et composée de MM. le duc de Massa, président du Corps législatif, Raynouard, Lainé, Gallois, Flaugergues et Biran, se réunisse demain 24, à midi, sous votre présidence, et, par suite, aux jours et heures que vous jugerez convenables. Le comte Regnaud, ministre d'état, et le comte d'Hauterive, conseiller d'état attaché à l'office des relations extérieures, donneront connaissance à ladite commission des pièces relatives à la négociation, ainsi que de la déclaration des puissances coalisées. Le comte d'Hauterive sera porteur desdites pièces et déclaration.

<small>D'après la minute. Archives de l'Empire.</small>

21028. — AU GÉNÉRAL CLARKE, DUC DE FELTRE,
MINISTRE DE LA GUERRE, À PARIS.

Paris, 23 décembre 1813.

Monsieur le Duc de Feltre, il me paraît que la frontière de la Suisse a sa gauche à Huningue, son centre à Besançon et sa droite à Genève. La chaîne du Jura règne tout le long de cette frontière et n'a que quatre débouchés : l'un sur Huningue et Belfort, le second par le Mont-Terrible et Blamont sur Besançon, le troisième par Jougne, et le quatrième, qui passe aux Rousses et s'approche de Genève. Faites-moi faire par le comité des fortifications un mémoire sur la défense de cette frontière, accompagné d'un huilé, et faites-moi connaître les fortifications de campagne qu'il conviendrait d'élever à cet effet.

Il paraît que Belfort doit être le point d'appui de la gauche, Besançon celui du centre et Genève celui de la droite. Il faudra que des détachements de ces trois garnisons soient employés à couvrir les cols. Huningue, Landskroon, le château de Joux et Genève sont en première ligne; Belfort, Blamont, Salins et le fort de l'Écluse en seconde ligne, et Besançon et Pierre-Châtel en troisième ligne.

Faites-moi connaître dans quel état sont ces places, si elles ont une garnison, un commandant, la situation de leur armement et approvisionnement.

Si la guerre avait lieu sur cette frontière, Auxonne serait un point important. Il y a un arsenal et des établissements qu'il importe de conserver. Auxonne a été une place forte; il doit être facile de la remettre en état, si on n'a rien démoli. Faites-moi un rapport sur sa situation, ses approvisionnements, sur sa mise en état et sur ce qu'il conviendrait de faire pour conserver ce point sur la Saône.

Il est indispensable d'envoyer sur-le-champ un général de division, le général Musnier, accompagné d'un officier du génie et d'un officier d'artillerie pris dans les directions, pour parcourir cette frontière et en inspecter les places. Il visitera les forts, organisera les gardes nationales qui devront en former les garnisons, les fera approvisionner et placera des postes détachés sur les cols de la frontière. Ce général sera autorisé à écrire de Belfort aux autorités, préfets, ordonnateurs, maires, etc. pour la formation et la remise de ces approvisionnements.

Le général Musnier aura aussi le commandement du corps de réserve, composé de quinze bataillons, qui se forme à Genève. Il écrira aux divers dépôts pour accélérer l'organisation de ces bataillons.

Après son inspection, ce général pourra se tenir à Besançon, comme point central de cette frontière. Envoyez directement des ordres aux préfets et ordonnateurs pour ce qui concerne la formation de l'approvisionnement de ces places. Il est nécessaire que le génie et l'artillerie ne manquent pas d'argent pour leur mise en état et leur armement.

Faites-moi connaître si les dispositions que j'ai faites pour l'organisation des corps de gardes nationales qui devront être employés à la défense de Belfort, du château de Joux et de Blamont, ont été exécutées.

Vous joindrez à votre rapport sur la frontière de la Suisse un croquis de la frontière des Vosges, et me ferez connaître quels en sont les passages praticables.

NAPOLÉON.

D'après la copie. Dépôt de la guerre.

21029. — AU VICE-AMIRAL DUC DECRÈS,
MINISTRE DE LA MARINE, À PARIS.

Paris, 23 décembre 1813.

Monsieur le Duc Decrès, je ne comprends pas trop ces deux états que vous me présentez. Il me semble qu'il vous serait facile de m'épargner ces détails. Vous savez mieux que moi qu'il est nécessaire d'avoir une flottille à Anvers et à Bath, et une à Flessingue; on ne peut donc pas mettre tout à Flessingue. Il faut distribuer les flottilles entre Flessingue et Anvers. On dirait que vous ne connaissez pas les localités.

D'après la minute. Archives de l'Empire.

21030. — AU PRINCE DE NEUCHÂTEL ET DE WAGRAM,
MAJOR GÉNÉRAL DE LA GRANDE ARMÉE, À PARIS.

Paris, 23 décembre 1813.

Mon Cousin, remettez-moi un projet ayant pour but de réunir à Strasbourg les trois divisions du 6ᵉ corps et les trois divisions du 2ᵉ corps, de laisser à Mayence les quatre divisions du 4ᵉ corps, et de réunir du côté de la Meuse les trois divisions du 11ᵉ corps, ainsi que les deux divisions du 5ᵉ. Remettez-moi la formation de ces divisions, telle que je l'ai arrêtée dans une lettre du 21 de ce mois au ministre de la guerre, en me faisant connaître leur situation actuelle.

NAPOLÉON.

D'après l'original. Dépôt de la guerre.

21031. — AU PRINCE DE NEUCHÂTEL ET DE WAGRAM,
MAJOR GÉNÉRAL DE LA GRANDE ARMÉE, À PARIS.

Paris, 23 décembre 1813.

Mon Cousin, j'ai nommé quatre majors en second généraux de brigade, pour commander les quatre régiments de gardes d'honneur. Mon intention est d'en former une division, sous les ordres d'un général de division de cavalerie (présentez-le-moi), et d'y attacher deux batteries à cheval; cela doit faire à peu près 3 à 4,000 chevaux, ce qui, joint aux 4,000 chevaux du 5ᵉ corps de cavalerie, mettrait sous les ordres du général Grouchy 7 à 8,000 hommes à cheval. Faites connaître au général Grouchy qu'aussitôt qu'il aura passé la revue du 5ᵉ corps il doit aller passer la revue des gardes d'honneur et former cette division.

NAPOLÉON.

D'après l'original. Dépôt de la guerre.

21032. — AU PRINCE DE NEUCHÂTEL ET DE WAGRAM,
MAJOR GÉNÉRAL DE LA GRANDE ARMÉE, À PARIS.

Paris, 23 décembre 1813.

Mon Cousin, écrivez au duc de Bellune qu'il est de la plus haute importance d'activer, par tous les moyens possibles, la formation du 2ᵉ corps; que je désire que, pour l'époque du 1ᵉʳ janvier, il le forme à trois divisions, conformément à l'état que j'ai envoyé au ministre de la guerre; qu'il donne le commandement des trois divisions aux généraux Dufour, Dubreton et Duhesme, en y attachant les généraux de brigade qu'il a disponibles; qu'il est important que le plus tôt possible chacune de ces divisions ait une batterie d'artillerie à pied et une compagnie de sapeurs; qu'il doit y avoir déjà deux compagnies du 12ᵉ bataillon des équipages militaires; que je suppose que les ambulances sont formées, ainsi que toutes les administrations de ces trois divisions; que le général Grouchy s'est rendu à Strasbourg; qu'il est important de donner au 5ᵉ corps de cavalerie deux batteries d'artillerie à cheval, ce qui, avec les deux que doit avoir le 2ᵉ corps, ferait quatre batteries à cheval. Mandez au duc de Bellune qu'il presse la formation de son artillerie et fasse connaître quand enfin elle pourra être formée.

NAPOLÉON.

D'après l'original. Dépôt de la guerre.

21033. — AU GÉNÉRAL CLARKE, DUC DE FELTRE,
MINISTRE DE LA GUERRE, À PARIS.

Paris, 24 décembre 1813.

Monsieur le Duc de Feltre, le général Lefebvre-Desnoëttes, avec une division de la jeune Garde, forte à peu près de 2,000 chevaux et une batterie d'artillerie à cheval, et la division Roguet, forte de trois brigades et de quatorze bataillons, faisant à peu près 8 à 9,000 hommes, sont entre Breda et Anvers.

La division Barrois, forte de quatre régiments de la Garde, de douze bataillons et de deux batteries d'artillerie, est à Bruxelles; elle sera, à la fin du mois, forte de 6,000 hommes et, dans les premiers jours de janvier, portée à son grand complet de 9,600 hommes.

Une division de flanqueurs, que commande le général Boyer, se réunit à Lille; il est probable que, dans la première quinzaine de janvier, elle sera forte de 6,000 hommes.

Enfin, dans la journée d'après-demain 26, le duc de Trévise arrive à Namur avec la division de vieille Garde à pied, forte d'environ 6,000 hommes, et son artillerie, ainsi qu'avec la division de vieille Garde à cheval et sa batterie à cheval.

Ainsi donc, dans les premiers jours de janvier, il y aura entre l'Escaut, la Meuse et Lille, quatre divisions d'infanterie de la Garde, c'est-à-dire un corps d'armée de 30 à 40,000 hommes, soixante et dix à quatre-vingts pièces de canon et 6,000 chevaux.

Cependant le 1er corps d'armée, qui est composé de plus de quarante bataillons, dont la tête commence à arriver à Anvers, se sera considérablement accru d'ici au 10 janvier. Faites-moi connaître ce que vous supposez qu'il y aura d'arrivé pour cette époque, infanterie et artillerie.

Flessingue a déjà une garnison convenable. J'ai ordonné la formation de deux bataillons au 131e, lesquels, recevant beaucoup de conscrits, pourront facilement se compléter et accroître la situation de Flessingue.

Berg-op-Zoom a déjà pour garnison quelques bataillons du 1er corps qui sont arrivés; je crois qu'au 21 il y avait dans la place près de 3,000 hommes, garnison qui me paraît suffisante.

Le général Drouot vous donnera en détail la situation présumée, au 10 janvier, de tous les corps de la Garde dénommés ci-dessus, infanterie, cavalerie, sapeurs et artillerie. Vous me remettrez cet état avec celui du 1er corps, tel que vous le supposez devoir être au 10 janvier; vous y joindrez l'état des garnisons de Flessingue, de l'île de Walcheren, d'Anvers, etc.

Enfin j'ai beaucoup augmenté le 11e corps, que j'ai porté à trois divisions; vous m'en remettrez aussi la situation présumée au 10 janvier. Les mesures qui restent à prendre sont les suivantes :

1° Compléter l'approvisionnement de Berg-op-Zoom pour 3,000 hommes pendant six mois, en ayant soin d'avoir de quoi fournir en outre à la consommation journalière, afin que l'approvisionnement reste toujours au complet pour six mois;

2° Approvisionner Anvers de manière à pouvoir, avec ce qui existe en magasin de réserve, nourrir l'armée et former rapidement l'approvisionnement de Breda, aussitôt que nous nous serons rendus maîtres de cette place.

Quant aux opérations militaires, la première de toutes est de reprendre Breda; ensuite il faut préparer, en avant d'Anvers, des camps dans lesquels une armée de 30 à 40,000 hommes puisse se placer et baraquer, et en même temps tenir l'armée ennemie éloignée au moins de toute la portée des bombes. Je vous ai déjà écrit à ce sujet. Je pense que trois camps, appuyés par des inondations et couverts par trois ou quatre redoutes, rempliraient mon intention. Vous devez donc donner pour instruction au général Maison de ne laisser dans aucun cas couper son armée d'Anvers, afin de pouvoir toujours venir se placer sous la protection de ces redoutes, en avant de la ville. Enfin il faut me remettre la reconnaissance de toutes les positions à occuper, depuis l'Escaut jusqu'à la Meuse, pour couvrir la Belgique, ainsi que de toutes les petites villes et bourgades qui ont une enceinte à retrancher, de manière à les mettre à l'abri de la cavalerie ennemie.

Je suppose que vous avez déjà fixé votre attention sur les mesures à prendre pour avoir à Anvers, à Berg-op-Zoom et à Flessingue, toutes les poudres nécessaires.

Je désire qu'à tous les renseignements que je viens de vous demander vous joigniez un rapport particulier sur Berg-op-Zoom, qui me fasse connaître l'armement nécessaire pour cette place et ce qui existe; les officiers d'artillerie et du génie nécessaires et ceux qui existent; les poudres et tout ce que vous jugez nécessaire pour l'armement et l'approvisionnement de guerre de cette place et ce qui existe; enfin les vivres nécessaires et ce qui existe. Et sans attendre de nouveaux ordres, envoyez un officier de confiance avec les instructions et les pouvoirs nécessaires pour faire entrer dans cette place les poudres, l'artillerie et tout ce qui sera nécessaire. Si l'ennemi devait tenir la campagne, il est probable que Berg-op-Zoom serait la première place assiégée; il faut donc la mettre dans un parfait état de défense.

NAPOLÉON.

D'après la copie. Dépôt de la guerre.

21034. — A ÉLISA NAPOLÉON,
GRANDE DUCHESSE DE TOSCANE, À FLORENCE.

Paris, 25 décembre 1813.

Ma Sœur, il ne faut donner aucuns fusils aux Napolitains. Faites diriger sur Gênes les fusils qui sont à Porto-Ferrajo et ceux que vous avez à Livourne; envoyez-les en toute diligence à Alexandrie pour armer les conscrits. Les intentions du Roi me paraissent extravagantes. Vous ne devez souffrir d'aucune manière qu'il prenne le gouvernement civil. S'il vient dans cette intention, il ferait mieux de rappeler ses troupes et de rester dans ses états. N'obtempérez à aucun viol de caisse. Si le Roi nous déclare la guerre, la France n'est pas encore morte, et une trahison aussi infâme, si elle pouvait exister, retomberait sur son auteur. Je compte, dans cette circonstance, sur votre caractère : que le Roi vous emprisonne ou vous tue; mais ne souffrez pas qu'on manque à la nation.

NAPOLÉON.

P. S. Je suis arrangé avec les Espagnols. Il est inutile d'imprimer cela; mais vous pouvez le laisser percer. Cela me rendra disponibles mes armées d'Aragon et de Catalogne, et celle de Bayonne.

D'après l'original comm. par S. A. Mme la princesse Baciocchi.

21035. — AU GÉNÉRAL CLARKE, DUC DE FELTRE,
MINISTRE DE LA GUERRE, À PARIS.

Paris, 25 décembre 1813.

Monsieur le Duc de Feltre, Anvers est une place de premier ordre, qui exige au moins 15,000 hommes de garnison. Ces 15,000 hommes, renfermés dans la place, séparés par une grande rivière, seraient bloqués par un nombre égal, au moins sur une rive, et peut-être même par un nombre moindre. Il est probable que ces 15,000 hommes seraient bloqués par 6,000 hommes d'infanterie et 3 ou 4,000 hommes de cavalerie. On suppose que la garnison n'a que 500 chevaux. Si l'armée assiégeante voulait brûler Anvers, il lui faudrait au moins 25,000 hommes, afin d'appuyer en force les batteries qu'elle établirait. Il ne peut donc pas être question d'étendre les fortifications d'Anvers; elles sont suffisantes. Il faut seulement les perfectionner et les mettre en état. Avec l'immense quantité d'artillerie, de bois et d'ouvriers qui sont dans Anvers, on ne voit pas comment l'ennemi pourrait se rendre maître de la place. Ainsi on ne pense pas que l'ennemi puisse vouloir assiéger la place, mais seulement la brûler, ou, ce qui serait un demi-mal, la masquer et se porter sur nos places du Nord. Nous aurons bientôt une armée de cinquante bataillons avec un équipage de campagne, les bagages et tout ce qui s'ensuit pour défendre Anvers. Si nous sommes supérieurs à l'ennemi, nous le rejetterons au delà du Rhin; si nous lui sommes inférieurs (et nous lui serons certainement inférieurs en cavalerie, s'il porte là des forces considérables), il est probable qu'il tournera la droite d'Anvers par la Campine, menacera d'arriver à Malines et Bruxelles et mettra l'armée d'Anvers dans une position difficile.

Il convient donc de tracer d'avance un plan définitif.

Doit-on laisser Anvers livré à ses propres forces? L'armée doit-elle se replier sur Bruxelles et insensiblement sur notre frontière du Nord, puisque ce n'est que sur cette frontière qu'on trouve les inondations, les places et les secours d'une population active et zélée? Cette frontière appuie sa gauche à Dunkerque et sa droite à la Meuse et à Charlemont. Si on se portait jusque-là, indépendamment de la perte de la Belgique, ce qui serait une perte d'une grande considération, il faudrait laisser des garnisons à Anvers, Ostende, Nieuport et au fort Impérial. L'armée serait ainsi excessivement réduite par des forces mortes. Le parti le plus convenable est donc que l'armée reste devant Anvers, ayant une bonne garnison dans Berg-op-Zoom, et dans le fort de Bath une communication assurée avec Flessingue et le fort Impérial, et des moyens de marine considérables sur l'Escaut. Cette armée ne peut être ce qu'on appelle bloquée. Mais, quelque grande que soit la place d'Anvers, une armée y mettrait le désordre, y perdrait son énergie et sa position offensive, et, si l'ennemi jetait des bombes et des fusées incendiaires, la confusion dans la ville et dans l'armée serait à son comble. La position naturelle de l'armée est dans l'espace entre le canal de Herenthals et l'inondation de la citadelle; c'est un espace de 3,000 toises, couvrant deux grands faubourgs ou villages. Je pense que l'armée doit baraquer dans cet espace avec son artillerie, ses bagages, et être en position offensive. Elle doit se couvrir d'abord par des redoutes, distantes l'une de l'autre de 500 toises, ce qui en exigera sept. Ces redoutes doivent être placées en crémaillère, avoir 40 toises de côté intérieur et être parfaitement palissadées. Chacune de ces redoutes aurait donc, sur les trois côtés, 120 toises de développement. C'est à l'ingénieur à les établir en carré ou en trapèze, suivant les localités. Sur ces 120 toises de développement, on peut établir jusqu'à quarante bouches à feu de 36, 24 ou 18 et une grande quantité d'obusiers et de petits mortiers, vu les immenses ressources de la marine en canons et en canonniers. En supposant vingt bouches à feu dans chacune de ces redoutes, cela ferait l'emploi de cent quarante bouches à feu, ce qui exigerait, par redoute, une compagnie de 120 marins faisant le service de canonniers; on y ajouterait une compagnie d'infanterie, ce qui ferait 7 à 800 hommes pour les sept redoutes. 500 ouvriers, en cinq jours, peuvent faire une redoute; ainsi 3,500 ouvriers, en cinq ou six jours, couvriraient tout le front du camp. L'immense quantité de bois et d'ouvriers de la marine donnerait une grande facilité pour les palissades, et les palissades font la force des redoutes. L'armée, en huit jours, peut donc se retrancher et se trouver à l'abri d'une attaque d'une force supérieure. Je ne vois pas comment l'ennemi, n'ayant qu'un équipage de campagne, pourrait attaquer ce camp retranché. Il ne peut attaquer à la fois toutes les redoutes; il en attaquera quatre et dirigera quarante bouches à feu sur chacune, ce qui exigera cent soixante bouches à feu. Or cent soixante bouches à feu sont l'équipage d'une grande armée et non d'une armée comme celle qui serait devant Anvers, qui ne peut être que de second ordre. Ces quatre redoutes répondront par quatre-vingts bouches à feu, et l'équipage de l'armée, de cent cinquante pièces de canon, étant mobile, se porterait dans les intervalles. Indépendamment de cela, on peut augmenter encore l'artillerie des redoutes attaquées. Une place comme Anvers a une grande quantité de pièces de 12 et d'obusiers qui ne sont point attelés et qu'on porterait facilement avec les chevaux des caissons; on renforcerait ainsi de dix à douze pièces de canon les redoutes attaquées. Je regarde donc ce camp comme inattaquable; 25 ou 35,000 hommes y seraient à l'abri d'une attaque par une armée de 50 ou 60,000 hommes. Rien n'empêche de mettre dans l'intervalle six autres redoutes, de sorte qu'elles ne fussent plus éloignées les unes des autres que de 200 toises; ce serait alors tout à fait inattaquable. Je ne parle pas de l'ouverture de la tranchée devant ce camp : ce serait une chose audacieuse et insensée devant une armée qui a des outils et toutes les ressources d'une place comme Anvers. Ou l'armée culbuterait les tranchées de l'ennemi, ou elle attaquerait en cheminant; et, comme elle aurait une grande quantité d'artillerie et un immense approvisionnement, ces attaques se feraient avec le plus grand avantage. Ainsi ce camp serait inattaquable et l'ennemi le respecterait. Oserait-il alors, devant une armée baraquée et en bataille, se porter sur la Belgique, et mépriser, non une ville, mais l'armée qui y serait campée? Ce serait lui supposer plusieurs armées, et, dans ce cas même, l'armée de la Belgique serait compromise le jour où celle restée devant Anvers serait battue. Il conviendra d'avoir un camp en avant de Merxem, qui appuiera ses deux flancs aux inondations de droite et de gauche, dont le front pourrait être couvert par trois redoutes. On aurait un second camp en avant de Deurne, couvert également par trois redoutes qui serviraient de tête de pont en avant de l'inondation. Indépendamment de ces positions, il faudrait couvrir par sept redoutes de campagne tout l'espace entre l'inondation du haut Escaut et celle de Herenthals. On tiendrait ainsi l'ennemi éloigné et l'armée dans une position inattaquable, en lui conservant sa mobilité. Il est nécessaire que les deux ponts volants soient toujours en activité, indépendamment des batelets qui servent au passage, parce qu'on peut passer sur ces deux ponts une grande quantité de chevaux et d'hommes.

C'est dans ce sens que vous devez donner des instructions au commandant de l'armée d'Anvers.

D'après la minute. Archives de l'Empire.

21036. — AU GÉNÉRAL CLARKE, DUC DE FELTRE,
MINISTRE DE LA GUERRE, À PARIS.

Paris, 25 décembre 1813.

Monsieur le Duc de Feltre, les ateliers de réparation d'armes de Paris n'ont pas l'activité qu'exigent les circonstances. Il faudrait attirer sur Paris 100,000 fusils. J'y fais faire 100,000 habits, afin qu'en cas d'événement on puisse équiper 100,000 hommes.

<small>D'après la minute. Archives de l'Empire.</small>

21037. — AU GÉNÉRAL CLARKE, DUC DE FELTRE,
MINISTRE DE LA GUERRE, À PARIS.

Paris, 25 décembre 1813.

Monsieur le Duc de Feltre, je vous envoie une lettre de mon officier d'ordonnance Gourgaud. Vous y verrez que le général Lefebvre-Desnoëttes a contremandé l'opération de Breda et paraît vouloir se retirer sur Lier. Faites connaître à ce général, par une estafette extraordinaire, ainsi qu'au général Roguet, qu'ils sont sous les ordres du général Maison. Envoyez ordre au général Maison de tenir toutes ses troupes le plus près possible de Breda, de manière à approvisionner et couvrir Berg-op-Zoom et Anvers et battre tout le pays. Il est très-fâcheux qu'on ait abandonné le blocus de Breda si on n'y a pas été obligé ; on aurait repris cette place puisqu'elle n'était pas encore armée et qu'elle n'avait pas de garnison. Il est de fait qu'il n'y a dans toute la Hollande que le corps de Bülow, qui n'a pas plus de 5,000 hommes d'infanterie, et qui est obligé d'avoir des troupes du côté de Grave et de Bois-le-Duc pour tenir en échec le duc de Tarente. Puisque le général Lefebvre-Desnoëttes avait de la cavalerie pour s'éclairer, je ne conçois pas ce qui l'a porté à se retirer.

Toutefois, écrivez à Bruxelles que le 11ᵉ de tirailleurs et le 2ᵉ bataillon du 12ᵉ de voltigeurs se rendent à Anvers pour rejoindre la division Roguet. Écrivez la même chose au général Maison ; écrivez-lui que le général Roguet ayant ainsi trois brigades, quatorze bataillons, c'est-à-dire plus de 8,000 hommes et seize pièces d'artillerie, et le général

Lefebvre ayant une division de trois régiments faisant plus de 2,000 chevaux, et une batterie à cheval, il est nécessaire qu'avec ces troupes on refasse l'investissement de Breda, que l'on s'en empare, ou du moins que l'on occupe auprès une position couvrant Berg-op-Zoom et Anvers ; que la division Barrois est à Bruxelles ; qu'elle est déjà forte de 4 à 5,000 hommes ; que le duc de Trévise est avec la vieille Garde à Namur ; que c'est donc le devant d'Anvers qu'il faut garder, et de ce côté qu'il faut faire diversion pour que l'ennemi ne puisse pas se porter contre le duc de Tarente, ni marcher sur nos places de la Meuse.

Recommandez au général Maison de commander ferme aux généraux de la Garde comme aux autres de la ligne.

Écrivez aux généraux de la Garde qu'ils doivent obéir au général Maison. Le duc de Plaisance doit également être sous les ordres de ce général.

NAPOLÉON.

D'après la copie. Dépôt de la guerre.

21038. — AU COMTE DARU,
MINISTRE DIRECTEUR DE L'ADMINISTRATION DE LA GUERRE, A PARIS.

Paris, 25 décembre 1813.

Monsieur le Comte Daru, je vais encore lever 50,000 hommes sur la conscription des 300,000 hommes. Je vais lever en outre 150,000 hommes sur la conscription de 1815. Voilà donc 200,000 hommes à habiller. Je désire que vous me fassiez un rapport le plus tôt possible sur l'habillement de ces hommes. Il faudrait, 1° prendre tous les draps qui se trouvent en France, bons et mauvais, et établir de grands ateliers à Lille en Flandre, à Metz et à Paris, de manière à faire dans ces trois places 3,000 habits complets par jour, ce qui, en soixante jours, habillerait ces 200,000 hommes. Je crois que cela serait préférable aux ateliers des corps, où tout cela se trouve trop disséminé, et exige trop de détails. En y employant quelques auditeurs, quelques bons administrateurs et quelques bons ordonnateurs, honnêtes gens, on devrait venir à bout de cela. Toutefois, commencez par donner la plus grande activité à l'atelier de Paris, parce qu'enfin il peut venir tel cas où l'on soit obligé d'habiller à Paris tous les ouvriers et tout ce qu'on pourrait tirer des provinces de l'Ouest, pour avoir une armée de réserve. Si vous pouvez faire à Paris plusieurs ateliers et les porter à 2,000 habits par jour, et de toute espèce, ce serait une bonne chose. Les cironstances deviennent très-urgentes, il faut prendre de grandes mesures. Je sais qu'il y a beaucoup de chapeliers qui ne font rien à Lyon, et qui pourraient vous fournir une grande quantité de shakos.

NAPOLÉON.

D'après la copie comm. par M. le comte Daru.

21039. — A M. MELZI, DUC DE LODI,
GRAND CHANCELIER DU ROYAUME D'ITALIE, À MILAN.

Paris, 25 décembre 1813.

Monsieur le Duc de Lodi, je pense que Palafox vous aura écrit en sortant de Vincennes. Je l'ai envoyé au prince Ferdinand, et de là il s'est rendu à Madrid. Je me suis arrangé avec les Espagnols, ce qui me rend disponibles mes armées d'Aragon, de Catalogne et de Bayonne. J'ai encore là près de 200,000 hommes. Il est inutile d'imprimer cette nouvelle. Je vous la mande pour vous seul, mais vous pouvez en instruire le vice-roi.

D'après la minute. Archives de l'Empire.

21040. — AU SÉNATEUR COMTE DE MONTESQUIOU,
GRAND CHAMBELLAN, À PARIS.

Paris, 26 décembre 1813.

Monsieur le Sénateur Comte de Montesquiou, notre grand chambellan, dans les circonstances où se trouve l'état, nous avons jugé nécessaire d'envoyer avec des pouvoirs extraordinaires, dans chacune de nos divisions militaires, des personnes d'un rang éminent et investies de la considération publique. Nous vous avons désigné, à cet effet, pour vous rendre sans délai, en qualité de notre commissaire extraordinaire, dans la 15ᵉ division. Nous désirons que vous voyiez, dans le choix que avons fait de vous pour une mission où vous êtes appelé à rendre d'importants services, un nouveau témoignage de notre confiance dans votre attachement à notre personne et votre dévouement au bien de l'état [1].

NAPOLÉON.

D'après l'original comm. par M. le général comte de Montesquiou-Fezensac.

21041. — DÉCRET.

Palais des Tuileries, 26 décembre 1813.

ARTICLE PREMIER. Il sera envoyé des sénateurs ou conseillers d'état dans les divisions militaires, en qualité de nos commissaires extraordinaires. Ils seront accompagnés de maîtres des requêtes ou d'auditeurs.

ART. 2. Nos commissaires extraordinaires sont chargés d'accélérer:

1° Les levées de la conscription;

2° L'habillement, l'équipement et l'armement des troupes;

3° Le complétement de l'approvisionnement des places;

4° La rentrée des chevaux requis pour le service de l'armée;

5° La levée et l'organisation des gardes nationales, conformément à nos décrets.

Nosdits commissaires extraordinaires pourront étendre les dispositions desdits décrets aux villes et places qui n'y sont pas comprises.

ART. 3. Ceux de nosdits commissaires extraordinaires qui seront envoyés dans les pays que menacerait l'ennemi ordonneront des levées en masse et toutes autres mesures quelconques, nécessaires à la défense du territoire et commandées par le devoir de s'opposer aux progrès de l'ennemi.

Au surplus, il leur sera donné des instructions spéciales, à raison de la situation particulière des départements où ils seront en mission.

ART. 4. Nos commissaires extraordinaires sont autorisés à ordonner toutes les mesures de haute police qu'exigeraient les circonstances et le maintien de l'ordre public.

ART. 5. Ils sont pareillement autorisés à former des commissions mi-

---

[1] Une lettre semblable fut adressée aux divers commissaires nommés dans le décret ci-après.

litaires et à traduire devant elles ou devant les cours spéciales toutes personnes prévenues de favoriser l'ennemi, d'être d'intelligence avec lui ou d'attenter à la tranquillité publique.

Art. 6. Ils pourront faire des proclamations et prendre des arrêtés. Lesdits arrêtés seront obligatoires pour tous les citoyens. Les autorités judiciaires, civiles et militaires seront tenues de s'y conformer et de les faire exécuter.

Art. 7. Nos commissaires extraordinaires correspondront avec nos ministres pour les objets relatifs à chaque ministère.

Art. 8. Ils jouiront, dans leurs qualités respectives, des honneurs qui leur sont attribués par nos règlements.

Art. 9. Nos ministres sont chargés de l'exécution du présent décret, qui sera inséré au *Bulletin des lois*.

Napoléon.

Vu notre décret de ce jour,

Nous avons nommé et nommons pour nos commissaires extraordinaires :

DIVISIONS MILITAIRES.	COMMISSAIRES EXTRAORDINAIRES.	MAÎTRES DES REQUÊTES OU AUDITEURS QUI LES ACCOMPAGNENT.
	LES COMTES :	MESSIEURS :
2. Mézières	Beurnonville, sénateur.	Heim, auditeur.
3. Metz	Chasset, sénateur.	Arnoult, auditeur.
4. Nancy	Colchen, sénateur.	Pellenc, auditeur.
5. Strasbourg	Rœderer, sénateur.	Belleville, maître des requêtes.
6. Besançon	De Valence, sénateur.	Aubernon, auditeur.
7. Grenoble	De Saint-Vallier, sénateur.	De Boyle, auditeur.
8. Toulon	Ganteaume, conseiller d'état.	Jordan-Duplessis, auditeur.
9. Montpellier	Pelet, conseiller d'état.	De Fourment, auditeur.
10. Toulouse	Caffarelli, conseiller d'état.	De Panat, auditeur.
11. Bordeaux	Garnier, sénateur.	Portal, maître des requêtes.
12. La Rochelle	Boissy-d'Anglas, sénateur.	Saur, auditeur.
13. Rennes	Canclaux, sénateur.	Lacuée, maître des requêtes.
14. Caen	Latour-Maubourg, sénateur.	Dumont de la Charnaye, auditeur.
15. Rouen	Montesquiou, sénateur.	De Brevannes, auditeur.
16. Lille	Villemanzy, sénateur.	Joseph Perrier, auditeur.

DIVISIONS MILITAIRES.	COMMISSAIRES EXTRAORDINAIRES.	MAÎTRES DES REQUÊTES OU AUDITEURS QUI LES ACCOMPAGNENT.
	LES COMTES :	MESSIEURS :
18. Dijon	Ségur, sénateur.	Le Chapelier, auditeur.
19. Lyon	Chaptal, sénateur.	De Portes de Pardaillan, auditeur.
20. Périgueux	De l'Apparent, sénateur.	Lahaye de Cormenin, auditeur.
21. Bourges	De Semonville, sénateur.	De Montigny, auditeur.
22. Tours	Lecouteulx, sénateur.	Lecouteulx, auditeur.
24. Bruxelles	Pontécoulant, sénateur.	Cochelet, auditeur.
25. Liége	De Peluse, sénateur.	Delamalle, auditeur.
26. Mayence		

NAPOLÉON.

Palais des Tuileries, 26 décembre 1813.

Extrait du *Moniteur* du 28 décembre 1813.

21042. — NOTE POUR LE MINISTRE DE L'INTÉRIEUR.

Paris, 26 décembre 1813.

Sa Majesté désire que le ministre de l'intérieur lui apporte demain un travail :

1° Pour lever, dans chacun des départements des 1re, 14e, 15e et 22e divisions militaires, des légions de gardes nationales formant une force de 25 à 30,000 hommes; chaque département ne doit pas fournir, dans la proportion de sa population, plus d'hommes que n'en ont fourni le Haut-Rhin et le Bas-Rhin;

2° Pour organiser la garde nationale de Paris; le ministre rendra compte de la manière dont on a procédé à cet égard dans les époques antérieures. On aurait ainsi une trentaine de mille hommes dont on pourrait, au besoin, faire camper les deux tiers ou les trois quarts en avant de Paris, avec l'armée de réserve de ligne.

L'intention de Sa Majesté est en même temps que le ministre de l'intérieur écrive sur-le-champ aux préfets des départements de la 1re division, pour leur prescrire de prendre sur-le-champ toutes les mesures nécessaires, et analogues à celles qui ont été prises à Besançon, pour monter tous les hommes de cavalerie qui sont à pied dans les dépôts.

Le ministre peut faire connaître aux préfets que l'ennemi a percé à travers le territoire de la Suisse, et qu'il est indispensable d'avoir beaucoup de cavalerie pour couvrir la Champagne contre l'incursion des troupes légères.

D'après la minute. Archives de l'Empire.

21043. — AU GÉNÉRAL CLARKE, DUC DE FELTRE,
MINISTRE DE LA GUERRE, À PARIS.

Paris, 26 décembre 1813.

Monsieur le Duc de Feltre, les Vosges, depuis Phalsbourg jusqu'à Belfort, ont cinq débouchés, savoir : par Phalsbourg, Raon-sur-Plaine, Sainte-Marie-aux-Mines, Bonhomme et le Ballon. Le commandant de Phalsbourg sera chargé de la défense de celui de Phalsbourg; les autres seront gardés par des cohortes de gardes nationales des départements des Vosges et de la Meurthe.

Ordonnez qu'il soit levé une légion dans chacun de ces départements, et chargez le duc de Valmy de les organiser. Ces légions marcheront sur-le-champ pour aller occuper les postes qui leur seront indiqués sur ces débouchés. Un officier du génie sera chargé de les reconnaître et de les retrancher.

Chargez aussi le duc de Valmy du commandement général de la frontière des Vosges jusqu'à Belfort, en lui recommandant de n'employer que la garde nationale pour garder ces passages. Il ne faut pas gaspiller la troupe de ligne et l'employer à ce service; cela nuirait à l'organisation de l'armée.

Écrivez aussi au duc de Valmy qu'il ne doit pas arrêter les secours qui sont envoyés au duc de Bellune. Ainsi les trois compagnies du 4e régiment de ligne qu'il a arrêtées à Phalsbourg doivent continuer leur route pour rejoindre ce maréchal.

NAPOLÉON.

D'après la copie. Dépôt de la guerre.

21044. — AU GÉNÉRAL CLARKE, DUC DE FELTRE,
MINISTRE DE LA GUERRE, À PARIS.

Paris, 26 décembre 1813.

Monsieur le Duc de Feltre, il paraît qu'il n'y a pas de canonniers à Belfort. Donnez ordre qu'on y envoie en poste, de Besançon, deux officiers d'artillerie et douze sous-officiers, sergents ou vieux soldats canonniers, lesquels formeront sur-le-champ trois compagnies d'artillerie de 120 hommes chacune, savoir : de 120 hommes qui seront pris dans le 63e, de 120 hommes qui seront pris dans la cohorte, et du reste qui sera pris dans la garde nationale de Belfort.

Donnez ordre également qu'on expédie tout ce qui est nécessaire pour la défense de cette place, et que de Besançon un commissaire soit envoyé pour faire entrer à Belfort des vivres de toute espèce et ce qu'il faut pour armer la place.

Ayez un petit chiffre comme celui qu'on avait à l'armée pour correspondre avec le commandant de Strasbourg et avec ceux de toutes nos places. Envoyez-le aux commandants de Belfort, de Blamont et de Besançon.

NAPOLÉON.

D'après la copie. Dépôt de la guerre.

21045. — AU MARÉCHAL MORTIER, DUC DE TRÉVISE,
COMMANDANT LA VIEILLE GARDE, À NAMUR.

Paris, 26 décembre 1813.

Mon Cousin, l'ennemi a débouché sur Bâle et marche sur Belfort, où son avant-garde a dû arriver le 24. Il est indispensable que ma Garde à pied et à cheval et mon artillerie de réserve se mettent en marche pour se rendre à Reims. Envoyez-moi votre itinéraire. Vous devez comprendre que le but de cette démarche est de vous trouver sur la route de Paris à Bâle, avant qu'il soit possible à aucun parti de Cosaques d'y arriver, et en même temps de pouvoir vous rapprocher de la capitale et de Metz.

Tous les chevaux fatigués de la cavalerie et de l'artillerie seront remplacés dans les Ardennes par des chevaux frais. On donnera des bons pour tous les chevaux que l'on prendra.

La cavalerie peut prendre les devants et l'infanterie marcher par brigade, en gagnant de marche, afin de ne pas perdre un jour.

Je suppose que tous vos hommes ont quarante cartouches et que la cavalerie a aussi ses cartouches; si vous en manquez, faites-en prendre à Mézières et dans les autres places où vous passez.

Vous pouvez faire un régiment de marche avec deux escadrons de chaque arme, qui prendront les devants avec les meilleurs chevaux. L'arrivée de ces troupes se propagera et tranquillisera les esprits.

Si les nouvelles deviennent plus pressantes, je donnerai des ordres pour que l'infanterie voyage en poste, mais, jusqu'à présent, cela n'est point nécessaire. Vous garderez sous le secret ces dispositions.

<small>D'après la minute. Dépôt de la guerre.</small>

21046. — NOTES.

<small>Paris, 26 décembre 1813.</small>

Le prince de Neuchâtel ira au bureau de la guerre, afin de voir comment on pourrait former une armée de réserve qui devra être à Paris du 15 au 20 janvier; elle sera composée ainsi qu'il suit :

Infanterie. Une division de la ligne, savoir : le 6e bataillon du 29e léger; le 7e du 12e léger; un bataillon composé de deux compagnies du 5e bataillon de chacun des 2e, 14e et 15e légers; un bataillon du 5e léger qui viendra de Cherbourg; total, quatre bataillons d'infanterie légère.

A nommer deux majors, quatre chefs de bataillon et un général de brigade.

Le 8e bataillon du 32e de ligne; le 6e du 58e; les 1er, 3e et 4e du 113e; un bataillon composé de deux compagnies du 5e bataillon du 135e, deux compagnies du 155e; total, six bataillons.

A nommer deux majors et un général de brigade.

M. Gérard verra à prendre, dans les 14e, 15e, 13e, 12e et 22e divisions militaires, ce qui sera nécessaire pour compléter vingt-huit bataillons.

Accélérez l'arrivée des bataillons que les dépôts doivent fournir à la Grande Armée et qui sont désignés pour arriver à Paris.

Cela formera trois brigades commandées par un général de division.

Cavalerie. Il y a dans la 1re division militaire......[1] hommes et 5 à 600 chevaux. Les ordres seront expédiés aux commandants des dépôts pour que, sous trois jours, les préfets montent les hommes qui sont aux dépôts. M. Gérard les formera par escadrons et par compagnies. Ils se rendront à Versailles; ils formeront une brigade sous les ordres d'un général qui sera désigné.

A l'égard de ceux qui sont déjà à Paris, faire connaître à l'administration s'ils ont des selles au dépôt; en faire fournir à Versailles s'ils n'en ont pas.

Tout cela doit être prêt au 5 janvier.

Donner les mêmes ordres à MM. les préfets dans les 15e, 14e et 22e divisions militaires.

On donnera l'ordre aux préfets de prendre les chevaux des particuliers, motivé sur la nécessité de battre les plaines de Champagne.

Ils se rendront à Versailles; ils formeront la 2e division de la réserve de l'intérieur.

Voir dans les dépôts de l'armée d'Espagne : il doit y avoir 3,000 hommes; les faire diriger sur Versailles, où ils formeront une division ou deux brigades de cavalerie.

On nommera un général de division et deux généraux de brigade pour les commander.

Savoir s'il y a des harnachements et équipements aux dépôts, ou y pourvoir à Paris. Voir les moyens d'avoir des chevaux, afin d'en avoir 6,000 à Versailles.

Il sera donc nécessaire que les ministres fassent faire six mille selles prêtes à Paris; les commander sur-le-champ.

Artillerie. Voir le bureau de l'artillerie : former trois batteries à pied

---

[1] Lacune dans le texte.

de vingt-quatre pièces, deux batteries à cheval de douze pièces; total, trente-six pièces. Le matériel doit exister à la Fère; s'il n'y en a pas, faire venir des chevaux de Douai pour en amener des côtes de l'ouest. Tout cela devra être rendu du 5 au 10 à la Fère.

Faire connaître le lieu d'où l'on tirera les cinq compagnies; il est préférable de les tirer des côtes. Nommer un général d'artillerie pour commander.

Les harnais ne manquent pas à Paris. Un simple approvisionnement se trouvera réuni à Paris.

Les 5 à 600 chevaux d'artillerie, s'ils n'existent pas, seront levés dans les départements les plus à proximité de la Fère.

Pour cette armée on peut employer des généraux qui ne sont pas encore entièrement rétablis de leurs blessures.

Approvisionnements. Voir le bureau de l'artillerie; faire des dispositions pour avoir à la Fère quinze à vingt mille coups de canon et sept à huit mille à Vincennes, et un million de cartouches dans ces deux endroits.

Génie. Avoir à Vincennes et à la Fère 20,000 outils de pionniers. Les compagnies de sapeurs de la vieille Garde feront partie de cette armée. On créera de nouvelles compagnies de sapeurs à Paris.

Gardes nationales. Voir le ministre de l'intérieur, afin de lever dans les 1re, 14e et 15e divisions militaires autant de gardes nationales qu'on en a levé dans les départements de l'Alsace, population pour population, ce qui doit former environ 25,000 gardes nationaux, qui feront partie de l'armée de réserve.

Administration. Voir le ministre de l'administration de la guerre; qu'il fasse monter des ateliers pour faire 30,000 habits. Quant aux capotes, on y pourvoira avec des draps de toute couleur et de toute espèce.

A défaut de draps pour les habits, on ferait des vestes à manches en tricot, avec une capote.

On remplacera ce qui manquerait de buffleterie blanche par la buffleterie noire.

Envoyer des estafettes extraordinaires aux préfets et aux commandants militaires pour presser l'arrivée des conscrits de la levée des 300,000 hommes qui doivent être fournis à la jeune Garde.

<small>D'après la copie. Dépôt de la guerre.</small>

21047. — ORDRE.

Paris, 26 décembre 1813 [1].

La Garde de réserve sera composée de la division de vieille Garde, de la division de tirailleurs qui arrive le 29 à Paris. On complétera les bataillons à 600 hommes.

Il sera formé une nouvelle division de la Garde composée, 1° de deux bataillons de fusiliers, l'un de grenadiers, l'autre de chasseurs, chacun de 600 hommes, dont les cadres seront composés des 5e et 6e bataillons: à cet effet, on fera venir ces cadres en poste à Paris; 2° de trois bataillons de flanqueurs, dont on fera venir les cadres en poste de Metz, hormis ceux qui se trouvent à Paris; 3° les quatre régiments provisoires de la jeune Garde seront constitués en régiments définitifs, sous la dénomination de 14e et de 15e de voltigeurs, 14e et 15e de tirailleurs; chaque bataillon ne sera que de quatre compagnies. Cela fera deux brigades.

Nommer un général de division et deux généraux de brigade pour les commander; les compléter à 9,600 hommes.

Cavalerie. La cavalerie sera composée de trois régiments de vieille Garde. Les colonels généraux s'assembleront, afin que dans trois jours les hommes à pied soient montés, ce qui, avec la gendarmerie, fera une division d'élite de 5,000 chevaux; les mesures seront prises pour qu'au moins un escadron du 1er d'éclaireurs de la Garde, un escadron du 2e et un escadron du 3e soient prêts avant le 10 janvier; ce qui formera un total de 5,700 chevaux.

Les deux régiments de lanciers polonais qui sont à Sedan feront partie de cette armée, de sorte que cela formera une augmentation de 1,500 chevaux. Ils seront sous les ordres du général Pac, qui recevra l'ordre de partir aujourd'hui pour Sedan, et qui sera lui-même sous les ordres du général Flahault.

<small>[1] Date présumée.</small>

Cette brigade polonaise fera partie de la Garde, ce qui portera la division de la Garde à 8,000 chevaux.

Le général Nansouty recevra l'ordre d'être rendu le 10 janvier à Paris pour prendre le commandement de cette cavalerie de la Garde.

Artillerie. Voir le général Dulauloy et le général d'Aboville et prendre des mesures pour que l'artillerie de cette partie de la Garde soit composée ainsi qu'il suit : deux batteries d'artillerie à cheval; deux batteries à pied de 12 (elles sont au corps); deux batteries de vieille Garde (il en existe une); quatre batteries de jeune Garde; total, dix batteries ou soixante et seize pièces de canon.

Le matériel doit exister à la Fère, on ne doit rien tirer de Metz; s'il manque quelque chose, le tirer des côtes et non de Metz. S'il manque des caissons, on les fera faire à Paris, en prenant à cet effet le modèle de Magdeburg. Les soldats du train existent à la Fère.

Si les compagnies d'artillerie n'existent pas à la Fère, demander les ordres de l'Empereur pour les faire venir de Metz. S'il n'y a pas de chevaux, les prendre par réquisition.

D'après la copie. Dépôt de la guerre.

21048. — AU COMTE DARU,
MINISTRE DIRECTEUR DE L'ADMINISTRATION DE LA GUERRE, À PARIS.

Paris, 27 décembre 1813.

Monsieur le Comte Daru, il faut avoir 7,000 selles à Paris, savoir : 1,000 de cuirassiers; 2,000 de dragons; 3,000 de chevau-légers; 1,000 de chasseurs et hussards.

Vous en avez aujourd'hui à Paris 900; à Orléans, 87; vous en avez 4,000 à Charlemont; on en fera venir en poste 2,000 quand le moment sera opportun. Mon intention est que vous fassiez monter des ateliers à Paris pour fabriquer 100 selles par jour. Vous pourrez en avoir 3,000 d'ici au 30 janvier, c'est-à-dire 1,000 tous les dix jours. Avec les selles il faut tous les harnachements complets. Donnez les ordres nécessaires avant de vous coucher.

Aussitôt que les bureaux de la guerre vous auront fait connaître de quelle arme sont les 6,000 hommes qui se portent à Versailles, où ils doivent être remontés, vous verrez quelle espèce de selles il faut faire venir de Charlemont. Vous en mettrez le rapport sous mes yeux pour que j'ordonne le départ en poste, s'il y a lieu.

Les 400 habits que vous faites confectionner chaque jour ne sont pas suffisants. Il faut faire confectionner 3,000 habillements par jour, savoir : 1,000 habits complets avec capotes, etc. 2,000 habillements avec vestes à manches et capotes sans habits; de sorte que, chaque dix jours, on habille et on mette sous les armes 30,000 hommes, dont un tiers en habits avec capotes, et deux tiers en vestes à manches avec capotes. Donnez tous les ordres avant de vous coucher. Faites faire en même temps les shakos, gibernes, et tout ce qui est nécessaire pour habiller tous ces hommes. Il faudrait faire confectionner 3,000 shakos par jour.

NAPOLÉON.

D'après la copie comm. par M. le comte Daru.

21049. — AU GÉNÉRAL CLARKE, DUC DE FELTRE,

MINISTRE DE LA GUERRE, À PARIS.

Paris, 28 décembre 1813.

Avez-vous envoyé des canonniers à Genève? Le 24, il n'y avait encore aucune pièce de canon sur les remparts, ni aucun grain de blé dans les magasins.

D'après la minute. Archives de l'Empire.

21050. — AU VICE-AMIRAL COMTE ÉMERIAU,

COMMANDANT L'ESCADRE DE LA MÉDITERRANÉE.

Palais des Tuileries, 28 décembre 1813.

Monsieur l'Amiral Émeriau, commandant notre escadre de la Méditerranée, nous voyons, par les rapports qui ont été mis sous nos yeux, que, depuis le 10 du mois dernier, l'escadre ennemie dans la Méditerranée a cessé d'être aperçue en force, et que, d'après les incursions de plusieurs divisions de cette escadre sur divers points de nos côtes, il paraît qu'elle s'est séparée, et chacune de ses divisions pourrait être avantageusement surprise par nos forces ou partie de nos forces navales, sous votre commandement.

Nous vous écrivons la présente pour vous faire savoir que, lorsque vous aurez avis qu'une des divisions ennemies se trouve sur un point où vous pouvez l'attaquer avec succès, et avant qu'elle ait le temps d'être renforcée par d'autres divisions, nous vous autorisons à appareiller, avec notre escadre ou partie de notre escadre, pour rechercher l'ennemi avec des forces supérieures, le combattre, le prendre ou le détruire.

Nous vous recommandons toutefois de n'user de la présente autorisation qu'autant que, par les renseignements que vous vous serez procurés sur les mouvements et les positions de l'ennemi, et par votre expérience de la guerre et de la navigation, vous vous serez assuré des plus grandes probabilités de succès, de la facilité d'un retour dans nos ports, et surtout de la probabilité qu'une division ennemie, qui serait battue par vous, mettrait le reste de l'escadre anglaise dans un état d'infériorité relative telle, qu'elle vous laisserait peu de chances à en redouter.

Notre intention est donc de tirer tout le parti possible, contre l'ennemi, de la témérité avec laquelle vous auriez reconnu qu'il divise ses forces, mais cela sans compromettre celles que nous vous avons confiées.

Vous pouvez toutefois disposer des frégates sous votre commandement d'une manière active, quand vous jugerez pouvoir le faire avec avantage, sans attendre, pour les excursions que vous leur ordonnerez, des chances aussi assurées que celles que nous vous recommandons pour nos vaisseaux de guerre, la conservation des frégates important moins à notre service que celle de nos vaisseaux.

Pour l'exécution des dispositions contenues dans la présente, vous pourvoirez à ce que l'escadre ait à bord trois mois de vivres et d'eau, et qu'elle continue à être prête à appareiller à votre premier signal.

NAPOLÉON.

D'après la copie. Archives de la marine.

21051. — AUX VICE-AMIRAUX ALLEMAND ET MISSIESSY,
COMMANDANTS DES FLOTILLES DE L'ESCAUT.

Paris, 28 décembre 1813.

Nous vous faisons savoir qu'ayant reconnu que les circonstances présentes exigent, sur l'Escaut, un développement de nos forces navales auquel suffirait difficilement un seul commandant en chef, nous avons décrété la division, en deux commandements distincts, de nos flottilles de l'Escaut.

L'une de ces flottilles prendra le nom de *flottille d'Anvers*, et nous en conservons au vice-amiral Missiessy le commandement en chef; la seconde prendra le nom de *flottille de Flessingue*, et nous en conférons le commandement au vice-amiral Allemand.

Nous nous référons à notre décret de ce jour sur la composition et l'équipement de chacune de ces flottilles et sur la délimitation des parages assignés à chacune d'elles.

Le quartier général du commandant en chef de la première sera à Anvers.

Celui du commandant en chef de la seconde flottille sera à Flessingue.

Toutefois l'un et l'autre devront se porter, sur tel bâtiment qu'ils jugeront convenable, dans tous les parages où leur présence leur paraîtra nécessaire.

Le service de chacune des flottilles a pour objet de défendre la partie de l'Escaut qui lui est assignée, d'y protéger la navigation des bâtiments français, d'y rechercher et détruire tous les bâtiments de l'ennemi de quelque espèce qu'ils soient, d'y organiser des escortes pour le cabotage, et des croisières pour la destruction de l'ennemi.

Des flottilles devront aussi coopérer aux opérations des armées, lorsqu'elles marcheront sur les pays insurgés.

A cet effet, l'un et l'autre des commandants en chef des flottilles se concerteront entre eux et avec les généraux commandant les armées, pour établir le service sur le fleuve, de manière que chacune des flottilles se seconde et se renforce mutuellement, dans tous les cas où il sera avantageux de le faire, et seconde, toutes les fois qu'il y aura lieu, les opérations de nos généraux.

Nous recommandons particulièrement au commandant en chef de la flottille d'Anvers tout ce qui concerne la défense de cette place, celle du canal de Berg-op-Zoom et du fort de Bath.

Le cas arrivant où la place d'Anvers serait investie, nous entendons que le vice-amiral Missiessy s'y renferme et consacre à sa défense tous les moyens maritimes qui lui sont confiés.

Nous recommandons également au commandant en chef de la flottille de Flessingue la défense de l'île de Cadzand et de la Zélande, et, le cas arrivant où la place de Flessingue serait investie, nous entendons que le vice-amiral Allemand s'y renferme et consacre à sa défense tous les moyens maritimes qui lui sont confiés.

Nous comptons sur votre expérience militaire et maritime, sur votre courage et sur votre dévouement à notre personne pour l'emploi le plus utile des forces qui vous sont confiées, pour faire respecter notre pavillon sur l'Escaut, y assurer la sécurité de notre navigation, y détruire celle de l'ennemi, empêcher les communications de l'une à l'autre rive, pour concourir, ainsi que nous l'avons dit ci-dessus, à la défense des points les plus importants du fleuve, et pourvoir exclusivement à tout, en cas de besoin, à la défense de la place de Flessingue, ainsi qu'à la défense de la place d'Anvers.

NAPOLÉON.

D'après la copie. Archives de la marine.

21052. — AU GÉNÉRAL CLARKE, DUC DE FELTRE,
MINISTRE DE LA GUERRE, À PARIS.

Paris, 29 décembre 1813.

Monsieur le Duc de Feltre, dans les dix-huit bataillons de la division de réserve de Paris, vous comprenez le 144e, qui est à Châlon-sur-Saône, le 16e léger, qui est à Mâcon, et le 23e léger, qui est à Auxonne. Il serait plus convenable de réunir ces trois bataillons à Auxonne, où ils sont nécessaires pour défendre ce point important, et où ils formeraient une petite brigade sous les ordres du commandant de la 18e division. Ce sera donc trois bataillons qui manqueront. Il faut les remplacer par trois autres, qu'on peut tirer des 11e, 12e et 13e divisions: je crois même qu'au lieu de trois vous en pourrez trouver sept ou huit.

La division de réserve sera commandée par le général Gérard. Il est indispensable que vous teniez ce général à Paris, ou que vous le rappeliez s'il en était parti. La division de réserve se réunira à Meaux. Il faut donc diriger sur Meaux tout ce qui est relatif à la formation de cette division. Immédiatement après la revue que je passerai, dans les premiers jours de janvier, des troupes qui seront à Paris, on les fera partir pour Meaux. 4,000 hommes arrivent du 31 décembre au 4 janvier à Soissons, Beauvais, Troyes, Orléans et Rouen; il faut diriger tous ces hommes sur Meaux, où on les incorporera dans les cadres qu'on aura. Accélérez toutes ces mesures, puisque ce sera déjà un commencement, si on peut avoir d'ici au 10 janvier 10 à 12,000 hommes de cette division, avec deux batteries d'artillerie. Donnez le détail de tout cela au général Gérard, qui s'en occupera avec son zèle accoutumé.

Au lieu de tirer un détachement des 15e de ligne, 70e, 149e, etc. que vous portez dans l'état joint à votre dépêche du 28, ne pourrait-on pas retirer des bataillons entiers? Le 15e, le 70e, le 149e, le 86e et le 47e, etc. doivent avoir des bataillons entiers dans la 15e division : on pourrait les faire venir.

NAPOLÉON.

D'après la copie. Dépôt de la guerre.

21053. — AU PRINCE DE NEUCHÂTEL ET DE WAGRAM,
MAJOR GÉNÉRAL DE LA GRANDE ARMÉE, À PARIS.

Paris, 29 décembre 1813.

Mon Cousin, donnez ordre au duc de Valmy de réunir la division de la jeune Garde qui a 6,000 hommes sur Nancy, en lui donnant deux batteries, et, s'il le croit nécessaire, de se porter lui-même sur Nancy pour surveiller les mouvements de l'ennemi.

NAPOLÉON.

D'après l'original. Dépôt de la guerre.

CORRESPONDANCE DE NAPOLÉON Ier. — 1813.

21054. — RÉPONSE DE L'EMPEREUR
AU SÉNAT[1].

Paris, 30 décembre 1813.

Sénateurs, je suis sensible aux sentiments que vous m'exprimez. Vous avez vu, par les pièces que je vous ai fait communiquer, ce que

---

[1] Cette réponse fut faite au Sénat présentant en corps à l'Empereur l'adresse votée dans la séance du 29 décembre. On trouvera ci-après ce document politique, ainsi que le rapport à la suite duquel l'adresse du Sénat avait été adoptée.

RAPPORT DU COMTE DE FONTANES
AU SÉNAT.
Séance du 27 décembre 1813.

«Monseigneur, Sénateurs, le premier devoir du Sénat envers le monarque et le peuple est la vérité. Les circonstances extraordinaires où se trouve la patrie rendent ce devoir plus rigoureux encore.

«L'Empereur invite lui-même tous les grands corps de l'état à manifester leur libre opinion. Pensée vraiment royale! Salutaire développement de ces institutions monarchiques où le pouvoir concentré dans les mains d'un seul se fortifie de la confiance de tous, et qui, donnant au trône la garantie de l'opinion nationale, donne aux peuples, à leur tour, le sentiment de leur dignité, trop juste prix de leurs sacrifices!

«Des intentions aussi magnanimes ne doivent point être trompées.

«En conséquence, la commission nommée dans votre séance du 22 décembre, et dont j'ai l'honneur d'être l'organe, a fait le sérieux examen des pièces officielles mises sous ses yeux d'après les ordres de Sa Majesté l'Empereur, et communiquées par M. le duc de Vicence.

«Des négociations pour la paix ont commencé; vous devez en connaître la marche. Il ne faut point prévenir votre jugement. Un récit simple des faits, en éclairant votre opinion, doit préparer celle de la France.

«Quand le cabinet d'Autriche quitta le rôle de médiateur, quand tout fit juger que le congrès de Prague était prêt à se rompre, l'Empereur voulut tenter un dernier effort pour la pacification du continent.

«M. le duc de Bassano écrivit à M. le prince de Metternich.

«Il proposa de neutraliser un point sur la frontière et d'y reprendre la négociation de Prague dans le cours même des hostilités.

«Malheureusement ces premières ouvertures ont été sans effet.

«L'époque de cette démarche pacifique est importante. Elle est du 18 août dernier. Le souvenir des journées de Lützen et de Bautzen était récent. Ce vœu contre la prolongation de la guerre est donc, en quelque sorte, exprimé à la date de deux victoires.

«Les instances du cabinet français furent vaines; la paix s'éloigna, les hostilités recommencèrent; les événements prirent une autre face. Les soldats des princes allemands, naguère nos alliés, ne montrèrent plus d'une fois, en combattant sous nos drapeaux, qu'une fidélité trop équivoque; ils cessèrent tout à coup de feindre et se réunirent à nos ennemis.

«Dès lors les combinaisons d'une campagne ouverte si glorieusement ne purent avoir le succès attendu.

«L'Empereur connut qu'il était temps d'ordonner à ses Français d'évacuer l'Allemagne.

«Il revint avec eux, combattant presque à chaque pas, et, sur l'étroit chemin où tant de défections éclatantes et de sourdes trahisons resserraient sa marche et ses mouvements, des trophées encore ont signalé son retour.

«Nous le suivions avec quelque inquiétude au

je fais pour la paix. Les sacrifices que comportent les bases préliminaires que m'ont proposées les ennemis, et que j'ai acceptées, je les ferai sans regret : ma vie n'a qu'un but, le bonheur des Français.

« milieu de tant d'obstacles dont lui seul pouvait triompher. Nous l'avons vu avec joie revenir sur sa frontière, non avec son bonheur accoutumé, mais non pas sans héroïsme et sans gloire.

« Rentré dans sa capitale, il a détourné les yeux de ces champs de bataille où le monde l'admira quinze ans. Il a détaché même sa pensée des grands desseins qu'il avait conçus; je me sers de ses propres expressions; il s'est tourné vers son peuple, son cœur s'est ouvert, et nous y avons lu nos propres sentiments.

« Il a désiré la paix, et, dès que l'espérance d'une négociation a paru possible, il s'est empressé de la saisir.

« Les circonstances de la guerre ont conduit le baron de Saint-Aignan au quartier général des puissances coalisées. Là il a vu le ministre autrichien, M. le prince de Metternich, et le ministre russe, M. le comte de Nesselrode. Tous deux, au nom de leur cour, ont posé devant lui, dans un entretien confidentiel, les bases préliminaires d'une pacification générale. L'ambassadeur anglais, lord Aberdeen, était présent à cette conférence. Remarquez bien ce dernier fait, Sénateurs, il est important.

« M. le baron de Saint-Aignan, chargé de transmettre à sa cour tout ce qu'il avait entendu, s'en est acquitté fidèlement.

« Quoique la France eût le droit d'espérer d'autres propositions, l'Empereur a tout sacrifié au désir de la paix.

« Il a fait écrire à M. le prince de Metternich, par M. le duc de Bassano, qu'il admettait pour base de la négociation le principe général contenu dans le rapport confidentiel de M. de Saint-Aignan.

« M. le prince de Metternich, en répondant à M. le duc de Bassano, a paru croire qu'il restait un peu de vague dans l'adhésion donnée par la France.

« Alors, pour lever toute difficulté, M. le duc de Vicence, après avoir pris les ordres de Sa Majesté, a fait connaître au cabinet d'Autriche qu'elle adhérait aux bases générales et sommaires communiquées par M. de Saint-Aignan. La lettre de M. le duc de Vicence est du 2 décembre; elle a été reçue le 5 du même mois. M. le prince de Metternich n'a répondu que le 10. Ces dates doivent être soigneusement relevées; vous jugerez bientôt qu'elles ne sont pas sans quelque conséquence.

« On peut concevoir de justes espérances pour la paix en lisant la réponse de M. le prince de Metternich à la dépêche de M. le duc de Vicence; seulement, à la fin de sa lettre, il annonce qu'avant d'ouvrir la négociation il faut en conférer avec les alliés. Ces alliés ne peuvent être que les Anglais. Or leur ambassadeur assistait à l'entretien dont M. de Saint-Aignan avait été témoin. Nous ne voulons point exciter de défiance, nous racontons.

« Nous avons marqué avec soin la date des dernières correspondances entre le cabinet français et le cabinet autrichien; nous avons dit que la lettre de M. le duc de Vicence avait dû parvenir le 5 décembre, et qu'on n'en avait accusé réception que le 10.

« Dans l'intervalle, une gazette, aujourd'hui sous l'influence des puissances coalisées, a publié dans toute l'Europe une déclaration qu'on dit être revêtue de leur autorité. Il serait triste de le croire.

« Cette déclaration est d'un caractère inusité dans la diplomatie des rois. Ce n'est plus aux rois comme eux qu'ils développent leurs griefs et qu'ils envoient leurs manifestes : c'est aux peuples qu'ils les adressent. Et par quels motifs adopte-t-on cette marche si nouvelle? C'est pour séparer la cause des peuples et celle de leurs chefs, quoique partout l'intérêt social les ait

Cependant, le Béarn, l'Alsace, la Franche-Comté, le Brabant sont entamés. Les cris de cette partie de ma famille me déchirent l'âme! J'appelle les Français au secours des Français! J'appelle les Français de Paris.

confondues. Cet exemple ne peut-il pas être funeste? Faut-il le donner surtout à cette époque où les esprits, travaillés de toutes les maladies de l'orgueil, ont tant de peine à fléchir sous l'autorité qui les protége en réprimant leur audace? Et contre qui cette attaque directe est-elle dirigée? Contre un grand homme, qui mérita la reconnaissance de tous les rois, car, en rétablissant le trône de France, il a fermé ce volcan qui les menaçait tous.

«Il ne faut pas dissimuler qu'à certains égards ce manifeste extraordinaire est d'un ton modéré. Cela prouverait que l'expérience des coalitions s'est perfectionnée.

«On s'est souvenu peut-être que le manifeste du duc de Brunswick avait irrité l'orgueil d'un grand peuple. Ceux mêmes en effet qui ne partageaient point les opinions dominantes à cette époque, en lisant ce manifeste injurieux, se sentirent blessés dans l'honneur national.

«On a donc pris un autre langage. L'Europe, aujourd'hui fatiguée, a plus besoin de repos que de passions.

«Mais, s'il y a tant de modération dans les conseils ennemis, pourquoi, parlant toujours de paix, menacent-ils toujours des frontières qu'ils avaient promis de respecter quand nous n'aurions plus que le Rhin pour barrière?

«Si les ennemis sont si modérés, pourquoi ont-ils violé la capitulation de Dresde? Pourquoi n'ont-ils pas fait droit aux nobles plaintes du général qui commandait cette place?

«S'ils sont si modérés, pourquoi n'ont-ils pas établi un cartel d'échange conformément à tous les usages de la guerre?

«S'ils sont si modérés, enfin, pourquoi ces protecteurs des droits des peuples n'ont-ils pas respecté ceux des cantons suisses? Pourquoi ce gouvernement sage et libre, qui s'était déclaré neutre à la face de l'Europe, voit-il dans ce moment ses vallées et ses montagnes paisibles ravagées par tous les fléaux de la guerre?

«La modération n'est quelquefois qu'une ruse de la diplomatie. Si nous voulions employer le même artifice, en attestant aussi la justice et la bonne foi, qu'il nous serait aisé de confondre nos accusateurs par leurs propres armes!

«Cette reine échappée de la Sicile, et qui, d'exil en exil, a porté ses infortunes chez les Ottomans, prouve-t-elle au monde que nos ennemis aient tant de respect pour la majesté royale?

«Le souverain de la Saxe s'est mis à la disposition des puissances coalisées: a-t-il trouvé les actions d'accord avec les paroles? Des bruits sinistres se répandent en Europe; puissent-ils ne pas se réaliser! Voudrait-on punir la foi des serments sur ce front royal vieilli par l'âge et les douleurs et couronné de tant de vertus?

«Ce n'est point du haut de cette tribune qu'on outragera les gouvernements qui se permettraient même de nous outrager; mais il est permis d'apprécier à leur juste valeur ces reproches si anciens et si connus, prodigués à toutes les puissances qui ont joué un grand rôle depuis Charles-Quint jusqu'à Louis XIV, et depuis Louis XIV jusqu'à l'Empereur. Ce système d'*envahissement*, de *prépondérance*, de *monarchie universelle*, fut toujours un cri de ralliement pour toutes les coalitions; et du sein même de ces coalitions, étonnées de leur imprudence, s'éleva souvent une puissance plus ambitieuse que celle dont on dénonçait l'ambition.

«Les abus de la force sont marqués en caractères de sang dans toutes les pages de l'histoire. Toutes les nations se sont égarées, tous les gouvernements ont commis des excès; tous doivent se pardonner.

«Si, comme nous aimons à le croire, les puissances coalisées forment des vœux sincères

de la Bretagne, de la Normandie, de la Champagne, de la Bourgogne et des autres départements au secours de leurs frères! Les abandonnerons-nous dans leur malheur? Paix et délivrance de notre territoire doit

pour la paix, rien ne s'oppose à son rétablissement.

« Nous avons démontré, par le dépouillement des pièces officielles, que l'Empereur veut la paix et l'achètera même par des sacrifices où sa grande âme semble négliger sa gloire personnelle pour ne s'occuper que des besoins de la nation.

« Quand on jette les yeux sur cette coalition formée d'éléments qui se repoussent, quand on voit le mélange fortuit et bizarre de tant de peuples que la nature a faits rivaux; quand on songe que plusieurs, par des alliances peu réfléchies, s'exposent à des dangers qui ne sont point une chimère, on ne peut croire qu'un pareil assemblage d'intérêts si divers ait une longue durée.

« N'aperçois-je pas au milieu des rangs ennemis ce prince lié avec tous les sentiments français dans le pays où ils ont peut-être le plus d'activité? Le guerrier qui défendit autrefois la France ne peut demeurer longtemps armé contre elle.

« Rappelons-nous encore qu'un monarque du Nord, et le plus puissant de tous, mettait naguère au nombre de ses titres de gloire l'amitié du grand homme qu'il combat aujourd'hui.

« Nos regards tombent avec confiance sur cet empereur que tant de nœuds joignent au nôtre, qui nous fit le plus beau don dans une souveraine chérie, et qui voit dans son petit-fils l'héritier de l'Empire français.

« Avec tant de motifs pour s'entendre et se réunir, la paix est-elle si difficile?

« Qu'on fixe tout à l'heure le lieu des conférences; que les plénipotentiaires s'avancent de part et d'autre avec la noble volonté de pacifier le monde; que la modération soit dans les conseils, ainsi que dans le langage. Les puissances étrangères elles-mêmes l'ont dit dans cette déclaration qu'on leur attribue : « Une grande nation « ne doit pas déchoir pour avoir éprouvé à son « tour des revers dans cette lutte pénible et san- « glante où elle a combattu avec son audace ac- « coutumée. »

« Sénateurs, nous n'aurions point rempli les devoirs que vous attendez de votre commission, si, en montrant, avec une si parfaite évidence, les intentions pacifiques de l'Empereur, nos dernières paroles ne rappelaient au peuple ce qu'il se doit à lui-même, ce qu'il doit au monarque.

« Le moment est décisif. Les étrangers tiennent un langage pacifique; mais quelques-unes de nos frontières sont envahies, et la guerre est à nos portes. Trente-six millions d'hommes ne peuvent trahir leur gloire et leur destinée. Des peuples illustres, dans ce grand différend, ont essuyé de nombreux revers; plus d'une fois ils ont été mis hors de combat; leurs plaies sanglantes ruissellent encore. La France a reçu aussi quelques atteintes; mais elle est loin d'être abattue; elle peut être fière de ses blessures comme de ses triomphes passés. Le découragement dans le malheur serait encore plus inexcusable que la jactance dans le succès. Ainsi donc, en invoquant la paix, que les préparatifs militaires soient partout accélérés et soutiennent la négociation. Rallions-nous autour de ce diadème où l'éclat de cinquante victoires brille à travers un nuage passager. La fortune ne manque pas longtemps aux nations qui ne se manquent pas à elles-mêmes.

« Cet appel à l'honneur national est dicté par l'amour même de la paix, de cette paix qu'on n'obtient pas par la faiblesse, mais par la constance; de cette paix enfin que l'Empereur, par un nouveau genre de courage, promet d'accorder au prix de grands sacrifices. Nous avons la douce confiance que ses vœux et les nôtres seront réalisés, et que cette brave nation, après de si longues fatigues et tant de sang répandu, trouvera le repos sous les auspices d'un trône qui

être notre cri de ralliement. A l'aspect de tout ce peuple en armes, l'étranger fuira ou signera la paix sur les bases qu'il a lui-même proposées. Il n'est plus question de recouvrer les conquêtes que nous avions faites.

Extrait du *Moniteur* du 31 décembre 1813.

eut assez de gloire, et qui ne veut plus s'entourer que des images de la félicité publique. »

Deux jours après la lecture de ce rapport, le Sénat adoptait à l'unanimité l'expression suivante de ses vœux patriotiques.

ADRESSE DU SÉNAT A L'EMPEREUR.

Palais du Sénat, 29 décembre 1813.

« Sire, le Sénat vient présenter à Votre Majesté Impériale et Royale l'hommage de son respectueux dévouement et de sa reconnaissance pour les dernières communications qu'il a reçues par l'organe de sa commission. Votre Majesté adhère aux propositions mêmes de ses ennemis, qui lui ont été transmises par un de ses ministres en Allemagne : quel gage plus fort pouvait-elle donner de ses vœux sincères pour la paix !

« Vous avez cru sans doute, Sire, que la puissance s'affermit en se bornant, et que l'art de ménager le bonheur des peuples est la première politique des rois. Le Sénat vous en rend grâce au nom du peuple français.

« C'est au nom de ce même peuple aussi que nous vous remercions de tous les moyens légitimes de défense que prendra votre sagesse pour assurer la paix.

« L'ennemi vient d'envahir notre territoire. Il veut pénétrer jusqu'au centre de nos provinces.

Les Français, réunis de cœur et d'intérêt sous un chef tel que vous, ne laisseront point abattre leur énergie.

« Les empires, comme les hommes, ont leurs jours de deuil et de prospérité; c'est dans les grandes circonstances qu'on reconnaît les grandes nations.

« Non, l'ennemi ne déchirera point cette belle et noble France, qui, depuis quatorze cents ans, se soutient avec gloire au milieu de tant de fortunes diverses, et qui, pour l'intérêt même des peuples voisins, sait toujours mettre un poids considérable dans la balance de l'Europe; nous en avons pour gage votre héroïque constance et l'honneur national.

« Nous combattrons pour notre chère patrie entre les tombeaux de nos pères et les berceaux de nos enfants.

« Sire, obtenez la paix par un dernier effort digne de vous et des Français, et que votre main tant de fois victorieuse laisse échapper ses armes après avoir signé le repos du monde.

« Tel est, Sire, le vœu du Sénat, tel est le vœu de la France, tel est le vœu et le besoin de l'humanité. »

« L'assemblée arrête que l'adresse ci-dessus sera présentée par le Sénat en corps à Sa Majesté Impériale et Royale. »

Extrait du *Moniteur* du 31 décembre 1813.

FIN DU VINGT-SIXIÈME VOLUME.

TABLE ANALYTIQUE

DU TOME XXVI[1].

Nota. — Les dates inscrites entre parenthèses sont les dates des lettres de l'Empereur. Les chiffres placés à la fin des phrases indiquent les pages.

A

Aboville (Baron d'), général de brigade d'artillerie, 635.

Albert (Baron), général de division à la Grande Armée. — (1er novembre 1813.) Reçoit ordre de passer le Rhin à Mayence et de rallier le 5e corps entre Bingen et Mayence, 457. — (21 décembre.) Chargé du commandement d'une division du 5e corps d'armée, 610.

Alexandrie, place forte d'Italie. — (18 août 1813.) Ordre d'armer et d'approvisionner Alexandrie, 110, 111. — V. 300, 351.

Allemand (Comte), vice-amiral. — (17 décembre 1813.) L'Empereur fait l'éloge de son énergie et de sa vigueur et lui confie le commandement de la flottille chargée de concourir à la défense de la Hollande, 602. — (20 décembre.) Cent cinquante bâtiments sont placés sous les ordres du vice-amiral Allemand, 606. — (28 décembre.) Instructions pour les opérations de cette flottille, 638, 639.

Allix, général de brigade, à la Grande Armée. — (9 octobre 1813.) Reprend Cassel sur Czernitchef, 367.

Altenburg, ville de Saxe. — (29 septembre 1813.) Importance que l'Empereur attache à la position d'Altenburg, 309. — V. 226, 238, 268, 294, 311 à 315, 321, 339 et 373.

Alton (Baron d'), général de division, gouverneur d'Erfurt. — (2 octobre 1813.) Instructions pour la défense d'Erfurt, 326. — V. 175, 176, 286 et 446.

Ambert, général de division, à la Grande Armée. — (21 décembre 1813.) Chargé du commandement d'une division du 1er corps d'armée, 609.

Ambulances militaires. V. Santé (Service de).

Amey (Baron), général de division, à la Grande Armée, 459.

Angleterre (Royaume d'). — (8 août 1813.) Corps auxiliaire à la solde de l'Angleterre, sous les ordres du prince royal de Suède, 16. — (27 septembre.) L'Empereur, appréciant les causes de la guerre, s'exprime ainsi : « Cette lutte, qui met les armes à la main à la génération actuelle presque tout entière, est l'ouvrage de l'Angleterre, 299. » — V. Marine anglaise.

Anthouard (Comte d'), général de division. — (20 novembre 1813.) Chargé de porter au vice-roi et au prince Borghese les instructions

---

[1] Cette table a été rédigée par M. Blaudeau.

de l'Empereur pour la défense de l'Italie, et de faire un rapport sur l'état des places fortes, 528 à 535.

Anvers, port et place forte de la Hollande. — (8 décembre 1813.) Ordre de mettre les magasins de la marine à l'abri de la bombe, 578, 579. — (25 décembre.) Plan de défense d'Anvers; création de camps retranchés, 619 à 622.

Apparent (Comte de l'), sénateur, 628.

Approvisionnements. — (6 août 1813.) L'Empereur ordonne que l'armée réunie sur la frontière de Bohême se nourrisse avec les ressources du pays et les envois réguliers de Dresde, et que les corps qui marchent sur Berlin s'approvisionnent par Torgau, Wittenberg et Magdeburg; — approvisionnement de Dresde et du camp de Kœnigstein, 10 et 11. — (12 août.) Ordres pour l'approvisionnement des 4°, 7° et 12° corps, 45, 46. — (13 août.) Établissement d'une manutention au pont de Kœnigstein, 51. — (12 septembre.) Ordre de tirer parti des ressources de la Saxe pour l'approvisionnement de l'armée; — le gouverneur de Torgau reçoit ordre de diriger sur Dresde un convoi de 15,000 quintaux de blé, 224, 225. — (13 septembre.) Ordres pour l'approvisionnement des 1er, 2°, 3°, 5° 11° et 14° corps, 231. — (17 septembre.) Ordre de former les magasins d'approvisionnement en traitant avec le gouvernement saxon, 244, 245. — (18 septembre.) Ordre d'utiliser les moulins des environs de Dresde pour le service de l'armée, 254. — (21 septembre.) Approvisionnement du camp de Lilienstein, 265. — (23 septembre.) Instructions de l'Empereur pour améliorer la nourriture de l'armée, 276 à 279. — (26 septembre.) Ordre de payer sur-le-champ au gouvernement saxon le bétail enlevé pour la nourriture de l'armée, 292. — (27 septembre.) Approvisionnement de Mayence et de Wesel, 302, 303. — (12 novembre.) Ordres pour l'approvisionnement des places fortes de l'Empire, 493, 494. — (25 novembre.) Approvisionnement de l'armée de Bayonne, 548. — (8 décembre.) Instructions pour l'approvisionnement de la marine et des places de Flessingue et d'Anvers, 478, 479. — (10 décembre.) Ordres pour l'approvisionnement des places fortes de la Hollande, 586 à 588. — V. Daru.

Approvisionnements de guerre. — (7 août 1813.) Ordre de placer le matériel de l'armée à Torgau, 15. — (8 août.) Approvisionnement du 13° corps, 20. — (13 août.) Établissement d'un dépôt de munitions au pont de Kœnigstein, 51. — (18 août.) Approvisionnement de siége de Würzburg, 97, 98. — Ordre de retenir en dépôt à Mayence et à Wesel le matériel de guerre expédié de France et de Hollande pour la Grande Armée, 102. — Ordre d'approvisionner Kiel et Kastel, 110. — (3 septembre.) Approvisionnement de Meissen et du camp retranché de Dresde; — réorganisation de l'approvisionnement du 1er corps et de l'armée de Silésie, pour réparer les pertes faites aux batailles de la Katzbach et de Kulm, 205. — (27 septembre.) Ordres pour l'approvisionnement des places fortes d'Italie, 300 et 301. — (24 octobre.) L'épuisement des munitions force l'Empereur à ordonner la retraite de l'armée après la bataille de Leipzig, 440. — (12 novembre.) Ordre pour l'approvisionnement de Mayence, 495. — (24 décembre.) Approvisionnement des places fortes de la Belgique et de la Hollande, 617, 618. — (26 décembre.) Envoi de commissaires extraordinaires dans les divisions militaires pour compléter l'approvisionnement des places, 626 à 628. — Instructions pour l'approvisionnement de l'armée, 631 à 633.

Armée d'Espagne. — (28 septembre 1813.) Instructions pour recruter la cavalerie de l'armée d'Espagne, en augmentant de préférence la cavalerie légère, 308. — (6 novembre.) L'Empereur, renonçant à faire la guerre offensive en Espagne, augmente l'infanterie de son armée et retire une partie de la cavalerie pour la diriger sur le Rhin et sur l'Italie, 480.

— (10 novembre.) Le duc de Conegliano est chargé d'étudier le théâtre de la guerre sur la frontière d'Espagne; — création de l'armée des Pyrénées, 483 à 486. — (15 novembre.) Rappel de la gendarmerie de l'armée d'Espagne, 500. — (16 novembre.) Ordres pour la formation de l'armée de réserve des Pyrénées; — recrutement des armées d'Aragon et de Catalogne, 503, 504. — (25 novembre.) Ordre de désarmer les troupes étrangères qui servent à l'armée d'Espagne, 544 à 546. — (1ᵉʳ décembre.) Instructions pour la remonte de la cavalerie de cette armée, 562. — (25 décembre.) L'Empereur espère terminer ses différends avec l'Espagne et disposer des armées d'Aragon, de Catalogne et de Bayonne, 625.

ARMÉE D'ITALIE. — (17 novembre 1813.) Recrutement de l'armée d'Italie et formation d'une armée de réserve, 514, 515. — (20 novembre.) Instructions pour la défense de l'Italie, 535. — (21 novembre.) Mesures prises pour l'armement des conscrits qui arrivent à l'armée d'Italie, 538, 539. — (3 décembre.) L'Empereur accorde les décorations de la Légion d'honneur et de la Couronne de fer demandées par le vice-roi pour l'armée d'Italie, 565. — V. Eugène Napoléon.

ARMISTICE. — (16 août 1813.) L'Empereur se plaint de l'inexécution par les alliés des conditions de l'armistice de Pleischwitz, 73. — V. Maret.

ARNOULT, auditeur au Conseil d'état, 627.

ARRIGHI, duc de Padoue, général de division, commandant le 3ᵉ corps de cavalerie de la Grande Armée.—(11 août 1813.) Le 3ᵉ corps de cavalerie fait partie de l'armée qui marche sur Berlin, sous les ordres du duc de Reggio, 28, 29. — (19 septembre.) Le duc de Padoue est chargé du commandement des troupes réunies à Leipzig, 258, 259. — (25 septembre.) Instructions pour l'organisation de colonnes mobiles destinées à poursuivre les partisans ennemis et à assurer les communications sur la rive gauche de l'Elbe, 286, 287. — (29 septembre.) Ordre de soutenir le général Lefebvre-Desnoëttes et de fortifier Mersebourg, 308, 309. — (9 octobre.) Instructions pour la défense de Leipzig; troupes dont le duc de Padoue dispose, 360, 361. — (10 octobre.) Ordre de diriger sur Eilenburg le trésor de l'armée, les parcs d'artillerie, les approvisionnements de l'armée et tout ce qui serait embarras à Leipzig, 377, 378. — (12 octobre.) Ordre d'occuper et de fortifier la tête de pont de Lindenau et les débouchés qui aboutissent à l'Elster, 398. — (14 octobre.) Avis de l'arrivée du roi de Saxe à Leipzig, 417. — (20 octobre.) Le duc de Padoue reprend le commandement du 3ᵉ corps de cavalerie, 434. — (1ᵉʳ novembre.) Le 3ᵉ corps de cavalerie prend position sur la Nidda et le long du Main, 458. — (6 novembre.) Le duc de Padoue reçoit ordre de se rendre à Coblentz, sous les ordres du duc de Raguse, et de surveiller le Rhin depuis Bingen jusqu'à Coblentz, 481. — V. 296, 333, 340, 341, 365, 390 et 582.

ARTILLERIE (de la Grande Armée). — (4 août 1813.) Instructions pour la sûreté des mouvements de l'artillerie, 3. — (26 août.) Ordre de diriger la réserve d'artillerie sur Dresde pour défendre cette place, 162. — (27 août.) Ordres pour le service de l'artillerie à la bataille de Dresde, 169, 170. — (29 août.) Ordre de diriger sur l'armée la réserve d'artillerie d'Erfurt, 175. — (3 septembre.) Réorganisation de l'artillerie du 1ᵉʳ corps et de l'armée de Silésie après les batailles de Kulm et de la Katzbach, 202 à 205. — (27 septembre.) Artillerie attachée aux colonnes chargées de garder l'Elbe, 304, 305. — (1ᵉʳ octobre.) Ordre pour l'artillerie du 11ᵉ corps, 323. — (16 octobre.) La réserve d'artillerie de la Garde repousse la cavalerie ennemie à la bataille de Wachau, 428, 429. — (24 octobre.) Service de l'artillerie à la bataille de Leipzig; — le désastre de Lindenau occasionne la perte de 80 bou-

650 CORRESPONDANCE DE NAPOLÉON I".

ches à feu, 439 à 442. — (31 octobre.) Service de l'artillerie à la bataille de Hanau. 455, 456. — (6 novembre.) Organisation de l'artillerie des 1er, 2e et 3e corps de cavalerie, 481. — (10 novembre.) Projet de recrutement des troupes d'artillerie, 484, 485. — (11 novembre.) Ordres pour la réorganisation de l'artillerie de l'armée, 519, 520. — (30 novembre.) État de l'artillerie de la réserve de la Garde, 558, 559. — (4 décembre.) Ordre de réunir à Douai le matériel d'artillerie des corps chargés de défendre la Hollande; — formation des équipages des 5e, 11e et 1er corps bis, 566, 567. — (5 décembre.) Organisation du personnel et du matériel des équipages de l'armée, 571 à 573. — (7 décembre.) Réorganisation des compagnies d'artillerie de l'armée, 574 à 576. — (21 décembre.) État de l'artillerie des 1er et 2e corps d'armée et du 5e corps de cavalerie, 608, 609. — (26 décembre.) Départ de l'artillerie de la Garde pour Reims, 630, 631. — Organisation de l'artillerie de l'armée de réserve de Paris, 632, 633. — Ordres pour l'artillerie de la Garde, 635. — V. 15, 25, 49, 307, 310, 313, 346, 363, 384, 434, 436, 494, 498 et 640. — V. Clarke.

Artillerie (des places). — (7 août 1813.) Armement des remparts de Dresde et du camp retranché de la rive droite de l'Elbe, 13 à 15. — (12 août.) Armement des redoutes de la rive gauche, 35 à 37. — (18 août.) Ordre pour l'armement de la citadelle de Turin, 110, 111. — (3 septembre.) Armement du camp retranché de Dresde, 204, 205. — (21 septembre.) Ordre pour l'artillerie d'Alexandrie, 300. — (27 septembre.) Dépôts d'artillerie des places fortes d'Italie, 301. — (2 octobre.) Ordre pour l'armement d'Erfurt, 326. — (25 octobre.) Armement de Mayence, de Wesel et des places de la Hollande, 450. — (6 novembre.) Armement de Genève, 480. — (12 novembre.) Ordres pour l'armement de Metz,

Luxembourg, Thionville et Phalsbourg, 493. (20 novembre.) Instructions pour l'armement des places fortes d'Italie, 530 à 535. — (24 novembre.) Armement de Schoonhoven et de Nieuport, 541, 542. — (8 décembre.) Ordre pour l'armement des places du Nord, 581. — V. Clarke.

Atthalin (Baron), capitaine, officier d'ordonnance de l'Empereur, 162, 288.

Aubernon, auditeur au Conseil d'état, 627.

Augereau, duc de Castiglione, maréchal de l'Empire, commandant le 9e corps de la Grande Armée. — (18 août 1813.) Chargé de former le corps d'observation de Bavière (9e corps) à Würzburg, et de protéger le Wurtemberg contre les partisans ennemis; instructions pour la défense de Würzburg, 95 à 99. — Concours éventuel à prêter aux troupes bavaroises, 109. — (17 septembre.) Le duc de Castiglione reçoit ordre de se porter sur la Saale pour en garder les débouchés, 243, 244. — (5 octobre.) Le 9e corps se rend à Leipzig pour y remplacer le 6e corps, qui opère sur l'Elbe, 340. — (12 octobre.) Le duc de Castiglione obtient un succès important sur les corps du prince Liechtenstein et du général Thielmann, 402. — V. 109, 251, 287, 306, 309, 314, 335, 339 et 372. — V. Bavière.

Autriche (Empire d'). — (5 août 1813.) L'Empereur rappelle aux ministres plénipotentiaires français du congrès de Prague à quelles conditions il a accepté la médiation de l'Autriche, 5. — (13 août.) Opinion de l'Empereur sur les conférences de Prague : « Le congrès de Prague n'a jamais existé sérieusement ; c'était un moyen que l'Autriche avait choisi pour se déclarer, » 56. — (14 août.) Observations de l'Empereur sur la déclaration de guerre de l'Autriche, 57 à 69. — (17 août.) Réponse au manifeste de l'Autriche pour la déclaration de guerre, 84 à 86. — (18 août.) Dispositions pacifiques du peuple en Bohême, 105, 106.

B

BARCLAY DE TOLLY (Baron), général russe commandant un corps de l'armée de Bohême, 4, 80, 111.

BARROIS (Baron), général de division de la Garde impériale, 168, 191, 430, 607, 616.

BAUTZEN, ville de Saxe, chef-lieu du cercle de Lusace. — Centre des opérations de l'armée française pendant une partie de la campagne de 1813. — V. 10, 39, 79, 83, 87 à 89, 171, 292, 200, 204, 208, 216, 223, 255 et 272.

BAVIÈRE (Royaume de).—(5 août 1813.) L'Empereur charge le duc de Bassano d'écrire en Bavière qu'il est instruit qu'on y rend les déserteurs autrichiens, tandis qu'en Autriche on ne rend pas les déserteurs français, 7. — (18 août.) Le duc de Castiglione reçoit ordre de soutenir les troupes bavaroises, si elles étaient obligées de repasser le Lech, 109. — (15 octobre.) Défection des troupes bavaroises, 424.—(25 octobre.) La défection de la Bavière nécessite une levée extraordinaire en France, 444. — (31 octobre.) L'Empereur ordonne de renvoyer sans le désarmer un bataillon bavarois, en se contentant de la promesse que les hommes de ce bataillon ne serviraient pas contre la France avant un an, 454. — V. AUGEREAU.

BELLEVILLE, maître des requêtes au Conseil d'état, 627.

BELLIARD (Comte), aide-major général de la Grande Armée, 400.

BENNIGSEN (Comte DE), général russe commandant la réserve de l'armée des alliés, 437.

BERCKHEIM (Baron), général de division de cavalerie, à la Grande Armée, 436.

BERGGIESSHÜBEL, ville de Saxe, position forte occupée par l'armée française pour couvrir Dresde, 90, 172, 213, 216, 227 à 230, 239, 252, 284 et 333.

BERLIN, capitale de la Prusse. — (5 août 1813.) Projet de l'Empereur de diriger une armée sur Berlin. — Le prince royal de Suède est chargé par les alliés de défendre cette capitale, 8. — V. 10, 15, 20, 23, 32, 40, 43, 53, 72, 102, 107 et 131.

BERNADOTTE, prince royal de Suède. — (5 août 1813.) Chargé par les alliés de défendre Berlin, avec le corps de Bülow, le corps suédois, le corps auxiliaire à la solde de l'Angleterre et une division russe, 8. — (17 septembre.) L'Empereur ordonne qu'aucun parlementaire de l'armée du prince de Suède ne soit reçu sur toute la ligne française, et que les communications se fassent du côté de l'armée du prince de Schwarzenberg, 244. — V. 329, 366, 397, 405, 407, 415, 422, 423.

BERNARD, colonel, aide de camp de l'Empereur, 83, 204.

BERTHEZÈNE (Baron), général de division, à la Grande Armée, 160, 161.

BERTHIER, prince de Neuchâtel et de Wagram, vice-connétable, maréchal de l'Empire, major général de la Grande Armée. — Lettres adressées par l'Empereur au prince de Neuchâtel sur l'organisation, les mouvements et l'approvisionnement des troupes (du 4 août 1813 au 30 décembre), 2 à 640. — Voir la liste de la page 701.

BERTRAND (Comte), général de division, commandant le 4ᵉ corps de la Grande Armée. — (11 août 1813.) Le 4ᵉ corps remplace le 1ᵉʳ corps à l'armée du Nord; le général Bertrand reçoit ordre d'évacuer ses hôpitaux sur Dresde et sur Torgau, et de réunir son corps d'armée à Sorau, 28. — (12 août.) Composition du 4ᵉ corps, 44. — (14 septembre.) L'Empereur exprime sa satisfaction sur la conduite du 4ᵉ corps à la bataille de Jüterbogk, malgré la mauvaise issue de cette bataille, 234. — (6 octobre.) Le général Bertrand est attaqué à Wartenburg par l'armée de Silésie, et y conserve sa position pendant douze heures de combat, 348.—(8 octobre.)

Le 4ᵉ corps reçoit ordre de se porter sur Mockrehna, 359. — (10 octobre.) Mouvement du 4ᵉ corps sur Pressel et Trebitz, 368 à 370. — Le général Bertrand reçoit ordre de se porter sur Wartenburg, où l'ennemi a jeté un pont sur l'Elbe, 379. — (12 octobre.) Le 4ᵉ corps est rappelé sur Düben, et ensuite sur Taucha, où l'Empereur réunit son armée pour livrer bataille à l'ennemi, 393, 394. — (16 octobre.) Le général Bertrand, chargé de la défense des ponts de Lindenau et des faubourgs de Leipzig, à la bataille de Wachau, repousse les attaques des généraux Gyulai, Thielmann et Liechtenstein, et reste maître de ses positions, 429. — (20 octobre.) Le 4ᵉ corps occupe Weissenfels et fortifie les débouchés qui peuvent favoriser la retraite de l'armée sur la Saale. — Le 5ᵉ corps de cavalerie est placé sous les ordres du général Bertrand, qui est chargé de s'emparer du défilé de Kœsen et de se porter sur Buttelstedt, 432. — (2 novembre.) Réorganisation du 4ᵉ corps; le général Bertrand reçoit ordre de prendre position sur la rive droite du Rhin, où il doit former l'avant-garde de l'armée lorsqu'elle aura terminé son mouvement de retraite, 460, 461. — (3 novembre.) Le 4ᵉ corps est chargé de défendre Mayence, et occupe un camp retranché entre Hochheim et Biberich, 477, 478. — (18 novembre.) Le général Bertrand est nommé grand maréchal du Palais, 520. — (5 décembre.) L'Empereur charge le général Bertrand de régler les difficultés de la succession du duc d'Istrie, 570, 571. — V. GRANDE ARMÉE.

BESSIÈRES (Maréchale), duchesse d'Istrie. — (5 décembre 1813.) Témoignages d'intérêt que l'Empereur lui donne, 569, 570.

BEURMANN, général de brigade de cavalerie, à la Grande Armée, 310, 311.

BEURNONVILLE (Comte DE), général de division, sénateur, 627.

BEYLE (DE), auditeur au Conseil d'état, 627.

BIGOT DE PRÉAMENEU (Comte), ministre des cultes. — (20 novembre 1813.) Lettre aux évêques, 526.

BIRAN (Maine DE), député au Corps législatif, 612.

BISCHOFSWERDA, ville de Saxe; position stratégique occupée par l'armée française, pendant ses opérations contre l'armée de Silésie, 192, 195, 223, 255, 265 et 272.

BLÜCHER, général prussien, commandant en chef l'armée de Silésie, 73, 80, 91, 327, 328, 345, 366, 408 à 410.

BOBER (Le), rivière d'Allemagne, 125, 126, 133.

BOHÊME, province d'Autriche. — (18 août 1813.) Dispositions pacifiques du peuple en Bohême; la défense de la Bohême est confiée aux Russes, pendant que les Autrichiens font la guerre en Allemagne, 105, 106. — V. 41, 93, 96, 203, 214, 239, 258, 294 et 309.

BOISSY-D'ANGLAS (Comte), sénateur, 627.

BONET (Comte), général de division, à la Grande Armée. — (9 août 1813.) Chargé du commandement des 42ᵉ et 43ᵉ divisions (14ᵉ corps); son quartier général à Pirna, 25.

BORDESOULLE (Baron), général de division, à la Grande Armée. — (18 novembre 1813.) Chargé du commandement du 2ᵉ corps de cavalerie, 521.

BORGHESE (Prince), duc de Guastalla, gouverneur général des départements au delà des Alpes. — (20 novembre 1813.) Avis de l'arrivée de renforts à l'armée d'Italie et de la formation d'une armée de réserve, 528. — (24 novembre.) Le ministre du trésor reçoit ordre d'obtempérer aux demandes d'argent qui pourraient lui être faites par le prince Borghese, pour les dépenses de l'armement et de l'habillement de l'armée d'Italie, 542, 543. — V. ARMÉE D'ITALIE.

BORNA, ville de Saxe, cercle de Leipzig. — (12 octobre 1813.) Le roi de Naples bat Wittgenstein à Borna, 388. — V. 227, 284, 312 et 376.

BOUILLERIE (Baron DE LA), trésorier général de la Couronne, 569.

BOURCIER (Comte), général de division, à la Grande Armée, 18, 24.

BOURSE. V. FONDS PUBLICS.

BOUVET, contre-amiral. — (7 août 1813.) Chargé

du commandement d'une expédition aux Indes, 12.

BOYER (Baron), général de division, à la Grande Armée, 616.

BRAYER (Baron), général de division, à la Grande Armée. — (21 décembre 1813.) Chargé du commandement d'une division du 11° corps d'armée, 611.

BRESLAU, ville de Prusse, chef-lieu de la province de Silésie, 73 et 81.

BREVANNES (DE), auditeur au Conseil d'état, 627.

BRUNO (Baron), général de brigade, commandant la cavalerie du 2° corps, 118, 119. — (19 septembre.) L'Empereur fait connaître à l'armée que le général Bruno s'est laissé surprendre par l'ennemi, parce qu'au lieu de bivouaquer dans une position militaire il s'était enfermé dans Freyberg, 256, 257.

BUDGET. — (26 novembre 1813.) Observations sur le budget de 1814, 549 et 550. — V. FINANCES.

BÜLOW (Comte DE), général prussien commandant un corps de l'armée de Bernadotte, 16 et 255.

C

CAFFARELLI (Comte), général de division. — (20 novembre 1813.) Désigné par l'Empereur pour commander l'armée de réserve d'Italie, 529.

CAFFARELLI (Comte), conseiller d'état, 627.

CAMBACÉRÈS (Prince), duc de Parme, archichancelier de l'Empire. — (9 août 1813.) Renseignements sur la situation générale des affaires, 26. — (15 août.) Projets de sénatus-consulte pour le recrutement des armées d'Espagne et du Nord, 70. — (24 août.) Renseignements sur les opérations de la Grande Armée, 141. — (25 octobre.) Instructions pour une nouvelle levée, et pour faire rejoindre les conscrits réfractaires; — demande de renseignements sur le projet d'augmenter d'urgence les contributions directes et indirectes, de 444 à 446. — Approbation de l'ordre d'organiser les gardes nationales du Rhin, 450. — (31 octobre.) Avis de l'arrivée de l'Empereur à Francfort et des résultats de la bataille de Hanau, 453. — (3 novembre.) Le prince Cambacérès est chargé de combattre les exagérations qui tendent à aggraver la situation, 462. — Convocation du Corps législatif pour le 2 décembre; travaux préparatoires; l'Empereur compte faire lui-même l'ouverture de la session, 478. — (18 novembre.) Avis du séjour de l'Empereur à Mayence pour la réorganisation de l'armée, 479. — (20 novembre.) Le prince Cambacérès est chargé de préparer le remplacement du comte de Cessac par le comte Daru au ministère de l'administration de la guerre, 525, 526. — (23 décembre.) Instructions pour la réunion de la commission du Corps législatif chargée d'examiner les pièces du congrès de Manheim, 612, 613.

CAMP DE BUNZLAU, 94, 102, 134.

CAMP DE KOENIGSTEIN, 79, 87, 89, 107, 160, 164, 171, 186, 227.

CAMP DE LILIENSTEIN, 153, 160, 195, 227.

CAMP DE LOEWENBERG, 94, 102, 107.

CAMP DE PIRNA, 142, 151, 153, 161, 164, 165, 227, 229, 239, 273.

CAMP DE ZITTAU, 90, 91, 94, 102, 107, 113.

CAMP RETRANCHÉ DE DRESDE, 76, 81, 89, 91, 151, 195, 197, 198, 203 à 205, 268 à 271, 330, 331.

CANCLAUX (Comte), sénateur, 627.

CARAMAN (DE), capitaine, officier d'ordonnance de l'Empereur. — (14 septembre 1813.) Chargé de porter des ordres au duc de Tarente et au prince Poniatowski, et de renseigner l'Empereur sur l'état et l'esprit des 3°, 5°, 11° et 8° corps, 231, 232. — (7 novembre.) Chargé de visiter les places fortes de la Hollande. 482, 483. — V. 343, 354 et 420.

CARRA SAINT-CYR (Baron), général de division, à

la Grande Armée. — (21 décembre 1813.) Chargé du commandement d'une division du 1ᵉʳ corps d'armée, 609.

CASSAGNE, général de division, à la Grande Armée, 248, 250.

CASSEL, capitale du royaume de Westphalie, 24, 334, 367.

CASTEX (Baron), général de brigade. — (10 décembre 1813.) Reçoit ordre de se rendre à Anvers avec la 1ʳᵉ brigade de cavalerie de réserve de la Garde, 589.

CAULAINCOURT, duc de Vicence, général de division, grand écuyer de l'Empereur. — (5 août 1813.) Ministre plénipotentiaire de l'Empereur au congrès de Prague; notes et instructions qui lui sont adressées, 3 à 6. — (15 novembre 1813.) Ordre de brûler le château de Marracq et toutes les maisons appartenant à l'Empereur, si les Anglais y arrivaient, 501. — (1ᵉʳ décembre.) Le duc de Vicence remplace le duc de Bassano au ministère des relations extérieures; il est chargé d'informer le prince de Metternich que l'Empereur adhère aux bases de la paix proposées par les alliés. 560. — (11 décembre.) — Plaintes à adresser au ministre de Naples au sujet des mesures prises par le roi, 590. — (18 décembre.) — Ordre de réunir les pièces relatives à la capitulation de Dresde et à l'échange des prisonniers, 603.

CAVALERIE. V. GRANDE ARMÉE.

CHAPTAL (Comte), sénateur, 628.

CHARPENTIER (Comte), général de division, à la Grande Armée. — (16 octobre 1813.) Enlève une redoute de l'ennemi à la bataille de Wachau, et s'empare de son artillerie, 427. — (31 octobre.) Contient l'avant-garde autrichienne et bavaroise à Hanau, 454. — (21 décembre.) Chargé du commandement d'une division au 11ᵉ corps d'armée, 611.

CHASSELOUP (Comte), général de division du génie. — (27 septembre 1813.) Ordre pour l'armement de Venise et de Palmanova, 301.

CHASSET (Comte), sénateur, 627.

CHASTEL (Baron), général de division, à la Grande Armée, 133, 144, 146, 162, 337, 363, 364, 368.

CHERBOURG, port français, sur la Manche. — (1ᵉʳ août 1813.) L'Empereur exprime le désir que l'Impératrice assiste à l'introduction de la mer dans le nouveau bassin, 2. — (7 août.) Décret pour construire à Cherbourg une frégate de modèle américain, 13.

CLARKE, duc de Feltre, général de division, ministre de la guerre. — (11 août 1813.) Organisation du corps d'observation de Bavière, du 5ᵉ corps de cavalerie et de la 6ᵉ division bis, 30, 31. — (18 août.) Ordres relatifs à des approvisionnements de guerre, 102. — Instructions pour le recrutement de la Grande Armée, l'armement des places du Rhin et celui des places fortes d'Italie, 106 à 111. — (27 septembre.) Ordre de faire précéder d'un rapport sur la situation et les causes de la guerre la proposition du sénatus-consulte sur les levées de conscrits; notes de l'Empereur pour la rédaction de ce rapport, 297 à 300. — L'Empereur recommande au ministre de la guerre de veiller à la situation de l'artillerie en Italie, et lui indique les travaux qui doivent être exécutés sur le Simplon, le mont Cenis, le col de Tende, Cadibona et sur la Bochetta, 301, 302. — (28 septembre.) Rapport sur la situation de la cavalerie de l'armée d'Espagne; bases de sa réorganisation, 308. — (25 octobre.) Ordre d'armer et d'approvisionner Mayence, Wesel, Juliers, Venlo, Grave, Coeverden, Naarden et Gorcum; — projets de recrutement et de réorganisation de l'armée, 446 à 449. — (2 novembre.) Envoi de 6,000 fusils au vice-roi d'Italie; — ordre d'arrêter les fournitures destinées au Wurtemberg et aux autres états de la Confédération, 460. — (3 novembre.) L'Empereur envoie au ministre de la guerre les drapeaux pris aux batailles de Wachau, de Leipzig et de Hanau; cérémonial de réception ordonné par l'Empereur, 472, 473. — Subvention pour augmenter la fabrication des fusils, 473. —

Création de cohortes pour la défense des places fortes et la garde de la frontière depuis Mayence jusqu'à Wesel ; — mobilisation des gardes nationales sur la frontière du Rhin et celle du Nord, 474, 475. — (6 novembre.) Demande de renseignements sur la situation de la cavalerie de l'armée d'Espagne ; intention d'en reporter une partie sur le Rhin et sur l'Italie ; — ordre de fortifier et d'armer Genève, 480. — (10 novembre.) Répartition des nouvelles levées de conscrits entre les différents corps ; — levée de 100,000 hommes sur les années 1804, 1805, 1806 et 1807 ; bases du sénatus-consulte ; — formation de quatre armées de réserve à Bordeaux, Turin, Metz et Anvers ; — instructions pour les cadres et pour l'armement, 483 à 486. — (11 novembre.) Réorganisation provisoire de l'armée à Mayence ; composition des 2ᵉ, 4ᵉ, 5ᵉ, 6ᵉ et 11ᵉ corps, 1ᵉʳ, 2ᵉ, 3ᵉ et 5ᵉ corps de cavalerie ; organisation du génie et de l'artillerie de l'armée, 490. — (12 novembre.) Armement de Metz, Luxembourg, Thionville et Phalsbourg⁴, 493. — (14 novembre.) Instructions pour la défense de la Hollande ; — nomination d'une commission d'officiers d'artillerie et du génie chargée de l'armement des places des frontières de la Suisse, du Rhin et du Nord ; — armement de Belfort et de la frontière suisse, 497 à 499. — (15 novembre.) Ordre de remplacer à Flessingue les gardes nationales de Middelburg et de Zélande, 499. — (16 novembre.) Réorganisation et augmentation de la Garde impériale ; — formation d'une armée de réserve des Pyrénées ; — recrutement de l'armée d'Espagne, 502 à 505. — (17 novembre.) Formation des 1ᵉʳ et 13ᵉ corps bis; formation du 2ᵉ corps bis; composition de ces corps ; recrutement des 5ᵉ, 2ᵉ et 4ᵉ corps ; formation d'une armée de réserve d'Italie, 509 à 514. — (18 novembre.) Formation de cohortes urbaines dans toutes les places fortes de l'ancienne frontière de France ; importance de l'armement et de l'approvisionnement de Genève ; — levée de la garde nationale de l'Alsace ; — importance que l'Empereur attache au prompt armement des recrues envoyées à l'armée d'Italie ; — projet de réorganisation de la Grande Armée, 516 à 520. — (19 novembre.) Mesures pour assurer la garde des prisonniers de guerre. 523. — (20 novembre.) Construction de redoutes au confluent du Neckar et de la Lahn avec le Rhin, 527. — Instructions pour le recrutement de la Grande Armée et l'organisation des nouveaux corps, 536 à 538. — (24 novembre.) Ordre de faire occuper et armer Schoonhoven, Nieuport et Arnheim, 541, 542. — (25 novembre.) Ordre de désarmer les troupes étrangères ; — mesures pour l'armement de l'armée ; — renvoi à l'armée d'Italie des Italiens qui servent aux armées d'Espagne ; — organisation et mouvements de la Garde, 544 à 548. — (28 novembre.) Réorganisation et recrutement des corps de la Grande Armée, 551 à 554. — (3 décembre.) Ordre d'envoyer des renforts à Hellevoetsluis et de conserver cette place ; — projet de formation du corps polonais, 563, 564. — (4 décembre.) Réunion et organisation à Douai de matériel d'équipages et de caissons en prévision du développement de la guerre en Hollande ; — levée de chevaux ; — formation des équipages des corps d'armée, 566, 567. — (7 décembre.) Réorganisation de l'artillerie, 574 à 576. — (8 décembre.) Instructions pour l'exécution du décret sur le désarmement des troupes étrangères ; — ordre de veiller à l'armement et à l'approvisionnement des places du Nord, 580, 581. — (9 décembre.) Instructions pour l'organisation des Polonais, 582, 583. — (10 décembre.) Armement et approvisionnement de Flessingue et de Terveere ; garnison de l'île de Walcheren ; — ordre de réunir le 13ᵉ corps bis à Anvers et le 1ᵉʳ corps bis à Breda et à Bois-le-Duc, 586, 587. — (12 décembre.) Dispositions pour la formation de la cavalerie, 491, 492. — (14 décembre.) Emploi des conscrits et des détachements destinés aux 1er et 14e corps, avant la capitulation de Dresde ; — l'Empereur se plaint de l'évacuation de Willemstad, 593. 594. — (15 décembre.) Mesures pour l'armement de l'armée ; — nomination d'une commission d'enquête pour informer sur l'évacuation de Willemstad et de Breda, 498. — (23 décembre.) Instructions pour l'armement et la défense des places de la frontière suisse, 613. 614. — (24 décembre.) Mesures pour l'approvisionnement des places de la Hollande et la création de camps appuyés par des inondations, 616 à 618. — (25 décembre.) Plan de défense d'Anvers; instructions pour l'établissement de camps retranchés ; — ordre de faire investir Breda, 619 à 624. — (26 décembre.) Mesures pour la défense de la frontière des Vosges, 629, 630. — V. GRANDE ARMÉE.

CLERGÉ. — (20 novembre 1813.) L'Empereur ordonne au ministre des cultes d'écrire aux évêques qu'il compte sur leur zèle pour la patrie et sur leur attachement à sa personne, 526.

COCHELET, auditeur au Conseil d'état, 628.

COEVERDEN, place forte de la Hollande. 300 et 444.

COHORTES. — (3 novembre 1813.) Création de neuf cohortes urbaines pour la défense des places fortes, et de cinquante-deux cohortes pour la garde de la frontière depuis Mayence jusqu'à Wesel, 474.

COLCHEN (Comte), sénateur, 627.

COLLIN DE SUSSY (Comte), ministre du commerce et des manufactures. — (1er août 1813.) Demande d'un rapport sur la situation commerciale de la France, de l'Italie et de la Hollande, 1. — (20 novembre.) Ordre de porter les lignes de douane de la frontière des Pyrénées sur d'autres points, à cause du mouvement des Anglais sur Bayonne, 527.

COMMERCE. — (1er août 1813.) Demande d'un rapport sur la situation commerciale en France, en Italie et en Hollande, 1. — (27 septembre.) L'Empereur est prêt à tous les sacrifices pour obtenir la paix maritime et la liberté du commerce, sans lesquelles la France ne pourrait exister. 299.

COMMUNES. — (30 novembre 1813.) Observations sur les procès entre les communes et les particuliers : Sa Majesté trouverait fort extraordinaire qu'on pût empêcher les particuliers d'exercer librement leurs droits contre les communes : «On plaide bien contre l'Empereur;» Sa Majesté ajoute que ce serait ouvrir aux communes un moyen de ne pas payer leurs dettes, et que, si l'on ne peut plaider sans autorisation contre un maire qui, par des règlements, aurait attenté à la propriété, la propriété n'est plus inviolable en France. 559, 560.

CONGRÈS DE PRAGUE. V. CAULAINCOURT et NARBONNE.

COMPANS (Comte), général de division à la Grande Armée. — (16 octobre 1813.) Blessé à la bataille de Wachau. 429.

CONFÉDÉRATION SUISSE. — (14 décembre 1813.) L'Empereur exprime sa satisfaction au landamman pour le vote de la diète relatif à la neutralité de la Suisse, et l'informe qu'il a donné les ordres nécessaires pour que cette neutralité soit respectée. 595, 596.

CONSCRIPTION MILITAIRE. — (12 août 1813.) Projet d'appel de 25,000 hommes dans les départements du Languedoc et de la Guienne, pour les armées d'Espagne, 47. — (27 septembre.) Le ministre de la guerre est chargé de faire précéder d'un rapport sur la situation et les causes de la guerre la proposition du sénatus-consulte sur les levées de conscrits ; notes de l'Empereur pour la rédaction de ce rapport. 297 à 300. — V. GRANDE ARMÉE.

CORBINEAU (Baron), général de division, à la Grande Armée. — (18 août 1813.) Chargé du commandement d'un corps d'observation entre Kottbus, Krossen et Sagan, 107. — (20 août.) Reçoit ordre de se porter sur Lauban, 123, 124. — (3 septembre.) Une brigade du général Corbineau protège la route de Bautzen et observe les débouchés de Neustadt, 204. — (18 décembre.) Le géné-

TABLE ANALYTIQUE. 657

ral Corbineau est désigné pour suivre au ministère de la guerre le travail d'organisation des corps d'armée, 603. 604. — V. 127. 154, 161, 165 et 170.

Corps (1ᵉʳ) de la Grande Armée. V. Vandamme.
Corps (2ᵉ). V. Victor Perrin.
Corps (3ᵉ). V. Ney.
Corps (4ᵉ). V. Bertrand.
Corps (5ᵉ). V. Lauriston.
Corps (6ᵉ). V. Marmont.
Corps (7ᵉ). V. Reynier.
Corps (8ᵉ). V. Poniatowski.
Corps (9ᵉ). V. Augereau.
Corps (10ᵉ). V. Rapp.
Corps (11ᵉ). V. Macdonald.
Corps (12ᵉ). V. Oudinot.
Corps (13ᵉ). V. Davout.
Corps (14ᵉ). V. Gouvion Saint-Cyr.
Corps de cavalerie (1ᵉʳ). V. Latour-Maubourg.
Corps de cavalerie (2ᵉ). V. Sebastiani.
Corps de cavalerie (3ᵉ). V. Arrighi.
Corps de cavalerie (4ᵉ). V. Kellermann.
Corps de cavalerie (5ᵉ). V. Milhaud.
Corps d'observation de Bavière. V. Augereau.

Corps danois. — (5 août 1813.) Demande d'un rapport sur la situation de ce corps, 8. — (8 août.) Le corps danois fait partie du 13ᵉ corps sous les ordres du maréchal Davout; son effectif, 18 à 20.

Corps polonais. — (5 août 1813.) Équipement du corps polonais, 6, 7. — (12 août.) Les troupes du général Dombrowski font partie du corps d'armée destiné à établir une communication entre Magdeburg, le 13ᵉ corps et l'armée du duc de Reggio, 33. — Le prince Poniatowski reçoit ordre de placer ses troupes dans une bonne position militaire sur la frontière de Bohême, 34. — Troupes composant le corps du général Dombrowski, 44. — (13 août.) Le général Dombrowski reçoit ordre de réunir son corps sur la route de Wittenberg à Berlin, ou sur celle de Jüterbogk. 52. — (20 août.) Une brigade de cavalerie polonaise, réunie à la cavalerie légère du 2ᵉ corps, occupe Reichenberg, en Bohême, 118, 119. — (17 septembre.) Le corps du général Dombrowski est réuni entre Dessau et Leipzig pour marcher contre les partisans. 242. — (25 septembre.) Deux bataillons polonais font partie de la 2ᵉ division de la vieille Garde, 285. — (16 octobre.) La cavalerie polonaise, réunie aux cuirassiers de Latour-Maubourg et aux dragons de la Garde, repousse la cavalerie de la garde russe et les cuirassiers autrichiens, et leur fait éprouver de grandes pertes; éloge de la conduite du prince Poniatowski à la bataille de Wachau; l'Empereur accorde un grand nombre de décorations aux régiments du 8ᵉ corps, 428, 429. — (27 octobre.) Allocution de l'Empereur au corps polonais de la Grande Armée, quelques jours avant la bataille de Hanau, 451, 452. — (21 novembre.) Ordre de ne pas admettre dans les enrôlements pour la Grande Armée d'autres étrangers que les Polonais. 536. — (3 décembre.) Projet de formation du corps polonais, 563, 564. — (9 décembre.) Les régiments polonais provenant de l'ancienne armée du duché de Varsovie continuent à former un corps distinct, 582, 583. — (26 décembre.) Deux régiments de lanciers polonais sont incorporés dans la Garde impériale, 634.

Corps législatif. — (25 octobre 1813.) Convocation du Corps législatif pour le 2 décembre, 445; — prorogation au 19 décembre, 472. (19 décembre.) Discours de l'Empereur à l'ouverture du Corps législatif, 604 à 606.

Curial (Baron), général de division de la Garde impériale. — (16 septembre 1813.) Chargé d'appuyer avec sa division la position du général Mouton-Duvernet sur les hauteurs de Berggiesshübel, 240. — (7 octobre.) La division Curial suit le mouvement de l'armée sur Dahlen, 357. — (16 octobre.) Le général Curial s'empare du village de Bœlitz, à la bataille de Wachau, et fait 1,200 prisonniers, parmi lesquels se trouve le général en chef Merfeldt, 328. — (31 octobre.) La division Curial prend part à la bataille de Hanau,

455. — V. 201, 264, 284, 285, 352, 384, 412, 415, 417 et 458.

CUXHAVEN, place forte et port d'Allemagne, sur la rive gauche et à l'embouchure de l'Elbe. — (5 août 1813.) Ordre d'armer cette place et d'y mettre une garnison, 8.

CZERNITCHEF, général russe, aide de camp de l'empereur de Russie. 329, 367.

D

DAMAS (Baron), général de division, à la Grande Armée. — (21 décembre 1813.) Chargé du commandement d'une division au 4ᵉ corps d'armée, 610.

DANEMARK (Royaume de). — (5 août 1813.) Un corps danois fait partie du 13ᵉ corps de la Grande Armée, 8, 10, 19.

DANZIG, ville forte, sur la Vistule, 21, 80, 521.

DARU (Comte), directeur de l'administration de la Grande Armée. — (6 août 1813.) Ordres pour l'approvisionnement de Dresde et la marche des convois; renseignements sur la position et les mouvements des corps de la Grande Armée, pour pourvoir à leur approvisionnement, 9 à 11. — (13 août.) Le comte Daru est chargé par l'Empereur de lui adresser chaque jour un rapport sur l'administration des différents corps de la Grande Armée, 49. — (12 septembre.) Ordre de tirer parti des ressources du pays pour nourrir l'armée. 224. — (13 septembre.) Instructions pour l'approvisionnement de l'armée, 231. — (17 septembre.) Ordre de former les magasins de vivres en traitant avec le gouvernement saxon, 244, 245. — (23 septembre.) Instructions relatives à l'amélioration de la nourriture de l'armée, 276 à 279. — (6 octobre.) Ordre de faire charger de biscuit, d'eau-de-vie et de farine toutes les voitures des équipages disponibles à Dresde, et de les faire partir à la suite de l'armée; évacuation des malades sur Iena; instructions pour le cas où Dresde serait abandonné, 348 à 350. — (15 novembre.) Mesures pour le désarmement des troupes étrangères au service de la France, la surveillance des prisonniers de guerre et l'augmentation de la gendarmerie, 499 à 501.

— (20 novembre.) Le comte Daru remplace le comte de Cessac au ministère de l'administration de la guerre, 526. — (25 novembre.) Insuffisance de l'approvisionnement de l'armée des Pyrénées; instructions pour l'approvisionnement des places de la 5ᵉ division militaire, 548, 549. — (30 novembre.) Ordre d'approvisionner Gorcum et Anvers. 558. — (1ᵉʳ décembre.) Instruction pour le service des fourrages, 561, 562. — (6 décembre.) Instructions pour la réorganisation du personnel et du matériel des bataillons des équipages de l'armée; organisation des ambulances et du service de santé, 571 à 573. — (8 décembre.) Ordre d'établir des hôpitaux extraordinaires dans les 25ᵉ, 26ᵉ et 5ᵉ divisions militaires, 579, 580. — (13 décembre.) Ordre de faire fabriquer à Paris une partie des voitures des équipages militaires, 592. — (25 décembre.) Instructions pour l'équipement des nouvelles levées, 624, 625. — (27 décembre.) Nouvelles instructions pour l'équipement de l'armée, 635, 636. — V. GRANDE ARMÉE.

DAVOUT, prince d'Eckmühl, duc d'Auerstaedt, maréchal de l'Empire, commandant le 13ᵉ corps de la Grande Armée. — (5 août 1813.) Avis de la dénonciation prochaine de l'armistice; mesures à prendre; demande de renseignements sur l'armement de Hambourg, la situation du 13ᵉ corps et celle du corps danois, 8. — (8 août.) Le prince d'Eckmühl reçoit ordre de tenir ses troupes sur la rive droite de l'Elbe, en avant de Hambourg, afin de prendre l'offensive et de seconder le mouvement du duc de Reggio sur Berlin; mesures pour la sûreté des convois; composition du 13ᵉ corps.

15 à 21. — (12 août.) Ordre de quitter Hambourg et de menacer le flanc des alliés, 38, 39. — V. 29, 30, 33, 55 et 183.

Decaen (Comte), général de division. — (3 décembre 1813.) Chargé de la défense d'Hellevoetsluis, 563. — (7 décembre.) Reçoit ordre de porter son quartier général à Gorcum ou à Bois-le-Duc et de se concerter avec le duc de Plaisance pour la défense de la Hollande, 577. — (10 décembre.) Chargé de réunir le 1ᵉʳ corps bis à Breda et à Bois-le-Duc, 587. — (16 décembre.) L'Empereur se plaint de l'évacuation de Willemstad et confie le commandement du général Decaen au duc de Plaisance, 598, 599.

Decous (Baron), général de division de la Garde impériale, 121, 184, 213, 240, 244, 264, 285.

Decrès (Duc), vice-amiral, ministre de la marine et des colonies. — (1ᵉʳ août 1813.) Chargé par l'Empereur d'accompagner l'Impératrice à Cherbourg, lors de l'introduction de la mer dans le nouveau bassin, 2. — (7 août.) Organisation des croisières; instructions relatives aux prises; constructions maritimes, 12, 13. — (25 octobre.) Demande de renseignements sur les ressources qu'offrirait à l'armée le désarmement des vaisseaux, le service des frégates seul maintenu, 449. — (11 novembre.) Répartition des bâtiments légers de la Hollande pour assurer la possession de toutes les eaux de ce pays et concourir à la défense des places; garnison du Helder, 487, 488. — (14 novembre.) Instructions pour l'emploi des forces maritimes de la Hollande; ordre de faire partir pour leur destination les frégates en armement au Helder et qui ont des missions; ordre de prendre 1,500 hommes sur l'escadre pour renforcer la garnison du Helder, 496, 497. — (30 novembre.) Ordre de tenir à Willemstad des chaloupes canonnières qui puissent remonter jusqu'à Gorcum, 557. — (3 décembre.) Ordre d'employer les ressources de la marine à la défense de Flessingue et de l'île de Walcheren, 565. — (8 décembre.)

Mesures pour la défense de la Hollande, 578, 579. — (9 décembre.) Instructions pour l'armement des chaloupes canonnières et de tous les bâtiments légers de la Hollande; emploi des flottilles pour défendre les différentes branches de l'Escaut et de la Meuse, 583 à 586. — (16 décembre.) L'Empereur se plaint de l'évacuation de Willemstad et de la destruction de la flottille qui y était stationnée, 599.

Defermon (Comte), intendant général du domaine extraordinaire, 571.

Defrance (Comte), général de division de cavalerie, à la Grande Armée, 287, 364, 368.

Dejean (Baron), général de brigade, aide de camp de l'Empereur. — (24 novembre 1813.) Chargé d'inspecter les places fortes depuis Strasbourg jusqu'à Huningue et Mayence, 542. — (21 décembre.) Nommé commandant supérieur de Huningue, 612. — V. 93, 94, 154, 169.

Delaborde (Comte), général de division de la Garde impériale, 88.

Delamalle, auditeur au Conseil d'état, 628.

Delmas, général de division, à la Grande Armée. — (1ᵉʳ octobre 1813.) La division Delmas détachée à Dresde, rejoint le 3ᵉ corps à Meissen, 319. — (15 octobre.) Le général Delmas bat une division prussienne à Dessau et lui prend 3,000 hommes et six pièces de canon. 424. — V. 282, 283, 288, 307 et 322.

Dessau, ville capitale du duché d'Anhalt-Dessau. — (12 octobre 1813.) Le prince de la Moskova s'empare de cette ville et y fait 2,500 prisonniers, 401. — V. 21, 150, 242, 255, 295, 309, 376 et 395.

Desvaux (Baron), général de brigade, major d'artillerie de la Garde. — (31 octobre 1813.) Le général Desvaux se distingue à la bataille de Hanau, 456.

Dombrowski, général de division, commandant un corps polonais, à la Grande Armée. — (11 août 1813.) Les troupes du général Dombrowski forment un corps d'observation en avant de Wittenberg, destiné à seconder le mouvement de l'armée du Nord sur Berlin;

ce corps est placé sous les ordres du duc de Reggio, 29. — (17 septembre.) Le général Dombrowski est chargé de poursuivre les partisans ennemis qui ont passé l'Elbe, 242. — (29 septembre.) Il est placé à Dessau pour empêcher l'ennemi de tenter de nouveau le passage de l'Elbe, 309. — (10 octobre.) Il se porte sur Kemberg, pour suivre les traces de Sacken, 368 à 370. — (12 octobre.) Les généraux Dombrowski et Reynier passent l'Elbe à Wittenberg et se portent sur Roslau. 389. — Le corps du général Dombrowski est rappelé sur Taucha, où l'Empereur réunit son armée pour livrer bataille à l'ennemi, 393. — (24 octobre.) Position occupée par le général Dombrowski à la bataille de Leipzig, 438. — V. 52, 107, 258, 286, 364, 376. 382. 383, 402 et 418.

DOUANES. — (20 novembre 1813.) Nécessité de changer les lignes de douane de la frontière des Pyrénées, à cause du mouvement des Anglais sur Bayonne, 527. — V. FINANCES.

DOUMERC (Baron), général de brigade de cavalerie, à la Grande Armée, 364.

DRESDE, capitale de la Saxe. — (6 août 1813.) Approvisionnement de cette place, 10. — (7 août.) Fortifications; construction de redoutes; camp retranché; garnison; magasins de réserve, 13 à 15. — (12 août.) Travaux de défense et armement de Dresde. 35 à 38. — La brigade de la Garde composée du 11ᵉ de tirailleurs et du 11ᵉ de voltigeurs forme la garnison de Dresde, 42. — (13 août.) Les quatre divisions du 14ᵉ corps sont destinées à couvrir Dresde sur les deux rives de l'Elbe, 49 à 52. — (17 août.) Mesures pour la défense de Dresde, 89 à 92. — (25 août.) Instructions générales pour la défense de Dresde, 151, 152. — (3 septembre.) Ordre pour les fortifications de Dresde. 197. 198. — (22 septembre.) Nouvel ordre pour l'armement et la défense de Dresde, 268 à 271. — V. 87, 95, 141 à 143, 149, 187, 193, 213 à 216, 304, 316, 317, 330 et 331. — V. DUROSNEL.

DROUOT (Comte), général de division, aide de camp de l'Empereur. — (9 août 1813.) Chargé de présenter à l'Empereur un projet de gratifications pour les acteurs du Théâtre Français à Dresde. 26. — (16 octobre.) Le général Drouot commande la réserve de l'artillerie de la Garde à la bataille de Wachau. 427, 428. — (31 octobre.) Il commande l'artillerie de la Garde à la bataille de Hanau; éloge de son activité et de son sang-froid, 455. — (22 novembre.) Le maréchal commandant la Garde impériale reçoit ordre d'envoyer au général Drouot, tous les cinq jours, la situation sommaire et l'emplacement de tous les corps. 540. — (30 novembre.) Le général Drouot est chargé d'organiser une réserve de la Garde entre Bruxelles et Anvers, 558, 559. — V. 334, 341, 346, 384, 385, 406, 412 et 416.

DÜBEN, ville de Saxe, sur la rive droite de la Mulde. — (12 août 1813.) Concentration de l'armée à Düben, 392 à 396. — V. 28, 218, 361 à 370, 373 et 415.

DUBOUZET (Madame), surintendante de la maison impériale de Saint-Denis. — (11 décembre 1813.) Nommée baronne avec une dotation sur le domaine extraordinaire. 591.

DUBRETON (Comte), général de division, à la Grande Armée. — (3 novembre 1813.) Chargé du commandement du 2ᵉ corps. 476.

DUFOUR (Baron), général de division, à la Grande Armée. — (17 novembre 1813.) Chargé du commandement du 2ᵉ corps bis, 510. — (21 décembre.) Nommé commandant d'une division du 2ᵉ corps, 608.

DUHESME (Comte), général de division, à la Grande Armée. — (21 décembre 1813.) Chargé du commandement d'une division du 2ᵉ corps, 608.

DULAULOY (Comte), général de division, commandant l'artillerie de la Garde impériale à la Grande Armée. — (27 août 1813.) Instructions pour le service de l'artillerie à la bataille de Dresde; la réserve d'artillerie de la Garde commandée par le général Dulauloy se compose de huit batteries, 169. — (24 octobre.) Le général Dulauloy avertit l'Empereur, après la bataille de Leipzig, que les réserves de munitions sont épuisées, 440. — (2 novembre.) Il est appelé à Paris pour l'organisation du service de l'artillerie de l'armée, 54.

DUMONCEAU, comte de Bergendal, général de division, à la Grande Armée, 218, 219. de 248 à 250.

DUMONT DE CHARNAGE, auditeur au Conseil d'état. 627.

DUROSNEL (Comte), général de division, aide de camp de l'Empereur, gouverneur de Dresde. — (7 août 1813.) Instructions pour les fortifications, l'approvisionnement et la défense de Dresde, 14 et 15. — (23 août.) Nouvelles instructions à l'occasion du mouvement des alliés sur Dresde. 140, 141. — (12 septembre.) Le général Durosnel reçoit ordre de ne faire partir aucun détachement pour l'armée lorsqu'elle est en mouvement, 233. — V. 88, 95, 171, 195, 221, 307, 316 et 317.

DURRIEU (Baron), général de division, à la Grande Armée. — (10 octobre 1813.) Chargé du commandement des troupes servant d'escorte au quartier général et aux parcs de l'armée. 370. — V. 371, 415, 417, 419 et 420.

DURUTTE (Baron), général de division, à la Grande Armée. — (2 novembre 1813.) Chargé du commandement d'une division du 4ᵉ corps. — (3 novembre.) Le général Durutte porte son quartier général au fort Montebello, près Mayence, et y cantonne sa division, 476, 477.

E

ECKARTSBERG, forte position près de Zittau, où l'Empereur établit un camp retranché, 76, 81 et 90.

EILENBURG, ville de Saxe, sur une île formée par la Mulde, occupée par l'armée française et le roi de Saxe avant la bataille de Wachau, 218, 296, 341, 360 à 364, 370 à 374, 377 et 415.

ELBE, fleuve d'Allemagne. V. GRANDE ARMÉE.

ÉLISA NAPOLÉON (Princesse), Grande-Duchesse de Toscane. — (18 novembre 1813.) Instructions pour le recrutement des troupes en Toscane; l'Empereur ne suppose pas que la Toscane soit menacée par l'ennemi, 515. — (25 décembre.) Instructions de l'Empereur en prévision d'une agression des troupes napolitaines : toutes les armes dont on peut disposer en Toscane doivent être dirigées sur Alexandrie; l'Empereur compte, en cette circonstance, sur le caractère de la Grande-Duchesse, 619.

ÉMERIAU (Comte), vice-amiral commandant l'escadre de la Méditerranée. — (28 décembre 1813.) Reçoit les instructions de l'Empereur pour les opérations de l'escadre de la Méditerranée, 636, 637.

ERFURT, ville de Saxe. — (2 octobre 1813.) Instructions pour l'armement d'Erfurt, 326. — V. 21, 93, 175, 287 et 340.

ESTAFETTE (Directeur de l'). — (18 août 1813.) Instructions pour le service des estafettes. 103, 143.

EUGÈNE NAPOLÉON, vice-roi d'Italie, prince de Venise, commandant en chef l'armée d'Italie. — (4 août 1813.) Avis de la reprise prochaine des hostilités, 3. — (12 août.) Le vice-roi reçoit ordre de s'emparer des bonnes positions des montagnes, en prévision de la déclaration de guerre de l'Autriche, 47. — (14 août.) Avis de l'arrivée du roi de Naples à l'armée et du départ de la Garde pour Gœrlitz; — ordre de couvrir les provinces illyriennes et l'Italie, 69, 70. — (18 août.) Le vice-roi occupe, avec l'armée d'Italie, une position en avant de Laybach, 95. — (3 novembre.) Avis de l'arrivée prochaine du roi de Naples à Bologne avec un corps de 30,000 hommes; conseils pour les rapports du vice-roi avec le roi de Naples, 478. — (12 novembre.) L'Empereur annonce au vice-roi son arrivée à Paris; — demande de renseignements sur l'état de l'armée d'Italie et les ressources du pays, 495. — (17 novembre.) Projet de décret pour le recrutement de l'armée d'Italie et la formation d'une armée de réserve, 514, 515. — (20 novembre.) Instructions pour la défense de l'Italie, 535. — (21 novembre.) Moyens d'armer les conscrits qui arrivent à l'armée d'Italie; ordre d'activer la fabrication des armes, 537, 538. — (28 novembre.) Le vice-roi fait connaître à l'Empereur les propositions qui lui ont été faites par le roi de Bavière pour détacher ses intérêts de ceux de l'Empereur; noble réponse du vice-roi; proposition d'un armistice; — réponse de l'Empereur indiquant les conditions de l'armistice, 554 à 556. — (3 décembre.) L'Empereur accorde les décorations de la Légion d'honneur et de la Couronne de fer demandées par le vice-roi pour l'armée d'Italie; — espérances fondées sur le concours promis par le roi de Naples, 565, 566. — V. Armée d'Italie.

Exelmans (Baron), général de division de cavalerie, à la Grande Armée, 436.

F

Fêtes publiques. — (23 août 1813.) L'empereur se plaint des mauvaises dispositions prises pour la fête du 15 août, 132, 133.

Finances. — (1er août 1813.) Rapport sur le produit des douanes en France, en Italie et en Hollande, 1. (3 novembre.) Demande d'un rapport sur la situation des finances et l'évaluation du produit de l'impôt extraordinaire de guerre, 471. — V. Mollien.

Flahault (Comte de), général de division, aide de camp de l'Empereur. — (14 septembre 1813.) Mission qui lui est confiée pour connaître la situation de l'armée du duc de Tarente, 236. — (26 décembre.) Le général de Flahault est chargé du commandement de la cavalerie de réserve de la Garde, 634. — V. 79 et 188.

Plaugergues, député au Corps législatif, 612.

Flessingue, ville forte et port de la Hollande. — (8 décembre 1813.) Ordre de mettre les magasins de la marine à l'abri de la bombe, 578, 579. — (10 décembre.) Armement et approvisionnement de Flessingue, 586.

Fonds publics. — (3 octobre 1813.) Opinion de l'Empereur sur l'agiotage de la Bourse; la police ne doit pas s'immiscer dans ces sortes d'affaires, 336, 337.

Fontanelli, général de division, à la Grande Armée. — (24 octobre 1813.) Chargé de réunir toutes les troupes italiennes à leur arrivée à Mayence et de les diriger sur Milan, 437.

Fortifications. V. Génie militaire et Rogniat.

Fouché (Duc d'Otrante), gouverneur des provinces illyriennes. — (15 novembre 1813.) Envoyé en mission près du roi de Naples, 501.

Fourment (De), auditeur au Conseil d'état, 627.

Fournier (Baron), général de division de cavalerie, à la Grande Armée. — (13 octobre 1813.) La division Fournier est chargée d'éclairer les mouvements de l'ennemi sur Delitzsch et Bitterfeld, 368. — V. 287, 364 et 369.

François Ier, empereur d'Autriche. — (11 septembre 1813.) L'Empereur recommande au duc de Bassano d'éviter qu'il y ait rien de personnel contre l'empereur d'Autriche dans les communications qu'il doit envoyer à Paris, 217.

Franquemont, général wurtembergeois, 382.

Frédéric, prince de Hesse, commandant le corps wurtembergeois de la Grande Armée. — (9 août 1813.) L'Empereur félicite ce prince d'avoir été choisi par le roi de Wurtemberg pour commander le corps wurtembergeois de la Grande Armée, 27.

Frédéric, roi de Wurtemberg. — (13 août 1813.) L'Empereur fait connaître à ce prince l'insuccès du congrès de Prague et les prétentions de l'Autriche; il lui annonce que les troupes wurtembergeoises font partie du 4e corps de la Grande Armée, qui manœuvre avec les 12° et 7° corps dans la direction de Baruth, 57. — (30 août.) Avis des résultats de la bataille de Dresde, 184, 185.

FRÉDÉRIC-AUGUSTE, roi de Saxe. — (7 octobre 1813.) Le roi de Saxe et sa famille quittent Dresde pour suivre l'armée française, 355. — (14 octobre.) Mesures prises par l'Empereur pour la sûreté du roi de Saxe, 389, 390. — Le roi de Saxe se rend à Leipzig, 415. — (24 octobre.) L'Empereur et le roi de Saxe se séparent à Leipzig, 441. — (18 novembre.) Conduite des alliés envers le roi de Saxe, 516.

FRIANT (Comte), général de division, commandant une division d'infanterie de la vieille Garde, à la Grande Armée. — (31 octobre 1813.) La division Friant, réunie aux troupes du duc de Tarente, contient l'armée autrichienne et bavaroise à Hanau, jusqu'à l'arrivée du reste de l'armée, 454 à 456. — V. 285, 352, 395 et 412.

FRIEDERICHS (Baron), général de division, à la Grande Armée. — (16 octobre 1813.) Blessé à la bataille de Wachau, 429.

G

GALLOIS, député au Corps législatif, 612.
GANTEAUME (Comte), conseiller d'état, 627.
GARDE IMPÉRIALE. — (12 août 1813.) Départ de la Garde pour Bautzen, Wurschen et Stolpen; — la brigade composée du 11° de tirailleurs et du 11° de voltigeurs est chargée de garder Dresde; — établissement d'un hôpital de la Garde à Torgau; — organisation de la cavalerie, 42, 43. — (18 août.) La Garde prend part au mouvement offensif de l'Empereur sur la frontière de Bohême, 95. — (20 août.) Les divisions Lefebvre-Desnoëttes et Delaborde occupent Rumburg, en Bohême, 114, 115. — (21 août.) La Garde se porte sur Lœwenberg, où l'Empereur se propose d'attaquer l'armée de Blücher, 126. — (26 août.) Elle reçoit ordre de se replier sur Dresde, par suite du mouvement du prince de Schwarzenberg contre cette place, 138. — (27 août.) Positions qu'elle occupe à la bataille de Dresde; — ordres pour le service de l'artillerie, 169, 170. — (30 août.) Le duc de Trévise reçoit ordre de soutenir le général Vandamme avec les divisions Lefebvre-Desnoëttes, Roguet et Decous, 184. — (3 septembre.) La Garde se porte sur Bautzen, où l'Empereur réunit sa réserve pour attaquer l'armée de Blücher, 192, 193. — Elle se replie sur Dresde après l'échec de Blücher sur la Neisse, 206, 207. — (10 septembre.) La Garde occupe Dresde et Pirna, 213. — (11 septembre.) La division Lefebvre-Desnoëttes poursuit les Cosaques et les partis ennemis, 220. — (16 septembre.) Mouvement de la Garde sur Hellendorf et Berggiesshübel, où l'Empereur attaque l'armée de Bohême, 240 à 243. — (18 septembre.) Les lanciers rouges s'emparent de cinq pièces de canon à Peterswalde, 248. — (21 septembre.) La Garde reprend ses positions à Dresde et à Pirna, 262. — (23 septembre.) La division Lefebvre-Desnoëttes bat le général Thielmann, 275. — (25 septembre.) Le duc de Reggio est nommé commandant des divisions Curial et Decous, de la jeune Garde, 284, 285. — (28 septembre.) La Garde occupe le camp retranché de Dresde, 307. — (1er octobre.) Une partie de la Garde se porte sur Freyberg, pour soutenir le duc de Bellune contre l'armée de Bohême, 319. — (5 octobre.) Le duc de Reggio porte son quartier général à Meissen, 341. — (7 octobre.) Toute la Garde se dirige sur Wurzen pour couvrir Leipzig, 355. — (16 octobre.) Positions qu'elle occupe à la bataille de Wachau; part qu'elle prend à cette bataille, 427, 428. — (24 octobre.) La Garde prend part à la bataille de Leipzig, 438 à 441. — (25 octobre.) Projet d'augmentation de ce corps, 448. — (31 octobre.) Bataille de Hanau, 454 à 456. — (3 novembre.) La vieille Garde repasse le Rhin et occupe Mayence,

476. — (10 novembre.) Projet de recrutement de la Garde, 484, 486. — (11 novembre.) Réorganisation de l'artillerie. 493. — (16 novembre.) Décret pour la réorganisation de la Garde; — le quartier général est placé à Kaiserslautern, 502 à 507. — (19 novembre.) Ordre de transférer le quartier général à Trèves, 524. — (22 novembre.) Le duc de Trévise est chargé du commandement de toute la Garde; — nouvelle organisation; — effectif des corps. 539. 540. — (30 novembre.) Formation d'une réserve entre Bruxelles et Anvers, 558. 559. — (10 décembre.) Cette réserve est placée sous les ordres du duc de Plaisance pour la défense de la Hollande, 589. — (17 décembre.) Ateliers d'habillement. 601. — (24 décembre.) Positions occupées par la Garde; situation des corps. 616. 617. — (26 décembre.) La Garde se dirige sur Reims pour arrêter la marche des alliés, 630. — Ordre pour l'organisation de la réserve, 634. 635. — V. 131. 138. 148, 155, 161, 191. 200, 235, 248, 287, 290, 303, 322. 336. 346. 357. 360. 378. 389. 393. 407. 413. 432 à 433. 461. 547 et 594. — V. Napoléon et Grande Armée.

Gardes d'honneur. — (31 octobre 1813.) Deux escadrons de gardes d'honneur se distinguent à la bataille de Hanau, 456. — (3 novembre.) Les quatre régiments de gardes d'honneur sont placés à Worms, à Spire, à Landau et à Strasbourg pour garder le Rhin, 475. — (23 décembre.) Nomination de généraux de brigade pour commander les quatre régiments de gardes d'honneur, et formation de ces régiments en une division. 615.

Gardes nationales. — (25 octobre 1813.) Organisation des gardes nationales du Rhin, 450. — (3 novembre.) Projet de mobilisation des gardes nationales pour défendre la frontière du Rhin et celle du Nord, 474. 475. — (11 novembre.) Ordre de suspendre l'organisation des cohortes dans les départements, 489. — (18 novembre.) La légion de la Haute-Saône est désignée pour tenir garnison à Genève; levée des gardes nationales de l'Alsace. 517. 518. — (7 décembre.) L'Empereur ordonne que les gardes nationales du Nord restent à Anvers, et qu'on ne les envoie pas devant l'ennemi avant qu'elles soient organisées, 574. — (10 décembre.) Deux bataillons et une compagnie d'artillerie des gardes nationales du Pas-de-Calais font partie de la garnison de l'île de Walcheren; trois bataillons de gardes nationales de Caen sont dirigés sur Ostende; 1,800 gardes nationaux du Nord reçoivent ordre d'occuper Breda. 588. 589. — (26 décembre.) Instructions pour l'organisation de la garde nationale de Paris et la levée de légions dans les départements, 628. 629.

Garnier (Comte). sénateur, 627.

Gaudin, duc de Gaëte. ministre des finances. — (3 novembre 1813.) Rapport sur la situation des finances et l'évaluation du produit d'un impôt extraordinaire, 471.

Gendarmerie. — (8 août 1813.) Des officiers de gendarmerie sont chargés de veiller à la sûreté des convois au moment de la reprise des hostilités, 17, 18. — (12 août.) Des patrouilles de gendarmerie reçoivent ordre de parcourir les environs de Dresde pour faire rentrer les hommes isolés, 37. — (1er novembre.) Mesures prises par la gendarmerie pour la sûreté des bagages et des voitures de l'armée, 457. — (15 novembre.) Instructions pour l'augmentation du corps de gendarmerie. 500.

Gênes, ville d'Italie. — (20 novembre 1813.) Moyens de défense de cette place; opinion de l'Empereur sur les Génois. 534.

Genève, ville de Suisse. — (11 novembre 1813.) Importance de cette place; sa garnison et son armement, 492.

Génie militaire. — (12 août 1813.) Ordre de reconnaître les positions militaires aux environs de Bautzen et de Gœrlitz, pour y centraliser l'armée. 46. — (16 août.) Reconnaissance de la frontière de Bohême. 77. 78. — (17 août.) Travaux de défense de la position d'Eckartsberg, 92. — (18 août.) Ordre de fortifier Würzburg. 97. 98. — Établissement de deux camps retranchés autour de Dresde, 107. — (20 août.) Travaux de défense du col de Gabel, sur la frontière de Bohême, 113. — (25 août.) Ordre de fortifier Dresde, Bautzen et Meissen, 157, 158. — (29 août.) Travaux de défense de Dresde et de Kœnigstein, 177, 178. — (3 septembre.) Instructions détaillées pour les fortifications de Dresde et de Meissen, 197 à 199. — (9 septembre.) Travaux de défense de Sonnenstein, 212. — (13 septembre.) Construction de redoutes à Langen-Hennersdorf, 229, 230. — (16 septembre.) Travaux de défense de Pirna, 239. — (22 septembre.) Ordres pour les fortifications de Dresde et des camps retranchés, 268 à 271. — (23 septembre.) Travaux de défense des ponts de Kœnigstein, de Pirna, de Pillnitz, de Dresde et de Meissen; construction de têtes de pont, 272 à 274. — (26 septembre.) Ordre de fortifier Merseburg, 294, 295. — (27 septembre.) Ordres pour les fortifications d'Alexandrie et les travaux de défense du mont Cenis, du Simplon, du col de Tende, de Cadibona et de la Bochetta, 300 à 302. — (1ᵉʳ octobre.) Construction de blockhaus sur la rive gauche de l'Elbe, 317. — (5 octobre.) Travaux de défense du pont de Flœhe, 342. — (6 novembre.) Ordre pour les fortifications de Genève, 480. — (7 novembre.) Inspection des fortifications des places de la Hollande, 482, 483. — (20 novembre.) Instructions pour les travaux de défense des places d'Italie, 530 à 535. — (24 novembre.) Inspection des places de la frontière du Rhin, 542. — (8 décembre.) Ordre pour les fortifications des places du Nord, 581. — (23 décembre.) Fortifications de campagne de la frontière suisse, 613, 614. — (25 décembre.) Établissement de redoutes et d'un camp retranché autour d'Anvers, 621, 622. — (26 décembre.) Travaux de défense des débouchés des Vosges, de Phalsbourg à Belfort, 629. — V. CLARKE et GRANDE ARMÉE.

GÉRARD (Baron), général de division, à la Grande Armée. — (29 décembre 1813.) Chargé du commandement de la division de réserve de Paris; ses instructions, 639, 640.

GERSDORF (Comte), ministre de la guerre du royaume de Saxe, 93, 220.

GILLY (Baron), général de division. — (3 décembre 1813.) Gouverneur de l'île de Walcheren, 565.

GIRARD (Baron), général de division, à la Grande Armée. — (12 août 1813.) Éloge de sa bravoure; il est nommé commandant du corps d'observation de Magdebourg, 33. — (23 août.) Le général Girard est chargé du commandement du 11ᵉ corps, 134.

GIRARDIN (Comte), général de brigade, à la Grande Armée, 281.

GLOGAU, place forte de Prusse, province de Silésie, 41 et 521.

GOBRECHT, général de brigade, à la Grande Armée, 257.

GORCUM, place forte de Hollande. — (11 novembre 1813.) Approvisionnement, armement et mise en état de défense de cette place, 488. — (14 novembre.) L'Empereur considère Gorcum comme la clef de la Hollande, 497.

GOTHA, capitale du duché de Saxe-Gotha. — (27 septembre 1813.) Un dépôt de cavalerie de la Grande Armée est établi à Gotha, 304. — V. 281, 324 et 325.

GOURGAUD (Baron), chef d'escadron, premier officier d'ordonnance de l'Empereur, 401, 492.

GOUVION SAINT-CYR (Comte), maréchal de l'Empire, commandant le 14ᵉ corps de la Grande Armée. — (4 août 1813.) Réunion du 14ᵉ corps à Freyberg, 2. — (9 août.) Ce corps occupe Pirna, Kœnigstein et Dohna; ordre de diriger les détachements destinés au 14ᵉ corps par Fulde, Erfurt et Dresde, en prévision de la déclaration de guerre de l'Autriche, 25. — (13 août.) Le 14ᵉ corps est désigné pour couvrir Dresde et surveiller la frontière de Bohême, depuis Neustadt jusqu'au débouché de Hof; — instructions générales pour la défense de Dresde et pour les opérations offensives du 14ᵉ corps, 50 à 53. — (16 août.) Une partie du 14ᵉ corps reçoit ordre de se porter sur

Nixdorf et Lobendau pour seconder le mouvement de l'armée sur la frontière de Bohême, 74. — (17 août.) Le 1ᵉʳ corps est placé sous les ordres du maréchal Gouvion Saint-Cyr pour le cas où Dresde serait menacé par l'armée de Bohême, 89, 90. — (18 août.) Le quartier général du 14ᵉ corps est placé à Pirna, 101. — (23 août.) L'Empereur annonce au maréchal Gouvion Saint-Cyr qu'il va se porter sur Dresde avec les troupes qui viennent de battre l'armée ennemie de Silésie, 138, 139. — (16 septembre.) Réunion du 14ᵉ corps pour soutenir l'attaque de l'Empereur contre Berggiesshübel. 241. — (21 septembre.) Le maréchal Gouvion Saint-Cyr est chargé de la défense de l'Elbe depuis Pillnitz jusqu'à Kœnigstein, et des débouchés de la Bohême depuis Kœnigstein jusqu'à Freyberg; à cet effet, les 1ᵉʳ, 5ᵉ et 14ᵉ corps sont placés sous ses ordres, 262, 263. — (29 septembre.) L'ennemi paraissant renoncer à toute opération offensive sur Dresde, l'Empereur ordonne au maréchal Gouvion Saint-Cyr d'occuper la rive droite de l'Elbe, pour y trouver des ressources en vivres, 310. — (5 octobre.) Le maréchal Gouvion Saint-Cyr porte son quartier général à Dresde; il établit celui du 1ᵉʳ corps à Pirna; la cavalerie légère des 1ᵉʳ et 14ᵉ corps garde l'Elbe, depuis Dresde jusqu'à Pirna. 343. — (7 octobre.) Suite du mouvement de concentration des 1ᵉʳ et 14ᵉ corps sur Dresde; instructions pour le cas où Dresde serait évacué, 353. — V. 141, 171, 187, 188, 218, 220, 258, 318, 328, 350, 351, 355, 372 et 380. — V. GRANDE ARMÉE.

GRANDE ARMÉE (*Approvisionnements de la*). — V. APPROVISIONNEMENTS.

GRANDE ARMÉE (*Artillerie de la*). — V. ARTILLERIE.

GRANDE ARMÉE (*Opérations de la*). — (5 août 1813.) Le prince d'Eckmühl reçoit ordre d'appuyer le mouvement de l'armée du Nord sur Berlin, 8. — (8 août.) Plan de campagne du 13ᵉ corps. 16 à 20. — (11 août.) Ordre au général Vandamme de rapprocher le 1ᵉʳ corps de Dresde, 28; — les 4ᵉ, 7ᵉ, 12ᵉ corps d'armée et 3ᵉ corps de cavalerie se réunissent à Baruth pour marcher sur Berlin. 28, 29. — (12 août.) Plan de campagne de l'armée du Nord et des corps chargés de seconder son mouvement sur Berlin, 43 à 46. — (13 août.) Le 14ᵉ corps est chargé de couvrir Dresde et le pont de Kœnigstein; — position des différents corps d'armée; — plan général de campagne, 49 à 55. — (15 août.) Réunion au camp de Bunzlau des 3ᵉ, 5ᵉ, 6ᵉ, 11ᵉ corps d'armée et du 2ᵉ corps de cavalerie, sous les ordres du prince de la Moskova, 71. — (16 août.) Grandes manœuvres de l'armée : le duc de Bellune et le prince Poniatowski reçoivent ordre d'occuper les fortes positions d'Eckartsberg et de Zittau; le maréchal Gouvion Saint-Cyr est placé à Kœnigstein, sur la rive gauche de l'Elbe, pour empêcher l'armée de Bohême de descendre en Saxe, sur les derrières de l'armée française; les 3ᵉ, 5ᵉ et 11ᵉ corps sont en position sur le Bober et la Katzbach; la Garde, les 1ᵉʳ, 3ᵉ et 4ᵉ corps de cavalerie occupent Gœrlitz; le général Lefebvre-Desnoëttes se porte sur Rumburg et Schluckenau, en Bohême, 72 à 83. — (17 août.) Le 1ᵉʳ corps prend position sur la rive droite de l'Elbe, à la hauteur du 14ᵉ corps, pour garder les défilés de Bohême aboutissant en Lusace, 87 à 89. — (20 août.) L'Empereur s'avance avec une avant-garde en Bohême pour reconnaître le pays et recueillir des renseignements certains sur l'ennemi; — le général Vandamme est chargé de soutenir avec une de ses divisions le général Lefebvre-Desnoëttes et le prince Poniatowski sur la frontière de Bohême; — mouvement de la réserve sur Lœwenberg contre l'armée de Blücher; — instructions pour la défense des débouchés de Bohême; — ordres pour la réunion de l'armée à Lœwenberg, 111 à 125. — (22 août.) L'Empereur attaque l'armée de Blücher et la force à se replier sur la Katzbach; — l'armée continue son mouvement offensif et prend position à Goldberg; — dispositions adoptées par l'Empereur en prévision d'un mouvement de son armée sur Prague, 125 à 132. — (23 août.) L'Empereur appelle auprès de lui le prince de la Moskova pour lui confier la direction des opérations en Bohême; le duc de Tarente remplace le prince de la Moskova dans le commandement de l'armée du Bober, composée des 3°, 5°, 11° corps, et du 2° corps de cavalerie; instructions données par l'Empereur au duc de Tarente : le principal but de son armée est de tenir en échec l'armée de Blücher pour l'empêcher de se porter sur la Bohême ou sur le duc de Reggio; — l'Empereur apprend l'apparition de l'armée du prince de Schwarzenberg sur la rive gauche de l'Elbe et ordonne aux 1°, 2° et 6° corps de se replier sur Dresde; — projet de l'Empereur de remonter l'Elbe jusqu'à Kœnigstein et d'attaquer l'armée alliée après l'avoir placée entre Dresde et son armée, 132 à 140. — (24 août.) L'Empereur réunit ses troupes à Stolpen pour l'exécution de son plan; — ordres pour la défense de Dresde, 140 à 149. — (25 août.) Le général Vandamme reçoit ordre d'occuper les positions de Lilienstein et de Kœnigsberg, et de s'emparer du camp de Pirna; — ordre de fortifier et de garder tous les passages de l'Elbe de Kœnigstein à Meissen; — échec éprouvé par le duc de Reggio à Gross-Beeren; — le général Lauriston bat un corps de l'armée de Blücher, entre Goldberg et Jauer, 149 à 162. — (26 août.) Les craintes du maréchal Gouvion Saint-Cyr sur la défense de Dresde empêchent l'Empereur d'exécuter son premier plan et le forcent à déboucher directement sur cette capitale; — le général Vandamme reçoit ordre de tourner les positions occupées par l'armée ennemie, 162 à 166. — (27 août.) Succès de la première journée de la bataille de Dresde; — l'Empereur ordonne au roi de Naples de tourner la gauche de l'ennemi avec le 2° corps et le 1°° corps de cavalerie; le prince de la Moskova est chargé de l'attaque de l'aile droite; le duc de Raguse et le maréchal Gouvion Saint-Cyr sont placés au centre; derniers ordres pour l'artillerie, la cavalerie et le service des ambulances; — résultats de la seconde journée de la bataille de Dresde, 166 à 171. — (28 août.) Le maréchal Gouvion Saint-Cyr et le duc de Trévise reçoivent ordre de se porter sur Dohna et Pirna et de se réunir au général Vandamme pour suivre la retraite de l'armée alliée, 171, 172. — (29 août.) Le roi de Naples et le duc de Raguse poursuivent l'ennemi sur Dippoldiswalde; — le général Vandamme bat le prince de Wurtemberg près de Hellendorf; — instruction pour l'évacuation des prisonniers, 172 à 179. — (30 août.) Notes de l'Empereur pour comparer deux plans d'opérations consistant à marcher sur Berlin ou sur Prague; adoption du premier projet; ordres pour son exécution, 179 à 184. — (1°° septembre.) Mouvement rétrograde du duc de Tarente; l'Empereur réunit sa réserve pour soutenir ce maréchal; positions occupées autour de Dresde par le roi de Naples, le duc de Bellune, le duc de Raguse et le maréchal Gouvion Saint-Cyr, pendant que l'Empereur marche sur Bautzen pour arrêter Blücher, 184 à 188. — (2 septembre.) Le prince de la Moskova remplace le duc de Reggio dans le commandement de l'armée du Nord; — départ de la Garde pour Hoyerswerda, 188 à 192. — (3 septembre.) Le comte de Lobau est nommé commandant du 1°° corps; — instructions aux corps chargés de couvrir Dresde. 192 à 205. — (6 septembre.) L'Empereur rejette l'armée de Blücher au delà de la Neisse; — un nouveau mouvement de l'armée du prince de Schwarzenberg sur la route de Peterswalde ramène l'Empereur à Dresde. 206 à 208. — (8 septembre.) Échec du prince de la Moskova à Jüterbogk, 209, 210. — (9 septembre.) L'Empereur culbute de nouveau l'armée de Bohême à Dohna, 211. — (10 septembre.) Positions occupées par les différents corps, 213 à 216. — (11 septembre.) Prise de Peterswalde, du Geyersberg et de Zinnwald; retour de l'Empereur à

84.

Dresde; — ordres pour resserrer la position de l'armée autour de Dresde; — le général Lefebvre-Desnoëttes se dirige en partisan contre les Cosaques, 217 à 220. — (12 septembre.) Le roi de Naples et le duc de Raguse chassent les partisans ennemis de la rive droite et rétablissent la communication entre Dresde et Torgau, 225, 226. — (13 septembre.) Le 1er et le 14e corps occupent les positions de Sonnenstein, Lilienstein, Kœnigstein et Berggiesshübel, et s'y fortifient pour couvrir Dresde du côté de la Bohême, 227 à 230. — (14 septembre.) Une partie de la cavalerie de l'armée est employée à poursuivre les partisans ennemis et à rétablir les communications de l'armée avec Leipzig, 232 à 235. — (15 septembre.) De nouveaux mouvements de l'armée de Bohême sur Berggiesshübel décident l'Empereur à porter son quartier général à Mügeln; — l'ennemi est repoussé en désordre de Berggiesshübel sur Peterswalde, 237 à 243. — (17 septembre.) Le duc de Castiglione reçoit ordre de se porter sur la Saale, d'en occuper les débouchés et de chasser les corps ennemis qui manœuvrent de ce côté, 243, 244. — (18 septembre.) La Garde prend position à Pirna; — ordres pour le rétablissement des communications, 244 à 253. — (19 septembre.) Une partie de la Garde se dirige sur Radeberg pour soutenir le duc de Tarente, qui se trouve en présence de l'armée de Blücher; — le roi de Naples et le duc de Raguse, qui occupent Grossenhayn, reçoivent ordre de faire leur jonction avec le prince de la Moskova pour rejeter l'ennemi au delà de l'Elster, ou, selon les circonstances, se porter sur Kamenz et Kœnigsbrück pour favoriser le mouvement du duc de Tarente; — l'Empereur ordonne au prince de la Moskova de concentrer son armée à Wittenberg et d'occuper Dessau pour empêcher l'ennemi de passer l'Elbe, 254 à 259. — (20 septembre.) Le mauvais temps arrête pendant plusieurs jours les mouvements des troupes, 261, 262. — (21 septembre.)

L'Empereur fait repasser l'Elbe à plusieurs corps pour être prêt à agir contre les tentatives de l'ennemi sur les derrières de l'armée, 262 à 265. — (22 septembre.) Le duc de Tarente reçoit ordre de faire une reconnaissance générale, sous forme d'attaque, pour s'assurer de la position de l'ennemi; l'Empereur assiste de sa personne à cette reconnaissance, 266 à 272. — (23 septembre.) Les mouvements des armées de Schwarzenberg et de Bernadotte sur Leipzig décident l'Empereur à repasser l'Elbe avec toutes ses forces, 272 à 276. — (24 septembre.) Ordres pour la concentration de l'armée sur Dresde et sur la rive gauche de l'Elbe, 280 à 284. — (25 septembre.) Positions occupées par les 1er et 14e corps autour de Dresde; l'Empereur, pour ne pas affaiblir son armée, abandonne le système des garnisons et y supplée par des colonnes mobiles; — suite du mouvement de retraite de l'armée; le 11e corps reste seul sur la rive droite pour tenir l'ennemi éloigné de Dresde, 284 à 290. — (27 septembre.) Le duc de Raguse reçoit ordre d'occuper Eilenburg et Wurzen pour être à portée de réunir ses troupes à celles du prince de la Moskova, afin de couvrir Leipzig contre les armées de Bernadotte et de Blücher, ou de revenir sur Dresde ou sur Altenburg pour s'opposer aux mouvements de l'armée de Schwarzenberg, 300 à 304. — (28 septembre.) Le général Bertrand chasse l'ennemi de Wartenburg et l'oblige à lever le pont qu'il avait jeté près de Wittenberg, 306. — (29 septembre.) Le général Dombrowski est chargé d'occuper Dessau et d'éclairer toute la rive de l'Elbe pour empêcher le passage de l'ennemi, 308, 309. — (30 septembre.) L'Empereur réunit les corps du prince Poniatowski, du général Lauriston et du duc de Bellune entre les montagnes et Leipzig pour observer l'armée de Bohême, 309 à 314. — (1er octobre.) Le mouvement de l'ennemi sur Marienberg décide l'Empereur à diriger sa Garde sur Freyberg pour soutenir les corps qui y sont réunis; le duc de Raguse occupe Leipzig; le prince de la Moskova est devant Wittenberg, en présence de l'armée de Bernadotte; le maréchal Gouvion Saint-Cyr et le comte Lobau occupent les positions de Pirna, Berggiesshübel, Borna et Dippoldiswalde, autour de Dresde, 315 à 324. — (2 octobre.) Le roi de Naples prend le commandement des 2°, 8° corps et du 5° corps de cavalerie pour arrêter l'armée de Bohême qui marche sur Leipzig; — les mouvements de l'armée de Blücher sur Grossenhayn et Elsterwerda font croire à l'Empereur qu'il y a possibilité d'une attaque du camp retranché de Dresde du côté de la plaine; mesures ordonnées pour la défense de cette place, 326 à 333. — (3 octobre.) Le corps du duc de Castiglione, rappelé de Würzburg sur Leipzig, arrive à Iena et établit sa communication avec les troupes du prince Poniatowski, 334, 335. — (5 octobre.) Combat de Wartenburg soutenu avec succès par le général Bertrand contre toute l'armée de Silésie; — le duc de Raguse reçoit ordre de se diriger sur Eilenburg avec les 3°, 6° corps et le 1ᵉʳ corps de cavalerie, pour soutenir le prince de la Moskova, qui se trouve en présence des armées de Bernadotte et de Blücher; — le maréchal Gouvion Saint-Cyr porte son quartier général à Dresde, 342, 343. — (6 octobre.) Les mouvements des armées ennemies sur l'Elbe inférieur déterminent l'Empereur à s'y porter avec sa réserve; — instructions pour l'évacuation éventuelle de Dresde; les 1ᵉʳ et 14° corps y restent provisoirement, 343 à 350. — (9 octobre.) Instructions données au duc de Padoue pour la défense de Leipzig; troupes dont il dispose; — marche de l'armée sur la Mulde; — l'Empereur se porte sur Wittenberg, assiégé par l'armée de Blücher; — le général Allix reprend Cassel, 358 à 366. — (10 octobre.) L'Empereur poursuit les armées ennemies, qui se retirent derrière la Mulde; — le prince de la Moskova reprend Düben sur le corps de Lan-

geron et lui enlève un parc de 300 voitures; — la retraite des armées de Blücher et de Bernadotte décide l'Empereur à les poursuivre sans relâche, à passer la Mulde à leur suite, à détruire tous les ponts de l'Elbe, excepté ceux qui sont nécessaires à ses opérations, et à s'appuyer sur Dresde, Torgau, Wittenberg et Magdeburg, pour détruire ces armées; le roi de Naples reçoit ordre de prendre part à l'exécution de ce plan de campagne, s'il ne peut défendre Leipzig contre l'armée du prince de Schwarzenberg; — l'Empereur arrive à Wittenberg et débloque cette place, 366 à 382. — (12 octobre.) Le roi de Naples bat Wittgenstein à Borna et force l'armée de Bohême à opérer sa retraite sur Frohburg; — l'Empereur s'arrête à Düben pour recueillir des nouvelles des différents corps envoyés à la poursuite des armées de Blücher et de Bernadotte, et s'assurer s'il doit aller chercher ces armées derrière la Mulde ou au delà de l'Elbe, en passant ce fleuve à Wittenberg; — il apprend que l'armée de Bohême et celle de Silésie se portent sur Leipzig pour y faire leur jonction, et il rappelle toutes ses forces sur cette ville; — marche des différents corps sur Leipzig; — opérations des généraux Reynier et Dombrowski pour détruire les ponts de l'ennemi sur l'Elbe; — le prince de la Moskova reprend Dessau et y fait 2,500 prisonniers; — le duc de Castiglione, en se portant sur Leipzig, rencontre les troupes légères de Liechtenstein et de Thielmann, les met en déroute et leur enlève 1,200 prisonniers, 382 à 402. — (13 octobre.) Suite du mouvement de concentration de l'armée sur Leipzig; — ordre de l'Empereur pour placer l'infanterie en bataille sur deux rangs au lieu de trois, 403 à 414. — (14 octobre.) Positions occupées par les différents corps devant Leipzig; le quartier général de l'armée est placé au village de Reudnitz, 417 à 420. — (15 octobre. Le roi de Naples repousse une attaque de l'armée de Bohême contre la position de Crœbern et fait 1,200 prisonniers, 421, 422. —

(16 octobre.) Bulletin de la bataille de Wachau : positions occupées par les différents corps; l'armée française reste maîtresse du champ de bataille, 426 à 429. — (24 octobre.) Bulletin de la bataille de Leipzig : résultats de cette bataille; l'épuisement des munitions détermine l'Empereur à ordonner la retraite de l'armée; désastre du pont de Lindenau; l'armée française se replie sur Erfurt, 437 à 443. — (25 octobre.) L'Empereur se dirige sur Mayence pour concentrer son armée sur la frontière; — le roi de Naples quitte l'armée, 444 à 449. — (31 octobre.) Bulletin de la bataille de Hanau : pertes des armées autrichienne et bavaroise, 453 à 457. — (1er novembre.) Le duc de Tarente, le duc de Bellune et le général Albert reçoivent ordre de repasser le Rhin à Mayence, et de rallier leurs corps à Bingen et à Oppenheim; le duc de Raguse prend position sur la Nidda avec les 3e et 6e corps, 457. — (2 novembre.) Le général Bertrand occupe la rive droite du Rhin avec le 4e corps et forme l'avant-garde de l'armée, 460, 461. — (3 novembre.) Observations de l'Empereur sur la relation de la bataille de Leipzig par le prince de Schwarzenberg, 462 à 470. — (19 novembre.) Le duc de Trévise porte le quartier général de la Garde à Trèves; — mouvements des différents corps, 523 à 525. — (10 décembre.) Troupes chargées de la défense de la Hollande, 587 à 589. — (26 décembre.) L'Empereur, apprenant que l'ennemi s'avance sur Belfort, ordonne à sa Garde de se porter sur Reims, 630, 631. — V. NAPOLÉON.

GRANDE ARMÉE (*Organisation de la*). — (4 août 1813.) Formation du 14e corps, 23. — (5 août.) État du 13e corps, 8. — (8 août.) État du 14e corps, 25. — (11 août.) Ordres pour la formation du 5e corps de cavalerie et du corps d'observation de Bavière; — organisation d'un corps d'observation à Minden, 30. — (18 août.) Formation du 9e corps à Würzburg; — le général Margaron reçoit ordre d'organiser une division de réserve à Leipzig; — ordres pour la formation du 5e corps de cavalerie; — le duc de Valmy est chargé d'organiser à Mayence les renforts pour l'armée, 89 à 111. — (29 août.) Recrutement des corps d'armée avec les détachements envoyés d'Erfurt, 172 à 179. — (3 septembre.) Réorganisation du 1er corps, 192 à 205. — (8 septembre.) Formation de colonnes mobiles pour poursuivre les Cosaques, 209, 210. — (25 octobre.) Ordres pour le recrutement de l'armée, 444 à 449. — (10 novembre.) Répartition des nouvelles levées de conscrits entre les différents corps, 483 à 486. — (17 novembre.) Formation des 1er, 2e et 3e corps *bis*; — composition du 4e corps, 509 à 513. — (18 novembre.) Projet de réorganisation de la Grande Armée; — organisation de l'artillerie; — le général Sebastiani est chargé du commandement du 5e corps, le général Morand du 4e corps, et le général Bordesoulle du 2e corps de cavalerie, 519 à 521. — (21 novembre.) Instructions pour les dépôts des régiments de la Grande Armée, 536 à 538. — (28 novembre.) Formation d'un nouveau corps d'armée portant le n° 7; — situation des corps d'armée, 551 à 554. — (3 décembre.) Projet de formation du corps polonais, 563, 564. — (4 décembre.) Réorganisation du personnel et du matériel du corps des équipages militaires; — décret pour le service des ambulances, 571 à 573. — (7 décembre.) Organisation de l'artillerie de la Grande Armée, 574 à 576. — (12 décembre.) Instructions pour la formation de la cavalerie, 591, 592. — (21 décembre.) Organisation définitive de l'armée; composition des différents corps, 607 à 612. — V. NAPOLÉON et CLARKE.

GRÉBAN, capitaine de vaisseau. — (9 décembre 1813.) Chargé du commandement de la flottille de l'Escaut, 583.

GRESSOT (Baron), général de brigade, à la Grande Armée. — (3 novembre 1813.) Chargé du commandement de Kastel et des ouvrages de défense de la rive droite du Rhin, 478.

GROSSENHAYN, ville de Saxe. — (22 septembre 1813.) Position stratégique occupée par le roi de Naples et le duc de Raguse pour empêcher la jonction des armées alliées de Blücher et de Bernadotte, 272. — V. 149, 203, 216, 255, 303, 319 et 322.

GROUCHY (Comte), général de division, à la Grande Armée. — (21 décembre 1813.) Chargé du commandement en chef de la cavalerie de l'armée, 607.

GUÉRIN, général de brigade, à la Grande Armée, 436.

GUILLEMINOT (Comte), général de division, à la Grande Armée. — (21 décembre 1813.) Chargé du commandement d'une division du 4ᵉ corps d'armée, 610. — V. 43, 431, 460 et 512.

GYULAI (Comte DE), général autrichien, commandant le 3ᵉ corps d'armée autrichien, 425 et 429.

H

HALGAN, capitaine de vaisseau. — (9 décembre 1813.) Chargé du commandement de la flottille de la Meuse, 584.

HAMBOURG, chef-lieu du département des Bouches-de-l'Elbe. — (5 août 1813.) Armement de cette place, 8. — (8 août.) Sa garnison; le 13ᵉ corps est chargé de couvrir Hambourg. 17 à 20. — V. 102 et 300.

HASTREL (Baron D'), général de division, directeur de la conscription militaire. — (29 novembre 1813.) Instructions pour le recrutement de l'armée, 556, 557.

HAVRE (Le), ville de France, port sur la Manche. 301.

HAXO (Baron), général de division, commandant le génie de la Garde impériale. — (20 août 1813.) Chargé des travaux de défense du col de Gabel, 122, 123. — (26 août.) Sa mission auprès du général Vandamme, 165, 166.

HEIM, auditeur au Conseil d'état, 627.

HELDER (Le). — V. HOLLANDE.

HELLEVOETSLUIS, place forte et port de la Hollande, 30.

HOGENDORP (Comte), général de division, gouverneur de Hambourg, 10.

HOLLANDE. — (1ᵉʳ août 1813.) Rapport du ministre du commerce et des manufactures sur la situation commerciale de la Hollande, 1. — (11 novembre.) Répartition des bâtiments légers pour assurer la possession de toutes les eaux de la Hollande et concourir à la défense des places, 487, 488. — (14 novembre.) Garnison du Helder, 496.

HÔPITAUX MILITAIRES. V. SANTÉ (Service de).

I

ILLYRIENNES (Provinces). — (14 août 1813.) Ordre au vice-roi d'Italie pour la défense des provinces illyriennes, 70.

INGÉNIEURS GÉOGRAPHES. — (13 août 1813.) Chargés de reconnaître une position militaire en avant de Gœrlitz, 53. — V. 77.

ITALIE (Royaume d'). — (1ᵉʳ août 1813.) Rapport sur les douanes du royaume d'Italie. 1. — (18 août.) Armement et approvisionnement d'Alexandrie et de Turin; organisation d'une force mobile dans le Piémont, 110, 111. — (27 septembre.) L'Empereur recommande au ministre de la guerre de veiller à la situation de l'artillerie en Italie, et lui indique les travaux qui doivent être exécutés sur le mont Cenis, le Simplon, sur le col de Tende. Cadibona et sur la Bochetta, 301, 302. — (20 novembre.) Instructions données par l'Empereur pour la défense de l'Italie. 528 à 531.

J

Jérôme Napoléon, roi de Westphalie. — (8 août 1813.) Les troupes westphaliennes secondent les opérations du général Lemarois contre les partisans ennemis, 25. — (9 août.) Renseignements sur la situation générale des affaires; — formation d'un régiment français pour la garde du roi de Westphalie, 27. — (12 août.) Le ministre de la guerre reçoit ordre de correspondre avec le roi de Westphalie pour lui fournir les officiers nécessaires au régiment de cavalerie *Jérôme-Napoléon*. qui s'organise à Cassel, 47. — (12 août.) L'Empereur informe le roi de Westphalie que l'armistice a été dénoncé; — avis d'ordres relatifs à la formation du régiment de hussards *Jérôme-Napoléon*; — formation d'un corps d'observation à Minden pour protéger la Westphalie, 48. — (24 août.) L'Empereur conseille au roi de Westphalie de faire venir du dépôt de cavalerie de Francfort des cavaliers français pour les monter avec les chevaux de la cavalerie westphalienne, 147, 148. — (27 septembre.) Approbation des mesures prises en Westphalie pour réunir, habiller et armer les hommes isolés qui arrivent dans ce royaume; l'Empereur recommande au roi de Westphalie les dépôts de cavalerie de Gotha, d'Eisenach. Langensalza, etc. 304. — (1ᵉʳ novembre.) Le roi de Westphalie arrive à Cologne avec une colonne de 2 à 3,000 hommes, que l'Empereur place sous les ordres du duc de Tarente. 459.

Joachim Napoléon, roi des Deux-Siciles. — (14 août 1813.) Son arrivée à l'armée. 69. — (27 août.) Est chargé de tourner la gauche de l'armée alliée, avec le 2ᵉ corps et le 1ᵉʳ corps de cavalerie, à la bataille de Dresde, 167, 168. — (12 septembre.) Le 1ᵉʳ et le 5ᵉ corps de cavalerie, commandés par le roi de Naples, se portent sur Grossenhayn pour chasser l'ennemi de la rive droite de l'Elbe, 225. — (21 septembre.) Le roi de Naples se porte sur Meissen avec le 6ᵉ corps et le 1ᵉʳ corps de cavalerie, pour empêcher l'ennemi de déboucher sur Leipzig, 263, 264. — (5 octobre.) Il est chargé d'occuper Leipzig et de lier ses mouvements avec ceux du duc de Bellune et du prince Poniatowski, pour couvrir cette place. — (7 octobre.) Ordre de tenir les Autrichiens en échec, pour que l'Empereur puisse attaquer Blücher et les Suédois avant leur réunion au corps du prince de Schwarzenberg, 355. — (8 octobre.) Ordre éventuel de se porter sur Dresde si l'ennemi menaçait cette place, 359. — (10 octobre.) Troupes mises à la disposition du roi de Naples pour couvrir Leipzig, 376, 377. — (12 octobre.) Le roi de Naples bat Wittgenstein à Borna; il s'empare de la position de Crœbern, où il se trouve en présence de l'armée du prince de Schwarzenberg; importance de cette position pour défendre Leipzig; — ordre de suivre le mouvement de l'armée sur Taucha et Wurzen, si la position de Crœbern ne peut être conservée, 388 à 402. — (13 octobre.) Nouvelles de l'armée; instructions pour la position de bataille des corps commandés par le roi de Naples; ordre de placer l'infanterie de l'armée sur deux rangs au lieu de trois, 405 à 411. — (16 octobre.) Le roi de Naples défait la cavalerie de la garde russe et les cuirassiers autrichiens à la bataille de Wachau, 428. — (25 octobre.) Il quitte l'armée française, 445. — (15 novembre.) Mission du duc d'Otrante pour presser le mouvement de l'armée napolitaine sur le Pô, 501, 502. — (20 novembre.) Opinion de l'Empereur sur le roi de Naples, 530. — (22 novembre.) L'Empereur recommande de bien accueillir le roi de Naples et de bien traiter ses troupes lorsque l'armée napolitaine traversera le territoire romain et les départements de la Toscane pour se rendre sur le Pô, 539. — (11 décembre.) Le duc de Vicence est chargé d'exprimer au ministre de Naples l'étonnement de l'Empereur sur les mesures prises par le Roi et la direction qu'il semble suivre; le général Miollis reçoit ordre de ne fournir aucun fusil au roi de Naples et de ne laisser entrer les troupes napolitaines ni à Civita-Vecchia ni au château Saint-Ange, 590, 591.

Jomini, général de brigade, chef d'état-major du 3° corps d'armée, 73 et 106.

Jordan-Duplessis, auditeur au Conseil d'état, 627.

Juliers, ville forte d'Allemagne, 300 et 444.

K

Kamenz, ville de Prusse, province de Silésie. 149, 200, 207, 208, 255 et 345. — V. Marmont.

Kastel, place forte d'Allemagne. — (18 août 1813.) Ordre d'approvisionner Kastel, 110.

Kehl, ville d'Allemagne, sur la rive droite du Rhin. — (18 août 1813.) Ordre d'approvisionner cette place, 110. — V. Clarke.

Kellermann, comte de Valmy, général de division, commandant le 4° corps de cavalerie de la Grande Armée. — (17 août 1813.) Le 4° corps de cavalerie occupe Zittau et Gabel, pour fermer les débouchés de Bohême aux armées russe et autrichienne, 91. — (20 août.) Le comte de Valmy reçoit ordre d'occuper Reichenberg; la cavalerie légère du 2° corps est placée sous ses ordres, 118.

Kellermann, duc de Valmy, maréchal de l'Empire, commandant supérieur des 5°, 25° et 26° divisions militaires. — (18 août 1813.) Chargé de l'organisation du 5° corps de cavalerie et des corps d'observation de Minden et de Leipzig, 101. — (25 octobre.) Ordre de faire évacuer les hôpitaux et les dépôts de cavalerie sur la rive gauche du Rhin; instructions pour l'armement et l'approvisionnement des places de Wesel, Juliers, Venlo et Grave; approvisionnement de vivres pour l'armée à Francfort, à Mayence et à Hanau, 449, 450. — (2 novembre.) Ordre d'éloigner les prisonniers espagnols des places du Rhin et de faire rentrer à Strasbourg les conscrits réfractaires qui font partie de la garnison de Kehl, 461, 462. — (11 novembre.) Le duc de Valmy est chargé du commandement de Metz et de l'exécution des dispositions de l'Empereur pour la réorganisation de l'armée, 492.

Kleist, général prussien, commandant le 2° corps de l'armée prussienne, 81, 381.

Klenau, général autrichien, commandant un corps d'armée, 315, 335.

Koenigstein, ville de Saxe. — (13 août 1813.) Importance de la position de Kœnigstein, 49 à 51. — V. 10, 39, 75, 87, 211, 219, 262, 272 et 284.

Küstrin, place forte de Prusse, province de Brandebourg, 21 et 521.

L

Lacépède (Comte de), grand chancelier de la Légion d'honneur. — (11 décembre 1813.) Témoignage de satisfaction de l'Empereur pour la prospérité de la maison de Saint-Denis, 591.

Lacuée, comte de Cessac, général de division, ministre directeur de l'administration de la guerre. — (11 août 1813.) Chargé de pourvoir à l'équipement du corps d'observation de Bavière, 31. — (26 septembre.) Défense de faire aucune dépense qui n'ait été prévue et qui ne figure au budget de l'administration de la guerre, 291. — (27 septembre.) Instructions pour l'approvisionnement de Mayence et de Wesel, 302, 303. — (20 novembre.) Remplacement du comte de Cessac au ministère de l'administration de la guerre par le comte

Daru; le comte de Cessac est nommé ministre d'état et reçoit de l'Empereur une pension et une dotation.

LACUÉE, maître des requêtes au Conseil d'état. 627.

LAFERRIÈRE-LEVÊQUE (Baron), général de brigade de cavalerie de la vieille Garde. — (31 octobre 1813.) Se distingue à la bataille de Hanau, 455.

LAGRANGE (Comte), général de division, à la Grande Armée. — (21 décembre 1813.) Chargé du commandement d'une division du 6ᵉ corps d'armée. 610. — V. 491.

LAHAYE DE CORMENIN, auditeur au Conseil d'état, 628.

LAINÉ, député au Corps législatif, 612.

LAMEZAN, capitaine, officier d'ordonnance de l'Empereur, de 227 à 231.

LANGERON (Comte DE), commandant un corps d'armée russe. 131, 256, 266, 327, 339, 369, 370 et 372.

LANUSSE (Baron), général de division, à la Grande Armée, 10.

LAPLACE (Baron), officier d'ordonnance de l'Empereur, 55, 267 et 505.

LAPOYPE (Baron), général de division, gouverneur de Wittenberg. 45, 183 et 190.

LATOUR-MAUBOURG, baron de Fay, général de division, commandant le 1ᵉʳ corps de cavalerie de la Grande Armée. — (12 août 1813.) Le 1ᵉʳ corps de cavalerie se porte sur Gœrlitz, en prévision de la reprise des hostilités. 34, 34. — (27 août.) Le général Latour-Maubourg est placé sous les ordres du roi de Naples à la bataille de Dresde, 168. — (1ᵉʳ septembre.) Le 1ᵉʳ corps de cavalerie fait partie de la réserve groupée par l'Empereur autour de Dresde, 187. — Ce corps prend part aux opérations dirigées par l'Empereur contre l'armée de Silésie, 201. — (12 septembre.) Le 1ᵉʳ corps se dirige sur Grossenhayn pour opérer entre les armées ennemies de Blücher et de Bernadotte, 225. — (9 octobre.) Il suit le mouvement de concentration de l'armée sur Düben, 362. — (11 octobre.) Le 1ᵉʳ corps prend part aux opérations sur la Mulde. 385. — (12 octobre.) Il reçoit ordre de se diriger sur Taucha, 393. — (16 octobre.) Les cuirassiers du 1ᵉʳ corps, réunis à la cavalerie polonaise et aux dragons de la Garde, mettent en déroute la cavalerie de la garde russe et les cuirassiers autrichiens à la bataille de Wachau ; le général Latour-Maubourg a la cuisse emportée par un boulet, 428. — V. 75, 77, 117, 151, 155, 193, 206, 274, 367, 395 et 416.

LATOUR-MAUBOURG, comte de Fay, sénateur. 627.

LAUBAN, ville de Prusse, province de Silésie. 76, 121, 123, 124, 127, 129.

LAURISTON (Law, comte DE), général de division, commandant le 5ᵉ corps de la Grande Armée. — (12 août 1813.) Avis de la reprise des hostilités, 34. — (20 août.) Le 5ᵉ corps prend part aux opérations contre l'armée de Silésie 125. — (25 août.) L'armée alliée de Silésie est battue entre Goldbert et Jauer par le général Lauriston, 159. — (1ᵉʳ septembre.) Le 5ᵉ corps est placé sous les ordres du maréchal Gouvion Saint-Cyr, pour concourir avec le 1ᵉʳ et le 14ᵉ corps à la défense de l'Elbe, depuis Pillnitz jusqu'à Kœnigstein, et des débouchés de la Bohême. 262, 263. — (30 septembre.) Le 5ᵉ corps se porte sur Leipzig contre l'armée de Bohême, 311 à 320. — (16 octobre.) Éloge de la conduite du général Lauriston à la bataille de Wachau, 428. — (24 octobre.) Le général Lauriston est chargé de défendre Leipzig avec le duc de Tarente et le prince Poniatowski pendant la retraite de l'armée ; désastre de Lindenau, 442. — V. 232, 279, 282, 284, 350, 351 et 372.

LAURISTON (Comtesse DE). — (5 décembre 1813.) Témoignage d'intérêt que l'Empereur lui donne. 571.

LAVERGNE, lieutenant de vaisseau. — (9 décembre 1813.) Chargé du commandement de la flottille de Cadzand. 583.

LEBRUN (Charles), duc de Plaisance, général de division, aide de camp de l'Empereur. —

(4 août 1813.) Chargé de détruire le pont jeté à Mühlberg et de rejeter l'ennemi sur la rive droite de l'Elbe, 337, 338. — (18 novembre.) Chargé du commandement du 1er corps bis de la Grande Armée, 517. — (7 décembre.) Nommé gouverneur d'Anvers; étendue de son commandement; instructions pour la défense d'Anvers, 576, 577. — (8 décembre.) Instructions pour la défense de l'île de Goeree et de Hellevoetsluis, 581, 582. — (10 décembre.) Le duc de Plaisance est chargé du commandement supérieur de Berg-op-Zoom, de Willemstad, de l'île de Goeree, d'Ostende, de l'île de Walcheren et d'Anvers; état des forces dont il dispose, 587 à 589. — (16 décembre.) Il remplace le général Decaen dans le commandement des troupes de la Hollande; instructions pour la défense des places fortes, 598, 599.

LECHAPELIER, auditeur au Conseil d'état, 628.
LECOUTEULX, auditeur au Conseil d'état, 628.
LECOUTEULX (Comte), sénateur, 628.
LEFEBVRE-DESNOËTTES (Comte), général de division, commandant une division de cavalerie de la Garde impériale. — (17 août 1813.) Reçoit ordre d'occuper Rumburg et Schluckenau, en Bohême, 92. — (24 août.) Le général Lefebvre-Desnoëttes, soutenu par le prince Poniatowski, s'avance en Bohême jusqu'à dix lieues de Prague, 145. — (11 septembre.) Il se dirige en partisan contre les Cosaques, 220. — (14 septembre.) Les brigades Piré et Vallin sont placées sous les ordres du général Lefebvre-Desnoëttes, qui est chargé de rétablir les communications de l'armée avec Leipzig. 232. 233. — (13 septembre.) Ordre de rouvrir les débouchés de la Saale et de protéger les convois. 251. — (23 septembre.) Le général Lefebvre-Desnoëttes bat le général Thielmann et rétablit la communication de l'armée avec Erfurt, 275. — (1er octobre.) Il est forcé d'abandonner la position d'Altenburg et de se replier sur Weissenfels, 321. — (10 octobre.) Ordre d'éclairer le pays entre Eilenburg, Düben et Leipzig, et de protéger l'évacuation du trésor et des approvisionnements de Leipzig sur Eilenburg, 384. — (24 octobre.) La cavalerie du général Lefebvre-Desnoëttes flanque la droite de l'armée pendant la retraite, 437. — (1er novembre.) Ordre d'occuper Bonames et les bords de la Nidda. 458. — (25 novembre.) Réorganisation de la division Lefebvre-Desnoëttes à Bruxelles. 547. — (25 décembre.) Ordre d'investir Breda, 623, 624. — V. 73, 78, 121, 165, 184, 201, 216, 242, 255, 313, 367, 390, 415, 435 et 607. — V. GARDE IMPÉRIALE.

LEFOL, général de division, à la Grande Armée. — (24 octobre 1813.) Chargé de défendre le pont de Connewitz à la bataille de Leipzig. 438. — V. 360 et 361.

LEIPZIG, ville de Saxe sur la Pleisse et la Partha. — (18 août 1813.) Garnison de Leipzig, 93 à 95. — (10 octobre.) Ordre de faire partir de Leipzig le trésor, les parcs, les approvisionnements et tout ce qui pourrait être un embarras pour la défense de cette place, 377 à 379. — (24 octobre.) Évacuation de Leipzig, 441. — V. 69, 84, 149, 226, 233. 238, 255, 281, 294, 309, 323, 360, 369. 372, 390 et de 439 à 443.

LEMAROIS (Comte), général de division, gouverneur de Magdeburg. — (8 août 1813.) Instructions pour la défense de Magdeburg; — le général Lemarois est chargé d'organiser une division pour seconder les mouvements du duc de Reggio sur Berlin; — ordre pour la sûreté des convois, 22 à 24. — V. 29, 32, 107 et 183.

LEMOINE, général de division, commandant la place de Wesel. — (11 août 1813.) Nommé commandant du corps d'observation de Minden, 31 à 33.

LETORT (Baron), général de brigade de la Garde impériale. — (16 octobre 1813.) Commande les dragons de la Garde à la bataille de Wachau. 428. — (31 octobre.) Le général Letort, quoique blessé à la bataille de Wachau, prend une part glorieuse à la bataille de Hanau, 456, 457.

LHÉRITIER (Baron), général de division, à la Grande Armée. — (3 septembre 1813.) Chargé du commandement du 5ᵉ corps de cavalerie; ses instructions, 203. — (30 septembre.) Envoyé à Freyberg pour couvrir Leipzig, 315. — (13 octobre.) Chargé du commandement d'une division de dragons, 404. — V. 154, 155, 172, 173, 216, 219. 303 à 305 et 319.

LIBRAIRIE. — (23 août 1813.) L'Empereur se plaint de ce que le directeur de la librairie a défendu l'impression d'un mémoire signé par un avocat : « Ce serait une chose inouïe que, dans une affaire contentieuse, le mémoire d'une partie ne pût pas obtenir la même publicité que celui de la partie adverse, » 132.

LIECHTENSTEIN (Prince DE), commandant un corps d'infanterie autrichienne, 356, 402 et 429.

LILIENSTEIN, petite ville de Saxe, 203. — V. CAMP DE LILIENSTEIN.

LION, général de brigade de la Garde impériale, 83.

LOISON (Comte), général de division, à la Grande Armée, 20.

LORIENT, port français sur l'Océan. — (7 août 1813.) Ordre pour la construction de la frégate la Didon, 13.

LORGE (Baron), général de division de cavalerie, à la Grande Armée. — (14 septembre 1813.) Chargé de poursuivre les partisans ennemis et de rétablir les communications de l'armée avec Leipzig, 233. — (16 octobre.) Position occupée par la division Lorge à la bataille de Wachau, 426. — V. 251, 286, 294. 309, 360, 362 et 383.

LUXEMBOURG, ville forte de la Hollande.—(12 novembre 1813.) Armement et approvisionnement de cette place, 493.

M

MACDONALD, duc de Tarente, maréchal de l'Empire, commandant le 11ᵉ corps de la Grande Armée. — (6 août 1813.) Chargé de reconnaître la frontière de Bohême, 9. —(13 août.) Reçoit communication du plan général de campagne; ses instructions, 53 à 55. — (23 août.) Le duc de Tarente est chargé du commandement de l'armée réunie sur le Bober et composée des 3ᵉ, 5ᵉ, 11ᵉ corps et 2ᵉ corps de cavalerie; instructions pour son nouveau commandement, 133 à 138. — (24 août.) Ordre d'occuper Lauban, 145. — (1ᵉʳ septembre.) L'Empereur demande un état des pertes du duc de Tarente à la bataille de la Katzbach, 186, 187. — (11 septembre.) Ordre d'occuper la rive droite de la Sprée et de rester maître de Bautzen, 221. — (22 septembre.) Le duc de Tarente reçoit ordre d'arrêter son mouvement de retraite sur Dresde et de faire une reconnaissance générale, sous forme d'attaque, pour connaître la position de l'ennemi, 265 à 268. — (24 septembre.) Le 3ᵉ et le 5ᵉ corps sont rappelés à Dresde, 283. — (1ᵉʳ octobre.) La garde du camp retranché de Dresde est confiée aux troupes du duc de Tarente, 316, 317. — (2 octobre.) Avis d'un mouvement de l'ennemi sur Elsterwerda et Grossenhayn rendant possible une attaque du camp retranché de Dresde: instructions pour la défense, 327, 328. — (4 octobre.) Reconnaissance pour s'assurer des mouvements de l'armée de Blücher, 338, 339. — (6 octobre.) Ordre de diriger le 11ᵉ corps sur Meissen et sur Wurzen, 354, 355. — (9 octobre.) Le 11ᵉ corps se porte sur Mockrehna et ensuite sur Düben, pour attaquer l'armée de Blücher, 363. — (10 octobre.) Le duc de Tarente reçoit ordre de suivre le corps de Sacken, 368 à 370. — (11 octobre.) Le 11ᵉ corps se dirige sur Wittenberg, 382, 383. — (12 octobre.) Ce corps se replie sur Taucha, où l'Empereur concentre son armée par suite des mouvements des armées alliées, 393. — (15 octobre.) Le 11ᵉ corps se porte sur Holzhausen pour tourner la droite de l'ennemi, 423. — (16 octobre.) Part qu'il prend à la bataille de Wachau, 427. — (24 octobre.) Le duc de Tarente est chargé de défendre Leipzig pendant la retraite de l'armée; — désastre du pont de Lindenau; le duc de Tarente passe l'Elster à la nage; pertes éprouvées par le 11ᵉ corps, 441, 442. — (31 octobre.) Le duc de Tarente tient en échec l'armée autrichienne et bavaroise à Hanau jusqu'à l'arrivée du reste de l'armée 454. — (1ᵉʳ novembre.) Le 11ᵉ corps repasse le Rhin et se rallie à Bingen. 457. L'Empereur donne le commandement du 11ᵉ corps au général Charpentier, et charge le duc de Tarente de se rendre à Cologne, pour y prendre le commandement de la frontière du Rhin depuis la Moselle jusqu'à Zwolle, 459. — (6 novembre.) Le 11ᵉ corps et le 2ᵉ corps de cavalerie sont placés sous le commandement supérieur du duc de Tarente, 490, 491. — (8 décembre.) Instructions pour la défense de Nimègue, 577. — V. 34, 80, 103, 112. 144. 200 à 202, 232, 237, 261, 279. 319, 344. 416, 418 et 421. — V. Grande Armée.

Macdonald (de Klor Renald), général de brigade, à la Grande Armée, 127.

Magdebürg, ville forte de Westphalie. — (18 août 1813.) Garnison de Magdebourg, 107. — V. 10. 32 et 107. — V. Lemarois.

Maison (Baron), général de division, à la Grande Armée. — (16 octobre 1813.) Blessé à la bataille de Wachau, 428. — (21 décembre.) Nommé commandant du 1ᵉʳ corps d'armée à Anvers, 607. — (24 décembre.) Ses instructions, 618.

Maison impériale de Saint-Denis. — (11 décembre 1813.) Témoignage de satisfaction de l'Empereur pour la prospérité de la maison de Saint-Denis; dotations accordées aux dames dignitaires, 591.

Mantoue, place forte d'Italie, 532.

Marchand (Comte), général de division, à la Grande Armée. — (23 août 1813.) Commande une division composée de troupes de la Confédération, 134. — (6 septembre.) Le général Marchand reçoit ordre d'occuper Bautzen et d'y préparer des approvisionnements pour l'armée. 208.

Marchant (Baron), intendant général de la Grande Armée. — (4 novembre 1813.) Instructions pour le service des blessés, 479.

Maret, duc de Bassano, ministre des relations extérieures. — (5 août 1813.) Instructions adressées aux plénipotentiaires français à Prague. 45. — Instructions pour l'équipement des Polonais. 6, 7. — (13 août.) Ordre de réunir les pièces relatives au congrès de Prague et à la déclaration de guerre de l'Autriche. 57. — (16 août.) Avis de l'inexécution par les alliés des conditions de l'armistice et de la reprise des hostilités, 73. — (17 août.) Le duc de Bassano propose au prince de Metternich la réunion d'un congrès où il n'y aurait exclusion d'aucune puissance, 85 à 87. — (24 août.) L'Empereur communique au duc de Bassano son plan d'opérations pour attaquer l'armée de Bohème qui se porte sur Dresde. 141 à 143. — (6 septembre.) Avis des succès de l'armée, 206. — (11 septembre.) Recommandation d'éviter qu'il y ait rien de personnel contre l'empereur d'Autriche ni contre le prince de Metternich dans les communications à faire à Paris, 217. — (15 septembre.) Ordre pour la publication des nouvelles de l'armée dans le journal de Leipzig; — formation de magasins de fourrages et d'avoine à Dresde. 237 à 239. — (1ᵉʳ octobre.) Plaintes de l'Empereur à cause des faux bruits accrédités par son ministre à Gotha, 324, 325. — (10 octobre.) Mesures pour la sûreté du voyage du roi de Saxe; — nouvelles de l'armée; — ordre de diriger sur la Mulde et Eilenburg tout ce qui, à Leipzig, appartient au ministère des relations extérieures en prévision d'une attaque de l'ennemi contre Leipzig, 372 à 375. — (12 octobre.) Nouvelles des opérations de l'armée, 389, 390. — (13 octobre.) Arrestation du conseiller Kraft, envoyé par le prince de Schwarzenberg au prince royal de Suède; saisie de papiers dans lesquels se trouvent des conditions de paix, 405, 406. — Ordre de faire préparer à Leipzig des approvisionnements pour l'armée, 413 à 415. — (5 décembre.) Mesures à concerter avec le ministre du trésor pour le payement de la solde arriérée de l'armée, 568. — V. 95. 103. 105. 112. 132. 146. 150. 213, 248. 272, 357, 382, 386. 397, 405 et 412.

MARET (Comte), conseiller d'état, directeur général de l'administration des vivres de la guerre. — (12 novembre 1813.) Instructions pour l'approvisionnement des places fortes. 493. 494. — (25 novembre.) Insuffisance de l'approvisionnement de l'armée des Pyrénées. 648.

MARGARON (Baron), général de division, à la Grande Armée. — (18 août 1813.) Chargé de garder Leipzig et de former une réserve sur les derrières de l'armée, 93 à 95. — Instructions pour l'organisation et l'équipement de ce corps, 100. — (14 septembre.) Ordre de soutenir le mouvement du général Lefebvre-Desnoëttes, pour rétablir les communications de l'armée avec Leipzig, 233. — (2 novembre.) La division Margaron est incorporée dans la division Durutte (4ᵉ corps), 460. — V. 149. 172, 175, 216, 226, 251 à 259, 286, 297 et 340.

MARIE-LOUISE. Impératrice des Français, Reine d'Italie. — (1ᵉʳ août 1813.) L'Empereur exprime le désir que l'Impératrice assiste à l'introduction de la mer dans le nouveau bassin de Cherbourg, 2. — (27 août.) Avis de la victoire de Dresde, 166. — (23 octobre.) Adresse du conseil municipal de Paris, 436. 437. — (1ᵉʳ novembre.) L'Empereur envoie à l'Impératrice les drapeaux pris aux batailles de Wachau, de Leipzig et de Hanau, 458.

MARINE AMÉRICAINE. — (7 août 1813.) Instructions sur les prises : difficulté de statuer sur les bâtiments de commerce des États-Unis d'Amérique; questions diverses et solutions. 12 et 13. — V. DECRÈS.

MARINE ANGLAISE. — (5 août 1813.) L'Empereur informe le ministre de la marine que les Anglais font des frégates d'un calibre égal à celui des frégates d'Amérique, et le charge d'étudier cette question. 9. — V. DECRÈS.

MARINE DANOISE. — (7 août 1813.) Instructions sur les prises : conditions spéciales auxquelles les bâtiments de commerce danois pourront être exemptés des rigueurs du blocus continental. — V. DECRÈS.

MARINE FRANÇAISE. — (7 août 1813.) Expédition de l'amiral Bouvet aux Indes; — instructions pour les croisières; construction de frégates d'un calibre égal à celui des frégates américaines, 12 et 13. — (11 août.) 10.000 conscrits de la marine sont incorporés avec le corps d'observation de Bavière. 31. — (25 octobre.) Projet de désarmer les vaisseaux et de ne conserver que les frégates pour le service maritime. 449. — (11 novembre.) Répartition des bâtiments légers de la Hollande pour assurer la possession de toutes les eaux de ce pays et concourir à la défense des places fortes. 487. 488. — (14 novembre.) Ordre de faire partir pour leur destination les frégates qui sont en armement au Helder et qui ont des missions; garnison du Helder. 496, 497. — V. DECRÈS.

MARMONT, duc de Raguse, maréchal de l'Empire, commandant le 6ᵉ corps de la Grande Armée. — (12 août 1813.) Communication du plan de campagne, 39 à 41. — (18 août.) Position occupée par le 6ᵉ corps, 94, 95. — (1ᵉʳ septembre.) Le 6ᵉ corps fait partie de la réserve formée par l'Empereur autour de Dresde. 187. 188. — (8 septembre.) Mouvement du 6ᵉ corps sur Hoyerswerda. 209. — (12 septembre.) Le duc de Raguse se porte sur Grossenhayn pour chasser l'ennemi de la rive droite de l'Elbe. 225. — (23 septembre.) L'Empereur ordonne au duc de Raguse de se replier sur Meissen et place le 1ᵉʳ corps de cavalerie sous ses ordres. 274. 275. — (27 septembre.) Formation de colonnes mobiles pour empêcher l'ennemi de passer l'Elbe, 296. 297. — (1ᵉʳ octobre.) Les troupes chargées par le duc de Raguse de défendre Meissen repoussent avec succès une attaque du général Sacken, 321, 322. — (3 octobre.) Mouvements du 6ᵉ corps pour couvrir Leipzig et empêcher le passage de l'Elbe, de Wittenberg à Torgau; instructions de l'Empereur, 335. — (4 octobre.) Ordre de détruire les ponts jetés par l'ennemi à Wartenburg, Dessau et Ackem, 339. — (12 octobre.) Le duc de Raguse réunit ses troupes à celles du roi de Naples, qui occupe la position de Crœbern. 401, 402. — (13 octobre.) Instructions pour la position des troupes en bataille, 423. — (16 octobre.) Le 6ᵉ corps occupe la position de Reudnitz, en avant de Leipzig; instructions pour la bataille de Wachau, 426. — Le duc de Raguse défend Leipzig et conserve sa position pendant toute la bataille de Wachau, mais il éprouve des pertes graves qui l'obligent à resserrer sa position sur la Partha; cause de ces pertes, 429. — (20 octobre.) Le duc de Raguse dirige les 3ᵉ. 6ᵉ et 7ᵉ corps sur Freiburg. 433. —(1ᵉʳ novembre.) Ordre de passer la Nidda et de prendre position sur cette rivière, 457. — (3 novembre.) Le duc de Raguse est chargé du commandement de la frontière depuis Coblentz jusqu'à Landau. 476. — (7 novembre.) Il prend le commandement des 2ᵉ, 4ᵉ, 5ᵉ et 6ᵉ corps d'armée. des 1ᵉʳ. 3ᵉ et 5ᵉ corps de cavalerie, 482. — (11 novembre.) Réunion des 3ᵉ et 6ᵉ corps sous le nom de 6ᵉ corps, 491. — (12 novembre.) Positions des divers corps; — ordre de presser l'armement et l'approvisionnement de Mayence, 495. — (16 novembre.) Instructions pour le recrutement et la réorganisation des différents corps; désignation des positions qui doivent être occupées et fortifiées, 505 à 507. — (18 novembre.) Le duc de Raguse est chargé de traiter de la reddition de Danzig, de Modlin, de Zamosc, de Stettin, de Küstrin et de Glogau; conditions de la reddition de ces places, 521, 522. — (19 novembre.) Instructions pour la réorganisation de l'armée. les mouvements des différents corps, l'armement et l'approvisionnement des places, 523 à 525. — (14 décembre.) Ordre de correspondre avec le major général pour la formation de grands hôpitaux sur les derrières de l'armée, 595. — (20 décembre.) Ordre de ne faire aucune suspension d'armes si elle n'est convenue pour toute la ligne depuis la Suisse. 606. — V. 124, 138. 144, 207, 214. 221. 261, 290, 305. 362, 370, 385, 392 et 396. — V. Grande Armée.

Massena, prince d'Essling, maréchal de l'Empire. — (18 novembre 1813.) Chargé du commandement de Gênes, des trois départements de la 28ᵉ division, et du commandement éventuel de l'armée de réserve d'Italie. 517.

Maurin (Baron), général de brigade, à la Grande Armée, 261.

Maussion, auditeur au Conseil d'état. 387.

Maximilien-Joseph, roi de Bavière. — (28 novembre 1813.) Le roi de Bavière envoie le prince de Taxis pour détacher le vice-roi d'Italie des intérêts de l'Empereur; noble réponse du vice-roi, 554 à 556.

Mayence, ville d'Allemagne. — (27 septembre 1813.) Approvisionnement de cette place, 202, 203. — (22 novembre.) Ordre d'utiliser les deux manutentions de Mayence pour l'approvisionnement de l'armée, 540, 541. — V. 101, 102. 281. 282 et 300. — V. Approvisionnements.

Meissen, ville de Saxe. — (3 septembre 1813.) Ordre pour la défense de cette place, 198. 199. — V. 150, 158, 171. 175, 272. 274 à 276, 295, 303. 341 à 343.

Melzi, duc de Lodi, chancelier du royaume d'Italie. — (16 novembre 1813.) Avis de la réunion d'une armée de 100,000 hommes à Turin; résolution de l'Empereur de ne pas abandonner le royaume d'Italie, 507. — (18 novembre.) Mesures prises pour défendre l'Italie, 522. — (25 décembre.) Avis de la mission de don Palafox pour aplanir les difficultés avec l'Espagne, 625.

Merseburg, ville de Saxe, sur la Saale. — (26

septembre 1813.) Ordre de fortifier Merseburg pour assurer à l'armée un pont sur la Saale, 294, 295. — V. 285, 286, 309 et 303.

MERVELDT (Comte DE), commandant en chef la réserve autrichienne, fait prisonnier à la bataille de Wachau, 428.— (3 novembre 1813.) Échangé contre le général Reynier, 470.

METTERNICH (Prince DE), ministre des affaires étrangères en Autriche. — (11 septembre 1813.) Recommandation au duc de Bassano d'éviter qu'il y ait rien de personnel contre le prince de Metternich dans les communications qu'il doit adresser à Paris, 217. — (1ᵉʳ décembre.) Le ministre des relations extérieures informe le prince de Metternich que l'Empereur adhère aux bases de la paix proposées par les alliés. 560. — V. 5, 73 et 84.

METZ, ville de France. — (12 novembre 1813.) Armement et approvisionnement de cette place, 493.

MILAN. capitale du royaume d'Italie, 534.

MILHAUD (Comte), général de division, commandant le 5ᵉ corps de cavalerie de la Grande Armée. — (11 août 1813.) Formation du 5ᵉ corps de cavalerie, 30. — (13 octobre.) Le général Milhaud est chargé du commandement d'une division de dragons, 404. — (11 novembre.) Il reprend le commandement du 5ᵉ corps, 491, 492. — V. 96 et 307.

MILORADOVITCH, général russe, 111.

MIOLLIS (Comte), général de division, gouverneur de Rome. — (11 décembre 1813.) Reçoit ordre de ne fournir aucun fusil au roi de Naples, et de ne laisser entrer les troupes napolitaines ni à Cività-Vecchia ni au château Saint-Ange, 590, 591.

MISSIESSY (Comte), vice-amiral. — (28 décembre 1813.) Chargé du commandement de la flottille d'Anvers; ses instructions. 638, 639.

MODLIN, place forte de Pologne. 521.

MOLITOR (Comte), général de division, à la Grande Armée. — (25 octobre 1813.) Reçoit ordre de faire armer et approvisionner les places de Coeverden, Delfzyl, Naarden et Gorcum, 450. — (24 novembre.) Chargé d'armer Schoonhoven et Nieuport et de couper les digues si ces places couraient des dangers. 541. 542. — (21 décembre.) Chargé du commandement d'une divison du 1ᵉʳ corps d'armée. 609.

MOLLIEN (Comte), ministre du trésor public. — (3 novembre 1813.) Instructions pour l'augmentation des contributions directes et indirectes, 471. — (17 novembre.) Ordre de payer les ordonnances de l'administration de la guerre et du ministre de la guerre avant les traitements civils et les rentes, 507, 508. — (24 novembre.) Ordre pour le payement des ordonnances de l'administration de la guerre en Piémont. 542, 543. — (28 novembre.) Ordre de pourvoir sans délai à la solde de l'armée, 554. — V. FINANCES.

MONCEY. duc de Conegliano, maréchal de l'Empire. — (10 novembre 1813.) Chargé d'étudier au ministère de la guerre la frontière d'Espagne, 483. — (16 novembre.) Désigné pour commander l'armée de réserve des Pyrénées. 504.

MONGE. comte de Péluse, sénateur, 628.

MONTALIVET (Comte DE). ministre de l'intérieur. — (23 août 1813.) Observations sur un refus d'autorisation d'imprimer un mémoire signé par un avocat : « Ce serait une chose inouïe que, dans une affaire contentieuse, le mémoire d'une partie ne pût pas obtenir la même publicité que celui de la partie adverse. - 132. — (11 novembre.) L'Empereur se plaint des moyens excessifs employés en Toscane pour l'envoi de députations à Paris ; ces manifestations doivent être libres. 486. — (17 décembre.) Organisation de la garde nationale ; — le comte de Montalivet est chargé de créer des travaux pour les ouvriers sans ouvrage. 601, 602. — (26 décembre.) Instructions pour la garde nationale de Paris et la levée de légions dans les départements. 628, 629.

MONTESQUIOU (Comte DE). grand chambellan de l'Empereur. — (23 août 1813.) Observations sur les mauvaises dispositions prises pour la célébration de la fête du 15 août. 132. 133.

— (26 décembre.) Le comte de Montesquiou est envoyé, en qualité de commissaire extraordinaire, dans la 15e division militaire, 625, 626.

MONTIGNY (DE), auditeur au Conseil d'état, 628.

MORAND (Comte), général de division, à la Grande Armée. — (18 novembre 1813.) Chargé du commandement du 4e corps d'armée, 520.

MOREAU, général français réfugié en Amérique. — (18 août 1813.) Sa présence à l'armée des alliés, 106. — (28 août.) Sa mort, 172.

MORTIER, duc de Trévise, maréchal de l'Empire, commandant la jeune Garde. — (30 août 1813.) Chargé de soutenir le général Vandamme à Kulm, 184. — (1er septembre.) Le duc de Trévise reçoit ordre de grouper les divisions de la Garde avec le 6e corps et le 1er corps de cavalerie, pour former la réserve de l'armée, 187. — (9 septembre.) Mouvement de la jeune Garde sur Mügeln, 211. — (13 septembre.) Ordre de soutenir le comte de Lobau à Berggiesshübel, 227 à 229. — (1er octobre.) Ordre d'occuper Tharandt pour appuyer le duc de Bellune à Freyberg ou de se replier sur Dresde, 318, 319. — (7 octobre.) Les troupes du duc de Trévise suivent le mouvement de l'armée sur Wurzen, 354, 355. — (12 octobre.) Elles se dirigent sur Taucha, où l'Empereur réunit son armée pour livrer bataille, 393. — (16 octobre.) Le duc de Trévise soutient avec deux divisions de la jeune Garde le 5e corps, qui défend le village de Liebertwolkwitz; ce mouvement, combiné avec celui du duc de Reggio sur Wachau, force l'ennemi à abandonner le champ de bataille, 427. — (19 octobre.) Retraite de l'armée sur Lützen, 430. — (20 octobre.) Le duc de Trévise est chargé d'appuyer la marche du 4e corps sur Kœsen et Buttelstedt, 433. — (3 novembre.) Ses troupes prennent position en avant de Kastel, sur la rive droite du Rhin, 476. — (22 novembre.) L'Empereur charge le duc de Trévise du commandement de toute la Garde, et lui ordonne de se rendre à Trèves; instructions relatives au nouveau commandement de ce maréchal, 539, 540. — (20 décembre.) Le duc de Trévise reçoit ordre de se porter sur Namur, 607. — (26 décembre.) Ordre de diriger toute la Garde sur la Champagne, 630, 631. — V. 34, 79, 117, 168, 171, 186, 192, 206, 215, 221, 279, 285, 290, 389 et 412. — V. GARDE IMPÉRIALE, GRANDE ARMÉE.

MOUTON, comte de Lobau, général de division, aide de camp de l'Empereur. — (12 août 1813.) Ordres pour l'approvisionnement de la Garde et l'organisation de la cavalerie, 42, 43. — (3 septembre.) Le comte de Lobau est nommé commandant du 1er corps d'armée; — réorganisation du 1er corps; — instructions, 202 à 204. — (13 septembre.) Le comte de Lobau est chargé de défendre la position de Berggiesshübel, 227, 228. — (18 septembre.) Il reçoit ordre de se replier sur les camps de Kœnigstein et de Pirna, 249 à 251. — (21 septembre.) Le 1er corps est chargé de la défense de l'Elbe depuis Pillnitz jusqu'à Kœnigstein, et des débouchés de la Bohême depuis Kœnigstein jusqu'à Freyberg, 262. — (5 octobre.) Le comte de Lobau établit son quartier général à Pirna, pour couvrir Dresde, 343. — V. 83 et 221. — V. GRANDE ARMÉE.

MOUTON-DUVERNET (Comte), général de division, à la Grande Armée. — (13 septembre 1813.) Chargé du commandement de la 42e division; — reçoit ordre d'occuper le camp de Kœnigstein et de fortifier les hauteurs de Berggiesshübel, 227 à 230. — (16 septembre.) La 42e division occupe Peterswalde, sur la frontière de Bohême, 240. — V. 248, 253.

MULDE (La), rivière de Saxe, 315, 354, 396 et 419.

MURAT. V. JOACHIM NAPOLÉON.

MUSNIER (Baron), général de division, à la Grande Armée. — (23 décembre 1813.) Chargé d'organiser la défense des places de la frontière de Suisse et de commander le corps de réserve formé à Genève, 613, 614.

N

NAARDEN, place forte de la Hollande, 300.

NANSOUTY (Comte), général de division, commandant la cavalerie de la Garde. — (14 septembre 1813.) Ordre pour la concentration de la cavalerie de la Garde sur Dœbeln, 235.— (24 octobre.) Le général Nansouty reprend la position de Reudnitz à la bataille de Leipzig, 439, 440. — (31 octobre.) La cavalerie du général Nansouty prend une part glorieuse à la bataille de Hanau, 455, 456. — (4 décembre.) Le général Nansouty est chargé de l'inspection de la cavalerie, 568. — V. 42, 78, 170, 191, 201, 249 et 307. — V. GARDE IMPÉRIALE.

NAPOLÉON Ier, Empereur des Français, Roi d'Italie. Protecteur de la Confédération du Rhin, Médiateur de la Confédération helvétique. — (1er août 1813.) Demande d'un rapport sur la situation commerciale de la France, de l'Italie et de la Hollande, 1. — L'Empereur exprime le désir que l'Impératrice assiste à l'introduction de la mer dans le nouveau bassin de Cherbourg, 2. — (4 août.) Ordres pour la formation du 14e corps d'armée et du corps d'observation de Bavière ; — opinion de l'Empereur sur le congrès de Prague, 3. — (5 août.) Envoi d'une note aux plénipotentiaires pour l'échange des pouvoirs et l'ouverture des conférences ; — ordre pour l'équipement des troupes polonaises ; — ordre au maréchal Davout de menacer Berlin par le Mecklenburg, tandis que le duc de Reggio menacera cette capitale par Luckau, 3 à 8. — (6 août.) Ordres pour l'approvisionnement de Dresde et des corps de la Grande Armée, 9 à 11. — (7 août.) Instructions au ministre de la marine : constructions maritimes, frégates de modèle américain, règles à suivre pour les prises ; — ordre pour les fortifications et l'armement de Dresde, 12 à 15. — (8 août.) Instructions pour le 13e corps ; troupes qui le composent ; garnison de Hambourg ; mesures pour la sûreté des convois, 15 à 21. — Formation à Magdeburg d'un corps chargé d'établir la communication entre le prince d'Eckmühl et le duc de Reggio, et de soutenir ce dernier dans son mouvement offensif sur Berlin, 21 à 25. — (9 août.) Ordre au maréchal Gouvion Saint-Cyr d'occuper Kœnigstein et Pirna, en deçà de l'Elbe, pour empêcher l'ennemi de prendre Dresde à revers ; — gratifications accordées aux acteurs du Théâtre Français partant de Dresde pour revenir à Paris ; — Avis au roi de Westphalie de l'insuccès du congrès de Prague et de la reprise des hostilités, 25 à 27. — (11 août.) Le 1er corps reçoit ordre de se rendre à Dresde ; —les 4e, 7e, 12e corps et le 3e corps de cavalerie sont désignés pour faire partie de l'armée destinée à marcher sur Berlin ; — formation du 5e corps de cavalerie ; — un corps d'observation est organisé à Minden pour relier les opérations des corps qui doivent manœuvrer sur Berlin, et protéger la Westphalie, 28 à 31. — (12 août.) L'Empereur donne avis aux commandants des différents corps de la dénonciation de l'armistice, et leur indique les positions qu'ils doivent occuper ; — instructions pour la défense de Dresde ; — plan d'opérations adressé au prince de la Moskova et au duc de Raguse ; — positions assignées à la Garde ; — instructions au duc de Reggio, commandant l'armée du Nord ; approvisionnement de cette armée ; — levée de 25,000 conscrits dans les départements du Languedoc et de la Guienne, pour les armées d'Espagne ; — ordre au ministre de la guerre de fournir au roi de Westphalie les officiers nécessaires au régiment de hussards *Jérôme-Napoléon*, qui s'organise à Cassel, 31 à 48. — (13 août.) Positions occupées par le 14e corps pour couvrir Dresde et le pont de Kœnigstein ; instructions au maréchal Gouvion Saint-Cyr ; approvisionnement de Kœnigstein ; — plan de campagne de l'Empereur; position des différents corps; — avis au roi de Wurtemberg de la déclaration de guerre de l'Autriche, 48 à 47. — (14 août.) Observations sur la déclaration de guerre de l'Autriche; — avis au vice-roi d'Italie de l'arrivée du roi de Naples à l'armée, 57 à 70. — (15 août.) Levée de 60,000 hommes pour la Grande Armée; — le prince de la Moskova est chargé du commandement des 3°, 5°, 6°, 11° corps d'armée et du 2° corps de cavalerie, pendant l'absence de l'Empereur, 70 à 72. — (16 août.) L'Empereur fait occuper, par le prince Poniatowski, la position d'Eckartsberg, derrière Zittau, et place le duc de Bellune entre Zittau et Gœrlitz pour soutenir Poniatowski; la Garde et la cavalerie de Latour-Maubourg sont placées en réserve à Gœrlitz, à portée d'appuyer les différents corps ou de revenir sur Dresde; — mouvement offensif du général Lefebvre-Desnoëttes en Bohême, 72 à 83. — (17 août.) L'Empereur porte son quartier général à Reichenbach; — réponse au manifeste de l'Autriche portant déclaration de guerre; — ordre de fortifier la position d'Eckartsberg, 83 à 92.— (18 août.) Ordre pour la formation, à Würzburg, du corps du duc de Castiglione (9° corps), destiné à couvrir le Wurtemberg, Mayence, Würzburg, et à maintenir les communications de la Grande Armée avec la France; — ordres pour l'équipement des troupes destinées à former le 9° corps et le 5° corps de cavalerie, et pour la formation, à Mayence et à Wesel, d'une réserve d'approvisionnements de guerre; — instructions pour l'armement des places fortes de l'Empire, 93 à 111. — (20 août.) L'Empereur se porte jusqu'à Gabel en Bohême pour connaître les plans des coalisés; — les 1°, 2° et 8° corps reçoivent ordre de fermer les débouchés de la Bohême, pendant que l'Empereur revient lui-même sur Lœwenberg et Gœrlitz pour attaquer l'armée ennemie de Silésie, 112 à 126. — (22 août.) L'armée de Blücher, qui était entrée à Bunzlau, à Goldberg et à Lœwenberg, est rejetée de toutes ses positions et poussée jusqu'au delà de la Katzbach; — plan de campagne de l'Empereur, 129 à 132. — (23 août.) L'Empereur rappelle au ministre de l'intérieur qu'il ne doit être fait aucun obstacle à l'exercice des droits des parties dans les affaires litigieuses; — le prince de la Moskova, rappelé près de l'Empereur pour diriger les opérations en Bohême, reçoit ordre de laisser au duc de Tarente le commandement de l'armée réunie sur le Bober; les 3°, 5°, 11° corps d'armée et le 2° corps de cavalerie sont désignés pour composer l'armée du duc de Tarente; instructions données à ce maréchal; — l'Empereur, ayant appris que l'armée ennemie de Bohême se rapprochait de Dresde par Peterswalde, arrête le mouvement offensif de sa Garde sur Lœwenberg, et ordonne au duc de Raguse et au général Vandamme de se replier sur Dresde; — instructions au général Durosnel, gouverneur de Dresde, pour la défense de cette capitale et pour la sûreté des convois et des estafettes, 132 à 141. — (24 août.) L'Empereur réunit son armée à Stolpen; — le prince Poniatowski reste chargé de la garde des défilés de Gabel et de Georgenthal, avec ordre de masquer le plus longtemps possible les mouvements de l'armée, 141 à 150. — (25 août.) L'Empereur, au lieu de déboucher directement sur Dresde, forme le projet de remonter jusqu'à Kœnigstein, de passer l'Elbe à Pirna et d'attaquer les alliés après les avoir placés entre Dresde et son armée; — ordre pour la défense de Dresde et l'occupation des fortes positions de Lilienstein et de Kœnigstein; — ordre de fortifier et garder tous les passages de l'Elbe, de Kœnigstein à Meissen; — l'Empereur apprend le résultat fâcheux de la bataille de Gross-Beeren; il apprend en même temps que le général Lauriston a battu l'armée de Silésie entre Goldberg et Jauer, 150 à 162. — (26 août.) Les inquiétudes exprimées par le maréchal Gouvion Saint-Cyr pour la défense de Dresde forcent l'Empereur à renoncer à son premier projet et à se porter directement sur cette capitale; ordres donnés aux différents corps, 162 à 166. — (27 août.) L'Empereur fait annoncer, par le télégraphe, à l'Impératrice, le succès de la première journée de la *bataille de Dresde*; — nouvelles dispositions pour la bataille du lendemain : le roi de Naples, avec le 2ᵉ corps, la division Teste et le 1ᵉʳ corps de cavalerie, est chargé de tourner la gauche de l'ennemi; le prince de la Moskova, avec la jeune Garde, est placé à la gauche de l'armée, en avant de la redoute n° 4; le duc de Raguse reçoit ordre d'occuper le centre, en s'appuyant au prince de la Moskova et au maréchal Gouvion Saint-Cyr; ordres pour la cavalerie et l'artillerie, 166 à 171. — (28 août.) Résultats de la seconde journée de la *bataille de Dresde*; — le maréchal Gouvion Saint-Cyr reçoit ordre de suivre la retraite de l'ennemi et de se porter sur Berggiesshübel, pour faire sa jonction avec le général Vandamme; — l'Empereur dirige le duc de Trévise sur Pirna et se dispose à le suivre, 171, 172. — (29 août.) Le général Piré est chargé de rétablir les communications entre Dresde et Leipzig; — instructions pour l'évacuation des prisonniers; — organisation d'un corps de réserve à Leipzig, sous les ordres du général Margaron; — ordres pour l'exécution de travaux de défense à Meissen, Dresde et Kœnigstein, 172 à 178. — (30 août.) Note de l'Empereur sur la situation générale de la campagne : étude de deux projets d'opérations consistant à porter l'armée sur Prague ou sur Berlin; motifs qui décident l'Empereur à marcher sur Berlin; état des trois corps destinés à exécuter ce projet; — instructions données au roi de Naples, au duc de Raguse, au duc de Bellune et au maréchal Gouvion Saint-Cyr, pour qu'ils se réunissent et attaquent l'ennemi pendant sa retraite, 179 à 185. — (1ᵉʳ septembre.) Le mouvement rétrograde du duc de Tarente sur Bautzen détermine l'Empereur à rappeler une partie de sa réserve à Dresde; — réflexions de l'Empereur sur le désastre du général Vandamme à Kulm; — pertes éprouvées par le duc de Tarente à la bataille de la Katzbach; —

nouvelles dispositions prises par l'Empereur pour garder les frontières de Bohême et former une réserve autour de Dresde, 185 à 188. — (2 septembre.) Le prince de la Moskova est chargé du commandement de l'armée destinée à marcher sur Berlin; — l'Empereur se dispose à occuper Hoyerswerda avec sa réserve, pour être à portée de soutenir le prince de la Moskova ou de se jeter sur le flanc de l'armée de Silésie, 188 à 192. — (3 septembre.) Les nouvelles que l'Empereur reçoit du duc de Tarente le décident à se porter sur Bautzen pour soutenir ce maréchal contre l'armée de Silésie; dispositions prises par l'Empereur pour couvrir Dresde pendant qu'il en sera éloigné; ordres pour les fortifications de Dresde et la défense de Meissen; — ordres pour la reconstitution du 1ᵉʳ corps, dont le commandement est confié au comte de Lobau, pour l'armement du camp retranché de Dresde et la réorganisation de l'artillerie des 1ᵉʳ, 3ᵉ, 5ᵉ, 11ᵉ corps et du 2ᵉ corps de cavalerie, 192 à 206. — (6 septembre.) L'Empereur rejette l'armée de Blücher au delà de la Neisse et entre à Gœrlitz, 206 à 208. — (7 septembre.) Ordre de former des colonnes de cavalerie légère pour donner la chasse aux Cosaques, 209, 210. — (9 septembre.) L'Empereur se porte sur Dohna avec les 1ᵉʳ et 2ᵉ corps et une partie de sa Garde; il donne ordre de fortifier Sonnenstein de 211 à 213. — (10 septembre.) Ce mouvement offensif force l'ennemi à rentrer en Bohême; — l'Empereur apprend que le prince de la Moskova a éprouvé un échec à Dennewitz (bataille de Jüterbogk) et que son armée est en retraite sur Torgau; il donne ordre à ce maréchal de prendre position sur la rive droite de l'Elbe, en avant de Torgau, 213 à 216. — (11 septembre.) L'Empereur se rend maître de Peterswalde, du Geyersberg et de Zinnwald, et poursuit l'armée de Bohême sur Tœplitz; — les 1ᵉʳ, 2ᵉ et 14ᵉ corps sont chargés de la garde des débouchés de Bohême, 217 à 221. — (12 septembre.) Ordres pour assurer les communications de Dresde à Torgau et à Bautzen, et pour l'approvisionnement de l'armée, 221 à 227. — (14 septembre.) Instructions pour la position de l'armée du duc de Tarente; — organisation de colonnes de cavalerie pour poursuivre les partis ennemis sur la rive gauche de l'Elbe, 231 à 236. — (15 septembre.) Une nouvelle attaque de l'ennemi par Peterswalde décide l'Empereur à porter son quartier général à Mügeln; — ordres pour approvisionner Dresde, 236 à 239. — (17 septembre.) L'armée ennemie est rejetée en Bohême après avoir éprouvé de grandes pertes; — ordre de former des magasins de vivres en traitant avec le gouvernement saxon, 242 à 245. — (18 septembre.) Le général Lefebvre-Desnoëttes est chargé de rouvrir les communications avec Erfurt. 245 à 254. — (19 septembre.) Ordre du jour pour le service des troupes légères de cavalerie; — suppression du 12ᵉ corps; — l'Empereur fixe les conditions d'échange des prisonniers anglais et espagnols, 254 à 260. — (21 septembre.) Le maréchal Gouvion Saint-Cyr est chargé de défendre l'Elbe depuis Pillnitz jusqu'à Kœnigstein, et les débouchés de la Bohême depuis Kœnigstein jusqu'à Freyberg; les 1ᵉʳ, 5ᵉ et 14ᵉ corps sont placés sous ses ordres; — le prince de la Moskowa est chargé de la défense de l'Elbe depuis Magdebourg jusqu'à Torgau, 260 à 265. — (22 septembre.) Instructions pour la défense du camp retranché de Dresde, 265 à 272. — (25 septembre.) l'Empereur abandonne le système des garnisons, n'en conservant que dans les places les plus importantes, et y supplée par des colonnes mobiles; — mouvement de retraite de l'armée, 284 à 291. — (26 septembre.) Ordre au ministre de l'administration de la guerre de ne faire que les dépenses prévues à son budget; — ordre de fortifier Merseburg pour assurer à l'armée un pont sur la Saale, 291 à 295. — (27 septembre.) Notes sur la situation; — instructions pour les fortifications d'Alexandrie et le service de l'artillerie en Italie, 295 à 304. — (28 septembre.) Dispositions prises pour arrêter les progrès de l'ennemi sur la rive gauche de l'Elbe; — ordre au ministre de la guerre d'augmenter la cavalerie de l'armée d'Espagne, 304 à 308. — (29 septembre.) Le duc de Padoue et le général Lefebvre-Desnoëttes sont chargés de défendre les positions de Merseburg et d'Altenburg, qui couvrent Leipzig, 308. 309. — (30 septembre.) L'Empereur réunit les corps du prince Poniatowski, du général Lauriston et du duc de Bellune, pour observer l'armée de Bohême, en avant de Leipzig; le duc de Raguse est chargé d'occuper Leipzig avec le 6ᵉ corps et le 1ᵉʳ corps de cavalerie, 309 à 315. — (1ᵉʳ octobre.) Instructions pour la défense du camp retranché de Dresde et la surveillance de l'Elbe de Pirna à Meissen; 315 à 325. — (2 octobre.) Le roi de Naples reçoit ordre de se rendre à Freyberg, pour diriger les mouvements des corps placés entre l'armée du prince de Schwarzenberg et Leipzig; — nouvelles instructions pour la défense de Dresde et du camp retranché, 325 à 333. — (3 octobre.) Le corps du duc de Castiglione reçoit ordre de se diriger sur Leipzig, 333 à 337. — (4 octobre.) Le prince de la Moskowa et le duc de Raguse sont chargés d'enlever les ponts jetés par l'ennemi à Wartenburg, Dessau et Acken. 337 à 340. — (5 octobre.) Demande de renseignements sur le combat de Wartenburg, soutenu par le 4ᵉ corps contre toute l'armée de Silésie; — le duc de Raguse reçoit ordre de se porter sur Torgau avec le 6ᵉ et le 3ᵉ corps, et de réunir ses forces à celles du prince de la Moskowa, pour arrêter le mouvement des armées ennemies sur Leipzig, 340 à 343. — (6 octobre.) Dispositions prises par l'Empereur pour porter sa réserve sur Torgau; — ordre de préparer l'évacuation de Dresde et de diriger les malades sur Iena, 343 à 350. — (7 octobre.) Notes sur les mouvements des différents corps d'armée, 350 à 358. — (8 octobre.) Ordres pour les mouvements de l'armée sur Düben, 359. — (9 octobre.) Suite des mouvements de l'armée sur Düben; — l'Empereur fait connaître au prince Cambacérès les positions des armées françaises : le maréchal Gouvion Saint-Cyr occupant Dresde avec les 1er et 14e corps; le roi de Naples couvrant Leipzig, opposé à l'armée de Bohême sur la haute Mulde, et le reste de la Grande Armée manœuvrant sous la direction de l'Empereur, pour faire lever le siège de Wittenberg et atteindre les corps de Blücher et de Bernadotte, 359 à 367. — (10 octobre.) Mesures pour la sûreté des parcs du génie et de l'artillerie, et du grand quartier général; — précautions prises pour la sécurité du roi de Saxe, qui avait voulu suivre l'Empereur; — l'Empereur, apprenant que les armées de Blücher et de Bernadotte se sont réunies derrière la Mulde, forme le projet de les poursuivre dans la direction de Berlin; instructions données au roi de Naples pour lui tracer la conduite qu'il doit tenir pendant l'éloignement de l'Empereur; secret fortement recommandé; ordres donnés pour l'exécution de ce nouveau plan, 367 à 382. — (12 octobre.) Le duc de Raguse est dirigé sur Delitzsch, pour rester interposé entre les deux armées ennemies et pouvoir couvrir Düben ou se porter sur Leipzig; — l'Empereur annonce au duc de Bassano que le roi de Naples a battu Wittgenstein à Borna; — les mouvements des trois armées coalisées sur Leipzig forcent l'Empereur à renoncer à son premier plan d'opérations et à reporter lui-même toutes ses forces sur Leipzig pour empêcher la jonction des armées alliées; calculs de l'Empereur pour la réunion des différents corps d'armée à Taucha; expédition de ses ordres pour la concentration de l'armée, 388 à 402. — (13 octobre.) L'Empereur annonce au ministre des relations extérieures que le prince de la Moskova a battu le corps prussien de Tauenzien à Dessau; — suite des ordres pour la concentration de l'armée sur Leipzig; — ordre du jour pour que l'infanterie de l'armée se range en bataille sur deux rangs au lieu de trois, 402 à 415. — (14 octobre.) L'Empereur établit son quartier général au village de Reudnitz, à une demie-lieue de Leipzig, 415 à 421. — (15 octobre.) Mouvements des différents corps; allocution de l'Empereur en remettant les aigles à trois régiments du 4e corps. 421 à 426. — (16 octobre.) Bulletin de la Grande Armée : résultats de la bataille de Wachau. 426 à 430. — (19 octobre.) Ordre de diriger les parcs et les bagages de l'armée sur Lützen. 430. — (20 octobre.) Le général Bertrand est chargé d'ouvrir la route de l'armée sur Weissenfels, Merseburg et Kœsen; une partie de la Garde reçoit ordre de le soutenir, 430 à 434. — (24 octobre.) Le général Fontanelli est chargé de réunir toutes les troupes italiennes à leur arrivée à Mayence et de les diriger sur Milan, 437. — Bulletin de la Grande Armée : bataille de Leipzig; le champ de bataille reste au pouvoir de l'armée française; l'épuisement des munitions rend la retraite nécessaire; adieux de l'Empereur à la famille royale de Saxe; évacuation de Leipzig; désastre du pont de Lindenau; — arrivée de l'Empereur à Erfurt et ravitaillement de l'armée dans cette ville, 437 à 443. — (25 octobre.) L'Empereur annonce au prince Cambacérès qu'il se rend à Mayence, où il concentrera l'armée sur la frontière; il le charge de s'entendre avec les ministres pour aviser aux moyens de recruter l'armée; — convocation du Corps législatif pour le 2 décembre; — ordre d'armer et d'approvisionner les places fortes; — le duc de Valmy est chargé de faire passer sur la rive gauche du Rhin tous les hôpitaux, les dépôts de convalescents et les dépôts de cavalerie; — instructions pour le recrutement de l'armée; — le ministre de la marine reçoit ordre de faire partir les frégates pour leurs destinations, et de faire connaître à l'Empereur les ressources qu'on pourrait tirer des équipages si les vaisseaux étaient désarmés; — ordre d'armer et d'approvisionner les places fortes de la Hollande; — approbation de l'ordre donné par le prince Cambacérès pour l'organisation des gardes nationales du Rhin. 444 à 450. —

(27 octobre.) Allocution de l'Empereur au corps polonais de la Grande Armée, 451, 452. — (31 octobre.) L'Empereur annonce au prince Cambacérès qu'il a battu les armées autrichienne et bavaroise à Hanau; détails de cette bataille, 452 à 457. — (1er novembre.) Le duc de Tarente, le duc de Bellune et le général Albert reçoivent ordre de passer le Rhin et de rallier leurs corps à Bingen et à Oppenheim; — l'Empereur envoie à l'Impératrice les drapeaux pris aux batailles de Wachau, de Leipzig et de Hanau; — le duc de Tarente laisse le commandement du 11e corps au général Charpentier et se rend à Cologne pour y prendre le commandement de la frontière du Rhin, depuis la Moselle jusqu'à Zwolle; instructions qui lui sont données; — organisation des gardes nationales de la Roër et de Rhin-et-Moselle, 457 à 459. — (2 novembre.) L'Empereur arrive à Mayence, où il rallie et réorganise l'armée; — le général Bertrand est chargé d'occuper la rive droite du Rhin et de former l'avant-garde lorsque toute l'armée aura repassé ce fleuve; ses instructions; — ordre d'éloigner les prisonniers espagnols des places du Rhin, 459 à 462. — (3 novembre.) L'Empereur rassure le prince Cambacérès : "Je suis fâché de n'être pas à Paris; on m'y verrait plus tranquille et plus calme que dans aucune circonstance de ma vie." — Observations de l'Empereur sur la relation de la bataille de Leipzig par le prince de Schwarzenberg; — le ministre des finances et celui du trésor public sont chargés de soumettre à l'Empereur un projet de décret établissant un impôt extraordinaire; — impulsion donnée à la fabrication des armes; — instructions pour l'organisation des cohortes; — les ducs de Tarente, de Raguse et de Bellune sont chargés du commandement de la frontière, depuis la Hollande jusqu'à la Suisse; — prorogation du Corps législatif au 19 décembre; — conseils de l'Empereur au vice-roi d'Italie pour ses rapports avec le roi de Naples, 462 à 478. — (4 novembre.) Instructions pour le service des blessés, 479. — (6 novembre.) Ordre de fortifier et d'armer Genève, 478 à 481. — (7 novembre.) L'Empereur quitte Mayence et se rend à Paris; — les généraux commandant les 2e, 5e, 6e corps d'armée, les 1er, 3e et 5e corps de cavalerie sont placés sous les ordres du duc de Raguse pendant l'absence de l'Empereur, 482. — (10 novembre.) Répartition des nouvelles levées de conscrits entre les différents corps; formation de quatre armées de réserve, 483 à 486. — (11 novembre.) L'Empereur se plaint qu'on ait employé des moyens arbitraires pour envoyer des députations de Toscans à Paris; — ordre d'employer les chaloupes canonnières et les bâtiments légers à la défense de la Hollande; — organisation provisoire de l'armée à Mayence, 486 à 493. — (12 novembre.) Ordres pour l'armement et l'approvisionnement des places fortes de la frontière du Rhin, 493 à 495. — (14 novembre.) Allocution de l'Empereur au Sénat; — ordre de mettre la frontière suisse en état de défense, 496 à 499. — (15 novembre.) Instructions pour le désarmement des troupes étrangères, la surveillance des prisonniers de guerre et l'augmentation de la gendarmerie; — ordre de brûler le château de Marracq et toutes les maisons appartenant à l'Empereur, si les Anglais y arrivaient; — mission du duc d'Otrante à Naples. 499 à 502. — (16 novembre.) Réorganisation de la Garde; — formation d'une armée de réserve sur la frontière des Pyrénées, 502 à 507. — (17 novembre.) Le ministre du trésor public reçoit ordre de payer toutes les ordonnances de l'administration de la guerre et du ministère de la guerre avant les dépenses civiles; — ordres pour la formation de trois corps d'armée sous les titres de 1er, 2e et 13e corps bis; — composition des 1er, 2e, 4e et 5e corps; — formation d'une armée de réserve en Italie, 507 à 514. — (18 novembre.) L'Empereur nomme le général Bertrand grand maréchal du Palais et confie le commandement du 4e corps au général Morand,

celui du 5ᵉ corps au général Sebastiani et celui du 2ᵉ corps de cavalerie au général Bordesoulle ; — le duc de Raguse est chargé de traiter de la reddition de Danzig, de Modlin, de Zamosc, de Stettin, de Küstrin et de Glogau, 514 à 522. — (20 novembre.) Nomination du comte Daru au ministère de l'administration de la guerre ; — l'Empereur charge le ministre des cultes d'écrire aux évêques qu'il compte, dans les circonstances actuelles, sur leur zèle pour la patrie et sur leur attachement à sa personne ; — le ministre du commerce et des manufactures reçoit ordre de changer les lignes de douane à cause de la présence des Anglais sur la frontière d'Espagne ; — instructions pour la défense de l'Italie, 522 à 535. — (21 novembre.) Ordres pour l'organisation de l'armée, 536 à 539. — (22 novembre.) Le duc de Trévise est nommé commandant de toute la Garde impériale ; ordre d'approvisionner Mayence 539 à 541. — (24 novembre.) Instructions pour la défense des places de la Hollande et de la frontière du Rhin ; — ordre d'admettre comme médecins et chirurgiens dans l'armée les élèves des écoles de médecine et de chirurgie compris dans les nouvelles levées, et d'employer dans l'armée les jeunes gens de l'École de droit atteints par la nouvelle conscription, 541 à 544. — (25 novembre.) Mesures pour l'armement de l'armée ; — ordre de diriger sur l'armée d'Italie la division Severoli et tous les Italiens attachés aux armées d'Espagne, 544 à 549. — (26 novembre.) Observations sur le budget de 1814 ; — réorganisation de la Grande Armée, 549 à 554. — (28 novembre.) Ordre de payer sans délai la solde arriérée de l'armée ; — l'Empereur autorise le vice-roi d'Italie à signer un armistice de deux mois et lui indique les conditions de cet armistice, 554 à 556. — (29 novembre.) Instructions pour la répartition de la levée de 100,000 hommes, 556, 557. — (30 novembre.) Formation d'une réserve de la Garde ; — observations sur les procès entre les communes et les particuliers, 558 à 560. — (1ᵉʳ décembre.) L'Empereur adhère aux bases sommaires de la paix proposées par les alliés ; — instructions pour le service des fourrages, 560 à 562. — (3 décembre.) Projet de réorganisation du corps polonais ; — l'Empereur accorde les décorations de la Légion d'honneur et de la Couronne de fer demandées par le vice-roi pour l'armée d'Italie. 563 à 566. — (4 décembre.) Instructions pour l'organisation des équipages des corps d'armée, 566, 567. — (5 décembre.) Ordre d'interdire le passage sur toute la ligne du Rhin ; — l'Empereur charge le grand maréchal du Palais de régler les affaires de la succession du duc d'Istrie et de mettre sa veuve dans une situation convenable ; — le trésorier général de la Couronne reçoit ordre de payer 4,000 francs par mois à la comtesse de Lauriston, jusqu'à ce que le général de Lauriston ait cessé d'être prisonnier de guerre, 568 à 571. — (6 décembre.) Décret pour l'organisation des équipages militaires et le service de santé de l'armée, 572, 573. — (7 décembre.) Organisation de l'artillerie ; — l'Empereur nomme le duc de Plaisance gouverneur d'Anvers, et lui donne ses instructions pour la défense de cette place. 573 à 577. — (8 décembre.) Note pour la défense de Flessingue et d'Anvers ; — décret pour l'établissement d'hôpitaux extraordinaires dans les places fortes des 25ᵉ, 26ᵉ et 5ᵉ divisions militaires ; — ordre d'armer et d'approvisionner les places de la frontière du Nord, 578 à 581. — (9 décembre.) Instructions pour le service des flottilles de la Hollande, 583 à 586. — (10 décembre.) Ordres pour l'approvisionnement et la défense des places fortes de la Hollande, 586 à 589. — (11 décembre.) Le général Miollis reçoit ordre de ne fournir aucun fusil au roi de Naples, et de ne laisser entrer les troupes napolitaines ni à Civita-Vecchia ni au château Saint-Ange ; — dotations accordées aux dames dignitaires de la maison impériale de Saint-

Denis, 590, 591. — (12 décembre.) Décret pour la formation de la cavalerie, 591, 592. — (13 décembre.) Ordre de faire construire à Paris une partie des voitures des équipages militaires, pour donner de l'occupation aux charrons sans ouvrage, 592. — (14 décembre.) Promesse de l'Empereur de protéger la neutralité suisse, 595, 596. — (15 décembre.) Instructions pour l'armement des nouvelles levées, 596, 597. — (16 décembre.) Nomination d'une commission d'enquête pour informer sur l'évacuation de Willemstad et de Breda, 598, 599. — (17 décembre.) Décret pour l'organisation de la garde nationale; — mesures ordonnées par l'Empereur pour donner du travail aux ouvriers de Paris; — nomination du vice-amiral Allemand au commandement de la flottille de Flessingue; — l'Empereur charge son grand maréchal de s'occuper des intérêts de la veuve du général Walther et de ses filles, 600 à 603. — (18 décembre.) Ordre de réunir les pièces relatives à la reddition des places et à l'échange des prisonniers, 603. — (19 décembre.) Discours de l'Empereur à l'ouverture du Corps législatif, 603 à 606. — (20 décembre.) Le duc de Raguse reçoit ordre de ne faire aucune suspension d'armes, si elle n'est convenue pour toute la ligne; — ordre au duc de Trévise de se porter sur Namur; — le général Maison est nommé commandant du 1er corps d'armée; — le général Grouchy est chargé du commandement de toute la cavalerie de l'armée; — ordres pour les commandements et la composition des corps d'armée, 607 à 611. — (23 décembre.) Ordre de communiquer à la commission du Corps législatif les pièces relatives à la négociation de la paix; — instructions pour la défense de la frontière suisse, 611 à 616. — (24 décembre.) Instructions pour les opérations militaires en Hollande, 616 à 618. — (25 décembre.) Ordres pour la défense d'Anvers; — nouvelles levées de conscrits; ordres pour leur équipement, 619 à 625. — (26 décembre.) Décret pour l'envoi de commissaires extraordinaires dans les divisions militaires; — organisation de la garde nationale de Paris et levée de légions dans les 1re, 14e, 15e et 22e divisions militaires; — création d'une armée de réserve à Paris; — formation d'une réserve de la Garde, 626 à 635. — (27 décembre.) Ordre pour l'équipement de la cavalerie, 635, 636. — (28 décembre.) Instructions pour les opérations de l'escadre de la Méditerranée; — instructions pour la flottille d'Anvers et celle de Flessingue, 636 à 639. — (30 décembre.) Présentation de l'adresse du Sénat; réponse de l'Empereur, 641 à 645.

Narbonne (Comte de), général de division, à la Grande Armée. — (5 août 1813.) Ministre plénipotentiaire au congrès de Prague; instructions pour l'ouverture des conférences, 4 à 6. — (19 septembre.) Le comte de Narbonne est nommé gouverneur de Torgau, 259, 260. — (9 octobre.) Instructions pour l'approvisionnement de cette place, 365, 366. — V. 84 et 291.

Ney, prince de la Moskova, duc d'Elchingen, maréchal de l'Empire, commandant le 3e corps de la Grande Armée. — (12 août 1813.) Reçoit communication du plan de campagne de l'Empereur, de 39 à 41. — (13 août.) Instructions pour les opérations du 3e corps, 55. — (15 août.) Le prince de la Moskova est chargé du commandement des 3e, 5e, 11e corps d'armée et 2e corps de cavalerie, 71. — (18 août.) Position occupée par cette armée, 94, 95. — (20 août.) Ordre de repousser le mouvement offensif de l'ennemi sur le Bober et de former la gauche de l'armée réunie à Lœwenberg, 127, 128. — (23 août.) Le prince de la Moskova est désigné pour diriger les opérations de l'armée en Bohême, 133. — (27 août.) Position occupée par le prince de la Moskova à la bataille de Dresde, 168. — (2 septembre.) Ce prince remplace le duc de Reggio dans le commandement de l'armée du Nord, 190. — (9 septembre.) Il reçoit ordre de rallier son armée et de la concentrer autour de Torgau, 211. — (21 septembre.) Le prince de la Moskova est chargé de la défense de l'Elbe depuis Magdeburg jusqu'à Torgau; les 3ᵉ, 4ᵉ et 7ᵉ corps sont placés sous son commandement, 263. — (1ᵉʳ octobre.) Le prince de la Moskova repousse les Suédois à Dessau, 320. — (5 octobre.) Le 6ᵉ corps et le 1ᵉʳ corps de cavalerie sont placés sous les ordres du prince de la Moskova, qui est chargé de tenir en échec les armées de Bernadotte et de Blücher, 340, 341. — (6 octobre.) Combat de Wartenburg soutenu avec succès par le 4ᵉ corps contre l'armée de Silésie, 348. — (11 octobre.) Le prince de la Moskova se porte sur Dessau, où l'armée ennemie se trouve concentrée, 383. — (12 octobre.) Ce prince reprend Dessau et fait 2,500 prisonniers, 400. — (14 octobre.) Il reçoit ordre de marcher sur Leipzig, 415, 416. — (24 octobre.) Positions occupées par les corps commandés par le maréchal Ney à la bataille de Leipzig, 438. — V. 80, 103, 112, 124, 215, 216, 280, 358, 364, 385, 386, 388, 392 et 393. — V. Grande Armée.

Nimègue, ville forte de Hollande sur le Wahal. — (8 décembre 1813.) Importance que l'Empereur attache à la conservation de cette place, 577.

Normann, général de brigade, à la Grande Armée, 201, 207, 208, 274 et 288.

Noury (Baron), général de brigade d'artillerie, à la Grande Armée. — (31 octobre 1813.) Se distingue à la bataille de Hanau, 456.

O

Ornano (Comte), général de division, commandant une division de cavalerie de la Garde impériale. — (27 août 1813.) L'Empereur attache une batterie d'artillerie à la division Ornano avant la bataille de Dresde, 169. — (29 août.) Le général Ornano suit, avec le 6ᵉ corps, la retraite de l'ennemi sur Dippoldiswalde, 173. — (2 septembre.) Rappel de la division Ornano pour l'opération préparée contre l'armée de Silésie, 191. — (3 septembre.) Le général Ornano se porte sur Bautzen, 193. — (18 septembre.) Sa division prend part aux opérations dirigées par l'Empereur contre l'armée du prince de Schwarzenberg, 249. — (26 septembre.) Le général Ornano reçoit ordre d'occuper Dippoldiswalde, pour en tirer des ressources et éclairer les mouvements de l'ennemi, 292, 293. — (1ᵉʳ octobre.) Il se porte sur Sehra pour relier les opérations du 14ᵉ corps, à Dippoldiswalde, avec celles du 2ᵉ, à Freyberg, 321. — (12 octobre.) L'Empereur ordonne au général Ornano de poursuivre les partisans ennemis et d'occuper Raguhn et Jessnitz, 391. — (14 octobre.) La division Ornano suit le mouvement de l'armée sur Leipzig, 416. — (16 octobre.) Cette division prend part à la bataille de Wachau, 428. — (24 octobre.) Elle attaque le flanc des alliés et reprend le village de Reudnitz à la bataille de Leipzig, 439, 440. — (1ᵉʳ novembre.) Le général Ornano reçoit ordre d'occuper Francfort, 458. — V. 83, 117, 193, 229, 251, 267, 327, 357, 412 et 433. — V. Garde impériale et Grande Armée.

Osoppo, ville forte d'Italie, 301.

Ostende, ville et port de Hollande, 300.

Oudinot, duc de Reggio, maréchal de l'Empire, commandant le 12ᵉ corps de la Grande Armée. — (5 août 1813.) Chargé du commandement de l'armée du Nord destinée à marcher sur Berlin, 8. — (11 août.) Le duc de Reggio reçoit ordre de commencer son mouvement et de réunir toutes ses troupes à Baruth, 29. — (12 août.) État des corps de l'armée du Nord : 4ᵉ, 7ᵉ, 12ᵉ corps et 3ᵉ corps de cavalerie; — plan de campagne, 43 à 46. — (2 septembre.) L'Empereur se plaint de l'incertitude des mouvements du duc de Reggio, et envoie le prince de la Moskova prendre le commandement de son armée, 189, 190. — (25 septembre.) Le duc de Reggio est chargé du commandement de deux divisions de la jeune Garde, 281. — (28 septembre.) Il reçoit ordre de placer son quartier général au camp retranché de Dresde, 307. — (12 octobre.) Mouvement de concentration de la Garde sur Taucha, 393. — L'Empereur ordonne au duc de Reggio de se porter sur Wachau avec deux divisions de la jeune Garde; ce mouvement, combiné avec celui du duc de Trévise sur Liebertwolkwitz, force l'ennemi à abandonner le champ de bataille, 427. — (24 octobre.) Le duc de Reggio prend part à la bataille de Leipzig, 439. — (14 décembre.) L'Empereur annonce au duc de Reggio qu'il le destine au commandement des 4e, 5e et 6e divisions de la jeune Garde. 594. — V. 16, 80, 112, 144, 183, 341, 346, 350, 360, 391, 395, 412 et 433. — V. Grande Armée et Garde impériale.

P

Pac (Comte de), général de brigade, à la Grande Armée. — (26 décembre 1813.) Chargé du commandement des deux régiments de lanciers polonais de la Garde impériale, 634.

Pajol (Baron), général de division, à la Grande Armée. — (9 août 1813.) Commande une division de cavalerie sous les ordres du maréchal Gouvion Saint-Cyr, 25. — (18 septembre.) Chargé du commandement de la cavalerie légère des 1er et 14e corps, 253. — (13 octobre.) Le général Pajol prend le commandement du 5e corps de cavalerie, 404. — V. 154, 192 et 284.

Palmanova, ville forte d'Italie, 301.

Palombini, général de division, à l'armée d'Italie, 531.

Panat (De), auditeur au Conseil d'état, 627.

Paris, capitale de l'Empire français. — (23 octobre 1813.) Observations de l'Empereur sur une adresse du conseil municipal, 436, 437. — (23 décembre.) Ordre d'employer à la fabrication des voitures des équipages militaires les ouvriers sans travail, 592. — Organisation de la garde nationale de Paris, 628, 629.

Pauline Borghese, princesse et duchesse de Guastalla. — (25 octobre.) L'Empereur accepte le don que cette princesse lui a offert; mais il se réserve de n'en faire usage que si la guerre se prolongeait et s'il n'obtenait pas le succès qu'il attend de la bravoure et du patriotisme des Français. 433, 444.

Pavie, ville d'Italie, 532.

Pelet (Baron), général de brigade du génie, à la Grande Armée, 53. — V. Ingénieurs géographes.

Pelet (Comte), conseiller d'état, 627.

Pellenc, auditeur au Conseil d'état, 627.

Pernety (Baron), général de division d'artillerie, à la Grande Armée. — (7 septembre 1813.) Commande l'artillerie de l'armée du duc de Tarente, 209. — (2 octobre.) Chargé du commandement de la place et du camp retranché de Dresde, 332. — (6 novembre.) Nommé commandant de l'artillerie du duc de Raguse, à Mayence, 481. — (4 décembre.) Le général Pernety est chargé du commandement de l'artillerie du 5e, du 11e et du 1er corps bis, 567. — V. 2 et 25.

Perrier (Joseph), auditeur au Conseil d'état, 627.

Phalsbourg, ville forte de France. — (12 novembre 1813.) Armement et approvisionnement de cette place, 493.

Picard (Baron), général de brigade, à la Grande Armée, 202.

Pillore, lieutenant de vaisseau. — (9 décembre 1813.) Chargé du commandement de la flottille de l'Escaut oriental, 583.

Pino, général de division, à l'armée d'Italie, 531.

Piquet (Baron), général de brigade, à la Grande Armée, 281.

Piré (Baron), général de brigade de cavalerie, à la Grande Armée. — (29 août 1813.) Chargé de poursuivre les partisans ennemis et de rétablir la communication entre Dresde et Leipzig, 172, 173. — (12 septembre.) Le général Piré reçoit ordre de se rendre à Leisnig et d'en chasser l'ennemi, 226, 227. — (14 septembre.) La brigade du général Piré est placée sous les ordres du général Lefebvre-Desnoëttes, qui se porte sur Dœbeln pour attaquer l'ennemi, 232, 233.—V. 175, 209, 214, 294, 362, 431 et 435.

PIRNA, ville de Saxe. — (16 septembre 1813.) Ordre de fortifier Pirna, 239. — V. 159, 172, 194 à 196, 203, 211, 239, 252, 285 et 323.

PLAISANCE, ville d'Italie, 531.

PLATOF, hetman des Cosaques du Don, 315, 327, 328 et 334.

PONIATOWSKI (Prince), commandant le corps polonais (8ᵉ corps de la Grande Armée). — (17 août 1813.) Chargé de fortifier la position d'Eckartsberg, près de Zittau, 92. — (10 août.) Le 8ᵉ corps occupe le camp de Zittau, 93. — (20 août.) Ce corps occupe Gabel, sur la frontière de Bohême, 113. — (24 août.) L'Empereur confie la garde des défilés de la Bohême au prince Poniatowski, pendant que l'armée se replie sur Dresde pour défendre cette capitale contre la grande armée des alliés, 143. — Le prince Poniatowski et le général Lefebvre-Desnoëttes pénètrent en Bohême et s'emparent de toutes les positions jusqu'à dix lieues de Prague, 145. — (8 septembre.) Le 8ᵉ corps est chargé de tenir en échec le corps autrichien qui se réunit à Zittau et à Rumburg, et de protéger Bautzen et Neustadt, 210 — (19 septembre.) La cavalerie du 8ᵉ corps est chargée de couvrir le mouvement de la Garde sur Lohmen, Rœhrsdorf et Stürza, 255, 256. — (24 septembre.) Mouvement de retraite du 8ᵉ corps sur Dresde, 279. — (26 septembre.) Le prince Poniatowski porte son quartier général à Waldheim, et envoie deux colonnes mobiles dans la direction de Leipzig pour poursuivre les partisans ennemis, 293, 294. — (30 septembre.) Le 8ᵉ corps, remplacé à Waldheim par le 5ᵉ, se porte sur l'ennemi qui a fait un mouvement sur Altenburg, 311 à 315. — (15 octobre.) Le prince Poniatowski poursuit les Cosaques du côté de Zwenkau, 422. — Ce prince se couvre de gloire pendant les opérations de la Grande Armée autour de Leipzig, 426. — (16 octobre.) L'Empereur fait l'éloge de la conduite du prince Poniatowski à la bataille de Wachau, et le nomme maréchal de l'Empire sur le champ de bataille; un grand nombre de décorations sont accordées aux régiments polonais, 429. — (24 octobre.) Le 8ᵉ corps est chargé de la défense du pont de Connewitz à la bataille de Leipzig; toutes les attaques faites par l'ennemi contre cette position échouent, 438. — Le prince Poniatowski et le duc de Tarente sont chargés de défendre les faubourgs de Leipzig pendant la retraite de l'armée; — désastre occasionné par la destruction du pont de Lindenau sur l'Elster; — mort du prince Poniatowski, 441, 442. — V. 34, 73, 77 à 79, 82, 91, 187, 196, 221, 228, 264, 267, 284, 289, 296, 306, 320, 327, 329, 335, 339 et 342. — V. GRANDE ARMÉE et TYSZKEWICZ (Comtesse DE).

PONTÉCOULANT (Comte DE), sénateur, 628.

PORTAL, maître des requêtes au Conseil d'état, 627.

PORTES DE PARDAILHAN, (DE) auditeur au Conseil d'état, 628.

PRAGUE, capitale de la Bohême, 10, 106. — V. CONGRÈS DE PRAGUE.

PRISONNIERS DE GUERRE. — (29 août 1813.) Instructions pour l'évacuation des prisonniers, 174. — (19 septembre.) Conditions d'échange des prisonniers anglais et espagnols, 260. — (2 novembre.) Ordre d'éloigner les prisonniers espagnols des places du Rhin, 461. — (15 novembre.) Instructions pour la surveillance des prisonniers de guerre et les travaux auxquels ils doivent être employés, 500. — (19 novembre.) Nouvelles mesures ordonnées par l'Empereur pour assurer la garde des prisonniers de guerre, 523.

Q

QUINETTE (Baron), général de brigade, à la Grande Armée, 360.

R

RAMPON (Comte), général de division. — (14 novembre 1813.) Chargé de se rendre à Gorcum et de prendre les mesures nécessaires pour la défense de cette place, 497, 498. — (7 décembre.) Le général Rampon reçoit ordre de couper les digues devant Gorcum, 576.

RAPP (Comte), général de division, gouverneur de Danzig, 21, 80 et 521.

RAYNOUARD, député au Corps législatif, 612.

REGNAUD DE SAINT-JEAN-D'ANGELY (Comte), ministre d'état, président de la section de l'intérieur au Conseil d'état, 612.

REINHARD, landamman de la Suisse. — (14 décembre 1813.) L'Empereur l'informe qu'il a appris avec une satisfaction particulière que la diète a proclamé la neutralité de la Suisse, et lui annonce qu'il a donné les ordres nécessaires pour que cette neutralité soit protégée par la France, 595, 596.

REISET (Baron), général de brigade du 1er corps de cavalerie, à la Grande Armée, 117.

REUSS (Prince DE), commandant une brigade du 2e corps, à la Grande Armée. — (29 août 1813.) Ce prince est tué à la bataille de Hellendorf, gagnée par le général Vandamme sur les Russes, 173, 174.

REYNIER (Comte), général de division, commandant le 7e corps de la Grande Armée. — (8 août 1813.) Désigné pour marcher sur Berlin avec le duc de Reggio et le général Vandamme, 16. — (11 août.) L'Empereur ordonne au général Reynier de diriger son corps sur Luckau et d'évacuer ses malades sur Dresde et sur Torgau, 28. — (9 septembre.) Le général Reynier rallie son corps autour de Torgau, après l'échec de Jüterbogk, 211. — (10 octobre.) Il reçoit ordre de soutenir le mouvement du général Dombrowski sur Kemberg et de suivre les traces du corps de Sacken, 368 à 370; — le 7e corps se porte sur Wittenberg assiégé par l'ennemi, 378, 379. — (11 octobre.) Opérations du 7e corps pour dégager Wittenberg; instructions pour l'approvisionnement de cette place, 385 à 389. — (12 octobre.) Opérations du 7e corps sur la rive droite de l'Elbe, 391. — (13 octobre.) Le général Reynier bat un corps ennemi entre Coswig et Roslau, 406. — Le 7e corps marche sur Acken pour y détruire le pont jeté par l'ennemi, 407. — (15 octobre.) Le 7e corps occupe Düben, sur la rive gauche de la Mulde, 423. — (3 novembre.) Le général Reynier, fait prisonnier à Leipzig, est échangé contre le général Merveldt, 470. — V. 382, 393, 397, 400, 416 et 443. — V. GRANDE ARMÉE.

RICARD (Baron), général de division, à la Grande Armée. — (1er octobre 1813.) La division Ricard, détachée à Dresde, rejoint le 3e corps à Meissen, 319. — (21 décembre.) Le général Ricard est chargé du commandement d'une division du 6e corps d'armée, 610.

ROCHAMBEAU (Baron), général de division, à la Grande Armée, 440.

ROCHEFORT, port français sur l'Océan. — (7 août 1813.) Décret pour construire à Rochefort une frégate de modèle américain, 13.

ROEDERER (Comte), sénateur, 627.

ROGNIAT (Baron), général de division, commandant le génie de la Grande Armée. — (25 août 1813.) Chargé de faire exécuter des travaux de défense à Dresde, à Bautzen et au fort de Meissen, 157, 158. — (29 août.) L'Empereur ordonne au général Rogniat de reprendre les travaux de défense de Dresde, 177, 178. — (9 septembre.) Ordre de fortifier le poste de Sonnenstein, 212. — (23 septembre.)

Travaux de défense des principaux passages de l'Elbe, 272 à 274. — (26 septembre.) Ordre de fortifier Merseburg, 294, 295. — (2 octobre.) Travaux de défense du camp retranché de Dresde, 330, 331. — V. GÉNIE MILITAIRE.

ROGUET (Baron), général de division de la Garde impériale. — (16 août 1813.) Chargé de se porter sur Friedland et de soutenir le général Lefebvre-Desnoëttes dans son expédition en Bohême, 73, 74. — (20 août.) La division Roguet est rappelée sur Lauban, où l'Empereur réunit sa réserve pour attaquer l'armée de Silésie, 123. — (18 septembre.) Le général Roguet est chargé d'occuper la position de Berggiesshübel; il prend part aux opérations de l'Empereur contre l'armée de Bohême, 249 à 253. — (25 novembre.) Ce général prend le commandement de la division de réserve de la Garde organisée à Bruxelles, 547. — (14 décembre.) Il est chargé de réoccuper la rive gauche du Waal et de rétablir les communications de l'armée avec Gorcum, 594. — (20 décembre.) L'Empereur ordonne au général Roguet d'investir Breda, 623. 624. — V. 79, 83, 117, 184 et 607.

ROSTOLLANT (Baron), général de brigade. — (8 décembre 1813.) Chargé du commandement d'Ooltgensplaat et de Hellevoetsluis, en Hollande, 581.

REMBURG, ville de Bohême, 73, 76, 77, 78, 81, 82, 87, 88, 103, 104.

RUMIGNY (DE), auditeur au Conseil d'état, secrétaire d'ambassade, 375, 84 et 375.

RUSSIE (Empire de). — (5 août 1813.) Instructions aux ministres plénipotentiaires de l'Empereur au congrès de Prague : «La Russie, en ouvrant des négociations pour la paix, n'a voulu que compromettre et entraîner l'Autriche,» 4 à 6. — (27 septembre.) Opinion de l'Empereur sur la Russie : «La Russie s'est montrée ennemie implacable; ... ayant attiré sur elle, par la guerre qu'elle a provoquée, les malheurs qui ont frappé ses provinces, elle n'aspire qu'à se venger des maux qu'elle ne doit qu'à elle,» 298.

RUTTIMANN, envoyé extraordinaire de la Confédération suisse à Paris, 595.

RUTY (Baron), général de division, chef d'état-major de l'Artillerie de la Grande Armée, 433. — (21 décembre 1813.) Chargé de la réorganisation de l'artillerie de l'armée, 608.

S

SAALE (La), rivière d'Allemagne, 243, 244, 268, 294, 434 et 437.

SACKEN (Baron DE), commandant un corps d'armée russe, 80, 91. — (1ᵉʳ octobre 1813.) Le général Sacken attaque la tête de pont de Meissen avec trois divisions; il est repoussé par les troupes du duc de Raguse, 321, 322, 327, 328, 338, 339, 368 à 370, 372, 373, 378, 379, 382.

SAINT-GERMAIN (Baron DE), général de division de cavalerie, à la Grande Armée, 435, 436.

SAINT-PRIEST, général de division, commandant un corps d'armée russe, 266.

SAINT-VALLIER (Comte DE), sénateur, 627.

SALUCES, major du 3ᵉ régiment des gardes d'honneur. — (31 octobre 1813.) Deux escadrons de ce régiment se distinguent à la bataille de Hanau, 456.

SANTÉ (Service de). — (12 août 1813.) Établissement à Torgau d'un hôpital de la Garde, 42. — (13 août.) L'hôpital de Pirna est évacué avant la reprise des hostilités, 52. — (18 août.) Ordre de placer les hôpitaux de Würzburg dans la citadelle, 96, 97. — (27 août.) Instructions pour le service des ambulances, 170, 171. — (6 octobre.) Évacuation des hôpitaux de Dresde; les malades sont dirigés sur Iena, 349. — (24 novembre.) Les élèves des écoles de médecine et de chirurgie atteints par la conscription sont admis comme chirurgiens dans l'armée, 543. — (6 décembre.) Nouvelle organisation des ambulances et du service de santé; l'Empereur ordonne de n'employer à ce service que des chirurgiens et des pharmaciens; utilité des cabriolets pour enlever les blessés du champ de bataille; mode d'armement des infirmiers, 572 et 573. — (8 décembre.) Ordre d'établir des hôpitaux militaires dans les places fortes des 25°, 26° et 5° divisions militaires, 579. et 580.

Saur, auditeur au Conseil d'état, 627.

Savary, duc de Rovigo, général de division, ministre de la police générale. — (9 août 1813.) Renseignements qui lui sont adressés par l'Empereur sur la situation des affaires, 26. — (3 octobre.) L'Empereur conseille au duc de Rovigo de ne pas s'occuper de la baisse des fonds publics : « Ces détails d'agiotage n'attaquent en rien l'administration. » — (3 novembre.) Nécessité de calmer les inquiétudes occasionnées par les derniers événements, 470. — (11 novembre.) Plaintes de l'Empereur à cause de l'immixtion de la police dans l'invitation faite aux conseillers d'état et aux sénateurs de Toscane de se rendre à Paris, 487. — (18 novembre.) Ordre de faire publier dans les journaux des détails sur la conduite des alliés envers le roi de Saxe, sur les réquisitions et le papier-monnaie qui sont imposés à l'Allemagne, 516.—(24 novembre.) L'Empereur informe le duc de Rovigo que les élèves des écoles de médecine et de chirurgie atteints par la conscription pourront être être admis comme chirurgiens dans l'armée, et qu'on emploiera dans leur métier les ouvriers de la levée dont le service pourra être utile à l'armée, 343 et 344.

Schoonhoven, place forte de Hollande.—(24 novembre 1813.) Importance stratégique de cette place; ses moyens de défense, 541, 542.

Schwarzenberg (Prince de), général en chef des troupes autrichiennes. — (16 octobre 1813.) Commande les armées alliées à la bataille de Wachau, 426 et 427.— (3 novembre.) Relation de la bataille de Leipzig par le prince de Schwarzenberg : observations de l'Empereur sur cette relation, 462 à 470. — (18 novembre.) L'Empereur fait offrir au prince de Schwarzenberg de traiter de la reddition des places de Danzig, Modlin, Zamosc, Stettin, Küstrin et Glogau, 521.

Sebastiani (Comte), général de division, commandant le 2° corps de cavalerie de la Grande Armée. — (16 août 1813.) Le 2° corps de cavalerie fait partie de l'armée opposée à Blücher. 201.—(8 septembre.) L'Empereur approuve le duc de Tarente de n'avoir pas eu égard à la susceptibilité qui portait le général Sebastiani à s'éloigner de l'armée après la bataille de la Katzbach, et de l'avoir retenu dans son commandement, 210. — (6 octobre.) Le 2° corps de cavalerie se porte sur Meissen et Torgau pour empêcher l'ennemi de passer l'Elbe, 346, 347. — (7 octobre.) L'Empereur rappelle le général Sebastiani sur Wurzen pour couvrir Leipzig, 354, 355. — (10 octobre.) Le 2° corps de cavalerie est chargé de soutenir le mouvement du général Bertrand sur Pressel, 368, 369. — (12 octobre.) Le général Sebastiani appuie les opérations du général Reynier sur la rive droite de l'Elbe. 391.— Le 2° corps est rappelé sur Düben et ensuite sur Taucha, 393. — (23 octobre.) Le général Sebastiani établit son quartier général à Gotha, 436. — (31 octobre.) La cavalerie du général Sebastiani concourt à la bataille de Hanau, 454, 455. — (1er novembre.) Le 2° corps prend position sur la Nidda et le long du Main, 458. — (3 novembre.) Le 2° corps de cavalerie repasse le Rhin, 476. — (6 novembre.) Le général Sebastiani reçoit ordre de se rendre à Cologne et de surveiller le Rhin jusqu'à Wesel, 481. — (11 novembre.) Composition du 2° corps de cavalerie, 490 et 491.— (18 novembre.) Le général Sebastiani est nommé commandant du 5° corps d'armée, 521. — (21 décembre.) Composition du 5° corps, 610. — V. 34, 80, 201, 308, 311, 319, 327, 539. 383 et 416. — V. Grande Armée.

Ségur (Comte de), grand maître des cérémonies.

— (5 décembre 1813.) Blâme au sujet de l'anniversaire du 2 décembre, 569.

SEMELLÉ (Baron), général de division, à la Grande Armée, 434, 458 et 460.

SEMONVILLE (Comte DE), sénateur, 628.

SÉNAT. — (14 novembre 1813.) Allocution de l'Empereur au Sénat, 496. — (30 décembre.) Autre allocution, 641 à 645.

SERRA (Baron DE), ministre de l'Empereur à Dresde, 93, 373 et 382.

SEVEROLI, général de division, à l'armée d'Espagne, 546.

SONNENSTEIN, château fortifié en Saxe. — (13 septembre.) Fortifications et garnison de Sonnenstein, 227. — V. 212, 229, 253 et 273.

SORBIER (Comte), général de division, commandant l'artillerie de la Grande Armée. — (3 septembre 1813.) Chargé d'armer le camp retranché de Dresde et de réorganiser l'artillerie du 1er corps et de l'armée de Silésie, 204, 205. — (7 septembre.) Ordre de compléter l'approvisionnement de guerre de l'armée de Silésie, 209. — (2 octobre.) Nouveaux ordres pour l'armement du camp retranché de Dresde, 331, 332. — (6 octobre.) Ordre de diriger le parc de l'armée et les équipages sur Meissen, 346. — (24 octobre.) Le général Sorbier rend compte à l'Empereur de la consommation de munitions faite à la bataille de Leipzig, et l'informe que les réserves de l'armée sont épuisées, 440. — V. 169, 209, 227, 334 et 482. — V. ARTILLERIE DE LA GRANDE ARMÉE.

SOUHAM (Comte), général de division, à la Grande Armée. — (23 août 1813.) Nommé commandant du 3e corps d'armée; le 3e corps fait partie de l'armée du duc de Tarente, 133. — (24 septembre.) L'Empereur rappelle le 3e corps à Dresde, 282 à 284. — (1er octobre.) Le général Souham est chargé de garder l'Elbe depuis Meissen jusqu'à Dresde, 317. — (3 octobre.) L'Empereur se plaint de la discipline du 3e corps, 333. — (4 octobre.) Le général Souham reçoit ordre de rejeter l'ennemi sur la rive droite de l'Elbe et de détruire le pont de Mühlberg, 338. — (5 octobre.) Le 3e corps est placé sous les ordres du prince de la Moskova, 341. — (24 octobre.) Position occupée par le 3e corps à la bataille de Leipzig, 438. — V. 307, 310, 314, 337 et 429. — V. GRANDE ARMÉE.

SOULT, duc de Dalmatie, maréchal de l'Empire, commandant l'armée française en Espagne. — (19 septembre 1813.) Instructions pour l'échange de prisonniers anglais et espagnols, 260. — (8 décembre.) L'Empereur recommande au duc de Dalmatie de ménager en ou valerie et de renvoyer sur les derrières de son armée les chevaux qui dépérissent, 580, 581. — V. ARMÉE D'ESPAGNE.

SPRÉE (La), rivière d'Allemagne, 221, 265, 266, 272, 274, 283.

STETTIN, place forte de la Prusse, 20, 521.

STOLPEN, ville de Saxe. — (13 août 1813.) Importance que l'Empereur attache à la possession de cette ville, 49 à 51. — V. 87, 91, 142, 148, 192, 273 et 282.

STRASBOURG, ville de France, 102, 300.

STUTTGART, capitale du Wurtemberg, 96.

SUCHET, duc d'Albufera, maréchal de l'Empire, commandant l'armée d'Aragon, en Espagne. — (25 novembre 1813.) Instructions pour la concentration des troupes et les opérations militaires en Espagne, 546.

T

TAUENZIEN-WITTENBERG (Comte DE), général prussien, 189, 403.

THIÉBAULT (Baron), général de division, à la Grande Armée, 20.

THIELMANN (Baron DE), général prussien, commandant un corps de partisans, 223, 238, 243, 315, 321, 356, 402, 429.

THIONVILLE, ville forte de France. — (12 novembre 1813.) Armement et approvisionnement de cette place, 493.

TABLE ANALYTIQUE.

TOEPLITZ, ville de Bohème. 183. 213, 215. 225.

TORGAU, ville forte de Saxe. — (7 août 1813.) Opinion de l'Empereur sur l'importance de cette place, 15. — (18 août.) État de défense de Torgau, 107. — V. 100, 141. 149, 175. 203, 216, 218, 243, 281, 295 et 339. — V. NARBONNE (Comte DE).

TOULON, port français sur la Méditerranée. — (7 août 1813.) Décret pour y construire une frégate de modèle américain, 13.

TROUPES BADOISES. — (18 août 1813.) Trois bataillons de Bade font partie de la garnison de Leipzig, 93.

TROUPES BAVAROISES. — (18 août 1813.) Dispositions prises par l'Empereur pour soutenir les troupes bavaroises contre l'armée autrichienne, 109. — (15 octobre.) Défection de l'armée bavaroise, 424. — (31 octobre.) L'Empereur renvoie à Bamberg, sans l'avoir désarmé, un bataillon qui était resté avec la Grande Armée; — bataille de Hanau, livrée par l'armée française aux armées bavaroise et autrichienne, 453 à 457.

TROUPES ITALIENNES. — (12 août 1813.) Une division italienne fait partie du 4ᵉ corps de la Grande Armée, 43. — (24 octobre.) Le général Fontanelli reçoit ordre de réunir les troupes italiennes à leur arrivée à Mayence et de les diriger sur Milan, 437. — (25 novembre.) L'Empereur rappelle les troupes italiennes de l'armée d'Espagne et les envoie défendre l'Italie, 546. — V. EUGÈNE NAPOLÉON.

TROUPES SAXONNES. — (16 août 1813.) Ordre de conserver tous les dépôts du corps saxon à Torgau et d'avoir des égards pour ces troupes.

220. — (24 octobre.) Défection des troupes saxonnes à la bataille de Leipzig, 441.

TROUPES WESTPHALIENNES. — (8 août 1813.) Deux bataillons westphaliens font partie de la garnison de Magdeburg, 21. — Ordre de confier la garde des postes les plus rapprochés de Magdeburg aux gardes nationales westphaliennes, 23. — Le général Lemarois est chargé de soutenir les troupes envoyées par le roi de Westphalie contre les partisans ennemis. 25. — (27 août.) Une batterie d'artillerie westphalienne est placée sous les ordres du général Dulauloy. 169. — V. JÉRÔME NAPOLÉON.

TROUPES WURTEMBERGEOISES. — (11 août 1813.) Une division wurtembergeoise fait partie du 4ᵉ corps de la Grande Armée, 28. — (18 août.) Dispositions prises par l'Empereur pour soutenir les troupes wurtembergeoises, si le territoire du Wurtemberg était menacé. 96.

TURENNE (Comte DE). — (9 août 1813.) Chargé de prendre à Dresde les mesures nécessaires pour le retour à Paris des acteurs du Théâtre Français, 26.

TURIN, ville d'Italie. — (18 août 1813.) Ordre d'armer et d'approvisionner Turin, 110, 111.

TURREAU (Baron), général de division, à la Grande Armée. — (18 août 1813.) Chargé du commandement de la ville et de la citadelle de Würzburg, 96. — (18 novembre.) Capitulation de Würzburg; conditions auxquelles le général Turreau est autorisé à traiter pour la reddition de la citadelle, 521, 522.

TYSZKEWICZ (Comtesse DE), sœur du prince Poniatowski. — (6 novembre 1813.) L'Empereur lui accorde une pension de 50,000 francs, 479.

V

VALENCE (Comte DE), sénateur, 627.

VALLIN (Baron), général de brigade de cavalerie, à la Grande Armée, 233, 309, 362. 417.

VANDAMME (Comte), général de division, commandant le 1ᵉʳ corps de la Grande Armée. — (8 août 1813.) Le 1ᵉʳ corps est désigné pour faire partie de l'armée destinée à marcher sur Berlin, 16. — (11 août.) Le 1ᵉʳ corps est remplacé par le 4ᵉ à l'armée du

Nord, et se dirige sur Dresde, 28. — (17 août.) Le général Vandamme porte son quartier général à Bautzen, 88. — (18 août.) Il reçoit ordre de se diriger sur Rumburg, en Bohême, 104. — (20 août.) Ordre d'occuper Georgenthal et de lier les opérations du 1er corps avec celles du prince Poniatowski. 114 à 119. — Instructions pour la défense des cols et des défilés de la Bohême; dispositions prises pour soutenir le général Vandamme, 121, 122. — (23 août.) Le 1er corps est rappelé sur Dresde, 139, 140. — Instructions pour les opérations du 1er corps, 153. — (29 août.) Le général Vandamme bat un corps d'armée russe près de Hellendorf. 173, 174. — (1er septembre.) Réflexions de l'Empereur sur la bataille de Kulm; pertes du 1er corps, 186.

Venise, ville d'Italie, 27, 301.

Venlo, ville forte de Hollande, 300, 444.

Ver Huell (Comte), vice amiral hollandais. (11 novembre 1813.) Chargé de se concerter avec le général Molitor pour la défense de la Hollande; instructions pour l'emploi des bâtiments légers de la marine à la défense des places fortes, 487, 488.

Vérone, place forte d'Italie. — (20 novembre 1813.) Ordre de fortifier et d'armer Vérone, 532.

Vial (Baron), général de division, à la Grande Armée, 440.

Vichery, général de division, à la Grande Armée, 20.

Victor Perrin, duc de Bellune, maréchal de l'Empire, commandant le 2e corps de la Grande Armée. — (20 août 1813.) Chargé de défendre Gabel et les défilés de la Bohême. 117 à 120. — (24 août.) L'Empereur rappelle le 2e corps à Dresde, 144. — (27 août.) Le 2e corps prend part à la bataille de Dresde, 167. — (1er septembre.) Le duc de Bellune porte son quartier général à Freyberg pour surveiller la frontière de Bohême, 187. — (9 septembre.) Opérations du 2e corps contre l'armée de Bohême, 211. — (14 septembre.) Le 2e corps est chargé de rétablir les communications de l'armée avec Leipzig, 233. — (30 septembre.) Le duc de Bellune porte son quartier général entre Chemnitz et Freyberg, pour couper la retraite de la Bohême aux troupes ennemies, qui s'étaient avancées sur Altenburg, 314. — (1er octobre.) Le 2e corps occupe Freyberg et Chemnitz pour couvrir Leipzig, 319 à 321. — (16 octobre.) Positions occupées par le 2e corps à la bataille de Wachau; le duc de Bellune, chargé de la défense du village de Wachau, repousse toutes les attaques de l'ennemi et lui fait éprouver de grandes pertes, 427. — (20 octobre.) Le 2e corps prend part à la bataille de Leipzig; — mouvement de retraite de ce corps sur Freyburg, 434. — (1er novembre.) Le 2e corps repasse le Rhin à Mayence, et se rallie à Oppenheim, 457. — (3 novembre.) Le duc de Bellune se rend à Strasbourg pour y prendre le commandement de la frontière depuis Huningue jusqu'à Landau, 475, 476. — (21 décembre.) Instructions pour l'organisation du 2e corps, 609. — V. 34, 75, 83, 268, 333, 342 et 351. — V. Grande Armée.

Villemanzy (Comte de), sénateur, 627.

W

Walcheren (Île de), en Hollande. Ordre d'employer les ressources de la marine à la défense de cette île, 565. — (10 décembre 1813.) Importance que l'Empereur attache à la possession de l'île de Walcheren, 586.

Walther (Comte), général de division, commandant une division de cavalerie de la Garde impériale, 123, 126, 252, 289, 357, 360, 395, 412 et 416.

Walther (Comtesse.) — (17 décembre 1813.) L'Empereur lui exprime les regrets que la mort du général Walther lui a causés, et charge le grand maréchal de s'occuper de ses intérêts et de ceux de ses enfants. 602, 603.

WATIER (Comte), général de division, 20.

WEISSENFELS, ville de Saxe. 248, 285, 286, 321, 335 et 400.

WESEL, chef-lieu de la 25ᵉ division militaire. — (27 septembre 1813.) Ordre pour l'approvisionnement de cette place. 202, 203. — V. 17, 101, 102, 300 et 444.

WESTPHALIE (Royaume de). 21 à 25. — V. JÉRÔME NAPOLÉON.

WIELANDT (DE), envoyé extraordinaire de la Confédération suisse à Paris, 595.

WINZINGERODE (Baron DE), général russe, commandant un corps d'armée. 111.

WITTENBERG, ville forte de Saxe. — (18 août 1813.) État de défense de cette place. 107. — V. 11,

102, 189, 255, 280, 304, 334, 370, 375 à 377, 382, 383 et 387.

WITTGENSTEIN, général russe, commandant un corps d'armée. 80, 103 à 105, 376, 381, 388 et 389.

WREDE (Baron DE), commandant l'armée bavaroise à la bataille de Hanau, 531.

WURTEMBERG (Prince DE), commandant un corps d'armée russe, 184 et 239.

WURTEMBERG (Royaume de). — (18 août 1813.) Le duc de Castiglione est chargé de protéger les états du roi de Wurtemberg, 96 et 109.

WÜRZBURG, capitale du grand-duché de Würzburg. — (18 août 1813.) Garnison et approvisionnement de cette place; ses moyens de défense, 96 à 110. — V. 243 et 334.

Y

YORK VON WARTENBURG (Comte), général prussien, commandant un corps d'armée, 81, 266, 339, 369, 370 et 405.

Z

ZUCCHI, général de division, à l'armée d'Italie. — (20 novembre 1813.) Éloge de ce général, 531.

LISTE DES PERSONNES

A QUI LES LETTRES SONT ADRESSÉES.

Allemand (Comte), vice-amiral. 638.
Anthouard (Comte d'), général de division. 528.
Arrighi, duc de Padoue, général de division. 377, 398 et 417.
Berthier, prince de Neuchâtel et de Wagram, vice-connétable, maréchal de l'Empire, major général de la Grande Armée, 2, 25, 28, 31, 33, 35, 48, 49, 52, 53, 69, 71, 73, 75, 77 à 79, 87, 88, 95. 99, 111, 115 à 119. 121, 123, 126 à 128, 133, 134, 136, 138, 143 à 145, 149. 153. 156, 162, 163. 165 à 169, 171 à 175, 183, 184, 186, 187, 189 à 194, 196, 206, 208, 209, 211, 212, 214, 215, 218 à 223, 225 à 227, 232, 237, 239 à 244, 246, 247, 249, 251 à 254, 256, 258, 259, 261 à 265, 267, 279 à 282, 284 à 287, 291 à 293, 303 à 305, 307 à 310, 314, 316, 318, 325, 326, 333, 340 à 342, 344, 346, 347, 351 à 353, 356 à 358, 360 à 365, 367, 368, 370, 376, 380 à 382, 390, 392, 395, 404, 406, 411, 415, 419, 422, 423, 431 à 433, 435 à 437, 457 à 460. 475, 476, 480 à 482, 520, 521, 568, 573, 577, 582, 594, 606, 615 et 640.
Bertrand (Comte), général de division, 334, 379, 430, 434, 477 et 570.
Bessières (Maréchale), duchesse d'Istrie, 569.
Bigot de Préameneu (Comte), 526.
Borghese (Princesse), 443.
Bouillerie (Baron de la), trésorier général de la Couronne, 569.
Cambacérès (Prince), archichancelier de l'Empire, 26, 46, 48, 70, 72, 129, 141, 171,

366, 436, 444, 445, 450, 453, 460, 462. 478, 479, 525 et 612.
Caraman (De), officier d'ordonnance de l'Empereur, 231, 343 et 482.
Caulaincourt, duc de Vicence, grand écuyer de l'Empereur, 199, 501, 590, 603 et 607.
Clarke, duc de Feltre, ministre de la guerre. 30, 47, 102, 106, 300, 301, 308, 446, 447, 460, 472 à 474, 480, 483, 489, 490, 493, 497 à 499, 502, 503, 505, 509 à 513, 516, 518, 519, 523, 527, 536, 539, 541, 544 à 547, 551, 561, 563, 564, 566, 574, 575, 580 à 582, 586, 587, 590 à 593, 596, 597, 611 à 613, 619, 623, 629, 630, 636 et 639.
Collin, comte de Sussy, ministre du commerce et des manufactures, 1 et 527.
Corbineau (Baron), général de division, 123 et 127.
Daru (Comte), directeur de l'administration de la Grande Armée, 9, 224, 231, 244, 265, 276, 348, 399, 499, 548, 558, 571, 572, 579, 592, 624 et 635.
Davout, prince d'Eckmühl, maréchal de l'Empire, 8, 15, 29, 33, 38 et 55.
Decrès (Duc), vice-amiral, ministre de la marine, 2, 9, 12, 449, 487, 496, 565, 578, 583, 599, 602, 606 et 614.
Dejean (Comte), général de division, 542.
Drouot (Comte), général de division, 26, 234, 266, 336, 384, 412, 437, 558.
Durosnel (Comte), général de division, 13, 140, 289.
Élisa Napoléon, grande-duchesse de Toscane 515, 619.

ÉMÉRIAU (Comte), vice-amiral, 636.
EUGÈNE NAPOLÉON, vice-roi d'Italie. 3, 47, 69. 478, 495, 514, 535, 538, 554 et 565.
FLAHAULT (Comte DE), général de division, 236.
FOUCHÉ, duc d'Otrante, 501.
FRÉDÉRIC, prince de Hesse, 27.
FRÉDÉRIC, roi de Wurtemberg, 56, 184.
GAUDIN, duc de Gaëte, ministre des finances. 471.
GOUVION SAINT-CYR (Comte), maréchal de l'Empire, 41, 90, 94, 113, 138, 151, 229, 245, 252, 328, 355.
HASTREL (Baron D'), général de division, 556.
HAXO (Baron), général de division, 122, 165.
JÉRÔME NAPOLÉON, roi de Westphalie, 27, 48 et 148.
JOACHIM NAPOLÉON, roi de Naples, 151, 173. 178, 185, 234, 236, 254, 275, 342, 344. 355, 359, 366, 376, 380, 395, 399, 400, 405, 409, 414.
KELLERMANN, duc de Valmy, maréchal de l'Empire, 101, 166, 449 et 461.
LACÉPÈDE (Comte DE), grand chancelier de la Légion d'honneur, 591.
LACUÉE, comte de Cessac, ministre de l'administration de la guerre, 291, 302, 493 et 526.
LAMEZAN, officier d'ordonnance de l'Empereur, 230.
LAURISTON (Law, comte DE), général de division. 313.
LAURISTON (Comtesse DE), 571.
LEBRUN, duc de Plaisance, général de division, 337, 576, 581, 587 et 599.
LEFEBVRE-DESNOËTTES (Comte), général de division, 246, 306, 329.
LEMAROIS (Comte), général de division, 21, 32.
MACDONALD, duc de Tarente, maréchal de l'Empire, 9, 80, 82, 103, 124, 125, 145, 200, 201, 267, 279, 283, 288, 321, 327, 335. 338, 339, 348, 354, 407 et 418.
MARCHANT (Baron), intendant général, 479.
MARET, duc de Bassano, ministre des relations extérieures, 3, 4, 6, 7, 73, 84, 93, 105, 112, 125, 130, 141, 146, 148, 150, 158, 206, 213, 217, 237, 243, 248, 259, 272, 324, 357, 372 à 374, 382, 386, 389. 397, 400, 403, 405, 412, 413, 415, 421 et 568.
MARIE-LOUISE, Impératrice des Français et Reine d'Italie, 458.
MARMONT, duc de Raguse, maréchal de l'Empire, 41, 103, 124, 127, 188, 207, 261. 274, 290, 295, 296, 304, 312, 315, 334. 339, 340, 345, 355, 370, 385, 392, 396. 401, 408, 420, 423, 426, 494, 495, 505. 523, 527, 540, 549, 567 et 595.
MELZI, duc de Lodi, 507, 522, 625.
MISSIESSY (Comte), vice-amiral, 638.
MOLLIEN (Comte), ministre du trésor public. 471, 507, 542, 554.
MONCEY, duc de Conegliano, maréchal de l'Empire, 483.
MONTALIVET (Comte), ministre de l'intérieur, 132, 486, 600 et 601.
MONTESQUIOU (Comte DE), grand chambellan de l'Empereur, 132, 625.
MORTIER, duc de Trévise, maréchal de l'Empire, 206, 211, 212, 216, 228, 290, 430, 539, 595 et 630.
MOUTON, comte de Lobau, général de division, 42, 83, 202, 227 et 248.
NANSOUTY (Comte), général de division, 235, 568.
NARBONNE (Comte DE), général de division, 365.
NEY, prince de la Moskova, maréchal de l'Empire, 79, 103, 124 et 129.
OUDINOT, duc de Reggio, maréchal de l'Empire, 43, 71 et 91.
PONIATOWSKI (Prince), commandant le corps polonais de la Grande Armée, 82, 92, 255. 293, 311, 316 et 335.
REINHARD, landamman de la Suisse, 595.
REYNIER (Comte), général de division, 363, 378, 387 et 390.
ROGNIAT (Baron), général de division, 46, 157. 158, 177, 212, 272, 294 et 330.
ROGUET (Comte), général de division, 523.
SAVARY, duc de Rovigo, ministre de la police générale, 26, 336, 470, 487, 516 et 543.

Sebastiani (Comte), général de division, 346.
Ségur (Comte de), grand maître des cérémonies, 569.
Sorbier (Comte), général de division, 204, 205, 209 et 231.
Souham (Comte), général de division, 338.

Tyszkewicz (Comtesse de), 479.
Vandamme (Comte), général de division, 104, 114, 139, 156, 159 et 163.
Victor Perrin, duc de Bellune, maréchal de l'Empire, 268, 314, 319, 320 et 332.
Walther (Comtesse), 602.

TABLE

DES MATIÈRES DU TOME XXVI.

	Pages.
Correspondance du 1er août au 31 décembre 1813.................	1
Table analytique...	647
Liste des personnes à qui les lettres sont adressées.................	701

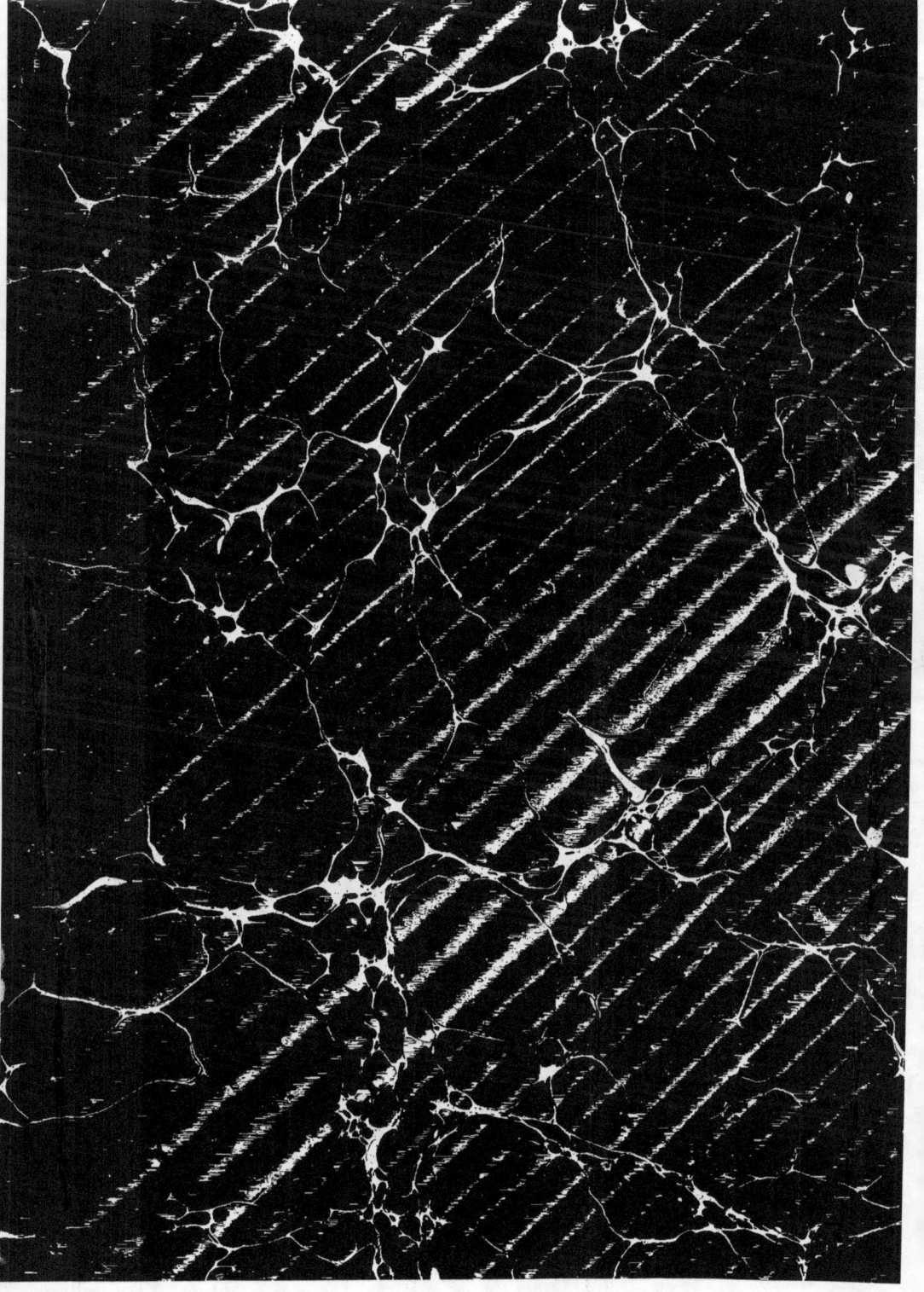

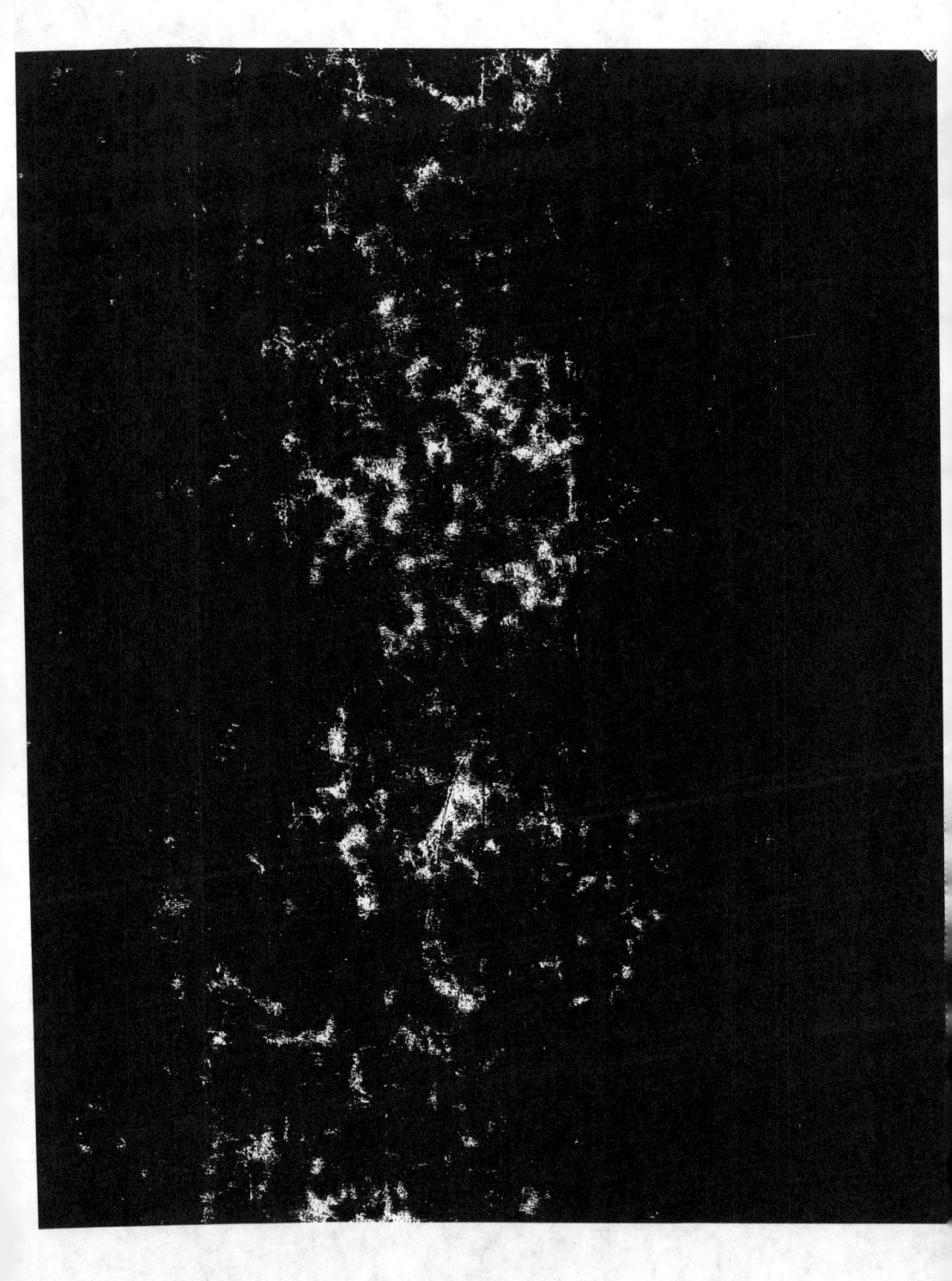